Sécase la hierba, marchítase la flor;

MAS

LA PALABRA DEL DIOS NUESTRO

PERMANECE

PARA SIEMPRE.

Isaías 40:8

Presentada a: _mi Papa (Johnny)_

Por: _Ana y Joseph_

Fecha: _Dec. 2003_

Cómo encontrar a Dios

Agua viva

para aquellos que tienen sed. ™

Revisión 1960

EDITORIAL
UNILIT

Publicado por Editorial Unilit
Miami, Fl. 33172
Derechos reservados
© 2002 Editorial Unilit
Traducido al español con permiso de Tyndale House Publishers.
(Translated into Spanish by permission of Tyndale House Publishers)
Segunda edición 2003

Colaboradores de la obra en inglés:
Greg Laurie, Editor General
Karen Dagher, Editora de Harvest Ministries
Danny Bond, Editor Asistente, Harvest Ministries
Steve Benson, Editor de Tyndale House
Timothy R. Botts y David Riley Associates, Diseñadores Gráficos

Greg Laurie es evangelista, pastor y presidente de Harvest Ministries. Harvest Ministries auspicia
Harvest Crusades (Cruzadas de Cosecha). Estas cruzadas son eventos públicos evangelísticos con el
propósito de presentar el mensaje de Jesucristo en un ambiente no religioso. Harvest Crusades
comenzaron en 1990 y son conocidas por su ambiente informal, música contemporánea, y un mensaje
directo y sencillo por Greg Laurie. Hasta la fecha, cerca de un millón y medio de personas han asistido a
estas cruzadas no denominacional. Si desea más información acerca de Harvest Ministries y/o las
cruzadas, escriba a Harvest Ministries, P. O. Box 4000, Riverside, CA 92514-4000, o llame al (909)
687-6595. En la Internet escriba a http://www.harvest.org.

Traducido al español por: Alicia Bruchez

Texto bíblico tomado de la Santa Biblia, revisión 1960, © Sociedades Bíblicas Unidas y usado con
permiso de American Bible Society.

Producto 497782 (Nuevo Testamento para nuevos creyentes) ISBN 0-7899-0646-5
Producto 497785 (Cómo encontrar a Dios) ISBN 0-7899-1042-X
Impreso en Estados Unidos
Printed in the United States

Contenido

PARTIR Y CORRER

CÓMO ESTUDIAR LA BIBLIA ► A49

NUEVO TESTAMENTO

BREVE DICCIONARIO TEMÁTICO Y CONCORDANCIA ► 335

¡Bienvenido!

¡Felicitaciones! En tus manos tienes el libro más vendido en la historia de la humanidad: la Biblia. Nos fue dada por Dios hace miles de años. Aunque la Biblia ha existido por siglos, la sabiduría y el conocimiento que contiene siguen siendo pertinentes hoy. De hecho, todo lo que necesitas saber acerca de Dios y la vida se encuentra en las páginas de este libro. Es el «manual de la vida» que todos hemos estado buscando.

La Biblia no sólo nos enseña acerca de la vida. También nos muestra cómo tener una relación personal con el mismo Dios que inspiró este libro. Esta Biblia en particular contiene notas explicativas que han sido preparadas especialmente para ayudarte a entender, descubrir y profundizar la relación personal que Dios quiere disfrutar contigo.

Quizá todavía no crees en Jesucristo, pero quieres aprender más acerca del cristianismo o ser creyente, pero no sabes cómo llegar a serlo. En el *Nuevo Testamento para nuevos creyentes* encontrarás una sección titulada: «Cómo conocer a Dios». Allí puedes aprender cómo establecer una relación con Jesús que cambiará tu vida.

Tal vez acabas de comenzar en la fe cristiana y eres un nuevo creyente. Aquí aprenderás cómo establecer un buen fundamento para tu fe y tu caminar con Dios en los años siguientes.

Quizá ya eres un creyente maduro en tu fe. En estas páginas recibirás frescura y aliento al repasar los fundamentos de la fe y la vida cristiana.

LAS SECCIONES PRINCIPALES

El *Nuevo Testamento para nuevos creyentes* contiene cuatro secciones de lectura: «Piedras angulares», «Primeros pasos», «Partir y correr» y «Grandes preguntas». Cada una de estas secciones (excepto «Grandes preguntas») está compuesta de dos clases de notas: *preliminares* y *comentarios en el contexto*. Las notas preliminares aparecen antes del texto bíblico y se componen de uno o dos párrafos y de dos a ocho puntos numerados que te refieren a los pasajes en las Escrituras y sus *comentarios en el contexto* que los acompañan.

PRIMERA SECCIÓN: PIEDRAS ANGULARES

Las piedras angulares –bloques de piedra– eran usadas tradicionalmente para poner el fundamento de un edificio. De la misma manera, las «Piedras angulares» de esta lectura te ayudan a edificar un fundamento sólido para tu fe. Aquí aprenderás acerca del carácter de Dios, la vida de Jesús, y la labor del Espíritu Santo en la vida del creyente. «Piedras angulares» también contiene enseñanzas vitales sobre los aspectos esenciales del carácter cristiano que se desarrollan y se nutren con una relación personal con Jesucristo. Algunos de estos aspectos son: amor, perdón, pureza, honestidad, sabiduría, paz y gozo.

SEGUNDA SECCIÓN: PRIMEROS PASOS

La frase *primeros pasos* trae a la mente la imagen de un niñito que está dando sus primeros pasos sin apoyo. Como un niño pequeño, en cierto modo, los nuevos creyentes en Cristo tienen que aprender a caminar. Esto es porque la vida cristiana para la mayoría, es una manera de vivir completamente nueva. Para ayudarte a aprender a vivir esta nueva vida, la sección de lectura «Primeros pasos» te da valiosos y edificantes consejos para crecer en tu fe. Aquí aprenderás la importancia de cómo estudiar la Biblia, orar, y cómo encontrar la iglesia correcta, resistir la tentación y buscar la voluntad de Dios para tu vida.

TERCERA SECCIÓN: PARTIR Y CORRER

¿Cómo aplico la Palabra de Dios a mi vida diaria? Esta es una de las preguntas más frecuentes acerca de la Biblia. La sección «Partir y correr» contesta esta pregunta. Aquí vas a descubrir cómo poner tu fe en acción. Verás lo que la Biblia dice acerca de temas importantes como el matrimonio, crianza de los hijos, prioridades, conversaciones y desempeño del trabajo. Al ayudarte a aplicar los principios de la Biblia en estos aspectos de tu vida, «Partir y correr» te lleva al próximo nivel de la vida cristiana, viviendo día a día.

CUARTA SECCIÓN: GRANDES PREGUNTAS

La vida nos presenta situaciones apremiantes que nos obligan a hacer preguntas difíciles. Por ejemplo, podrías preguntarte por qué un Dios bueno permite que algo malo –como el cáncer– te suceda. O tal vez te preguntes por qué Jesús es el único camino a Dios. ¿Acaso las otras religiones no son buenas? En la sección de lectura de «Grandes preguntas» verás lo que la Biblia dice acerca de asuntos difíciles. Todo, desde los estilos de vida alternativos hasta la segunda venida de Cristo, está cubierto aquí.

TEMAS ADICIONALES

Se incluyen también en este *Nuevo Testamento para nuevos creyentes* dos secciones que te ayudarán a entender la Biblia mejor, y vivir en fe. Estas son:

- *Cómo estudiar la Biblia*: una manera práctica para leer la Biblia y una lista de preguntas para que te hagas mientras lees.
- *Índice temático*: una lista de temas que son de especial interés, junto con una lista de versículos que acompañan esos temas.

CÓMO USAR LAS SECCIONES DE LECTURA

Es fácil usar el *Nuevo Testamento para nuevos creyentes*. Comienza a leer las notas preliminares de la sección «Piedras angulares» titulada «¿Quién es Dios?» Busca los pasajes bíblicos y los comentarios en el contexto que se encuentran al final de esta sección. Después que hayas leído todas las notas y buscado todos los pasajes bíblicos de la sección «¿Quién es Dios?» ve a la siguiente sección en las notas preliminares «¿Quién es Jesús?» y comienza el proceso de nuevo.

Puedes leer una nota preliminar, los pasajes de la Escritura y los comentarios en el contexto cada día. O si prefieres revisa el índice de temas y elige aquellos que te interesen más para tu lectura diaria.

Colosenses 3:16 dice: «La palabra de Cristo more en abundancia en vosotros, enseñándoos y exhortándoos unos a otros en toda sabiduría». Dios quiere que su Palabra penetre en cada aspecto de tu vida: tu hogar, tu negocio y tu tiempo de recreación al igual que tu tiempo de oración. Así que abre tu Biblia y tu corazón, y Dios te hablará desde estas páginas. No dejes que nada te impida pasar un tiempo leyendo la Palabra de Dios cada día.

Greg Laurie

CÓMO PUEDES CONOCER A
Dios

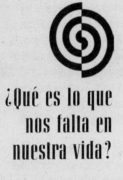

¿Qué es lo que nos falta en nuestra vida?

Un propósito, un sentido y una razón por la cual vivir, es todo lo que deseamos y buscamos en la vida, y a pesar de los pasos que tomamos no podemos lograrlos, nos sentimos insatisfechos porque hay un vacío espiritual en nuestra vida. La ausencia de Dios crea ese vacío en el corazón y en el alma. Ni las posesiones ni el éxito podrán llenarlo. Las relaciones interpersonales tampoco, y la moral, por sí sola, es insuficiente para ocupar ese espacio. Ni siquiera la religión puede llenar el vacío de nuestro corazón.

Sólo hay una manera efectiva para llenar este vacío que no sólo nos ayudará a tener una vida plena y abundante, sino más importante aun, nos dará la esperanza absoluta de pasar la eternidad en la presencia de Dios. Sin embargo, antes que podamos apreciar esta buena noticia, necesitamos entender el lado sombrío del serio problema que todos tenemos.

EL PROBLEMA: EL PECADO

La Biblia identifica al pecado como nuestro serio problema. El pecado no es sólo un hecho, sino la misma naturaleza de nuestro ser. En otras palabras, no somos pecadores porque pecamos. Al contrario, pecamos porque ¡somos pecadores! Nacemos con la naturaleza para hacer el mal. El rey David, gobernante israelita del Antiguo Testamento, escribió: «He aquí, en maldad he sido formado, y en pecado me concibió mi madre» (Salmos 51:5). Porque nacemos pecadores se nos hace natural pecar. Por esta razón es inútil pensar que la solución a todos nuestros problemas viene de «adentro». De acuerdo con la

Biblia, ¡el problema está precisamente dentro, en nuestro interior! Las Escrituras nos dicen: «Engañoso es el corazón más que todas las cosas, y perverso; ¿quién lo conocerá?» (Jeremías 17:9).

No somos buenos por naturaleza; somos pecadores por naturaleza. Nuestro estado pecaminoso se manifiesta en todo lo que hacemos. Cada problema que experimentamos en la sociedad de hoy, apunta a que hemos rechazado vivir como Dios quiere. Volviendo al huerto del Edén, Adán eligió, y por ello sufrió las consecuencias, marcando un patrón que el resto de la humanidad seguiría. La Biblia explica: «Por tanto, como el pecado entró en el mundo por un hombre, y por el pecado la muerte, así la muerte pasó a todos los hombres, por cuanto todos pecaron» (Romanos 5:12, 18).

Puedes protestar: «¡Eso no es justo!» ¿Por qué tenemos que sufrir por lo que otro hizo? Sin embargo, dada la oportunidad, cada uno de nosotros haría lo mismo que hizo Adán. En realidad, no pasa un solo día sin que enfrentemos la misma prueba que se le propuso a Adán. Dios nos ha dado la libertad de escoger entre dos caminos: el camino que te lleva a la vida y el camino que te lleva a la muerte. La Biblia dice: «A los cielos y a la tierra llamo por testigos hoy contra vosotros, que os he puesto delante la vida y la muerte, la bendición y la maldición; escoge, pues, la vida, para que vivas tú y tu descendencia» (Deuteronomio 30:19).

SIN UN PIE PARA PARARNOS

Alguien puede decir: «Pero yo vivo una vida buena. Trato de ser amable y considerado con todos. Yo me guío por los Diez Mandamientos». Pero la verdad es que los Diez Mandamientos, o la ley como los llaman en la Biblia, no fueron dados para hacernos buenos, sino para demostrar qué malos somos. La Biblia nos dice: «Ya que por las obras de la ley ningún ser humano será justificado delante de él; porque por medio de la ley es el conocimiento del pecado» (Romanos 3:20). El propósito de la ley es hacernos saber cuán pecaminosos somos. Tal vez digas que la ley de Dios nos fue dada para «cerrar nuestra boca» y demostrarnos qué desesperadamente necesitamos su ayuda y perdón por nuestro estado terminal como pecadores.

Mira los pasajes siguientes para tener un mejor entendimiento de la naturaleza y seriedad del pecado.

1. **Todos le hemos errado al blanco** (lee Romanos 3:23). Romanos 3:23 dice que *todos* hemos pecado. Para aquellas personas que piensan ser la excepción de esta verdad eterna, el versículo diez de este capítulo claramente dice: «No hay justo, ni aun uno» (Romanos 3:10). Otra palabra para bueno es *justo*. La palabra justo quiere decir: «uno que es como debe ser». Cuando la Biblia dice que nadie es justo, o bueno, no se refiere tanto a su comportamiento como al carácter interno.

¿Cuál es la «norma gloriosa de Dios» que Romanos 3:23 dice que no hemos cumplido? La «norma gloriosa» de Dios es la perfección absoluta. Jesús dijo: «Sed, pues, vosotros perfectos, como vuestro Padre que está en los cielos es perfecto» (Mateo 5:48). En otras palabras, cualquiera que no es tan bueno como Dios, no es aceptable para él.

La definición de *pecado*, se deriva de la palabra griega *hamartía*, y es «errarle al blanco». Cuando se trata de llegar al blanco de la perfección, erramos por un kilómetro. Aunque es imposible vivir de acuerdo con la norma de Dios, por nuestra naturaleza pecaminosa, no podemos echarle toda la culpa a nuestra naturaleza por nuestro pecado. El pecado es una acción voluntaria.

2. **El pecado es una acción voluntaria** (lee Efesios 2:1-3). Otra palabra para pecado en Efesios 2:1 es *delito*. Esta palabra habla de un alto o desviación de la verdad. En contraste a simplemente «errarle al blanco», esta es una acción voluntaria. Ya que el pecado es una acción voluntaria no podemos culpar a la sociedad y nuestro ambiente, o a nuestro estado mental o físico por nuestro

pecado. Cada persona ha escogido hacer lo equivocado. Si protestamos, «nos engañamos a nosotros mismos, y la verdad no está en nosotros» (1 Juan 1:8).

3. **El pago final por el pecado es muerte** (lee Romanos 6:23). De acuerdo con la Biblia, hemos ofendido al Dios Santo. No lo hemos hecho una o dos veces, sino tantas veces que hemos perdido la cuenta. Romanos 6:23 dice: «La paga del pecado es muerte...» La paga es algo que recibes por el trabajo cumplido. En otras palabras, tú ganas tu pago. Debido a que todos hemos pecado repetidas veces, hemos ganado la pena de muerte, que es el castigo eterno en un lugar llamado infierno.

En medio de toda esta explicación acerca del pecado y la muerte, hay buenas noticias. Dios nos ha dado una manera de escapar del castigo por nuestros pecados. Él nos ha dado la posibilidad de tener una relación con él, y gozar de la esperanza de una vida eterna sin castigo.

Dios entiende nuestro problema, y sabe que no podemos hacer nada para resolverlo. Porque Dios nos ama, él envió a su propio Hijo, Jesucristo, a la tierra, para ser un puente entre el abismo del pecado que nos separa de Dios.

La solución: Jesucristo

POR QUÉ JESÚS PUEDE SER UN PUENTE ENTRE DIOS Y NOSOTROS

Nunca ha existido alguien como Jesús. Para comenzar, Jesús no fue concebido en el vientre de su madre de manera natural. Él fue concebido de manera sobrenatural en el vientre de una joven virgen llamada María. Por su concepción sobrenatural, Jesús, quien es Dios, también se hizo enteramente humano.

Aunque Jesús es Dios, él eligió poner a un lado los privilegios de su divinidad para vivir en la tierra como un hombre. Describiendo el sacrificio que Cristo hizo al hacerse hombre, la Biblia dice que Jesús «se despojó a sí mismo, tomando forma de siervo, hecho semejante a los hombres; y estando en la condición de hombre, se humilló a sí mismo, haciéndose obediente hasta la muerte, y muerte de cruz» (Filipenses 2:7-8). Es muy importante notar que Jesús no dejó de ser Dios cuando vino a la tierra. Él sólo puso a un lado sus privilegios divinos y caminó sobre la tierra como un hombre. Al hacer esto, él pudo experimentar personalmente, la escala de las emociones humanas, desde la alegría hasta la profunda tristeza. Él sintió lo que era estar cansado, con frío y hambriento.

Aun más, él vino a esta tierra con un objetivo claro en mente: ser un puente entre Dios y nosotros. Cuando los israelitas del Antiguo Testamento pecaban, tenían que enviar al sumo sacerdote al templo, para ofrecer el sacrificio de un animal como pago para el perdón de los pecados. En un sentido simbólico, esta era una manera de echar los pecados de una persona sobre el animal, el cual tomaba el lugar de la persona culpable. La Biblia nos enseña que: «Sin derramamiento de sangre no se hace remisión» (Hebreos 9:22).

Los sacrificios rituales de los israelitas en el Antiguo Testamento demostraban lo que Jesús haría cuando viniera a la tierra. Él cargó los pecados del mundo cuando fue crucificado en la cruz hace dos mil años.

Muchas profecías del Antiguo Testamento anunciaron no sólo su nacimiento y su vida, sino también su muerte, incluyendo la manera en que moriría.

Jesús sabía desde el principio que había venido expresamente a morir por los pecados de la humanidad. Él también sabía que ese sacrificio sería en una cruz romana. Él comenzó su última jornada a la cruz del Calvario en un lugar llamado Cesarea de Filipo, y muchas veces habló de su muerte con sus discípulos. La Escritura dice: «Desde entonces comenzó Jesús a declarar a sus discípulos que le era necesario ir a Jerusalén y padecer mucho de los ancianos, de los principales sacerdotes y de los escribas; y ser muerto, y resucitar al tercer día» (Mateo 16:21).

Fue arrestado bajo falsas acusaciones después que Judas Iscariote, uno de sus propios discípulos, lo traicionó. Pero no fue un accidente. Si la humanidad iba a estar en contacto con Dios, si la barrera que los separaba iba a ser removida, algo drástico tenía que suceder. En esencia, con una mano Jesús se sujetó de un Dios Santo, y con la otra mano sostuvo al pecaminoso género humano. Mientras sus manos estaban siendo martilladas en la cruz con duros clavos, ¡él quitó la separación!

Sin embargo, no debemos olvidar que tres días después de su crucifixión, ¡Jesús se levantó de los muertos! Si el justo cae y vuelve a levantarse, la tumba no podía contener a un «Dios hombre».

NOSOTROS CRUCIFICAMOS A JESÚS EN LA CRUZ

La necesidad de la muerte de Jesucristo nos muestra qué extrema era nuestra situación como humanidad caída. Se dice que puedes darte cuenta de la profundidad de un pozo por la cantidad de soga que bajas. Cuando vemos «cuánta soga bajó» del cielo, nos damos cuenta cuán grave era nuestra situación.

Por esta razón, no culpes a la gente de ese tiempo por crucificar a Jesús en la cruz. Nosotros somos tan culpables como ellos. En realidad, no fueron los soldados romanos ni los líderes judíos los que lo crucificaron. La causa de que Jesús fuera voluntariamente a esa tortura, y humillante muerte fueron nuestros pecados.

Lee los versículos y las notas siguientes para ver exactamente lo que Jesús hizo por nosotros.

1. **La mayor demostración de amor** (lee Romanos 5:6-8). Jesús no murió por nosotros mientras éramos sus amigos, sino cuando éramos sus enemigos, oponiéndonos a él por nuestro estado pecaminoso. Sin embargo, a pesar de todo esto, Dios demostró su amor por nosotros al morir en la cruz. En este versículo, el apóstol Pablo explica que Jesús no murió simplemente por la humanidad entera, sino que él murió por cada uno de nosotros. En otro lugar Pablo escribe: «[Cristo] me amó, y se entregó a sí mismo por mí» (Gálatas 2:20).

   Cuando seas tentado a dudar del amor de Dios hacia ti, mira detenidamente a la cruz donde murió Jesús. Después te darás cuenta de que los clavos no lo crucificaron en la cruz, sino el amor.

2. **Abandonado para que nosotros podamos ser perdonados** (lee Lucas 23:32-49). Muchos de nosotros hemos oído la historia de Jesús en algún momento en nuestra vida. Pero el significado detrás de esta escena desgarradora es muchas veces mal entendido. Él no era simplemente un «buen maestro» que fue crucificado por sus creencias. Era Dios en forma humana quien murió en esa cruz, cerrando la brecha entre gente pecaminosa y un Dios santo.

El evangelio según Mateo nos dice que cuando Jesús murió en esa cruz, él gritó: «Dios mío, Dios mío, ¿por qué me has abandonado?» (Mateo 27:46). Muchos eruditos bíblicos creen que esas palabras marcan el momento preciso cuando Dios puso los pecados del mundo sobre su Hijo. La Biblia, hablando de Dios, dice: «Muy limpio eres de ojo para ver el mal» (Habacuc 1:13). Por esta razón, el santo Padre tuvo que voltear su rostro y derramar su ira sobre su propio Hijo. En la cruz, Jesús recibió el pago que nos correspondía a nosotros. Él no fue escuchado para que nosotros podamos ser escuchados. El oído de Dios estuvo cerrado hacia Jesús por un tiempo, para que nunca esté cerrado para nosotros.

3. **Cristo, el único mediador** (lee 1 Timoteo 2:5-6). ¿Por qué hay un solo mediador capacitado para acercar a Dios y la gente? ¿No han existido otros líderes religiosos que han reclamado conocer el camino a Dios? ¿No han existido otros que también han muerto a causa de su mensaje?

Mientras las respuestas a estas preguntas pueden ser sí, la verdad es que ninguno fue totalmente Dios y totalmente humano. Por esta razón, Jesús es el único capacitado para tratar con el pecado. Jesús dijo: «Yo soy el camino, y la verdad, y la vida; nadie viene al Padre, sino por mí» (Juan 14:6). Hechos 4:12 nos dice: «Y en ningún otro hay salvación; porque no hay otro nombre bajo el cielo, dado a los hombres, en que podamos ser salvos». Y aun más importante, ¡Jesucristo resucitó de los muertos!

Aunque es cierto que debes creer que Jesús murió en la cruz por tus pecados para poder recibir vida eterna y ser verdadero cristiano, todavía hay algo más que debes hacer.

La respuesta: Acepta la oferta de Dios

Para conocer a Jesucristo personalmente y que tus pecados sean perdonados, debes creer que tú eres un pecador separado de Dios y que tu única esperanza es Jesucristo, el Hijo de Dios, quien vino a morir por tus pecados. Sin embargo, si te detienes, te quedarías fuera de la salvación.

Hay dos cosas que debes hacer ahora para entrar en una relación con el Dios del cual has estado separado.

1. APÁRTATE DEL PECADO

Cuando Jesús comenzó su ministerio público, su primer mensaje era: «arrepentíos» (Marcos 1:15). En esencia, cuando Jesús le decía a la gente que se arrepintiera, les estaba diciendo que reconocieran su pecado, que cambiaran su manera de pensar y la dirección de sus vidas.

Míralo de esta manera. En el pasado, estábamos ciegos por nuestro pecado y eso hacía que nos alejáramos de Dios. Al arrepentirnos, damos un «giro total» y comenzamos a correr hacia él. No es suficiente sólo sentirnos mal por nuestro pecado. También debemos cambiar nuestro estilo de vida, porque la Biblia nos enseña que: «Porque la tristeza que es según Dios produce arrepentimiento para salvación» (2 Corintios 7:10). En otras palabras, si realmente te sientes mal por algo, los resultados se tienen que ver en un cambio en tus acciones.

El apóstol Pablo resumió ese cambio en forma concisa cuando citó lo que Jesús dijo a la gente: «Para que abras sus ojos, para que se conviertan de las tinieblas a la luz, y de la potestad de Satanás a Dios; para que reciban, por la fe que es en mí, perdón de pecados» (Hechos 26:18).

Mira, hay cosas que sólo Dios puede hacer, y hay cosas que sólo tú puedes hacer. Sólo Dios puede remover tu pecado y darte el don de la vida eterna, pero sólo tú puedes apartarte de tu pecado y recibir a Jesús como tu Salvador. Esto nos trae al segundo paso que tienes que dar para responder a la oferta de Dios.

2. CREE EN JESUCRISTO Y RECÍBELO EN TU VIDA

Después de reconocer la inmensidad de tu pecado y tomar la decisión de apartarte de él, debes creer en Jesucristo y recibirlo como tu Señor y Salvador. Ser cristiano, sin embargo, es mucho más que seguir un credo, o tratar de vivir por ciertas normas. Jesús dijo que debes «nacer de nuevo» o literalmente, «nacer de lo alto» (Juan 3:3). Este nacer de nuevo (espiritual), sucede cuando creemos en Jesucristo personalmente, lo recibimos al invitarlo a nuestra vida, y nos apartarnos del pecado. En otras palabras, le pedimos a Jesús que haga su residencia en nuestra vida y que lleve a cabo los cambios necesarios. Una persona debe tomar este importante paso para llegar a ser un hijo de Dios.

Observa que esta oferta es para ti, y es gratuita. Tú no tienes que trabajar para obtenerla, tratando de limpiar tu vida antes de tomar esta decisión que cambiará tu ser. La Biblia dice: «La dádiva de Dios es vida eterna en Cristo Jesús Señor nuestro» (Romanos 6:23).

Ser cristiano también implica tener comunión con el Dios viviente. En Apocalipsis 3:20, Jesús dice: «He aquí, yo estoy a la puerta y llamo; si alguno oye mi voz y abre la puerta, entraré a él, y cenaré con él, y él conmigo». Para comprender mejor el sentido de este versículo, es importante entender la cultura del tiempo en que fue escrito. Comer juntos en aquella época constituía un tiempo largo y relajado. No utilizaban sillas que rodeaban una mesa en un estilo formal como nosotros. Se sentaban en el piso, reclinados en cojines alrededor de una mesa de baja altura. Esa atmósfera amistosa hacía que la comida no sólo satisficiera el apetito, sino que también se disfrutaba de un tiempo gratificante de conversación placentera. Se podía abrir el corazón y compartir la vida con aquellos que se sentaban juntos a la mesa.

Consecuentemente, cuando Jesús dice que él «compartirá una comida con nosotros», implica intimidad, cercanía y amistad. Él nos ofrece esa relación, pero primeramente debemos «oír su llamado».

Para oír el llamado de Dios, debemos saber cómo habla. Una manera que Dios nos habla se menciona en la Biblia como una voz «dulce y apacible». Otra se describe como un tirón que sientes en tu corazón de parte del Espíritu Santo, mostrándote que necesitas a Jesús. ¡Tal vez te esté hablando ahora mismo! Es en ese punto donde debes «abrir la puerta». Sólo tú puedes hacer eso. Jesús nunca te va a forzar.

RECIBE A JESUCRISTO EN TU CORAZÓN

Si estás listo para apartarte de tu pecado, creer en Jesucristo, y recibir el perdón de tus pecados y la esperanza de la vida eterna, toma un momento, inclina tu cabeza y haz una oración como la siguiente:

Dios, me arrepiento de mis pecados. Me aparto de ellos ahora mismo. Te doy gracias por mandar a Jesucristo a morir en la cruz por mis pecados.

Jesús, te pido que entres en mi corazón y en mi vida en este momento. Quiero que seas mi Señor, mi Salvador, y mi amigo. Ayúdame a seguirte como tu discípulo, todos los días de mi vida. Gracias por perdonarme y recibirme ahora mismo. Gracias por el perdón de mis pecados y por llevarme al cielo. Oro en el nombre de Jesús, amén.

REDEDICA TU VIDA A JESUCRISTO

Tal vez ya eres cristiano pero te has alejado de Jesucristo. Has sido un hijo pródigo o una hija pródiga. Si te vuelves a Dios, él te perdonará ahora mismo. Él nos dice en las Escrituras: «Convertíos, hijos rebeldes, y sanaré vuestras rebeliones» (Jeremías 3:22). Si deseas volver a Dios y dedicar de nuevo tu vida a él ahora mismo, puedes hacer una oración como la siguiente:

Dios, me arrepiento de mis pecados y de haberme alejado de ti. Te pido que me perdones. No quiero vivir más como un hijo pródigo o una hija pródiga.
Renuévame y avívame al seguirte una vez más como mi Dios. Gracias por tu perdón. Oro en el nombre de Jesús, amén.

Si oraste para hacer tu primer compromiso o para rededicar tu vida, has hecho la decisión correcta. Dios te ha perdonado y te ha recibido si realmente lo deseabas. Puedes estar seguro de que tu relación con Jesucristo traerá cambios radicales y dramáticos en tu vida. Al describir esto, la Biblia dice: «De modo si si alguno está en Cristo, nueva criatura es; las cosas viejas pasaron; he aquí todas son hechas nuevas» (2 Corintios 5:17). ¡Esa es una muy buena noticia! Pero aun más importante es que Dios ha cambiado tu destino eterno. En vez de temer un castigo eterno en un lugar llamado infierno, vas a pasar una eternidad pacífica en la presencia de Dios en el cielo.

Lee la próxima sección para ver cuánto más Dios ha hecho por ti, ahora que has dado este primer paso.

Lo que Dios ha hecho por ti

¿Qué sucede en el momento en que Jesucristo viene a tu vida? Primeramente, él te salva de tus pecados y del castigo eterno en el infierno que merecías por ellos. Eso se llama salvación o regeneración, y tiene que ver con lo que sucede en tu corazón: Dios te da una vida nueva.

En segundo lugar, él te justifica. La justificación significa que puedes estar ante la presencia de Dios, porque él ha quitado todos tus pecados y te ha otorgado su perdón. ¿No es asombroso? Cuando recibes a Jesucristo en tu vida, estás completamente perdonado. La Palabra de Dios nos dice: «Sabed, pues, esto, varones hermanos: que por medio de él se os anuncia perdón de pecados, y que de todo aquello de que por la ley de Moisés no pudisteis ser justificados, en él es justificado todo aquel que cree» (Hechos 13:38-39). Hablando de nuestros pecados, Dios dice: «Nunca más me acordaré de sus pecados y transgresiones» (Hebreos 10:17). ¡Qué promesa maravillosa!

Sin embargo, la justificación es más que el perdón, la eliminación de la culpa y la condenación que acompañan al pecado. Mientras Dios ha removido tus pecados y te ha perdonado, él también ha puesto la justificación perfecta de Jesucristo a tu favor. No tienes que merecerla o tratar de alcanzarla. Es tuya como un regalo de gracia del Dios que te ama. Para entender la justificación completamente, lee las siguientes notas y pasajes.

1. **Dios nos promete su perdón por gracia** (lee 1 Juan 1:9). La palabra *confesar* significa: «decir lo mismo que otro» o «estar de acuerdo». Confesar quiere decir que estamos de acuerdo con Dios acerca de nuestro pecado. Vemos las cosas como él las ve. Sabemos que Dios odia el pecado, por tanto, si realmente confesamos nuestro pecado, en esencia sentimos lo mismo que Dios siente con respecto a lo que hemos hecho. Después de haber cometido ese pecado estaremos determinados a echarlo fuera de nuestra vida y nunca más volver a hacerlo. Esa es una confesión verdadera en el sentido bíblico. La razón por la que muchos creyentes no experimentan el perdón y el gozo que desean es porque ¡no han confesado realmente su pecado! Una vez que cumplimos con los requisitos de Dios, estamos en condiciones de conocer su perdón por gracia. Tal vez no nos sintamos «perdonados», pero lo somos. Su Palabra lo dice.

2. **Dios nos ha hecho perfectos moral y espiritualmente** (lee Romanos 5:1-2). Cuando Dios nos hace justos ante sus ojos, lo hace poniendo *toda* la justicia de Cristo a nuestro favor. Esto nos hace perfectos ante él, moral y espiritualmente. Tenemos todo lo que necesitamos para vivir una vida plena y abundante. Hasta este punto, la salvación ha sido la responsabilidad de Dios. De aquí en adelante continúa siendo su responsabilidad, con la excepción de que nosotros ahora somos responsables de la sabia inversión de nuestra salvación, o sea, que estamos comprometidos a vivir como Dios quiere que vivamos. Es como si tu cuenta bancaria estuviera vacía y alguien te hace un depósito millonario. Lo que hagas con ese dinero es asunto tuyo.

3. **Dios nos llama sus hijos** (lee Lucas 15:11-32). Esta historia increíble nos ilustra lo que sucede cuando una persona se aparta de sus pecados y se vuelve a Dios. Primero, nota que el padre de la historia no le dio a su hijo pródigo lo que merecía: darle la espalda. De la misma manera, no recibimos de Dios lo que merecemos: el castigo por nuestro pecado. Segundo, el joven recibió lo que no merecía: el derecho y el privilegio de ser hijo. De la misma manera, aunque no somos dignos de ser llamados hijos de Dios, él nos llama sus hijos. En resumen, él no nos da lo que merecemos (juicio). Él nos da lo que no merecemos (perdón y justificación).

Hablando de hijos e hijas, sigue leyendo para ver cómo Dios te ha adoptado en su familia.

Adoptados y asegurados

Hemos visto lo que sucede cuando somos regenerados (cuando Cristo viene a nuestra vida) y cuando somos justificados (cuando Dios perdona nuestros pecados y los reemplaza por su justicia). Ahora veamos otra maravilla increíble que Dios ha hecho por nosotros. ¡Él nos ha adoptado en su familia como sus hijos!

Adopción significa «tener los derechos de un hijo». En esencia, has recibido todos los derechos de hijo de Dios, como si hubieras nacido en su familia. La historia del hijo pródigo ilustra esto (Lucas 15:11-32). El hijo descarriado pensó que después de irse de su casa, ya no se le iba a considerar como un hijo sino como un sirviente. Para su gran sorpresa, cuando hizo el largo viaje hacia su casa, su padre lo recibió con gusto y lo llenó de besos. Después dio órdenes para que trajeran el mejor vestido y pusieran un anillo en su dedo, lo que simbolizaba sus derechos completos como hijo. ¡Esto es exactamente lo que Dios ha hecho por ti! Toma un tiempo ahora para examinar tres pasajes de las Escrituras que te dan seguridad de tu adopción en la familia de Dios.

1. **Dios disciplina a sus hijos** (lee Hebreos 12:5-9). Reconocer que ahora eres un hijo de Dios no es una esperanza distante sino una realidad presente. Una de las maneras que Dios te recuerda que eres su hijo, es corrigiéndote y volviéndote al camino una vez más cuando te apartas de él, como lo hace un padre amoroso. Antes de ser creyentes, tal vez no nos sentíamos culpables por ciertas cosas que hacíamos o no hacíamos. Pero ahora que somos cristianos, el Espíritu Santo de Dios nos muestra cómo vivir, y eso incluye corregirnos. Él no hace esto porque nos odie, sino porque nos ama como lo que somos: sus propios hijos. Comprender esta verdad nos ayuda a reflexionar en nuestro comportamiento.

2. **Tienes un Padre alcanzable** (lee Gálatas 4:6). El idioma arameo traduce la palabra *abba*, que aparece en este pasaje como: «querido Padre». Es una expresión que manifiesta el afecto de un niño hacia su padre. En nuestros días equivaldría a: «papá» o «papi». Dios no quiere que lo veamos como un padre distante y desinteresado, sino como un padre amoroso y alcanzable, a quien puedes acudir en cualquier momento porque eres su hijo.

3. **Sus promesas no están basadas en tus sentimientos** (lee 1 Juan 5:11-13). Habrá tiempos en tu vida cristiana cuando no vas a «sentir» la presencia de Dios. Tal vez hasta seas tentado a dudar de que él ha venido a tu vida. Pero 1 Juan 5:13 no dice: «Estas cosas os he escrito a vosotros que creéis en el nombre del Hijo de Dios, para que *sepáis* que tenéis vida eterna». Los sentimientos van y vienen, fluctúan de un día a otro. La Biblia tampoco dice: «Escribo esto para que tengan la *esperanza* —si Dios está de buen humor— de que tendrán vida eterna». Dice: «para que *sepan. . .*» ¡La vida eterna es tuya! Sostente en la promesa de Dios para ti. Estás perdonado, justificado, adoptado en su familia, y seguro de tu salvación. ¡Esa es una maravillosa razón para regocijarte!

Para aprender más acerca de Dios, ve «¿Quién es Dios?» en la sección Piedras angulares.

¿Quién es Dios?

Miles de años atrás, el faraón, gobernador egipcio, hizo una pregunta que persiste hoy: «¿Quién es el Señor para que yo le escuche?» Es una buena pregunta, sin embargo, no es un tema fácil de discutir. Para nuestra mente limitada es difícil captar al Dios eterno y sin límite. Se ha dicho: «Si Dios fuera suficientemente pequeño para tu mente, no sería suficientemente grande para llenar tus necesidades». Por esa razón, no te desesperes si no puedes entender por completo quién es Dios y por qué hace ciertas cosas. Un día, nos prometen las Escrituras, todo lo relativo a Dios será entendido con claridad (1 Corintios 13:12). Mientras tanto, todo lo que necesitamos saber acerca de él, lo vamos a encontrar en su Palabra. Busca los siguientes pasajes y notas para averiguar quién es Dios.

1. **Dios conoce todo, está siempre presente, y es todopoderoso.** El creador del universo conoce todos los detalles más íntimos de su creación (lee Mateo 10:29-31).
2. **Dios es santo.** La incomparable santidad de Dios merece nuestra alabanza (lee Apocalipsis 15:2-4).
3. **Dios es amoroso y justo.** La justicia de Dios es atenuada por su amor (lee 2 Pedro 3:3-9).
4. **Dios es personal.** Esta característica de Dios lo distingue de los llamados «dioses» de otras religiones (lee Hechos 17:22-31).
5. **Dios tiene control de todo.** Es muy importante recordar que Dios tiene control de todo, aunque pareciera que las cosas a nuestro alrededor están en un estado de caos (Romanos 11:33-36).
6. **El Dios de la Biblia es el único Dios verdadero.** Mientras algunos insisten en la existencia de muchos dioses, sólo el Dios de la Biblia es el verdadero Dios viviente, digno de nuestra devoción (lee 1 Corintios 8:4-6).

¿Quién es Jesús

A través de la historia mucha gente ha tratado de contestar esta pregunta. Algunos la han respondido con certeza, pero muchos no han podido. Nuestro mejor recurso para contestar esta pregunta es —una vez más— la misma Palabra de Dios. La Biblia nos presenta algunas verdades ineludibles acerca de Jesús, las cuales demandan una respuesta. Cualquier persona que estudia las Escrituras seriamente para aprender más acerca de Jesús, debe contestar dos desafiantes preguntas:

(1) ¿Qué piensas de Jesucristo? y (2) ¿Quién es él? El escritor C. S. Lewis hizo esta observación: «Tú debes elegir. O este hombre fue, y es, el Hijo de Dios, o es un loco, o algo peor. Puedes callarlo como a un necio; puedes escupirle y matarlo como a un demonio; o puedes caer a sus pies y llamarle Señor y Dios. Pero no lleguemos a la insensata conclusión de que él fue sólo un gran maestro humano. Él no nos dejó tal opción. No fue su propósito» (Mere Christianity, Cristianismo y nada más, rev. ed. [Nueva York: Macmillan, 1952], p. 41).

Jesús no sólo fue un buen hombre. Él fue y es el Dios-hombre. Examinemos lo que la Biblia dice acerca de Jesús.

1. **Jesús es humano**. Jesús fue nuestro supremo ejemplo de Dios en forma humana (lee Filipenses 2:5-11).
2. **Jesús es divino**. Aunque Jesús se hizo humano, siguió siendo Dios (lee Colosenses 1:15-20).
3. **Jesús tenía que cumplir una misión específica**. Jesús vino a salvar a la humanidad del pecado (lee Lucas 4:16-21).
4. **Jesús hizo el sacrificio supremo**. Jesús sufrió un dolor intenso para que nosotros podamos gozar de la eternidad con él (lee 1 Pedro 2:24).
5. **Jesús tiene gran poder para transformar a la gente**. Jesús puede cambiar a la persona que menos pensamos, en uno de los testigos más poderosos para su obra (lee Hechos 4:13).
6. **Jesús tiene dominio eterno**. El reino de Jesús se extiende más allá que las fronteras del tiempo y el espacio (lee Apocalipsis 1:4-8).

¿Quién es el Espíritu Santo

El Espíritu Santo es la persona más misteriosa de la Trinidad, la cual incluye a Dios el Padre, Dios el Hijo (Jesucristo), y Dios el Espíritu (o el Espíritu Santo). A muchos les parece confusa la idea de un Dios en tres personas. Honestamente, nunca vamos a comprender este concepto por completo mientras estemos de este lado del cielo. Algunos, equivocadamente, han pensado del Espíritu Santo como una «cosa» y no como una «persona».

Esto puede ser provocado, en parte, por la descripción bíblica que de él se hace, cuando se refiere a que es como el viento, o como paloma al descender sobre Jesús, y otras comparaciones que la Biblia menciona.

Sin embargo, estas descripciones deben equilibrarse con las descripciones de los otros miembros de la Trinidad. Por ejemplo, Jesús se refirió a sí mismo como «el pan de vida» y «el buen pastor». De la misma manera, Dios el Padre es mencionado como un «refugio» y «un fuego consumidor». ¿Esto quiere decir que Jesús es un pan o un granjero, o que Dios el Padre es una fortaleza de piedra o un horno de fuego? ¡Por supuesto que no! Estas son sólo metáforas usadas en las Escrituras para comunicar el carácter de Dios. De la misma manera, las descripciones singulares otorgadas al Espíritu Santo no implican que el Espíritu Santo es sólo una «fuerza» o un «poder». Jesús dijo lo siguiente acerca del Espíritu Santo: «Cuando venga el Espíritu de verdad, él os guiará a toda la verdad ... os hará saber las cosas que habrán de venir» (Juan 16:13). Note el uso del pronombre él. El Espíritu Santo tiene una personalidad distinguida, y tiene una obra específica que él quiere cumplir en las vidas de los seguidores de Jesús. Exploremos lo que la Biblia dice acerca de él.

1. **A quién ayuda el Espíritu Santo**. El Espíritu Santo da fuerza y poder a los seguidores de Cristo (lee Hechos 2:1-40).
2. **Cómo obra el Espíritu Santo con el Padre y el Hijo**. El Espíritu Santo obra junto con Dios el Padre y Jesús, el Hijo de Dios, para que nuestra vida complazca a Dios (lee 1 Pedro 1:2).
3. **Por qué Dios nos dio el Espíritu Santo**. La presencia del Espíritu Santo en nuestra vida es la marca de propiedad de Dios (lee Efesios 1:13-14).
4. **Cómo obra el Espíritu Santo en nuestra vida**. El Espíritu Santo nos acerca a Cristo, entra en nuestra vida al momento de la conversión, y nos llena de poder mientras le dejamos actuar en nuestra vida (lee Juan 14:15-17).
5. **Cuando se peca en contra del Espíritu Santo**. Existen seis maneras específicas en las que podemos pecar en contra del Espíritu Santo (lee Hechos 5:1-10).
6. **Por qué los cristianos necesitan al Espíritu Santo**. Es imposible vivir la vida cristiana sin la ayuda del Espíritu Santo (lee Gálatas 5:16-26).

¿Cómo es el diablo? ¿Realmente es como la caricatura de las fábulas, con un traje rojo, una horquilla, sentado en el trono del infierno? ¿O viaja por la tierra disfrazado de un ángel de luz?

¿Quién es el diablo?

Desdichadamente, muchas personas no tienen una imagen acertada del diablo. Muchos lo menosprecian a él y su poder, y aun llegan al punto de dudar de su existencia. Una vez alguien le preguntó al gran evangelista Charles Finney:

«Señor Finney, ¿usted cree que el diablo es real?» Finney respondió: «Trata de oponerte a él por un tiempo, y fíjate si es real o no». En el instante que te comprometes con Jesucristo, te das cuenta cuán real es el diablo.

La Biblia nos demuestra claramente lo activo y astuto que es el diablo. Al mismo tiempo, las Escrituras nos dejan saber los límites del diablo, y su muerte final. Cuanto más entendemos las tácticas de este ser espiritual inteligente, mejor preparados estaremos para defendernos de sus ataques. Los siguientes pasajes de las Escrituras contestan algunas de las preguntas más comunes acerca del diablo, al cual también se le llama Satanás.

1. **¿De dónde vino Satanás?** El orgullo de Satanás lo guió a su caída del cielo (lee Apocalipsis 12:7-9).
2. **¿Cuáles son las habilidades de Satanás?** Satanás tiene el poder y el acceso para hacer ciertas cosas en este mundo (lee 2 Corintios 4:3-4).
3. **¿Cuáles son las limitaciones de Satanás?** No debemos menospreciar el poder de Satanás, pero debemos darnos cuenta de que es limitado (lee 2 Timoteo 4:18).
4. **¿Cómo ataca Satanás a la gente?** Satanás manipula y distorsiona hábilmente para engañar a la gente (lee 2 Corintios 11:13-15).
5. **¿Quién puede contrarrestar los planes de Satanás?** Aquellos que rinden su vida a Cristo pueden derrotar a ese malvado enemigo (lee Apocalipsis 12:10-12).

¿Qué son los ángeles?

De acuerdo con una reciente encuesta, la mayoría de la gente cree en la existencia de los ángeles. Cúmulos de libros llenan los estantes de las librerías sobre el tema. Aún así, el único recurso digno de confianza sobre los ángeles y su actividad, es la Biblia. Realmente, ¿quiénes son estas criaturas misteriosas? ¿Cómo son? ¿Usan vestiduras largas y tienen alas como los pájaros? ¿Cuál es su propósito?

Puedes llamar a los ángeles «agentes secretos de Dios». Básicamente operan detrás del escenario. Casi todo el tiempo estos agentes secretos son invisibles, con la excepción de aquellas ocasiones especiales cuando Dios permite que la gente los vea. Sin duda, Dios se dio cuenta de que si pudiéramos verlos todo el tiempo, se convertirían en objeto de nuestra adoración, la cual debe estar reservada sólo para Dios. Tomemos un tiempo para ver lo que la Biblia nos dice acerca de los ángeles, y su función en este mundo.

1. **¿Por qué creó Dios a los ángeles?** Dios creó a los ángeles como seres espirituales únicos, para adorar a Cristo y cuidar de sus seguidores (lee Hebreos 1:4-14).
2. **¿Qué hacen los ángeles en la vida del cristiano?** Dios ha ordenado a los ángeles proteger a sus seguidores y mantenerlos fuera de peligro (lee Hechos 27:23-24).

3. ¿Cómo están los ángeles involucrados en nuestras oraciones? Nuestras oraciones pueden desatar una guerra espiritual (lee Colosenses 2:18-19).

4. ¿Qué función tienen los ángeles en los últimos días? Los ángeles tendrán una función estratégica al esparcir el evangelio eterno (lee Apocalipsis 14:6-7).

¿Qué son los demonios?

Así como existen ángeles que velan por tu bienestar, existen ángeles empeñados en causar tu destrucción. La Biblia nos enseña que cuando Satanás cayó del cielo, se llevó una tercera parte de los ángeles con él (Apocalipsis 12:4). Aunque no sabemos la cantidad exacta, las Escrituras nos dicen que hay multitudes (Lucas 2:13) y legiones (Mateo 26:53) de ángeles. Así que Satanás tiene una fuerza enorme, sumamente organizada, bajo su control.

Estos ángeles caídos, también conocidos como demonios, ayudan a Satanás a cumplir su propósito, el cual, en las palabras de Cristo, es robar, matar, y destruir. Mientras la Biblia no nos da detalles específicos de cómo obran los demonios, tenemos la certeza de que todo lo que necesitamos saber se encuentra en las Escrituras. No tenemos que buscar en ningún otro lado para comprender el mundo espiritual. Veamos lo que la Palabra de Dios dice acerca de estos agentes malignos.

1. ¿Qué creen los demonios? Aunque suene raro decirlo, los demonios reconocen que sólo hay un Dios (lee Santiago 2:19).

2. ¿Pueden dañarnos los demonios personalmente? Aquellas personas que tienen una verdadera relación con Cristo no pueden ser vencidos por los demonios. Los que no la tienen, son el blanco de estos siervos de Satanás (lee Hechos 19:13-20).

3. ¿Qué anula el poder a los demonios? El nombre de Jesús, usado por sus seguidores, hace que los demonios tiemblen (lee Lucas 10:1-20).

¿Qué es el cielo?

La Biblia nos da una preciosa y vívida descripción del cielo. A través de las Escrituras sabemos que las calles del cielo son de oro, y que el dolor, el temor y el sufrimiento no están presentes allí. No obstante, aun con todo este detalle, estamos cortos de comprender el «cuadro completo». Esto es porque nos es difícil captar la gloria y la perfección absoluta del cielo.

Sin embargo, poniendo todo el esplendor a un lado, lo que hace al cielo espectacular es que estaremos en la presencia de Dios eternamente. El salmista lo expresó categórico: «Me mostrarás la senda de la vida, en tu presencia hay plenitud de gozo; delicias a tu diestra para siempre» (Salmos 16:11). No nos es posible responder a todas nuestras inquietudes en cuanto al cielo, aquí en la tierra, pero la Biblia contesta algunas de las preguntas más profundas.

1. **¿Quién entrará en el cielo?** El cielo es el lugar para aquellos que han recibido a Jesús como su Señor (lee Juan 14:1-6).
2. **¿Cuándo entra el cristiano al cielo?** Cuando respiramos por última vez en la tierra, respiraremos por primera vez en el cielo (lee 2 Corintios 5:6-9).
3. **¿Podremos reconocer a gente en el cielo?** Mientras que nuestro cuerpo celestial se parecerá a nuestro cuerpo terrenal, seremos en alguna manera como ángeles (lee Mateo 22:23-33).
4. **¿Cómo será la vida en el cielo?** Nuestra permanencia en el cielo ya no será consumida por las preocupaciones de esta vida, sino que estaremos llenos de gozo en la presencia de nuestro Padre celestial (lee Apocalipsis 7:13-17).

¿Qué es el infierno?

De acuerdo con la Biblia, tratándose de dónde pasaremos el resto de nuestra vida después de la muerte, tenemos dos opciones. Una es el cielo. La otra es el infierno. Es interesante saber, que aunque parece que hay un aumento en la cantidad de personas que creen que existe un lugar llamado infierno, la mayoría de ellas no piensa que está en camino a ese lugar.

En vez de eso, creen que el infierno está reservado sólo para los peores criminales y otros elementos «malignos» de nuestra sociedad.

Sin embargo, la Palabra de Dios usa un criterio diferente para juzgar a la gente. No vas al infierno por ser una persona mala, ni vas al cielo por ser una persona buena. Todos merecemos vivir la eternidad en el infierno (Romanos 3:22-23).

Mientras Dios dice claramente que los que rechazan la salvación ofrecida a través de su Hijo Jesucristo vivirán el resto de la eternidad en ese lugar de tormento, vez tras vez, él le da a cada persona la amplia oportunidad de elegir vida, vida en abundancia en la tierra, y vida eterna en el cielo (2 Pedro 3:9). Si todavía no has hecho esa decisión, o si ya la has tomado y deseas un entendimiento más profundo de lo que tus amigos incrédulos tienen que enfrentar, considera estos datos acerca del infierno que se encuentran en las páginas de las Escrituras.

1. **¿Cómo es el infierno?** El infierno es un lugar de tormento eterno (lee Lucas 16:19:31).
2. **¿Quién va a ir al infierno?** Aquel cuyo nombre no aparece en el Libro de la Vida está destinado a un castigo eterno (lee Apocalipsis 20:11-15).
3. **¿Cuál es el peor castigo en el infierno?** El peor castigo en el infierno es la separación eterna de la presencia de Dios (lee 2 Tesalonicenses 1:7-10).

Amor

En una ocasión alguien le preguntó a Jesús cuál era el mandamiento más importante. Él contestó: «El primer mandamiento de todos es: Oye, Israel; el Señor nuestro Dios, el Señor uno es. Y amarás al Señor tu Dios con todo tu corazón, y con toda tu alma, y con toda tu mente y con todas tus fuerzas. Este es el principal mandamiento. Y el segundo es semejante: Amarás a tu prójimo como a ti mismo» (Marcos 12:29-31).

Estos son los dos mandamientos más importantes porque si realmente amas a Dios con todo tu corazón, tu alma, tu mente y tu fuerza, vas a querer hacer todo lo que le complace a él. Asimismo, si amas a otros tanto como a ti mismo, te vas a preocupar por su bienestar y los tratarás de esa manera. Sin embargo, antes que puedas amar a Dios realmente, debes comprender cuánto él te ama.

Las Escrituras explican que Dios nos demostró su gran amor al enviar a Cristo para morir por nosotros cuando todavía éramos pecadores y no teníamos una relación con él (Romanos 5:8). Cuanto más nos damos cuenta de esta gran verdad, más crecerá nuestro amor por Dios. La Biblia reconoce que nuestro amor por Dios es el resultado de que él nos amó primero (1 Juan 4:19). Estos pasajes de las Escrituras exploran diferentes aspectos del amor que debemos tener a Dios y a nuestro prójimo.

1. **Dios debe ser el amor más grande de nuestra vida.** Antes que podamos amarnos plenamente unos a otros, debemos amar a Dios con todo el corazón, con toda el alma, y con toda la mente y comprender su amor por nosotros (lee Mateo 22:37-38).
2. **El amor de Cristo establece la norma**. El amor que tenemos los unos por los otros debe reflejar el amor de Cristo por nosotros (lee Efesios 5:1-2).
3. **El amor sobrepasa a todos los dones espirituales.** Un cristiano que entiende lo que significa el amor y lo demuestra en su vida, es el mejor testimonio para otros (lee 1 Corintios 13:1-13).
4. **Nuestro amor por Dios nos prepara para el servicio**. La profundidad de nuestro amor por Dios afecta directamente nuestra habilidad de ministrar a otros (lee Juan 21:15-17).
5. **Nuestro amor por otros refleja la condición de nuestro corazón**. El amor que tenemos por los que nos rodean es una indicación de la fuerza de nuestra vida cristiana (lee 1 Juan 2:9-11).
6. **Nuestro amor debe crecer.** Cuanto más nos acercamos a Dios, más debe crecer nuestro amor hacia otros (lee 1 Tesalonicenses 3:12-13).

Perdón

Uno de los grandes principios de la vida cristiana es el perdón. Jesús ejemplificó este principio cuando pendía de la cruz, y oraba por las personas que lo habían crucificado (lee Lucas 23:34). Sus palabras fueron tan poderosas e inesperadas que uno de los ladrones que estaba junto a él se convirtió.

Puesto que Jesús nos perdonó completamente, él quiere que sigamos su ejemplo y perdonemos a otros. Como dicen las Escrituras: «Antes ser benignos unos con otros, misericordiosos, perdonándoos unos a otros, como Dios también os perdonó a vosotros en Cristo. Sed, pues, imitadores de Dios como hijos amados» (Efesios 4:32-5:1). La Biblia nos da importantes características sobre el perdón que debemos dar a otros.

1. **Primero el perdón viene de Dios**. Nuestro perdón a otros está basado en el perdón que Dios nos extendió a nosotros (lee Marcos 11:25).
2. **El perdón no conoce límites**. Para un cristiano, ningún error es muy grande o muy pequeño, para no ser perdonado (lee Mateo 18:21-35).
3. **El perdón no es selectivo**. No podemos elegir perdonar a unas personas y a otras no (lee Mateo 5:43-48).
4. **El perdón quiebra barreras**. Cuando elegimos perdonar, experimentamos verdadera libertad (lee Colosenses 3:12-15).

Pureza

La pureza es una cualidad de la que oímos rara vez. Por lo general, la relacionamos con la pureza sexual. Sin embargo, la pureza va mucho más allá; incluye pensamientos sanos, un deseo sincero de hacer lo correcto, y un compromiso a obedecer la Palabra de Dios. Jesús se refirió a la importancia de la pureza cuando prometió que los de corazón puro verían a Dios (Mateo 5:8). Al usar la palabra corazón, Jesús estaba diciendo que el centro de nuestro ser —nuestra voluntad, emociones y pensamientos— necesita estar limpio de pecado. Los siguientes textos de la Biblia se refieren a la pureza, y cómo nos afecta como seguidores de Jesucristo.

1. **No te pongas en el camino de la tentación sin necesidad**. Debes conocer tus debilidades morales y evitar las situaciones donde la tentación a pecar sería irresistible (lee Santiago 1:14-15).
2. **Está atento al contenido de tus pensamientos**. No llenes tu mente con la inmoralidad del mundo (lee 2 Timoteo 2:22).
3. **Ten cuidado con los pecados del corazón**. La persona que comete adulterio en su corazón es tan culpable como la que lo lleva a cabo (lee Mateo 5:27-30).
4. **Evita relaciones adúlteras**. Dios nos advierte específicamente de no tener relaciones inmorales (lee 1 Tesalonicenses 4:1-8).

5. **Si caes, pídele a Dios que te perdone y purifique tu corazón y tus deseos**. Sólo Dios te puede perdonar, restaurar tu gozo, y llenarte con deseos correctos (lee 1 Juan 1:9).

6. **Mantén una perspectiva eterna**. No malgastes tu tiempo tras placeres terrenales (lee 2 Pedro 3:10-11).

7. **Vive para complacer a Dios**. Rindiendo tu vida a la dirección del Espíritu Santo es la única manera de vivir que agrada a Dios (lee Romanos 8:5-8).

Perseverancia

Habrá tiempos en tu caminar cristiano cuando te sientas «caído» emocionalmente. Tal vez pienses que Dios se ha olvidado de ti. O quizá te sientes desanimado al ver que otros que han hecho una confesión de fe en Jesucristo, pierden interés en las cosas espirituales y se alejan. Podrás comenzar a preguntarte si eres el próximo blanco en la «lista de ataque» del diablo.

Sin embargo, Dios nunca va a permitir que padezcas más de lo que puedes soportar espiritualmente. En realidad, es durante los tiempos de lucha cuando resultarás más fortalecido, no más debilitado.

Al leer tu Biblia, encontrarás palabras como resistencia y perseverancia. La Biblia usa estas palabras muchas veces cuando compara la vida cristiana con una carrera. Pero es un maratón, no una carrera de cien metros planos. Porque la vida cristiana es una carrera muy larga, necesitas regular tus fuerzas para perseverar, pero sobre todo, para finalizar la carrera. Busca los siguientes versículos que describen cómo y por qué necesitas perseverar a través de las inevitables luchas de la vida.

1. **La perseverancia produce resultados**. Cuando creces en tu entendimiento de la Palabra de Dios y la aplicas a tu vida, ganarás a otros para el Señor (lee Lucas 8:15).

2. **Las pruebas de la vida te harán más fuerte**. No debes ver las dificultades de la vida como obstáculos a tu fe, sino como oportunidades para un crecimiento espiritual (lee Santiago 1:2-4).

3. **Cristo soportó grandes dolores por nosotros**. Jesús demostró resistencia máxima para animarnos a mantener nuestra fe firme en la carrera de la vida (lee Hebreos 12:1-3).

4. **Dios honra a quien persevera**. Una entrega a Dios de todo corazón te capacitará para «terminar bien», firme en tu fe (lee 2 Timoteo 4:7-8).

Honestidad e integridad

La honestidad y la integridad parecen escasear en estos días. Sin embargo, la Biblia nos dice que forman parte de la vida del creyente. Lamentablemente, el mundo tiende a menospreciar este aspecto del cristiano y prefiere caracterizarlos como personas que están fuera de la realidad. Pero el creyente es simplemente alguien que permite a Dios influir en cada aspecto de su vida, en todos sus pormenores, en los asuntos diarios del trabajo, las finanzas, y las relaciones. Los pasajes siguientes nos enseñan cómo la integridad y la honestidad deben caracterizar nuestra vida.

1. **Debemos permanecer por encima de toda crítica**. La vida fiel y honesta del profeta Daniel en el Antiguo Testamento, lo hizo «distinguirse» de cualquier otro (lee 2 Corintios 7:2).
2. **Nuestra conducta debe hacer que otros glorifiquen a Cristo**. Vivir una vida honesta y buena delante de nuestro prójimo no creyente traerá gloria a Dios (lee 1 Pedro 2:9-12).
3. **Necesitamos ser ejemplo para otros.** Debemos mostrar una vida de integridad para ser un sólido ejemplo para nuestro prójimo cristiano (lee Tito 2:6-8).

Fe y obras

Cuando una persona viene con sinceridad a Jesucristo, esta relación transformará dramáticamente su vida. El cambio se verá de inmediato en algunas personas y en otras demorará más. Para aquellos cuyas vidas estuvieron caracterizadas por evidentes malos hábitos y una notable vida inmoral, el cambio en su estilo de vida mostrará a los demás que algo profundo ha ocurrido en su interior. Para otros, quienes no se han involucrado en pecados muy evidentes, el cambio puede no ser tan obvio, pero es igualmente significativo. Recuerda, todos nosotros estuvimos separados de Dios por el pecado, el cual fue perdonado en la cruz de Jesús.

Nuestra conversión debe mostrarse tanto en fruto como en obras. Este concepto de «llevar fruto» se usa a menudo en la Escritura para describir los resultados de la entrega de una persona a Cristo. Si no llevamos fruto, demuestra que no hemos aceptado a Cristo realmente como Señor y Salvador. Producir frutos no es una opción. Es el resultado natural de una persona que entra en unión con Dios. A veces hay confusión en este asunto de llevar frutos u obras. Mira lo que la Biblia dice acerca de este asunto.

1. **Nuestra vida debe demostrar que Dios está trabajando en nuestro corazón**. Dios desea que demostremos nuestro crecimiento espiritual a través de acciones externas (lee Romanos 7:4).
2. **Debemos vivir nuestra fe**. La fe sin obras es incompleta (lee Santiago 2:14:18).
3. **Dios nos ha salvado para un propósito**. Cuando Dios nos dio su salvación, dispuso que nuestra salvación nos conduzca a buenas obras (lee Efesios 2:10).
4. **Nuestro caminar debe estar de acuerdo con nuestro hablar**. Dios no tiene tanto interés en lo que *decimos* creer sino en cómo *vivimos* lo que creemos (lee Mateo 7:21-23).

Discernimiento

Una vez se le preguntó a un inspector que trabajaba para Scotland Yard, en el departamento de falsificaciones, si invertía mucho tiempo examinando dinero falso. Dijo: «No». Entonces explicó que pasaba tanto tiempo examinando el «dinero bueno» que podía de inmediato detectar el falso.

De la misma manera, cuando adquirimos un buen conocimiento de la Palabra de Dios, nosotros también podemos detectar enseñanzas y conceptos que son contrarios a la Escritura. No nos equivoquemos; hay muchas «verdades» falsas circulando por el mundo. Lee los siguientes pasajes de las Escrituras para que veas cómo puedes evitar ser víctima de falsas enseñanzas.

1. **Cuidado con las imitaciones astutas de Satanás**. La obra de Satanás y sus agentes puede parecer buena, pero al final mostrarán lo que realmente son (lee Mateo 13:24-30).
2. **Reconoce las estrategias de Satanás**. Mentira y engaño son las dos mayores estrategias de Satanás para apartar a la gente de la verdad (lee 1 Timoteo 4:1-2).
3. **Reconoce la diferencia entre el Evangelio verdadero y el falso**. La Escritura nos provee una prueba clara para saber distinguir entre la verdad y el error (lee 1 Juan 4:1-3).
4. **Usa la Palabra de Dios para evaluar la enseñanza de cualquier persona**. La mejor manera de detectar una falsificación es estar bien familiarizado con lo verdadero (lee Hechos 17:11).

Paz

La paz interior parece imposible en estos tiempos de asesinatos, inseguridad en el trabajo y cuando la moral de la sociedad se está haciendo pedazos. Pero aún así, Jesús ha prometido que cada uno de nosotros puede experimentar verdadera paz: «La paz os dejo, mi paz os doy; yo no os la doy como el mundo la da. No se turbe vuestro corazón, ni tenga miedo» (lee Juan 14:27).

Algunas personas están tan atrapadas en la «búsqueda de paz», que olvidan que Jesús ya se las ha dado. Simplemente han dejado ese «regalo» sin abrir. No podemos hallar paz fuera de las normas que Dios nos ha dado. San Agustín dijo: «Nuestras almas no descansarán tranquilas hasta que descansen en Dios». Empecemos a «desenvolver» ese precioso regalo, y examinemos lo que la Palabra de Dios tiene que decir acerca de él.

1. **La paz empieza cuando rendimos a Dios el control de nuestra vida**. Cuando entregamos a Jesús nuestras cargas, y le permitimos que él nos guíe, hallamos descanso (lee Mateo 11:28-30).
2. **La perfecta paz se edifica a través de una confianza total**. A medida que Dios llega a ser una parte íntegra de nuestra vida diaria, nuestras angustias comienzan a desaparecer (lee Juan 16:33).

3. Nuestra paz continúa cuando seguimos al Espíritu Santo. Tenemos que impedir que nuestra vieja naturaleza pecaminosa nos controle antes que podamos experimentar paz (lee Romanos 8:5-8).

4. La paz de Dios debe reinar en nuestro corazón. Debemos evitar siempre que otras cosas nos quiten la paz de Dios en nuestra vida (lee Colosenses 3:15).

Gozo

Un cambio fundamental que toma lugar en la vida de un nuevo creyente es el gozo que recibe. En realidad, el gozo está en la lista del «fruto del Espíritu», que debe ser evidente en la vida del creyente (lee Gálatas 5:22). Pero este gozo es diferente de la efímera y temporal «felicidad» que por lo general depende de las «cosas buenas» que están sucediendo en la vida de alguien. Aunque las penas vengan a la vida del creyente, el Espíritu Santo le dará un gozo y una paz que no le podrán ser quitados. Las siguientes son algunas de las maneras en que experimentarás el gozo de Dios en tu vida.

1. Estudiar la Palabra de Dios te ayuda a experimentar su gozo. Cuando estudiamos la Palabra de Dios, y honramos a Dios con nuestra vida, experimentamos su gozo en nosotros (lee 1 Tesalonicenses 1:6).

2. Conocer y confiar en Dios es la fuente de un gozo inexpresable. El mayor gozo que podemos experimentar viene sólo de una relación personal con Jesucristo (lee 1 Pedro 1:8).

3. Compartir tu fe te produce gozo. Aunque el trabajo de traer gente a Cristo es obra difícil, el resultado final te dará un regocijo digno de celebrarse (lee Juan 4:36).

4. Pasar por alto cosas pequeñas nos da libertad para experimentar gozo. Dios quiere que experimentemos su gozo en nuestra vida, y evitemos las cosas que pudieran impedir ese gozo (lee 1 Corintios 1:10-17).

5. Saber a quién perteneces y qué traerá el futuro para ti produce verdadero gozo. Comprender que eres un hijo de Dios, y que pasarás la eternidad en el cielo con él, te producirá verdadero gozo (lee Romanos 15:13).

Responsabilidad

Una vez que recibes a Jesucristo en tu vida como tu Señor y Salvador personal, no sólo obtienes el privilegio del don de vida eterna, sino que también, adquieres una gran responsabilidad. A ti se te ha confiado el mensaje del evangelio, y eres responsable por todo lo que haces con él en tu vida. Sabemos que cuando lleguemos a la presencia de Dios, todo lo que hemos hecho por Cristo en esta tierra será examinado delante del Todopoderoso Dios, y expuesto ante el resto del mundo. La pregunta que debemos hacernos es: ¿Lo que estoy haciendo por Cristo y su reino resistirá la prueba del tiempo? Los que hayan hecho mucho con lo que Dios les ha dado, serán grandemente recompensados. Toma algún tiempo para ver lo que la Palabra de Dios dice al respecto.

1. **Cuanto mayor es nuestro conocimiento, mayor es nuestra responsabilidad**. El Señor demanda más de aquellos que ocupan posiciones de liderazgo espiritual, a quienes se les confiado mayor responsabilidad (lee Lucas 12:48).

2. **Somos responsables de nuestros pecados y errores**. No podemos culpar a otros por nuestros errores (lee Romanos 3:23).

3. **Debemos invertir nuestras habilidades y recursos en el reino de Dios**. Por su gracia, Dios nos ha dado habilidades y recursos para que los invirtamos en la expansión de su Reino (lee Lucas 19:11-26).

4. **El valor de nuestra obra en la tierra será probado**. En el día del juicio, la calidad de nuestra fe y obra por Cristo será manifestada y recompensada (lee 1 Corintios 3:10-15).

Qué hacer después que has recibido a Cristo...

Estudia la Biblia

La Biblia es el «manual de la vida» que todos hemos buscado. Todo lo que necesitamos para conocer a Dios y vivir una vida que le agrada se halla en sus páginas. Algunos de nosotros hemos pasado la vida sin leer mucho de este asombroso libro cuyas palabras fueron inspiradas por Dios.

Sin embargo, el éxito o el fracaso en la vida cristiana se determina por cuánto de la Biblia tenemos en nuestro corazón y mente y cuán obedientes somos a los principios y la enseñanza que hallamos en ella. Así como necesitamos respirar oxígeno para sobrevivir, necesitamos estudiar la Biblia para crecer y florecer espiritualmente. Aquí hay algunas razones importantes por las cuales necesitamos pasar tiempo estudiando este libro que cambia las vidas.

1. **Estudiar la Biblia es necesario para nuestro crecimiento espiritual**. La Biblia tiene tres funciones para ayudarnos a madurar espiritualmente (lee 2 Timoteo 3:16-17).
2. **Estudiar la Biblia nos mantiene espiritualmente fuertes**. Cuanto más captamos de este libro y aplicamos sus enseñanzas, seremos más capaces de estar firmes en las tormentas y las tribulaciones de la vida (lee Mateo 7:24-27).
3. **Estudiar la Biblia hace de la Escritura una parte central de nuestra vida**. Dios desea que hagamos de la Biblia una parte integral de nuestra vida (lee Colosenses 3:16).
4. **Estudiar la Biblia nos ayuda a aplicar su verdad a nuestra vida**. Notaremos cambios positivos en nuestra vida cuando apliquemos lo que leemos en las Escrituras (lee 2 Timoteo 3:16-17).

Ora

La idea de hablar con Dios puede ser intimidante. Pero no tiene que ser así. En realidad, orar puede ser una experiencia maravillosa si sabemos hacerlo en la manera que a Dios le agrada. Afortunadamente, tenemos la Palabra de Dios que nos enseña cómo orar.

La Biblia nos instruye a orar en todo tiempo, en cualquier postura, en cualquier lugar, por cualquier razón. Además no importa si usas un lenguaje más antiguo o un lenguaje popular. Dios desea que ores con corazón puro y sincero.

Los discípulos observaron el profundo efecto que tenía la oración en la vida y el ministerio de Jesús. Fueron testigos de cómo, muy a menudo, Jesús se retiraba para pasar tiempo en oración con su Padre celestial. Vieron el poder, la paz, y la tranquilidad que emanaba de su vida, dándole la habilidad para permanecer en calma en las peores circunstancias. La vida de oración de Jesús impresionó de tal manera a estos hombres que le pidieron les enseñara a orar (Lucas 11:1-13). Si el perfecto Hijo de Dios constantemente tomaba tiempo para orar durante su vida en esta tierra, ¿cuánto más nosotros, simples hombres y mujeres, necesitamos orar?

Debido a que la oración es un ingrediente esencial para caminar con Cristo, necesitamos examinar sus principios, que se encuentran en la Palabra de Dios.

1. **Jesús nos dio el modelo de oración**. Él dedicó tiempo para enseñar a sus seguidores cómo orar (lee Mateo 6:5-15).

2. **La oración no es una experiencia solitaria**. Dios nos ha dado su Santo Espíritu para ayudarnos en la oración, aun cuando nosotros no sepamos cómo orar (lee Romanos 8:26-27).

3. **La oración nos permite elevar nuestras peticiones a Dios**. La oración es la manera designada por Dios para que le hablemos de nuestras preocupaciones y necesidades (lee Santiago 4:2-3).

4. **La oración nos capacita para buscar el perdón**. Cuando oramos pidiendo perdón, Dios oye nuestras oraciones y nos restaura (lee Santiago 5:15-16).

5. **La oración nos ayuda a vencer las preocupaciones**. En medio de las tribulaciones, podemos recibir la paz de Dios por medio de la oración (lee Filipenses 4:6-7).

6. **La oración aumenta nuestro conocimiento espiritual y madurez**. Dios nos da una gran comprensión espiritual a través de la oración (lee Colosenses 1:9).

Busca y asiste a la iglesia correcta

Uno de los pilares esenciales del crecimiento espiritual es el compañerismo que se logra con otros creyentes asistiendo a una iglesia local. La iglesia (que significa la totalidad de los creyentes) no es una organización sino, mejor dicho, un organismo. Se esfuerza por conservar a sus miembros espiritualmente activos y bien alimentados. La iglesia te provee instrucción espiritual de la Palabra de Dios y te permite adorar a Dios con otros creyentes, capacitándote para usar los dones y las habilidades que Dios quiso darte, y te prepara para ejercer tu liderazgo espiritual.

Algunos creen que obtendrán suficiente crecimiento espiritual de los programas cristianos de televisión y radio o de libros. Aunque tienen valor, nada puede reemplazar la necesidad de llegar a ser un miembro activo de una iglesia. Si unirse en compañerismo con otros creyentes no fuera importante, ¿por qué entonces Jesús estableció la iglesia? (lee Mateo 16:18). La Biblia contiene muchas enseñanzas acerca de las características de una iglesia saludable y vibrante y sobre la necesidad de que los cristianos se congreguen. A continuación aparecen cuatro guías de la Palabra de Dios para que encuentres la iglesia correcta y asistas a ella.

1. **Qué buscar en una iglesia**. Debes buscar una iglesia que tenga las cualidades y características de la iglesia del primer siglo (lee Hechos 2:42, 44-47).
2. **Necesitamos compañerismo con otros creyentes**. El compañerismo con otros cristianos agudiza tu discernimiento espiritual y te prepara para el regreso de Cristo (lee Hebreos 10:25).
3. **Por qué la iglesia te necesita**. No sólo tú te beneficias de la iglesia, sino que la iglesia se beneficia de ti y de las habilidades que Dios te ha dado (lee Efesios 4:11-16).
4. **Tú tienes un lugar en la iglesia**. Dios ha dado a cada uno de nosotros una tarea única para desempeñarla en la iglesia donde nos congregamos (lee 1 Corintios 12: 12-31).

Obedece a Dios

La evidencia innegable de un verdadero cristiano es una vida cambiada. El gran predicador inglés Charles Haddon Spurgeon dijo una vez: «¿Qué valor tiene la gracia que profeso haber recibido, si no cambia el modo en que vivo? Si no cambia el modo en que vivo, nunca cambiará mi destino eterno».

Una vida cambiada comienza con obediencia a Dios. Significa que debes parar de hacer ciertas cosas y comenzar a hacer otras. Mientras Dios comienza a cambiar tu corazón y tus deseos, una vez que has rendido tu vida a él, el Señor todavía te da la libertad de decidir cuánto de tu vida le dejarás controlar. Pero debes saber lo siguiente: cualquier cosa que abandones para seguir a Jesús, es poco en comparación con lo que él te da en recompensa. Por ejemplo, cuando le rindes tu conducta pecaminosa a Dios, él reemplaza tu pecado con perdón y una conciencia limpia. Con este incentivo para la obediencia, mira estas seis formas específicas en que la Biblia nos instruye para obedecer a Dios.

1. **Reconoce que tú eres una nueva creación**. Cuando comprendes lo que Dios ha hecho en tu vida, la obediencia es más un deseo que un simple deber (lee 2 Corintios 5:14-17).
2. **Sigue a Dios de todo corazón**. Cuando sigues a Dios, terminarás bien la carrera de la vida (lee Hebreos 12:1-3).
3. **Ofrece a Dios algo más que un servicio de labios**. Dios mira más tu corazón que tus acciones religiosas (lee Mateo 23:25-28).
4. **Vive en el amor de Dios**. Descubre el secreto de un gozo verdadero y duradero (lee Juan 15:9-11).
5. **Ponte la armadura de Dios**. La obediencia te prepara para las batallas de la vida (lee Romanos 13:11-14).
6. **Deja que Dios ocupe tus pensamientos**. Tus pensamientos afectarán tus acciones (lee Colosenses 3:1-4).

Resiste la tentación

Ahora que ya eres un seguidor de Cristo, Satanás va a tratar de apartarte del camino, tentándote a desobedecer la Palabra de Dios. No es pecado ser tentado, aun Jesús fue tentado (lee Lucas 4:1-13). Pecamos cuando cedemos a la tentación. La buena nueva es que Dios nunca nos dejará ser tentados más de lo que podamos resistir.

Además, nos ha dado maneras específicas para manejar la tentación. Estos son tres puntos que debemos recordar cuando enfrentamos alguna tentación.

1. **Reconoce de quién viene la tentación**. Satanás es la mente maestra detrás de cada tentación (lee Efesios 6:10-12).
2. **Resiste al diablo**. La Biblia dice que si resistes al diablo, él huirá de ti (lee Santiago 4:7-8).
3. **Regocíjate porque la victoria es tuya en Cristo Jesús**. Dios ha prometido que él siempre proveerá una puerta de escape (lee 1 Corintios 10:13).

Vive en el poder de Dios

Algunas personas miran la vida cristiana y dicen: «Yo no podría empezar a vivir de ese modo y mantener esas normas. ¡Es demasiado difícil!» Y es verdad. No es fácil ser cristiano, de hecho, es imposible (sin la ayuda del Espíritu Santo). Dios te ha dado el poder para vivir la vida cristiana. Desde el momento que pediste a Jesús que entrara a tu corazón, Dios te dio el don de su Santo Espíritu (lee: «¿Quién es el Espíritu Santo?»).

El Espíritu Santo no sólo reside en tu corazón sino que te da el poder para vivir una vida santa y ser un testigo efectivo del Señor Jesucristo. El poder del Espíritu Santo se parece mucho a una inversión. Tú necesitas tomar de su poder cada día para vivir tu fe. Para saber más acerca de cómo el Espíritu Santo puede darte fuerza y fortaleza en tu caminar cristiano, mira los siguientes pasajes de la Escritura.

1. **El Espíritu de Dios te guiará**. El Espíritu Santo te ayudará a comprender las verdades de la Escritura y el carácter de Dios (lee Juan 16:13-15).
2. **El Espíritu de Dios te dará poder para testificar**. El Espíritu Santo te dará gran valentía y habilidad para compartir tu fe (lee Hechos 1:8).
3. **El Espíritu de Dios te animará a ser obediente**. El Espíritu Santo provocará en ti el deseo de obedecer los mandamientos de Dios (lee Romanos 8:13-14).
4. **El Espíritu de Dios te ayudará a vencer el pecado**. El pecado no tendrá nunca más el poder sobre ti que tenía antes de convertirte a Cristo (lee Romanos 8:9-14).

Comparte tu fe

Después de conocer personalmente al Señor Jesús, y caminar con él, una de las más grandes bendiciones es llevar a otros al Señor Jesucristo. La buena noticia es que Dios desea usarte a ti —no sólo a los pastores, misioneros y evangelistas— como su instrumento para hablarles de Cristo a otros.

Jesús nos dio esta comisión cuando dice en Marcos 16:15: «Id por todo el mundo y predicad el evangelio a toda criatura». Este mandato maravillo es conocido como «la gran comisión». Pero por la manera en que algunos cristianos toman esta Escritura, tú podrías pensar que es «la gran sugestión». ¡Compartir tu fe es algo que Jesús desea, y demanda, de cada uno de nosotros! ¿Cómo podemos hacerlo? La Primera Epístola de Pedro 3:15-16 nos dice que debemos estar listos para dar una respuesta a todo el que nos pregunte acerca de la esperanza que tenemos en Jesús. Aquí hay cinco pasajes de la Palabra de Dios que te ayudarán a compartir tu fe.

1. **Tú no necesitas ningún entrenamiento para hablar de tu fe**. Un corazón cambiado es todo lo que necesitas para empezar a compartir tu fe con otros (lee Juan 9:1-41).
2. **Permanece receptivo a la guía de Dios**. Compartir la fe con eficacia comienza con un corazón deseoso y dispuesto (lee Hechos 8:4-8, 26-38).
3. **Comprende la sencillez del evangelio**. El mensaje del evangelio es muy sencillo, pero poderoso (lee 1 Corintios 2:1-5).
4. **Comparte tu propia historia**. Nunca tengas en poco la fuerza de tu testimonio personal (lee Hechos 26:1-23).

Busca la voluntad de Dios

¿Te has preguntado alguna vez acerca de tu futuro? ¿Has considerado las respuestas a decisiones tan importantes, como aquellas que cambian la vida, tales como con quién me casaré o qué carrera voy a seguir? La mayoría de nosotros nos hemos hecho esas preguntas, y hemos pensado en si Dios tiene un plan definido o una opinión en el asunto. Con esto en mente, he aquí algunas buenas noticias: Dios está totalmente interesado en tu vida, y él desea guiarte en todas tus decisiones.

Jesús llamó a sus seguidores sus amigos (lee Juan 15:15). Como amigo de Dios tú tienes «la fuente» para descubrir la voluntad de Dios para tu vida. Esta fuente es la Biblia. Allí hallarás la voluntad de Dios para tu vida (tal como poner primero a Dios en todo y seguir sus normas para el matrimonio), así como algunos principios que debes seguir si buscas alguna guía específica para tu vida. En fin, hallarás la voluntad de Dios si obedeces lo que lees en la Biblia, y vives por fe. He aquí seis pasos que puedes tomar cuando buscas la voluntad de Dios.

1. **Somete incondicionalmente tu vida**. Debes cumplir con ciertas condiciones si deseas conocer la voluntad de Dios para tu vida (lee Romanos 12:1-2).
2. **Comprende que Dios tiene un plan para tu vida**. Tu vida tiene propósito y significado, y Dios desea revelártelos (lee Efesios 1:7-9).
3. **Actúa de acuerdo con lo que Dios te ha revelado en la Escritura**. En su Palabra, Dios nos da guías específicas (lee 1 Tesalonicenses 4:1-8).
4. **Confía en Dios**. No hay cosa más segura que confiar a un Dios conocido, un futuro desconocido (lee Filipenses 4:6-7).
5. **Oye la voz de Dios**. A veces Dios nos habla con una voz muy suave (lee Juan 10:27).

Vive como un discípulo

Cuando oyes la palabra discípulo ¿piensas inmediatamente en los doce que siguieron a Jesús durante su ministerio en la tierra? Mucha gente no comprende que en la actualidad Jesús todavía tiene discípulos. Cada discípulo es un creyente, pero no necesariamente cada creyente es un discípulo. El discípulo ha hecho una decisión de todo corazón, de seguir a Jesús como Salvador y Señor.

En un sentido, tú puedes llamar al discipulado: «un modo radical de vivir». Cuando haces una decisión real de seguir a Jesús como discípulo, empiezas a vivir la vida cristiana tal como debe ser. Cualquier práctica inferior al discipulado es conformarse con menos de lo que Dios desea. He aquí cuatro pasajes de la Biblia que significan lo que es ser discípulo de Jesús.

1. **Un discípulo toma su cruz y sigue a Cristo**. Ser discípulo requiere trabajo y consagración (lee Lucas 9:23-25).
2. **Un discípulo calcula el costo**. Los discípulos de Jesús estaban dispuestos a dejar todo para seguirle (lee Lucas 14:25-33).
3. **Un discípulo permanece en Cristo**. La fuente de la fortaleza de un discípulo está en su compañerismo con Cristo (lee Juan 15:1-17).
4. **Un discípulo camina como Jesús lo hizo**. Los discípulos conducen sus vidas de acuerdo con Jesús, quien es el ejemplo supremo de cómo vivir (lee 1 Juan 2:3-6).

Da a Dios

El dinero es un tema tan importante en la Biblia, que se menciona en casi la mitad de todas las parábolas de Jesús. Además, uno de cada siete versículos en el Nuevo Testamento habla sobre este tema.

Para tener una idea de la importancia que tiene el dinero comparado con otros temas, diremos que la Escritura tiene unos quinientos versículos sobre la oración, y poco menos de quinientos sobre la fe, y ¡más de dos mil sobre asuntos de dinero! Puedes preguntar: ¿qué tiene que ver el dinero con nuestra fe? Ahora que el Señor ha venido a tu vida, él desea ser el Señor de cada aspecto de ella. Esto incluye nuestras finanzas. Martín Lutero decía acertadamente: «Hay tres conversiones necesarias: la conversión del corazón, la de la mente, y la de la bolsa [o billetera]». Cuando experimentamos esta «conversión de la bolsa» y damos con generosidad de nuestro dinero a la obra del Señor (a nuestra iglesia, a un ministro o a un misionero), hacemos la mejor inversión de ese dinero; una inversión con réditos eternos. Con esto en mente, he aquí cinco preguntas para considerar acerca de las riquezas y el dar.

1. **¿Por qué debes dar una porción de tus recursos financieros a Dios?** Dios desea probar su fidelidad por medio de tus ofrendas o diezmos (lee 2 Corintios 9:6-11).

2. **¿Cuánto debes dar?** Dios nos anima a dar con sacrificio (lee Marcos 12:41-44).

3. **¿Qué sucede cuando das?** Cuando das con motivos correctos, experimentas gozo y las generosas bendiciones de Dios (lee 2 Corintios 9:6-14).

4. **¿Cómo deberías ver la riqueza material?** Acumular riquezas nunca debe ser la prioridad, porque no tienen valor en la eternidad (lee Mateo 6:19-34).

5. **¿Puedes disfrutar de las riquezas?** Dios puede bendecirte materialmente, pero tú eres responsable de usar con sabiduría tus riquezas materiales (lee 1 Timoteo 6:17-19).

Sé fuerte en las pruebas

Muchos cristianos tienen la idea errónea de que una vez que se convierten a Cristo, la vida será para ellos un suave navegar por aguas tranquilas desde ese día en adelante. Esto no es así. Aunque es cierto que caminar con Cristo nos ayuda a evitar muchos de los problemas de la vida, todavía vamos a experimentar lo que la Biblia llama «pruebas».

Las pruebas pueden venir en forma de una crisis, una enfermedad súbita, la pérdida de un ser amado, o algún cambio drástico en tu vida. Incluso puedes experimentar momentos difíciles en los cuales no sientas la presencia de Dios. O cuando creas que la iglesia no parece tan emocionante como antes, o sientes que tus oraciones no van más arriba que el techo de tu habitación. Esto puede causar que pienses si habrás ofendido a Dios, o si él te ha dejado. Pero Dios no nos hace pasar por dificultades porque desea vernos sufrir. Más bien, él permite esas tribulaciones en nuestra vida para ayudarnos a crecer espiritualmente, para enseñarnos a vivir por fe, no por sentimientos o emociones. Lee los siguientes pasajes para que sepas el lugar que ocupan las tribulaciones en nuestra vida. Nota también que Dios promete estar con nosotros durante esos tiempos de prueba.

1. **Las pruebas agudizan nuestra fe**. Las situaciones difíciles desarrollan nuestro carácter y purifican nuestra fe (lee 1 Pedro 1:3-7).

2. **Las pruebas nos ayudan para consolar a otros**. Experimentar sufrimiento profundiza nuestra compasión por otros que también sufren (lee 2 Corintios 1:3-7).

3. **Las pruebas son superables**. Debemos conservar nuestra perspectiva eterna en medio de los tiempos difíciles (lee 2 Corintios 4:7-18).

4. **Las pruebas comprueban nuestro fundamento**. Cuando fundamentamos nuestra vida en Cristo, podemos esquivar cualquier temporal (lee Lucas 6:47-49).

5. **Jesús está con nosotros en las tormentas de la vida**. Nunca estamos fuera del ojo vigilante de Dios y su cercana presencia (lee Marcos 4:35-41).

6. **Dios da esperanza a nuestros atribulados corazones**. Podemos tener paz en nuestro interior en medio de nuestras pruebas más difíciles (lee Juan 14:1-7).

PARTIR Y CORRER

Cómo la fe afecta los aspectos diarios de tu vida

Matrimonio

Existe la idea de que algunos matrimonios fueron «arreglados desde el cielo». Esta afirmación implica que algunos matrimonios están destinados a ser buenos, mientras que otros están destinados a ser malos. Tal modo de pensar asume que el matrimonio tiene una vida propia, y que la única manera de saber si vas a tener un buen o mal matrimonio es lanzar una moneda al aire. Sin embargo, lo que mucha gente no parece comprender, es que el matrimonio se parece a un espejo. Refleja lo que ve. Si un matrimonio es fuerte, es porque los cónyuges han puesto mucho esfuerzo en él. Si un matrimonio es débil, es porque el esposo o la esposa, o ambos, lo han descuidado.

Dios nunca ha planeado para nadie un matrimonio débil. Su designio para el matrimonio es una relación de pleno compañerismo de por vida. Para que una pareja prospere dentro de ese designio, debe obedecer a Dios y su Palabra y hacer a un lado ese distorsionado y perverso concepto mundano del matrimonio. La Biblia contiene verdades que no sólo ayudan a mantener la pareja unida, sino que también conservan fuerte el matrimonio. Las lecciones que este libro nos da sobre el matrimonio, deberían servir como el fundamento de la relación entre cada pareja cristiana. Sea que estés soltero o casado, los siguientes versículos te darán una buena perspectiva sobre las relaciones matrimoniales.

1. **Dios creó el matrimonio**. Podemos aprender más acerca del matrimonio ideal según Dios, reflexionando sobre la primera pareja humana que hubo en el mundo (lee Mateo 19:4-6).

2. **Maridos y esposas tienen funciones distintas en el matrimonio**. Un matrimonio funciona bien, cuando ambos cónyuges siguen el designio específico de Dios para ellos (lee Efesios 5:21-33).

3. **Se deben honrar y disfrutar los límites del matrimonio**. La intimidad sexual se debe disfrutar plenamente, pero está restringida a los límites de la relación matrimonial (lee Hebreos 13:4).

4. **Mantén tu matrimonio fuerte**. Dios ha prometido castigar a aquellos que cometen adulterio o llevan vidas inmorales (lee Hebreos 13:4).

5. **El divorcio no es parte del plan de Dios**. Jesús enseña que el matrimonio debe ser una relación de por vida (lee Marcos 10:2-12).

6. **Un cristiano no debe abandonar a su cónyuge no cristiano**. Un esposo o una esposa no cristiano, no debe ser abandonado, sino amado (lee 1 Corintios 7:12-16).

7. **El matrimonio no es para todos**. Aunque Dios bendice a muchos con el matrimonio, algunos tienen el llamado, o la capacidad, de permanecer solteros (lee 1 Corintios 7:1-40).

8. **La intimidad que hay en el matrimonio no se puede hallar en ninguna otra relación**. Dios desea que tengas una vida sexual plena y que disfrutes de ella, dentro de los parámetros del matrimonio (lee 1 Corintios 7:3-5).

Hijos

El plan de Dios es edificar, fortalecer y proteger a la familia. El plan de Satanás es minarla, debilitarla y destruirla. No hay equivocación: Satanás ha declarado guerra a la familia. Trágicamente, muchos de nosotros hemos sido cómplices de él. ¿Por qué? Porque la mayoría de los problemas de nuestra cultura hoy, se deben a la ruptura de las familias o de los hogares donde los principios bíblicos se ignoran o se desobedecen. Esto no sólo incluye parejas que se separan, sino también las llamadas familias alternativas que son parejas de homosexuales, lesbianas, y amantes que viven juntos. Tales relaciones no serán nunca bendecidas u honradas por Dios, porque están fuera de sus normas y leyes. Bien se ha dicho: «Una familia puede sobrevivir sin un país; pero un país no puede sobrevivir sin la familia».

Afortunadamente, hay esperanza. La Biblia nos da lineamientos específicos sobre el tema de la crianza de los hijos. Si los ponemos en práctica veremos resultados asombrosos. Ve lo que la Biblia dice respecto a la crianza de los hijos que aman y reverencian a Dios, en un mundo que es a menudo hostil a Dios y sus valores.

1. **Los hijos nunca son muy pequeños para aprender acerca de Dios**. Enseñar a los hijos a amar a Dios en sus primeros años, los ayudará a permanecer fieles por el resto de sus vidas (lee Gálatas 6:7-9).

2. **Asegúrate de que tus hijos oigan el mensaje del evangelio**. El evangelio debe empezar a predicarse en el hogar (lee Hechos 16:29-34).

3. **Anima a tus hijos a crecer espiritualmente**. Como lo sugiere el apóstol Pablo, un padre amoroso anima a sus hijos a vivir una vida agradable a Dios (lee 1 Tesalonicenses 2:11-12).

4. **Vigila la herencia que dejas**. Tu devoción a Dios o la falta de ella, hará un tremendo efecto en la generación siguiente (lee Hechos 21:5).

5. **Disciplina a tus hijos**. Los padres que aman a sus hijos y desean verlos convertirse en hombres y mujeres de carácter, los disciplinarán (lee Hebreos 12:5-11).

6. **Evita exasperar a tus hijos**. Tu disciplina tiene que estar suavizada con amor. Así tus hijos no estarán resentidos contigo (lee Colosenses 3:20-21).

Prioridades

Como cristiano, uno de los cambios más dramáticos en tu vida debe ser la manera en que empleas tu tiempo. Tus planes y ambiciones en la vida deben ser diferentes. Después de todo, tú no debes vivir ya para ti mismo sino para Dios. Al principio puede ser una transición difícil. Aquí hay algunos consejos que podemos adquirir de la Palabra de Dios.

1. **Pon a Cristo antes que todas las cosas**. Para ser un verdadero seguidor de Cristo, necesitas estar dedicado a él y no dejar que nada se interponga en el camino de tu devoción (lee Filipenses 3:4-11).

2. **Equilibra servicio cristiano con devoción**. No adquieras el hábito de «servir» tanto al Señor que descuides adorarle a él y dedicar tiempo para conocerle mejor (lee Lucas 10:38-42).

3. **No malgastes tiempo en la búsqueda de cosas que no perduran**. Tu tiempo en la tierra es corto. Pídele ayuda a Dios para invertir tu tiempo en cosas que tienen valor (lee 2 Timoteo 4:5-8).

4. **Emplea tiempo en alimentar tu alma**. Dios ofrece bendecirte si eliges pasar más tiempo con él que dedicar tu tiempo en la búsqueda de satisfacciones temporales (lee 1 Pedro 2:1-3).

5. **Mantén vivo tu celo espiritual**. Trabaja en firme para mantener ese «fuego» ardiente en tu corazón, que brille siempre mientras sirves al Señor (lee Romanos 12:11).

Tiempo de oración

Antes de ser cristiano, tal vez oraste antes de comer o en fiestas religiosas o durante tiempos de crisis. Sin embargo, como creyente, la oración debe ser tu segunda naturaleza. La oración ya no es más una opción sino parte integral de todo lo que haces. Cuando integres la oración a cada aspecto de tu vida, no siempre verás tus oraciones contestadas de la manera que deseas. Cuando esto sucede, es fácil desanimarse y abandonar la oración. Pero Jesús nos ordena orar, y nunca abandonar la oración (Lucas 18:1).

También Pablo instruye a los creyentes a «orar sin cesar» (1 Tesalonicenses 5:17). Cuando fallamos en orar, perdemos una de las mayores bendiciones de la vida cristiana, la·comunión con Dios mismo, la fuente de poder para nuestra vida. Además, estamos en contra de lo que Dios nos ha instruido a hacer.

La Biblia da algunas perspectivas sobre cómo experimentar el poder de la oración en nuestra vida. La siguiente es una lista parcial de lo que debería caracterizar nuestras oraciones como creyentes.

1. **Ora con regularidad**. Dios desea escuchar nuestras oraciones durante todo el día, no sólo antes de las comidas o en momentos de dificultad (lee Hechos 10:2).
2. **Ora sin impedimentos**. Los pecados y otras distracciones pueden afectar negativamente tu vida de oración (lee Lucas 22:39-46).
3. **Ora esperando recibir la respuesta**. La Biblia nos enseña cómo orar de modo que tengamos la respuesta (lee 1 Juan 5:14-15).
4. **Ora con eficacia**. La oración puede obrar poderosamente en medio de una crisis, cuando el pueblo de Dios se une y clama a él (lee Hechos 12:1-17).
5. **Ora persistentemente**. Dios honra la oración persistente (lee Lucas 18:1-8).

Conversación

Como cristiano, es muy importante recordar que eres un representante de Cristo. Una de las formas más visibles en que tú lo representas es con tu manera de hablar o con tus conversaciones.

Se ha dicho que cada persona habla unas treinta mil palabras en un día promedio. Esto es un tiempo considerable, cuando se sabe el poder que tiene la palabra hablada. Con nuestra lengua podemos edificar o destruir. Esto debe motivarnos mucho a pensar las palabras antes de decirlas. La Biblia comparte algunos consejos prácticos cuando se trata de controlar la lengua. Veamos algunos pasajes bíblicos de la Escritura para guiarnos en este asunto.

1. **Piensa antes de hablar**. Cuando mides tus palabras demuestras que eres una persona sabia y cuidadosa (lee 1 Timoteo 4:12).
2. **Controla tu lengua**. Cuando aprendas a controlar tu lengua aprenderás a controlar otros aspectos de tu vida (lee Santiago 3:1-12).
3. **Refrena la vana palabrería**. Somos responsables de cada palabra vana que hablamos (lee Mateo 12:35-37).
4. **Haz un hábito hablar del Señor**. Cuando hablamos con alguien acerca del Señor y sus bendiciones, Dios se agrada (lee Hechos 11:20).

5. **Mantén afable tu conversación**. Debemos hablar con gentileza y sensibilidad cuando compartimos nuestra fe con otros (lee Colosenses 4:6).

6. **Nunca uses palabras vulgares**. Nuestras conversaciones necesitan reflejar la santidad de Dios, no las groserías del mundo (lee 1 Pedro 3:10).

7. **Piensa en cómo animar, alabar y edificar a otros**. Como cristiano, debes hablar de manera constructiva (lee 1 Tesalonicenses 5:11).

Relaciones

La gente con la que nos relacionamos con regularidad, puede ayudar o impedir nuestro crecimiento espiritual. Por esta razón, Dios nos ha dado valiosos avisos y fuertes advertencias cuando se trata de elegir a nuestros amigos. Lee los siguientes pasajes de la Escritura cuando pienses en qué cosas procurar, y qué cosas evitar en tu relación con otros.

1. **Busca un verdadero amigo creyente**. Un buen amigo cristiano puede ayudarte en tiempos de pruebas y tentación (lee Gálatas 6:1-3).

2. **No te asocies con aquellos que hacen mofa de Dios**. Dios y su Palabra deben ser objeto de alabanza, no de burla, entre tus amistades (lee 2 Timoteo 3:1-5).

3. **Evita relaciones que pueden hacerte pecar**. La malas compañías corrompen las buenas costumbres (lee 2 Corintios 6:14-7:l).

4. **Asegúrate de que tus amistades honran a Dios**. Busca la amistad de aquellos que viven como Cristo enseña (lee 1 Juan 1:7).

Responsabilidad

Una pregunta muy común, que muchos cristianos se hacen, es: «¿Puedo ser cristiano, y todavía hacer...?» Algunas preguntas acerca de la «libertad cristiana» se pueden responder con facilidad, porque la Biblia es explícita en contestarlas.

Por ejemplo, si alguien pregunta: «¿Puede un cristiano emborracharse?» La respuesta es clara: «no». La Biblia dice: «No os embriaguéis con vino, en lo cual hay disolución; antes bien sed llenos del Espíritu» (Efesios 5:18). Sin embargo, preguntas como: «¿Puedo ser cristiano y tomar bebidas alcohólicas?» o »¿Puedo ir al cine?», o «¿Puedo escuchar cualquier clase de música?» no se contestan con tanta facilidad. Estas se encuentran en las áreas grises de la vida cristiana y no tienen una respuesta específica en algún capítulo o versículo de la Biblia.

Cuando te encuentres en una situación donde la Biblia no habla clara y directamente, debes considerar si tus acciones agradarán o no a Dios. Esta es una prueba sencilla que puedes aplicar a esas áreas inciertas de la vida.

1. **¿Esta actividad me edifica espiritualmente?** Necesitas evitar cualquier cosa que tiene el potencial de nublar tus sentidos espirituales, y privarte de tu hambre por Dios y su Palabra (lee 1 Corintios 10:23).

2. **¿Esta actividad puede llegar a dominarme?** Como cristiano, debes ser controlado sólo por el Señor Jesucristo (lee 1 Corintios 6:12).

3. **¿Tengo la conciencia tranquila acerca de esta actividad?** Debes ser obediente a lo que Dios te ha dicho que hagas, y no ser arrastrado por lo que otros hacen (lee Romanos 14:23).

4. **¿Puede esta actividad causar que otros cristianos tropiecen en su fe?** Mantente lejos de todo lo que pueda influir negativamente a otros cristianos que están alrededor de ti (lee Romanos 14:3-21).

Trabajo

Algunos de los grandes desafíos que enfrentas como cristiano pueden provenir del trabajo que realizas o del lugar donde trabajas. Quizá estás trabajando en un ambiente moralmente cuestionable. O puede que se te haga difícil respetar a quienes están sobre ti. O quizás tu trabajo te resulta tedioso o sin significado. Hasta puedes preguntarte si tu fe está impactando a tus compañeros de trabajo.

Cualquiera sea tu vocación, tu trabajo puede llegar a ser más significante y más recompensado cuando obedeces lo que la Biblia dice acerca de tu actitud hacia el trabajo o hacia tus responsabilidades. Lleva estos consejos bíblicos en tu corazón y ¡verás la diferencia!

1. **Trabaja como si estuvieras trabajando para el Señor**. Ten en mente que al fin de cuentas tú estás trabajando para el Señor, no para la gente (lee Colosenses 3:22-24).

2. **Crea un hambre espiritual en aquellos que están a tu alrededor**. Tu buen ejemplo puede estimular a tus compañeros de trabajo a conocer más de Jesús (lee Tito 2:9-10).

3. **Procura ser responsable**. La gente te respetará a ti y a tu mensaje cuando demuestres que eres responsable (lee 1 Tesalonicenses 4:11-12).

4. **Honra a Cristo con tu arduo trabajo**. No permitas que los no creyentes critiquen al Señor por tu testimonio deficiente (lee 1 Tesalonicenses 4:11-12).

5. **No descuides tu salud espiritual**. Nunca pongas tu deseo de riqueza material por encima de tu bienestar espiritual (lee Lucas 12:15-21).

Actitud hacia ti mismo

En la actualidad muchos están en busca de la felicidad personal. Hacen lo que sea necesario para «encontrarse a sí mismos». Se les ha dicho que la respuesta está «dentro», así que buscan en todos los lugares equivocados tratando de hallar significado y propósito en la vida. La Biblia, sin embargo, no nos dice que la respuesta está dentro de nosotros, más bien nos enseña que el problema está en nosotros. Jeremías 17:9 dice: «Engañoso es el corazón más que todas las cosas, y perverso; ¿quién lo conocerá?» ¿Quién realmente conoce cuán malo es el corazón? Por esta razón, todos los intentos de reformarnos están destinados al fracaso. No necesitamos tanto la autoestima como una visión real de quiénes somos y quién es Dios. Una vez que aceptamos honestamente nuestra condición pecaminosa, y captamos nuestra vulnerabilidad y debilidad hacia el pecado, entonces somos capaces de apreciar la solución de Dios. En pocas palabras, la verdadera felicidad no viene de buscarla, sino de buscar a Dios. La Palabra de Dios nos dice lo siguiente acerca de ser felices y personas satisfechas.

1. **Necesitamos reconocer nuestra condición**. Cuando nos humillamos ante de un Dios santo, somos bendecidos (lee Mateo 5:3-5).

2. **Nuestras necesidades dejan de ser una prioridad**. Jesús nos da el ejemplo supremo de lo que significa ser un siervo (lee Hebreos 13:11-13).

3. **Hallaremos felicidad amando a Dios y sirviendo a otros**. Amar a Dios y a otros le da a nuestra vida verdadero propósito y significado (lee Mateo 22:37-40).

4. **Debemos someter nuestros sueños y buscar la voluntad de Dios**. Los verdaderos seguidores de Cristo confían su futuro en las manos de Dios, porque él conoce lo que es mejor para nosotros (lee Mateo 16:24-26).

Cómo estudiar la Biblia

Ahora que eres cristiano tendrás interés en estudiar la Biblia diariamente. Con seguridad tendrás algunas preguntas al respeto: «¿Cómo puedo estudiar la Biblia? ¿Por dónde voy a empezar a leer?» Aquí encontrarás la información que necesitas para desarrollar las técnicas básicas para un estudio de la Biblia efectivo.

Ora por sabiduría y entendimiento. La oración es uno de los aspectos del estudio de la Biblia, a menudo pasado por alto y menos valorizado. La oración es esencial para obtener sabiduría y comprensión cuando se lee la Palabra de Dios. Por medio de la oración nos acercamos a Dios y nos damos cuenta de qué incompleto es nuestro conocimiento de su Palabra, y lo necesario que es abrir nuestro corazón para recibir su instrucción. Por lo tanto, decide comenzar cada estudio con oración. Sólo Dios puede darte la sabiduría para que comprendas su Palabra.

Lee de manera ordenada. Si recibes una carta y lees sólo unos cuantos renglones aquí y allá, el contenido no tendrá mucho sentido para ti. Pero si la lees en el orden correcto, la comprenderás. Lo mismo puede decirse de la lectura de la Biblia.

Es lamentable que muchos cristianos no comprendan lo superficial de este sistema. Leen una porción de Mateo, un versículo o dos de Efesios, y entonces saltan a un capítulo o dos del Apocalipsis, y se asombran de no tener un buen conocimiento de la Palabra de Dios. Además, terminan haciendo interpretaciones equivocadas de los pasajes que leen, porque no comprenden el contexto de cada pasaje. Para evitar el desarrollo de este mal hábito, necesitas disciplinarte para leer la Biblia de manera ordenada. Una forma de hacerlo es usando un plan de lectura ya establecido. Este plan tiene una lista de pasajes para leerlos en orden. Muchos de los métodos existentes tienen un propósito específico. Algunos dividen la Biblia en 365 partes, una para cada día del año. Otros ayudan a leer la Biblia en el orden que los sucesos ocurrieron. Por ahora, puedes empezar a usar el siguiente plan como tu guía de lecturas. Empieza con el Evangelio de Juan. Este

Evangelio fue escrito para que creamos que Jesús es el Hijo de Dios. Una vez que lo hayas finalizado, lee el resto del Nuevo Testamento. Cuando termines de leer el Nuevo Testamento, puedes comenzar con los libros del Antiguo Testamento. Allí verás cómo se anunció la venida de Jesús.

Finaliza lo que comienzas. En la vida diaria muchas veces no se ven los frutos de un trabajo hasta que está finalizado. Lo mismo puede decirse de la lectura de cualquier libro de la Biblia. Una vez que hayas elegido un libro, léelo de principio a fin. Aunque podemos recibir beneficio espiritual leyendo versículos aquí y allá, el beneficio será mayor si lees el libro entero donde está ese versículo o pasaje que te bendijo, además, pone cada versículo y cada historia en el contexto apropiado, y tendrás un conocimiento más completo de todo lo que has leído. Leyendo los libros de principio a fin llegarás a estar más familiarizado con la Biblia como un todo y descubrirás pasajes que algún día serán tus favoritos.

Medita en la Palabra de Dios, y haz preguntas. Es de suprema importancia pensar acerca de lo que has leído. Meditar en ello te lleva a descubrir la importancia del pasaje. También te ayuda a examinar tu vida a la luz de lo que Dios te revela en su Palabra. Una de las mejores maneras para empezar a meditar en la Palabra de Dios es haciendo preguntas. Aquí hay algunas preguntas para ayudarte a comenzar.

- ¿Cuál es el tema o personaje más importante del pasaje?
- ¿A quién está dirigido este pasaje?
- ¿Quién es el que está hablando?
- ¿Acerca de qué o de quién está la persona hablando?
- ¿Cuál es el versículo clave?
- ¿Qué me enseña este pasaje acerca de Dios?

Para ver cómo el texto se aplica a ti, hazte estas preguntas:

- ¿Hay algún pecado mencionado en este pasaje que necesito confesar o abandonar?
- ¿Hay algún mandamiento que debo obedecer?
- ¿Hay alguna promesa que puedo aplicar a mis circunstancias presentes?
- ¿Hay alguna oración que me beneficie repetir?

Invierte dinero en algunos buenos libros. La Biblia menciona muchas antiguas costumbres que no son familiares en el día de hoy. Muchas revelaciones sutiles que hay detrás de esas alusiones, que podrían darnos iluminación y apreciación de la Palabra de Dios, se pierden. Para comprender la cultura dentro de la cual fue escrita la Biblia, debes comprar algunos buenos libros de referencias.

El
Nuevo
Testamento

Mateo

CAPÍTULO **1**

Genealogía de Jesucristo

Libro de la genealogía de Jesucristo, hijo de David, hijo de Abraham.

2 Abraham engendró a Isaac, Isaac a Jacob, y Jacob a Judá y a sus hermanos. 3 Judá engendró de Tamar a Fares y a Zara, Fares a Esrom, y Esrom a Aram. 4 Aram engendró a Aminadab, Aminadab a Naasón, y Naasón a Salmón. 5 Salmón engendró de Rahab a Booz, Booz engendró de Rut a Obed, y Obed a Isaí. 6 Isaí engendró al rey David, y el rey David engendró a Salomón de la que fue mujer de Urías. 7 Salomón engendró a Roboam, Roboam a Abías, y Abías a Asa. 8 Asa engendró a Josafat, Josafat a Joram, y Joram a Uzías. 9 Uzías engendró a Jotam, Jotam a Acaz, y Acaz a Ezequías. 10 Ezequías engendró a Manasés, Manasés a Amón, y Amón a Josías. 11 Josías engendró a Jeconías y a sus hermanos, en el tiempo de la deportación a Babilonia.ª

12 Después de la deportación a Babilonia, Jeconías engendró a Salatiel, y Salatiel a Zorobabel. 13 Zorobabel engendró a Abiud, Abiud a Eliaquim, y Eliaquim a Azor. 14 Azor engendró a Sadoc, Sadoc a Aquim, y Aquim a Eliud. 15 Eliud engendró a Eleazar, Eleazar a Matán, Matán a Jacob; 16 y Jacob engendró a José, marido de María, de la cual nació Jesús, llamado el Cristo.

17 De manera que todas las generaciones desde Abraham hasta David son catorce; desde David hasta la deportación a Babilonia, catorce; y desde la deportación a Babilonia hasta Cristo, catorce.

Nacimiento de Jesucristo

18 El nacimiento de Jesucristo fue así: Estando desposada María su madre con José,ᵇ antes que se juntasen, se halló que había concebido del Espíritu Santo. 19 José su marido, como era justo, y no quería infamarla, quiso dejarla secretamente. 20 Y pensando él en esto, he aquí un ángel del Señor le apareció en sueños y le dijo: José, hijo de David, no temas recibir a María tu mujer, porque lo que en ella es engendrado, del Espíritu Santo es. 21 Y dará a luz un hijo, y llamarás su nombre ᶜ JESÚS, porque él salvará a su pueblo de sus pecados.ᵈ 22 Todo esto aconteció para que se cumpliese lo dicho por el Señor por medio del profeta, cuando dijo:

23 He aquí, una virgen concebirá y dará a
　　luz un hijo,
　　Y llamarás su nombre Emanuel,ᵉ

que traducido es: Dios con nosotros. 24 Y despertando José del sueño, hizo como el ángel del Señor le había mandado, y recibió a su mujer. 25 Pero no la conoció hasta que dio a luz a su hijo primogénito; y le puso por nombre JESÚS.ᶠ

CAPÍTULO **2**

La visita de los magos

Cuando Jesús nació en Belén de Judea en días del rey Herodes, vinieron del oriente a Jerusalén unos magos, 2 diciendo: ¿Dónde está el rey de los judíos, que ha nacido? Porque su estrella hemos visto en el oriente, y venimos a adorarle. 3 Oyendo esto, el rey Herodes se turbó, y toda Jerusalén con él. 4 Y convocados todos los principales

---

ª 1.11: 2 R. 24.14-15; 2 Cr. 36.10; Jer. 27.20.　ᵇ 1.18: Lc. 1.27.
ᶜ 1.21: Lc. 1.31.　ᵈ 1.21: Sal. 130.8.　ᵉ 1.23: Is. 7.14.　ᶠ 1.25: Lc. 2.21.

sacerdotes, y los escribas del pueblo, les preguntó dónde había de nacer el Cristo. [5] Ellos le dijeron: En Belén de Judea; porque así está escrito por el profeta:

[6] Y tú, Belén, de la tierra de Judá,
No eres la más pequeña entre los
    príncipes de Judá;
Porque de ti saldrá un guiador,
Que apacentará a mi pueblo Israel.[a]

[7] Entonces Herodes, llamando en secreto a los magos, indagó de ellos diligentemente el tiempo de la aparición de la estrella; [8] y enviándolos a Belén, dijo: Id allá y averiguad con diligencia acerca del niño; y cuando le halléis, hacédmelo saber, para que yo también vaya y le adore. [9] Ellos, habiendo oído al rey, se fueron; y he aquí la estrella que habían visto en el oriente iba delante de ellos, hasta que llegando, se detuvo sobre donde estaba el niño. [10] Y al ver la estrella, se regocijaron con muy grande gozo. [11] Y al entrar en la casa, vieron al niño con su madre María, y postrándose, lo adoraron; y abriendo sus tesoros, le ofrecieron presentes: oro, incienso y mirra. [12] Pero siendo avisados por revelación en sueños que no volviesen a Herodes, regresaron a su tierra por otro camino.

Matanza de los niños
[13] Después que partieron ellos, he aquí un ángel del Señor apareció en sueños a José y dijo: Levántate y toma al niño y a su madre, y huye a Egipto, y permanece allá hasta que yo te diga; porque acontecerá que Herodes buscará al niño para matarlo. [14] Y él, despertando, tomó de noche al niño y a su madre, y se fue a Egipto, [15] y estuvo allá hasta la muerte de Herodes; para que se cumpliese lo que dijo el Señor por medio del profeta, cuando dijo: De Egipto llamé a mi Hijo.[b]

[16] Herodes entonces, cuando se vio burlado por los magos, se enojó mucho, y mandó matar a todos los niños menores de dos años que había en Belén y en todos sus alrededores, conforme al tiempo que había inquirido de los magos. [17] Entonces se cumplió lo que fue dicho por el profeta Jeremías, cuando dijo:

[18] Voz fue oída en Ramá,
Grande lamentación, lloro y gemido;
Raquel que llora a sus hijos,

Y no quiso ser consolada, porque
    perecieron.[c]

[19] Pero después de muerto Herodes, he aquí un ángel del Señor apareció en sueños a José en Egipto, [20] diciendo: Levántate, toma al niño y a su madre, y vete a tierra de Israel, porque han muerto los que procuraban la muerte del niño. [21] Entonces él se levantó, y tomó al niño y a su madre, y vino a tierra de Israel. [22] Pero oyendo que Arquelao reinaba en Judea en lugar de Herodes su padre, tuvo temor de ir allá; pero avisado por revelación en sueños, se fue a la región de Galilea, [23] y vino y habitó en la ciudad que se llama Nazaret,[d] para que se cumpliese lo que fue dicho por los profetas, que habría de ser llamado nazareno.[e]

CAPÍTULO 3

Predicación de Juan el Bautista
En aquellos días vino Juan el Bautista predicando en el desierto de Judea, [2] y diciendo: Arrepentíos, porque el reino de los cielos [a] se ha acercado.[b] [3] Pues éste es aquel de quien habló el profeta Isaías, cuando dijo:
    Voz del que clama en el desierto:
    Preparad el camino del Señor,
    Enderezad sus sendas.[c]

[4] Y Juan estaba vestido de pelo de camello, y tenía un cinto de cuero alrededor de sus lomos;[d] y su comida era langostas y miel silvestre. [5] Y salía a él Jerusalén, y toda Judea, y toda la provincia de alrededor del Jordán, [6] y eran bautizados por él en el Jordán, confesando sus pecados.

[7] Al ver él que muchos de los fariseos y de los saduceos venían a su bautismo, les decía: ¡Generación de víboras![e] ¿Quién os enseñó a huir de la ira venidera? [8] Haced, pues, frutos dignos de arrepentimiento, [9] y no penséis decir dentro de vosotros mismos: A Abraham tenemos por padre;[f] porque yo os digo que Dios puede levantar hijos a Abraham aun de estas piedras. [10] Y ya también el hacha está puesta a la raíz de los árboles; por tanto, todo árbol que no da buen fruto es cortado y echado en el fuego.[g]

[11] Yo a la verdad os bautizo en agua para arrepentimiento; pero el que viene tras mí, cuyo calzado yo no soy digno de llevar, es más poderoso que yo; él os bautizará en Espíritu Santo y fuego. [12] Su aventador está

[a] 2.6: Mi. 5.2. [b] 2.15: Os. 11.1. [c] 2.18: Jer. 31.15. [d] 2.23: Lc. 2.39. [e] 2.23: Is. 11.1. [a] 3.2: Dn. 2.44.
[b] 3.2: Mt. 4.17; Mr. 1.15. [c] 3.3: Is. 40.3. [d] 3.4: 2 R. 1.8. [e] 3.7: Mt. 12.34; 23.33. [f] 3.9: Jn. 8.33. [g] 3.10: Mt. 7.19.

en su mano, y limpiará su era; y recogerá su trigo en el granero, y quemará la paja en fuego que nunca se apagará.

El bautismo de Jesús

13 Entonces Jesús vino de Galilea a Juan al Jordán, para ser bautizado por él. 14 Mas Juan se le oponía, diciendo: Yo necesito ser bautizado por ti, ¿y tú vienes a mí? 15 Pero Jesús le respondió: Deja ahora, porque así conviene que cumplamos toda justicia. Entonces le dejó. 16 Y Jesús, después que fue bautizado, subió luego del agua; y he aquí los cielos le fueron abiertos, y vio al Espíritu de Dios que descendía como paloma, y venía sobre él. 17 Y hubo una voz de los cielos, que decía: Este es mi Hijo amado, en quien tengo complacencia.[h]

CAPÍTULO 4

Tentación de Jesús

Entonces Jesús fue llevado por el Espíritu al desierto, para ser tentado por el diablo.[a] 2 Y después de haber ayunado cuarenta días y cuarenta noches, tuvo hambre. 3 Y vino a él el tentador, y le dijo: Si eres Hijo de Dios, di que estas piedras se conviertan en pan. 4 Él respondió y dijo: Escrito está: No sólo de pan vivirá el hombre, sino de toda palabra que sale de la boca de Dios.[b] 5 Entonces el diablo le llevó a la santa ciudad, y le puso sobre el pináculo del templo, 6 y le dijo: Si eres Hijo de Dios, échate abajo; porque escrito está:

A sus ángeles mandará acerca de ti,[c] y,
En sus manos te sostendrán,
Para que no tropieces con tu pie en piedra.[d]

7 Jesús le dijo: Escrito está también: No tentarás al Señor tu Dios.[e] 8 Otra vez le llevó el diablo a un monte muy alto, y le mostró todos los reinos del mundo y la gloria de ellos, 9 y le dijo: Todo esto te daré, si postrado me adorares. 10 Entonces Jesús le dijo: Vete, Satanás, porque escrito está: Al Señor tu Dios adorarás, y a él sólo servirás.[f] 11 El diablo entonces le dejó; y he aquí vinieron ángeles y le servían.

Jesús principia su ministerio

12 Cuando Jesús oyó que Juan estaba preso,[g] volvió a Galilea; 13 y dejando a Nazaret, vino y habitó en Capernaum,[h] ciudad marítima, en la región de Zabulón y de Neftalí, 14 para que se cumpliese lo dicho por el profeta Isaías, cuando dijo:

15 Tierra de Zabulón y tierra de Neftalí,
Camino del mar, al otro lado del Jordán,
Galilea de los gentiles;
16 El pueblo asentado en tinieblas vio gran luz;
Y a los asentados en región de sombra de muerte,
Luz les resplandeció.[i]

17 Desde entonces comenzó Jesús a predicar, y a decir: Arrepentíos, porque el reino de los cielos[j] se ha acercado.[k] 18 Andando Jesús junto al mar de Galilea, vio a dos hermanos, Simón, llamado Pedro, y Andrés su hermano, que echaban la red en el mar; porque eran pescadores. 19 Y les dijo: Venid en pos de mí, y os haré pescadores de hombres. 20 Ellos entonces, dejando al instante las redes, le siguieron. 21 Pasando de allí, vio a otros dos hermanos, Jacobo hijo de Zebedeo, y Juan su hermano, en la barca con Zebedeo su padre, que remendaban sus redes; y los llamó. 22 Y ellos, dejando al instante la barca y a su padre, le siguieron.

23 Y recorrió Jesús toda Galilea, enseñando en las sinagogas de ellos, y predicando el evangelio del reino, y sanando toda enfermedad y toda dolencia en el pueblo.[l] 24 Y se difundió su fama por toda Siria; y le trajeron todos los que tenían dolencias, los afligidos por diversas enfermedades y tormentos, los endemoniados, lunáticos y paralíticos; y los sanó. 25 Y le siguió mucha gente de Galilea, de Decápolis, de Jerusalén, de Judea y del otro lado del Jordán.

CAPÍTULO 5

El Sermón del monte: Las bienaventuranzas

Viendo la multitud, subió al monte; y sentándose, vinieron a él sus discípulos. 2 Y abriendo su boca les enseñaba, diciendo:

3 Bienaventurados los pobres en espíritu, porque de ellos es el reino de los cielos.
4 Bienaventurados los que lloran,[a] porque ellos recibirán consolación.
5 Bienaventurados los mansos,[b] porque ellos recibirán la tierra por heredad.

---

h 3.17: Is. 42.1; Mt. 12.18; 17.5; Mr. 9.7; Lc. 9.35.   a 4.1: He. 2.18; 4.15.   b 4.4: Dt. 8.3.   c 4.6: Sal. 91.11.   d 4.6: Sal. 91.12.
e 4.7: Dt. 6.16.   f 4.10: Dt. 6.13.   g 4.12: Mt. 14.3; Mr. 6.17; Lc. 3.19-20.   h 4.13: Jn. 2.12.   i 4.15-16: Is. 9.1-2.
j 4.17: Dn. 2.44.   k 4.17: Mt. 3.2.   l 4.23: Mt. 9.35; Mr. 1.39.   a 5.4: Is. 61.2.   b 5.5: Sal. 37.11.

⁶ Bienaventurados los que tienen hambre y sed *c* de justicia, porque ellos serán saciados.

⁷ Bienaventurados los misericordiosos, porque ellos alcanzarán misericordia.

⁸ Bienaventurados los de limpio corazón,*d* porque ellos verán a Dios.

⁹ Bienaventurados los pacificadores, porque ellos serán llamados hijos de Dios.

¹⁰ Bienaventurados los que padecen persecución por causa de la justicia,*e* porque de ellos es el reino de los cielos.

¹¹ Bienaventurados sois cuando por mi causa os vituperen y os persigan, y digan toda clase de mal contra vosotros, mintiendo.*f* ¹² Gozaos y alegraos, porque vuestro galardón es grande en los cielos; porque así persiguieron a los profetas *g* que fueron antes de vosotros.

La sal de la tierra

¹³ Vosotros sois la sal de la tierra; pero si la sal se desvaneciere, ¿con qué será salada? No sirve más para nada, sino para ser echada fuera y hollada por los hombres.*h*

La luz del mundo

¹⁴ Vosotros sois la luz del mundo;*i* una ciudad asentada sobre un monte no se puede esconder. ¹⁵ Ni se enciende una luz y se pone debajo de un almud, sino sobre el candelero,*j* y alumbra a todos los que están en casa. ¹⁶ Así alumbre vuestra luz delante de los hombres, para que vean vuestras buenas obras, y glorifiquen a vuestro Padre que está en los cielos.*k*

Jesús y la ley

¹⁷ No penséis que he venido para abrogar la ley o los profetas; no he venido para abrogar, sino para cumplir. ¹⁸ Porque de cierto os digo que hasta que pasen el cielo y la tierra, ni una jota ni una tilde pasará de la ley, hasta que todo se haya cumplido.*l* ¹⁹ De manera que cualquiera que quebrante uno de estos mandamientos muy pequeños, y así enseñe a los hombres, muy pequeño será llamado en el reino de los cielos; mas cualquiera que los haga y los enseñe, éste será llamado grande en el reino de los cielos. ²⁰ Porque os digo que si vuestra justicia no fuere mayor que la de los escribas y fariseos, no entraréis en el reino de los cielos.

Jesús y la ira

²¹ Oísteis que fue dicho a los antiguos: No matarás;*m* y cualquiera que matare será culpable de juicio. ²² Pero yo os digo que cualquiera que se enoje contra su hermano, será culpable de juicio; y cualquiera que diga: Necio, a su hermano, será culpable ante el concilio; y cualquiera que le diga: Fatuo, quedará expuesto al infierno de fuego. ²³ Por tanto, si traes tu ofrenda al altar, y allí te acuerdas de que tu hermano tiene algo contra ti, ²⁴ deja allí tu ofrenda delante del altar, y anda, reconcíliate primero con tu hermano, y entonces ven y presenta tu ofrenda. ²⁵ Ponte de acuerdo con tu adversario pronto, entre tanto que estás con él en el camino, no sea que el adversario te entregue al juez, y el juez al alguacil, y seas echado en la cárcel. ²⁶ De cierto te digo que no

---

c 5.6: Is. 55. 1-2.   *d* 5.8: Sal. 24.4.   *e* 5.10: 1 P. 3.14.   *f* 5.11: 1 P. 4.14.
g 5.12: 2 Cr. 36.16; Hch. 7.52.   *h* 5.13: Mr. 9.50; Lc. 14.34-35.   *i* 5.14: Jn. 8.12; 9.5.
j 5.15: Mt. 4.21; Lc. 8.16; 11.33.   *k* 5.16: 1 P. 2.12.   *l* 5.18: Lc. 16.17.   *m* 5.21: Ex. 20.13; Dt. 5.17.

PARTIR Y CORRER ▰▰▰▰▰▰▰▰▰

Necesitamos reconocer nuestra verdadera condición
Lee: Mateo 5:3-5

En este texto Jesús nos muestra el verdadero camino a la felicidad. Es interesante, pero no se dice una palabra acerca de la «realización personal». Jesús nos da aquí una receta de tres pasos para alcanzar la felicidad y la salud espiritual.

1. **Mírate como realmente eres.** Cuando comprendes que necesitas a Dios (verso 3) te ves a ti mismo como eres en realidad: un pecador en desesperada necesidad del perdón de Dios. Este es el primer peldaño de la escalera. La frase «necesidad de Dios», viene de un verbo que significa «encogerse, achicarse, temblar», como un mendigo lo hace y se siente. Habla de alguien que está completamente desposeído y depende por entero de otros. Por lo tanto, «comprender tu necesidad de Dios» es admitir que sin Dios estás completamente desposeído.

saldrás de allí, hasta que pagues el último cuadrante.

Jesús y el adulterio

[27] Oísteis que fue dicho: No cometerás adulterio.[n] [28] Pero yo os digo que cualquiera que mira a una mujer para codiciarla, ya adulteró con ella en su corazón. [29] Por tanto, si tu ojo derecho te es ocasión de caer, sácalo, y échalo de ti; pues mejor te es que se pierda uno de tus miembros, y no que todo tu cuerpo sea echado al infierno.[o] [30] Y si tu mano derecha te es ocasión de caer, córtala, y échala de ti; pues mejor te es que se pierda uno de tus miembros, y no que todo tu cuerpo sea echado al infierno.[p]

Jesús y el divorcio

[31] También fue dicho: Cualquiera que repudie a su mujer, dele carta de divorcio.[q] [32] Pero yo os digo que el que repudia a su mujer, a no ser por causa de fornicación, hace que ella adultere; y el que se casa con la repudiada, comete adulterio.[r]

Jesús y los juramentos

[33] Además habéis oído que fue dicho a los antiguos: No perjurarás,[s] sino cumplirás al Señor tus juramentos.[t] [34] Pero yo os digo: No juréis en ninguna manera; ni por el cielo, porque es el trono de Dios;[v] [35] ni por la tierra, porque es el estrado de sus pies;[w] ni por Jerusalén, porque es la ciudad del gran Rey.[x] [36] Ni por tu cabeza jurarás, porque no puedes hacer blanco o negro un solo cabello. [37] Pero sea vuestro hablar: Sí, sí; no, no; porque lo que es más de esto, de mal procede.

El amor hacia los enemigos

[38] Oísteis que fue dicho: Ojo por ojo, y diente por diente.[y] [39] Pero yo os digo: No resistáis al que es malo; antes, a cualquiera que te hiera en la mejilla derecha, vuélvele también la otra; [40] y al que quiera ponerte a pleito y quitarte la túnica, déjale también la capa; [41] y a cualquiera que te obligue a llevar carga por una milla, ve con él dos. [42] Al que te pida, dale; y al que quiera tomar de ti prestado, no se lo rehúses.

[43] Oísteis que fue dicho: Amarás a tu prójimo,[z] y aborrecerás a tu enemigo. [44] Pero yo os digo: Amad a vuestros enemigos, bendecid a los que os maldicen, haced bien a los que os aborrecen, y orad por los que os ultrajan y os persiguen; [45] para que seáis hijos de vuestro Padre que está en los cielos, que hace salir su sol sobre malos y buenos, y que hace llover sobre justos e injustos. [46] Porque si amáis a los que os aman, ¿qué recompensa tendréis? ¿No hacen también lo mismo los publicanos? [47] Y si saludáis a vuestros hermanos solamente, ¿qué hacéis de más? ¿No hacen también así los gentiles? [48] Sed, pues, vosotros perfectos, como vuestro Padre que está en los cielos es perfecto.[a]

CAPÍTULO 6
Jesús y la limosna

Guardaos de hacer vuestra justicia delante de los hombres, para ser vistos de ellos;[a] de

n 5.27: Ex. 20.14; Dt. 5.18. o 5.29: Mt. 18.9; Mr. 9.47. p 5.30: Mt. 18.8; Mr. 9.43.
q 5.31: Dt. 24.1-4; Mt. 19.7; Mr. 10.4. r 5.32: Mt. 19.9; Mr. 10.11-12; Lc. 16.18; 1 Co. 7.10-11.
s 5.33: Lv. 19.12. t 5.33: Nm. 30.2; Dt. 23.21. v 5.34: Stg. 5.12. v 5.34: Is. 66.1; Mt. 23.22.
w 5.35: Is. 66.1. x 5.35: Sal. 48.2. y 5.38: Ex. 21.24; Lv. 24.20; Dt. 19.21. z 5.43: Lv. 19.18. a 5.48: Dt. 18.13. a 6.1: Mt. 23.5.

2. Toma medidas. Otra manera de traducir el verso 4 es «feliz es el que es infeliz». Cuando nos vemos como realmente somos, nos afligimos o lamentamos nuestra condición. Esto nos conduce a que empecemos a hacer cambios en nuestra vida. La Escritura dice: «Porque la tristeza que es según Dios produce arrepentimiento para salvación, de que no hay que arrepentirse; pero la tristeza del mundo produce muerte» (2 Corintios 7:10). Una tristeza verdadera nos lleva a la alegría; la salvación en Jesucristo. Sin esa tristeza o dolor, no hay alegría.

3. Sé humilde. Vernos a nosotros mismos tal como somos produce dos cualidades espirituales vitales: gentileza y humildad (verso 5). Ya no estamos llenos de orgullo. Tenemos una opinión precisa y honesta de nosotros mismos que, en su momento, afecta nuestra relación con otros. Esto contradice el modo de pensar del mundo, el cual aboga por la defensa de nuestros derechos o de ensalzarse uno mismo para tener «una buena tajada del pastel». La humildad que Jesús describe aquí, no es una especie de debilidad o cobardía, sino «un poder bajo control», tal como un brioso caballo se somete al freno o cabestro. Cuanto más nos humillamos a nosotros mismos y admitimos nuestra debilidad, más descansamos en la gracia de Dios, y cosecharemos felicidad para nosotros y para otros.

Cuidado con los pecados del corazón Lee Mateo 5:27-30

Algunas personas tienen el concepto erróneo de que, a menos que cometa el acto mismo del adulterio, no ha pecado. Piensan que está bien fantasear, o mirar a alguien con deseo, mientras no se vea involucrado en una relación pecaminosa con esa persona. Pero Jesús corta de golpe ese concepto en este pasaje. Él nos deja saber que mirar a esa persona para codiciarla ya es cometer adulterio en el corazón.

En el griego original del Nuevo Testamento uno de los significados de la palabra que Jesús usa para «mirar» es ver intencionalmente repetidas veces. El remedio que propone Jesús para este problema parece demasiado drástico, pero debemos mirar el contexto y la cultura de esos días para comprender esta radical pero importante declaración. En la cultura judía, se consideraba al ojo derecho y la mano derecha como las posesiones más valiosas. El ojo derecho representaba una excelente visión y la mano derecha el mejor talento. En esencia, Jesús está diciendo que debemos abandonar lo que sea necesario para evitar caer en pecado. Esto

puede significar dar por terminada una relación, cancelar algún canal de televisión o la suscripción a alguna revista, o hacer un cambio de cómo y dónde pasa uno el tiempo. En otras palabras, debemos quitarnos de cualquier cosa o relación que pueda tener un efecto espiritual destructivo en nuestra vida. Luego debemos dar los pasos necesarios para llenar nuestra mente con las cosas de Dios. «Todo lo que es verdadero, todo lo honesto, todo lo justo, todo lo puro, todo lo amable, todo lo que es de buen nombre; si hay virtud alguna, si algo digno de alabanza, en esto pensad» (Filipenses 4:8).

PIEDRAS ANGULARES

---

otra manera no tendréis recompensa de vuestro Padre que está en los cielos.

² Cuando, pues, des limosna, no hagas tocar trompeta delante de ti, como hacen los hipócritas en las sinagogas y en las calles, para ser alabados por los hombres; de cierto os digo que ya tienen su recompensa. ³ Mas cuando tú des limosna, no sepa tu izquierda lo que hace tu derecha, ⁴ para que sea tu limosna en secreto; y tu Padre que ve en lo secreto te recompensará en público.

Jesús y la oración
⁵ Y cuando ores, no seas como los hipócritas; porque ellos aman el orar en pie en las sinagogas y en las esquinas de las calles, para ser vistos de los hombres;*b* de cierto os digo que ya tienen su recompensa. ⁶ Mas tú, cuando ores, entra en tu aposento, y cerrada la puerta,*c* ora a tu Padre que está en secreto; y tu Padre que ve en lo secreto te recompensará en público.

⁷ Y orando, no uséis vanas repeticiones, como los gentiles, que piensan que por su palabrería serán oídos. ⁸ No os hagáis, pues, semejantes a ellos; porque vuestro Padre sabe de qué cosas tenéis necesidad, antes que vosotros le pidáis. ⁹ Vosotros, pues, oraréis así: Padre nuestro que estás en los cielos, santificado sea tu nombre.

¹⁰ Venga tu reino. Hágase tu voluntad, como en el cielo, así también en la tierra. ¹¹ El pan nuestro de cada día, dánoslo hoy. ¹² Y perdónanos nuestras deudas, como también nosotros perdonamos a nuestros deudores. ¹³ Y no nos metas en tentación, mas líbranos del mal; porque tuyo es el reino, y el poder, y la gloria,*d* por todos los siglos. Amén. ¹⁴ Porque si perdonáis a los hombres sus ofensas, os perdonará también a vosotros vuestro Padre celestial; ¹⁵ mas si no perdonáis a los hombres sus ofensas, tampoco vuestro Padre os perdonará vuestras ofensas.*e*

Jesús y el ayuno
¹⁶ Cuando ayunéis, no seáis austeros, como los hipócritas; porque ellos demudan sus rostros para mostrar a los hombres que ayunan; de cierto os digo que ya tienen su recompensa. ¹⁷ Pero tú, cuando ayunes, unge tu cabeza y lava tu rostro, ¹⁸ para no mostrar a los hombres que ayunas, sino a tu Padre que está en secreto; y tu Padre que ve en lo secreto te recompensará en público.

Tesoros en el cielo
¹⁹ No os hagáis tesoros en la tierra, donde la polilla y el orín corrompen, *f* y donde

---

b 6.5: Lc. 18.10-14.   *c* 6.6: Is. 26.20.   *d* 6.13: 1 Cr. 29.11.   *e* 6.14-15: Mr. 11.25-26.   *f* 6.19: Stg. 5.2-3.

ladrones minan y hurtan; [20] sino haceos tesoros en el cielo, donde ni la polilla ni el
orín corrompen, y donde ladrones no minan ni hurtan. [21] Porque donde esté vuestro tesoro, allí estará también vuestro corazón.

La lámpara del cuerpo

[22] La lámpara del cuerpo es el ojo; así que,
si tu ojo es bueno, todo tu cuerpo estará lleno de luz; [23] pero si tu ojo es maligno, todo
tu cuerpo estará en tinieblas. Así que, si la
luz que en ti hay es tinieblas, ¿cuántas no
serán las mismas tinieblas?

Dios y las riquezas

[24] Ninguno puede servir a dos señores; porque o aborrecerá al uno y amará al otro, o
estimará al uno y menospreciará al otro.
No podéis servir a Dios y a las riquezas.

El afán y la ansiedad

[25] Por tanto os digo: No os afanéis por
vuestra vida, qué habéis de comer o qué
habéis de beber; ni por vuestro cuerpo,
qué habéis de vestir. ¿No es la vida más
que el alimento, y el cuerpo más que el
vestido? [26] Mirad las aves del cielo, que
no siembran, ni siegan, ni recogen en graneros; y vuestro Padre celestial las alimenta. ¿No valéis vosotros mucho más
que ellas? [27] ¿Y quién de vosotros podrá,
por mucho que se afane, añadir a su estatura un codo? [28] Y por el vestido, ¿por qué
os afanáis? Considerad los lirios del campo, cómo crecen: no trabajan ni hilan;
[29] pero os digo, que ni aun Salomón con
toda su gloria [g] se vistió así como uno de
ellos. [30] Y si la hierba del campo que hoy
es, y mañana se echa en el horno, Dios la
viste así, ¿no hará mucho más a vosotros,
hombres de poca fe? [31] No os afanéis,
pues, diciendo: ¿Qué comeremos, o qué
beberemos, o qué vestiremos? [32] Porque
los gentiles buscan todas estas cosas; pero
vuestro Padre celestial sabe que tenéis necesidad de todas estas cosas. [33] Mas buscad primeramente el reino de Dios y su
justicia, y todas estas cosas os serán añadidas.

[34] Así que, no os afanéis por el día de mañana, porque el día de mañana traerá su
afán. Basta a cada día su propio mal.

[g] 6.29: 1 R. 10.4-7; 2 Cr. 9.3-6.

Cristo nos dio el modelo de la oración
Lee Mateo 6:5-15

Quizá has oído acerca de la oración del Señor que se
le denomina «Padre Nuestro». Jesús nos dio esta
oración para enseñarnos cómo orar. Aunque la
llamamos «La Oración del Señor», no significa que Jesús la
oró para sí mismo. Él no tenía necesidad de pedir perdón por
sus pecados porque no tenía pecado. Es más apropiado
llamar a esta oración, «Oración de los Discípulos», porque
fue dada por Jesús en respuesta a la petición de los
discípulos: «enséñanos a orar».

Para comprender mejor esta oración es bueno dividirla en
dos clases de peticiones:

Las primeras tres peticiones se enfocan en la gloria de
Dios.

- «Padre nuestro que estás en los cielos». Reconoce que te
  estás dirigiendo a un Dios santo que te ve como su hijo.
- «Santificado sea tu nombre». Comienza tus oraciones con
  reverencia y alabanza a Dios por lo que él es. Esto te
  ayuda a poner tus necesidades y problemas en la
  perspectiva apropiada.
- «Venga tu reino. Hágase tu voluntad, como en el cielo,
  así también en la tierra». Pídele a Dios que su voluntad
  suprema reine en tu vida. Tú no puedes orar: «venga tu
  reino» hasta que ores «que mi reino desaparezca».

Las segundas tres peticiones se enfocan en nuestras
necesidades personales.

- «El pan nuestro de cada día, dánoslo hoy». Dile a Dios
  cuáles son tus necesidades físicas y personales.
  Recuerda que la Escritura dice que Dios proveerá para
  todas nuestras necesidades (lee Filipenses 4:19).
- «Y perdónanos nuestras deudas, como también nosotros
  perdonamos a nuestros deudores». Confiesa tus pecados
  a Dios. El Salmo 66:18 dice: «Si en mi corazón hubiese
  yo mirado a la iniquidad, El Señor no me habría
  escuchado». Si tú sigues dominado por algún pecado, tu
  vida de oración puede quedar detenida.
- «Y no nos metas en tentación, mas líbranos del mal».
  Reconoce tu inclinación a caer en pecado, y ora
  para que la oportunidad de pecar y el deseo
  de hacerlo nunca coincidan.

Incluye estos importantes aspectos
en tus oraciones personales. Al hacerlo
comprenderás cuán inmenso es
tu Dios, y qué pequeños son
tus problemas en
comparación
con él.

El perdón no es selectivo Lee Mateo 5:43-48

Como lo dijo un predicador: «Devolver mal por bien, es diabólico; devolver bien por bien, es humano; devolver bien por mal es divino». Aunque no somos divinos, nosotros, como creyentes, no tenemos libertad de escoger a quién vamos a perdonar y a quién no. Esto significa que tenemos que hacer lo que Jesús nos ha mandado, y no sólo perdonar a nuestros enemigos, sino también amarlos.

Amar a nuestros enemigos no es algo que se produce fácil o naturalmente. Si esperamos que de repente un sentimiento de amor nos invada, eso no sucederá. Debemos empezar a orar por nuestros enemigos, incluso, antes que nazca un sentimiento de amor hacia ellos. Sin la ayuda del Espíritu Santo es imposible hacerlo. Si tú sientes que fallas en la obra de perdonar, anímate. La Biblia está llena de ejemplos de esa «divina» habilidad de perdonar, la cual puede venir sólo por la obra del Espíritu Santo en nuestras vidas.

- El Espíritu de Dios capacitó a Abraham para darle la mejor parte de la tierra a su sobrino y compañero de viaje, Lot (Génesis 13:1-12).
- El Espíritu de Dios le dio a José la habilidad de abrazar y besar a sus hermanos que lo habían vendido como esclavo (Génesis 45:1-15).
- El Espíritu de Dios guardó a David de aprovechar la oportunidad de matar al rey Saúl, que andaba buscándolo para matarlo (1 Samuel 24).
- El Espíritu de Dios hizo que Esteban (el primer mártir del cristianismo) orara por todos aquellos que lo apedrearon hasta la muerte (Hechos 7:59-60).

PIEDRAS ANGULARES

Pero el ejemplo mayor de perdonar a los enemigos viene de Jesús. Él mismo ejemplificó este principio para nosotros cuando, colgado en la cruz, oró diciendo: «Padre, perdónalos, porque no saben lo que hacen» (lee Lucas 23:34). Si la cruel tortura de la crucifixión no impidió la oración de Jesús por sus enemigos, ¿qué dolor, perjuicio, o maltrato podría justificar el silencio de nuestras oraciones por nuestros enemigos? Así como el Espíritu de Dios obró en las vidas de los individuos mencionados arriba, él te puede capacitar a ti para amar, orar y hacer el bien a todos aquellos que te odian y lastiman.

CAPÍTULO 7

El juzgar a los demás

No juzguéis, para que no seáis juzgados. ² Porque con el juicio con que juzgáis, seréis juzgados, y con la medida con que medís, os será medido.[a] ³ ¿Y por qué miras la paja que está en el ojo de tu hermano, y no echas de ver la viga que está en tu propio ojo? ⁴ ¿O cómo dirás a tu hermano: Déjame sacar la paja de tu ojo, y he aquí la viga en el ojo tuyo? ⁵ ¡Hipócrita! saca primero la viga de tu propio ojo, y entonces verás bien para sacar la paja del ojo de tu hermano.

⁶ No deis lo santo a los perros, ni echéis vuestras perlas delante de los cerdos, no sea que las pisoteen, y se vuelvan y os despedacen.

La oración, y la regla de oro

⁷ Pedid, y se os dará; buscad, y hallaréis; llamad, y se os abrirá. ⁸ Porque todo aquel que pide, recibe; y el que busca, halla; y al que llama, se le abrirá. ⁹ ¿Qué hombre hay de vosotros, que si su hijo le pide pan, le dará una piedra? ¹⁰ ¿O si le pide un pescado, le dará una serpiente? ¹¹ Pues si vosotros, siendo malos, sabéis dar buenas dádivas a vuestros hijos, ¿cuánto más vuestro Padre que está en los cielos dará buenas cosas a los que le pidan? ¹² Así que, todas las cosas que queráis que los hombres hagan con vosotros, así también haced vosotros con ellos; porque esto es la ley y los profetas.

La puerta estrecha

¹³ Entrad por la puerta estrecha; porque ancha es la puerta, y espacioso el camino que lleva a la perdición, y muchos son los que entran por ella; ¹⁴ porque estrecha es la puerta, y angosto el camino que lleva a la vida, y pocos son los que la hallan.

Por sus frutos los conoceréis

15 Guardaos de los falsos profetas, que vienen a vosotros con vestidos de ovejas, pero por dentro son lobos rapaces. 16 Por sus frutos los conoceréis. ¿Acaso se recogen uvas de los espinos, o higos de los abrojos? 17 Así, todo buen árbol da buenos frutos, pero el árbol malo da frutos malos. 18 No puede el buen árbol dar malos frutos, ni el árbol malo dar frutos buenos. 19 Todo árbol que no da buen fruto, es cortado y echado en el fuego.[b] 20 Así que, por sus frutos los conoceréis.[c]

Nunca os conocí

21 No todo el que me dice: Señor, Señor, entrará en el reino de los cielos, sino el que hace la voluntad de mi Padre que está en los cielos. 22 Muchos me dirán en aquel día: Señor, Señor, ¿no profetizamos en tu nombre, y en tu nombre echamos fuera demonios, y en tu nombre hicimos muchos milagros? 23 Y entonces les declararé: Nunca os conocí; apartaos de mí, hacedores de maldad.[d]

Los dos cimientos

24 Cualquiera, pues, que me oye estas palabras, y las hace, le compararé a un hombre prudente, que edificó su casa sobre la roca. 25 Descendió lluvia, y vinieron ríos, y soplaron vientos, y golpearon contra aquella casa; y no cayó, porque estaba fundada sobre la roca. 26 Pero cualquiera que me oye estas palabras y no las hace, le compararé a un hombre insensato, que edificó su casa sobre la arena; 27 y descendió lluvia, y vinieron ríos, y soplaron vientos, y dieron con ímpetu contra aquella casa; y cayó, y fue grande su ruina.

28 Y cuando terminó Jesús estas palabras, la gente se admiraba de su doctrina; 29 porque les enseñaba como quien tiene autoridad, y no como los escribas.[e]

CAPÍTULO 8

Jesús sana a un leproso

Cuando descendió Jesús del monte, le seguía mucha gente. 2 Y he aquí vino un leproso y se postró ante él, diciendo: Señor, si quieres, puedes limpiarme. 3 Jesús extendió la mano y le tocó, diciendo: Quiero; sé

b 7.19: Mt. 3.10; Lc. 3.9.   c 7.20: Mt. 12.33.
d 7.23: Sal. 6.8.
e 7.28-29: Mr. 1.22; Lc. 4.32.

¿Cómo debes considerar la riqueza material?
Lee Mateo 6:19-34

Este pasaje es parte del famoso Sermón del monte de Jesús. Aquí Jesús trata con posiblemente el mayor obstáculo para que le sigamos de todo corazón: las riquezas. Esta serie de versículos nos dan al menos tres advertencias acerca de la riqueza y una norma para sobreponerse a sus efectos esclavizantes:

1. Debemos vigilar qué y cómo almacenamos. El verso 19 dice que no debemos «hacer tesoros». La idea no es simplemente ahorrar, sino acumular. Jesús no está condenando el hábito de ahorrar ni el proveer para tu familia (lee 1 Timoteo 5:8). Él está condenando la acumulación de posesiones para impresionar a otros. Necesitamos ser capaces de disfrutar lo que Dios nos ha dado, sin hacer de esas posesiones nuestra ambición primordial.

2. Debemos mantener nuestra visión clara. Mientras podemos disfrutar de las cosas que Dios nos da, necesitamos comprender que las cosas materiales de este mundo son sólo temporales. Nuestras posesiones personales e inversiones pueden ser devaluadas por la inflación o la deflación, destruidas por desastres naturales, o robadas por ladrones. Este es el problema con hacer de la acumulación de «cosas» la pasión de tu vida. Es efímero, temporal, frustrante y hasta esclavizante. Cuando no tenemos esta perspectiva, somos dominados con facilidad por el consumismo y la acumulación. Entonces ya no servimos más a Dios, sino al dinero, y nuestra visión se oscurece, apagando la luz de la Palabra de Dios (versos 22-24).

3. No debemos afanarnos por las cosas materiales. El afán es una acción poderosa que puede apartarnos o distraernos. Uno puede afanarse por el futuro, el trabajo, la salud, y hasta por lo que otros piensan de nosotros. Pero Jesús nos dice que debemos dejar de afanarnos, porque Dios siempre va a proveer para nuestras necesidades (versos 25-30). Simplemente, el afán es una pérdida del valioso tiempo que tienes como su siervo aquí en la tierra.

4. Debemos poner a Dios primero en nuestras vidas. Nuestra mayor preocupación no debe ser adquirir posesiones materiales o prestigio. Nuestra meta más importante debe ser buscar el reino de Dios en nuestras vidas (versos 31-34). Tiene un enorme sentido poner nuestras necesidades temporales y afanes en las manos de un Dios eterno.

PRIMERO SSPASSOS

Nuestro andar debe armonizar con nuestro hablar Lee Mateo 7:21

En este versículo Jesús va al corazón mismo de la creencia de cada persona. Afirma que llamarle «Señor» no es suficiente para ir al cielo. Esto se debe a que una persona puede pronunciar la palabra, pero no valorizarla. Lo que vale es la vida cambiada de una persona; una vida de obediencia a la voluntad de Dios.

Con respecto a la vida cristiana se ha dicho: «Lo importante, no es lo alto que puedas saltar, sino lo derecho que caminas después de tocar el suelo». Tú puedes ser capaz de decir todas las «palabras correctas», pero si tu fe no altera el modo en que vives, carecen de significado, y hasta se tornan ofensivas. La verdad es que tú no tienes una relación genuina con Dios.

En la pared de una catedral de Alemania están grabadas estas palabras que escudriñan el alma:
Así habla Cristo nuestro Señor a cada uno de nosotros:
«Tú me llamas Maestro, y no me obedeces;
Me llamas luz, y no me ves;
Me llamas camino, y no andas por mí;
Me llamas vida, y no me vives;
Me llamas sabio, y no me sigues;
Me llamas justo, y no me amas;
Me llamas rico, y no me pides nada;
Me llamas eterno, y no me buscas;
Si yo te condeno, no me culpes».

Cuanto más aprendemos de lo que Dios ha hecho por nosotros, más debemos desear saber qué podemos hacer nosotros por él. Además, nuestros motivos deben salir de un corazón puro, no de una ambición egoísta. Dios anda buscando creyentes genuinos, cuyo andar y hablar son iguales. ¿Puedes tú ser contado como uno de ellos?

PIEDRAS ANGULARES

---

limpio. Y al instante su lepra desapareció. [4] Entonces Jesús le dijo: Mira, no lo digas a nadie; sino ve, muéstrate al sacerdote, y presenta la ofrenda que ordenó Moisés,[a] para testimonio a ellos.

Jesús sana al siervo de un centurión

[5] Entrando Jesús en Capernaum, vino a él un centurión, rogándole, [6] y diciendo: Señor, mi criado está postrado en casa, paralítico, gravemente atormentado. [7] Y Jesús le dijo: Yo iré y le sanaré. [8] Respondió el centurión y dijo: Señor, no soy digno de que entres bajo mi techo; solamente di la palabra, y mi criado sanará. [9] Porque también yo soy hombre bajo autoridad, y tengo bajo mis órdenes soldados; y digo a éste: Ve, y va; y al otro: Ven, y viene; y a mi siervo: Haz esto, y lo hace. [10] Al oírlo Jesús, se maravilló, y dijo a los que le seguían: De cierto os digo, que ni aun en Israel he hallado tanta fe. [11] Y os digo que vendrán muchos del oriente y del occidente, y se sentarán con Abraham e Isaac y Jacob en el reino de los cielos;[b] [12] mas los hijos del reino serán echados a las tinieblas de afuera; allí será el lloro y el crujir de dientes.[c] [13] Entonces Jesús dijo al centurión: Ve, y como creíste, te sea hecho. Y su criado fue sanado en aquella misma hora.

Jesús sana a la suegra de Pedro

[14] Vino Jesús a casa de Pedro, y vio a la suegra de éste postrada en cama, con fiebre. [15] Y tocó su mano, y la fiebre la dejó; y ella se levantó, y les servía. [16] Y cuando llegó la noche, trajeron a él muchos endemoniados; y con la palabra echó fuera a los demonios, y sanó a todos los enfermos; [17] para que se cumpliese lo dicho por el profeta Isaías, cuando dijo: Él mismo tomó nuestras enfermedades, y llevó nuestras dolencias.[d]

[a] 8.4: Lv. 14.1-32. [b] 8.11: Lc. 13.29.
[c] 8.12: Mt. 22.13; 25.30; Lc. 13.28. [d] 8.17: Is. 53.4.

Los que querían seguir a Jesús

18 Viéndose Jesús rodeado de mucha gente, mandó pasar al otro lado. 19 Y vino un escriba y le dijo: Maestro, te seguiré adondequiera que vayas. 20 Jesús le dijo: Las zorras tienen guaridas, y las aves del cielo nidos; mas el Hijo del Hombre no tiene dónde recostar su cabeza. 21 Otro de sus discípulos le dijo: Señor, permíteme que vaya primero y entierre a mi padre. 22 Jesús le dijo: Sígueme; deja que los muertos entierren a sus muertos.

Jesús calma la tempestad

23 Y entrando él en la barca, sus discípulos le siguieron. 24 Y he aquí que se levantó en el mar una tempestad tan grande que las olas cubrían la barca; pero él dormía. 25 Y vinieron sus discípulos y le despertaron, diciendo: ¡Señor, sálvanos, que perecemos! 26 Él les dijo: ¿Por qué teméis, hombres de poca fe? Entonces, levantándose, reprendió a los vientos y al mar; y se hizo grande bonanza. 27 Y los hombres se maravillaron, diciendo: ¿Qué hombre es éste, que aun los vientos y el mar le obedecen?

Los endemoniados gadarenos

28 Cuando llegó a la otra orilla, a la tierra de los gadarenos, vinieron a su encuentro dos endemoniados que salían de los sepulcros, feroces en gran manera, tanto que nadie podía pasar por aquel camino. 29 Y clamaron diciendo: ¿Qué tienes con nosotros, Jesús, Hijo de Dios? ¿Has venido acá para atormentarnos antes de tiempo? 30 Estaba paciendo lejos de ellos un hato de muchos cerdos. 31 Y los demonios le rogaron diciendo: Si nos echas fuera, permítenos ir a aquel hato de cerdos. 32 Él les dijo: Id. Y ellos salieron, y se fueron a aquel hato de cerdos; y he aquí, todo el hato de cerdos se precipitó en el mar por un despeñadero, y perecieron en las aguas. 33 Y los que los apacentaban huyeron, y viniendo a la ciudad, contaron todas las cosas, y lo que había pasado con los endemoniados. 34 Y toda la ciudad salió al encuentro de Jesús; y cuando le vieron, le rogaron que se fuera de sus contornos.

CAPÍTULO 9

Jesús sana a un paralítico

Entonces, entrando Jesús en la barca, pasó al otro lado y vino a su ciudad. 2 Y sucedió que le trajeron un paralítico, tendido sobre una cama; y al ver Jesús la fe de ellos, dijo al paralítico: Ten ánimo, hijo; tus pecados te son perdonados. 3 Entonces algunos de los escribas decían dentro de sí: Este blasfema. 4 Y conociendo Jesús los pensamientos de ellos, dijo: ¿Por qué pensáis mal en vuestros corazones? 5 Porque, ¿qué es más fácil, decir: Los pecados te son perdonados, o decir: Levántate y anda? 6 Pues para que sepáis que el Hijo del Hombre tiene potestad en la tierra para perdonar pecados (dice entonces al paralítico): Levántate, toma tu cama, y vete a tu casa. 7 Entonces él se levantó y se fue a su casa. 8 Y la gente, al verlo, se maravilló y glorificó a Dios, que había dado tal potestad a los hombres.

Llamamiento de Mateo

9 Pasando Jesús de allí, vio a un hombre llamado Mateo, que estaba sentado al banco de los tributos públicos, y le dijo: Sígueme. Y se levantó y le siguió. 10 Y aconteció que estando él sentado a la mesa en la casa, he aquí que muchos publicanos y pecadores, que habían venido, se sentaron juntamente a la mesa con Jesús y sus discípulos. 11 Cuando vieron esto los fariseos, dijeron a los discípulos: ¿Por qué come vuestro Maestro con los publicanos y pecadores? [a] 12 Al oír esto Jesús, les dijo: Los sanos no tienen necesidad de médico, sino los enfermos. 13 Id, pues, y aprended lo que significa: [b] Misericordia quiero, y no sacrificio. [c] Porque no he venido a llamar a justos, sino a pecadores, al arrepentimiento.

La pregunta sobre el ayuno

14 Entonces vinieron a él los discípulos de Juan, diciendo: ¿Por qué nosotros y los fariseos ayunamos muchas veces, y tus discípulos no ayunan? 15 Jesús les dijo: ¿Acaso pueden los que están de bodas tener luto entre tanto que el esposo está con ellos? Pero vendrán días cuando el esposo les será quitado, y entonces ayunarán. 16 Nadie pone remiendo de paño nuevo en vestido viejo; porque tal remiendo tira del vestido, y se hace peor la rotura. 17 Ni echan vino nuevo en odres viejos; de otra manera los odres se rompen, y el vino se derrama, y los odres se pierden; pero echan el vino nuevo en odres nuevos, y lo uno y lo otro se conservan juntamente.

a 9.10-11: Lc. 15.1-2.   b 9.13: Mt. 12.7.   c 9.13: Os. 6.6.

La paz comienza cuando cedemos a Dios el control de nuestras vidas Lee Mateo 11:28-30

En este pasaje, Jesús nos enseña tres cosas que debemos hacer para poder encontrar verdadera paz o «descanso». Sin embargo, por alguna razón, a veces pensamos que estas cosas son demasiado difíciles de lograr:

1. **Ven a Cristo.** Si tú has aceptado a Cristo como Señor y Salvador de tu vida, ya has completado este paso. Si todavía andas buscando, es posible que estés justo a la puerta. Pero debes saber esto: no hallarás paz en nada ni en nadie. Por cierto, puedes tener una paz mental temporal, si tus finanzas andan bien, o si piensas que ya has hallado la relación «perfecta». Pero cuando el piso se derrumba, ¿qué sucede entonces? Sólo Cristo puede garantizarte una paz perdurable.

2. **Cambia tu yugo por su yugo.** Un yugo es una pieza de madera que se pone en el cuello de uno o dos bueyes para ayudarles a arrastrar cargas pesadas. También ayuda al granjero a dirigir al buey. Llevando esta analogía a los humanos, nuestro «pesado yugo» podría ser el peso de nuestra culpa, o la carga de tratar de guardar los mandamientos de Dios y procurar agradarle haciendo buenas obras. Jesús desea cambiar esa carga por su propia carga mucho más liviana: la gracia de Dios. Tú puedes descansar al saber que no necesitas trabajar para ganar el favor de Dios, sólo necesitas aceptar a su Hijo.

3. **Deja que Jesús dirija.** Esta es indudablemente, una de las partes más difíciles de esta promesa. Esto se debe a que nosotros deseamos mantener siempre el control. Pero Dios nos dice que necesitamos entregarle las riendas, porque sólo así él puede enseñarnos. ¿Estás listo y deseoso de dejar tus habilidades, tu futuro y tus problemas en las manos de Dios? Entonces, y sólo entonces, vas a experimentar el prometido «descanso» de Dios para tu alma.

PIEDRAS ANGULARES

La hija de Jairo, y la mujer que tocó el manto de Jesús

¹⁸ Mientras él les decía estas cosas, vino un hombre principal y se postró ante él, diciendo: Mi hija acaba de morir; mas ven y pon tu mano sobre ella, y vivirá. ¹⁹ Y se levantó Jesús, y le siguió con sus discípulos. ²⁰ Y he aquí una mujer enferma de flujo de sangre desde hacía doce años, se le acercó por detrás y tocó el borde de su manto; ²¹ porque decía dentro de sí: Si tocare solamente su manto, seré salva. ²² Pero Jesús, volviéndose y mirándola, dijo: Ten ánimo, hija; tu fe te ha salvado. Y la mujer fue salva desde aquella hora. ²³ Al entrar Jesús en la casa del principal, viendo a los que tocaban flautas, y la gente que hacía alboroto, ²⁴ les dijo: Apartaos, porque la niña no está muerta, sino duerme. Y se burlaban de él. ²⁵ Pero cuando la gente había sido echada fuera, entró, y tomó de la mano a la niña, y ella se levantó. ²⁶ Y se difundió la fama de esto por toda aquella tierra.

Dos ciegos reciben la vista

²⁷ Pasando Jesús de allí, le siguieron dos ciegos, dando voces y diciendo: ¡Ten misericordia de nosotros, Hijo de David! ²⁸ Y llegado a la casa, vinieron a él los ciegos; y Jesús les dijo: ¿Creéis que puedo hacer esto? Ellos dijeron: Sí, Señor. ²⁹ Entonces les tocó los ojos, diciendo: Conforme a vuestra fe os sea hecho. ³⁰ Y los ojos de ellos fueron abiertos. Y Jesús les encargó rigurosamente, diciendo: Mirad que nadie lo sepa. ³¹ Pero salidos ellos, divulgaron la fama de él por toda aquella tierra.

Un mudo habla

³² Mientras salían ellos, he aquí, le trajeron un mudo, endemoniado. ³³ Y echado fuera el demonio, el mudo habló; y la gente se maravillaba, y decía: Nunca se ha visto cosa semejante en Israel. ³⁴ Pero los fariseos decían: Por el príncipe de los demonios echa fuera los demonios.[d]

La mies es mucha

³⁵ Recorría Jesús todas las ciudades y aldeas, enseñando en las sinagogas de ellos, y

---

d 9.34: Mt. 10.25; 12.24; Mr. 3.22; Lc. 11.15.   e 9.35: Mt. 4.23; Mr. 1.39; Lc. 4.44.

predicando el evangelio del reino, y sanando toda enfermedad y toda dolencia en el pueblo.*e* 36 Y al ver las multitudes, tuvo compasión de ellas; porque estaban desamparadas y dispersas como ovejas que no tienen pastor.*f* 37 Entonces dijo a sus discípulos: A la verdad la mies es mucha, mas los obreros pocos. 38 Rogad, pues, al Señor de la mies, que envíe obreros a su mies.*g*

CAPÍTULO 10

Elección de los doce apóstoles
Entonces llamando a sus doce discípulos, les dio autoridad sobre los espíritus inmundos, para que los echasen fuera, y para sanar toda enfermedad y toda dolencia. 2 Los nombres de los doce apóstoles son estos: primero Simón, llamado Pedro, y Andrés su hermano; Jacobo hijo de Zebedeo, y Juan su hermano; 3 Felipe, Bartolomé, Tomás, Mateo el publicano, Jacobo hijo de Alfeo, Lebeo, por sobrenombre Tadeo, 4 Simón el cananista, y Judas Iscariote, el que también le entregó.

Misión de los doce
5 A estos doce envió Jesús, y les dio instrucciones, diciendo: Por camino de gentiles no vayáis, y en ciudad de samaritanos no entréis, 6 sino id antes a las ovejas perdidas de la casa de Israel. 7 Y yendo, predicad, diciendo: El reino de los cielos se ha acercado. 8 Sanad enfermos, limpiad leprosos, resucitad muertos, echad fuera demonios; de gracia recibisteis, dad de gracia. 9 No os proveáis de oro, ni plata, ni cobre en vuestros cintos;*a* 10 ni de alforja para el camino, ni de dos túnicas, ni de calzado, ni de bordón; porque el obrero es digno de su alimento.*b* 11 Mas en cualquier ciudad o aldea donde entréis, informaos quién en ella sea digno, y posad allí hasta que salgáis. 12 Y al entrar en la casa, saludadla. 13 Y si la casa fuere digna, vuestra paz vendrá sobre ella; mas si no fuere digna, vuestra paz se volverá a vosotros. 14 Y si alguno no os recibiere, ni oyere vuestras palabras, salid de aquella casa o ciudad, y sacudid el polvo de vuestros pies.*c* 15 De cierto os digo que en el día del juicio, será más tolerable el castigo para la tierra de Sodoma y de Gomorra,*d* que para aquella ciudad.*e*

Persecuciones venideras
16 He aquí, yo os envío como a ovejas en medio de lobos;*f* sed, pues, prudentes como serpientes, y sencillos como palomas. 17 Y guardaos de los hombres, porque os entregarán a los concilios, y en sus sinagogas os azotarán; 18 y aun ante gobernadores y reyes seréis llevados por causa de mí, para testimonio a ellos y a los gentiles. 19 Mas cuando os entreguen, no os preocupéis por cómo o qué hablaréis; porque en aquella hora os será dado lo que habéis de hablar. 20 Porque no sois vosotros los que habláis, sino el Espíritu de vuestro Padre que habla en vosotros. 21 El hermano entregará a la muerte al hermano, y el padre al hijo; y los hijos se levantarán contra los padres, y los harán morir.*g* 22 Y seréis aborrecidos de todos por causa de mi nombre;*h* mas el que persevere hasta el fin, éste será salvo.*i* 23 Cuando os persigan en esta ciudad, huid a la otra; porque de cierto os digo, que no acabaréis de recorrer todas las ciudades de Israel, antes que venga el Hijo del Hombre.

24 El discípulo no es más que su maestro,*j* ni el siervo más que su señor.*k* 25 Bástale al discípulo ser como su maestro, y al siervo como su señor. Si al padre de familia llamaron Beelzebú,*l* ¿cuánto más a los de su casa?

A quién se debe temer
26 Así que, no los temáis; porque nada hay encubierto, que no haya de ser manifestado; ni oculto, que no haya de saberse.*m* 27 Lo que os digo en tinieblas, decidlo en la luz; y lo que oís al oído, proclamadlo desde las azoteas. 28 Y no temáis a los que matan el cuerpo, mas el alma no pueden matar; temed más bien a aquel que puede destruir el alma y el cuerpo en el infierno. 29 ¿No se venden dos pajarillos por un cuarto? Con todo, ni uno de ellos cae a tierra sin vuestro Padre. 30 Pues aun vuestros cabellos están todos contados. 31 Así que, no temáis; más valéis vosotros que muchos pajarillos. 32 A cualquiera, pues, que me confiese delante de los hombres, yo también le confesaré delante de mi Padre que está en los cielos. 33 Y a cualquiera que me niegue delante de los hombres, yo también le negaré delante de mi Padre que está en los cielos.*n*

f 9.36: 1 R. 22.17; Mr. 6.34. *g* 9.37-38: Lc. 10.2. *a* 10.7-15: Lc. 10.4-12. *b* 10.10: 1 Co. 9.14; 1 Ti. 5.18. *c* 10.14: Hch. 13.51. *d* 10.15: Gn. 19.24-28. *e* 10.15: Mt. 11.23-24. *f* 10.16: Lc. 10.3. *g* 10.17-21: Mr. 13.9-12; Lc. 12.11-12; 21.12-16. *h* 10.22: Mt. 24.9; 13.13; 21.17. *i* 10.22: Mt. 24.13; Mr. 13.13. *j* 10.24: Lc. 6.40. *k* 10.24: Jn. 13.16; 15.20. *l* 10.25: Mt. 9.34; 12.24; Mr. 3.22; Lc. 11.15. *m* 10.26: Mr. 4.22; Lc. 8.17. *n* 10.33: 2 Ti. 2.12.

Jesús, causa de división
34 No penséis que he venido para traer paz
a la tierra; no he venido para traer paz, sino
espada. 35 Porque he venido para poner en
disensión al hombre contra su padre, a la
hija contra su madre, y a la nuera contra su
suegra; 36 y los enemigos del hombre serán
los de su casa.[o] 37 El que ama a padre o madre más que a mí, no es digno de mí; el que
ama a hijo o hija más que a mí, no es digno
de mí; 38 y el que no toma su cruz y sigue en
pos de mí, no es digno de mí.[p] 39 El que halla su vida, la perderá; y el que pierde su
vida por causa de mí, la hallará.[q]

Recompensas
40 El que a vosotros recibe, a mí me recibe;[r]
y el que me recibe a mí, recibe al que me envió.[s] 41 El que recibe a un profeta por cuanto es profeta, recompensa de profeta recibirá; y el que recibe a un justo por cuanto es
justo, recompensa de justo recibirá. 42 Y
cualquiera que dé a uno de estos pequeñitos un vaso de agua fría solamente, por
cuanto es discípulo, de cierto os digo que
no perderá su recompensa.

CAPÍTULO 11

Los mensajeros de Juan el Bautista
Cuando Jesús terminó de dar instrucciones
a sus doce discípulos, se fue de allí a enseñar y a predicar en las ciudades de ellos.
2 Y al oír Juan, en la cárcel, los hechos de
Cristo, le envió dos de sus discípulos, 3 para
preguntarle: ¿Eres tú aquel que había de venir, o esperaremos a otro? 4 Respondiendo
Jesús, les dijo: Id, y haced saber a Juan las
cosas que oís y veis. 5 Los ciegos ven, los cojos andan, los leprosos son limpiados, los
sordos oyen,[a] los muertos son resucitados,
y a los pobres es anunciado el evangelio;[b]
6 y bienaventurado es el que no halle tropiezo en mí.
7 Mientras ellos se iban, comenzó Jesús a
decir de Juan a la gente: ¿Qué salisteis a ver
al desierto? ¿Una caña sacudida por el viento? 8 ¿O qué salisteis a ver? ¿A un hombre
cubierto de vestiduras delicadas? He aquí,
los que llevan vestiduras delicadas, en las
casas de los reyes están. 9 Pero ¿qué salisteis
a ver? ¿A un profeta? Sí, os digo, y más que
profeta. 10 Porque éste es de quien está escrito:

He aquí, yo envío mi mensajero delante
de tu faz,
El cual preparará tu camino delante de
ti.[c]

11 De cierto os digo: Entre los que nacen de
mujer no se ha levantado otro mayor que
Juan el Bautista; pero el más pequeño en el
reino de los cielos, mayor es que él. 12 Desde los días de Juan el Bautista hasta ahora,
el reino de los cielos sufre violencia, y los
violentos lo arrebatan. 13 Porque todos los
profetas y la ley profetizaron hasta Juan.[d]
14 Y si queréis recibirlo, él es aquel Elías que
había de venir.[e] 15 El que tiene oídos para
oír, oiga. 16 Mas ¿a qué compararé esta generación? Es semejante a los muchachos
que se sientan en las plazas, y dan voces a
sus compañeros, 17 diciendo: Os tocamos
flauta, y no bailasteis; os endechamos, y no
lamentasteis. 18 Porque vino Juan, que ni
comía ni bebía, y dicen: Demonio tiene.
19 Vino el Hijo del Hombre, que come y
bebe, y dicen: He aquí un hombre comilón,
y bebedor de vino, amigo de publicanos y
de pecadores. Pero la sabiduría es justificada por sus hijos.

Ayes sobre las ciudades impenitentes
20 Entonces comenzó a reconvenir a las ciudades en las cuales había hecho muchos de
sus milagros, porque no se habían arrepentido, diciendo: 21 ¡Ay de ti, Corazín! ¡Ay de
ti, Betsaida! Porque si en Tiro y en Sidón[f]
se hubieran hecho los milagros que han
sido hechos en vosotras, tiempo ha que se
hubieran arrepentido en cilicio y en ceniza.
22 Por tanto os digo que en el día del juicio,
será más tolerable el castigo para Tiro y
para Sidón, que para vosotras. 23 Y tú, Capernaum, que eres levantada hasta el cielo,
hasta el Hades serás abatida;[g] porque si en
Sodoma[h] se hubieran hecho los milagros
que han sido hechos en ti, habría permanecido hasta el día de hoy. 24 Por tanto os
digo que en el día del juicio, será más tolerable el castigo para la tierra de Sodoma,[i]
que para ti.

[o] 10.35-36: Mi. 7.6. [p] 10.38: Mt. 16.24; Mr. 8.34; Lc. 9.23. [q] 10.39: Mt. 16.25; Mr. 8.35; Lc. 9.24; 17.33; Jn. 12.25. [r] 10.40: Lc. 10.16; Jn. 13.20. [s] 10.40: Mr. 9.37; Lc. 9.48. [a] 11.5: Is. 35.5-6. [b] 11.5: Is. 61.1. [c] 11.10: Mal. 3.1. [d] 11.12-13: Lc. 16.16. [e] 11.14: Mal. 4.5; Mt. 17.10-13; Mr. 9.11-13. [f] 11.21: Is. 23.1-18; Ez. 26.1—28.26; Jl. 3.4-8; Am. 1.9-10; Zac. 9.2-4. [g] 11.23: Is. 14.13-15. [h] 11.23: Gn. 19.24-28. [i] 11.24: Mt. 10.15; Lc. 10.12.

Venid a mí y descansad

²⁵ En aquel tiempo, respondiendo Jesús, dijo: Te alabo, Padre, Señor del cielo y de la tierra, porque escondiste estas cosas de los sabios y de los entendidos, y las revelaste a los niños. ²⁶ Sí, Padre, porque así te agradó. ²⁷ Todas las cosas me fueron entregadas por mi Padre;ʲ y nadie conoce al Hijo, sino el Padre, ni al Padre conoce alguno, sino el Hijo,ᵏ y aquel a quien el Hijo lo quiera revelar. ²⁸ Venid a mí todos los que estáis trabajados y cargados, y yo os haré descansar. ²⁹ Llevad mi yugo sobre vosotros, y aprended de mí, que soy manso y humilde de corazón; y hallaréis descanso para vuestras almas;ˡ ³⁰ porque mi yugo es fácil, y ligera mi carga.

CAPÍTULO 12

Los discípulos recogen espigas en el día de reposo

En aquel tiempo iba Jesús por los sembrados en un día de reposo;* y sus discípulos tuvieron hambre, y comenzaron a arrancar espigas ᵃ y a comer. ² Viéndolo los fariseos, le dijeron: He aquí tus discípulos hacen lo que no es lícito hacer en el día de reposo.* ³ Pero él les dijo: ¿No habéis leído lo que hizo David, cuando él y los que con él estaban tuvieron hambre; ⁴ cómo entró en la casa de Dios, y comió los panes de la proposición,ᵇ que no les era lícito comer ni a él ni a los que con él estaban, sino solamente a los sacerdotes? ᶜ ⁵ ¿O no habéis leído en la ley, cómo en el día de reposo* los sacerdotes en el templo profanan el día de reposo,* y son sin culpa? ᵈ ⁶ Pues os digo que uno mayor que el templo está aquí. ⁷ Y si supieseis qué significa: ᵉ Misericordia quiero, y no sacrificio,ᶠ no condenaríais a los inocentes; ⁸ porque el Hijo del Hombre es Señor del día de reposo.*

El hombre de la mano seca

⁹ Pasando de allí, vino a la sinagoga de ellos. ¹⁰ Y he aquí había allí uno que tenía seca una mano; y preguntaron a Jesús, para poder acusarle: ¿Es lícito sanar en el día de reposo?* ¹¹ Él les dijo: ¿Qué hombre habrá de vosotros, que tenga una oveja, y si ésta cayere en un hoyo en día de reposo,* no le eche mano, y la levante? ᵍ ¹² Pues ¿cuánto más vale un hombre que una oveja? Por consiguiente, es lícito hacer el bien en los días de reposo.* ¹³ Entonces dijo a aquel hombre: Extiende tu mano. Y él la extendió, y le fue restaurada sana como la otra. ¹⁴ Y salidos los fariseos, tuvieron consejo contra Jesús para destruirle.

El siervo escogido

¹⁵ Sabiendo esto Jesús, se apartó de allí; y le siguió mucha gente, y sanaba a todos, ¹⁶ y les encargaba rigurosamente que no le descubriesen; ¹⁷ para que se cumpliese lo dicho por el profeta Isaías, cuando dijo:

¹⁸ He aquí mi siervo, a quien he escogido;
Mi Amado, en quien se agrada mi alma;
Pondré mi Espíritu sobre él,
Y a los gentiles anunciará juicio.
¹⁹ No contenderá, ni voceará,
Ni nadie oirá en las calles su voz.
²⁰ La caña cascada no quebrará,
Y el pábilo que humea no apagará,
Hasta que saque a victoria el juicio.
²¹ Y en su nombre esperarán los gentiles. ʰ

La blasfemia contra el Espíritu Santo

²² Entonces fue traído a él un endemoniado, ciego y mudo; y le sanó, de tal manera que el ciego y mudo veía y hablaba. ²³ Y toda la gente estaba atónita, y decía: ¿Será éste aquel Hijo de David? ²⁴ Mas los fariseos, al oírlo, decían: Este no echa fuera los demonios sino por Beelzebú, príncipe de los demonios.ⁱ ²⁵ Sabiendo Jesús los pensamientos de ellos, les dijo: Todo reino dividido contra sí mismo, es asolado, y toda ciudad o casa dividida contra sí misma, no permanecerá. ²⁶ Y si Satanás echa fuera a Satanás, contra sí mismo está dividido; ¿cómo, pues, permanecerá su reino? ²⁷ Y si yo echo fuera los demonios por Beelzebú, ¿por quién los echan vuestros hijos? Por tanto, ellos serán vuestros jueces. ²⁸ Pero si yo por el Espíritu de Dios echo fuera los demonios, ciertamente ha llegado a vosotros el reino de Dios. ²⁹ Porque ¿cómo puede alguno entrar en la casa del hombre fuerte, y saquear sus bienes, si primero no le ata? Y entonces podrá saquear su casa. ³⁰ El que no es conmigo, contra mí es;ʲ y el que conmigo no recoge, desparrama. ³¹ Por tanto os digo: Todo pecado y blasfemia será perdonado a los hombres; mas la blasfemia contra el Espíritu no les será perdonada. ³² A cualquiera que dijere alguna palabra contra el Hijo del Hombre, le será

ʲ 11.27: Jn. 3.35.   ᵏ 11.27: Jn. 10.15.   ˡ 11.29: Jer. 6.16.   ᵃ 12.1: Dt. 23.25.   ᵇ 12.3-4: 1 S. 21.1-6.   ᶜ 12.4: Lv. 24.9.
ᵈ 12.5: Nm. 28.9-10.   ᵉ 12.7: Mt. 9.13.   ᶠ 12.7: Os. 6.6.   ᵍ 12.11: Lc. 14.5.   ʰ 12.18-21: Is. 42.1-4.   ⁱ 12.24: Mt. 9.34; 10.25.
ʲ 12.30: Mr. 9.40.

perdonado; pero al que hable contra el Espíritu Santo, no le será perdonado, ni en este siglo ni en el venidero.[k] 33 O haced el árbol bueno, y su fruto bueno, o haced el árbol malo, y su fruto malo; porque por el fruto se conoce el árbol.[l] 34 ¡Generación de víboras![m] ¿Cómo podéis hablar lo bueno, siendo malos? Porque de la abundancia del corazón habla la boca.[n] 35 El hombre bueno, del buen tesoro del corazón saca buenas cosas; y el hombre malo, del mal tesoro saca malas cosas. 36 Mas yo os digo que de toda palabra ociosa que hablen los hombres, de ella darán cuenta en el día del juicio. 37 Porque por tus palabras serás justificado, y por tus palabras serás condenado.

La generación perversa demanda señal
38 Entonces respondieron algunos de los escribas y de los fariseos, diciendo: Maestro, deseamos ver de ti señal.[o] 39 Él respondió y les dijo: La generación mala y adúltera demanda señal;[p] pero señal no le será dada, sino la señal del profeta Jonás. 40 Porque como estuvo Jonás en el vientre del gran pez tres días y tres noches,[q] así estará el Hijo del Hombre en el corazón de la tierra tres días y tres noches. 41 Los hombres de Nínive se levantarán en el juicio con esta generación, y la condenarán; porque ellos se arrepintieron a la predicación de Jonás,[r] y he aquí más que Jonás en este lugar. 42 La reina del Sur se levantará en el juicio con esta generación, y la condenará; porque ella vino de los fines de la tierra para oír la sabiduría de Salomón,[s] y he aquí más que Salomón en este lugar.

El espíritu inmundo que vuelve
43 Cuando el espíritu inmundo sale del hombre, anda por lugares secos, buscando reposo, y no lo halla. 44 Entonces dice: Volveré a mi casa de donde salí; y cuando llega, la halla desocupada, barrida y adornada. 45 Entonces va, y toma consigo otros siete espíritus peores que él, y entrados, moran allí; y el postrer estado de aquel hombre viene a ser peor que el primero. Así también acontecerá a esta mala generación.

La madre y los hermanos de Jesús
46 Mientras él aún hablaba a la gente, he aquí su madre y sus hermanos estaban afuera, y le querían hablar. 47 Y le dijo uno: He aquí tu madre y tus hermanos están afuera, y te quieren hablar. 48 Respondiendo él al que le decía esto, dijo: ¿Quién es mi madre, y quiénes son mis hermanos? 49 Y extendiendo su mano hacia sus discípulos, dijo: He aquí mi madre y mis hermanos. 50 Porque todo aquel que hace la voluntad de mi Padre que está en los cielos, ése es mi hermano, y hermana, y madre.

CAPÍTULO **13**
Parábola del sembrador
Aquel día salió Jesús de la casa y se sentó junto al mar. 2 Y se le juntó mucha gente; y entrando él en la barca, se sentó,[a] y toda la gente estaba en la playa. 3 Y les habló muchas cosas por parábolas, diciendo: He aquí, el sembrador salió a sembrar. 4 Y mientras sembraba, parte de la semilla cayó junto al camino; y vinieron las aves y la comieron. 5 Parte cayó en pedregales, donde no había mucha tierra; y brotó pronto, porque no tenía profundidad de tierra; 6 pero salido el sol, se quemó; y porque no tenía raíz, se secó. 7 Y parte cayó entre espinos; y los espinos crecieron, y la ahogaron. 8 Pero

---

k 12.32: Lc. 12.10. l 12.33: Mt. 7.20; Lc. 6.44. m 12.34: Mt. 3.7; 23.33; Lc. 3.7. n 12.34: Mt. 15.18; Lc. 6.45.
o 12.38: Mt. 16.1; Mr. 8.11; Lc. 11.16. p 12.39: Mt. 16.4; Mr. 8.12. q 12.40: Jon. 1.17. r 12.41: Jon. 3.5.
s 12.42: 1 R. 10.1-10; 2 Cr. 9. 1-12. a 13.2: Lc. 5.1-3.

PARTIR Y CORRER ▰▰▰▰▰▰▰

Detente de toda palabra ociosa Lee Mateo 12:35-37

El versículo treinta y cuatro dice: «Porque de la abundancia del corazón habla la boca». Tu hablar refleja la condición de tu corazón. Tu corazón representa tus pensamientos más íntimos, tus deseos y tus emociones. Si tu corazón está lleno de amargura, tu modo de hablar expresará lo que hay en él. Si está lleno del amor de Dios, tus palabras mostrarán ese amor. Si tomamos seriamente la advertencia de Jesús acerca de ser responsables de nuestras palabras ociosas, no sólo debemos pesar nuestras palabras sino examinar a fondo nuestro corazón que es la fuente de nuestro hablar. Aquí hay una buena regla para aplicar antes de hablar: PENSAR

parte cayó en buena tierra, y dio fruto, cuál a ciento, cuál a sesenta, y cuál a treinta por uno. [9] El que tiene oídos para oír, oiga.

Propósito de las parábolas
[10] Entonces, acercándose los discípulos, le dijeron: ¿Por qué les hablas por parábolas? [11] Él respondiendo, les dijo: Porque a vosotros os es dado saber los misterios del reino de los cielos; mas a ellos no les es dado. [12] Porque a cualquiera que tiene, se le dará, y tendrá más; pero al que no tiene, aun lo que tiene le será quitado.[b] [13] Por eso les hablo por parábolas: porque viendo no ven, y oyendo no oyen, ni entienden. [14] De manera que se cumple en ellos la profecía de Isaías, que dijo:

De oído oiréis, y no entenderéis;
Y viendo veréis, y no percibiréis.

[15] Porque el corazón de este pueblo se ha engrosado,
Y con los oídos oyen pesadamente,
Y han cerrado sus ojos;
Para que no vean con los ojos,
Y oigan con los oídos,
Y con el corazón entiendan,
Y se conviertan,
Y yo los sane.[c]

[16] Pero bienaventurados vuestros ojos, porque ven; y vuestros oídos, porque oyen. [17] Porque de cierto os digo, que muchos profetas y justos desearon ver lo que veis, y no lo vieron; y oír lo que oís, y no lo oyeron.[d]

Jesús explica la parábola del sembrador
[18] Oíd, pues, vosotros la parábola del sembrador: [19] Cuando alguno oye la palabra del reino y no la entiende, viene el malo, y arrebata lo que fue sembrado en su corazón. Este es el que fue sembrado junto al camino. [20] Y el que fue sembrado en pedregales, éste es el que oye la palabra, y al momento la recibe con gozo; [21] pero no tiene raíz en sí, sino que es de corta duración, pues al venir la aflicción o la persecución por causa de la palabra, luego tropieza. [22] El que fue sembrado entre espinos, éste es el que oye la palabra, pero el afán de este siglo y el engaño de las riquezas ahogan la palabra, y se hace infructuosa. [23] Mas el que fue sembrado en buena tierra, éste es el que oye y entiende la palabra, y da fruto; y produce a ciento, a sesenta, y a treinta por uno.

Parábola del trigo y la cizaña
[24] Les refirió otra parábola, diciendo: El reino de los cielos es semejante a un hombre que sembró buena semilla en su campo; [25] pero mientras dormían los hombres, vino su enemigo y sembró cizaña entre el trigo, y se fue. [26] Y cuando salió la hierba y dio fruto, entonces apareció también la cizaña. [27] Vinieron entonces los siervos del padre de familia y le dijeron: Señor, ¿no sembraste buena semilla en tu campo? ¿De dónde, pues, tiene cizaña? [28] Él les dijo: Un enemigo ha hecho esto. Y los siervos le dijeron: ¿Quieres, pues, que vayamos y la arranquemos? [29] Él les dijo: No, no sea que al arrancar la cizaña, arranquéis también con ella el trigo. [30] Dejad crecer juntamente lo uno y lo otro hasta la siega; y al tiempo de la siega yo diré a los segadores: Recoged primero la cizaña, y atadla en manojos para quemarla; pero recoged el trigo en mi granero.

Parábola de la semilla de mostaza
[31] Otra parábola les refirió, diciendo: El reino de los cielos es semejante al grano de

---

[b] 13.12: Mt. 25.29; Mr. 4.25; Lc. 8.18; 19.26. [c] 13.14-15: Is. 6.9-10. [d] 13.16-17: Lc. 10.23-24.

1. ¿Es verdad?
2. ¿Puede ayudar?
3. ¿Inspira?
4. ¿Es necesario?
5. ¿Es amable?

Si el contenido de lo que vas a decir no pasa estas prueba de cinco preguntas, realmente no necesitas decirlo. De otra manera tendrás que responder por tus palabras cuando estés delante del Señor.

Cuidado con las astutas imitaciones de Satanás
Lee Mateo 13:24-30

Esta es conocida como la parábola del trigo y la cizaña. Jesús dio esta ilustración para exponer la táctica satánica de imitación e infiltración. En las primeras etapas de su desarrollo, la cizaña es exactamente igual al trigo. Pero al crecer se revela como lo que realmente es: una planta que destruye el trigo.

En esencia, Satanás ha seguido la táctica de la cizaña en sus ataques contra la iglesia. Él ha «inundado el mercado» con imitaciones de las cosas verdaderas. En la Biblia hay numerosos ejemplos acerca de esto. En el Éxodo (el segundo libro del Antiguo Testamento), los magos de Egipto imitaron algunos milagros de Dios hechos a través de Moisés, tal como convertir una vara en una serpiente, convertir las aguas del Nilo en sangre y traer una plaga de ranas. En el libro de los Hechos, (el quinto libro del Nuevo Testamento), el mago Simón imitó los prodigios de Felipe (lee Hechos 8:9-24).

En efecto, cada vez que la iglesia ha experimentado un gran avivamiento, un falso movimiento ha surgido a su lado proclamando verdades a medias y engaños. Satanás sabe que una verdad a medias es más peligrosa que una mentira completa. Por eso, uno que modifica la verdad hace más daño que aquel que la niega abiertamente. Por lo tanto, debemos cuidarnos a toda costa de verdades a medias y de imitaciones del evangelio.

PIEDRAS ANGULARES

---

mostaza, que un hombre tomó y sembró en su campo; ³¹ el cual a la verdad es la más pequeña de todas las semillas; pero cuando ha crecido, es la mayor de las hortalizas, y se hace árbol, de tal manera que vienen las aves del cielo y hacen nidos en sus ramas.

Parábola de la levadura
³³ Otra parábola les dijo: El reino de los cielos es semejante a la levadura que tomó una mujer, y escondió en tres medidas de harina, hasta que todo fue leudado.

El uso que Jesús hace de las parábolas
³⁴ Todo esto habló Jesús por parábolas a la gente, y sin parábolas no les hablaba; ³⁵ para que se cumpliese lo dicho por el profeta, cuando dijo:
Abriré en parábolas mi boca;
Declararé cosas escondidas desde la
    fundación del mundo.^e

Jesús explica la parábola de la cizaña
³⁶ Entonces, despedida la gente, entró Jesús en la casa; y acercándose a él sus discípulos, le dijeron: Explícanos la parábola de la cizaña del campo. ³⁷ Respondiendo él, les dijo: El que siembra la buena semilla es el Hijo del Hombre. ³⁸ El campo es el mundo; la buena semilla son los hijos del reino, y la cizaña son los hijos del malo. ³⁹ El enemigo que la sembró es el diablo; la siega es el fin

del siglo; y los segadores son los ángeles. ⁴⁰ De manera que como se arranca la cizaña, y se quema en el fuego, así será en el fin de este siglo. ⁴¹ Enviará el Hijo del Hombre a sus ángeles, y recogerán de su reino a todos los que sirven de tropiezo, y a los que hacen iniquidad, ⁴² y los echarán en el horno de fuego; allí será el lloro y el crujir de dientes. ⁴³ Entonces los justos resplandecerán como el sol en el reino de su Padre. El que tiene oídos para oír, oiga.

El tesoro escondido
⁴⁴ Además, el reino de los cielos es semejante a un tesoro escondido en un campo, el cual un hombre halla, y lo esconde de nuevo; y gozoso por ello va y vende todo lo que tiene, y compra aquel campo.

La perla de gran precio
⁴⁵ También el reino de los cielos es semejante a un mercader que busca buenas perlas, ⁴⁶ que habiendo hallado una perla preciosa, fue y vendió todo lo que tenía, y la compró.

La red
⁴⁷ Asimismo el reino de los cielos es semejante a una red, que echada en el mar, recoge de toda clase de peces; ⁴⁸ y una vez llena, la sacan a la orilla; y sentados, recogen lo bueno en cestas, y lo malo echan fuera.

^e 13.35: Sal. 78.2.

⁴⁹ Así será al fin del siglo: saldrán los ángeles, y apartarán a los malos de entre los justos, ⁵⁰ y los echarán en el horno de fuego; allí será el lloro y el crujir de dientes.

Tesoros nuevos y viejos

⁵¹ Jesús les dijo: ¿Habéis entendido todas estas cosas? Ellos respondieron: Sí, Señor. ⁵² Él les dijo: Por eso todo escriba docto en el reino de los cielos es semejante a un padre de familia, que saca de su tesoro cosas nuevas y cosas viejas.

Jesús en Nazaret

⁵³ Aconteció que cuando terminó Jesús estas parábolas, se fue de allí. ⁵⁴ Y venido a su tierra, les enseñaba en la sinagoga de ellos, de tal manera que se maravillaban, y decían: ¿De dónde tiene éste esta sabiduría y estos milagros? ⁵⁵ ¿No es éste el hijo del carpintero? ¿No se llama su madre María, y sus hermanos, Jacobo, José, Simón y Judas? ⁵⁶ ¿No están todas sus hermanas con nosotros? ¿De dónde, pues, tiene éste todas estas cosas? ⁵⁷ Y se escandalizaban de él. Pero Jesús les dijo: No hay profeta sin honra, sino en su propia tierra y en su casa.ᶠ ⁵⁸ Y no hizo allí muchos milagros, a causa de la incredulidad de ellos.

CAPÍTULO 14

Muerte de Juan el Bautista

En aquel tiempo Herodes el tetrarca oyó la fama de Jesús, ² y dijo a sus criados: Este es Juan el Bautista; ha resucitado de los muertos, y por eso actúan en él estos poderes. ³ Porque Herodes había prendido a Juan, y le había encadenado y metido en la cárcel, por causa de Herodías, mujer de Felipe su hermano; ⁴ porque Juan le decía: No te es lícito tenerla.ᵃ,ᵇ ⁵ Y Herodes quería matarle, pero temía al pueblo; porque tenían a Juan por profeta. ⁶ Pero cuando se celebraba el cumpleaños de Herodes, la hija de Herodías danzó en medio, y agradó a Herodes, ⁷ por lo cual éste le prometió con juramento darle todo lo que pidiese. ⁸ Ella, instruida primero por su madre, dijo: Dame aquí en un plato la cabeza de Juan el Bautista. ⁹ Entonces el rey se entristeció; pero a causa del juramento, y de los que estaban con él a la mesa, mandó que se la diesen, ¹⁰ y ordenó decapitar a Juan en la cárcel. ¹¹ Y fue

traída su cabeza en un plato, y dada a la muchacha; y ella la presentó a su madre. ¹² Entonces llegaron sus discípulos, y tomaron el cuerpo y lo enterraron; y fueron y dieron las nuevas a Jesús.

Alimentación de los cinco mil

¹³ Oyéndolo Jesús, se apartó de allí en una barca a un lugar desierto y apartado; y cuando la gente lo oyó, le siguió a pie desde las ciudades. ¹⁴ Y saliendo Jesús, vio una gran multitud, y tuvo compasión de ellos, y sanó a los que de ellos estaban enfermos. ¹⁵ Cuando anochecía, se acercaron a él sus discípulos, diciendo: El lugar es desierto, y la hora ya pasada; despide a la multitud, para que vayan por las aldeas y compren de comer. ¹⁶ Jesús les dijo: No tienen necesidad de irse; dadles vosotros de comer. ¹⁷ Y ellos dijeron: No tenemos aquí sino cinco panes y dos peces. ¹⁸ Él les dijo: Traédmelos acá. ¹⁹ Entonces mandó a la gente recostarse sobre la hierba; y tomando los cinco panes y los dos peces, y levantando los ojos al cielo, bendijo, y partió y dio los panes a los discípulos, y los discípulos a la multitud. ²⁰ Y comieron todos, y se saciaron; y recogieron lo que sobró de los pedazos, doce cestas llenas. ²¹ Y los que comieron fueron como cinco mil hombres, sin contar las mujeres y los niños.

Jesús anda sobre el mar

²² En seguida Jesús hizo a sus discípulos entrar en la barca e ir delante de él a la otra ribera, entre tanto que él despedía a la multitud. ²³ Despedida la multitud, subió al monte a orar aparte; y cuando llegó la noche, estaba allí solo. ²⁴ Y ya la barca estaba en medio del mar, azotada por las olas; porque el viento era contrario. ²⁵ Mas a la cuarta vigilia de la noche, Jesús vino a ellos andando sobre el mar. ²⁶ Y los discípulos, viéndole andar sobre el mar, se turbaron, diciendo: ¡Un fantasma! Y dieron voces de miedo. ²⁷ Pero en seguida Jesús les habló, diciendo: ¡Tened ánimo; yo soy, no temáis!

²⁸ Entonces le respondió Pedro, y dijo: Señor, si eres tú, manda que yo vaya a ti sobre las aguas. ²⁹ Y él dijo: Ven. Y descendiendo Pedro de la barca, andaba sobre las aguas para ir a Jesús. ³⁰ Pero al ver el fuerte viento, tuvo miedo; y comenzando a hundirse, dio

---

ᶠ 13.57: Jn. 4.44.   ᵃ 14.4: Lv. 18.16; 20.21.   ᵇ 14.3-4: Lc. 3.19-20.

voces, diciendo: ¡Señor, sálvame! ³¹ Al momento Jesús, extendiendo la mano, asió de él, y le dijo: ¡Hombre de poca fe! ¡Por qué dudaste? ³² Y cuando ellos subieron en la barca, se calmó el viento. ³³ Entonces los que estaban en la barca vinieron y le adoraron, diciendo: Verdaderamente eres Hijo de Dios.

Jesús sana a los enfermos en Genesaret
³⁴ Y terminada la travesía, vinieron a tierra de Genesaret. ³⁵ Cuando le conocieron los hombres de aquel lugar, enviaron noticia por toda aquella tierra alrededor, y trajeron a él todos los enfermos; ³⁶ y le rogaban que les dejase tocar solamente el borde de su manto; y todos los que lo tocaron, quedaron sanos.

CAPÍTULO 15
Lo que contamina al hombre
Entonces se acercaron a Jesús ciertos escribas y fariseos de Jerusalén, diciendo: ² ¿Por qué tus discípulos quebrantan la tradición de los ancianos? Porque no se lavan las manos cuando comen pan. ³ Respondiendo él, les dijo: ¿Por qué también vosotros quebrantáis el mandamiento de Dios por vuestra tradición? ⁴ Porque Dios mandó diciendo: Honra a tu padre y a tu madre;ᵃ y: El que maldiga al padre o a la madre, muera irremisiblemente.ᵇ ⁵ Pero vosotros decís: Cualquiera que diga a su padre o a su madre: Es mi ofrenda a Dios todo aquello con que pudiera ayudarte, ⁶ ya no ha de honrar a su padre o a su madre. Así habéis invalidado el mandamiento de Dios por vuestra tradición. ⁷ Hipócritas, bien profetizó de vosotros Isaías, cuando dijo:
⁸ Este pueblo de labios me honra;
   Mas su corazón está lejos de mí.
⁹ Pues en vano me honran,
   Enseñando como doctrinas,
      mandamientos de hombres.ᶜ
¹⁰ Y llamando a sí a la multitud, les dijo: Oíd, y entended: ¹¹ No lo que entra en la boca contamina al hombre; mas lo que sale de la boca, esto contamina al hombre. ¹² Entonces acercándose sus discípulos, le dijeron: ¿Sabes que los fariseos se ofendieron cuando oyeron esta palabra? ¹³ Pero respondiendo él, dijo: Toda planta que no plantó mi Padre celestial, será desarraigada. ¹⁴ Dejadlos; son ciegos guías de

ciegos; y si el ciego guiare al ciego, ambos caerán en el hoyo.ᵈ ¹⁵ Respondiendo Pedro, le dijo: Explícanos esta parábola. ¹⁶ Jesús dijo: ¿También vosotros sois aún sin entendimiento? ¹⁷ ¿No entendéis que todo lo que entra en la boca va al vientre, y es echado en la letrina? ¹⁸ Pero lo que sale de la boca, del corazón sale;ᵉ y esto contamina al hombre. ¹⁹ Porque del corazón salen los malos pensamientos, los homicidios, los adulterios, las fornicaciones, los hurtos, los falsos testimonios, las blasfemias; ²⁰ Estas cosas son las que contaminan al hombre; pero el comer con las manos sin lavar no contamina al hombre.

La fe de la mujer cananea
²¹ Saliendo Jesús de allí, se fue a la región de Tiro y de Sidón. ²² Y he aquí una mujer cananea que había salido de aquella región clamaba, diciéndole: ¡Señor, Hijo de David, ten misericordia de mí! Mi hija es gravemente atormentada por un demonio. ²³ Pero Jesús no le respondió palabra. Entonces acercándose sus discípulos, le rogaron, diciendo: Despídela, pues da voces tras nosotros. ²⁴ Él respondiendo, dijo: No soy enviado sino a las ovejas perdidas de la casa de Israel. ²⁵ Entonces ella vino y se postró ante él, diciendo: ¡Señor, socórreme! ²⁶ Respondiendo él, dijo: No está bien tomar el pan de los hijos, y echarlo a los perrillos. ²⁷ Y ella dijo: Sí, Señor; pero aun los perrillos comen de las migajas que caen de la mesa de sus amos. ²⁸ Entonces respondiendo Jesús, dijo: Oh mujer, grande es tu fe; hágase contigo como quieres. Y su hija fue sanada desde aquella hora.

Jesús sana a muchos
²⁹ Pasó Jesús de allí y vino junto al mar de Galilea; y subiendo al monte, se sentó allí. ³⁰ Y se le acercó mucha gente que traía consigo a cojos, ciegos, mudos, mancos, y otros muchos enfermos; y los pusieron a los pies de Jesús, y los sanó; ³¹ de manera que la multitud se maravillaba, viendo a los mudos hablar, a los mancos sanados, a los cojos andar, y a los ciegos ver; y glorificaban al Dios de Israel.

Alimentación de los cuatro mil
³² Y Jesús, llamando a sus discípulos, dijo: Tengo compasión de la gente, porque ya hace tres días que están conmigo, y no tienen qué comer; y enviarlos en ayunas no

---

ᵃ 15.4: Ex. 20.12; Dt. 5.16.   ᵇ 15.4: Ex. 21.17; Lv. 20.9.   ᶜ 15.8-9: Is. 29.13.   ᵈ 15.14: Lc. 6.39.   ᵉ 15.18: Mt. 12.34.

quiero, no sea que desmayen en el camino. [33] Entonces sus discípulos le dijeron: ¿De dónde tenemos nosotros tantos panes en el desierto, para saciar a una multitud tan grande? [34] Jesús les dijo: ¿Cuántos panes tenéis? Y ellos dijeron: Siete, y unos pocos pececillos. [35] Y mandó a la multitud que se recostase en tierra. [36] Y tomando los siete panes y los peces, dio gracias, los partió y dio a sus discípulos, y los discípulos a la multitud. [37] Y comieron todos, y se saciaron; y recogieron lo que sobró de los pedazos, siete canastas llenas. [38] Y eran los que habían comido, cuatro mil hombres, sin contar las mujeres y los niños. [39] Entonces, despedida la gente, entró en la barca, y vino a la región de Magdala.

CAPÍTULO 16

La demanda de una señal

Vinieron los fariseos y los saduceos para tentarle, y le pidieron que les mostrase señal [a] del cielo. [2] Mas él respondiendo, les dijo: Cuando anochece, decís: Buen tiempo; porque el cielo tiene arreboles. [3] Y por la mañana: Hoy habrá tempestad; porque tiene arreboles el cielo nublado. ¡Hipócritas! que sabéis distinguir el aspecto del cielo, ¡mas las señales de los tiempos no podéis! [4] La generación mala y adúltera demanda señal;[b] pero señal no le será dada, sino la señal del profeta Jonás.[c] Y dejándolos, se fue.

La levadura de los fariseos

[5] Llegando sus discípulos al otro lado, se habían olvidado de traer pan. [6] Y Jesús les dijo: Mirad, guardaos de la levadura de los fariseos [d] y de los saduceos. [7] Ellos pensaban dentro de sí, diciendo: Esto dice porque no trajimos pan. [8] Y entendiéndolo Jesús, les dijo: ¿Por qué pensáis dentro de vosotros, hombres de poca fe, que no tenéis pan? [9] ¿No entendéis aún, ni os acordáis de los cinco panes entre cinco mil hombres,[e] y cuántas cestas recogisteis? [10] ¿Ni de los siete panes entre cuatro mil,[f] y cuántas canastas recogisteis? [11] ¿Cómo es que no entendéis que no fue por el pan que os dije que os guardaseis de la levadura de los fariseos y de los saduceos? [12] Entonces entendieron que no les había dicho que se guardasen de la levadura del pan, sino de la doctrina de los fariseos y de los saduceos.

La confesión de Pedro

[13] Viniendo Jesús a la región de Cesarea de Filipo, preguntó a sus discípulos, diciendo: ¿Quién dicen los hombres que es el Hijo del Hombre? [14] Ellos dijeron: Unos, Juan el Bautista; otros, Elías; y otros, Jeremías, o alguno de los profetas.[g] [15] Él les dijo: Y vosotros, ¿quién decís que soy yo? [16] Respondiendo Simón Pedro, dijo: Tú eres el Cristo, el Hijo del Dios viviente. [17] Entonces le respondió Jesús: Bienaventurado eres, Simón, hijo de Jonás, porque no te lo reveló carne ni sangre, sino mi Padre que está en los cielos.[h] [18] Y yo también te digo, que tú eres Pedro, y sobre esta roca edificaré mi iglesia; y las puertas del Hades no prevalecerán contra ella. [19] Y a ti te daré las llaves del reino de los cielos; y todo lo que atares en la tierra será atado en los cielos; y todo lo que desatares en la tierra será desatado en los cielos.[i] [20] Entonces mandó a sus discípulos que a nadie dijesen que él era Jesús el Cristo.

Jesús anuncia su muerte

[21] Desde entonces comenzó Jesús a declarar a sus discípulos que le era necesario ir a Jerusalén y padecer mucho de los ancianos, de los principales sacerdotes y de los escribas; y ser muerto, y resucitar al tercer día. [22] Entonces Pedro, tomándole aparte, comenzó a reconvenirle, diciendo: Señor, ten compasión de ti; en ninguna manera esto te acontezca. [23] Pero él, volviéndose, dijo a Pedro: ¡Quítate de delante de mí, Satanás!; me eres tropiezo, porque no pones la mira en las cosas de Dios, sino en las de los hombres.

[24] Entonces Jesús dijo a sus discípulos: Si alguno quiere venir en pos de mí, niéguese a sí mismo, y tome su cruz, y sígame.[j] [25] Porque todo el que quiera salvar su vida, la perderá; y todo el que pierda su vida por causa de mí, la hallará.[k] [26] Porque ¿qué aprovechará al hombre, si ganare todo el mundo, y perdiere su alma? ¿O qué recompensa dará el hombre por su alma? [27] Porque el Hijo del Hombre vendrá en la gloria de su Padre con sus ángeles,[l] y entonces pagará a cada uno conforme a sus obras.[m] [28] De cierto os digo que hay algunos de los que están aquí, que no gustarán la muerte,

---

a 16.1: Mt. 12.38; Lc. 11.16.   b 16.4: Mt. 12.39; Lc. 11.29.   c 16.4: Jon. 3.4-5.   d 16.6: Lc. 12.1.   e 16.9: Mt. 14.17-21.
f 16.10: Mt. 15.34-38.   g 16.14: Mt. 14.1-2; Mr. 6.14-15; Lc. 9.7-8.   h 16.16: Jn. 6.68-69.   i 16.19: Mt. 18.18; Jn. 20.23.
j 16.24: Mt. 10.38; Lc. 14.27.   k 16.25: Mt. 10.39; Lc. 17.33; Jn. 12.25.   l 16.27: Mt. 25.31.   m 16.27: Sal. 62.12.   n 17.1-5.

hasta que hayan visto al Hijo del Hombre viniendo en su reino.

CAPÍTULO 1 7
La transfiguración

Seis días después, Jesús tomó a Pedro, a Jacobo y a Juan su hermano, y los llevó aparte a un monte alto; [2] y se transfiguró delante de ellos,[a] y resplandeció su rostro como el sol, y sus vestidos se hicieron blancos como la luz. [3] Y he aquí les aparecieron Moisés y Elías, hablando con él. [4] Entonces Pedro dijo a Jesús: Señor, bueno es para nosotros que estemos aquí; si quieres, hagamos aquí tres enramadas: una para ti, otra para Moisés, y otra para Elías. [5] Mientras él aún hablaba, una nube de luz los cubrió; y he aquí una voz desde la nube, que decía: Este es mi Hijo amado, en quien tengo complacencia;[b] a él oíd. [6] Al oír esto los discípulos, se postraron sobre sus rostros, y tuvieron gran temor. [7] Entonces Jesús se acercó y los tocó, y dijo: Levantaos, y no temáis. [8] Y alzando ellos los ojos, a nadie vieron sino a Jesús solo.

[9] Cuando descendieron del monte, Jesús les mandó, diciendo: No digáis a nadie la visión, hasta que el Hijo del Hombre resucite de los muertos. [10] Entonces sus discípulos le preguntaron, diciendo: ¿Por qué, pues, dicen los escribas que es necesario que Elías venga primero? [c] [11] Respondiendo Jesús, les dijo: A la verdad, Elías viene primero, y restaurará todas las cosas. [12] Mas os digo que Elías ya vino,[d] y no le conocieron, sino que hicieron con él todo lo que quisieron; así también el Hijo del Hombre

padecerá de ellos. [13] Entonces los discípulos comprendieron que les había hablado de Juan el Bautista.

Jesús sana a un muchacho lunático

[14] Cuando llegaron al gentío, vino a él un hombre que se arrodilló delante de él, diciendo: [15] Señor, ten misericordia de mi hijo, que es lunático, y padece muchísimo; porque muchas veces cae en el fuego, y muchas en el agua. [16] Y lo he traído a tus discípulos, pero no le han podido sanar. [17] Respondiendo Jesús, dijo: ¡Oh generación incrédula y perversa! ¿Hasta cuándo he de estar con vosotros? ¿Hasta cuándo os he de soportar? Traédmelo acá. [18] Y reprendió Jesús al demonio, el cual salió del muchacho, y éste quedó sano desde aquella hora. [19] Viniendo entonces los discípulos a Jesús, aparte, dijeron: ¿Por qué nosotros no pudimos echarlo fuera? [20] Jesús les dijo: Por vuestra poca fe; porque de cierto os digo, que si tuviereis fe como un grano de mostaza, diréis a este monte: Pásate de aquí allá, y se pasará;[e] y nada os será imposible. [21] Pero este género no sale sino con oración y ayuno.

Jesús anuncia otra vez su muerte

[22] Estando ellos en Galilea, Jesús les dijo: El Hijo del Hombre será entregado en manos de hombres, [23] y le matarán; mas al tercer día resucitará. Y ellos se entristecieron en gran manera.

Pago del impuesto del templo

[24] Cuando llegaron a Capernaum, vinieron a Pedro los que cobraban las dos dracmas,[f] y le dijeron: ¿Vuestro Maestro no paga las

---

[b] 17.5: Is. 42.1; Mt. 3.17; 12.18; Mr. 1.11; Lc. 3.22.   [c] 17:10: Mal. 4.5.   [d] 17.12: Mt. 11.14.
[e] 17.20: Mt. 21.21; Mr. 11.23; 1 Co. 13.2.   [f] 17.24: Ex. 30.13; 38.26.

PARTIR Y CORRER ▰▰▰▰▰▰▰

Debemos rendir nuestros sueños, y buscar la voluntad de Dios   Lee Mateo 16:24-26

Las palabras de Jesús en este pasaje parecen muy duras. Pero en realidad son compasivas, porque señalan el camino de la vida verdadera. Cualquiera que desee esta vida auténtica, debe hacerse discípulo de Jesús. Esto significa obedecer sus mandamientos y adoptar una actitud de negación de uno mismo. Este texto señala tres puntos sobre qué significa adoptar esta actitud y seguir a Jesús.

1. Debemos «perder nuestra vida». Nosotros «hallamos vida» no buscándola, sino llegando a una alineación correcta con Dios y su plan para nosotros. Conforme «pierdes tu vida», la hallarás. Esta «vida» de la que habla Jesús no significa solamente la vida después de la muerte, sino también «la vida durante esta vida». Jesús dice que él vino «para darnos vida en abundancia» (Juan 10:10). Tú no debes tener miedo de confiar tu futuro desconocido a un Dios conocido. El plan de Dios para ti es bueno. En efecto, es mejor que cualquier plan que puedas tener para ti mismo.

dos dracmas? [25] Él dijo: Sí. Y al entrar él en casa, Jesús le habló primero, diciendo: ¿Qué te parece, Simón? Los reyes de la tierra, ¿de quiénes cobran los tributos o los impuestos? ¿De sus hijos, o de los extraños? [26] Pedro le respondió: De los extraños. Jesús le dijo: Luego los hijos están exentos. [27] Sin embargo, para no ofenderles, ve al mar, y echa el anzuelo, y el primer pez que saques, tómalo, y al abrirle la boca, hallarás un estatero; tómalo, y dáselo por mí y por ti.

CAPÍTULO 18

¿Quién es el mayor?

En aquel tiempo los discípulos vinieron a Jesús, diciendo: ¿Quién es el mayor en el reino de los cielos? [a] [2] Y llamando Jesús a un niño, lo puso en medio de ellos, [3] y dijo: De cierto os digo, que si no os volvéis y os hacéis como niños, no entraréis en el reino de los cielos.[b] [4] Así que, cualquiera que se humille como este niño, ése es el mayor en el reino de los cielos. [5] Y cualquiera que reciba en mi nombre a un niño como este, a mí me recibe.

Ocasiones de caer

[6] Y cualquiera que haga tropezar a alguno de estos pequeños que creen en mí, mejor le fuera que se le colgase al cuello una piedra de molino de asno, y que se le hundiese en lo profundo del mar.

[7] ¡Ay del mundo por los tropiezos! porque es necesario que vengan tropiezos, pero ¡ay de aquel hombre por quien viene el tropiezo! [8] Por tanto, si tu mano o tu pie te es ocasión de caer, córtalo y échalo de ti; mejor te es entrar en la vida cojo o manco, que teniendo dos manos o dos pies ser echado en el fuego eterno.[c] [9] Y si tu ojo te es ocasión de caer, sácalo y échalo de ti; mejor te es entrar con un solo ojo en la vida, que teniendo dos ojos ser echado en el infierno de fuego.[d]

Parábola de la oveja perdida

[10] Mirad que no menospreciéis a uno de estos pequeños; porque os digo que sus ángeles en los cielos ven siempre el rostro de mi Padre que está en los cielos. [11] Porque el Hijo del Hombre ha venido para salvar lo que se había perdido.[e] [12] ¿Qué os parece? Si un hombre tiene cien ovejas, y se descarría una de ellas, ¿no deja las noventa y nueve y va por los montes a buscar la que se había descarriado? [13] Y si acontece que la encuentra, de cierto os digo que se regocija más por aquélla, que por las noventa y nueve que no se descarriaron. [14] Así, no es la voluntad de vuestro Padre que está en los cielos, que se pierda uno de estos pequeños.

Cómo se debe perdonar al hermano

[15] Por tanto, si tu hermano peca contra ti, ve y repréndele estando tú y él solos; si te oyere, has ganado a tu hermano.[f] [16] Mas si no te oyere, toma aún contigo a uno o dos, para que en boca de dos o tres testigos [g] conste toda palabra. [17] Si no lo oyere a ellos, dilo a la iglesia; y si no oyere a la iglesia, tenle por gentil y publicano. [18] De cierto os digo que todo lo que atéis en la tierra, será atado en el cielo; y todo lo que desatéis en la tierra, será desatado en el cielo.[h]

[a] 18.1: Lc. 22.24. [b] 18.3: Mr. 10.15; Lc. 18.17. [c] 18.8: Mt. 5.30. [d] 18.9: Mt. 5.29. [e] 18.11: Lc. 19.10.
[f] 18.15: Lc. 17.3. [g] 18.16: Dt. 17.6; 19.15. [h] 18.18: Mt. 16.19; Jn. 20.23.

2. Debemos negarnos a nosotros mismos. «Negarse a sí mismo» significa poner la voluntad y los propósitos de Dios por encima de los nuestros. Descubrimos la voluntad de Dios para nuestras vidas cuando escudriñamos, estudiamos y obedecemos la Palabra de Dios.

3. Debemos tomar nuestra propia cruz. Esto significa «morir» a nuestra propia voluntad y ambición egoísta. No permitas que este pasaje te asuste. A través de este morir a nosotros mismos es que hallamos el plan y el propósito de Dios para nuestras vidas.

La vida cristiana no es una de morbosa infelicidad y examen de conciencia excesivo. Es una vida de paz y alegría cuando caminamos en armonía con el Dios que nos ha creado. Pablo resume esto perfectamente cuando escribe: «Con Cristo estoy juntamente crucificado, y ya no vivo yo, mas vive Cristo en mí; y lo que ahora vivo en la carne, lo vivo en la fe del Hijo de Dios, el cual me amó y se entregó a sí mismo por mí» (Gálatas 2:20). Cuando el bulbo de un tulipán cae en tierra y muere, es que una bella flor puede crecer en su lugar. Entrégate voluntariamente al plan de Dios para tu vida. Nunca lo vas a lamentar.

El perdón no conoce límites Lee Mateo 18:21-35

Los líderes religiosos de esos días enseñaban que el que había sido ofendido debía perdonar dos o tres veces, ¡a lo sumo! Pedro, preocupado por la cantidad de veces que había que perdonar preguntó a Jesús si perdonar hasta siete veces era suficiente. Imaginemos el impacto que recibió Pedro cuando Jesús le dijo que tenía que perdonar no sólo siete veces, sino hasta «setenta veces siete» ó 490 veces. ¿Esto significa que si una persona ofendió 491 veces no hay que perdonarlo más? Por supuesto que no. Más bien, Jesús estaba enseñando que no hay límite en las veces que debemos perdonar a los demás. Jesús cuenta la historia de un hombre a quien se le perdonó una gran deuda que tenía (quizá unos diez millones de dólares), pero no era capaz de perdonar a otro una deuda mucho menor (quizá unos dos mil dólares). El mensaje de Jesús es que si nosotros como pecadores, hemos sido perdonados muchas veces, debemos perdonar a los que nos hacen mal, no importa cuánto daño nos hayan causado. Porque ellos nos deben poco a nosotros, comparado con lo que nosotros le debemos a Dios.

PIEDRAS ANGULARES

---

19 Otra vez os digo, que si dos de vosotros se pusieren de acuerdo en la tierra acerca de cualquiera cosa que pidieren, les será hecho por mi Padre que está en los cielos. 20 Porque donde están dos o tres congregados en mi nombre, allí estoy yo en medio de ellos.

21 Entonces se le acercó Pedro y le dijo: Señor, ¿cuántas veces perdonaré a mi hermano que peque contra mí? ¿Hasta siete? 22 Jesús le dijo: No te digo hasta siete, sino aun hasta setenta veces siete.*i*

Los dos deudores

23 Por lo cual el reino de los cielos es semejante a un rey que quiso hacer cuentas con sus siervos. 24 Y comenzando a hacer cuentas, le fue presentado uno que le debía diez mil talentos. 25 A éste, como no pudo pagar, ordenó su señor venderle, y a su mujer e hijos, y todo lo que tenía, para que se le pagase la deuda. 26 Entonces aquel siervo, postrado, le suplicaba, diciendo: Señor, ten paciencia conmigo, y yo te lo pagaré todo. 27 El señor de aquel siervo, movido a misericordia, le soltó y le perdonó la deuda. 28 Pero saliendo aquel siervo, halló a uno de sus consiervos, que le debía cien denarios; y asiendo de él, le ahogaba, diciendo: Págame lo que me debes. 29 Entonces su consiervo, postrándose a sus pies, le rogaba diciendo: Ten paciencia conmigo, y yo te lo pagaré todo. 30 Mas él no quiso, sino fue y le echó en la cárcel, hasta que pagase la deuda. 31 Viendo sus consiervos lo que pasaba, se entristecieron mucho, y fueron y refirieron a su señor todo lo que había pasado. 32 Entonces, llamándole su señor, le dijo: Siervo malvado, toda aquella deuda te perdoné, porque me rogaste. 33 ¿No debías tú también tener misericordia de tu consiervo, como yo tuve misericordia de ti? 34 Entonces su señor, enojado, le entregó a los verdugos, hasta que pagase todo lo que le debía. 35 Así también mi Padre celestial hará con vosotros si no perdonáis de todo corazón cada uno a su hermano sus ofensas.

CAPÍTULO 19

Jesús enseña sobre el divorcio

Aconteció que cuando Jesús terminó estas palabras, se alejó de Galilea, y fue a las regiones de Judea al otro lado del Jordán. 2 Y le siguieron grandes multitudes, y los sanó allí.

3 Entonces vinieron a él los fariseos, tentándole y diciéndole: ¿Es lícito al hombre repudiar a su mujer por cualquier causa? 4 Él, respondiendo, les dijo: ¿No habéis leído que el que los hizo al principio, varón y hembra los hizo,*a* 5 y dijo: Por esto el hombre dejará padre y madre, y se unirá a su mujer, y los dos serán una sola carne?*b* 6 Así que no son ya más dos, sino una sola carne; por tanto, lo que Dios juntó, no lo separe el hombre. 7 Le dijeron: ¿Por qué, pues, mandó Moisés dar carta de divorcio, y repudiarla? *c* 8 Él les dijo: Por la dureza de vuestro corazón Moisés os permitió repudiar a vuestras mujeres; mas al principio no

---

i 18.21-22: Lc. 17.3-4.   *a* 19.4: Gn. 1.27; 5.2.   *b* 19.5: Gn. 2.24.   *c* 19.7: Dt. 24.1-4; Mt. 5.31.

fue así. ⁹ Y yo os digo que cualquiera que repudia a su mujer, salvo por causa de fornicación, y se casa con otra, adultera; y el que se casa con la repudiada, adultera.ᵈ

¹⁰ Le dijeron sus discípulos: Si así es la condición del hombre con su mujer, no conviene casarse. ¹¹ Entonces él les dijo: No todos son capaces de recibir esto, sino aquellos a quienes es dado. ¹² Pues hay eunucos que nacieron así del vientre de su madre, y hay eunucos que son hechos eunucos por los hombres, y hay eunucos que a sí mismos se hicieron eunucos por causa del reino de los cielos. El que sea capaz de recibir esto, que lo reciba.

Jesús bendice a los niños

¹³ Entonces le fueron presentados unos niños, para que pusiese las manos sobre ellos, y orase; y los discípulos les reprendieron. ¹⁴ Pero Jesús dijo: Dejad a los niños venir a mí, y no se lo impidáis; porque de los tales es el reino de los cielos. ¹⁵ Y habiendo puesto sobre ellos las manos, se fue de allí.

El joven rico

¹⁶ Entonces vino uno y le dijo: Maestro bueno, ¿qué bien haré para tener la vida eterna? ¹⁷ Él le dijo: ¿Por qué me llamas bueno? Ninguno hay bueno sino uno: Dios. Mas si quieres entrar en la vida, guarda los mandamientos. ¹⁸ Le dijo: ¿Cuáles? Y Jesús dijo: No matarás.ᵉ No adulterarás.ᶠ No hurtarás.ᵍ No dirás falso testimonio.ʰ ¹⁹ Honra a tu padre y a tu madre;ⁱ y, Amarás a tu prójimo como a ti mismo.ʲ ²⁰ El joven le dijo: Todo esto lo he guardado desde mi juventud. ¿Qué más me falta? ²¹ Jesús le dijo: Si quieres ser perfecto, anda, vende lo que tienes, y dalo a los pobres, y tendrás tesoro en el cielo; y ven y sígueme. ²² Oyendo el joven esta palabra, se fue triste, porque tenía muchas posesiones.

²³ Entonces Jesús dijo a sus discípulos: De cierto os digo, que difícilmente entrará un rico en el reino de los cielos. ²⁴ Otra vez os digo, que es más fácil pasar un camello por el ojo de una aguja, que entrar un rico en el reino de Dios. ²⁵ Sus discípulos, oyendo esto, se asombraron en gran manera, diciendo: ¿Quién, pues, podrá ser salvo? ²⁶ Y mirándolos Jesús, les dijo: Para los hombres esto es imposible; mas para Dios todo es posible. ²⁷ Entonces respondiendo Pedro, le dijo: He aquí, nosotros lo hemos dejado todo, y te hemos seguido; ¿qué, pues, tendremos? ²⁸ Y Jesús les dijo: De cierto os digo que en la regeneración, cuando el Hijo del Hombre se siente en el trono de su gloria,ᵏ vosotros que me habéis seguido también os sentaréis sobre doce tronos, para juzgar a las doce tribus de Israel.ˡ ²⁹ Y cualquiera que haya dejado casas, o hermanos, o hermanas, o padre, o madre, o mujer, o hijos, o tierras, por mi nombre, recibirá cien veces más, y heredará la vida eterna. ³⁰ Pero muchos primeros serán postreros, y postreros, primeros.ᵐ

CAPÍTULO 20

Los obreros de la viña

Porque el reino de los cielos es semejante a un hombre, padre de familia, que salió por la mañana a contratar obreros para su viña. ² Y habiendo convenido con los obreros en un denario al día, los envió a su viña. ³ Saliendo cerca de la hora tercera del día, vio a otros que estaban en la plaza desocupados; ⁴ y les dijo: Id también vosotros a mi viña, y os daré lo que sea justo. Y ellos fueron. ⁵ Salió otra vez cerca de las horas sexta y novena, e hizo lo mismo. ⁶ Y saliendo cerca de la hora undécima, halló a otros que estaban desocupados; y les dijo: ¿Por qué estáis aquí todo el día desocupados? ⁷ Le dijeron: Porque nadie nos ha contratado. Él les dijo: Id también vosotros a la viña, y recibiréis lo que sea justo. ⁸ Cuando llegó la noche, el señor de la viña dijo a su mayordomo: Llama a los obreros y págales el jornal,ᵃ comenzando desde los postreros hasta los primeros. ⁹ Y al venir los que habían ido cerca de la hora undécima, recibieron cada uno un denario. ¹⁰ Al venir también los primeros, pensaron que habían de recibir más; pero también ellos recibieron cada uno un denario. ¹¹ Y al recibirlo, murmuraban contra el padre de familia, ¹² diciendo: Estos postreros han trabajado una sola hora, y los has hecho iguales a nosotros, que hemos soportado la carga y el calor del día. ¹³ Él, respondiendo, dijo a uno de ellos: Amigo, no te hago agravio; ¿no conviniste conmigo en un denario? ¹⁴ Toma lo que es tuyo, y vete; pero quiero dar a este postrero, como a ti. ¹⁵ ¿No me es lícito

---

ᵈ 19.9: Mt. 5.32; 1 Co. 7.10-11.   ᵉ 19.18: Ex. 20.13; Dt. 5.17.   ᶠ 19.18: Ex. 20.14; Dt. 5.18.   ᵍ 19.18: Ex. 20.15; Dt. 5.19.
ʰ 19.18: Ex. 20.16; Dt. 5.20.   ⁱ 19.19: Ex. 20.12; Dt. 5.16.   ʲ 19.19: Lv. 19.18.   ᵏ 19.28: Mt. 25.31.   ˡ 19.28: Lc. 22.30.
ᵐ 19.30: Mt. 20.16; Lc. 13.30.   ᵃ 20.8: Lv. 19.13; Dt. 24.15.

¿Reconoceremos a la gente en el cielo? Lee Mateo 22:23-33

En los días de Jesús, había personas que tenían ideas absurdas acerca de la vida después de la muerte. El grupo particular de líderes mencionados aquí, los saduceos, no creía en la vida después de la muerte. Así que cuando Jesús contestó su pregunta (que la habían hecho para tentarlo) mencionó inmediatamente el error de su enseñanza: «Erráis, ignorando las Escrituras y el poder de Dios» (verso 29). Al refutar el error y la arrogancia de los saduceos, Jesús revela tres cosas respecto a la vida en los cielos:

1. **No nos casaremos.** No vamos a participar en las mismas actividades que realizamos ahora, tales como el matrimonio y la vida familiar. La mayor parte del tiempo lo pasaremos adorando a Dios (lee Apocalipsis 19:5).

2. **Nos conoceremos unos a otros.** Jesús dice que seremos como los ángeles. No seremos ángeles, pero es probable que tendremos algunas de sus capacidades o características. No seremos simplemente un espíritu, sino que tendremos un cuerpo resucitado. Aunque no hay en la Biblia ningún versículo que nos garantiza que nos reconoceremos unos a otros en el cielo, muchos versículos sugieren que sí. Los discípulos fueron capaces de reconocer el cuerpo resucitado de Jesús, así que él debió haber retenido muchas características físicas. En la parábola del rico y Lázaro (lee Lucas 16:19-31), ambos hombres conservan su identidad. La Biblia dice que nuestro conocimiento del cielo será mucho mayor: «Ahora vemos por espejo, oscuramente; mas entonces veremos cara a cara. Ahora conozco en parte; pero entonces conoceré como fui conocido» (1 Corintios 13:12).

3. **Tendremos una personalidad definida.** Notemos que al final del texto, Jesús se refiere al pasaje del Antiguo Testamento que dice: «Yo soy el Dios de Abraham, de Isaac y de Jacob». Este versículo no sólo da una gran prueba de la resurrección, sino que también se refiere a esos hombres por nombre. Cuando leemos que Dios escribe nuestros nombres en el Libro de la Vida, indica que tendremos personalidades bien definidas en el cielo. Dios no escribe números, escribe tu nombre. Algún día, «en un abrir y cerrar de ojos», Cristo nos llamará a los cielos, y nuestros cuerpos serán transformados «esto mortal se vista de inmortalidad» (lee 1 Corintios 15:50-53). Vivir para siempre con estos mismos cuerpos sería una maldición. Pero vivir eternamente con nuevos cuerpos –libres de enfermedad y dolor– en la presencia de Dios, será una bendición.

PIEDRAS ANGULARES

---

hacer lo que quiero con lo mío? ¿O tienes tú envidia, porque yo soy bueno? ¹⁶ Así, los primeros serán postreros, y los postreros, primeros; porque muchos son llamados, mas pocos escogidos.[b]

Nuevamente Jesús anuncia su muerte
¹⁷ Subiendo Jesús a Jerusalén, tomó a sus doce discípulos aparte en el camino, y les dijo: ¹⁸ He aquí subimos a Jerusalén, y el Hijo del Hombre será entregado a los principales sacerdotes y a los escribas, y le condenarán a muerte; ¹⁹ y le entregarán a los gentiles para que le escarnezcan, le azoten, y le crucifiquen; mas al tercer día resucitará.

Petición de Santiago y de Juan
²⁰ Entonces se le acercó la madre de los hijos de Zebedeo con sus hijos, postrándose ante él y pidiéndole algo. ²¹ Él le dijo: ¿Qué quieres? Ella le dijo: Ordena que en tu reino se sienten estos dos hijos míos, el uno a tu derecha, y el otro a tu izquierda. ²² Entonces Jesús respondiendo, dijo: No sabéis lo que pedís. ¿Podéis beber del vaso que yo he de beber, y ser bautizados con el bautismo con que yo soy bautizado? Y ellos le dijeron: Podemos. ²³ Él les dijo: A la verdad, de mi vaso beberéis, y con el bautismo con que yo soy bautizado, seréis bautizados; pero el sentaros a mi derecha y a mi izquierda, no es mío darlo, sino a aquellos para quienes está preparado por mi Padre. ²⁴ Cuando los diez oyeron esto, se enojaron contra los dos hermanos. ²⁵ Entonces Jesús, llamándolos, dijo: Sabéis que los gobernantes de las naciones se enseñorean de ellas, y los que son grandes ejercen sobre ellas potestad. ²⁶ Mas entre vosotros no será así,[c] sino que el que quiera hacerse grande

---

[b] 20.16: Mt. 19.30; Mr. 10.31; Lc. 13.30.   [c] 20.25-26: Lc. 22.25-26.   [d] 20.26-27: Mt. 23.11; Mr. 9.35; Lc. 22.26.

entre vosotros será vuestro servidor, ²⁷ y el que quiera ser el primero entre vosotros será vuestro siervo;ᵈ ²⁸ como el Hijo del Hombre no vino para ser servido, sino para servir, y para dar su vida en rescate por muchos.

Dos ciegos reciben la vista
²⁹ Al salir ellos de Jericó, le seguía una gran multitud. ³⁰ Y dos ciegos que estaban sentados junto al camino, cuando oyeron que Jesús pasaba, clamaron, diciendo: ¡Señor, Hijo de David, ten misericordia de nosotros! ³¹ Y la gente les reprendió para que callasen; pero ellos clamaban más, diciendo: ¡Señor, Hijo de David, ten misericordia de nosotros! ³² Y deteniéndose Jesús, los llamó, y les dijo: ¿Qué queréis que os haga? ³³ Ellos le dijeron: Señor, que sean abiertos nuestros ojos. ³⁴ Entonces Jesús, compadecido, les tocó los ojos, y en seguida recibieron la vista; y le siguieron.

CAPÍTULO **21**
La entrada triunfal en Jerusalén
Cuando se acercaron a Jerusalén, y vinieron a Betfagé, al monte de los Olivos, Jesús envió dos discípulos, ² diciéndoles: Id a la aldea que está enfrente de vosotros, y luego hallaréis una asna atada, y un pollino con ella; desatadla, y traédmelos. ³ Y si alguien os dijere algo, decid: El Señor los necesita; y luego los enviará. ⁴ Todo esto aconteció para que se cumpliese lo dicho por el profeta, cuando dijo:
⁵ Decid a la hija de Sion:
   He aquí, tu Rey viene a ti,
   Manso, y sentado sobre una asna,
   Sobre un pollino, hijo de animal de
      carga.ᵃ
⁶ Y los discípulos fueron, e hicieron como Jesús les mandó; ⁷ y trajeron el asna y el pollino, y pusieron sobre ellos sus mantos; y él se sentó encima. ⁸ Y la multitud, que era muy numerosa, tendía sus mantos en el camino; y otros cortaban ramas de los árboles, y las tendían en el camino. ⁹ Y la gente que iba delante y la que iba detrás aclamaba, diciendo: ¡Hosanna ᵇ al Hijo de David! ¡Bendito el que viene en el nombre del Señor!ᶜ ¡Hosanna en las alturas!
¹⁰ Cuando entró él en Jerusalén, toda la ciudad se conmovió, diciendo: ¿Quién es

éste? ¹¹ Y la gente decía: Este es Jesús el profeta, de Nazaret de Galilea.

Purificación del templo
¹² Y entró Jesús en el templo de Dios, y echó fuera a todos los que vendían y compraban en el templo, y volcó las mesas de los cambistas, y las sillas de los que vendían palomas; ¹³ y les dijo: Escrito está: Mi casa, casa de oración será llamada;ᵈ mas vosotros la habéis hecho cueva de ladrones.ᵉ

¹⁴ Y vinieron a él en el templo ciegos y cojos, y los sanó. ¹⁵ Pero los principales sacerdotes y los escribas, viendo las maravillas que hacía, y a los muchachos aclamando en el templo y diciendo: ¡Hosanna al Hijo de David! se indignaron, ¹⁶ y le dijeron: ¿Oyes lo que éstos dicen? Y Jesús les dijo: Sí; ¿nunca leísteis:
   De la boca de los niños y de los que
      maman
   Perfeccionaste la alabanza?ᶠ
¹⁷ Y dejándolos, salió fuera de la ciudad, a Betania, y posó allí.

Maldición de la higuera estéril
¹⁸ Por la mañana, volviendo a la ciudad, tuvo hambre. ¹⁹ Y viendo una higuera cerca del camino, vino a ella, y no halló nada en ella, sino hojas solamente; y le dijo: Nunca jamás nazca de ti fruto. Y luego se secó la higuera. ²⁰ Viendo esto los discípulos, decían maravillados: ¿Cómo es que se secó en seguida la higuera? ²¹ Respondiendo Jesús, les dijo: De cierto os digo, que si tuviereis fe, y no dudareis, no sólo haréis esto de la higuera, sino que si a este monte dijereis: Quítate y échate en el mar, será hecho.ᵍ ²² Y todo lo que pidiereis en oración, creyendo, lo recibiréis.

La autoridad de Jesús
²³ Cuando vino al templo, los principales sacerdotes y los ancianos del pueblo se acercaron a él mientras enseñaba, y le dijeron: ¿Con qué autoridad haces estas cosas? ¿y quién te dio esta autoridad? ²⁴ Respondiendo Jesús, les dijo: Yo también os haré una pregunta, y si me la contestáis, también yo os diré con qué autoridad hago estas cosas. ²⁵ El bautismo de Juan, ¿de dónde era? ¿Del cielo, o de los hombres? Ellos entonces discutían entre sí, diciendo: Si decimos, del cielo, nos dirá: ¿Por qué, pues, no

---

ᵃ 21.5: Zac. 9.9.   ᵇ 21.9: Sal. 118.25.   ᶜ 21.9: Sal. 118.26.   ᵈ 21.13: Is. 56.7.   ᵉ 21.13: Jer. 7.11.
ᶠ 21.16: Sal. 8.2.   ᵍ 21.21: Mt. 17.20; 1 Co. 13.2.

le creísteis? 26 Y si decimos, de los hombres, tememos al pueblo; porque todos tienen a Juan
por profeta. 27 Y respondiendo a Jesús, dijeron: No sabemos. Y él también les dijo: Tampoco yo os digo con qué autoridad hago estas
cosas.

Parábola de los dos hijos

28 Pero ¿qué os parece? Un hombre tenía
dos hijos, y acercándose al primero, le dijo:
Hijo, ve hoy a trabajar en mi viña. 29 Respondiendo él, dijo: No quiero; pero después, arrepentido, fue. 30 Y acercándose al
otro, le dijo de la misma manera; y respondiendo él, dijo: Sí, señor, voy. Y no fue.
31 ¿Cuál de los dos hizo la voluntad de su
padre? Dijeron ellos: El primero. Jesús les
dijo: De cierto os digo, que los publicanos y
las rameras van delante de vosotros al reino
de Dios. 32 Porque vino a vosotros Juan en
camino de justicia, y no le creísteis; pero los
publicanos y las rameras le creyeron;[h] y vosotros, viendo esto, no os arrepentisteis
después para creerle.

Los labradores malvados

33 Oíd otra parábola: Hubo un hombre, padre
de familia, el cual plantó una viña,[i] la cercó de
vallado, cavó en ella un lagar, edificó una torre, y la arrendó a unos labradores, y se fue lejos. 34 Y cuando se acercó el tiempo de los frutos, envió sus siervos a los labradores, para
que recibiesen sus frutos. 35 Mas los labradores, tomando a los siervos, a uno golpearon, a
otro mataron, y a otro apedrearon. 36 Envió de
nuevo otros siervos, más que los primeros; e
hicieron con ellos de la misma manera. 37 Finalmente les envió su hijo, diciendo: Tendrán
respeto a mi hijo. 38 Mas los labradores, cuando vieron al hijo, dijeron entre sí: Este es el heredero; venid, matémosle, y apoderémonos
de su heredad. 39 Y tomándole, le echaron

fuera de la viña, y le mataron. 40 Cuando venga, pues, el señor de la viña, ¿qué hará a aquellos labradores? 41 Le dijeron: A los malos destruirá sin misericordia, y arrendará su viña a
otros labradores, que le paguen el fruto a su
tiempo.

42 Jesús les dijo: ¿Nunca leísteis en las
Escrituras:

La piedra que desecharon los
    edificadores,
Ha venido a ser cabeza del ángulo,
El Señor ha hecho esto,
Y es cosa maravillosa a nuestros ojos? [j]

43 Por tanto os digo, que el reino de Dios
será quitado de vosotros, y será dado a gente que produzca los frutos de él. 44 Y el que
cayere sobre esta piedra será quebrantado;
y sobre quien ella cayere, le desmenuzará.

45 Y oyendo sus parábolas los principales
sacerdotes y los fariseos, entendieron que
hablaba de ellos. 46 Pero al buscar cómo
echarle mano, temían al pueblo, porque
éste le tenía por profeta.

CAPÍTULO 22

Parábola de la fiesta de bodas

Respondiendo Jesús, les volvió a hablar en parábolas, diciendo: 2 El reino de los cielos es semejante a un rey que hizo fiesta de bodas a su
hijo; 3 y envió a sus siervos a llamar a los convidados a las bodas; mas éstos no quisieron
venir. 4 Volvió a enviar otros siervos, diciendo:
Decid a los convidados: He aquí, he preparado mi comida; mis toros y animales engorda-
dos han sido muertos, y todo está dispuesto;
venid a las bodas. 5 Mas ellos, sin hacer caso,
se fueron, uno a su labranza, y otro a sus negocios; 6 y otros, tomando a los siervos, los
afrentaron y los mataron. 7 Al oírlo el rey, se
enojó; y enviando sus ejércitos, destruyó a
aquellos homicidas, y quemó su ciudad.
8 Entonces dijo a sus siervos: Las bodas a la

---

h 21.32: Lc. 3.12; 7.29-30.   i 21.33: Is. 5.1-2.   j 21.42: Sal. 118.22-23.

PARTIR Y CORRER ▰▰▰▰▰▰▰

Hallamos felicidad amando a Dios y a otros   Lee Mateo 22:37-39

En sólo dos mandamientos, Jesús resume toda la ley del Antiguo Testamento. Nos
muestra nuestra obligación como sus seguidores: amar a Dios con todo el corazón
y a nuestro prójimo como a nosotros mismos. Cuando hacemos estas dos cosas,
no sólo agradamos a Dios por nuestra obediencia, sino que hallamos verdadera
felicidad.

Irónicamente, la verdadera felicidad no se halla en satisfacer nuestros apetitos y deseos. Más bien, se
halla en amar a Dios y a otros. Y esto no es casualidad. Dios lo dispuso así. Él conocía el valor de amar a otros,

verdad están preparadas; mas los que fueron convidados no eran dignos. [9] Id, pues, a las salidas de los caminos, y llamad a las bodas a cuantos halléis. [10] Y saliendo los siervos por los caminos, juntaron a todos los que hallaron, juntamente malos y buenos; y las bodas fueron llenas de convidados.

[11] Y entró el rey para ver a los convidados, y vio allí a un hombre que no estaba vestido de boda. [12] Y le dijo: Amigo, ¿cómo entraste aquí, sin estar vestido de boda? Mas él enmudeció. [13] Entonces el rey dijo a los que servían: Atadle de pies y manos, y echadle en las tinieblas de afuera; allí será el lloro y el crujir de dientes.[a] [14] Porque muchos son llamados, y pocos escogidos.

La cuestión del tributo

[15] Entonces se fueron los fariseos y consultaron cómo sorprenderle en alguna palabra. [16] Y le enviaron los discípulos de ellos con los herodianos, diciendo: Maestro, sabemos que eres amante de la verdad, y que enseñas con verdad el camino de Dios, y que no te cuidas de nadie, porque no miras la apariencia de los hombres. [17] Dinos, pues, qué te parece: ¿Es lícito dar tributo a César, o no? [18] Pero Jesús, conociendo la malicia de ellos, les dijo: ¿Por qué me tentáis, hipócritas? [19] Mostradme la moneda del tributo. Y ellos le presentaron un denario. [20] Entonces les dijo: ¿De quién es esta imagen, y la inscripción? [21] Le dijeron: De César. Y les dijo: Dad, pues, a César lo que es de César, y a Dios lo que es de Dios. [22] Oyendo esto, se maravillaron, y dejándole, se fueron.

La pregunta sobre la resurrección

[23] Aquel día vinieron a él los saduceos, que dicen que no hay resurrección,[b] y le preguntaron, [24] diciendo: Maestro, Moisés dijo: Si alguno muriere sin hijos, su hermano se casará con su mujer, y levantará descendencia a su hermano.[c] [25] Hubo, pues, entre nosotros siete hermanos; el primero se casó, y murió; y no teniendo descendencia, dejó su mujer a su hermano. [26] De la misma manera también el segundo, y el tercero, hasta el séptimo. [27] Y después de todos murió también la mujer. [28] En la resurrección, pues, ¿de cuál de los siete será ella mujer, ya que todos la tuvieron?

[29] Entonces respondiendo Jesús, les dijo: Erráis, ignorando las Escrituras y el poder de Dios. [30] Porque en la resurrección ni se casarán ni se darán en casamiento, sino serán como los ángeles de Dios en el cielo. [31] Pero respecto a la resurrección de los muertos, ¿no habéis leído lo que os fue dicho por Dios, cuando dijo: [32] Yo soy el Dios de Abraham, el Dios de Isaac y el Dios de Jacob?[d] Dios no es Dios de muertos, sino de vivos. [33] Oyendo esto la gente, se admiraba de su doctrina.

El gran mandamiento

[34] Entonces los fariseos, oyendo que había hecho callar a los saduceos, se juntaron a una. [35] Y uno de ellos, intérprete de la ley, preguntó por tentarle,[e] diciendo: [36] Maestro, ¿cuál es el gran mandamiento en la ley? [37] Jesús le dijo: Amarás al Señor tu Dios con todo tu corazón, y con toda tu alma, y con toda tu mente.[f] [38] Este es el primero y grande mandamiento. [39] Y el segundo es semejante: Amarás a tu prójimo como a ti mismo.[g] [40] De estos dos mandamientos depende toda la ley y los profetas.

¿De quién es hijo el Cristo?

[41] Y estando juntos los fariseos, Jesús les preguntó, [42] diciendo: ¿Qué pensáis del Cristo? ¿De quién es hijo? Le dijeron: De

---

[a] 22.13: Mt. 8.12; 25.30; Lc. 13.28.   [b] 22.23: Hch. 23.8.   [c] 22.24: Dt. 25.5.
[d] 22.32: Ex. 3.6.   [e] 22.35-40: Lc. 10.25-28.   [f] 22.37: Dt. 6.5.   [g] 22.39: Lv. 19.18.

---

aun antes que probara su amor por nosotros en la cruz. Él sabía también cuán egoístas somos los humanos, y que llenaríamos nuestra vida con vanos esfuerzos en busca de felicidad, si no nos hubiera mandado amarle a él y a los demás.

Como dice Pablo, todas nuestras obras serán probadas por fuego en el día del juicio (lee 1 Corintios 3:13). Todas las obras que fueron hechas egoístamente no pasarán la prueba. Pero todas las que fueron hechas por amor a Dios y al prójimo sí. Debido a que este amor, y las obras motivadas por él son eternas, hallamos verdadero significado en hacerlas. Además, experimentamos gozo verdadero en dar de nosotros mismos por amor a Dios y otros. Cuando damos, hallamos propósito para nuestra vida. De este propósito obtenemos la verdadera felicidad.

David. [43] Él les dijo: ¿Pues cómo David en el Espíritu le llama Señor, diciendo: [44] Dijo el Señor a mi Señor:

Siéntate a mi derecha,
Hasta que ponga a tus enemigos por estrado de tus pies? [h]

[45] Pues si David le llama Señor, ¿cómo es su hijo? [46] Y nadie le podía responder palabra; ni osó alguno desde aquel día preguntarle más.

CAPÍTULO 23

Jesús acusa a escribas y fariseos

Entonces habló Jesús a la gente y a sus discípulos, diciendo: [2] En la cátedra de Moisés se sientan los escribas y los fariseos. [3] Así que, todo lo que os digan que guardéis, guardadlo y hacedlo; mas no hagáis conforme a sus obras, porque dicen, y no hacen. [4] Porque atan cargas pesadas y difíciles de llevar, y las ponen sobre los hombros de los hombres; pero ellos ni con un dedo quieren moverlas. [5] Antes, hacen todas sus obras para ser vistos por los hombres.[a] Pues ensanchan sus filacterias,[b] y extienden los flecos [c] de sus mantos; [6] y aman los primeros asientos en las cenas, y las primeras sillas en las sinagogas, [7] y las salutaciones en las plazas, y que los hombres los llamen: Rabí, Rabí. [8] Pero vosotros no queráis que os llamen Rabí; porque uno es vuestro Maestro, el Cristo, y todos vosotros sois hermanos. [9] Y no llaméis padre vuestro a nadie en la tierra; porque uno es vuestro Padre, el que está en los cielos. [10] Ni seáis llamados maestros; porque uno es vuestro Maestro, el Cristo. [11] El que es el mayor de vosotros, sea vuestro siervo.[d] [12] Porque el que se enaltece será humillado, y el que se humilla será enaltecido.[e]

[13] Mas ¡ay de vosotros, escribas y fariseos, hipócritas! porque cerráis el reino de los cielos delante de los hombres; pues ni entráis vosotros, ni dejáis entrar a los que están entrando. [14] ¡Ay de vosotros, escribas y fariseos, hipócritas! porque devoráis las casas de las viudas, y como pretexto hacéis largas oraciones; por esto recibiréis mayor condenación. [15] ¡Ay de vosotros, escribas y fariseos, hipócritas! porque recorréis mar y tierra para hacer un prosélito, y una vez hecho, le hacéis dos veces más hijo del infierno que vosotros.

[16] ¡Ay de vosotros, guías ciegos! que decís: Si alguno jura por el templo, no es nada; pero si alguno jura por el oro del templo, es deudor. [17] ¡Insensatos y ciegos! porque ¿cuál es mayor, el oro, o el templo que santifica al oro? [18] También decís: Si alguno jura por el altar, no es nada; pero si alguno jura por la ofrenda que está sobre él, es deudor. [19] ¡Necios y ciegos! porque ¿cuál es mayor, la ofrenda, o el altar que santifica la ofrenda? [20] Pues el que jura por el altar, jura por él, y por todo lo que está sobre él; [21] y el que jura por el templo, jura por él, y por el que lo habita; [22] y el que jura por el cielo, jura por el trono de Dios,[f] y por aquel que está sentado en él.

[23] ¡Ay de vosotros, escribas y fariseos, hipócritas! porque diezmáis la menta y el eneldo y el comino,[g] y dejáis lo más importante de la ley: la justicia, la misericordia y la fe. Esto era necesario hacer, sin dejar de hacer aquello. [24] ¡Guías ciegos, que coláis el mosquito, y tragáis el camello!

[25] ¡Ay de vosotros, escribas y fariseos, hipócritas! porque limpiáis lo de fuera del vaso y del plato, pero por dentro estáis llenos de robo y de injusticia. [26] ¡Fariseo ciego! Limpia primero lo de dentro del vaso y del plato, para que también lo de fuera sea limpio.

[27] ¡Ay de vosotros, escribas y fariseos, hipócritas! porque sois semejantes a sepulcros blanqueados,[h] que por fuera, a la verdad, se muestran hermosos, mas por dentro están llenos de huesos de muertos y de toda inmundicia. [28] Así también vosotros por fuera, a la verdad, os mostráis justos a los hombres, pero por dentro estáis llenos de hipocresía e iniquidad.

[29] ¡Ay de vosotros, escribas y fariseos, hipócritas! porque edificáis los sepulcros de los profetas, y adornáis los monumentos de los justos, [30] y decís: Si hubiésemos vivido en los días de nuestros padres, no hubiéramos sido sus cómplices en la sangre de los profetas. [31] Así que dais testimonio contra vosotros mismos, de que sois hijos de aquellos que mataron a los profetas. [32] ¡Vosotros también llenad la medida de vuestros padres! [33] ¡Serpientes, generación de víboras! [i] ¿Cómo escaparéis de la condenación del infierno? [34] Por tanto, he aquí yo os envío profetas y sabios y escribas; y de

---

[h] 22.44: Sal. 110.1.   [a] 23.5: Mt. 6.1.   [b] 23.5: Dt. 6.8.   [c] 23.5: Nm. 15.38.   [d] 23.11: Mt. 20.26-27; Mr. 9.35; 10.43-44; Lc. 22.26.
[e] 23.12: Lc. 14.11; 18.14.   [f] 23.22: Is. 66.1; Mt. 5.34.   [g] 23.23: Lv. 27.30.   [h] 23.27: Hch. 23.3.   [i] 23.33: Mt. 3.7; 12.34; Lc. 3.7.

ellos, a unos mataréis y crucificaréis, y a otros azotaréis en vuestras sinagogas, y perseguiréis de ciudad en ciudad; ³⁵ para que venga sobre vosotros toda la sangre justa que se ha derramado sobre la tierra, desde la sangre de Abel ʲ el justo hasta la sangre de Zacarías ᵏ hijo de Berequías, a quien matasteis entre el templo y el altar. ³⁶ De cierto os digo que todo esto vendrá sobre esta generación.

Lamento de Jesús sobre Jerusalén

³⁷ ¡Jerusalén, Jerusalén, que matas a los profetas, y apedreas a los que te son enviados! ¡Cuántas veces quise juntar a tus hijos, como la gallina junta sus polluelos debajo de las alas, y no quisiste! ³⁸ He aquí vuestra casa os es dejada desierta. ³⁹ Porque os digo que desde ahora no me veréis, hasta que digáis: Bendito el que viene en el nombre del Señor.ˡ

CAPÍTULO 24

Jesús predice la destrucción del templo

Cuando Jesús salió del templo y se iba, se acercaron sus discípulos para mostrarle los edificios del templo. ² Respondiendo él, les dijo: ¿Veis todo esto? De cierto os digo, que no quedará aquí piedra sobre piedra, que no sea derribada.

Señales antes del fin

³ Y estando él sentado en el monte de los Olivos, los discípulos se le acercaron aparte, diciendo: Dinos, ¿cuándo serán estas cosas, y qué señal habrá de tu venida, y del fin del siglo? ⁴ Respondiendo Jesús, les dijo: Mirad que nadie os engañe. ⁵ Porque vendrán muchos en mi nombre, diciendo: Yo soy el Cristo; y a muchos engañarán. ⁶ Y oiréis de guerras y rumores de guerras; mirad que no os turbéis, porque es necesario que todo esto acontezca; pero aún no es el fin. ⁷ Porque se levantará nación contra nación, y reino contra reino; y habrá pestes, y hambres, y terremotos en diferentes lugares. ⁸ Y todo esto será principio de dolores.

⁹ Entonces os entregarán a tribulación, y os matarán, y seréis aborrecidos de todas las gentes por causa de mi nombre.ᵃ ¹⁰ Muchos tropezarán entonces, y se entregarán unos a otros, y unos a otros se aborrecerán.

¹¹ Y muchos falsos profetas se levantarán, y engañarán a muchos; ¹² y por haberse multiplicado la maldad, el amor de muchos se enfriará. ¹³ Mas el que persevere hasta el fin, éste será salvo.ᵇ ¹⁴ Y será predicado este evangelio del reino en todo el mundo, para testimonio a todas las naciones; y entonces vendrá el fin.

¹⁵ Por tanto, cuando veáis en el lugar santo la abominación desoladora de que habló el profeta Daniel ᶜ (el que lee, entienda), ¹⁶ entonces los que estén en Judea, huyan a los montes. ¹⁷ El que esté en la azotea, no descienda para tomar algo de su casa; ¹⁸ y el que esté en el campo, no vuelva atrás para tomar su capa.ᵈ ¹⁹ Mas ¡ay de las que estén encintas, y de las que críen en aquellos días! ²⁰ Orad, pues, que vuestra huida no sea en invierno ni en día de reposo;* ²¹ porque habrá entonces gran tribulación,ᵉ cual no la ha habido desde el principio del mundo hasta ahora, ni la habrá. ²² Y si aquellos días no fuesen acortados, nadie sería salvo; mas por causa de los escogidos, aquellos días serán acortados. ²³ Entonces, si alguno os dijere: Mirad, aquí está el Cristo, o mirad, allí está, no lo creáis. ²⁴ Porque se levantarán falsos Cristos, y falsos profetas, y harán grandes señales y prodigios, de tal manera que engañarán, si fuere posible, aun a los escogidos. ²⁵ Ya os lo he dicho antes. ²⁶ Así que, si os dijeren: Mirad, está en el desierto, no salgáis; o mirad, está en los aposentos, no lo creáis. ²⁷ Porque como el relámpago que sale del oriente y se muestra hasta el occidente, así será también la venida del Hijo del Hombre.ᶠ ²⁸ Porque dondequiera que estuviere el cuerpo muerto, allí se juntarán las águilas.ᵍ

La venida del Hijo del Hombre

²⁹ E inmediatamente después de la tribulación de aquellos días, el sol se oscurecerá, y la luna no dará su resplandor, y las estrellas caerán del cielo,ʰ y las potencias de los cielos serán conmovidas. ³⁰ Entonces aparecerá la señal del Hijo del Hombre en el cielo; y entonces lamentarán todas las tribus de la tierra, y verán al Hijo del Hombre viniendo sobre las nubes del cielo,ⁱ con poder y gran gloria. ³¹ Y enviará sus ángeles con gran voz de trompeta, y juntarán a sus escogidos, de

---

ʲ 23.35: Gn. 4.8.   ᵏ 23.35: 2 Cr. 24.20-21.   ˡ 23.39: Sal. 118.26.   ᵃ 24.9: Mt. 10.22.   ᵇ 24.13: Mt. 10.22.
ᶜ 24.15: Dn. 9.27; 11.31; 12.11.   ᵈ 24.17-18: Lc. 17.31.   ᵉ 24.21: Dn. 12.1; Ap. 7.14.   ᶠ 24.26-27: Lc. 17.23-24.
ᵍ 24.28: Lc. 17.37.   ʰ 24.29: Is. 13.10; Ez. 32.7; Jl. 2.31; Ap. 6.12-13.   ⁱ 24.30: Dn. 7.13; Ap. 1.7.

los cuatro vientos, desde un extremo del cielo hasta el otro.

³² De la higuera aprended la parábola: Cuando ya su rama está tierna, y brotan las hojas, sabéis que el verano está cerca. ³³ Así también vosotros, cuando veáis todas estas cosas, conoced que está cerca, a las puertas. ³⁴ De cierto os digo, que no pasará esta generación hasta que todo esto acontezca. ³⁵ El cielo y la tierra pasarán, pero mis palabras no pasarán.

³⁶ Pero del día y la hora nadie sabe, ni aun los ángeles de los cielos, sino sólo mi Padre. ³⁷ Mas como en los días de Noé,ʲ así será la venida del Hijo del Hombre. ³⁸ Porque como en los días antes del diluvio estaban comiendo y bebiendo, casándose y dando en casamiento, hasta el día en que Noé entró en el arca, ³⁹ y no entendieron hasta que vino el diluvio y se los llevó a todos,ᵏ así será también la venida del Hijo del Hombre. ⁴⁰ Entonces estarán dos en el campo; el uno será tomado, y el otro será dejado. ⁴¹ Dos mujeres estarán moliendo en un molino; la una será tomada, y la otra será dejada. ⁴² Velad, pues, porque no sabéis a qué hora ha de venir vuestro Señor. ⁴³ Pero sabed esto, que si el padre de familia supiese a qué hora el ladrón habría de venir, velaría, y no dejaría minar su casa. ⁴⁴ Por tanto, también vosotros estad preparados; porque el Hijo del Hombre vendrá a la hora que no pensáis.ˡ

⁴⁵ ¿Quién es, pues, el siervo fiel y prudente, al cual puso su señor sobre su casa para que les dé el alimento a tiempo? ⁴⁶ Bienaventurado aquel siervo al cual, cuando su señor venga, le halle haciendo así. ⁴⁷ De cierto os digo que sobre todos sus bienes le pondrá. ⁴⁸ Pero si aquel siervo malo dijere en su corazón: Mi señor tarda en venir; ⁴⁹ y comenzare a golpear a sus consiervos, y aun a comer y a beber con los borrachos, ⁵⁰ vendrá el señor de aquel siervo en día que éste no espera, y a la hora que no sabe, ⁵¹ y lo castigará duramente, y pondrá su parte con los hipócritas; allí será el lloro y el crujir de dientes.

CAPÍTULO 25

Parábola de las diez vírgenes

Entonces el reino de los cielos será semejante a diez vírgenes que tomando sus lámparas,ᵃ salieron a recibir al esposo. ² Cinco de ellas eran prudentes y cinco insensatas. ³ Las insensatas, tomando sus lámparas, no tomaron consigo aceite; ⁴ mas las prudentes tomaron aceite en sus vasijas, juntamente con sus lámparas. ⁵ Y tardándose el esposo, cabecearon todas y se durmieron. ⁶ Y a la medianoche se oyó un clamor: ¡Aquí viene el esposo; salid a recibirle! ⁷ Entonces todas aquellas vírgenes se levantaron, y arreglaron sus lámparas. ⁸ Y las insensatas dijeron a las prudentes: Dadnos de vuestro aceite; porque nuestras lámparas se apagan. ⁹ Mas las prudentes respondieron diciendo: Para que no nos falte a nosotras y a vosotras, id más bien a los que venden, y comprad para vosotras mismas. ¹⁰ Pero mientras ellas iban a comprar, vino el esposo; y las que estaban preparadas entraron con él a las bodas; y se cerró la puerta. ¹¹ Después vinieron también las otras vírgenes, diciendo: ¡Señor, señor, ábrenos! ¹² Mas él, respondiendo, dijo: De cierto os digo, que no os conozco.ᵇ ¹³ Velad, pues, porque no sabéis el día ni la hora en que el Hijo del Hombre ha de venir.

Parábola de los talentos

¹⁴ Porque el reino de los cielos es como un hombre que yéndose lejos, llamó a sus siervos y les entregó sus bienes. ¹⁵ A uno dio cinco talentos, y a otro dos, y a otro uno, a cada uno conforme a su capacidad; y luego se fue lejos. ¹⁶ Y el que había recibido cinco talentos fue y negoció con ellos, y ganó otros cinco talentos. ¹⁷ Asimismo el que había recibido dos, ganó también otros dos. ¹⁸ Pero el que había recibido uno fue y cavó en la tierra, y escondió el dinero de su señor. ¹⁹ Después de mucho tiempo vino el señor de aquellos siervos, y arregló cuentas con ellos. ²⁰ Y llegando el que había recibido cinco talentos, trajo otros cinco talentos, diciendo: Señor, cinco talentos me entregaste; aquí tienes, he ganado otros cinco talentos sobre ellos. ²¹ Y su señor le dijo: Bien, buen siervo y fiel; sobre poco has sido fiel, sobre mucho te pondré; entra en el gozo de tu señor. ²² Llegando también el que había recibido dos talentos, dijo: Señor, dos talentos me entregaste; aquí tienes, he ganado otros dos talentos sobre ellos. ²³ Su señor le dijo: Bien, buen siervo y fiel; sobre poco has sido fiel, sobre mucho te pondré; entra en el gozo de tu señor.

ʲ 24.37: Gn. 6.5-8. ᵏ 24.39: Gn. 7.6-24. ˡ 24.43-44: Lc. 12.39-40. ᵃ 25.1: Lc. 12.35. ᵇ 25.11-12: Lc. 13.25.

²⁴ Pero llegando también el que había recibido un talento, dijo: Señor, te conocía que eres hombre duro, que siegas donde no sembraste y recoges donde no esparciste; ²⁵ por lo cual tuve miedo, y fui y escondí tu talento en la tierra; aquí tienes lo que es tuyo. ²⁶ Respondiendo su señor, le dijo: Siervo malo y negligente, sabías que siego donde no sembré, y que recojo donde no esparcí. ²⁷ Por tanto, debías haber dado mi dinero a los banqueros, y al venir yo, hubiera recibido lo que es mío con los intereses. ²⁸ Quitadle, pues, el talento, y dadlo al que tiene diez talentos. ²⁹ Porque al que tiene, le será dado, y tendrá más; y al que no tiene, aun lo que tiene le será quitado.ᶜ ³⁰ Y al siervo inútil echadle en las tinieblas de afuera; allí será el lloro y el crujir de dientes.ᵈ,ᵉ

El juicio de las naciones

³¹ Cuando el Hijo del Hombre venga en su gloria, y todos los santos ángeles con él,ᶠ entonces se sentará en su trono de gloria,ᵍ ³² y serán reunidas delante de él todas las naciones; y apartará los unos de los otros, como aparta el pastor las ovejas de los cabritos. ³³ Y pondrá las ovejas a su derecha, y los cabritos a su izquierda. ³⁴ Entonces el Rey dirá a los de su derecha: Venid, benditos de mi Padre, heredad el reino preparado para vosotros desde la fundación del mundo. ³⁵ Porque tuve hambre, y me disteis de comer; tuve sed, y me disteis de beber; fui forastero, y me recogisteis; ³⁶ estuve desnudo, y me cubristeis; enfermo, y me visitasteis; en la cárcel, y vinisteis a mí. ³⁷ Entonces los justos le responderán diciendo: Señor, ¿cuándo te vimos hambriento, y te sustentamos, o sediento, y te dimos de beber? ³⁸ ¿Y cuándo te vimos forastero, y te recogimos, o desnudo, y te cubrimos? ³⁹ ¿O cuándo te vimos enfermo, o en la cárcel, y vinimos a ti? ⁴⁰ Y respondiendo el Rey, les dirá: De cierto os digo que en cuanto lo hicisteis a uno de estos mis hermanos más pequeños, a mí lo hicisteis. ⁴¹ Entonces dirá también a los de la izquierda: Apartaos de mí, malditos, al fuego eterno preparado para el diablo y sus ángeles. ⁴² Porque tuve hambre, y no me disteis de comer; tuve sed, y no me disteis de beber; ⁴³ fui forastero, y no me recogisteis; estuve desnudo, y no me cubristeis; enfermo, y en la cárcel, y no me visitasteis. ⁴⁴ Entonces también ellos le responderán diciendo: Señor, ¿cuándo te vimos hambriento, sediento, forastero, desnudo, enfermo, o en la cárcel, y no te servimos? ⁴⁵ Entonces les responderá diciendo: De cierto os digo que en cuanto no lo hicisteis a uno de estos más pequeños, tampoco a mí lo hicisteis. ⁴⁶ E irán éstos al castigo eterno, y los justos a la vida eterna.ʰ

CAPÍTULO **26**

El complot para prender a Jesús

Cuando hubo acabado Jesús todas estas palabras, dijo a sus discípulos: ² Sabéis que dentro de dos días se celebra la pascua,ᵃ y el Hijo del Hombre será entregado para ser crucificado.

³ Entonces los principales sacerdotes, los escribas, y los ancianos del pueblo se reunieron en el patio del sumo sacerdote llamado Caifás, ⁴ y tuvieron consejo para prender con engaño a Jesús, y matarle. ⁵ Pero decían: No durante la fiesta, para que no se haga alboroto en el pueblo.

Jesús es ungido en Betania

⁶ Y estando Jesús en Betania, en casa de Simón el leproso, ⁷ vino a él una mujer, con un vaso de alabastro de perfume de gran precio, y lo derramó sobre la cabeza de él, estando sentado a la mesa.ᵇ ⁸ Al ver esto, los discípulos se enojaron, diciendo: ¿Para qué este desperdicio? ⁹ Porque esto podía haberse vendido a gran precio, y haberse dado a los pobres. ¹⁰ Y entendiéndolo Jesús, les dijo: ¿Por qué molestáis a esta mujer? pues ha hecho conmigo una buena obra. ¹¹ Porque siempre tendréis pobres con vosotros,ᶜ pero a mí no siempre me tendréis. ¹² Porque al derramar este perfume sobre mi cuerpo, lo ha hecho a fin de prepararme para la sepultura. ¹³ De cierto os digo que dondequiera que se predique este evangelio, en todo el mundo, también se contará lo que ésta ha hecho, para memoria de ella.

Judas ofrece entregar a Jesús

¹⁴ Entonces uno de los doce, que se llamaba Judas Iscariote, fue a los principales

ᶜ 25.29: Mt. 13.12; Mr. 4.25; Lc. 8.18. ᵈ 25.14-30: Lc. 19.11-27. ᵉ 25.30: Mt. 8.12; 22.13; Lc. 13.28. ᶠ 25.31: Mt. 16.27. ᵍ 25.31: Mt. 19.28. ʰ 25.46: Dn. 12.2. ᵃ 26.2: Ex. 12.1-27. ᵇ 26.7: Lc. 7.37-38. ᶜ 26.11: Dt. 15.11.

sacerdotes, [15] y les dijo: ¿Qué me queréis dar, y yo os lo entregaré? Y ellos le asignaron treinta piezas de plata. [16] Y desde entonces buscaba oportunidad para entregarle.

Institución de la Cena del Señor

[17] El primer día de la fiesta de los panes sin levadura, vinieron los discípulos a Jesús, diciéndole: ¿Dónde quieres que preparemos para que comas la pascua? [18] Y él dijo: Id a la ciudad a cierto hombre, y decidle: El Maestro dice: Mi tiempo está cerca; en tu casa celebraré la pascua con mis discípulos. [19] Y los discípulos hicieron como Jesús les mandó, y prepararon la pascua.

[20] Cuando llegó la noche, se sentó a la mesa con los doce. [21] Y mientras comían, dijo: De cierto os digo, que uno de vosotros me va a entregar. [22] Y entristecidos en gran manera, comenzó cada uno de ellos a decirle: ¿Soy yo, Señor? [23] Entonces él respondiendo, dijo: El que mete la mano conmigo en el plato, ése me va a entregar. [24] A la verdad el Hijo del Hombre va, según está escrito de él,[d] mas ¡ay de aquel hombre por quien el Hijo del Hombre es entregado! Bueno le fuera a ese hombre no haber nacido. [25] Entonces respondiendo Judas, el que le entregaba, dijo: ¿Soy yo, Maestro? Le dijo: Tú lo has dicho.

[26] Y mientras comían, tomó Jesús el pan, y bendijo, y lo partió, y dio a sus discípulos, y dijo: Tomad, comed; esto es mi cuerpo. [27] Y tomando la copa, y habiendo dado gracias, les dio, diciendo: Bebed de ella todos; [28] porque esto es mi sangre [e] del nuevo pacto,[f] que por muchos es derramada para remisión de los pecados. [29] Y os digo que desde ahora no beberé más de este fruto de la vid, hasta aquel día en que lo beba nuevo con vosotros en el reino de mi Padre.

Jesús anuncia la negación de Pedro

[30] Y cuando hubieron cantado el himno, salieron al monte de los Olivos. [31] Entonces Jesús les dijo: Todos vosotros os escandalizaréis de mí esta noche; porque escrito está: Heriré al pastor, y las ovejas del rebaño serán dispersadas.[g] [32] Pero después que haya resucitado, iré delante de vosotros a Galilea.[h] [33] Respondiendo Pedro, le dijo: Aunque todos se escandalicen de ti, yo nunca me escandalizaré. [34] Jesús le dijo: De cierto te digo que esta noche, antes que el gallo cante, me negarás tres veces. [35] Pedro le dijo: Aunque me sea necesario morir contigo, no te negaré. Y todos los discípulos dijeron lo mismo.

Jesús ora en Getsemaní

[36] Entonces llegó Jesús con ellos a un lugar que se llama Getsemaní, y dijo a sus discípulos: Sentaos aquí, entre tanto que voy allí y oro. [37] Y tomando a Pedro, y a los dos hijos de Zebedeo, comenzó a entristecerse y a angustiarse en gran manera. [38] Entonces Jesús les dijo: Mi alma está muy triste, hasta la muerte; quedaos aquí, y velad conmigo. [39] Yendo un poco adelante, se postró sobre su rostro, orando y diciendo: Padre mío, si es posible, pase de mí esta copa; pero no sea como yo quiero, sino como tú. [40] Vino luego a sus discípulos, y los halló durmiendo, y dijo a Pedro: ¿Así que no habéis podido velar conmigo una hora? [41] Velad y orad, para que no entréis en tentación; el espíritu a la verdad está dispuesto, pero la carne es débil. [42] Otra vez fue, y oró por segunda vez, diciendo: Padre mío, si no puede pasar de mí esta copa sin que yo la beba, hágase tu voluntad. [43] Vino otra vez y los halló durmiendo, porque los ojos de ellos estaban cargados de sueño. [44] Y dejándolos, se fue de nuevo, y oró por tercera vez, diciendo las mismas palabras. [45] Entonces vino a sus discípulos y les dijo: Dormid ya, y descansad. He aquí ha llegado la hora, y el Hijo del Hombre es entregado en manos de pecadores. [46] Levantaos, vamos; ved, se acerca el que me entrega.

Arresto de Jesús

[47] Mientras todavía hablaba, vino Judas, uno de los doce, y con él mucha gente con espadas y palos, de parte de los principales sacerdotes y de los ancianos del pueblo. [48] Y el que le entregaba les había dado señal, diciendo: Al que yo besare, ése es; prendedle. [49] Y en seguida se acercó a Jesús y dijo: ¡Salve, Maestro! Y le besó. [50] Y Jesús le dijo: Amigo, ¿a qué vienes? Entonces se acercaron y echaron mano a Jesús, y le prendieron. [51] Pero uno de los que estaban con Jesús, extendiendo la mano, sacó su espada, e hiriendo a un siervo del sumo

---

[d] 26.24: Sal. 41.9. [e] 26.28: Ex. 24.6-8. [f] 26.28: Jer. 31.31-34. [g] 26.31: Zac. 13.7. [h] 26.32: Mt. 28.16.

sacerdote, le quitó la oreja. ⁵² Entonces Jesús le dijo: Vuelve tu espada a su lugar; porque todos los que tomen espada, a espada perecerán. ⁵³ ¿Acaso piensas que no puedo ahora orar a mi Padre, y que él no me daría más de doce legiones de ángeles? ⁵⁴ ¿Pero cómo entonces se cumplirían las Escrituras, de que es necesario que así se haga? ⁵⁵ En aquella hora dijo Jesús a la gente: ¿Como contra un ladrón habéis salido con espadas y con palos para prenderme? Cada día me sentaba con vosotros enseñando en el templo,ⁱ y no me prendisteis. ⁵⁶ Mas todo esto sucede, para que se cumplan las Escrituras de los profetas. Entonces todos los discípulos, dejándole, huyeron.

Jesús ante el concilio
⁵⁷ Los que prendieron a Jesús le llevaron al sumo sacerdote Caifás, adonde estaban reunidos los escribas y los ancianos. ⁵⁸ Mas Pedro le seguía de lejos hasta el patio del sumo sacerdote; y entrando, se sentó con los alguaciles, para ver el fin. ⁵⁹ Y los principales sacerdotes y los ancianos y todo el concilio, buscaban falso testimonio contra Jesús, para entregarle a la muerte, ⁶⁰ y no lo hallaron, aunque muchos testigos falsos se presentaban. Pero al fin vinieron dos testigos falsos, ⁶¹ que dijeron: Este dijo: Puedo derribar el templo de Dios, y en tres días reedificarlo.ʲ ⁶² Y levantándose el sumo sacerdote, le dijo: ¿No respondes nada? ¿Qué testifican éstos contra ti? ⁶³ Mas Jesús callaba. Entonces el sumo sacerdote le dijo: Te conjuro por el Dios viviente, que nos digas si eres tú el Cristo, el Hijo de Dios. ⁶⁴ Jesús le dijo: Tú lo has dicho; y además os digo, que desde ahora veréis al Hijo del Hombre sentado a la diestra del poder de Dios, y viniendo en las nubes del cielo.ᵏ ⁶⁵ Entonces el sumo sacerdote rasgó sus vestiduras, diciendo: ¡Ha blasfemado! ¿Qué más necesidad tenemos de testigos? He aquí, ahora mismo habéis oído su blasfemia. ⁶⁶ ¿Qué os parece? Y respondiendo ellos, dijeron: ¡Es reo de muerte! ˡ ⁶⁷ Entonces le escupieron en el rostro, y le dieron de puñetazos, y otros le abofeteaban,ᵐ ⁶⁸ diciendo: Profetízanos, Cristo, quién es el que te golpeó.

Pedro niega a Jesús
⁶⁹ Pedro estaba sentado fuera en el patio; y se le acercó una criada, diciendo: Tú también estabas con Jesús el galileo. ⁷⁰ Mas él negó delante de todos, diciendo: No sé lo que dices. ⁷¹ Saliendo él a la puerta, le vio otra, y dijo a los que estaban allí: También éste estaba con Jesús el nazareno. ⁷² Pero él negó otra vez con juramento: No conozco al hombre. ⁷³ Un poco después, acercándose los que por allí estaban, dijeron a Pedro: Verdaderamente también tú eres de ellos, porque aun tu manera de hablar te descubre. ⁷⁴ Entonces él comenzó a maldecir, y a jurar: No conozco al hombre. Y en seguida cantó el gallo. ⁷⁵ Entonces Pedro se acordó de las palabras de Jesús, que le había dicho: Antes que cante el gallo, me negarás tres veces. Y saliendo fuera, lloró amargamente.

CAPÍTULO **27**
Jesús ante Pilato
Venida la mañana, todos los principales sacerdotes y los ancianos del pueblo entraron en consejo contra Jesús, para entregarle a muerte. ² Y le llevaron atado, y le entregaron a Poncio Pilato, el gobernador.

Muerte de Judas
³ Entonces Judas, el que le había entregado, viendo que era condenado, devolvió arrepentido las treinta piezas de plata a los principales sacerdotes y a los ancianos, ⁴ diciendo: Yo he pecado entregando sangre inocente. Mas ellos dijeron: ¿Qué nos importa a nosotros? ¡Allá tú! ⁵ Y arrojando las piezas de plata en el templo, salió, y fue y se ahorcó. ⁶ Los principales sacerdotes, tomando las piezas de plata, dijeron: No es lícito echarlas en el tesoro de las ofrendas, porque es precio de sangre. ⁷ Y después de consultar, compraron con ellas el campo del alfarero, para sepultura de los extranjeros. ⁸ Por lo cual aquel campo se llama hasta el día de hoy: Campo de sangre.ᵃ ⁹ Así se cumplió lo dicho por el profeta Jeremías, cuando dijo: Y tomaron las treinta piezas de plata, precio del apreciado, según precio puesto por los hijos de Israel; ¹⁰ y las dieron para el campo del alfarero, como me ordenó el Señor.ᵇ

ⁱ 26.55: Lc. 19.47; 21.37. ʲ 26.61: Jn. 2.19. ᵏ 26.64: Dn. 7.13.
ˡ 26.65-66: Lv. 24.16. ᵐ 26.67: Is. 50.6. ᵃ 27.3-8: Hch. 1.18-19.
ᵇ 27.9-10: Zac. 11.12-13.

Pilato interroga a Jesús

[11] Jesús, pues, estaba en pie delante del gobernador; y éste le preguntó, diciendo: ¿Eres tú el Rey de los judíos? Y Jesús le dijo: Tú lo dices. [12] Y siendo acusado por los principales sacerdotes y por los ancianos, nada respondió. [13] Pilato entonces le dijo: ¿No oyes cuántas cosas testifican contra ti? [14] Pero Jesús no le respondió ni una palabra; de tal manera que el gobernador se maravillaba mucho.

Jesús sentenciado a muerte

[15] Ahora bien, en el día de la fiesta acostumbraba el gobernador soltar al pueblo un preso, el que quisiesen. [16] Y tenían entonces un preso famoso llamado Barrabás. [17] Reunidos, pues, ellos, les dijo Pilato: ¿A quién queréis que os suelte: a Barrabás, o a Jesús, llamado el Cristo? [18] Porque sabía que por envidia le habían entregado. [19] Y estando él sentado en el tribunal, su mujer le mandó decir: No tengas nada que ver con ese justo; porque hoy he padecido mucho en sueños por causa de él. [20] Pero los principales sacerdotes y los ancianos persuadieron a la multitud que pidiese a Barrabás, y que Jesús fuese muerto. [21] Y respondiendo el gobernador, les dijo: ¿A cuál de los dos queréis que os suelte? Y ellos dijeron: A Barrabás. [22] Pilato les dijo: ¿Qué, pues, haré de Jesús, llamado el Cristo? Todos le dijeron: ¡Sea crucificado! [23] Y el gobernador les dijo: Pues ¿qué mal ha hecho? Pero ellos gritaban aún más, diciendo: ¡Sea crucificado!

[24] Viendo Pilato que nada adelantaba, sino que se hacía más alboroto, tomó agua y se lavó las manos [c] delante del pueblo, diciendo: Inocente soy yo de la sangre de este justo; allá vosotros. [25] Y respondiendo todo el pueblo, dijo: Su sangre sea sobre nosotros, y sobre nuestros hijos. [26] Entonces les soltó a Barrabás; y habiendo azotado a Jesús, le entregó para ser crucificado.

[27] Entonces los soldados del gobernador llevaron a Jesús al pretorio, y reunieron alrededor de él a toda la compañía; [28] y desnudándole, le echaron encima un manto de escarlata, [29] y pusieron sobre su cabeza una corona tejida de espinas, y una caña en su mano derecha; e hincando la rodilla delante de él, le escarnecían, diciendo: ¡Salve, Rey de los judíos! [30] Y escupiéndole, tomaban la caña y le golpeaban en la cabeza.

[31] Después de haberle escarnecido, le quitaron el manto, le pusieron sus vestidos, y le llevaron para crucificarle.

Crucifixión y muerte de Jesús

[32] Cuando salían, hallaron a un hombre de Cirene que se llamaba Simón; a éste obligaron a que llevase la cruz. [33] Y cuando llegaron a un lugar llamado Gólgota, que significa: Lugar de la Calavera; [34] le dieron a beber vinagre mezclado con hiel; pero después de haberlo probado, no quiso beberlo. [35] Cuando le hubieron crucificado, repartieron entre sí sus vestidos, echando suertes,[d] para que se cumpliese lo dicho por el profeta: Partieron entre sí mis vestidos, y sobre mi ropa echaron suertes. [36] Y sentados le guardaban allí. [37] Y pusieron sobre su cabeza su causa escrita: ESTE ES JESÚS, EL REY DE LOS JUDÍOS. [38] Entonces crucificaron con él a dos ladrones, uno a la derecha, y otro a la izquierda. [39] Y los que pasaban le injuriaban, meneando la cabeza,[e] [40] y diciendo: Tú que derribas el templo, y en tres días lo reedificas,[f] sálvate a ti mismo; si eres Hijo de Dios, desciende de la cruz. [41] De esta manera también los principales sacerdotes, escarneciéndole con los escribas y los fariseos y los ancianos, decían: [42] A otros salvó, a sí mismo no se puede salvar; si es el Rey de Israel, descienda ahora de la cruz, y creeremos en él. [43] Confió en Dios; líbrele ahora si le quiere;[g] porque ha dicho: Soy Hijo de Dios. [44] Lo mismo le injuriaban también los ladrones que estaban crucificados con él.

[45] Y desde la hora sexta hubo tinieblas sobre toda la tierra hasta la hora novena. [46] Cerca de la hora novena, Jesús clamó a gran voz, diciendo: Elí, Elí, ¿lama sabactani? Esto es: Dios mío, Dios mío, ¿por qué me has desamparado?[h] [47] Algunos de los que estaban allí decían, al oírlo: A Elías llama éste. [48] Y al instante, corriendo uno de ellos, tomó una esponja, y la empapó de vinagre, y poniéndola en una caña, le dio a beber.[i] [49] Pero los otros decían: Deja, veamos si viene Elías a librarle. [50] Mas Jesús, habiendo otra vez clamado a gran voz, entregó el espíritu.

[51] Y he aquí, el velo [j] del templo se rasgó en dos, de arriba abajo; y la tierra tembló, y

---

[c] 27.24: Dt. 21.6-9. [d] 27.35: Sal. 22.18. [e] 27.39: Sal. 22.7; 109.25. [f] 27.40: Mt. 26.61; Jn. 2.19. [g] 27.43: Sal. 22.8.
[h] 27.46: Sal. 22.1. [i] 27.48: Sal. 69.21. [j] 27.51: Ex. 26.31-33.

las rocas se partieron; [52] y se abrieron los sepulcros, y muchos cuerpos de santos que habían dormido, se levantaron; [53] y saliendo de los sepulcros, después de la resurrección de él, vinieron a la santa ciudad, y aparecieron a muchos. [54] El centurión, y los que estaban con él guardando a Jesús, visto el terremoto, y las cosas que habían sido hechas, temieron en gran manera, y dijeron: Verdaderamente éste era Hijo de Dios.

[55] Estaban allí muchas mujeres mirando de lejos, las cuales habían seguido a Jesús desde Galilea, sirviéndole, [56] entre las cuales estaban María Magdalena, María la madre de Jacobo y de José, y la madre de los hijos de Zebedeo.[k]

Jesús es sepultado

[57] Cuando llegó la noche, vino un hombre rico de Arimatea, llamado José, que también había sido discípulo de Jesús. [58] Este fue a Pilato y pidió el cuerpo de Jesús. Entonces Pilato mandó que se le diese el cuerpo. [59] Y tomando José el cuerpo, lo envolvió en una sábana limpia, [60] y lo puso en su sepulcro nuevo, que había labrado en la peña; y después de hacer rodar una gran piedra a la entrada del sepulcro, se fue. [61] Y estaban allí María Magdalena, y la otra María, sentadas delante del sepulcro.

La guardia ante la tumba

[62] Al día siguiente, que es después de la preparación, se reunieron los principales sacerdotes y los fariseos ante Pilato, [63] diciendo: Señor, nos acordamos que aquel engañador dijo, viviendo aún: Después de tres días resucitaré.[l] [64] Manda, pues, que se asegure el sepulcro hasta el tercer día, no sea que vengan sus discípulos de noche, y lo hurten, y digan al pueblo: Resucitó de entre los muertos. Y será el postrer error peor que el primero. [65] Y Pilato les dijo: Ahí tenéis una guardia; id, aseguradlo como sabéis. [66] Entonces ellos fueron y aseguraron el sepulcro, sellando la piedra y poniendo la guardia.

CAPÍTULO 28

La resurrección

Pasado el día de reposo,* al amanecer del primer día de la semana, vinieron María Magdalena y la otra María, a ver el sepulcro. [2] Y hubo un gran terremoto; porque un ángel del Señor, descendiendo del cielo y llegando, removió la piedra, y se sentó sobre ella. [3] Su aspecto era como un relámpago, y su vestido blanco como la nieve. [4] Y de miedo de él los guardas temblaron y se quedaron como muertos. [5] Mas el ángel, respondiendo, dijo a las mujeres: No temáis vosotras; porque yo sé que buscáis a Jesús, el que fue crucificado. [6] No está aquí, pues ha resucitado, como dijo. Venid, ved el lugar donde fue puesto el Señor. [7] E id pronto y decid a sus discípulos que ha resucitado de los muertos, y he aquí va delante de vosotros a Galilea; allí le veréis. He aquí, os lo he dicho. [8] Entonces ellas, saliendo del sepulcro con temor y gran gozo, fueron corriendo a dar las nuevas a sus discípulos. Y mientras iban a dar las nuevas a los discípulos, [9] he aquí, Jesús les salió al encuentro, diciendo: ¡Salve! Y ellas, acercándose, abrazaron sus pies, y le adoraron. [10] Entonces Jesús les dijo: No temáis; id, dad las nuevas a mis hermanos, para que vayan a Galilea, y allí me verán.

El informe de la guardia

[11] Mientras ellas iban, he aquí unos de la guardia fueron a la ciudad, y dieron aviso a los principales sacerdotes de todas las cosas que habían acontecido. [12] Y reunidos con los ancianos, y habido consejo, dieron mucho dinero a los soldados, [13] diciendo: Decid vosotros: Sus discípulos vinieron de noche, y lo hurtaron, estando nosotros dormidos. [14] Y si esto lo oyere el gobernador, nosotros le persuadiremos, y os pondremos a salvo. [15] Y ellos, tomando el dinero, hicieron como se les había instruido. Este dicho se ha divulgado entre los judíos hasta el día de hoy.

La gran comisión

[16] Pero los once discípulos se fueron a Galilea,[a] al monte donde Jesús les había ordenado. [17] Y cuando le vieron, le adoraron; pero algunos dudaban. [18] Y Jesús se acercó y les habló diciendo: Toda potestad me es dada en el cielo y en la tierra. [19] Por tanto, id, y haced discípulos a todas las naciones,[b] bautizándolos en el nombre del Padre, y del Hijo, y del Espíritu Santo; [20] enseñándoles que guarden todas las cosas que os he mandado; y he aquí yo estoy con vosotros todos los días, hasta el fin del mundo. Amén.

---

k 27.55-56: Lc. 8.2-3. l 27.63: Mt. 16.21; 17.23; 20.19; Mr. 8.31; 9.31; 10.33-34; Lc. 9.22; 18.31-33.
a 28.16: Mt. 26.32; Mr. 14.28. b 28.19: Hch. 1.8.

Marcos

CAPÍTULO 1

Predicación de Juan el Bautista

Principio del evangelio de Jesucristo, Hijo de Dios. ² Como está escrito en Isaías el profeta:

He aquí yo envío mi mensajero delante
    de tu faz,
El cual preparará tu camino delante de
    ti.ª

³ Voz del que clama en el desierto:
Preparad el camino del Señor;
Enderezad sus sendas.ᵇ

⁴ Bautizaba Juan en el desierto, y predicaba el bautismo de arrepentimiento para perdón de pecados. ⁵ Y salían a él toda la provincia de Judea, y todos los de Jerusalén; y eran bautizados por él en el río Jordán, confesando sus pecados. ⁶ Y Juan estaba vestido de pelo de camello, y tenía un cinto de cuero alrededor de sus lomos;ᶜ y comía langostas y miel silvestre. ⁷ Y predicaba, diciendo: Viene tras mí el que es más poderoso que yo, a quien no soy digno de desatar encorvado la correa de su calzado. ⁸ Yo a la verdad os he bautizado con agua; pero él os bautizará con Espíritu Santo.

El bautismo de Jesús

⁹ Aconteció en aquellos días, que Jesús vino de Nazaret de Galilea, y fue bautizado por Juan en el Jordán. ¹⁰ Y luego, cuando subía del agua, vio abrirse los cielos, y al Espíritu como paloma que descendía sobre él. ¹¹ Y vino una voz de los cielos que decía: Tú eres mi Hijo amado; en ti tengo complacencia.ᵈ

Tentación de Jesús

¹² Y luego el Espíritu le impulsó al desierto. ¹³ Y estuvo allí en el desierto cuarenta días, y era tentado por Satanás, y estaba con las fieras; y los ángeles le servían.

Jesús principia su ministerio

¹⁴ Después que Juan fue encarcelado, Jesús vino a Galilea predicando el evangelio del reino de Dios, ¹⁵ diciendo: El tiempo se ha cumplido, y el reino de Dios ᵉ se ha acercado; arrepentíos,ᶠ y creed en el evangelio.

Jesús llama a cuatro pescadores

¹⁶ Andando junto al mar de Galilea, vio a Simón y a Andrés su hermano, que echaban la red en el mar; porque eran pescadores. ¹⁷ Y les dijo Jesús: Venid en pos de mí, y haré que seáis pescadores de hombres. ¹⁸ Y dejando luego sus redes, le siguieron. ¹⁹ Pasando de allí un poco más adelante, vio a Jacobo hijo de Zebedeo, y a Juan su hermano, también ellos en la barca, que remendaban las redes. ²⁰ Y luego los llamó; y dejando a su padre Zebedeo en la barca con los jornaleros, le siguieron.

Un hombre que tenía un espíritu inmundo

²¹ Y entraron en Capernaum; y los días de reposo,* entrando en la sinagoga, enseñaba. ²² Y se admiraban de su doctrina; porque les enseñaba como quien tiene autoridad, y no como los escribas.ᵍ ²³ Pero había en la sinagoga de ellos un hombre con espíritu inmundo, que dio voces, ²⁴ diciendo: ¡Ah! ¿qué tienes con nosotros, Jesús nazareno? ¿Has venido para destruirnos?

ª 1.2: Mal. 3.1.   ᵇ 1.3: Is. 40.3.   ᶜ 1.6: 2 R. 1.8.
ᵈ 1.11: Is. 42.1; Mt. 12.18; 17.5; Mr. 9.7; Lc. 9.35.
ᵉ 1.15: Dn. 2.44.   ᶠ 1.15: Mt. 3.2.   ᵍ 1.22: Mt. 7.28-29.

Sé quién eres, el Santo de Dios. ²⁵ Pero Jesús le reprendió, diciendo: ¡Cállate, y sal de él! ²⁶ Y el espíritu inmundo, sacudiéndole con violencia, y clamando a gran voz, salió de él. ²⁷ Y todos se asombraron, de tal manera que discutían entre sí, diciendo: ¿Qué es esto? ¿Qué nueva doctrina es esta, que con autoridad manda aun a los espíritus inmundos, y le obedecen? ²⁸ Y muy pronto se difundió su fama por toda la provincia alrededor de Galilea.

Jesús sana a la suegra de Pedro
²⁹ Al salir de la sinagoga, vinieron a casa de Simón y Andrés, con Jacobo y Juan. ³⁰ Y la suegra de Simón estaba acostada con fiebre; y en seguida le hablaron de ella. ³¹ Entonces él se acercó, y la tomó de la mano y la levantó; e inmediatamente le dejó la fiebre, y ella les servía.

Muchos sanados al ponerse el sol
³² Cuando llegó la noche, luego que el sol se puso, le trajeron todos los que tenían enfermedades, y a los endemoniados; ³³ y toda la ciudad se agolpó a la puerta. ³⁴ Y sanó a muchos que estaban enfermos de diversas enfermedades, y echó fuera muchos demonios; y no dejaba hablar a los demonios, porque le conocían.

Jesús recorre Galilea predicando
³⁵ Levantándose muy de mañana, siendo aún muy oscuro, salió y se fue a un lugar desierto, y allí oraba. ³⁶ Y le buscó Simón, y los que con él estaban; ³⁷ y hallándole, le dijeron: Todos te buscan. ³⁸ Él les dijo: Vamos a los lugares vecinos, para que predique también allí; porque para esto he venido. ³⁹ Y predicaba en las sinagogas de ellos en toda Galilea, y echaba fuera los demonios.ʰ

Jesús sana a un leproso
⁴⁰ Vino a él un leproso, rogándole; e hincada la rodilla, le dijo: Si quieres, puedes limpiarme. ⁴¹ Y Jesús, teniendo misericordia de él, extendió la mano y le tocó, y le dijo: Quiero, sé limpio. ⁴² Y así que él hubo hablado, al instante la lepra se fue de aquél, y quedó limpio. ⁴³ Entonces le encargó rigurosamente, y le despidió luego, ⁴⁴ y le dijo: Mira, no digas a nadie nada, sino ve, muéstrate al sacerdote, y ofrece

por tu purificación lo que Moisés mandó,ⁱ para testimonio a ellos. ⁴⁵ Pero ido él, comenzó a publicarlo mucho y a divulgar el hecho, de manera que ya Jesús no podía entrar abiertamente en la ciudad, sino que se quedaba fuera en los lugares desiertos; y venían a él de todas partes.

CAPÍTULO 2

Jesús sana a un paralítico
Entró Jesús otra vez en Capernaum después de algunos días; y se oyó que estaba en casa. ² E inmediatamente se juntaron muchos, de manera que ya no cabían ni aun a la puerta; y les predicaba la palabra. ³ Entonces vinieron a él unos trayendo un paralítico, que era cargado por cuatro. ⁴ Y como no podían acercarse a él a causa de la multitud, descubrieron el techo de donde estaba, y haciendo una abertura, bajaron el lecho en que yacía el paralítico. ⁵ Al ver Jesús la fe de ellos, dijo al paralítico: Hijo, tus pecados te son perdonados. ⁶ Estaban allí sentados algunos de los escribas, los cuales cavilaban en sus corazones: ⁷ ¿Por qué habla éste así? Blasfemias dice. ¿Quién puede perdonar pecados, sino sólo Dios? ⁸ Y conociendo luego Jesús en su espíritu que cavilaban de esta manera dentro de sí mismos, les dijo: ¿Por qué caviláis así en vuestros corazones? ⁹ ¿Qué es más fácil, decir al paralítico: Tus pecados te son perdonados, o decirle: Levántate, toma tu lecho y anda? ¹⁰ Pues para que sepáis que el Hijo del Hombre tiene potestad en la tierra para perdonar pecados (dijo al paralítico): ¹¹ A ti te digo: Levántate, toma tu lecho, y vete a tu casa. ¹² Entonces él se levantó en seguida, y tomando su lecho, salió delante de todos, de manera que todos se asombraron, y glorificaron a Dios, diciendo: Nunca hemos visto tal cosa.

Llamamiento de Leví
¹³ Después volvió a salir al mar; y toda la gente venía a él, y les enseñaba. ¹⁴ Y al pasar, vio a Leví hijo de Alfeo, sentado al banco de los tributos públicos, y le dijo: Sígueme. Y levantándose, le siguió. ¹⁵ Aconteció que estando Jesús a la mesa en casa de él, muchos publicanos y pecadores estaban también a la mesa juntamente con Jesús y sus discípulos; porque había muchos que

---

ʰ 1.39: Mt. 4.23; 9.35. ⁱ 1.44: Lv. 14.1-32.

le habían seguido. [16] Y los escribas y los fariseos, viéndole comer con los publicanos y con los pecadores, dijeron a los discípulos: ¿Qué es esto, que él come y bebe con los publicanos y pecadores? [17] Al oír esto Jesús, les dijo: Los sanos no tienen necesidad de médico, sino los enfermos. No he venido a llamar a justos, sino a pecadores.

La pregunta sobre el ayuno

[18] Y los discípulos de Juan y los de los fariseos ayunaban; y vinieron, y le dijeron: ¿Por qué los discípulos de Juan y los de los fariseos ayunan, y tus discípulos no ayunan? [19] Jesús les dijo: ¿Acaso pueden los que están de bodas ayunar mientras está con ellos el esposo? Entre tanto que tienen consigo al esposo, no pueden ayunar. [20] Pero vendrán días cuando el esposo les será quitado, y entonces en aquellos días ayunarán. [21] Nadie pone remiendo de paño nuevo en vestido viejo; de otra manera, el mismo remiendo nuevo tira de lo viejo, y se hace peor la rotura. [22] Y nadie echa vino nuevo en odres viejos; de otra manera, el vino nuevo rompe los odres, y el vino se derrama, y los odres se pierden; pero el vino nuevo en odres nuevos se ha de echar.

Los discípulos recogen espigas en el día de reposo

[23] Aconteció que al pasar él por los sembrados un día de reposo,* sus discípulos, andando, comenzaron a arrancar espigas.[a] [24] Entonces los fariseos le dijeron: Mira, ¿por qué hacen en el día de reposo* lo que no es lícito? [25] Pero él les dijo: ¿Nunca leísteis lo que hizo David cuando tuvo necesidad, y sintió hambre, él y los que con él estaban; [26] cómo entró en la casa de Dios, siendo Abiatar sumo sacerdote, y comió los panes de la proposición, de los cuales no es lícito comer sino a los sacerdotes,[b] y aun dio a los que con él estaban?[c] [27] También les dijo: El día de reposo* fue hecho por causa del hombre, y no el hombre por causa del día de reposo.* [28] Por tanto, el Hijo del Hombre es Señor aun del día de reposo.*

CAPÍTULO 3

El hombre de la mano seca

Otra vez entró Jesús en la sinagoga; y había allí un hombre que tenía seca una mano.

[2] Y le acechaban para ver si en el día de reposo* le sanaría, a fin de poder acusarle. [3] Entonces dijo al hombre que tenía la mano seca: Levántate y ponte en medio. [4] Y les dijo: ¿Es lícito en los días de reposo* hacer bien, o hacer mal; salvar la vida, o quitarla? Pero ellos callaban. [5] Entonces, mirándolos alrededor con enojo, entristecido por la dureza de sus corazones, dijo al hombre: Extiende tu mano. Y él la extendió, y la mano le fue restaurada sana. [6] Y salidos los fariseos, tomaron consejo con los herodianos contra él para destruirle.

La multitud a la orilla del mar

[7] Mas Jesús se retiró al mar con sus discípulos, y le siguió gran multitud de Galilea. Y de Judea, [8] de Jerusalén, de Idumea, del otro lado del Jordán, y de los alrededores de Tiro y de Sidón, oyendo cuán grandes cosas hacía, grandes multitudes vinieron a él. [9] Y dijo a sus discípulos que le tuviesen siempre lista la barca, a causa del gentío, para que no le oprimiesen. [10] Porque había sanado a muchos; de manera que por tocarle, cuantos tenían plagas caían sobre él.[a] [11] Y los espíritus inmundos, al verle, se postraban delante de él, y daban voces, diciendo: Tú eres el Hijo de Dios. [12] Mas él les reprendía mucho para que no le descubriesen.

Elección de los doce apóstoles

[13] Después subió al monte, y llamó a sí a los que él quiso; y vinieron a él. [14] Y estableció a doce, para que estuviesen con él, y para enviarlos a predicar, [15] y que tuviesen autoridad para sanar enfermedades y para echar fuera demonios: [16] a Simón, a quien puso por sobrenombre Pedro; [17] a Jacobo hijo de Zebedeo, y a Juan hermano de Jacobo, a quienes apellidó Boanerges, esto es, Hijos del trueno; [18] a Andrés, Felipe, Bartolomé, Mateo, Tomás, Jacobo hijo de Alfeo, Tadeo, Simón el cananista, [19] y Judas Iscariote, el que le entregó. Y vinieron a casa.

La blasfemia contra el Espíritu Santo

[20] Y se agolpó de nuevo la gente, de modo que ellos ni aun podían comer pan. [21] Cuando lo oyeron los suyos, vinieron para prenderle; porque decían: Está fuera

de sí. [22] Pero los escribas que habían venido de Jerusalén decían que tenía a Beelzebú, y que por el príncipe de los demonios echaba fuera los demonios.[b] [23] Y habiéndolos llamado, les decía en parábolas: ¿Cómo puede Satanás echar fuera a Satanás? [24] Si un reino está dividido contra sí mismo, tal reino no puede permanecer. [25] Y si una casa está dividida contra sí misma, tal casa no puede permanecer. [26] Y si Satanás se levanta contra sí mismo, y se divide, no puede permanecer, sino que ha llegado su fin. [27] Ninguno puede entrar en la casa de un hombre fuerte y saquear sus bienes, si antes no le ata, y entonces podrá saquear su casa.

[28] De cierto os digo que todos los pecados serán perdonados a los hijos de los hombres, y las blasfemias cualesquiera que sean; [29] pero cualquiera que blasfeme contra el Espíritu Santo, no tiene jamás perdón,[c] sino que es reo de juicio eterno. [30] Porque ellos habían dicho: Tiene espíritu inmundo.

La madre y los hermanos de Jesús

[31] Vienen después sus hermanos y su madre, y quedándose afuera, enviaron a llamarle. [32] Y la gente que estaba sentada alrededor de él le dijo: Tu madre y tus hermanos están afuera, y te buscan. [33] Él les respondió diciendo: ¿Quién es mi madre y mis hermanos? [34] Y mirando a los que estaban sentados alrededor de él, dijo: He aquí mi madre y mis hermanos. [35] Porque todo aquel que hace la voluntad de Dios, ése es mi hermano, y mi hermana, y mi madre.

CAPÍTULO 4

Parábola del sembrador

Otra vez comenzó Jesús a enseñar junto al mar, y se reunió alrededor de él mucha gente, tanto que entrando en una barca, se sentó en ella en el mar;[a] y toda la gente estaba en tierra junto al mar. [2] Y les enseñaba por parábolas muchas cosas, y les decía en su doctrina: [3] Oíd: He aquí, el sembrador salió a sembrar; [4] y al sembrar, aconteció que una parte cayó junto al camino, y vinieron las aves del cielo y la comieron. [5] Otra parte cayó en pedregales, donde no tenía mucha tierra; y brotó pronto, porque no tenía profundidad de tierra. [6] Pero salido el sol, se quemó; y porque no tenía raíz, se secó. [7] Otra parte cayó entre espinos; y los espinos crecieron y la ahogaron, y no dio fruto. [8] Pero otra parte cayó en buena tierra, y dio fruto, pues brotó y creció, y produjo a treinta, a sesenta, y a ciento por uno. [9] Entonces les dijo: El que tiene oídos para oír, oiga.

[10] Cuando estuvo solo, los que estaban cerca de él con los doce le preguntaron sobre la parábola. [11] Y les dijo: A vosotros os es dado saber el misterio del reino de Dios; mas a los que están fuera, por parábolas todas las çosas; [12] para que viendo, vean y no perciban; y oyendo, oigan y no entiendan; para que no se conviertan, y les sean perdonados los pecados.[b] [13] Y les dijo: ¿No sabéis esta parábola? ¿Cómo, pues, entenderéis todas las parábolas? [14] El sembrador es el que siembra la palabra. [15] Y éstos son los de junto al camino: en quienes se siembra la palabra, pero después que la oyen, en seguida viene Satanás, y quita la palabra que se sembró en sus corazones. [16] Estos son asimismo los que fueron sembrados en pedregales: los que cuando han oído la palabra, al momento la reciben con gozo; [17] pero no tienen raíz en sí, sino que son de corta duración, porque cuando viene la tribulación o la persecución por causa de la palabra, luego tropiezan. [18] Estos son los que fueron sembrados entre espinos: los que oyen la palabra, [19] pero los afanes de este siglo, y el engaño de las riquezas, y las codicias de otras cosas, entran y ahogan la palabra, y se hace infructuosa. [20] Y éstos son los que fueron sembrados en buena tierra: los que oyen la palabra y la reciben, y dan fruto a treinta, a sesenta, y a ciento por uno.

Nada oculto que no haya de ser manifestado

[21] También les dijo: ¿Acaso se trae la luz para ponerla debajo del almud, o debajo de la cama? ¿No es para ponerla en el candelero? [c] [22] Porque no hay nada oculto que no haya de ser manifestado; ni escondido, que no haya de salir a luz.[d] [23] Si alguno tiene oídos para oír, oiga. [24] Les dijo también: Mirad lo que oís; porque con la medida con que medís, os será medido,[e] y aun se os añadirá a vosotros los que oís. [25] Porque al que tiene, se le dará; y al que no tiene, aun lo que tiene se le quitará.[f]

[b] 3.22: Mt. 9.34; 10.25.   [c] 3.29: Lc. 12.10.   [a] 4.1: Lc. 5.1-3.   [b] 4.12: Is. 6.9-10.   [c] 4.21: Mt. 5.15; Lc. 11.33.
[d] 4.22: Mt. 10.26; Lc. 12.2.   [e] 4.24: Mt. 7.2; Lc. 6.38.   [f] 4.25: Mt. 13.12; 25.29; Lc. 19.26.

Parábola del crecimiento de la semilla

26 Decía además: Así es el reino de Dios, como cuando un hombre echa semilla en la tierra; 27 y duerme y se levanta, de noche y de día, y la semilla brota y crece sin que él sepa cómo. 28 Porque de suyo lleva fruto la tierra, primero hierba, luego espiga, después grano lleno en la espiga; 29 y cuando el fruto está maduro, en seguida se mete la hoz, porque la siega ha llegado.

Parábola de la semilla de mostaza

30 Decía también: ¿A qué haremos semejante el reino de Dios, o con qué parábola lo compararemos? 31 Es como el grano de mostaza, que cuando se siembra en tierra, es la más pequeña de todas las semillas que hay en la tierra; 32 pero después de sembrado, crece, y se hace la mayor de todas las hortalizas, y echa grandes ramas, de tal manera que las aves del cielo pueden morar bajo su sombra.

El uso que Jesús hace de las parábolas

33 Con muchas parábolas como estas les hablaba la palabra, conforme a lo que podían oír. 34 Y sin parábolas no les hablaba; aunque a sus discípulos en particular les declaraba todo.

Jesús calma la tempestad

35 Aquel día, cuando llegó la noche, les dijo: Pasemos al otro lado. 36 Y despidiendo a la multitud, le tomaron como estaba, en la barca; y había también con él otras barcas. 37 Pero se levantó una gran tempestad de viento, y echaba las olas en la barca, de tal manera que ya se anegaba. 38 Y él estaba en la popa, durmiendo sobre un cabezal; y le despertaron, y le dijeron: Maestro, ¿no tienes cuidado que perecemos? 39 Y levantándose, reprendió al viento, y dijo al mar: Calla, enmudece. Y cesó el viento, y se hizo grande bonanza. 40 Y les dijo: ¿Por qué estáis así amedrentados? ¿Cómo no tenéis fe? 41 Entonces temieron con gran temor, y se decían el uno al otro: ¿Quién es éste, que aun el viento y el mar le obedecen?

CAPÍTULO 5

El endemoniado gadareno

Vinieron al otro lado del mar, a la región de los gadarenos. 2 Y cuando salió él de la barca, en seguida vino a su encuentro, de los sepulcros, un hombre con un espíritu inmundo,

3 que tenía su morada en los sepulcros, y nadie podía atarle, ni aun con cadenas. 4 Porque muchas veces había sido atado con grillos y cadenas, mas las cadenas habían sido hechas pedazos por él, y desmenuzados los grillos; y nadie le podía dominar. 5 Y siempre, de día y de noche, andaba dando voces en los montes

Jesús está con nosotros en las tormentas de la vida
Lee Marcos 4:35-41

Esta historia nos muestra que Dios está con nosotros y en control, aun en medio de las más desesperadas circunstancias. Aquí hallamos a los discípulos, varios de ellos experimentados pescadores y marineros, aterrorizados porque creían que perecerían en esta tormenta. Aunque Jesús estaba con ellos en la barca, pensaron que a él no le interesaba la grave situación que estaban atravesando. Pero Jesús deseaba que ellos descubrieran tres importantes lecciones:

1. Jesús siempre está consciente de nuestra situación. Aunque Jesús, siendo humano, necesitaba dormir para darle descanso a su agotado cuerpo, estaba consciente de la necesidad de sus discípulos. En el momento que uno de ellos clamó a él, respondió inmediata y poderosamente. Aunque los rugidos de la tormenta no lo despertaban, lo despertó el clamor de uno de sus discípulos. En Mateo 10:29 está escrito: «¿No se venden dos pajarillos por un cuarto? Con todo, ni uno de ellos cae a tierra sin vuestro Padre».

2. Jesús responderá tu pedido de ayuda. El Señor hará lo mismo por ti en medio de tus pruebas. A veces nos deja llegar hasta la desesperación para que reconozcamos que él es nuestra única esperanza. Él desea que nosotros reconozcamos, por decirlo así, que él «está en el barco» junto con nosotros.

3. Tú puedes vencer. Cada uno de nosotros puede enfrentar dificultades. Pero sólo el hijo de Dios tiene la promesa de que Dios estará con él en medio de la tormenta. Al igual que Jesús les dijo a sus discípulos: «Pasemos al otro lado» (verso 35), Dios nos ha prometido finalizar la obra que ha comenzado en nuestra vida. No te va a dejar abandonado en medio de tu problema. Aunque no te promete una navegación tranquila, sí te promete un pasaje seguro. Pablo nos recuerda que: «estando persuadido de esto, que el que comenzó en vosotros la buena obra, la perfeccionará hasta el día de Jesucristo» (Filipenses 1:6).

PRIMEROS PASOS

y en los sepulcros, e hiriéndose con piedras. ⁶ Cuando vio, pues, a Jesús de lejos, corrió, y se arrodilló ante él. ⁷ Y clamando a gran voz, dijo: ¿Qué tienes conmigo, Jesús, Hijo del Dios Altísimo? Te conjuro por Dios que no me atormentes. ⁸ Porque le decía: Sal de este hombre, espíritu inmundo. ⁹ Y le preguntó: ¿Cómo te llamas? Y respondió diciendo: Legión me llamo; porque somos muchos. ¹⁰ Y le rogaba mucho que no los enviase fuera de aquella región. ¹¹ Estaba allí cerca del monte un gran hato de cerdos paciendo. ¹² Y le rogaron todos los demonios, diciendo: Envíanos a los cerdos para que entremos en ellos. ¹³ Y luego Jesús les dio permiso. Y saliendo aquellos espíritus inmundos, entraron en los cerdos, los cuales eran como dos mil; y el hato se precipitó en el mar por un despeñadero, y en el mar se ahogaron.

¹⁴ Y los que apacentaban los cerdos huyeron, y dieron aviso en la ciudad y en los campos. Y salieron a ver qué era aquello que había sucedido. ¹⁵ Vienen a Jesús, y ven al que había sido atormentado del demonio, y que había tenido la legión, sentado, vestido y en su juicio cabal; y tuvieron miedo. ¹⁶ Y les contaron los que lo habían visto, cómo le había acontecido al que había tenido el demonio, y lo de los cerdos. ¹⁷ Y comenzaron a rogarle que se fuera de sus contornos. ¹⁸ Al entrar él en la barca, el que había estado endemoniado le rogaba que le dejase estar con él. ¹⁹ Mas Jesús no se lo permitió, sino que le dijo: Vete a tu casa, a los tuyos, y cuéntales cuán grandes cosas el Señor ha hecho contigo, y cómo ha tenido misericordia de ti. ²⁰ Y se fue, y comenzó a publicar en Decápolis cuán grandes cosas había hecho Jesús con él; y todos se maravillaban.

La hija de Jairo, y la mujer que tocó el manto de Jesús

²¹ Pasando otra vez Jesús en una barca a la otra orilla, se reunió alrededor de él una gran multitud; y él estaba junto al mar. ²² Y vino uno de los principales de la sinagoga, llamado Jairo; y luego que le vio, se postró a sus pies, ²³ y le rogaba mucho, diciendo: Mi hija está agonizando; ven y pon las manos sobre ella para que sea salva, y vivirá.

²⁴ Fue, pues, con él; y le seguía una gran multitud, y le apretaban. ²⁵ Pero una mujer que desde hacía doce años padecía de flujo de sangre, ²⁶ y había sufrido mucho de muchos médicos, y gastado todo lo que tenía, y nada había aprovechado, antes le iba peor, ²⁷ cuando oyó hablar de Jesús, vino por detrás entre la multitud, y tocó su manto. ²⁸ Porque decía: Si tocare tan solamente su manto, seré salva. ²⁹ Y en seguida la fuente de su sangre se secó; y sintió en el cuerpo que estaba sana de aquel azote. ³⁰ Luego Jesús, conociendo en sí mismo el poder que había salido de él, volviéndose a la multitud, dijo: ¿Quién ha tocado mis vestidos? ³¹ Sus discípulos le dijeron: Ves que la multitud te aprieta, y dices: ¿Quién me ha tocado? ³² Pero él miraba alrededor para ver quién había hecho esto. ³³ Entonces la mujer, temiendo y temblando, sabiendo lo que en ella había sido hecho, vino y se postró delante de él, y le dijo toda la verdad. ³⁴ Y él le dijo: Hija, tu fe te ha hecho salva; ve en paz, y queda sana de tu azote.

³⁵ Mientras él aún hablaba, vinieron de casa del principal de la sinagoga, diciendo: Tu hija ha muerto; ¿para qué molestas más al Maestro? ³⁶ Pero Jesús, luego que oyó lo que se decía, dijo al principal de la sinagoga: No temas, cree solamente. ³⁷ Y no permitió que le siguiese nadie sino Pedro, Jacobo, y Juan hermano de Jacobo. ³⁸ Y vino a casa del principal de la sinagoga, y vio el alboroto y a los que lloraban y lamentaban mucho. ³⁹ Y entrando, les dijo: ¿Por qué alborotáis y lloráis? La niña no está muerta, sino duerme. ⁴⁰ Y se burlaban de él. Mas él, echando fuera a todos, tomó al padre y a la madre de la niña, y a los que estaban con él, y entró donde estaba la niña. ⁴¹ Y tomando la mano de la niña, le dijo: Talita cumi; que traducido es: Niña, a ti te digo, levántate. ⁴² Y luego la niña se levantó y andaba, pues tenía doce años. Y se espantaron grandemente. ⁴³ Pero él les mandó mucho que nadie lo supiese, y dijo que se le diese de comer.

CAPÍTULO **6**
Jesús en Nazaret

Salió Jesús de allí y vino a su tierra, y le seguían sus discípulos. ² Y llegado el día de reposo,* comenzó a enseñar en la sinagoga; y muchos, oyéndole, se admiraban, y decían: ¿De dónde tiene éste estas cosas? ¿Y qué sabiduría es esta que le es dada, y estos milagros que por sus manos son hechos? ³ ¿No es éste el carpintero, hijo de María, hermano de Jacobo, de José, de Judas y de Simón? ¿No están también aquí con nosotros sus hermanas? Y se escandalizaban de él. ⁴ Mas Jesús les decía: No hay profeta sin honra sino en su propia tierra,ᵃ y entre sus parientes, y en su casa. ⁵ Y no pudo hacer allí ningún milagro, salvo que sanó a unos pocos enfermos, poniendo sobre ellos las manos. ⁶ Y estaba asombrado de la incredulidad de ellos. Y recorría las aldeas de alrededor, enseñando.

Misión de los doce discípulos

⁷ Después llamó a los doce, y comenzó a enviarlos de dos en dos; y les dio autoridad sobre los espíritus inmundos. ⁸ Y les mandó ᵇ que no llevasen nada para el camino, sino solamente bordón; ni alforja, ni pan, ni dinero en el cinto, ⁹ sino que calzasen sandalias, y no vistiesen dos túnicas. ¹⁰ Y les dijo: Dondequiera que entréis en una casa, posad en ella hasta que salgáis de aquel lugar. ¹¹ Y si en algún lugar no os recibieren ni os oyeren, salid de allí, y sacudid el polvo que está debajo de vuestros pies, para testimonio a ellos.ᶜ De cierto os digo que en el día del juicio, será más tolerable el castigo para los de Sodoma y Gomorra, que para aquella ciudad. ¹² Y saliendo, predicaban que los hombres se arrepintiesen. ¹³ Y echaban fuera muchos demonios, y ungían con aceite a muchos enfermos, y los sanaban.ᵈ

Muerte de Juan el Bautista

¹⁴ Oyó el rey Herodes la fama de Jesús, porque su nombre se había hecho notorio; y dijo: Juan el Bautista ha resucitado de los muertos, y por eso actúan en él estos poderes. ¹⁵ Otros decían: Es Elías. Y otros decían: Es un profeta, o alguno de los profetas.ᵉ ¹⁶ Al oír esto Herodes, dijo: Este es Juan, el que yo decapité, que ha resucitado de los muertos. ¹⁷ Porque el mismo Herodes había enviado y prendido a Juan, y le había encadenado en la cárcel por causa de Herodías, mujer de Felipe su hermano; pues la había tomado por mujer. ¹⁸ Porque Juan decía a Herodes: No te es lícito tener la mujer de tu hermano.ᶠ ¹⁹ Pero Herodías le acechaba, y deseaba matarle, y no podía; ²⁰ porque Herodes temía a Juan, sabiendo que era varón justo y santo, y le guardaba a salvo; y oyéndole, se quedaba muy perplejo, pero le escuchaba de buena gana. ²¹ Pero venido un día oportuno, en que Herodes, en la fiesta de su cumpleaños, daba una cena a sus príncipes

y tribunos y a los principales de Galilea, ²² entrando la hija de Herodías, danzó, y agradó a Herodes y a los que estaban con él a la mesa; y el rey dijo a la muchacha: Pídeme lo que quieras, y yo te lo daré. ²³ Y le juró: Todo lo que me pidas te daré, hasta la mitad de mi reino. ²⁴ Saliendo ella, dijo a su madre: ¿Qué pediré? Y ella le dijo: La cabeza de Juan el Bautista. ²⁵ Entonces ella entró prontamente al rey, y pidió diciendo: Quiero que ahora mismo me des en un plato la cabeza de Juan el Bautista. ²⁶ Y el rey se entristeció mucho; pero a causa del juramento, y de los que estaban con él a la mesa, no quiso desecharla. ²⁷ Y en seguida el rey, enviando a uno de la guardia, mandó que fuese traída la cabeza de Juan. ²⁸ El guarda fue, le decapitó en la cárcel, y trajo su cabeza en un plato y la dio a la muchacha, y la muchacha la dio a su madre. ²⁹ Cuando oyeron esto sus discípulos, vinieron y tomaron su cuerpo, y lo pusieron en un sepulcro.

Alimentación de los cinco mil

³⁰ Entonces los apóstoles se juntaron con Jesús, y le contaron todo lo que habían hecho, y lo que habían enseñado. ³¹ Él les dijo: Venid vosotros aparte a un lugar desierto, y descansad un poco. Porque eran muchos los que iban y venían, de manera que ni aun tenían tiempo para comer. ³² Y se fueron solos en una barca a un lugar desierto. ³³ Pero muchos los vieron ir, y le reconocieron; y muchos fueron allá a pie desde las ciudades, y llegaron antes que ellos, y se juntaron a él. ³⁴ Y salió Jesús y vio una gran multitud, y tuvo compasión de ellos, porque eran como ovejas que no tenían pastor;ᵍ y comenzó a enseñarles muchas cosas. ³⁵ Cuando ya era muy avanzada la hora, sus discípulos se acercaron a él, diciendo: El lugar es desierto, y la hora ya muy avanzada. ³⁶ Despídelos para que vayan a los campos y aldeas de alrededor, y compren pan, pues no tienen qué comer. ³⁷ Respondiendo él, les dijo: Dadles vosotros de comer. Ellos le dijeron: ¿Que vayamos y compremos pan por doscientos denarios, y les demos de comer? ³⁸ Él les dijo: ¿Cuántos panes tenéis? Id y vedlo. Y al saberlo, dijeron: Cinco, y dos peces. ³⁹ Y les mandó que hiciesen recostar a todos por grupos sobre la hierba verde. ⁴⁰ Y se recostaron por grupos, de ciento en ciento, y de cincuenta en cincuenta. ⁴¹ Entonces tomó los

---

ᵃ 6.4: Jn. 4.44. ᵇ 6.8-13: Lc. 10.4-11. ᶜ 6.11: Hch. 13.51. ᵈ 6.13: Stg. 5.14. ᵉ 6.14-15: Mt. 16.14; Mr. 8.28; Lc. 9.19.
ᶠ 6.17-18: Lc. 3.19-20. ᵍ 6.34: 1 R. 22.17; 2 Cr. 18.16; Zac. 10.2; Mt. 9.36.

cinco panes y los dos peces, y levantando los ojos al cielo, bendijo, y partió los panes, y dio a sus discípulos para que los pusiesen delante; y repartió los dos peces entre todos. ⁴² Y comieron todos, y se saciaron. ⁴³ Y recogieron de los pedazos doce cestas llenas, y de lo que sobró de los peces. ⁴⁴ Y los que comieron eran cinco mil hombres.

Jesús anda sobre el mar

⁴⁵ En seguida hizo a sus discípulos entrar en la barca e ir delante de él a Betsaida, en la otra ribera, entre tanto que él despedía a la multitud. ⁴⁶ Y después que los hubo despedido, se fue al monte a orar; ⁴⁷ y al venir la noche, la barca estaba en medio del mar, y él solo en tierra. ⁴⁸ Y viéndoles remar con gran fatiga, porque el viento les era contrario, cerca de la cuarta vigilia de la noche vino a ellos andando sobre el mar, y quería adelantárseles. ⁴⁹ Viéndole ellos andar sobre el mar, pensaron que era un fantasma, y gritaron; ⁵⁰ porque todos le veían, y se turbaron. Pero en seguida habló con ellos, y les dijo: ¡Tened ánimo; yo soy, no temáis! ⁵¹ Y subió a ellos en la barca, y se calmó el viento; y ellos se asombraron en gran manera, y se maravillaban. ⁵² Porque aún no habían entendido lo de los panes, por cuanto estaban endurecidos sus corazones.

Jesús sana a los enfermos en Genesaret

⁵³ Terminada la travesía, vinieron a tierra de Genesaret, y arribaron a la orilla. ⁵⁴ Y saliendo ellos de la barca, en seguida la gente le conoció. ⁵⁵ Y recorriendo toda la tierra de alrededor, comenzaron a traer de todas partes enfermos en lechos, a donde oían que estaba. ⁵⁶ Y dondequiera que entraba, en aldeas, ciudades o campos, ponían en las calles a los que estaban enfermos, y le rogaban que les dejase tocar siquiera el borde de su manto; y todos los que le tocaban quedaban sanos.

CAPÍTULO 7

Lo que contamina al hombre

Se juntaron a Jesús los fariseos, y algunos de los escribas, que habían venido de Jerusalén; ² los cuales, viendo a algunos de los discípulos de Jesús comer pan con manos inmundas, esto es, no lavadas, los condenaban. ³ Porque los fariseos y todos los judíos, aferrándose a la tradición de los ancianos, si muchas veces no se lavan las manos, no comen. ⁴ Y volviendo de la plaza, si no se lavan, no comen. Y otras muchas cosas hay que tomaron para guardar, como los lavamientos de los vasos de beber, y de los jarros, y de los utensilios de metal, y de los lechos. ⁵ Le preguntaron, pues, los fariseos y los escribas: ¿Por qué tus discípulos no andan conforme a la tradición de los ancianos, sino que comen pan con manos inmundas? ⁶ Respondiendo él, les dijo: Hipócritas, bien profetizó de vosotros Isaías, como está escrito:

Este pueblo de labios me honra,
Mas su corazón está lejos de mí.
⁷ Pues en vano me honran,
Enseñando como doctrinas
mandamientos de hombres.ᵃ

⁸ Porque dejando el mandamiento de Dios, os aferráis a la tradición de los hombres: los lavamientos de los jarros y de los vasos de beber; y hacéis otras muchas cosas semejantes.

⁹ Les decía también: Bien invalidáis el mandamiento de Dios para guardar vuestra tradición. ¹⁰ Porque Moisés dijo: Honra a tu padre y a tu madre;ᵇ y: El que maldiga al padre o a la madre, muera irremisiblemente.ᶜ ¹¹ Pero vosotros decís: Basta que diga un hombre al padre o a la madre: Es Corbán (que quiere decir, mi ofrenda a Dios) todo aquello con que pudiera ayudarte, ¹² y no le dejáis hacer más por su padre o por su madre, ¹³ invalidando la palabra de Dios con vuestra tradición que habéis transmitido. Y muchas cosas hacéis semejantes a estas.

¹⁴ Y llamando a sí a toda la multitud, les dijo: Oídme todos, y entended: ¹⁵ Nada hay fuera del hombre que entre en él, que le pueda contaminar; pero lo que sale de él, eso es lo que contamina al hombre. ¹⁶ Si alguno tiene oídos para oír, oiga. ¹⁷ Cuando se alejó de la multitud y entró en casa, le preguntaron sus discípulos sobre la parábola. ¹⁸ Él les dijo: ¿También vosotros estáis así sin entendimiento? ¿No entendéis que todo lo de fuera que entra en el hombre, no le puede contaminar, ¹⁹ porque no entra en su corazón, sino en el vientre, y sale a la letrina? Esto decía, haciendo limpios todos los alimentos. ²⁰ Pero decía, que lo que del hombre sale, eso contamina al

ᵃ 7.6-7: Is. 29.13.   ᵇ 7.10: Ex. 20.12; Dt. 5.16.   ᶜ 7.10: Ex. 21.17; Lv. 20.9.

hombre. ²¹ Porque de dentro, del corazón de los hombres, salen los malos pensamientos, los adulterios, las fornicaciones, los homicidios, ²² los hurtos, las avaricias, las maldades, el engaño, la lascivia, la envidia, la maledicencia, la soberbia, la insensatez. ²³ Todas estas maldades de dentro salen, y contaminan al hombre.

La fe de la mujer sirofenicia

²⁴ Levantándose de allí, se fue a la región de Tiro y de Sidón; y entrando en una casa, no quiso que nadie lo supiese; pero no pudo esconderse. ²⁵ Porque una mujer, cuya hija tenía un espíritu inmundo, luego que oyó de él, vino y se postró a sus pies. ²⁶ La mujer era griega, y sirofenicia de nación; y le rogaba que echase fuera de su hija al demonio. ²⁷ Pero Jesús le dijo: Deja primero que se sacien los hijos, porque no está bien tomar el pan de los hijos y echarlo a los perrillos. ²⁸ Respondió ella y le dijo: Sí, Señor; pero aun los perrillos, debajo de la mesa, comen de las migajas de los hijos. ²⁹ Entonces le dijo: Por esta palabra, ve; el demonio ha salido de tu hija. ³⁰ Y cuando llegó ella a su casa, halló que el demonio había salido, y a la hija acostada en la cama.

Jesús sana a un sordomudo

³¹ Volviendo a salir de la región de Tiro, vino por Sidón al mar de Galilea, pasando por la región de Decápolis. ³² Y le trajeron un sordo y tartamudo, y le rogaron que le pusiera la mano encima. ³³ Y tomándole aparte de la gente, metió los dedos en las orejas de él, y escupiendo, tocó su lengua; ³⁴ y levantando los ojos al cielo, gimió, y le dijo: Efata, es decir: Sé abierto. ³⁵ Al momento fueron abiertos sus oídos, y se desató la ligadura de su lengua, y hablaba bien. ³⁶ Y les mandó que no lo dijesen a nadie; pero cuanto más les mandaba, tanto más y más lo divulgaban. ³⁷ Y en gran manera se maravillaban, diciendo: bien lo ha hecho todo; hace a los sordos oír, y a los mudos hablar.

CAPÍTULO **8**

Alimentación de los cuatro mil

En aquellos días, como había una gran multitud, y no tenían qué comer, Jesús llamó a sus discípulos, y les dijo: ² Tengo compasión de la gente, porque ya hace tres días que están conmigo, y no tienen qué comer; ³ y si los enviare en ayunas a sus casas, se desmayarán en el camino, pues algunos de ellos han venido de lejos. ⁴ Sus discípulos le respondieron: ¿De dónde podrá alguien saciar de pan a éstos aquí en el desierto? ⁵ Él les preguntó: ¿Cuántos panes tenéis? Ellos dijeron: Siete. ⁶ Entonces mandó a la multitud que se recostase en tierra; y tomando los siete panes, habiendo dado gracias, los partió, y dio a sus discípulos para que los pusiesen delante; y los pusieron delante de la multitud. ⁷ Tenían también unos pocos pececillos; y los bendijo, y mandó que también los pusiesen delante. ⁸ Y comieron, y se saciaron; y recogieron de los pedazos que habían sobrado, siete canastas. ⁹ Eran los que comieron, como cuatro mil; y los despidió. ¹⁰ Y luego entrando en la barca con sus discípulos, vino a la región de Dalmanuta.

La demanda de una señal

¹¹ Vinieron entonces los fariseos y comenzaron a discutir con él, pidiéndole señal del cielo,ª para tentarle. ¹² Y gimiendo en su espíritu, dijo: ¿Por qué pide señal esta generación? ᵇ De cierto os digo que no se dará señal a esta generación. ¹³ Y dejándolos, volvió a entrar en la barca, y se fue a la otra ribera.

La levadura de los fariseos

¹⁴ Habían olvidado de traer pan, y no tenían sino un pan consigo en la barca. ¹⁵ Y él les mandó, diciendo: Mirad, guardaos de la levadura de los fariseos,ᶜ y de la levadura de Herodes. ¹⁶ Y discutían entre sí, diciendo: Es porque no trajimos pan. ¹⁷ Y entendiéndolo Jesús, les dijo: ¿Qué discutís, porque no tenéis pan? ¿No entendéis ni comprendéis? ¿Aún tenéis endurecido vuestro corazón? ¹⁸ ¿Teniendo ojos no veis, y teniendo oídos no oís? ᵈ ¿Y no recordáis? ¹⁹ Cuando partí los cinco panes entre cinco mil, ¿cuántas cestas llenas de los pedazos recogisteis? Y ellos dijeron: Doce. ²⁰ Y cuando los siete panes entre cuatro mil, ¿cuántas canastas llenas de los pedazos recogisteis? Y ellos dijeron: Siete. ²¹ Y les dijo: ¿Cómo aún no entendéis?

Un ciego sanado en Betsaida

²² Vino luego a Betsaida; y le trajeron un ciego, y le rogaron que le tocase. ²³ Entonces, tomando la mano del ciego, le sacó fuera de la aldea;

ª 8.11: Mt. 12.38; Lc. 11.16. ᵇ 8.12: Mt. 12.39; Lc. 11.29. ᶜ 8.15: Lc. 12.1. ᵈ 8.18: Is. 6.9-10; Jer. 5.21; Ez. 12.2.

y escupiendo en sus ojos, le puso las manos encima, y le preguntó si veía algo. 24 El, mirando, dijo: Veo los hombres como árboles, pero los veo que andan. 25 Luego le puso otra vez las manos sobre los ojos, y le hizo que mirase; y fue restablecido, y vio de lejos y claramente a todos. 26 Y lo envió a su casa, diciendo: No entres en la aldea, ni lo digas a nadie en la aldea.

La confesión de Pedro

27 Salieron Jesús y sus discípulos por las aldeas de Cesarea de Filipo. Y en el camino preguntó a sus discípulos, diciéndoles: ¿Quién dicen los hombres que soy yo? 28 Ellos respondieron: Unos, Juan el Bautista; otros, Elías; y otros, alguno de los profetas.*e* 29 Entonces él les dijo: Y vosotros, ¿quién decís que soy? Respondiendo Pedro, le dijo: Tú eres el Cristo.*f* 30 Pero él les mandó que no dijesen esto de él a ninguno.

Jesús anuncia su muerte

31 Y comenzó a enseñarles que le era necesario al Hijo del Hombre padecer mucho, y ser desechado por los ancianos, por los principales sacerdotes y por los escribas, y ser muerto, y resucitar después de tres días. 32 Esto les decía claramente. Entonces Pedro le tomó aparte y comenzó a reconvenirle. 33 Pero él, volviéndose y mirando a los discípulos, reprendió a Pedro, diciendo: ¡Quítate de delante de mí, Satanás! porque no pones la mira en las cosas de Dios, sino en las de los hombres.

34 Y llamando a la gente y a sus discípulos, les dijo: Si alguno quiere venir en pos de mí, niéguese a sí mismo, y tome su cruz, y sígame.*g* 35 Porque todo el que quiera salvar su vida, la perderá; y todo el que pierda su vida por causa de mí y del evangelio, la salvará.*h* 36 Porque ¿qué aprovechará al hombre si ganare todo el mundo, y perdiere su alma? 37 ¿O qué recompensa dará el hombre por su alma?

38 Porque el que se avergonzare de mí y de mis palabras en esta generación adúltera y pecadora, el Hijo del Hombre se avergonzará también de él, cuando venga en la gloria de su Padre con los santos ángeles.

CAPÍTULO 9

También les dijo: De cierto os digo que hay algunos de los que están aquí, que no gustarán la muerte hasta que hayan visto el reino de Dios venido con poder.

La transfiguración

2 Seis días después, Jesús tomó a Pedro, a Jacobo y a Juan, y los llevó aparte solos a un monte alto; y se transfiguró delante de ellos.*a* 3 Y sus vestidos se volvieron resplandecientes, muy blancos, como la nieve, tanto que ningún lavador en la tierra los puede hacer tan blancos. 4 Y les apareció Elías con Moisés, que hablaban con Jesús. 5 Entonces Pedro dijo a Jesús: Maestro, bueno es para nosotros que estemos aquí; y hagamos tres enramadas, una para ti, otra para Moisés, y otra para Elías. 6 Porque no sabía lo que hablaba, pues estaban espantados. 7 Entonces vino una nube que les hizo sombra, y desde la nube una voz que decía: Este es mi Hijo amado;*b* a él oíd. 8 Y luego, cuando miraron, no vieron más a nadie consigo, sino a Jesús solo.

9 Y descendiendo ellos del monte, les mandó que a nadie dijesen lo que habían visto, sino cuando el Hijo del Hombre hubiese resucitado de los muertos. 10 Y guardaron la palabra entre sí, discutiendo qué sería aquello de resucitar de los muertos. 11 Y le preguntaron, diciendo: ¿Por qué dicen los escribas que es necesario que Elías venga primero? *c* 12 Respondiendo él, les dijo: Elías a la verdad vendrá primero, y restaurará todas las cosas; ¿y cómo está escrito del Hijo del Hombre, que padezca mucho y sea tenido en nada? 13 Pero os digo que Elías ya vino, y le hicieron todo lo que quisieron, como está escrito de él.

Jesús sana a un muchacho endemoniado

14 Cuando llegó a donde estaban los discípulos, vio una gran multitud alrededor de ellos, y escribas que disputaban con ellos. 15 Y en seguida toda la gente, viéndole, se asombró, y corriendo a él, le saludaron. 16 Él les preguntó: ¿Qué disputáis con ellos? 17 Y respondiendo uno de la multitud, dijo: Maestro, traje a ti mi hijo, que tiene un espíritu mudo, 18 el cual, dondequiera que le toma, le sacude; y echa espumarajos, y cruje los dientes, y se va secando; y dije a tus discípulos que lo echasen fuera, y no pudieron. 19 Y respondiendo él, les dijo: ¡Oh generación incrédula! ¡Hasta cuándo he

---

e 8.28: Mr. 6.14-15; Lc. 9.7-8. *f* 8.29: Jn. 6.68-69. *g* 8.34: Mt. 10.38; Lc. 14.27. *h* 8.35: Mt. 10.39; Lc. 17.33; Jn. 12.25.
a 9.2-7: 2 P. 1.17-18. *b* 9.7: Mt. 3.17; Mr. 1.11; Lc. 3.22. *c* 9.11: Mal. 4.5; Mt. 11.14.

de estar con vosotros? ¿Hasta cuándo os he de soportar? Traédmelo. ²⁰ Y se lo trajeron; y cuando el espíritu vio a Jesús, sacudió con violencia al muchacho, quien cayendo en tierra se revolcaba, echando espumarajos. ²¹ Jesús preguntó al padre: ¿Cuánto tiempo hace que le sucede esto? Y él dijo: Desde niño. ²² Y muchas veces le echa en el fuego y en el agua, para matarle; pero si puedes hacer algo, ten misericordia de nosotros, y ayúdanos. ²³ Jesús le dijo: Si puedes creer, al que cree todo le es posible. ²⁴ E inmediatamente el padre del muchacho clamó y dijo: Creo; ayuda mi incredulidad. ²⁵ Y cuando Jesús vio que la multitud se agolpaba, reprendió al espíritu inmundo, diciéndole: Espíritu mudo y sordo, yo te mando, sal de él, y no entres más en él. ²⁶ Entonces el espíritu, clamando y sacudiéndole con violencia, salió; y él quedó como muerto, de modo que muchos decían: Está muerto. ²⁷ Pero Jesús, tomándole de la mano, le enderezó; y se levantó. ²⁸ Cuando él entró en casa, sus discípulos le preguntaron aparte: ¿Por qué nosotros no pudimos echarle fuera? ²⁹ Y les dijo: Este género con nada puede salir, sino con oración y ayuno.

Jesús anuncia otra vez su muerte
³⁰ Habiendo salido de allí, caminaron por Galilea; y no quería que nadie lo supiese. ³¹ Porque enseñaba a sus discípulos, y les decía: El Hijo del Hombre será entregado en manos de hombres, y le matarán; pero después de muerto, resucitará al tercer día. ³² Pero ellos no entendían esta palabra, y tenían miedo de preguntarle.

¿Quién es el mayor?
³³ Y llegó a Capernaum; y cuando estuvo en casa, les preguntó: ¿Qué disputabais entre vosotros en el camino? ³⁴ Mas ellos callaron; porque en el camino habían disputado entre sí, quién había de ser el mayor.^d ³⁵ Entonces él se sentó y llamó a los doce, y les dijo: Si alguno quiere ser el primero, será el postrero de todos, y el servidor de todos.^e ³⁶ Y tomó a un niño, y lo puso en medio de ellos; y tomándole en sus brazos, les dijo: ³⁷ El que reciba en mi nombre a un niño como este, me recibe a mí; y el que a mí me recibe, no me recibe a mí sino al que me envió.^f

El que no es contra nosotros, por nosotros es
³⁸ Juan le respondió diciendo: Maestro, hemos visto a uno que en tu nombre echaba fuera demonios, pero él no nos sigue; y se lo prohibimos, porque no nos seguía. ³⁹ Pero Jesús dijo: No se lo prohibáis; porque ninguno hay que haga milagro en mi nombre, que luego pueda decir mal de mí. ⁴⁰ Porque el que no es contra nosotros, por nosotros es.^g ⁴¹ Y cualquiera que os diere un vaso de agua en mi nombre, porque sois de Cristo, de cierto os digo que no perderá su recompensa.^h

Ocasiones de caer
⁴² Cualquiera que haga tropezar a uno de estos pequeñitos que creen en mí, mejor le fuera si se le atase una piedra de molino al cuello, y se le arrojase en el mar. ⁴³ Si tu mano te fuere ocasión de caer, córtala; mejor te es entrar en la vida manco, que teniendo dos manos ir al infierno, al fuego que no puede ser apagado,ⁱ ⁴⁴ donde el gusano de ellos no muere, y el fuego nunca se apaga. ⁴⁵ Y si tu pie te fuere ocasión de caer, córtalo; mejor te es entrar a la vida cojo, que teniendo dos pies ser echado en el infierno, al fuego que no puede ser apagado, ⁴⁶ donde el gusano de ellos no muere, y el fuego nunca se apaga. ⁴⁷ Y si tu ojo te fuere ocasión de caer, sácalo; mejor te es entrar en el reino de Dios con un ojo, que teniendo dos ojos ser echado al infierno,^j ⁴⁸ donde el gusano de ellos no muere, y el fuego nunca se apaga.^k ⁴⁹ Porque todos serán salados con fuego, y todo sacrificio será salado con sal. ⁵⁰ Buena es la sal; mas si la sal se hace insípida, ¿con qué la sazonaréis? ^l Tened sal en vosotros mismos; y tened paz los unos con los otros.

CAPÍTULO 10

Jesús enseña sobre el divorcio
Levantándose de allí, vino a la región de Judea y al otro lado del Jordán; y volvió el pueblo a juntarse a él, y de nuevo les enseñaba como solía.
² Y se acercaron los fariseos y le preguntaron, para tentarle, si era lícito al marido repudiar a su mujer. ³ El, respondiendo, les dijo: ¿Qué os mandó Moisés? ⁴ Ellos dijeron: Moisés permitió dar carta de divorcio,

---

^d 9.34: Lc. 22.24. ^e 9.35: Mt. 20.26-27; 23.11; Mr. 10.43-44; Lc. 22.26. ^f 9.37: Mt. 10.40; Lc. 10.16; Jn. 13.20. ^g 9.40: Mt. 12.30; Lc. 11.23. ^h 9.41: Mt. 10.42. ⁱ 9.43: Mt. 5.30. ^j 9.47: Mt. 5.29. ^k 9.48: Is. 66.24. ^l 9.50: Mt. 5.13; Lc. 14.34-35.

y repudiarla.[a] [5] Y respondiendo Jesús, les dijo: Por la dureza de vuestro corazón os escribió este mandamiento; [6] pero al principio de la creación, varón y hembra los hizo Dios.[b] [7] Por esto dejará el hombre a su padre y a su madre, y se unirá a su mujer, [8] y los dos serán una sola carne; así que no son ya más dos, sino uno.[c] [9] Por tanto, lo que Dios juntó, no lo separe el hombre.

[10] En casa volvieron los discípulos a preguntarle de lo mismo, [11] y les dijo: Cualquiera que repudia a su mujer y se casa con otra, comete adulterio contra ella; [12] y si la mujer repudia a su marido y se casa con otro, comete adulterio.[d]

Jesús bendice a los niños

[13] Y le presentaban niños para que los tocase; y los discípulos reprendían a los que los presentaban. [14] Viéndolo Jesús, se indignó, y les dijo: Dejad a los niños venir a mí, y no se lo impidáis; porque de los tales es el reino de Dios. [15] De cierto os digo, que el que no reciba el reino de Dios como un niño, no entrará en él.[e] [16] Y tomándolos en los brazos, poniendo las manos sobre ellos, los bendecía.

El joven rico

[17] Al salir él para seguir su camino, vino uno corriendo, e hincando la rodilla delante de él, le preguntó: Maestro bueno, ¿qué haré para heredar la vida eterna? [18] Jesús le dijo: ¿Por qué me llamas bueno? Ninguno hay bueno, sino sólo uno, Dios. [19] Los mandamientos sabes: No adulteres.[f] No mates.[g] No hurtes.[h] No digas falso testimonio.[i] No defraudes. Honra a tu padre y a tu madre.[j] [20] Él entonces, respondiendo, le dijo: Maestro, todo esto lo he guardado desde mi juventud. [21] Entonces Jesús, mirándole, le amó, y le dijo: Una cosa te falta: anda, vende todo lo que tienes, y dalo a los pobres, y tendrás tesoro en el cielo; y ven, sígueme, tomando tu cruz. [22] Pero él, afligido por esta palabra, se fue triste, porque tenía muchas posesiones.

[23] Entonces Jesús, mirando alrededor, dijo a sus discípulos: ¡Cuán difícilmente entrarán en el reino de Dios los que tienen riquezas! [24] Los discípulos se asombraron de sus palabras; pero Jesús, respondiendo, volvió a decirles: Hijos, ¡cuán difícil les es entrar en el reino de Dios, a los que confían en las riquezas! [25] Más fácil es pasar un camello por el ojo de una aguja, que entrar un rico en el reino de Dios. [26] Ellos se asombraban aun más, diciendo entre sí: ¿Quién, pues, podrá ser salvo? [27] Entonces Jesús, mirándolos, dijo: Para los hombres es imposible, mas para Dios, no; porque todas las cosas son posibles para Dios. [28] Entonces Pedro comenzó a decirle: He aquí, nosotros lo hemos dejado todo, y te hemos seguido. [29] Respondió Jesús y dijo: De cierto os digo que no hay ninguno que haya dejado casa, o hermanos, o hermanas, o padre, o madre, o mujer, o hijos, o tierras, por causa de mí y del evangelio, [30] que no reciba cien veces más ahora en este tiempo; casas, hermanos, hermanas, madres, hijos, y tierras, con persecuciones; y en el siglo venidero la vida eterna. [31] Pero muchos primeros serán postreros, y los postreros, primeros.[k]

[a] 10.4: Dt. 24.1-4; Mt. 5.31. [b] 10.6: Gn. 1.27; 5.2. [c] 10.7-8: Gn. 2.24. [d] 10.11-12: Mt. 5.32; 1 Co. 7.10-11. [e] 10.15: Mt. 18.3. [f] 10.19: Ex. 20.14; Dt. 5.18. [g] 10.19: Ex. 20.13; Dt. 5.17. [h] 10.19: Ex. 20.15; Dt. 5.19. [i] 10.19: Ex. 20.16; Dt. 5.20. [j] 10.19: Ex. 20.12; Dt. 5.16. [k] 10.31: Mt. 20.16; Lc. 13.30.

PARTIR Y CORRER

El divorcio no es parte del plan de Dios   Lee Marcos 10:2-12

Cuando le preguntaron a Jesús acerca del divorcio, algunas personas tenían ideas muy liberales acerca de este asunto. Lo mismo que en el día de hoy, un matrimonio podía disolverse por cualquier razón. Pero Jesús le recordó a la gente cuál es el plan original de Dios para el matrimonio (versos 6-9). Dios desea que el hombre y la mujer hagan un compromiso de por vida el uno con el otro. El divorcio ni siquiera debe ser considerado.

Quizá uno de los grandes impedimentos para el divorcio es ver cuánto lo detesta Dios: «Mas diréis: ¿Por qué? Porque Jehová ha atestiguado entre ti y la mujer de tu juventud, contra la cual has sido desleal, siendo ella tu compañera, y la mujer de tu pacto. ¿No hizo él uno, habiendo en él abundancia de espíritu? ¿Y por qué uno? Porque buscaba una descendencia para Dios. Guardaos, pues, en vuestro espíritu, y no seáis desleales para con la mujer de vuestra juventud. Porque Jehová Dios de Israel ha dicho que él aborrece el repudio, y al que cubre de iniquidad su

Nuevamente Jesús anuncia su muerte

³² Iban por el camino subiendo a Jerusalén; y Jesús iba delante, y ellos se asombraron, y le seguían con miedo. Entonces volviendo a tomar a los doce aparte, les comenzó a decir las cosas que le habían de acontecer: ³³ He aquí subimos a Jerusalén, y el Hijo del Hombre será entregado a los principales sacerdotes y a los escribas, y le condenarán a muerte, y le entregarán a los gentiles; ³⁴ y le escarnecerán, le azotarán, y escupirán en él, y le matarán; mas al tercer día resucitará.

Petición de Santiago y de Juan

³⁵ Entonces Jacobo y Juan, hijos de Zebedeo, se le acercaron, diciendo: Maestro, querríamos que nos hagas lo que pidiéremos. ³⁶ Él les dijo: ¿Qué queréis que os haga? ³⁷ Ellos le dijeron: Concédenos que en tu gloria nos sentemos el uno a tu derecha, y el otro a tu izquierda. ³⁸ Entonces Jesús les dijo: No sabéis lo que pedís. ¿Podéis beber del vaso que yo bebo, o ser bautizados con el bautismo con que yo soy bautizado? ¹ ³⁹ Ellos dijeron: Podemos. Jesús les dijo: A la verdad, del vaso que yo bebo, beberéis, y con el bautismo con que yo soy bautizado, seréis bautizados; ⁴⁰ pero el sentaros a mi derecha y a mi izquierda, no es mío darlo, sino a aquellos para quienes está preparado. ⁴¹ Cuando lo oyeron los diez, comenzaron a enojarse contra Jacobo y contra Juan. ⁴² Mas Jesús, llamándolos, les dijo: Sabéis que los que son tenidos por gobernantes de las naciones se enseñorean de ellas, y sus grandes ejercen sobre ellas

potestad. ⁴³ Pero no será así entre vosotros,ᵐ sino que el que quiera hacerse grande entre vosotros será vuestro servidor, ⁴⁴ y el que de vosotros quiera ser el primero, será siervo de todos.ⁿ ⁴⁵ Porque el Hijo del Hombre no vino para ser servido, sino para servir, y para dar su vida en rescate por muchos.

El ciego Bartimeo recibe la vista

⁴⁶ Entonces vinieron a Jericó; y al salir de Jericó él y sus discípulos y una gran multitud, Bartimeo el ciego, hijo de Timeo, estaba sentado junto al camino mendigando. ⁴⁷ Y oyendo que era Jesús nazareno, comenzó a dar voces y a decir: ¡Jesús, Hijo de David, ten misericordia de mí! ⁴⁸ Y muchos le reprendían para que callase, pero él clamaba mucho más: ¡Hijo de David, ten misericordia de mí! ⁴⁹ Entonces Jesús, deteniéndose, mandó llamarle; y llamaron al ciego, diciéndole: Ten confianza; levántate, te llama. ⁵⁰ Él entonces, arrojando su capa, se levantó y vino a Jesús. ⁵¹ Respondiendo Jesús, le dijo: ¿Qué quieres que te haga? Y el ciego le dijo: Maestro, que recobre la vista. ⁵² Y Jesús le dijo: Vete, tu fe te ha salvado. Y en seguida recobró la vista, y seguía a Jesús en el camino.

CAPÍTULO 11

La entrada triunfal en Jerusalén

Cuando se acercaban a Jerusalén, junto a Betfagé y a Betania, frente al monte de los Olivos, Jesús envió dos de sus discípulos, ² y les dijo: Id a la aldea que está enfrente de vosotros, y luego que entréis en ella, hallaréis un pollino atado, en el cual ningún

---

¹ 10.38: Lc. 12.50.   ᵐ 10.42-43: Lc. 22.25-26.   ⁿ 10.43-44: Mt. 23.11; Mr. 9.35; Lc. 22.26.

---

vestido, dijo Jehová de los ejércitos. Guardaos, pues, en vuestro espíritu, y no seáis desleales» (Malaquías 2:14-16). Así como uno considera el costo del casamiento, también debería considerar el costo del divorcio. No sólo devasta el «compañerismo» que Dios desea que exista entre marido y mujer, sino que también afecta enormemente a los hijos. Como Dios lo dice aquí, él desea que haya hijos santos de la unión de marido y mujer. Cuando un hogar se rompe por el divorcio, es más difícil criar hijos obedientes al Señor.

¿Dios permite el divorcio alguna vez? Aunque la Biblia cita dos motivos (adulterio y si el cónyuge no creyente desea dejar al cónyuge creyente) la voluntad de Dios es que la pareja permanezca unida. Cualquier confusión surge cuando nosotros tratamos de acomodar las normas divinas a la falta de normas de nuestra moralidad contemporánea.

Winston Churchill observó con astucia: «La victoria no se obtiene por medio de la retirada». Si tú estás casado, pide a Dios que fortalezca tu matrimonio hoy mismo. Recuerda que Dios te ha unido a ti y a tu cónyuge para siempre. Mantente firme en tu compromiso. No te retires de tus problemas, sino pide a Dios ayuda para encararlos y vencerlos. Cultiva la «unidad» y el compañerismo en tu matrimonio, y vuelve al designio original de Dios.

El perdón viene primero de Dios Lee Marcos 11:25

Como el verso 25 de este pasaje indica, una actitud de falta de perdón puede estorbar nuestra vida de oración.

En el verso 25, Jesús no dice que el perdón de Dios depende de que tú perdones a otros. La aceptación de Dios y su perdón dependen completamente de lo que Jesús hizo por ti en la cruz. Él está afirmando que si has sido perdonado, tú –más que todos los demás– debes estar dispuesto a perdonar a otros. Al mismo tiempo, si no estás dispuesto a hacerlo, uno puede preguntarse si realmente conoces algo acerca del perdón de Dios.

No permitas que la falta de perdón te robe el gozo de la vida. Perdona a otros así como Cristo te perdonó a ti.

PIEDRAS ANGULARES

---

hombre ha montado; desatadlo y traedlo. [3] Y si alguien os dijere: ¿Por qué hacéis eso? decid que el Señor lo necesita, y que luego lo devolverá. [4] Fueron, y hallaron el pollino atado afuera a la puerta, en el recodo del camino, y lo desataron. [5] Y unos de los que estaban allí les dijeron: ¿Qué hacéis desatando el pollino? [6] Ellos entonces les dijeron como Jesús había mandado; y los dejaron. [7] Y trajeron el pollino a Jesús, y echaron sobre él sus mantos, y se sentó sobre él. [8] También muchos tendían sus mantos por el camino, y otros cortaban ramas de los árboles, y las tendían por el camino. [9] Y los que iban delante y los que venían detrás daban voces, diciendo: ¡Hosanna! [a] ¡Bendito el que viene en el nombre del Señor! [b] [10] ¡Bendito el reino de nuestro padre David que viene! ¡Hosanna en las alturas!

[11] Y entró Jesús en Jerusalén, y en el templo; y habiendo mirado alrededor todas las cosas, como ya anochecía, se fue a Betania con los doce.

Maldición de la higuera estéril

[12] Al día siguiente, cuando salieron de Betania, tuvo hambre. [13] Y viendo de lejos una higuera que tenía hojas, fue a ver si tal vez hallaba en ella algo; pero cuando llegó a ella, nada halló sino hojas, pues no era tiempo de higos. [14] Entonces Jesús dijo a la higuera: Nunca jamás coma nadie fruto de ti. Y lo oyeron sus discípulos.

Purificación del templo

[15] Vinieron, pues, a Jerusalén; y entrando Jesús en el templo, comenzó a echar fuera a los que vendían y compraban en el templo; y volcó las mesas de los cambistas, y las sillas de los que vendían palomas; [16] y no consentía que nadie atravesase el templo llevando utensilio alguno. [17] Y les enseñaba, diciendo: ¿No está escrito: Mi casa será llamada casa de oración para todas las naciones [c]? Mas vosotros la habéis hecho cueva de ladrones. [d] [18] Y lo oyeron los escribas y los principales sacerdotes, y buscaban cómo matarle; porque le tenían miedo, por cuanto todo el pueblo estaba admirado de su doctrina. [19] Pero al llegar la noche, Jesús salió de la ciudad.

La higuera maldecida se seca

[20] Y pasando por la mañana, vieron que la higuera se había secado desde las raíces. [21] Entonces Pedro, acordándose, le dijo: Maestro, mira, la higuera que maldijiste se ha secado. [22] Respondiendo Jesús, les dijo: Tened fe en Dios. [23] Porque de cierto os digo que cualquiera que dijere a este monte: Quítate y échate en el mar, y no dudare en su corazón, sino creyere que será hecho lo que dice, lo que diga le será hecho. [e] [24] Por tanto, os digo que todo lo que pidiereis orando, creed que lo recibiréis, y os vendrá. [25] Y cuando estéis orando, perdonad, si tenéis algo contra alguno, para que también vuestro Padre que está en los cielos os perdone a vosotros vuestras ofensas.

---

[a] 11.9: Sal. 118.25.   [b] 11.9: Sal. 118.26.   [c] 11.17: Is. 56.7.
[d] 11.17: Jer. 7.11.   [e] 11.23: Mt. 17.20; 1 Co. 13.2.

²⁶ Porque si vosotros no perdonáis, tampoco vuestro Padre que está en los cielos os perdonará vuestras ofensas.*f*

La autoridad de Jesús
²⁷ Volvieron entonces a Jerusalén; y andando él por el templo, vinieron a él los principales sacerdotes, los escribas y los ancianos, ²⁸ y le dijeron: ¿Con qué autoridad haces estas cosas, y quién te dio autoridad para hacer estas cosas? ²⁹ Jesús, respondiendo, les dijo: Os haré yo también una pregunta; respondedme, y os diré con qué autoridad hago estas cosas. ³⁰ El bautismo de Juan, ¿era del cielo, o de los hombres? Respondedme. ³¹ Entonces ellos discutían entre sí, diciendo: Si decimos, del cielo, dirá: ¿Por qué, pues, no le creísteis? ³² ¿Y si decimos, de los hombres...? Pero temían al pueblo, pues todos tenían a Juan como un verdadero profeta. ³³ Así que, respondiendo, dijeron a Jesús: No sabemos. Entonces respondiendo Jesús, les dijo: Tampoco yo os digo con qué autoridad hago estas cosas.

CAPÍTULO 12
Los labradores malvados
Entonces comenzó Jesús a decirles por parábolas: Un hombre plantó una viña,*a* la cercó de vallado, cavó un lagar, edificó una torre, y la arrendó a unos labradores, y se fue lejos. ² Y a su tiempo envió un siervo a los labradores, para que recibiese de éstos del fruto de la viña. ³ Mas ellos, tomándole, le golpearon, y le enviaron con las manos vacías. ⁴ Volvió a enviarles otro siervo; pero apedreándole, le hirieron en la cabeza, y también le enviaron afrentado. ⁵ Volvió a enviar otro, y a éste mataron; y a otros muchos, golpeando a unos y matando a otros. ⁶ Por último, teniendo aún un hijo suyo, amado, lo envió también a ellos, diciendo: Tendrán respeto a mi hijo. ⁷ Mas aquellos labradores dijeron entre sí: Este es el heredero; venid, matémosle, y la heredad será nuestra. ⁸ Y tomándole, le mataron, y le echaron fuera de la viña. ⁹ ¿Qué, pues, hará el señor de la viña? Vendrá, y destruirá a los labradores, y dará su viña a otros. ¹⁰ ¿Ni aun esta escritura habéis leído:

La piedra que desecharon los
  edificadores
Ha venido a ser cabeza del ángulo;

¹¹ El Señor ha hecho esto,
Y es cosa maravillosa a nuestros ojos *b*?

¹² Y procuraban prenderle, porque entendían que decía contra ellos aquella parábola; pero temían a la multitud, y dejándole, se fueron.

La cuestión del tributo
¹³ Y le enviaron algunos de los fariseos y de los herodianos, para que le sorprendiesen en alguna palabra. ¹⁴ Viniendo ellos, le dijeron: Maestro, sabemos que eres hombre veraz, y que no te cuidas de nadie; porque no miras la apariencia de los hombres, sino

¿Cuánto debes dar?
Lee Marcos 12:41-44

La generosidad no se mide por el tamaño de la dádiva, sino por la motivación. En esta historia vemos cómo Jesús valora más la ofrenda de la pobre viuda, que las grandes cantidades que dan los ricos. Jesús sabía que ella había dado todo lo que tenía. Él pudo ver que el motivo por el cual daba era el correcto.

El gran salmista David, rey de Israel, dijo que él no le daría nada al Señor que no le costase. En otras palabras, no tenemos que darle «las sobras» al Señor, sino lo mejor que tenemos. Cuando lo piensas bien, ¿es pedir demasiado? Después de todo, él nos dio a nosotros lo mejor, cuando envió a su amado Hijo a morir en la cruz en nuestro lugar.

Nuestra actitud al respecto, debe ser igual a la de los generosos creyentes de Macedonia, que estaban ansiosos de ayudar a la iglesia de Jerusalén en tiempos de necesidad: «Pues doy testimonio de que con agrado han dado conforme a sus fuerzas, y aun más allá de sus fuerzas, pidiéndonos con muchos ruegos que les concediésemos el privilegio de participar en este servicio para los santos» (2 Corintios 8:3-4).

Cuando te preguntes cuánto de tus ingresos darás para la obra del Señor, recuerda esta promesa: «Cada uno dé como propuso en su corazón: no con tristeza, ni por necesidad, porque Dios ama al dador alegre. Y poderoso es Dios para hacer que abunde en vosotros toda gracia, a fin de que, teniendo siempre en todas las cosas todo lo suficiente, abundéis para toda buena obra» (2 Corintios 9:7-8).

---

f 11.25-26: Mt. 6.14-15.   *a* 12.1: Is. 5.1-2.   *b* 12.10-11: Sal. 118.22-23.   *c* 12.18: Hch. 23.8.   *d* 12.19: Dt. 25.5.

que con verdad enseñas el camino de Dios. ¿Es lícito dar tributo a César, o no? ¿Daremos, o no daremos? [15] Mas él, percibiendo la hipocresía de ellos, les dijo: ¿Por qué me tentáis? Traedme la moneda para que la vea. [16] Ellos se la trajeron; y les dijo: ¿De quién es esta imagen y la inscripción? Ellos le dijeron: De César. [17] Respondiendo Jesús, les dijo: Dad a César lo que es de César, y a Dios lo que es de Dios. Y se maravillaron de él.

La pregunta sobre la resurrección

[18] Entonces vinieron a él los saduceos, que dicen que no hay resurrección,[c] y le preguntaron, diciendo: [19] Maestro, Moisés nos escribió [d] que si el hermano de alguno muriere y dejare esposa, pero no dejare hijos, que su hermano se case con ella, y levante descendencia a su hermano. [20] Hubo siete hermanos; el primero tomó esposa, y murió sin dejar descendencia. [21] Y el segundo se casó con ella, y murió, y tampoco dejó descendencia; y el tercero, de la misma manera. [22] Y así los siete, y no dejaron descendencia; y después de todos murió también la mujer. [23] En la resurrección, pues, cuando resuciten, ¿de cuál de ellos será ella mujer, ya que los siete la tuvieron por mujer?

[24] Entonces respondiendo Jesús, les dijo: ¿No erráis por esto, porque ignoráis las Escrituras, y el poder de Dios? [25] Porque cuando resuciten de los muertos, ni se casarán ni se darán en casamiento, sino serán como los ángeles que están en los cielos. [26] Pero respecto a que los muertos resucitan, ¿no habéis leído en el libro de Moisés cómo le habló Dios en la zarza, diciendo: Yo soy el Dios de Abraham, el Dios de Isaac y el Dios de Jacob [e]? [27] Dios no es Dios de muertos, sino Dios de vivos; así que vosotros mucho erráis.

El gran mandamiento

[28] Acercándose uno de los escribas, que los había oído disputar, y sabía que les había respondido bien, le preguntó: [f] ¿Cuál es el primer mandamiento de todos? [29] Jesús le respondió: El primer mandamiento de todos es: Oye, Israel; el Señor nuestro Dios, el Señor uno es. [30] Y amarás al Señor tu Dios

con todo tu corazón, y con toda tu alma, y con toda tu mente y con todas tus fuerzas.[g] Este es el principal mandamiento. [31] Y el segundo es semejante: Amarás a tu prójimo como a ti mismo.[h] No hay otro mandamiento mayor que éstos. [32] Entonces el escriba le dijo: Bien, Maestro, verdad has dicho, que uno es Dios, y no hay otro fuera de él;[i] [33] y el amarle con todo el corazón, con todo el entendimiento, con toda el alma, y con todas las fuerzas, y amar al prójimo como a uno mismo, es más que todos los holocaustos y sacrificios.[j] [34] Jesús entonces, viendo que había respondido sabiamente, le dijo: No estás lejos del reino de Dios. Y ya ninguno osaba preguntarle.

¿De quién es hijo el Cristo?

[35] Enseñando Jesús en el templo, decía: ¿Cómo dicen los escribas que el Cristo es hijo de David? [36] Porque el mismo David dijo por el Espíritu Santo:

Dijo el Señor a mi Señor:
Siéntate a mi diestra,
Hasta que ponga tus enemigos por
    estrado de tus pies.[k]

[37] David mismo le llama Señor; ¿cómo, pues, es su hijo? Y gran multitud del pueblo le oía de buena gana.

Jesús acusa a los escribas

[38] Y les decía en su doctrina: Guardaos de los escribas, que gustan de andar con largas ropas, y aman las salutaciones en las plazas, [39] y las primeras sillas en las sinagogas, y los primeros asientos en las cenas; [40] que devoran las casas de las viudas, y por pretexto hacen largas oraciones. Estos recibirán mayor condenación.

La ofrenda de la viuda

[41] Estando Jesús sentado delante del arca de la ofrenda, miraba cómo el pueblo echaba dinero en el arca; y muchos ricos echaban mucho. [42] Y vino una viuda pobre, y echó dos blancas, o sea un cuadrante. [43] Entonces llamando a sus discípulos, les dijo: De cierto os digo que esta viuda pobre echó más que todos los que han echado en el arca; [44] porque todos han echado de lo que les sobra; pero ésta, de su pobreza echó todo lo que tenía, todo su sustento.

c 12.26: Ex. 3.6. f 12.28-34: Lc. 10.25-28. g 12.29-30: Dt. 6.4-5.
h 12.31: Lv. 19.18. i 12.32: Dt. 4.35. j 12.33: Os. 6.6. k 12.36: Sal. 110.1.

CAPÍTULO **13**

Jesús predice la destrucción del templo

Saliendo Jesús del templo, le dijo uno de sus discípulos: Maestro, mira qué piedras, y qué edificios. ² Jesús, respondiendo, le dijo: ¿Ves estos grandes edificios? No quedará piedra sobre piedra, que no sea derribada.

Señales antes del fin

³ Y se sentó en el monte de los Olivos, frente al templo. Y Pedro, Jacobo, Juan y Andrés le preguntaron aparte: ⁴ Dinos, ¿cuándo serán estas cosas? ¿Y qué señal habrá cuando todas estas cosas hayan de cumplirse? ⁵ Jesús, respondiéndoles, comenzó a decir: Mirad que nadie os engañe; ⁶ porque vendrán muchos en mi nombre, diciendo: Yo soy el Cristo; y engañarán a muchos. ⁷ Mas cuando oigáis de guerras y de rumores de guerras, no os turbéis, porque es necesario que suceda así; pero aún no es el fin. ⁸ Porque se levantará nación contra nación, y reino contra reino; y habrá terremotos en muchos lugares, y habrá hambres y alborotos; principios de dolores son estos.

⁹ Pero mirad por vosotros mismos; porque os entregarán a los concilios, y en las sinagogas os azotarán; y delante de gobernadores y de reyes os llevarán por causa de mí, para testimonio a ellos. ¹⁰ Y es necesario que el evangelio sea predicado antes a todas las naciones. ¹¹ Pero cuando os trajeren para entregaros, no os preocupéis por lo que habéis de decir, ni lo penséis, sino lo que os fuere dado en aquella hora, eso hablad; porque no sois vosotros los que habláis, sino el Espíritu Santo.[a] ¹² Y el hermano entregará a la muerte al hermano, y el padre al hijo; y se levantarán los hijos contra los padres, y los matarán. ¹³ Y seréis aborrecidos de todos por causa de mi nombre; mas el que persevere hasta el fin, éste será salvo.[b]

¹⁴ Pero cuando veáis la abominación desoladora[c] de que habló el profeta Daniel, puesta donde no debe estar (el que lee, entienda), entonces los que estén en Judea huyan a los montes. ¹⁵ El que esté en la azotea, no descienda a la casa, ni entre para tomar algo de su casa; ¹⁶ y el que esté en el campo, no vuelva atrás a tomar su capa.[d]

¹⁷ Mas ¡ay de las que estén encintas, y de las que críen en aquellos días! ¹⁸ Orad, pues, que vuestra huida no sea en invierno; ¹⁹ porque aquellos días serán de tribulación[e] cual nunca ha habido desde el principio de la creación que Dios creó, hasta este tiempo, ni la habrá. ²⁰ Y si el Señor no hubiese acortado aquellos días, nadie sería salvo; mas por causa de los escogidos que él escogió, acortó aquellos días. ²¹ Entonces si alguno os dijere: Mirad, aquí está el Cristo; o, mirad, allí está, no le creáis. ²² Porque se levantarán falsos Cristos y falsos profetas, y harán señales y prodigios, para engañar, si fuese posible, aun a los escogidos. ²³ Mas vosotros mirad; os lo he dicho todo antes.

La venida del Hijo del Hombre

²⁴ Pero en aquellos días, después de aquella tribulación, el sol se oscurecerá, y la luna no dará su resplandor, ²⁵ y las estrellas caerán del cielo,[f] y las potencias que están en los cielos serán conmovidas. ²⁶ Entonces verán al Hijo del Hombre, que vendrá en las nubes[g] con gran poder y gloria. ²⁷ Y entonces enviará sus ángeles, y juntará a sus escogidos de los cuatro vientos, desde el extremo de la tierra hasta el extremo del cielo.

²⁸ De la higuera aprended la parábola: Cuando ya su rama está tierna, y brotan las hojas, sabéis que el verano está cerca. ²⁹ Así también vosotros, cuando veáis que suceden estas cosas, conoced que está cerca, a las puertas. ³⁰ De cierto os digo, que no pasará esta generación hasta que todo esto acontezca. ³¹ El cielo y la tierra pasarán, pero mis palabras no pasarán.

³² Pero de aquel día y de la hora nadie sabe, ni aun los ángeles que están en el cielo, ni el Hijo, sino el Padre.[h] ³³ Mirad, velad y orad; porque no sabéis cuándo será el tiempo. ³⁴ Es como el hombre que yéndose lejos, dejó su casa, y dio autoridad a sus siervos, y a cada uno su obra, y al portero mandó que velase.[i] ³⁵ Velad, pues, porque no sabéis cuándo vendrá el señor de la casa; si al anochecer, o a la medianoche, o al canto del gallo, o a la mañana; ³⁶ para que cuando venga de repente, no os halle durmiendo. ³⁷ Y lo que a vosotros digo, a todos lo digo: Velad.

---

[a] 13.9-11: Mt. 10.17-20; Lc. 12.11-12.   [b] 13.13: Mt. 10.22.   [c] 13.14: Dn. 9.27; 11.31; 12.11.   [d] 13.15-16: Lc. 17.31.
[e] 13.19: Dn. 12.1; Ap. 7.14.   [f] 13.24-25: Is. 13.10; Ez. 32.7; Jl. 2.31; Ap. 6.12-13.   [g] 13.26: Dn. 7.13; Ap. 1.7.
[h] 13.32: Mt. 24.36.   [i] 13.34: Lc. 12.36-38.

CAPÍTULO 14

El complot para prender a Jesús

Dos días después era la pascua,[a] y la fiesta de los panes sin levadura; y buscaban los principales sacerdotes y los escribas cómo prenderle por engaño y matarle. [2] Y decían: No durante la fiesta para que no se haga alboroto del pueblo.

Jesús es ungido en Betania

[3] Pero estando él en Betania, en casa de Simón el leproso, y sentado a la mesa, vino una mujer con un vaso de alabastro de perfume de nardo puro de mucho precio; y quebrando el vaso de alabastro, se lo derramó sobre su cabeza.[b] [4] Y hubo algunos que se enojaron dentro de sí, y dijeron: ¿Para qué se ha hecho este desperdicio de perfume? [5] Porque podía haberse vendido por más de trescientos denarios, y haberse dado a los pobres. Y murmuraban contra ella. [6] Pero Jesús dijo: Dejadla, ¿por qué la molestáis? Buena obra me ha hecho. [7] Siempre tendréis a los pobres con vosotros,[c] y cuando queráis les podréis hacer bien; pero a mí no siempre me tendréis. [8] Esta ha hecho lo que podía; porque se ha anticipado a ungir mi cuerpo para la sepultura. [9] De cierto os digo que dondequiera que se predique este evangelio, en todo el mundo, también se contará lo que ésta ha hecho, para memoria de ella.

Judas ofrece entregar a Jesús

[10] Entonces Judas Iscariote, uno de los doce, fue a los principales sacerdotes para entregárselo. [11] Ellos, al oírlo, se alegraron, y prometieron darle dinero. Y Judas buscaba oportunidad para entregarle.

Institución de la Cena del Señor

[12] El primer día de la fiesta de los panes sin levadura, cuando sacrificaban el cordero de la pascua, sus discípulos le dijeron: ¿Dónde quieres que vayamos a preparar para que comas la pascua? [13] Y envió dos de sus discípulos, y les dijo: Id a la ciudad, y os saldrá al encuentro un hombre que lleva un cántaro de agua; seguidle, [14] y donde entrare, decid al señor de la casa: El Maestro dice: ¿Dónde está el aposento donde he de comer la pascua con mis discípulos? [15] Y él os mostrará un gran aposento alto ya dispuesto; preparad para nosotros allí. [16] Fueron sus discípulos y entraron en la ciudad, y hallaron como les había dicho; y prepararon la pascua.

[17] Y cuando llegó la noche, vino él con los doce. [18] Y cuando se sentaron a la mesa, mientras comían, dijo Jesús: De cierto os digo que uno de vosotros, que come conmigo, me va a entregar. [19] Entonces ellos comenzaron a entristecerse, y a decirle uno por uno: ¿Seré yo? Y el otro: ¿Seré yo? [20] El, respondiendo, les dijo: Es uno de los doce, el que moja conmigo en el plato. [21] A la verdad el Hijo del Hombre va, según está escrito de él,[d] mas ¡ay de aquel hombre por quien el Hijo del Hombre es entregado! Bueno le fuera a ese hombre no haber nacido.

[22] Y mientras comían, Jesús tomó pan y bendijo, y lo partió y les dio, diciendo: Tomad, esto es mi cuerpo. [23] Y tomando la copa, y habiendo dado gracias, les dio; y bebieron de ella todos. [24] Y les dijo: Esto es mi sangre [e] del nuevo pacto,[f] que por muchos es derramada. [25] De cierto os digo que no beberé más del fruto de la vid, hasta aquel día en que lo beba nuevo en el reino de Dios.

Jesús anuncia la negación de Pedro

[26] Cuando hubieron cantado el himno, salieron al monte de los Olivos. [27] Entonces Jesús les dijo: Todos os escandalizaréis de mí esta noche; porque escrito está: Heriré al pastor, y las ovejas serán dispersadas.[g] [28] Pero después que haya resucitado, iré delante de vosotros a Galilea.[h] [29] Entonces Pedro le dijo: Aunque todos se escandalicen, yo no. [30] Y le dijo Jesús: De cierto te digo que tú, hoy, en esta noche, antes que el gallo haya cantado dos veces, me negarás tres veces. [31] Mas él con mayor insistencia decía: Si me fuere necesario morir contigo, no te negaré. También todos decían lo mismo.

Jesús ora en Getsemaní

[32] Vinieron, pues, a un lugar que se llama Getsemaní, y dijo a sus discípulos: Sentaos aquí, entre tanto que yo oro. [33] Y tomó consigo a Pedro, a Jacobo y a Juan, y comenzó a entristecerse y a angustiarse. [34] Y les dijo: Mi alma está muy triste, hasta la muerte;

---

a 14.1: Ex. 12.1-27.   b 14.3: Lc. 7.37-38.   c 14.7: Dt. 15.11.   d 14.21: Sal. 41.9.   e 14.24: Ex. 24.6-8.
f 14.24: Jer. 31.31-34.   g 14.27: Zac. 13.7.   h 14.28: Mt. 28.16.

quedaos aquí y velad. [35] Yéndose un poco adelante, se postró en tierra, y oró que si fuese posible, pasase de él aquella hora. [36] Y decía: Abba, Padre, todas las cosas son posibles para ti; aparta de mí esta copa; mas no lo qué yo quiero, sino lo que tú. [37] Vino luego y los halló durmiendo; y dijo a Pedro: Simón, ¿duermes? ¿No has podido velar una hora? [38] Velad y orad, para que no entréis en tentación; el espíritu a la verdad está dispuesto, pero la carne es débil. [39] Otra vez fue y oró, diciendo las mismas palabras. [40] Al volver, otra vez los halló durmiendo, porque los ojos de ellos estaban cargados de sueño; y no sabían qué responderle. [41] Vino la tercera vez, y les dijo: Dormid ya, y descansad. Basta, la hora ha venido; he aquí, el Hijo del Hombre es entregado en manos de los pecadores. [42] Levantaos, vamos; he aquí, se acerca el que me entrega.

Arresto de Jesús

[43] Luego, hablando él aún, vino Judas, que era uno de los doce, y con él mucha gente con espadas y palos, de parte de los principales sacerdotes y de los escribas y de los ancianos. [44] Y el que le entregaba les había dado señal, diciendo: Al que yo besare, ése es; prendedle, y llevadle con seguridad. [45] Y cuando vino, se acercó luego a él, y le dijo: Maestro, Maestro. Y le besó. [46] Entonces ellos le echaron mano, y le prendieron. [47] Pero uno de los que estaban allí, sacando la espada, hirió al siervo del sumo sacerdote, cortándole la oreja. [48] Y respondiendo Jesús, les dijo: ¿Como contra un ladrón habéis salido con espadas y con palos para prenderme? [49] Cada día estaba con vosotros enseñando en el templo,[i] y no me prendisteis; pero es así, para que se cumplan las Escrituras. [50] Entonces todos los discípulos, dejándole, huyeron.

El joven que huyó

[51] Pero cierto joven le seguía, cubierto el cuerpo con una sábana; y le prendieron; [52] mas él, dejando la sábana, huyó desnudo.

Jesús ante el concilio

[53] Trajeron, pues, a Jesús al sumo sacerdote; y se reunieron todos los principales sacerdotes y los ancianos y los escribas. [54] Y

Pedro le siguió de lejos hasta dentro del patio del sumo sacerdote; y estaba sentado con los alguaciles, calentándose al fuego. [55] Y los principales sacerdotes y todo el concilio buscaban testimonio contra Jesús, para entregarle a la muerte; pero no lo hallaban. [56] Porque muchos decían falso testimonio contra él, mas sus testimonios no concordaban. [57] Entonces levantándose unos, dieron falso testimonio contra él, diciendo: [58] Nosotros le hemos oído decir: Yo derribaré este templo hecho a mano, y en tres días edificaré otro hecho sin mano.[j] [59] Pero ni aun así concordaban en el testimonio. [60] Entonces el sumo sacerdote, levantándose en medio, preguntó a Jesús, diciendo: ¿No respondes nada? ¿Qué testifican éstos contra ti? [61] Mas él callaba, y nada respondía. El sumo sacerdote le volvió a preguntar, y le dijo: ¿Eres tú el Cristo, el Hijo del Bendito? [62] Y Jesús le dijo: Yo soy; y veréis al Hijo del Hombre sentado a la diestra del poder de Dios, y viniendo en las nubes del cielo.[k] [63] Entonces el sumo sacerdote, rasgando su vestidura, dijo: ¿Qué más necesidad tenemos de testigos? [64] Habéis oído la blasfemia; ¿qué os parece? Y todos ellos le condenaron, declarándole ser digno de muerte.[l] [65] Y algunos comenzaron a escupirle, y a cubrirle el rostro y a darle de puñetazos, y a decirle: Profetiza. Y los alguaciles le daban de bofetadas.

Pedro niega a Jesús

[66] Estando Pedro abajo, en el patio, vino una de las criadas del sumo sacerdote; [67] y cuando vio a Pedro que se calentaba, mirándole, dijo: Tú también estabas con Jesús el nazareno. [68] Mas él negó, diciendo: No le conozco, ni sé lo que dices. Y salió a la entrada; y cantó el gallo. [69] Y la criada, viéndole otra vez, comenzó a decir a los que estaban allí: Este es de ellos. [70] Pero él negó otra vez. Y poco después, los que estaban allí dijeron otra vez a Pedro: Verdaderamente tú eres de ellos; porque eres galileo, y tu manera de hablar es semejante a la de ellos. [71] Entonces él comenzó a maldecir, y a jurar: No conozco a este hombre de quien habláis. [72] Y el gallo cantó la segunda vez. Entonces Pedro se acordó de las palabras que Jesús le había dicho: Antes que el gallo cante dos veces, me negarás tres veces. Y pensando en esto, lloraba.

---

[i] 14.49: Lc. 19.47; 21.37.　[j] 14.58: Jn. 2.19.　[k] 14.62: Dn. 7.13.　[l] 14.64: Lv. 24.16.

CAPÍTULO 15

Jesús ante Pilato

Muy de mañana, habiendo tenido consejo los principales sacerdotes con los ancianos, con los escribas y con todo el concilio, llevaron a Jesús atado, y le entregaron a Pilato. [2] Pilato le preguntó: ¿Eres tú el Rey de los judíos? Respondiendo él, le dijo: Tú lo dices. [3] Y los principales sacerdotes le acusaban mucho. [4] Otra vez le preguntó Pilato, diciendo: ¿Nada respondes? Mira de cuántas cosas te acusan. [5] Mas Jesús ni aun con eso respondió; de modo que Pilato se maravillaba.

Jesús sentenciado a muerte

[6] Ahora bien, en el día de la fiesta les soltaba un preso, cualquiera que pidiesen. [7] Y había uno que se llamaba Barrabás, preso con sus compañeros de motín que habían cometido homicidio en una revuelta. [8] Y viniendo la multitud, comenzó a pedir que hiciese como siempre les había hecho. [9] Y Pilato les respondió diciendo: ¿Queréis que os suelte al Rey de los judíos? [10] Porque conocía que por envidia le habían entregado los principales sacerdotes. [11] Mas los principales sacerdotes incitaron a la multitud para que les soltase más bien a Barrabás. [12] Respondiendo Pilato, les dijo otra vez: ¿Qué, pues, queréis que haga del que llamáis Rey de los judíos? [13] Y ellos volvieron a dar voces: ¡Crucifícale! [14] Pilato les decía: ¿Pues qué mal ha hecho? Pero ellos gritaban aun más: ¡Crucifícale! [15] Y Pilato, queriendo satisfacer al pueblo, les soltó a Barrabás, y entregó a Jesús, después de azotarle, para que fuese crucificado.

[16] Entonces los soldados le llevaron dentro del atrio, esto es, al pretorio, y convocaron a toda la compañía. [17] Y le vistieron de púrpura, y poniéndole una corona tejida de espinas, [18] comenzaron luego a saludarle: ¡Salve, Rey de los judíos! [19] Y le golpeaban en la cabeza con una caña, y le escupían, y puestos de rodillas le hacían reverencias. [20] Después de haberle escarnecido, le desnudaron la púrpura, y le pusieron sus propios vestidos, y le sacaron para crucificarle.

Crucifixión y muerte de Jesús

[21] Y obligaron a uno que pasaba, Simón de Cirene, padre de Alejandro y de Rufo,[a] que venía del campo, a que le llevase la cruz. [22] Y le llevaron a un lugar llamado Gólgota, que traducido es: Lugar de la Calavera. [23] Y le dieron a beber vino mezclado con mirra; mas él no lo tomó. [24] Cuando le hubieron crucificado, repartieron entre sí sus vestidos, echando suertes sobre ellos [b] para ver qué se llevaría cada uno. [25] Era la hora tercera cuando le crucificaron. [26] Y el título escrito de su causa era: EL REY DE LOS JUDÍOS. [27] Crucificaron también con él a dos ladrones, uno a su derecha, y el otro a su izquierda. [28] Y se cumplió la Escritura que dice: Y fue contado con los inicuos.[c] [29] Y los que pasaban le injuriaban, meneando la cabeza [d] y diciendo: ¡Bah! tú que derribas el templo de Dios, y en tres días lo reedificas,[e] [30] sálvate a ti mismo, y desciende de la cruz. [31] De esta manera también los principales sacerdotes, escarneciendo, se decían unos a otros, con los escribas: A otros salvó, a sí mismo no se puede salvar. [32] El Cristo, Rey de Israel, descienda ahora de la cruz, para que veamos y creamos. También los que estaban crucificados con él le injuriaban.

[33] Cuando vino la hora sexta, hubo tinieblas sobre toda la tierra hasta la hora novena. [34] Y a la hora novena Jesús clamó a gran voz, diciendo: Eloi, Eloi, ¿lama sabactani? que traducido es: Dios mío, Dios mío, ¿por qué me has desamparado? [f] [35] Y algunos de los que estaban allí decían, al oírlo: Mirad, llama a Elías. [36] Y corrió uno, y empapando una esponja en vinagre, y poniéndola en una caña, le dio a beber,[g] diciendo: Dejad, veamos si viene Elías a bajarle. [37] Mas Jesús, dando una gran voz, expiró. [38] Entonces el velo [h] del templo se rasgó en dos, de arriba abajo. [39] Y el centurión que estaba frente a él, viendo que después de clamar había expirado así, dijo: Verdaderamente este hombre era Hijo de Dios.

[40] También había algunas mujeres mirando de lejos, entre las cuales estaban María Magdalena, María la madre de Jacobo el menor y de José, y Salomé, [41] quienes, cuando él estaba en Galilea, le seguían y le servían;[i] y otras muchas que habían subido con él a Jerusalén.

Jesús es sepultado

[42] Cuando llegó la noche, porque era la preparación, es decir, la víspera del día de reposo, [43] José de Arimatea, miembro noble

---

[a] 15.21: Ro. 16.13. [b] 15.24: Sal. 22.18. [c] 15.28: Is. 53.12. [d] 15.29: Sal. 22.7; 109.25.
[e] 15.29: Mr. 14.58; Jn. 2.19. [f] 15.34: Sal. 22.1. [g] 15.36: Sal. 69.21.
[h] 15.38: Ex. 26.31-33. [i] 15.40-41: Lc. 8.2-3.

del concilio, que también esperaba el reino de Dios, vino y entró osadamente a Pilato, y pidió el cuerpo de Jesús. ⁴⁴ Pilato se sorprendió de que ya hubiese muerto; y haciendo venir al centurión, le preguntó si ya estaba muerto. ⁴⁵ E informado por el centurión, dio el cuerpo a José, ⁴⁶ el cual compró una sábana, y quitándolo, lo envolvió en la sábana, y lo puso en un sepulcro que estaba cavado en una peña, e hizo rodar una piedra a la entrada del sepulcro. ⁴⁷ Y María Magdalena y María madre de José miraban dónde lo ponían.

CAPÍTULO 16

La resurrección

Cuando pasó el día de reposo,* María Magdalena, María la madre de Jacobo, y Salomé, compraron especias aromáticas para ir a ungirle. ² Y muy de mañana, el primer día de la semana, vinieron al sepulcro, ya salido el sol. ³ Pero decían entre sí: ¿Quién nos removerá la piedra de la entrada del sepulcro? ⁴ Pero cuando miraron, vieron removida la piedra, que era muy grande. ⁵ Y cuando entraron en el sepulcro, vieron a un joven sentado al lado derecho, cubierto de una larga ropa blanca; y se espantaron. ⁶ Mas él les dijo: No os asustéis; buscáis a Jesús nazareno, el que fue crucificado; ha resucitado, no está aquí; mirad el lugar en donde le pusieron. ⁷ Pero id, decid a sus discípulos, y a Pedro, que él va delante de vosotros a Galilea;ᵃ allí le veréis, como os dijo. ⁸ Y ellas se fueron huyendo del sepulcro, porque les había tomado temblor y espanto; ni decían nada a nadie, porque tenían miedo.

Jesús se aparece a María Magdalena

⁹ Habiendo, pues, resucitado Jesús por la mañana, el primer día de la semana, apareció primeramente a María Magdalena, de quien había echado siete demonios. ¹⁰ Yendo ella, lo hizo saber a los que habían estado con él, que estaban tristes y llorando. ¹¹ Ellos, cuando oyeron que vivía, y que había sido visto por ella, no lo creyeron.

Jesús se aparece a dos de sus discípulos

¹² Pero después apareció en otra forma a dos de ellos que iban de camino, yendo al campo. ¹³ Ellos fueron y lo hicieron saber a los otros; y ni aun a ellos creyeron.

Jesús comisiona a los apóstoles

¹⁴ Finalmente se apareció a los once mismos, estando ellos sentados a la mesa, y les reprochó su incredulidad y dureza de corazón, porque no habían creído a los que le habían visto resucitado. ¹⁵ Y les dijo: Id por todo el mundo y predicad el evangelio a toda criatura.ᵇ ¹⁶ El que creyere y fuere bautizado, será salvo; mas el que no creyere, será condenado. ¹⁷ Y estas señales seguirán a los que creen: En mi nombre echarán fuera demonios; hablarán nuevas lenguas; ¹⁸ tomarán en las manos serpientes, y si bebieren cosa mortífera, no les hará daño; sobre los enfermos pondrán sus manos, y sanarán.

La ascensión

¹⁹ Y el Señor, después que les habló, fue recibido arriba en el cielo,ᶜ y se sentó a la diestra de Dios. ²⁰ Y ellos, saliendo, predicaron en todas partes, ayudándoles el Señor y confirmando la palabra con las señales que la seguían. Amén.

ᵃ 16.7: Mt. 26.32; Mr. 14.28.   ᵇ 16.15: Hch. 1.8.   ᶜ 16.19: Hch. 1.9-11.

Lucas

CAPÍTULO 1

Dedicatoria a Teófilo

Puesto que ya muchos han tratado de poner en orden la historia de las cosas que entre nosotros han sido ciertísimas, ² tal como nos lo enseñaron los que desde el principio lo vieron con sus ojos, y fueron ministros de la palabra, ³ me ha parecido también a mí, después de haber investigado con diligencia todas las cosas desde su origen, escribírtelas por orden, oh excelentísimo Teófilo, ⁴ para que conozcas bien la verdad de las cosas en las cuales has sido instruido.

Anuncio del nacimiento de Juan

⁵ Hubo en los días de Herodes, rey de Judea, un sacerdote llamado Zacarías, de la clase de Abías;ᵃ su mujer era de las hijas de Aarón, y se llamaba Elisabet. ⁶ Ambos eran justos delante de Dios, y andaban irreprensibles en todos los mandamientos y ordenanzas del Señor. ⁷ Pero no tenían hijo, porque Elisabet era estéril, y ambos eran ya de edad avanzada. ⁸ Aconteció que ejerciendo Zacarías el sacerdocio delante de Dios según el orden de su clase, ⁹ conforme a la costumbre del sacerdocio, le tocó en suerte ofrecer el incienso, entrando en el santuario del Señor. ¹⁰ Y toda la multitud del pueblo estaba fuera orando a la hora del incienso. ¹¹ Y se le apareció un ángel del Señor puesto en pie a la derecha del altar del incienso. ¹² Y se turbó Zacarías al verle, y le sobrecogió temor. ¹³ Pero el ángel le dijo: Zacarías, no temas; porque tu oración ha sido oída, y tu mujer Elisabet te dará a luz un hijo, y llamarás su nombre Juan. ¹⁴ Y tendrás gozo y alegría, y muchos se regocijarán de su nacimiento; ¹⁵ porque será grande delante de Dios. No beberá vino ni sidra,ᵇ y

será lleno del Espíritu Santo, aun desde el vientre de su madre. ¹⁶ Y hará que muchos de los hijos de Israel se conviertan al Señor Dios de ellos. ¹⁷ E irá delante de él con el espíritu y el poder de Elías, para hacer volver los corazones de los padres a los hijos,ᶜ y de los rebeldes a la prudencia de los justos, para preparar al Señor un pueblo bien dispuesto. ¹⁸ Dijo Zacarías al ángel: ¿En qué conoceré esto? Porque yo soy viejo, y mi mujer es de edad avanzada. ¹⁹ Respondiendo el ángel, le dijo: Yo soy Gabriel,ᵈ que estoy delante de Dios; y he sido enviado a hablarte, y darte estas buenas nuevas. ²⁰ Y ahora quedarás mudo y no podrás hablar, hasta el día en que esto se haga, por cuanto no creíste mis palabras, las cuales se cumplirán a su tiempo. ²¹ Y el pueblo estaba esperando a Zacarías, y se extrañaba de que él se demorase en el santuario. ²² Pero cuando salió, no les podía hablar; y comprendieron que había visto visión en el santuario. Él les hablaba por señas, y permaneció mudo. ²³ Y cumplidos los días de su ministerio, se fue a su casa.

²⁴ Después de aquellos días concibió su mujer Elisabet, y se recluyó en casa por cinco meses, diciendo: ²⁵ Así ha hecho conmigo el Señor en los días en que se dignó quitar mi afrenta entre los hombres.

Anuncio del nacimiento de Jesús

²⁶ Al sexto mes el ángel Gabriel fue enviado por Dios a una ciudad de Galilea, llamada Nazaret, ²⁷ a una virgen desposada con un varón que se llamaba José, de la casa de David; y el nombre de la virgen era María.ᵉ ²⁸ Y entrando el ángel en donde ella estaba, dijo: ¡Salve, muy favorecida! El Señor es contigo; bendita tú entre las mujeres. ²⁹ Mas ella, cuando le vio, se turbó por sus

ᵃ 1.5: 1 Cr. 24.10.   ᵇ 1.15: Nm. 6.3.   ᶜ 1.17: Mal. 4.5-6.

palabras, y pensaba qué salutación sería esta. [30] Entonces el ángel le dijo: María, no temas, porque has hallado gracia delante de Dios. [31] Y ahora, concebirás en tu vientre, y darás a luz un hijo, y llamarás su nombre JESÚS.[f] [32] Este será grande, y será llamado Hijo del Altísimo; y el Señor Dios le dará el trono de David su padre; [33] y reinará sobre la casa de Jacob para siempre, y su reino no tendrá fin.[g] [34] Entonces María dijo al ángel: ¿Cómo será esto? pues no conozco varón. [35] Respondiendo el ángel, le dijo: El Espíritu Santo vendrá sobre ti, y el poder del Altísimo te cubrirá con su sombra; por lo cual también el Santo Ser que nacerá, será llamado Hijo de Dios. [36] He aquí tu parienta Elisabet, ella también ha concebido hijo en su vejez; y este es el sexto mes para ella, la que llamaban estéril; [37] porque nada hay imposible para Dios.[h] [38] Entonces María dijo: He aquí la sierva del Señor; hágase conmigo conforme a tu palabra. Y el ángel se fue de su presencia.

María visita a Elisabet

[39] En aquellos días, levantándose María, fue de prisa a la montaña, a una ciudad de Judá; [40] y entró en casa de Zacarías, y saludó a Elisabet. [41] Y aconteció que cuando oyó Elisabet la salutación de María, la criatura saltó en su vientre; y Elisabet fue llena del Espíritu Santo, [42] y exclamó a gran voz, y dijo: Bendita tú entre las mujeres, y bendito el fruto de tu vientre. [43] ¿Por qué se me concede esto a mí, que la madre de mi Señor venga a mí? [44] Porque tan pronto como llegó la voz de tu salutación a mis oídos, la criatura saltó de alegría en mi vientre. [45] Y bienaventurada la que creyó, porque se cumplirá lo que le fue dicho de parte del Señor.

[46] Entonces María dijo:[i]
Engrandece mi alma al Señor;
[47] Y mi espíritu se regocija en Dios mi
Salvador.
[48] Porque ha mirado la bajeza de su
sierva;
Pues he aquí, desde ahora me dirán
bienaventurada todas las
generaciones.
[49] Porque me ha hecho grandes cosas el
Poderoso;
Santo es su nombre.

[50] Y su misericordia es de generación en
generación
A los que le temen.
[51] Hizo proezas con su brazo;
Esparció a los soberbios en el
pensamiento de sus corazones.
[52] Quitó de los tronos a los poderosos,
Y exaltó a los humildes.
[53] A los hambrientos colmó de bienes,
Y a los ricos envió vacíos.
[54] Socorrió a Israel su siervo,
Acordándose de la misericordia
[55] De la cual habló a nuestros padres,
Para con Abraham [j] y su descendencia
para siempre.

[56] Y se quedó María con ella como tres meses; después se volvió a su casa.

Nacimiento de Juan el Bautista

[57] Cuando a Elisabet se le cumplió el tiempo de su alumbramiento, dio a luz un hijo. [58] Y cuando oyeron los vecinos y los parientes que Dios había engrandecido para con ella su misericordia, se regocijaron con ella. [59] Aconteció que al octavo día vinieron para circuncidar al niño;[k] y le llamaban con el nombre de su padre, Zacarías; [60] pero respondiendo su madre, dijo: No; se llamará Juan. [61] Le dijeron: ¿Por qué? No hay nadie en tu parentela que se llame con ese nombre. [62] Entonces preguntaron por señas a su padre, cómo le quería llamar. [63] Y pidiendo una tablilla, escribió, diciendo: Juan es su nombre. Y todos se maravillaron. [64] Al momento fue abierta su boca y suelta su lengua, y habló bendiciendo a Dios. [65] Y se llenaron de temor todos sus vecinos; y en todas las montañas de Judea se divulgaron todas estas cosas. [66] Y todos los que las oían las guardaban en su corazón, diciendo: ¿Quién, pues, será este niño? Y la mano del Señor estaba con él.

Profecía de Zacarías

[67] Y Zacarías su padre fue lleno del Espíritu Santo, y profetizó, diciendo:
[68] Bendito el Señor Dios de Israel,
Que ha visitado y redimido a su
pueblo,
[69] Y nos levantó un poderoso Salvador
En la casa de David su siervo,
[70] Como habló por boca de sus santos
profetas que fueron desde el
principio;

d 1.19: Dn. 8.16; 9.21.   e 1.27: Mt. 1.18.   f 1.31: Mt. 1.21.   g 1.32-33: Is. 9.7.   h 1.37: Gn. 18.14.   i 1.46-55: 1 S. 2.1-10.
j 1.55: Gn. 17.7.   k 1.59: Lv. 12.3.

¿Es la Biblia creíble? Lee Lucas 1:1-4

Al escribir este evangelio, Lucas hace esmerados esfuerzos para garantizar la legitimidad de su obra. Deja muy en claro que preparó este libro meticulosamente, yendo al extremo de «revisar desde el principio» las historias dichas por los discípulos. Aunque Lucas y otros escritores de la Biblia se tomaron el trabajo de comprobar la veracidad de todas las historias, algunas personas han tratado de señalar contradicciones e inconsecuencias en la Biblia. La misma gente dice que la Biblia no es creíble, basándose en lo que ellos creen son contradicciones. Pero hay tres razones por las cuales podemos confiar que la Biblia es creíble:

1. Dios es el autor. A pesar del hecho de que la Biblia fue escrita por más de cuarenta autores, debemos reconocer un hecho importante: Las personas que tomaron papel y tinta fueron instrumentos en las manos de Dios. El autor real de la Biblia es Dios. Como lo escribió el apóstol Pablo: «Toda la Escritura es inspirada por Dios, y útil para enseñar, para redargüir, para corregir, para instruir en justicia» (2 Timoteo 3:16). Dios eligió hablar a través de todas esas diferentes personas, tal como un pintor escoge diferentes pinceles para pintar un cuadro al óleo. Cada uno tiene su propio estilo particular, pero la verdad es la misma.

2. La principal historia de la Biblia es demasiado compleja para ser un engaño. El renombrado historiador Will Durant, que dedicó su vida al estudio de los registros de la antigüedad, hizo esta observación con respecto a la historia de Jesús y la iglesia primitiva tal como se hallan en la Escritura: «Que unos pocos hombres sencillos en una generación hayan inventado una personalidad tan poderosa y apelante; tan elevada ética, y tan inspiradora visión de la fraternidad humana, sería un milagro más increíble que cualquier milagro registrado en los evangelios. Después de dos siglos de severa crítica de la historia de la vida, carácter y enseñanzas de Jesús, estas permanecen razonablemente claras y constituyen el rasgo más fascinante en la historia del hombre occidental» [Caesar and Christ, en The Story of Civilization (César y Cristo, en La historia de la civilización), Vol. 3, Nueva York: Simon y Schuster, 1944, p.557].

3. La evidencia científica sostiene la veracidad de la Biblia. Los hallazgos arqueológicos han sostenido muchos de los pasajes complicados de la Biblia. Además, hay mucha más seguridad de la autenticidad de la Biblia que de todos los otros escritos de la antigüedad [ver Norman L. Geisler y William E. Nix, A General Introduction to the Bible (Una introducción a la Biblia), Chicago: Moody Press, Moody Bible Institute, 1986].

A pesar de su evidencia, la Palabra de Dios debe ser aceptada por fe. Tú, como individuo, debes llegar a reconocer que la Palabra de Dios es perfecta, confiable y correcta (lee Hebreos 11:7-12). Tu creencia y tu práctica de las verdades halladas en este libro –el mensaje de Dios para ti– harán el impacto más profundo en tu vida durante toda tu existencia, y hasta la eternidad.

---

71 Salvación de nuestros enemigos, y de la
  mano de todos los que nos
  aborrecieron;
72 Para hacer misericordia con nuestros
  padres,
  Y acordarse de su santo pacto;
73 Del juramento que hizo a Abraham
  nuestro padre,
  Que nos había de conceder
74 Que, librados de nuestros enemigos,
  Sin temor le serviríamos
75 En santidad y en justicia delante de él,
  todos nuestros días.

76 Y tú, niño, profeta del Altísimo serás
  llamado;
  Porque irás delante de la presencia del
  Señor, para preparar sus caminos;[l]
77 Para dar conocimiento de salvación a
  su pueblo,
  Para perdón de sus pecados,
78 Por la entrañable misericordia de
  nuestro Dios,
  Con que nos visitó desde lo alto la
  aurora,
79 Para dar luz a los que habitan en
  tinieblas [m] y en sombra de muerte;

l 1.76: Mal. 3.1.   m 1.79: Is. 9.2.

Para encaminar nuestros pies por
camino de paz.
[80] Y el niño crecía, y se fortalecía en espíritu;
y estuvo en lugares desiertos hasta el día de
su manifestación a Israel.

CAPÍTULO 2

Nacimiento de Jesús

Aconteció en aquellos días, que se promul-
gó un edicto de parte de Augusto César, que
todo el mundo fuese empadronado. [2] Este
primer censo se hizo siendo Cirenio gobernador de Siria. [3] E iban todos para ser em-
padronados, cada uno a su ciudad. [4] Y José
subió de Galilea, de la ciudad de Nazaret, a
Judea, a la ciudad de David, que se llama
Belén, por cuanto era de la casa y familia de
David; [5] para ser empadronado con María
su mujer, desposada con él, la cual estaba
encinta. [6] Y aconteció que estando ellos
allí, se cumplieron los días de su alumbramiento. [7] Y dio a luz a su hijo primogénito,
y lo envolvió en pañales, y lo acostó en un
pesebre, porque no había lugar para ellos
en el mesón.

Los ángeles y los pastores

[8] Había pastores en la misma región, que
velaban y guardaban las vigilias de la noche
sobre su rebaño. [9] Y he aquí, se les presentó
un ángel del Señor, y la gloria del Señor los
rodeó de resplandor, y tuvieron gran temor. [10] Pero el ángel les dijo: No temáis;
porque he aquí os doy nuevas de gran gozo,
que será para todo el pueblo: [11] que os ha
nacido hoy, en la ciudad de David, un Salvador, que es CRISTO el Señor. [12] Esto os
servirá de señal: Hallaréis al niño envuelto
en pañales, acostado en un pesebre. [13] Y repentinamente apareció con el ángel una
multitud de las huestes celestiales, que ala-
baban a Dios, y decían:

[14] ¡Gloria a Dios en las alturas,
Y en la tierra paz, buena voluntad para
con los hombres!

[15] Sucedió que cuando los ángeles se fueron
de ellos al cielo, los pastores se dijeron
unos a otros: Pasemos, pues, hasta Belén, y
veamos esto que ha sucedido, y que el Señor nos ha manifestado. [16] Vinieron, pues,
apresuradamente, y hallaron a María y a
José, y al niño acostado en el pesebre. [17] Y al
verlo, dieron a conocer lo que se les había
dicho acerca del niño. [18] Y todos los que
oyeron, se maravillaron de lo que los pastores les decían. [19] Pero María guardaba todas
estas cosas, meditándolas en su corazón.
[20] Y volvieron los pastores glorificando y
alabando a Dios por todas las cosas que habían oído y visto, como se les había dicho.

Presentación de Jesús en el templo

[21] Cumplidos los ocho días para circuncidar al niño,[a] le pusieron por nombre
JESÚS, el cual le había sido puesto por el
ángel [b] antes que fuese concebido.

[22] Y cuando se cumplieron los días de la
purificación de ellos, conforme a la ley de
Moisés, le trajeron a Jerusalén para presentarle al Señor [23] (como está escrito en la ley
del Señor: Todo varón que abriere la matriz
será llamado santo al Señor [c]), [24] y para
ofrecer conforme a lo que se dice en la ley
del Señor: Un par de tórtolas, o dos palomi-
nos.[d] [25] Y he aquí había en Jerusalén un
hombre llamado Simeón, y este hombre,
justo y piadoso, esperaba la consolación de
Israel; y el Espíritu Santo estaba sobre él.
[26] Y le había sido revelado por el Espíritu
Santo, que no vería la muerte antes que viese al Ungido del Señor. [27] Y movido por el
Espíritu, vino al templo. Y cuando los padres del niño Jesús lo trajeron al templo,
para hacer por él conforme al rito de la ley,
[28] él le tomó en sus brazos, y bendijo a
Dios, diciendo:

[29] Ahora, Señor, despides a tu siervo en
paz,
Conforme a tu palabra;
[30] Porque han visto mis ojos tu salvación,
[31] La cual has preparado en presencia de
todos los pueblos;
[32] Luz para revelación a los gentiles,[e]
Y gloria de tu pueblo Israel.

[33] Y José y su madre estaban maravillados
de todo lo que se decía de él. [34] Y los bendijo Simeón, y dijo a su madre María: He
aquí, éste está puesto para caída y para le-
vantamiento de muchos en Israel, y para señal que será contradicha [35] (y una espada
traspasará tu misma alma), para que sean
revelados los pensamientos de muchos corazones.

[36] Estaba también allí Ana, profetisa, hija
de Fanuel, de la tribu de Aser, de edad muy
avanzada, pues había vivido con su marido

a 2.21: Lv. 12.3. b 2.21: Lc. 1.31. c 2.23: Ex. 13.2, 12. d 2.22-24: Lv. 12.6-8. e 2.32: Is. 42.6; 49.6.

siete años desde su virginidad, [37] y era viuda hacía ochenta y cuatro años; y no se apartaba del templo, sirviendo de noche y de día con ayunos y oraciones. [38] Esta, presentándose en la misma hora, daba gracias a Dios, y hablaba del niño a todos los que esperaban la redención en Jerusalén.

El regreso a Nazaret

[39] Después de haber cumplido con todo lo prescrito en la ley del Señor, volvieron a Galilea, a su ciudad de Nazaret.[f] [40] Y el niño crecía y se fortalecía, y se llenaba de sabiduría; y la gracia de Dios era sobre él.

El niño Jesús en el templo

[41] Iban sus padres todos los años a Jerusalén en la fiesta de la pascua;[g] [42] y cuando tuvo doce años, subieron a Jerusalén conforme a la costumbre de la fiesta. [43] Al regresar ellos, acabada la fiesta, se quedó el niño Jesús en Jerusalén, sin que lo supiesen José y su madre. [44] Y pensando que estaba entre la compañía, anduvieron camino de un día; y le buscaban entre los parientes y los conocidos; [45] pero como no le hallaron, volvieron a Jerusalén buscándole. [46] Y aconteció que tres días después le hallaron en el templo, sentado en medio de los doctores de la ley, oyéndoles y preguntándoles. [47] Y todos los que le oían, se maravillaban de su inteligencia y de sus respuestas. [48] Cuando le vieron, se sorprendieron; y le dijo su madre: Hijo, ¿por qué nos has hecho así? He aquí, tu padre y yo te hemos buscado con angustia. [49] Entonces él les dijo: ¿Por qué me buscabais? ¿No sabíais que en los negocios de mi Padre me es necesario estar? [50] Mas ellos no entendieron las palabras que les habló. [51] Y descendió con ellos, y volvió a Nazaret, y estaba sujeto a ellos. Y su madre guardaba todas estas cosas en su corazón.

[52] Y Jesús crecía en sabiduría y en estatura, y en gracia para con Dios y los hombres.[h]

CAPÍTULO 3

Predicación de Juan el Bautista

En el año decimoquinto del imperio de Tiberio César, siendo gobernador de Judea Poncio Pilato, y Herodes tetrarca de Galilea, y su hermano Felipe tetrarca de Iturea y de la provincia de Traconite, y Lisanias tetrarca de Abilinia, [2] y siendo sumos sacerdotes Anás y Caifás, vino palabra de Dios a Juan, hijo de Zacarías, en el desierto. [3] Y él fue por toda la región contigua al Jordán, predicando el bautismo del arrepentimiento para perdón de pecados, [4] como está escrito en el libro de las palabras del profeta Isaías, que dice:

Voz del que clama en el desierto:
Preparad el camino del Señor;
Enderezad sus sendas.
[5] Todo valle se rellenará,
Y se bajará todo monte y collado;
Los caminos torcidos serán
enderezados,
Y los caminos ásperos allanados;
[6] Y verá toda carne la salvación de Dios.[a]

[7] Y decía a las multitudes que salían para ser bautizadas por él: ¡Oh generación de víboras! [b] ¿Quién os enseñó a huir de la ira venidera? [8] Haced, pues, frutos dignos de arrepentimiento, y no comencéis a decir dentro de vosotros mismos: Tenemos a Abraham por padre;[c] porque os digo que Dios puede levantar hijos a Abraham aun de estas piedras. [9] Y ya también el hacha está puesta a la raíz de los árboles; por tanto, todo árbol que no da buen fruto se corta y se echa en el fuego.[d]

[10] Y la gente le preguntaba, diciendo: Entonces, ¿qué haremos? [11] Y respondiendo, les dijo: El que tiene dos túnicas, dé al que no tiene; y el que tiene qué comer, haga lo mismo. [12] Vinieron también unos publicanos para ser bautizados,[e] y le dijeron: Maestro, ¿qué haremos? [13] Él les dijo: No exijáis más de lo que os está ordenado. [14] También le preguntaron unos soldados, diciendo: Y nosotros, ¿qué haremos? Y les dijo: No hagáis extorsión a nadie, ni calumniéis; y contentaos con vuestro salario.

[15] Como el pueblo estaba en expectativa, preguntándose todos en sus corazones si acaso Juan sería el Cristo, [16] respondió Juan, diciendo a todos: Yo a la verdad os bautizo en agua; pero viene uno más poderoso que yo, de quien no soy digno de desatar la correa de su calzado; él os bautizará en Espíritu Santo y fuego. [17] Su aventador está en su mano, y limpiará su era, y recogerá el trigo en su granero, y quemará la paja en fuego que nunca se apagará.

[18] Con estas y otras muchas exhortaciones anunciaba las buenas nuevas al pueblo.

---

f 2.39: Mt. 2.23.   g 2.41: Ex. 12.1-27; Dt. 16.1-8.   h 2.52: 1 S. 2.26; Pr. 3.4.   a 3.4-6: Is. 40.3-5.
b 3.7: Mt. 12.34; 23.33.   c 3.8: Jn. 8. 33.   d 3.9: Mt. 7.19.   e 3.12: Lc. 7.29.

Jesús tenía una misión específica que cumplir

Lee Lucas 4:16-21

Jesús citó a Isaías 61:1-2 para describir el propósito de su ministerio. Esta porción de las Escrituras describe cinco objetivos que tenía Jesús en su ministerio terrenal.

1. Predicar buenas nuevas a los pobres. Jesús ministró a hombres de todas las clases sociales, desde los ricos recaudadores de impuestos, los sencillos pescadores y hasta los mendigos de las calles. A él no le importaba la categoría social de la gente. Jesús miraba más las necesidades internas de la gente que su posición externa. Él veía la pobreza de todas sus almas. Y a todos aquellos dispuestos a oírle, Jesús les ofrece las buenas nuevas del evangelio.

2. Sanar a los quebrantados de corazón. Cuando tienes el corazón quebrantado te parece que nadie te entiende ni se preocupa por ti. Mas Jesús te comprende. Él sabe lo que es ser abandonado por los amigos. Él ha experimentado lo que es ser rechazado. Conoce el aguijón de la muerte. Por estas razones, él desea sanar tu quebrantado corazón.

3. Traer liberación a los cautivos. La Biblia enseña que antes que demos nuestro corazón a Dios, vivimos cautivos del pecado. Si te das cuenta de que estás viviendo cautivo de algún vicio o pecado que no puedes vencer, Jesús desea librarte de esa esclavitud espiritual. Sólo admite esta condición pecaminosa, sal de ella, y pídele a Dios que te dé un nuevo corazón. Luego entrégate a la ayuda y el poder del Espíritu Santo, y conocerás la verdadera libertad.

4. Dar vista a los ciegos. La Biblia también enseña que antes que entreguemos nuestra vida a Jesús estamos espiritualmente ciegos. «En los cuales el dios de este siglo cegó el entendimiento de los incrédulos, para que no les resplandezca la luz del evangelio de la gloria de Cristo, el cual es la imagen de Dios» (2 Corintios 4:4). Jesús desea abrir nuestros ojos para que podamos comprender y responder al mensaje del evangelio.

5. Dar libertad a los oprimidos. La palabra oprimidos puede ser también traducida «aquellos que han sido aplastados por la vida». Jesús comprende tus penas y angustias, y desea quitar esas cargas de tus hombros.

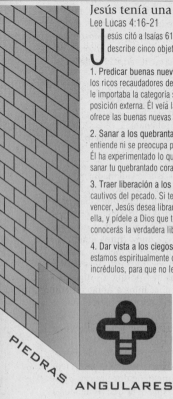

PIEDRAS ANGULARES

---

¹⁹ Entonces Herodes el tetrarca, siendo reprendido por Juan a causa de Herodías, mujer de Felipe su hermano, y de todas las maldades que Herodes había hecho, ²⁰ sobre todas ellas, añadió además esta: encerró a Juan en la cárcel.ᶠ

El bautismo de Jesús

²¹ Aconteció que cuando todo el pueblo se bautizaba, también Jesús fue bautizado; y orando, el cielo se abrió, ²² y descendió el Espíritu Santo sobre él en forma corporal, como paloma, y vino una voz del cielo que decía: Tú eres mi Hijo amado; en ti tengo complacencia.ᵍ

Genealogía de Jesús

²³ Jesús mismo al comenzar su ministerio era como de treinta años, hijo, según se creía, de José, hijo de Elí, ²⁴ hijo de Matat, hijo de Leví, hijo de Melqui, hijo de Jana, hijo de José, ²⁵ hijo de Matatías, hijo de Amós, hijo de Nahum, hijo de Esli, hijo de Nagai, ²⁶ hijo de Maat, hijo de Matatías, hijo de Semei, hijo de José, hijo de Judá, ²⁷ hijo de Joana, hijo de Resa, hijo de Zorobabel, hijo de Salatiel, hijo de Neri, ²⁸ hijo de Melqui, hijo de Adi, hijo de Cosam, hijo de Elmodam, hijo de Er, ²⁹ hijo de Josué, hijo de Eliezer, hijo de Jorim, hijo de Matat, ³⁰ hijo de Leví, hijo de Simeón, hijo de Judá, hijo de José, hijo de Jonán, hijo de Eliaquim, ³¹ hijo de Melea, hijo de Mainán, hijo de Matata, hijo de Natán, ³² hijo de David, hijo de Isaí, hijo de Obed, hijo de Booz, hijo de Salmón, hijo de Naasón, ³³ hijo de Aminadab, hijo de Aram, hijo de Esrom, hijo de Fares, hijo de Judá, ³⁴ hijo

ᶠ 3.19-20: Mt. 14.3-4; Mr. 6.17-18.　ᵍ 3.22: Is. 42.1; Mt. 12.18; 17.5; Mr. 9.7; Lc. 9.35.

de Jacob, hijo de Isaac, hijo de Abraham, hijo de Taré, hijo de Nacor, ³⁵ hijo de Serug, hijo de Ragau, hijo de Peleg, hijo de Heber, hijo de Sala, ³⁶ hijo de Cainán, hijo de Arfaxad, hijo de Sem, hijo de Noé, hijo de Lamec, ³⁷ hijo de Matusalén, hijo de Enoc, hijo de Jared, hijo de Mahalaleel, hijo de Cainán, ³⁸ hijo de Enós, hijo de Set, hijo de Adán, hijo de Dios.

CAPÍTULO **4**

Tentación de Jesús

Jesús, lleno del Espíritu Santo, volvió del Jordán, y fue llevado por el Espíritu al desierto ² por cuarenta días, y era tentado por el diablo. Y no comió nada en aquellos días, pasados los cuales, tuvo hambre. ³ Entonces el diablo le dijo: Si eres Hijo de Dios, di a esta piedra que se convierta en pan. ⁴ Jesús, respondiéndole, dijo: Escrito está: No sólo de pan vivirá el hombre,ᵃ sino de toda palabra de Dios. ⁵ Y le llevó el diablo a un alto monte, y le mostró en un momento todos los reinos de la tierra. ⁶ Y le dijo el diablo: A ti te daré toda esta potestad, y la gloria de ellos; porque a mí me ha sido entregada, y a quien quiero la doy. ⁷ Si tú postrado me adorares, todos serán tuyos. ⁸ Respondiendo Jesús, le dijo: Vete de mí, Satanás, porque escrito está: Al Señor tu Dios adorarás, y a él solo servirás.ᵇ ⁹ Y le llevó a Jerusalén, y le puso sobre el pináculo del templo, y le dijo: Si eres Hijo de Dios, échate de aquí abajo; ¹⁰ porque escrito está:

A sus ángeles mandará acerca de ti, que
    te guarden;ᶜ

¹¹ y,

En las manos te sostendrán,
Para que no tropieces con tu pie en
    piedra.ᵈ

¹² Respondiendo Jesús, le dijo: Dicho está: No tentarás al Señor tu Dios.ᵉ ¹³ Y cuando el diablo hubo acabado toda tentación, se apartó de él por un tiempo.

Jesús principia su ministerio

¹⁴ Y Jesús volvió en el poder del Espíritu a Galilea, y se difundió su fama por toda la tierra de alrededor. ¹⁵ Y enseñaba en las sinagogas de ellos, y era glorificado por todos.

Jesús en Nazaret

¹⁶ Vino a Nazaret, donde se había criado; y en el día de reposo* entró en la sinagoga, conforme a su costumbre, y se levantó a leer. ¹⁷ Y se le dio el libro del profeta Isaías; y habiendo abierto el libro, halló el lugar donde estaba escrito:

¹⁸ El Espíritu del Señor está sobre mí,
Por cuanto me ha ungido para dar
    buenas nuevas a los pobres;
Me ha enviado a sanar a los
    quebrantados de corazón;
A pregonar libertad a los cautivos,
Y vista a los ciegos;
A poner en libertad a los oprimidos;

¹⁹ A predicar el año agradable del Señor.ᶠ

²⁰ Y enrollando el libro, lo dio al ministro, y se sentó; y los ojos de todos en la sinagoga estaban fijos en él. ²¹ Y comenzó a decirles: Hoy se ha cumplido esta Escritura delante de vosotros. ²² Y todos daban buen testimonio de él, y estaban maravillados de las palabras de gracia que salían de su boca, y decían: ¿No es éste el hijo de José? ²³ Él les dijo: Sin duda me diréis este refrán: Médico, cúrate a ti mismo; de tantas cosas que hemos oído que se han hecho en Capernaum, haz también aquí en tu tierra. ²⁴ Y añadió: De cierto os digo, que ningún profeta es acepto en su propia tierra.ᵍ ²⁵ Y en verdad os digo que muchas viudas había en Israel en los días de Elías, cuando el cielo fue cerrado por tres años y seis meses, y hubo una gran hambre en toda la tierra;ʰ ²⁶ pero a ninguna de ellas fue enviado Elías, sino a una mujer viuda en Sarepta de Sidón.ᶦ ²⁷ Y muchos leprosos había en Israel en tiempo del profeta Eliseo; pero ninguno de ellos fue limpiado, sino Naamán el sirio.ʲ ²⁸ Al oír estas cosas, todos en la sinagoga se llenaron de ira; ²⁹ y levantándose, le echaron fuera de la ciudad, y le llevaron hasta la cumbre del monte sobre el cual estaba edificada la ciudad de ellos, para despeñarle. ³⁰ Mas él pasó por en medio de ellos, y se fue.

Un hombre que tenía un espíritu inmundo

³¹ Descendió Jesús a Capernaum, ciudad de Galilea; y les enseñaba en los días de reposo.* ³² Y se admiraban de su doctrina, porque su palabra era con autoridad.ᵏ ³³ Estaba

---

ᵃ 4.4: Dt. 8.3. ᵇ 4.8: Dt. 6.13. ᶜ 4.10: Sal. 91.11. ᵈ 4.11: Sal. 91.12. ᵉ 4.12: Dt. 6.16.
ᶠ 4.18-19: Is. 61.1-2. ᵍ 4.24: Jn. 4.44. ʰ 4.25: 1 R. 17.1. ᶦ 4.26: 1 R. 17.8-16.
ʲ 4.27: 2 R. 5.1-14. ᵏ 4.32: Mt. 7.28-29.

en la sinagoga un hombre que tenía un espíritu de demonio inmundo, el cual exclamó a gran voz, [34] diciendo: Déjanos; ¿qué tienes con nosotros, Jesús nazareno? ¿Has venido para destruirnos? Yo te conozco quién eres, el Santo de Dios. [35] Y Jesús le reprendió, diciendo: Cállate, y sal de él. Entonces el demonio, derribándole en medio de ellos, salió de él, y no le hizo daño alguno. [36] Y estaban todos maravillados, y hablaban unos a otros, diciendo: ¿Qué palabra es esta, que con autoridad y poder manda a los espíritus inmundos, y salen? [37] Y su fama se difundía por todos los lugares de los contornos.

Jesús sana a la suegra de Pedro

[38] Entonces Jesús se levantó y salió de la sinagoga, y entró en casa de Simón. La suegra de Simón tenía una gran fiebre; y le rogaron por ella. [39] E inclinándose hacia ella, reprendió a la fiebre; y la fiebre la dejó, y levantándose ella al instante, les servía.

Muchos sanados al ponerse el sol

[40] Al ponerse el sol, todos los que tenían enfermos de diversas enfermedades los traían a él; y él, poniendo las manos sobre cada uno de ellos, los sanaba. [41] También salían demonios de muchos, dando voces y diciendo: Tú eres el Hijo de Dios. Pero él los reprendía y no les dejaba hablar, porque sabían que él era el Cristo.

Jesús recorre Galilea predicando

[42] Cuando ya era de día, salió y se fue a un lugar desierto; y la gente le buscaba, y llegando a donde estaba, le detenían para que no se fuera de ellos. [43] Pero él les dijo: Es necesario que también a otras ciudades anuncie el evangelio del reino de Dios; porque para esto he sido enviado. [44] Y predicaba en las sinagogas de Galilea.

CAPÍTULO 5

La pesca milagrosa

Aconteció que estando Jesús junto al lago de Genesaret, el gentío se agolpaba sobre él para oír la palabra de Dios. [2] Y vio dos barcas que estaban cerca de la orilla del lago; y los pescadores, habiendo descendido de ellas, lavaban sus redes. [3] Y entrando en una de aquellas barcas, la cual era de Simón, le rogó que la apartase de tierra un poco; y sentándose, enseñaba desde la barca a la multitud.[a] [4] Cuando terminó de hablar, dijo a Simón: Boga mar adentro, y echad vuestras redes para pescar. [5] Respondiendo Simón, le dijo: Maestro, toda la noche hemos estado trabajando, y nada hemos pescado;[b] mas en tu palabra echaré la red. [6] Y habiéndolo hecho, encerraron gran cantidad de peces,[c] y su red se rompía. [7] Entonces hicieron señas a los compañeros que estaban en la otra barca, para que viniesen a ayudarles; y vinieron, y llenaron ambas barcas, de tal manera que se hundían. [8] Viendo esto Simón Pedro, cayó de rodillas ante Jesús, diciendo: Apártate de mí, Señor, porque soy hombre pecador. [9] Porque por la pesca que habían hecho, el temor se había apoderado de él, y de todos los que estaban con él, [10] y asimismo de Jacobo y Juan, hijos de Zebedeo, que eran compañeros de Simón. Pero Jesús dijo a Simón: No temas; desde ahora serás pescador de hombres. [11] Y cuando trajeron a tierra las barcas, dejándolo todo, le siguieron.

Jesús sana a un leproso

[12] Sucedió que estando él en una de las ciudades, se presentó un hombre lleno de lepra, el cual, viendo a Jesús, se postró con el rostro en tierra y le rogó, diciendo: Señor, si quieres, puedes limpiarme. [13] Entonces, extendiendo él la mano, le tocó, diciendo: Quiero; sé limpio. Y al instante la lepra se fue de él. [14] Y él le mandó que no lo dijese a nadie; sino ve, le dijo, muéstrate al sacerdote, y ofrece por tu purificación, según mandó Moisés,[d] para testimonio a ellos. [15] Pero su fama se extendía más y más; y se reunía mucha gente para oírle, y para que les sanase de sus enfermedades. [16] Mas él se apartaba a lugares desiertos, y oraba.

Jesús sana a un paralítico

[17] Aconteció un día, que él estaba enseñando, y estaban sentados los fariseos y doctores de la ley, los cuales habían venido de todas las aldeas de Galilea, y de Judea y Jerusalén; y el poder del Señor estaba con él para sanar. [18] Y sucedió que unos hombres que traían en un lecho a un hombre que estaba paralítico, procuraban llevarle adentro y ponerle delante de él. [19] Pero no hallando cómo hacerlo a causa de la multitud, subieron encima de la casa, y por

a 5.1-3: Mt. 13.1-2; Mr. 3.9-10; 4.1.   b 5.5: Jn. 21.3.   c 5.6: Jn. 21.6.   d 5.14: Lv. 14.1-32.

el tejado le bajaron con el lecho, poniéndole en medio, delante de Jesús. ²⁰ Al ver él la fe de ellos, le dijo: Hombre, tus pecados te son perdonados. ²¹ Entonces los escribas y los fariseos comenzaron a cavilar, diciendo: ¿Quién es éste que habla blasfemias? ¿Quién puede perdonar pecados sino sólo Dios? ²² Jesús entonces, conociendo los pensamientos de ellos, respondiendo les dijo: ¿Qué caviláis en vuestros corazones? ²³ ¿Qué es más fácil, decir: Tus pecados te son perdonados, o decir: Levántate y anda? ²⁴ Pues para que sepáis que el Hijo del Hombre tiene potestad en la tierra para perdonar pecados (dijo al paralítico): A ti te digo: Levántate, toma tu lecho, y vete a tu casa. ²⁵ Al instante, levantándose en presencia de ellos, y tomando el lecho en que estaba acostado, se fue a su casa, glorificando a Dios. ²⁶ Y todos, sobrecogidos de asombro, glorificaban a Dios; y llenos de temor, decían: Hoy hemos visto maravillas.

Llamamiento de Leví

²⁷ Después de estas cosas salió, y vio a un publicano llamado Leví, sentado al banco de los tributos públicos, y le dijo: Sígueme. ²⁸ Y dejándolo todo, se levantó y le siguió.

²⁹ Y Leví le hizo gran banquete en su casa; y había mucha compañía de publicanos y de otros que estaban a la mesa con ellos. ³⁰ Y los escribas y los fariseos murmuraban contra los discípulos, diciendo: ¿Por qué coméis y bebéis con publicanos y pecadores? *e* ³¹ Respondiendo Jesús, les dijo: Los que están sanos no tienen necesidad de médico, sino los enfermos. ³² No he venido a llamar a justos, sino a pecadores al arrepentimiento.

La pregunta sobre el ayuno

³³ Entonces ellos le dijeron: ¿Por qué los discípulos de Juan ayunan muchas veces y hacen oraciones, y asimismo los de los fariseos, pero los tuyos comen y beben? ³⁴ Él les dijo: ¿Podéis acaso hacer que los que están de bodas ayunen, entre tanto que el esposo está con ellos? ³⁵ Mas vendrán días cuando el esposo les será quitado; entonces, en aquellos días ayunarán. ³⁶ Les dijo también una parábola: Nadie corta un pedazo de un vestido nuevo y lo pone en un vestido viejo; pues si lo hace, no solamente rompe el nuevo, sino que el remiendo sacado de él no armoniza con el viejo. ³⁷ Y nadie echa vino nuevo en odres viejos; de otra manera, el vino nuevo romperá los odres y se derramará, y los odres se perderán. ³⁸ Mas el vino nuevo en odres nuevos se ha de echar; y lo uno y lo otro se conservan. ³⁹ Y ninguno que beba del añejo, quiere luego el nuevo; porque dice: El añejo es mejor.

CAPÍTULO **6**

Los discípulos recogen espigas en el día de reposo

Aconteció en un día de reposo,* que pasando Jesús por los sembrados, sus discípulos arrancaban espigas y comían,*a* restregándolas con las manos. ² Y algunos de los fariseos les dijeron: ¿Por qué hacéis lo que no es lícito hacer en los días de reposo?* ³ Respondiendo Jesús, les dijo: ¿Ni aun esto habéis leído, lo que hizo David cuando tuvo hambre él, y los que con él estaban; ⁴ cómo entró en la casa de Dios, y tomó los panes de la proposición, de los cuales no es lícito comer sino sólo a los sacerdotes,*b* y comió, y dio también a los que estaban con él? *c* ⁵ Y les decía: El Hijo del Hombre es Señor aun del día de reposo.*

El hombre de la mano seca

⁶ Aconteció también en otro día de reposo,* que él entró en la sinagoga y enseñaba; y estaba allí un hombre que tenía seca la mano derecha. ⁷ Y le acechaban los escribas y los fariseos, para ver si en el día de reposo* lo sanaría, a fin de hallar de qué acusarle. ⁸ Mas él conocía los pensamientos de ellos; y dijo al hombre que tenía la mano seca: Levántate, y ponte en medio. Y él, levantándose, se puso en pie. ⁹ Entonces Jesús les dijo: Os preguntaré una cosa: ¿Es lícito en día de reposo* hacer bien, o hacer mal? ¿salvar la vida, o quitarla? ¹⁰ Y mirándolos a todos alrededor, dijo al hombre: Extiende tu mano. Y él lo hizo así, y su mano fue restaurada. ¹¹ Y ellos se llenaron de furor, y hablaban entre sí qué podrían hacer contra Jesús.

Elección de los doce apóstoles

¹² En aquellos días él fue al monte a orar, y pasó la noche orando a Dios. ¹³ Y cuando

e 5.30: Lc. 15.1-2. a 6.1: Dt. 23.25. b 6.4: Lv. 24.9. c 6.3-4: 1 S. 21.1-6.

era de día, llamó a sus discípulos, y escogió a doce de ellos, a los cuales también llamó apóstoles: 14 a Simón, a quien también llamó Pedro, a Andrés su hermano, Jacobo y Juan, Felipe y Bartolomé, 15 Mateo, Tomás, Jacobo hijo de Alfeo, Simón llamado Zelote, 16 Judas hermano de Jacobo, y Judas Iscariote, que llegó a ser el traidor.

Jesús atiende a una multitud

17 Y descendió con ellos, y se detuvo en un lugar llano, en compañía de sus discípulos y de una gran multitud de gente de toda Judea, de Jerusalén y de la costa de Tiro y de Sidón, que había venido para oírle, y para ser sanados de sus enfermedades; 18 y los que habían sido atormentados de espíritus inmundos eran sanados. 19 Y toda la gente procuraba tocarle, porque poder salía de él y sanaba a todos.

Bienaventuranzas y ayes

20 Y alzando los ojos hacia sus discípulos, decía: Bienaventurados vosotros los pobres, porque vuestro es el reino de Dios.

21 Bienaventurados los que ahora tenéis hambre, porque seréis saciados. Bienaventurados los que ahora lloráis, porque reiréis.

22 Bienaventurados seréis cuando los hombres os aborrezcan, y cuando os aparten de sí, y os vituperen, y desechen vuestro nombre como malo, por causa del Hijo del Hombre.*d* 23 Gozaos en aquel día, y alegraos, porque he aquí vuestro galardón es grande en los cielos; porque así hacían sus padres con los profetas.*e*

24 Mas ¡ay de vosotros, ricos! porque ya tenéis vuestro consuelo.

25 ¡Ay de vosotros, los que ahora estáis saciados! porque tendréis hambre. ¡Ay de vosotros, los que ahora reís! porque lamentaréis y lloraréis.

26 ¡Ay de vosotros, cuando todos los hombres hablen bien de vosotros! porque así hacían sus padres con los falsos profetas.

El amor hacia los enemigos, y la regla de oro

27 Pero a vosotros los que oís, os digo: Amad a vuestros enemigos, haced bien a los que os aborrecen; 28 bendecid a los que os maldicen, y orad por los que os calumnian. 29 Al que te hiera en una mejilla, preséntale también la otra; y al que te quite la capa, ni aun la túnica le niegues. 30 A cualquiera que te pida, dale; y al que tome lo que es tuyo, no pidas que te lo devuelva. 31 Y como queréis que hagan los hombres con vosotros, así también haced vosotros con ellos.

32 Porque si amáis a los que os aman, ¿qué mérito tenéis? Porque también los pecadores aman a los que los aman. 33 Y si hacéis bien a los que os hacen bien, ¿qué mérito tenéis? Porque también los pecadores hacen lo mismo. 34 Y si prestáis a aquellos de quienes esperáis recibir, ¿qué mérito tenéis? Porque también los pecadores prestan a los pecadores, para recibir otro tanto. 35 Amad, pues, a vuestros enemigos, y haced bien, y prestad, no esperando de ello nada; y será vuestro galardón grande, y seréis hijos del Altísimo; porque él es benigno para con los ingratos y malos. 36 Sed, pues, misericordiosos, como también vuestro Padre es misericordioso.

El juzgar a los demás

37 No juzguéis, y no seréis juzgados; no condenéis, y no seréis condenados; perdonad, y seréis perdonados. 38 Dad, y se os dará; medida buena, apretada, remecida y rebosando darán en vuestro regazo; porque con la misma medida con que medís, os volverán a medir.

39 Y les decía una parábola: ¿Acaso puede un ciego guiar a otro ciego? ¿No caerán ambos en el hoyo? *f* 40 El discípulo no es superior a su maestro;*g* mas todo el que fuere perfeccionado, será como su maestro. 41 ¿Por qué miras la paja que está en el ojo de tu hermano, y no echas de ver la viga que está en tu propio ojo? 42 ¿O cómo puedes decir a tu hermano: Hermano, déjame sacar la paja que está en tu ojo, no mirando tú la viga que está en el ojo tuyo? Hipócrita, saca primero la viga de tu propio ojo, y entonces verás bien para sacar la paja que está en el ojo de tu hermano.

Por sus frutos los conoceréis

43 No es buen árbol el que da malos frutos, ni árbol malo el que da buen fruto. 44 Porque cada árbol se conoce por su fruto;*h* pues no se cosechan higos de los espinos, ni de las zarzas se vendimian uvas. 45 El hombre

d 6.22: 1 P. 4.14.   *e* 6.23: 2 Cr. 36.16; Hch. 7.52.   *f* 6.39: Mt. 15.14.   *g* 6.40: Mt. 10.24-25; Jn. 13.16; 15.20.   *h* 6.44: Mt. 12.33.

bueno, del buen tesoro de su corazón saca lo bueno; y el hombre malo, del mal tesoro de su corazón saca lo malo; porque de la abundancia del corazón habla la boca.[i]

Los dos cimientos

46 ¿Por qué me llamáis, Señor, Señor, y no hacéis lo que yo digo? 47 Todo aquel que viene a mí, y oye mis palabras y las hace, os indicaré a quién es semejante. 48 Semejante es al hombre que al edificar una casa, cavó y ahondó y puso el fundamento sobre la roca; y cuando vino una inundación, el río dio con ímpetu contra aquella casa, pero no la pudo mover, porque estaba fundada sobre la roca. 49 Mas el que oyó y no hizo, semejante es al hombre que edificó su casa sobre tierra, sin fundamento; contra la cual el río dio con ímpetu, y luego cayó, y fue grande la ruina de aquella casa.

CAPÍTULO 7

Jesús sana al siervo de un centurión

Después que hubo terminado todas sus palabras al pueblo que le oía, entró en Capernaum. 2 Y el siervo de un centurión, a quien éste quería mucho, estaba enfermo y a punto de morir. 3 Cuando el centurión oyó hablar de Jesús, le envió unos ancianos de los judíos, rogándole que viniese y sanase a su siervo. 4 Y ellos vinieron a Jesús y le rogaron con solicitud, diciéndole: Es digno de que le concedas esto; 5 porque ama a nuestra nación, y nos edificó una sinagoga. 6 Y Jesús fue con ellos. Pero cuando ya no estaban lejos de la casa, el centurión envió a él unos amigos, diciéndole: Señor, no te molestes, pues no soy digno de que entres bajo mi techo; 7 por lo que ni aun me tuve por digno de venir a ti; pero dí la palabra, y mi siervo será sano. 8 Porque también yo soy hombre puesto bajo autoridad, y tengo soldados bajo mis órdenes; y digo a éste: Vé, y va; y al otro: Ven, y viene; y a mi siervo: Haz esto, y lo hace. 9 Al oír esto, Jesús se maravilló de él, y volviéndose, dijo a la gente que le seguía: Os digo que ni aun en Israel he hallado tanta fe. 10 Y al regresar a casa los que habían sido enviados, hallaron sano al siervo que había estado enfermo.

Jesús resucita al hijo de la viuda de Naín

11 Aconteció después, que él iba a la ciudad que se llama Naín, e iban con él muchos de sus discípulos, y una gran multitud. 12 Cuando llegó cerca de la puerta de la ciudad, he aquí que llevaban a enterrar a un difunto, hijo único de su madre, la cual era viuda; y había con ella mucha gente de la ciudad. 13 Y cuando el Señor la vio, se compadeció de ella, y le dijo: No llores. 14 Y acercándose, tocó el féretro; y los que lo llevaban se detuvieron. Y dijo: Joven, a ti te digo, levántate. 15 Entonces se incorporó el que había muerto, y comenzó a hablar. Y lo dio a su madre. 16 Y todos tuvieron miedo, y glorificaban a Dios, diciendo: Un gran profeta se ha levantado entre nosotros; y: Dios ha visitado a su pueblo. 17 Y se extendió la fama de él por toda Judea, y por toda la región de alrededor.

Las pruebas demuestran nuestro fundamento

Lee Lucas 6:48-49

Vistas desde afuera estas dos casas parecen probablemente iguales. Lo único que las diferencia son los cimientos o fundamentos. Esto se hace evidente cuando golpea la tormenta. De la misma manera, cuando las tormentas de la vida nos golpean, se revela cuál es el verdadero cimiento de nuestra vida. ¿Sobre qué fundamento estás edificando tu vida?

El falso (o no existente) cimiento. La persona que edifica sobre este fundamento es conocida como «oyente». Este individuo puede estar listo para oír, leer o hablar acerca de Jesús y lo que él dice en su Palabra, pero falla en aplicar esas enseñanzas en su propia vida. Cuando vengan las tormentas de la vida –y un día llegan–, esta persona estará débil espiritualmente y es muy probable que «se dé por vencida» en cuanto a su fe, porque no tiene un buen cimiento donde afirmarse.

El fundamento de la roca sólida. La persona que edifica sobre este fundamento es conocida como «hacedor». Esta persona no sólo oye las enseñanzas de Jesús, sino que las sigue en su vida diaria. Tal persona será capaz de permanecer firme, aun en la más devastadora tempestad, porque su vida está cimentada en las enseñanzas del Señor. Si te das cuenta de que estás edificado sobre un falso fundamento, todavía tienes tiempo para cambiar. Pero tú eres el único arquitecto que puede hacer el cambio.

PRIMEROS PASOS

[i] 6.45: Mt. 12.34.

Los mensajeros de Juan el Bautista

[18] Los discípulos de Juan le dieron las nuevas de todas estas cosas. Y llamó Juan a dos de sus discípulos, [19] y los envió a Jesús, para preguntarle: ¿Eres tú el que había de venir, o esperaremos a otro? [20] Cuando, pues, los hombres vinieron a él, dijeron: Juan el Bautista nos ha enviado a ti, para preguntarte: ¿Eres tú el que había de venir, o esperaremos a otro? [21] En esa misma hora sanó a muchos de enfermedades y plagas, y de espíritus malos, y a muchos ciegos les dio la vista. [22] Y respondiendo Jesús, les dijo: Id, haced saber a Juan lo que habéis visto y oído: los ciegos ven, los cojos andan, los leprosos son limpiados, los sordos oyen,[a] los muertos son resucitados, y a los pobres es anunciado el evangelio;[b] [23] y bienaventurado es aquel que no halle tropiezo en mí.

[24] Cuando se fueron los mensajeros de Juan, comenzó a decir de Juan a la gente: ¿Qué salisteis a ver al desierto? ¿Una caña sacudida por el viento? [25] Mas ¿qué salisteis a ver? ¿A un hombre cubierto de vestiduras delicadas? He aquí, los que tienen vestidura preciosa y viven en deleites, en los palacios de los reyes están. [26] Mas ¿qué salisteis a ver? ¿A un profeta? Sí, os digo, y más que profeta. [27] Este es de quien está escrito:

He aquí, envío mi mensajero delante de tu faz,

El cual preparará tu camino delante de ti.[c]

[28] Os digo que entre los nacidos de mujeres, no hay mayor profeta que Juan el Bautista; pero el más pequeño en el reino de Dios es mayor que él. [29] Y todo el pueblo y los publicanos, cuando lo oyeron, justificaron a Dios, bautizándose con el bautismo de Juan. [30] Mas los fariseos y los intérpretes de la ley desecharon los designios de Dios respecto de sí mismos, no siendo bautizados por Juan.[d]

[31] Y dijo el Señor: ¿A qué, pues, compararé los hombres de esta generación, y a qué son semejantes? [32] Semejantes son a los muchachos sentados en la plaza, que dan voces unos a otros y dicen: Os tocamos flauta, y no bailasteis; os endechamos, y no llorasteis. [33] Porque vino Juan el Bautista, que ni comía pan ni bebía vino, y decís: Demonio tiene. [34] Vino el Hijo del Hombre, que come y bebe, y decís: Este es un hombre comilón y bebedor de vino, amigo de publicanos y de pecadores. [35] Mas la sabiduría es justificada por todos sus hijos.

Jesús en el hogar de Simón el fariseo

[36] Uno de los fariseos rogó a Jesús que comiese con él. Y habiendo entrado en casa del fariseo, se sentó a la mesa. [37] Entonces una mujer de la ciudad, que era pecadora, al saber que Jesús estaba a la mesa en casa del fariseo, trajo un frasco de alabastro con perfume; [38] y estando detrás de él a sus pies, llorando, comenzó a regar con lágrimas sus pies, y los enjugaba con sus cabellos; y besaba sus pies, y los ungía con el perfume.[e] [39] Cuando vio esto el fariseo que le había convidado, dijo para sí: Este, si fuera profeta, conocería quién y qué clase de mujer es la que le toca, que es pecadora. [40] Entonces respondiendo Jesús, le dijo: Simón, una cosa tengo que decirte. Y él le dijo: Di, Maestro. [41] Un acreedor tenía dos deudores: el uno le debía quinientos denarios, y el otro cincuenta; [42] y no teniendo ellos con qué pagar, perdonó a ambos. Di, pues, ¿cuál de ellos le amará más? [43] Respondiendo Simón, dijo: Pienso que aquel a quien perdonó más. Y él le dijo: Rectamente has juzgado. [44] Y vuelto a la mujer, dijo a Simón: ¿Ves esta mujer? Entré en tu casa, y no me diste agua para mis pies; mas ésta ha regado mis pies con lágrimas, y los ha enjugado con sus cabellos. [45] No me diste beso; mas ésta, desde que entré, no ha cesado de besar mis pies. [46] No ungiste mi cabeza con aceite; mas ésta ha ungido con perfume mis pies. [47] Por lo cual te digo que sus muchos pecados le son perdonados, porque amó mucho; mas aquel a quien se le perdona poco, poco ama. [48] Y a ella le dijo: Tus pecados te son perdonados. [49] Y los que estaban juntamente sentados a la mesa, comenzaron a decir entre sí: ¿Quién es éste, que también perdona pecados? [50] Pero él dijo a la mujer: Tu fe te ha salvado, ve en paz.

CAPÍTULO **8**

Mujeres que sirven a Jesús

Aconteció después, que Jesús iba por todas las ciudades y aldeas, predicando y anunciando el evangelio del reino de Dios, y los doce con él, [2] y algunas mujeres que habían sido sanadas de espíritus malos y de

---

[a] 7.22: Is. 35.5-6.   [b] 7.22: Is. 61.1.   [c] 7.27: Mal. 3.1.   [d] 7.29-30: Mt. 21.32; Lc. 3.12.   [e] 7.37-38: Mt. 26.7; Mr. 14.3; Jn. 12.3.

enfermedades: María, que se llamaba Magdalena, de la que habían salido siete demonios, ³ Juana, mujer de Chuza intendente de Herodes, y Susana, y otras muchas que le servían de sus bienes.ᵃ

Parábola del sembrador

⁴ Juntándose una gran multitud, y los que de cada ciudad venían a él, les dijo por parábola: ⁵ El sembrador salió a sembrar su semilla; y mientras sembraba, una parte cayó junto al camino, y fue hollada, y las aves del cielo la comieron. ⁶ Otra parte cayó sobre la piedra; y nacida, se secó, porque no tenía humedad. ⁷ Otra parte cayó entre espinos, y los espinos que nacieron juntamente con ella, la ahogaron. ⁸ Y otra parte cayó en buena tierra, y nació y llevó fruto a ciento por uno. Hablando estas cosas, decía a gran voz: El que tiene oídos para oír, oiga.

⁹ Y sus discípulos le preguntaron, diciendo: ¿Qué significa esta parábola? ¹⁰ Y él dijo: A vosotros os es dado conocer los misterios del reino de Dios; pero a los otros por parábolas, para que viendo no vean, y oyendo no entiendan.ᵇ ¹¹ Esta es, pues, la parábola: La semilla es la palabra de Dios. ¹² Y los de junto al camino son los que oyen, y luego viene el diablo y quita de su corazón la palabra, para que no crean y se salven. ¹³ Los de sobre la piedra son los que habiendo oído, reciben la palabra con gozo; pero éstos no tienen raíces; creen por algún tiempo, y en el tiempo de la prueba se apartan. ¹⁴ La que cayó entre espinos, éstos son los que oyen, pero yéndose, son ahogados por los afanes y las riquezas y los placeres de la vida, y no llevan fruto. ¹⁵ Mas la que cayó en buena tierra, éstos son los que con corazón bueno y recto retienen la palabra oída, y dan fruto con perseverancia.

Nada oculto que no haya de ser manifestado

¹⁶ Nadie que enciende una luz la cubre con una vasija, ni la pone debajo de la cama, sino que la pone en un candelero ᶜ para que los que entran vean la luz. ¹⁷ Porque nada hay oculto, que no haya de ser manifestado; ni escondido, que no haya de ser conocido, y de salir a luz.ᵈ ¹⁸ Mirad, pues, cómo oís; porque a todo el que tiene, se le dará; y a todo el que no tiene, aun lo que piensa tener se le quitará.ᵉ

La madre y los hermanos de Jesús

¹⁹ Entonces su madre y sus hermanos vinieron a él; pero no podían llegar hasta él por causa de la multitud. ²⁰ Y se le avisó, diciendo: Tu madre y tus hermanos están fuera y quieren verte. ²¹ Él entonces respondiendo, les dijo: Mi madre y mis hermanos son los que oyen la palabra de Dios, y la hacen.

Jesús calma la tempestad

²² Aconteció un día, que entró en una barca con sus discípulos, y les dijo: Pasemos al otro lado del lago. Y partieron. ²³ Pero mientras navegaban, él se durmió. Y se desencadenó una tempestad de viento en el lago; y se anegaban y peligraban. ²⁴ Y vinieron a él y le despertaron, diciendo: ¡Maestro, Maestro, que perecemos! Despertando él, reprendió al viento y a las olas; y cesaron, y se hizo bonanza. ²⁵ Y les dijo: ¿Dónde está vuestra fe? Y atemorizados, se maravillaban, y se decían unos a otros: ¿Quién es éste, que aun a los vientos y a las aguas manda, y le obedecen?

El endemoniado gadareno

²⁶ Y arribaron a la tierra de los gadarenos, que está en la ribera opuesta a Galilea. ²⁷ Al llegar él a tierra, vino a su encuentro un hombre de la ciudad, endemoniado desde hacía mucho tiempo; y no vestía ropa, ni moraba en casa, sino en los sepulcros. ²⁸ Este, al ver a Jesús, lanzó un gran grito, y postrándose a sus pies exclamó a gran voz: ¿Qué tienes conmigo, Jesús, Hijo del Dios Altísimo? Te ruego que no me atormentes. ²⁹ (Porque mandaba al espíritu inmundo que saliese del hombre, pues hacía mucho tiempo que se había apoderado de él; y le ataban con cadenas y grillos, pero rompiendo las cadenas, era impelido por el demonio a los desiertos.) ³⁰ Y le preguntó Jesús, diciendo: ¿Cómo te llamas? Y él dijo: Legión. Porque muchos demonios habían entrado en él. ³¹ Y le rogaban que no los mandase ir al abismo. ³² Había allí un hato de muchos cerdos que pacían en el monte; y le rogaron que los dejase entrar en ellos; y

---

ᵃ 8.2-3: Mt. 27.55-56; Mr. 15.40-41; Lc. 23.49.   ᵇ 8.10: Is. 6.9-10.   ᶜ 8.16: Mt. 5.15; Lc. 11.33.   ᵈ 8.17: Mt. 10.26; Lc. 12.2.
ᵉ 8.18: Mt. 25.29; Lc. 19.26.

La perseverancia produce resultados Lee Lucas 8:15

En los versículos 4 al 8 de este capítulo, Jesús narra la bien conocida parábola del sembrador, para ilustrar cuatro diferentes reacciones a su mensaje. Los versos siguientes de la parábola explican cuáles son esas reacciones.

La semilla que cae junto al camino representa a aquellos que oyen el evangelio, pero no le permiten penetrar en su mente y corazón (verso 12). La semilla que cae en terreno pedregoso describe a los que oyen la Palabra de Dios e inicialmente la reciben con gozo, pero su entrega demuestra ser poco profunda y superficial (verso 13). La semilla que cae entre espinas, describe a aquellos que aparentan creer, pero dejan que las preocupaciones y afanes de la vida terminen ahogando la semilla (verso 14). La semilla que cae en suelo fértil, es la semilla que echa buenas raíces y produce fruto espiritual.

¿Cuál es la diferencia entre este grupo de individuos y el resto? La clave de su éxito puede ser dividida en tres pasos: (1) Oyen la Palabra de Dios; (2) Obedecen la Palabra de Dios; y (3) Perseveran hasta producir una gran cosecha.

Describiendo su perseverancia en la fe, Jesús usa la palabra hupomone que significa «paciente resistencia». Esta perseverancia es la que produce fruto espiritual, es decir nuevos creyentes.

Al permitir que la Palabra de Dios eche profundas raíces en tu corazón y tu vida, no sólo crecerás fuerte, sino que serás capaz de resistir las tormentas de la vida, además, tu vida ayudará a otros para que vengan al Señor Jesucristo.

PIEDRAS ANGULARES

---

les dio permiso. ³³ Y los demonios, salidos del hombre, entraron en los cerdos; y el hato se precipitó por un despeñadero al lago, y se ahogó.

³⁴ Y los que apacentaban los cerdos, cuando vieron lo que había acontecido, huyeron, y yendo dieron aviso en la ciudad y por los campos. ³⁵ Y salieron a ver lo que había sucedido; y vinieron a Jesús, y hallaron al hombre de quien habían salido los demonios, sentado a los pies de Jesús, vestido, y en su cabal juicio; y tuvieron miedo. ³⁶ Y los que lo habían visto, les contaron cómo había sido salvado el endemoniado. ³⁷ Entonces toda la multitud de la región alrededor de los gadarenos le rogó que se marchase de ellos, pues tenían gran temor. Y Jesús, entrando en la barca, se volvió. ³⁸ Y el hombre de quien habían salido los demonios le rogaba que le dejase estar con él; pero Jesús le despidió, diciendo: ³⁹ Vuélvete a tu casa, y cuenta cuán grandes cosas ha hecho Dios contigo. Y él se fue, publicando por toda la ciudad cuán grandes cosas había hecho Jesús con él.

La hija de Jairo, y la mujer que tocó el manto de Jesús

⁴⁰ Cuando volvió Jesús, le recibió la multitud con gozo; porque todos le esperaban. ⁴¹ Entonces vino un varón llamado Jairo, que era principal de la sinagoga, y postrándose a los pies de Jesús, le rogaba que entrase en su casa; ⁴² porque tenía una hija única, como de doce años, que se estaba muriendo.

Y mientras iba, la multitud le oprimía. ⁴³ Pero una mujer que padecía de flujo de sangre desde hacía doce años, y que había gastado en médicos todo cuanto tenía, y por ninguno había podido ser curada, ⁴⁴ se le acercó por detrás y tocó el borde de su manto; y al instante se detuvo el flujo de su sangre. ⁴⁵ Entonces Jesús dijo: ¿Quién es el que me ha tocado? Y negando todos, dijo Pedro y los que con él estaban: Maestro, la multitud te aprieta y oprime, y dices: ¿Quién es el que me ha tocado? ⁴⁶ Pero Jesús dijo: Alguien me ha tocado; porque yo he conocido que ha salido poder de mí. ⁴⁷ Entonces, cuando la mujer vio que no había quedado oculta, vino temblando, y postrándose a sus pies, le declaró delante de todo el pueblo por qué causa le había tocado, y cómo al instante había sido sanada. [48] Y él le dijo: Hija, tu fe te ha salvado; ve en paz.

[49] Estaba hablando aún, cuando vino uno de casa del principal de la sinagoga a decirle: Tu hija ha muerto; no molestes más al Maestro. [50] Oyéndolo Jesús, le respondió: No temas; cree solamente, y será salva. [51] Entrando en la casa, no dejó entrar a nadie consigo, sino a Pedro, a Jacobo, a Juan, y al padre y a la madre de la niña. [52] Y lloraban todos y hacían lamentación por ella. Pero él dijo: No lloréis; no está muerta, sino que duerme. [53] Y se burlaban de él, sabiendo que estaba muerta. [54] Mas él, tomándola de la mano, clamó diciendo: Muchacha, levántate. [55] Entonces su espíritu volvió, e inmediatamente se levantó; y él mandó que se le diese de comer. [56] Y sus padres estaban atónitos; pero Jesús les mandó que a nadie dijesen lo que había sucedido.

CAPÍTULO 9

Misión de los doce discípulos

Habiendo reunido a sus doce discípulos, les dio poder y autoridad sobre todos los demonios, y para sanar enfermedades. [2] Y los envió a predicar el reino de Dios, y a sanar a los enfermos. [3] Y les dijo: [a] No toméis nada para el camino, ni bordón, ni alforja, ni pan, ni dinero; ni llevéis dos túnicas. [4] Y en cualquier casa donde entréis, quedad allí, y de allí salid. [5] Y dondequiera que no os recibieren, salid de aquella ciudad, y sacudid el polvo de vuestros pies en testimonio contra ellos.[b] [6] Y saliendo, pasaban por todas las aldeas, anunciando el evangelio y sanando por todas partes.

Muerte de Juan el Bautista

[7] Herodes el tetrarca oyó de todas las cosas que hacía Jesús; y estaba perplejo, porque decían algunos: Juan ha resucitado de los muertos; [8] otros: Elías ha aparecido; y otros: Algún profeta de los antiguos ha resucitado.[c] [9] Y dijo Herodes: A Juan yo le hice decapitar; ¿quién, pues, es éste, de quien oigo tales cosas? Y procuraba verle.

Alimentación de los cinco mil

[10] Vueltos los apóstoles, le contaron todo lo que habían hecho. Y tomándolos, se retiró aparte, a un lugar desierto de la ciudad llamada Betsaida. [11] Y cuando la gente lo

---

Un discípulo es uno que toma su cruz y sigue a Cristo
Lee Lucas 9:23-25

Elegir ser un discípulo de Cristo es algo más que una afirmación verbal. Requiere sacrificio y entrega diaria. Pero cuando sigues las indicaciones de Cristo para ser un discípulo, descubres que es mucho mejor de lo que habías imaginado. He aquí tres cosas que debería hacer un verdadero discípulo de Jesús:

1. **Tus deseos deben ser postergados por los deseos de Jesús para tu vida.** Ser un discípulo significa reconocer que los planes de Dios para tu vida son mejores que los tuyos. Que puede significar hacer sacrificios en tu vida, tales como pasar más tiempo leyendo la Palabra de Dios que el periódico, enseñar a niños en la Escuela Dominical o emplear tus vacaciones en algún proyecto ministerial. Al abandonar tus propios planes, te hallarás más cerca del Señor.

2. **Debes tomar tu cruz cada día.** Jesús no se está refiriendo a un simple símbolo religioso. En su tiempo, la cruz significaba la más cruel de las muertes. Cualquiera que cargaba una cruz, iba rumbo a una muerte horrible. Algunos han entendido mal esta afirmación de Jesús, diciendo que tu cruz es tu inconveniencia y problema personal. Sin embargo, en este pasaje, Jesús habla del acto de morir a ti mismo. En esencia, lo que él desea es que te postres a sus pies y le digas: «Deseo hacer más tu voluntad que la mía». Una vez que hayas tomado esa cruz, experimentarás la vida abundante que Jesús promete a los que le siguen.

3. **Porque todo el que quiera salvar su vida la perderá.** El verso 24 pareciera ser una contradicción cuando lo lees por primera vez. Pero si deseas hallar felicidad y plenitud, debes ceder por completo el control de tu vida a Jesucristo. Pablo escribió: «Ya no vivo yo, mas vive Cristo en mí» (Gálatas 2:20). Llevar la cruz ya no es más una carga para el discípulo, como las alas no le son a un pájaro o las velas a un velero. Una vida sometida es la clave para un caminar perfecto. ¡Aunque es cierto que cuesta mucho ser un discípulo, también es cierto que cuesta mucho más no serlo!

PRIMEROS PASOS

---

[a] 9.3-5: Lc. 10.4-11. [b] 9.5: Hch. 13.51.
[c] 9.7-8: Mt. 16.14; Mr. 8.28; Lc. 9.19.

supo, le siguió; y él les recibió, y les hablaba del reino de Dios, y sanaba a los que necesitaban ser curados. ¹² Pero el día comenzaba a declinar; y acercándose los doce, le dijeron: Despide a la gente, para que vayan a las aldeas y campos de alrededor, y se alojen y encuentren alimentos; porque aquí estamos en lugar desierto. ¹³ Él les dijo: Dadles vosotros de comer. Y dijeron ellos: No tenemos más que cinco panes y dos pescados, a no ser que vayamos nosotros a comprar alimentos para toda esta multitud. ¹⁴ Y eran como cinco mil hombres. Entonces dijo a sus discípulos: Hacedlos sentar en grupos, de cincuenta en cincuenta. ¹⁵ Así lo hicieron, haciéndolos sentar a todos. ¹⁶ Y tomando los cinco panes y los dos pescados, levantando los ojos al cielo, los bendijo, y los partió, y dio a sus discípulos para que los pusiesen delante de la gente. ¹⁷ Y comieron todos, y se saciaron; y recogieron lo que les sobró, doce cestas de pedazos.

La confesión de Pedro

¹⁸ Aconteció que mientras Jesús oraba aparte, estaban con él los discípulos; y les preguntó, diciendo: ¿Quién dice la gente que soy yo? ¹⁹ Ellos respondieron: Unos, Juan el Bautista; otros, Elías; y otros, que algún profeta de los antiguos ha resucitado.ᵈ ²⁰ Él les dijo: ¿Y vosotros, quién decís que soy? Entonces respondiendo Pedro, dijo: El Cristo de Dios.ᵉ

Jesús anuncia su muerte

²¹ Pero él les mandó que a nadie dijesen esto, encargándoselo rigurosamente, ²² y diciendo: Es necesario que el Hijo del Hombre padezca muchas cosas, y sea desechado por los ancianos, por los principales sacerdotes y por los escribas, y que sea muerto, y resucite al tercer día.

²³ Y decía a todos: Si alguno quiere venir en pos de mí, niéguese a sí mismo, tome su cruz cada día, y sígame.ᶠ ²⁴ Porque todo el que quiera salvar su vida, la perderá; y todo el que pierda su vida por causa de mí, éste la salvará.ᵍ ²⁵ Pues ¿qué aprovecha al hombre, si gana todo el mundo, y se destruye o se pierde a sí mismo? ²⁶ Porque el que se avergonzare de mí y de mis palabras, de

éste se avergonzará el Hijo del Hombre cuando venga en su gloria, y en la del Padre, y de los santos ángeles. ²⁷ Pero os digo en verdad, que hay algunos de los que están aquí, que no gustarán la muerte hasta que vean el reino de Dios.

La transfiguración

²⁸ Aconteció como ocho días después de estas palabras, que tomó a Pedro, a Juan y a Jacobo, y subió al monte a orar.ʰ ²⁹ Y entre tanto que oraba, la apariencia de su rostro se hizo otra, y su vestido blanco y resplandeciente. ³⁰ Y he aquí dos varones que hablaban con él, los cuales eran Moisés y Elías; ³¹ quienes aparecieron rodeados de gloria, y hablaban de su partida, que iba Jesús a cumplir en Jerusalén. ³² Y Pedro y los que estaban con él estaban rendidos de sueño; mas permaneciendo despiertos, vieron la gloria de Jesús, y a los dos varones que estaban con él. ³³ Y sucedió que apartándose ellos de él, Pedro dijo a Jesús: Maestro, bueno es para nosotros que estemos aquí; y hagamos tres enramadas, una para ti, una para Moisés, y una para Elías; no sabiendo lo que decía. ³⁴ Mientras él decía esto, vino una nube que los cubrió; y tuvieron temor al entrar en la nube. ³⁵ Y vino una voz desde la nube, que decía: Este es mi Hijo amado;ⁱ a él oíd. ³⁶ Y cuando cesó la voz, Jesús fue hallado solo; y ellos callaron, y por aquellos días no dijeron nada a nadie de lo que habían visto.

Jesús sana a un muchacho endemoniado

³⁷ Al día siguiente, cuando descendieron del monte, una gran multitud les salió al encuentro. ³⁸ Y he aquí, un hombre de la multitud clamó diciendo: Maestro, te ruego que veas a mi hijo, pues es el único que tengo; ³⁹ y sucede que un espíritu le toma, y de repente da voces, y le sacude con violencia, y le hace echar espuma, y estropeándole, a duras penas se aparta de él. ⁴⁰ Y rogué a tus discípulos que le echasen fuera, y no pudieron. ⁴¹ Respondiendo Jesús, dijo: ¡Oh generación incrédula y perversa! ¿Hasta cuándo he de estar con vosotros, y os he de soportar? Trae acá a tu hijo. ⁴² Y mientras se acercaba el muchacho, el demonio le derribó y le sacudió con violencia; pero Jesús reprendió al

---

ᵈ 9.19: Mt. 14.1-2; Mr. 6.14-15; Lc. 9.7-8. ᵉ 9.20: Jn. 6.68-69. ᶠ 9.23: Mt. 10.38; Lc. 14.27.
ᵍ 9.24: Mt. 10.39; Lc. 17.33; Jn. 12.25. ʰ 9.28-35: 2 P. 1.17-18. ⁱ 9.35: Is. 42.1; Mt. 3.17; 12.18; Mr. 1.11; Lc. 3.22.

espíritu inmundo, y sanó al muchacho, y se lo devolvió a su padre. ⁴³ Y todos se admiraban de la grandeza de Dios.

Jesús anuncia otra vez su muerte

Y maravillándose todos de todas las cosas que hacía, dijo a sus discípulos: ⁴⁴ Haced que os penetren bien en los oídos estas palabras; porque acontecerá que el Hijo del Hombre será entregado en manos de hombres. ⁴⁵ Mas ellos no entendían estas palabras, pues les estaban veladas para que no las entendiesen; y temían preguntarle sobre esas palabras.

¿Quién es el mayor?

⁴⁶ Entonces entraron en discusión sobre quién de ellos sería el mayor.ʲ ⁴⁷ Y Jesús, percibiendo los pensamientos de sus corazones, tomó a un niño y lo puso junto a sí, ⁴⁸ y les dijo: Cualquiera que reciba a este niño en mi nombre, a mí me recibe; y cualquiera que me recibe a mí, recibe al que me envió;ᵏ porque el que es más pequeño entre todos vosotros, ése es el más grande.

El que no es contra nosotros, por nosotros es

⁴⁹ Entonces respondiendo Juan, dijo: Maestro, hemos visto a uno que echaba fuera demonios en tu nombre; y se lo prohibimos, porque no sigue con nosotros. ⁵⁰ Jesús le dijo: No se lo prohibáis; porque el que no es contra nosotros, por nosotros es.

Jesús reprende a Jacobo y a Juan

⁵¹ Cuando se cumplió el tiempo en que él había de ser recibido arriba, afirmó su rostro para ir a Jerusalén. ⁵² Y envió mensajeros delante de él, los cuales fueron y entraron en una aldea de los samaritanos para hacerle preparativos. ⁵³ Mas no le recibieron, porque su aspecto era como de ir a Jerusalén. ⁵⁴ Viendo esto sus discípulos Jacobo y Juan, dijeron: Señor, ¿quieres que mandemos que descienda fuego del cielo, como hizo Elías, y los consuma?ˡ ⁵⁵ Entonces volviéndose él, los reprendió, diciendo: Vosotros no sabéis de qué espíritu sois; ⁵⁶ porque el Hijo del Hombre no ha venido para perder las almas de los hombres, sino para salvarlas. Y se fueron a otra aldea.

Los que querían seguir a Jesús

⁵⁷ Yendo ellos, uno le dijo en el camino: Señor, te seguiré adondequiera que vayas. ⁵⁸ Y le dijo Jesús: Las zorras tienen guaridas, y las aves de los cielos nidos; mas el Hijo del Hombre no tiene dónde recostar la cabeza. ⁵⁹ Y dijo a otro: Sígueme. Él le dijo: Señor, déjame que primero vaya y entierre a mi padre. ⁶⁰ Jesús le dijo: Deja que los muertos entierren a sus muertos; y tú ve, y anuncia el reino de Dios. ⁶¹ Entonces también dijo otro: Te seguiré, Señor; pero déjame que me despida primero de los que están en mi casa.ᵐ ⁶² Y Jesús le dijo: Ninguno que poniendo su mano en el arado mira hacia atrás, es apto para el reino de Dios.

CAPÍTULO 10
Misión de los setenta

Después de estas cosas, designó el Señor también a otros setenta, a quienes envió de dos en dos delante de él a toda ciudad y lugar adonde él había de ir. ² Y les decía: La mies a la verdad es mucha, mas los obreros pocos; por tanto, rogad al Señor de la mies que envíe obreros a su mies.ᵃ ³ Id; he aquí yo os envío como corderos en medio de lobos.ᵇ ⁴ No llevéis bolsa, ni alforja, ni calzado; a nadie saludéis por el camino. ⁵ En cualquier casa donde entréis, primeramente decid: Paz sea a esta casa. ⁶ Y si hubiere allí algún hijo de paz, vuestra paz reposará sobre él; y si no, se volverá a vosotros. ⁷ Y posad en aquella misma casa, comiendo y bebiendo lo que os den; porque el obrero es digno de su salario.ᶜ No os paséis de casa en casa. ⁸ En cualquier ciudad donde entréis, y os reciban, comed lo que os pongan delante; ⁹ y sanad a los enfermos que en ella haya, y decidles: Se ha acercado a vosotros el reino de Dios. ¹⁰ Mas en cualquier ciudad donde entréis, y no os reciban, saliendo por sus calles, decid: ¹¹ Aun el polvo de vuestra ciudad, que se ha pegado a nuestros pies, lo sacudimos contra vosotros.ᵈ Pero esto sabed, que el reino de Dios se ha acercado a vosotros.ᵉ ¹² Y os digo que en aquel día será más tolerable el castigo para Sodoma,ᶠ que para aquella ciudad.ᵍ

ʲ 9.46: Lc. 22.24. ᵏ 9.48: Mt. 10.40; Lc. 10.16; Jn. 13.20. ˡ 9.54: 2 R. 1.9-16. ᵐ 9.61: 1 R. 19.20. ᵃ 10.2: Mt. 9.37-38.
ᵇ 10.3: Mt. 10.16. ᶜ 10.7: 1 Co. 9.14; 1 Ti. 5.18. ᵈ 10.10-11: Hch. 13.51. ᵉ 10.4-11: Mt. 10. 7-14; Mr. 6.8-11; Lc. 9.3-5.
ᶠ 10.12: Gn. 19.24-28; Mt. 11.24. ᵍ 10.12: Mt. 10.15.

¿Qué deja a los demonios sin poder? Lee Lucas 10:1-20

Algunos cristianos viven temerosos de Satanás y su ejército de demonios. Pero cada persona que ha puesto su fe y confianza en Jesucristo viene a estar bajo la protección de Dios. La Escritura dice que Dios nos ha dado armas para destruir las fortalezas de Satanás (2 Corintios 10:4-5).

Así que, aun cuando los demonios tienen poder, nosotros no tenemos que estar paralizados por su presencia en este mundo. Tenemos que reconocer el poder que Jesús nos ha dado cuando enfrentamos a nuestro enemigo.

Como lo descubrieron los discípulos de Jesús, los demonios están drásticamente limitados en su poder delante de un verdadero seguidor de Cristo (verso 17). El poder que ellos tenían no era de ellos mismos, sino de Dios.

Jesús fue rápido en advertirles que no se regocijaran tanto de su poder sobre los demonios, sino de que sus nombres «están escritos en los cielos» (verso 20).

Hoy en día, hay mucha gente que pretende tener «conversaciones» con los demonios y recordarles cuán impotentes son. Sin embargo, aun el arcángel Miguel, cuando discutía con Satanás acerca del cuerpo de Moisés, no desafió al demonio, sino que simplemente dijo: «El Señor te reprenda» (lee Judas 1:9). Nuestro enfoque no debe estar en el poder que tenemos, sino en Quien nos ha dado tal poder.

PIEDRAS ANGULARES

Ayes sobre las ciudades impenitentes

13 ¡Ay de ti, Corazín! ¡Ay de ti, Betsaida! que si en Tiro y en Sidón *h* se hubieran hecho los milagros que se han hecho en vosotras, tiempo ha que sentadas en cilicio y ceniza, se habrían arrepentido. 14 Por tanto, en el juicio será más tolerable el castigo para Tiro y Sidón, que para vosotras. 15 Y tú, Capernaum, que hasta los cielos eres levantada, hasta el Hades serás abatida.*i*

16 El que a vosotros oye, a mí me oye;*j* y el que a vosotros desecha, a mí me desecha; y el que me desecha a mí, desecha al que me envió.

Regreso de los setenta

17 Volvieron los setenta con gozo, diciendo: Señor, aun los demonios se nos sujetan en tu nombre. 18 Y les dijo: Yo veía a Satanás caer del cielo como un rayo. 19 He aquí os doy potestad de hollar serpientes y escorpiones,*k* y sobre toda fuerza del enemigo, y nada os dañará. 20 Pero no os regocijéis de que los espíritus se os sujetan, sino regocijaos de que vuestros nombres están escritos en los cielos.

Jesús se regocija

21 En aquella misma hora Jesús se regocijó en el Espíritu, y dijo: Yo te alabo, oh Padre, Señor del cielo y de la tierra, porque escondiste estas cosas de los sabios y entendidos, y las has revelado a los niños. Sí, Padre, porque así te agradó. 22 Todas las cosas me fueron entregadas por mi Padre;*l* y nadie conoce quién es el Hijo sino el Padre; ni quién es el Padre, sino el Hijo,*m* y aquel a quien el Hijo lo quiera revelar.

23 Y volviéndose a los discípulos, les dijo aparte: Bienaventurados los ojos que ven lo que vosotros veis; 24 porque os digo que muchos profetas y reyes desearon ver lo que vosotros veis, y no lo vieron; y oír lo que oís, y no lo oyeron.

El buen samaritano

25 Y he aquí un intérprete de la ley se levantó y dijo, para probarle: *n* Maestro, ¿haciendo qué cosa heredaré la vida eterna? 26 Él le dijo: ¿Qué está escrito en la ley? ¿Cómo lees? 27 Aquél, respondiendo, dijo: Amarás al Señor tu Dios con todo tu corazón, y con toda tu alma, y con todas tus fuerzas, y con

---

h 10.13: Is. 23.1-18; Ez. 26.1—28.26; Jl. 3.4-8; Am. 1.9-10; Zac. 9.2-4. i 10.15: Is. 14.13-15.
j 10.16: Mt. 10.40; Mr. 9.37; Lc. 9.48; Jn. 13.20. k 10.19: Sal. 91.13. l 10.22: Jn. 3.35.
m 10.22: Jn. 10.15. n 10.25-28: Mt. 22.35-40; Mr. 12.28-34.

toda tu mente;[o] y a tu prójimo como a ti mismo.[p] 28 Y le dijo: Bien has respondido; haz esto, y vivirás.[q]

29 Pero él, queriendo justificarse a sí mismo, dijo a Jesús: ¿Y quién es mi prójimo? 30 Respondiendo Jesús, dijo: Un hombre descendía de Jerusalén a Jericó, y cayó en manos de ladrones, los cuales le despojaron; e hiriéndole, se fueron, dejándole medio muerto. 31 Aconteció que descendió un sacerdote por aquel camino, y viéndole, pasó de largo. 32 Asimismo un levita, llegando cerca de aquel lugar, y viéndole, pasó de largo. 33 Pero un samaritano, que iba de camino, vino cerca de él, y viéndole, fue movido a misericordia; 34 y acercándose, vendó sus heridas, echándoles aceite y vino; y poniéndole en su cabalgadura, lo llevó al mesón, y cuidó de él. 35 Otro día al partir, sacó dos denarios, y los dio al mesonero, y le dijo: Cuídamele; y todo lo que gastes de más, yo te lo pagaré cuando regrese. 36 ¿Quién, pues, de estos tres te parece que fue el prójimo del que cayó en manos de los ladrones? 37 Él dijo: El que usó de misericordia con él. Entonces Jesús le dijo: Ve, y haz tú lo mismo.

Jesús visita a Marta y a María

38 Aconteció que yendo de camino, entró en una aldea; y una mujer llamada Marta le recibió en su casa. 39 Esta tenía una hermana que se llamaba María,[r] la cual, sentándose a los pies de Jesús, oía su palabra. 40 Pero Marta se preocupaba con muchos quehaceres, y acercándose, dijo: Señor, ¿no te da cuidado que mi hermana me deje servir sola? Dile, pues, que me ayude. 41 Respondiendo Jesús, le dijo: Marta, Marta, afanada y turbada estás con muchas cosas. 42 Pero sólo una cosa es necesaria; y María ha escogido la buena parte, la cual no le será quitada.

CAPÍTULO 11

Jesús y la oración

Aconteció que estaba Jesús orando en un lugar, y cuando terminó, uno de sus discípulos le dijo: Señor, enséñanos a orar, como también Juan enseñó a sus discípulos. 2 Y les dijo: Cuando oréis, decid: Padre nuestro que estás en los cielos, santificado sea tu nombre. Venga tu reino. Hágase tu voluntad, como en el cielo, así también en la tierra. 3 El pan nuestro de cada día, dánoslo hoy. 4 Y perdónanos nuestros pecados, porque también nosotros perdonamos a todos los que nos deben. Y no nos metas en tentación, mas líbranos del mal.

5 Les dijo también: ¿Quién de vosotros que tenga un amigo, va a él a medianoche y le dice: Amigo, préstame tres panes, 6 porque un amigo mío ha venido a mí de viaje, y no tengo qué ponerle delante; 7 y aquél, respondiendo desde adentro, le dice: No me molestes; la puerta ya está cerrada, y mis niños están conmigo en cama; no puedo levantarme, y dártelos? 8 Os digo, que aunque no se levante a dárselos por ser su amigo, sin embargo por su importunidad se levantará y le dará todo lo que necesite. 9 Y yo os digo: Pedid, y se os dará; buscad, y hallaréis; llamad, y se os abrirá. 10 Porque todo aquel que pide, recibe; y el que busca, halla; y al que llama, se le abrirá. 11 ¿Qué padre de vosotros, si su hijo le pide pan, le dará una piedra? ¿o si pescado, en lugar de pescado, le dará una serpiente? 12 ¿O si le pide un huevo, le dará un escorpión? 13 Pues si vosotros, siendo malos, sabéis dar buenas dádivas a vuestros hijos, ¿cuánto más vuestro Padre celestial dará el Espíritu Santo a los que se lo pidan?

Una casa dividida contra sí misma

14 Estaba Jesús echando fuera un demonio, que era mudo; y aconteció que salido el demonio, el mudo habló; y la gente se maravilló. 15 Pero algunos de ellos decían: Por Beelzebú, príncipe de los demonios, echa fuera los demonios.[a] 16 Otros, para tentarle, le pedían señal del cielo.[b] 17 Mas él, conociendo los pensamientos de ellos, les dijo: Todo reino dividido contra sí mismo, es asolado; y una casa dividida contra sí misma, cae. 18 Y si también Satanás está dividido contra sí mismo, ¿cómo permanecerá su reino? ya que decís que por Beelzebú echo yo fuera los demonios. 19 Pues si yo echo fuera los demonios por Beelzebú, ¿vuestros hijos por quién los echan? Por tanto, ellos serán vuestros jueces. 20 Mas si por el dedo de Dios echo yo fuera los demonios, ciertamente el reino de Dios ha llegado a vosotros. 21 Cuando el hombre fuerte armado

o 10.27: Dt. 6.5.   p 10.27: Lv. 19.18.   q 10.28: Lv. 18.5.   r 10.38-39: Jn. 11.1.
a 11.15: Mt. 9.34; 10.25.   b 11.16: Mt. 12.38; 16.1; Mr. 8.11.

guarda su palacio, en paz está lo que posee. [22] Pero cuando viene otro más fuerte que él y le vence, le quita todas sus armas en que confiaba, y reparte el botín. [23] El que no es conmigo, contra mí es;[c] y el que conmigo no recoge, desparrama.

El espíritu inmundo que vuelve

[24] Cuando el espíritu inmundo sale del hombre, anda por lugares secos, buscando reposo; y no hallándolo, dice: Volveré a mi casa de donde salí. [25] Y cuando llega, la halla barrida y adornada. [26] Entonces va, y toma otros siete espíritus peores que él; y entrados, moran allí; y el postrer estado de aquel hombre viene a ser peor que el primero.

Los que en verdad son bienaventurados

[27] Mientras él decía estas cosas, una mujer de entre la multitud levantó la voz y le dijo: Bienaventurado el vientre que te trajo, y los senos que mamaste. [28] Y él dijo: Antes bienaventurados los que oyen la palabra de Dios, y la guardan.

La generación perversa demanda señal

[29] Y apiñándose las multitudes, comenzó a decir: Esta generación es mala; demanda señal,[d] pero señal no le será dada, sino la señal de Jonás. [30] Porque así como Jonás fue señal a los ninivitas,[e] también lo será el Hijo del Hombre a esta generación. [31] La reina del Sur se levantará en el juicio con los hombres de esta generación, y los condenará; porque ella vino de los fines de la tierra para oír la sabiduría de Salomón,[f] y he aquí más que Salomón en este lugar.

[32] Los hombres de Nínive se levantarán en el juicio con esta generación, y la condenarán; porque a la predicación de Jonás se arrepintieron,[g] y he aquí más que Jonás en este lugar.

La lámpara del cuerpo

[33] Nadie pone en oculto la luz encendida, ni debajo del almud, sino en el candelero,[h] para que los que entran vean la luz. [34] La lámpara del cuerpo es el ojo; cuando tu ojo es bueno, también todo tu cuerpo está lleno de luz; pero cuando tu ojo es maligno, también tu cuerpo está en tinieblas. [35] Mira pues, no suceda que la luz que en ti hay, sea tinieblas. [36] Así que, si todo tu cuerpo está lleno de luz, no teniendo parte alguna de tinieblas, será todo luminoso, como cuando una lámpara te alumbra con su resplandor.

Jesús acusa a fariseos y a intérpretes de la ley

[37] Luego que hubo hablado, le rogó un fariseo que comiese con él; y entrando Jesús en la casa, se sentó a la mesa. [38] El fariseo, cuando lo vio, se extrañó de que no se hubiese lavado antes de comer. [39] Pero el Señor le dijo: Ahora bien, vosotros los fariseos limpiáis lo de fuera del vaso y del plato, pero por dentro estáis llenos de rapacidad y de maldad. [40] Necios, ¿el que hizo lo de fuera, no hizo también lo de adentro? [41] Pero dad limosna de lo que tenéis, y entonces todo os será limpio.

[42] Mas ¡ay de vosotros, fariseos! que diezmáis la menta, y la ruda, y toda hortaliza,[i] y pasáis por alto la justicia y el amor de Dios. Esto os era necesario hacer, sin dejar aquello. [43] ¡Ay de vosotros, fariseos! que amáis las

---

c 11.23: Mr. 9.40. d 11.29: Mt. 16.4; Mt. 8.12. e 11.30: Jon. 3.4. f 11.31: 1 R. 10.1-10; 2 Cr. 9.1-12. g 11.32: Jon. 3.5. h 11.33: Mt. 5.15; Mr. 4.21; Lc. 8.16. i 11.42: Lv. 27.30.

PARTIR Y CORRER ▰▰▰▰▰▰▰▰

Equilibrar servicio cristiano con adoración

Lee Lucas 10:38-42

Es fácil perder de vista a Jesús en medio de toda nuestra actividad por él. Esta historia muestra la necesidad de mantener un equilibrio entre nuestra obra y nuestra adoración. Aquí vemos dos personalidades, representadas por Marta y María.

Marta: la hacedora. Marta era del tipo de persona que desea que todos los quehaceres estén hechos. En lo profundo de su corazón, ella probablemente deseaba agradar al Señor, pero cometió el error común de ofrecer obras por adoración. Ella recibió a Jesús en su casa, pero lo desatendió por el trabajo. Jesús deseaba su atención, pero ella le ofreció un frenesí de actividades.

Como resultado, se sintió cansada y agotada. Igual que Marta, nosotros podemos ocuparnos demasiado en la obra, y no tomar tiempo para sentarnos a sus pies, y recibir los recursos espirituales que están disponibles para nosotros.

primeras sillas en las sinagogas, y las salutaciones en las plazas. ⁴⁴ ¡Ay de vosotros, escribas y fariseos, hipócritas! que sois como sepulcros que no se ven, y los hombres que
andan encima no lo saben.

⁴⁵ Respondiendo uno de los intérpretes
de la ley, le dijo: Maestro, cuando dices
esto, también nos afrentas a nosotros. ⁴⁶ Y
él dijo: ¡Ay de vosotros también, intérpretes de la ley! porque cargáis a los hombres
con cargas que no pueden llevar, pero vosotros ni aun con un dedo las tocáis. ⁴⁷ ¡Ay
de vosotros, que edificáis los sepulcros de
los profetas a quienes mataron vuestros
padres! ⁴⁸ De modo que sois testigos y
consentidores de los hechos de vuestros
padres; porque a la verdad ellos los mataron, y vosotros edificáis sus sepulcros.
⁴⁹ Por eso la sabiduría de Dios también
dijo: Les enviaré profetas y apóstoles; y de
ellos, a unos matarán y a otros perseguirán, ⁵⁰ para que se demande de esta generación la sangre de todos los profetas que
se ha derramado desde la fundación del
mundo, ⁵¹ desde la sangre de Abel ʲ hasta
la sangre de Zacarías,ᵏ que murió entre el
altar y el templo; sí, os digo que será de-
mandada de esta generación. ⁵² ¡Ay de vosotros, intérpretes de la ley! porque habéis
quitado la llave de la ciencia; vosotros
mismos no entrasteis, y a los que entraban
se lo impedisteis.

⁵³ Diciéndoles él estas cosas, los escribas
y los fariseos comenzaron a estrecharle en
gran manera, y a provocarle a que hablase
de muchas cosas; ⁵⁴ acechándole, y procurando cazar alguna palabra de su boca para
acusarle.

ʲ 11.51: Gn. 4.8. ᵏ 11.51: 2 Cr. 24.20-21.
ᵃ 12.1: Mt. 16.6; Mr. 8.15. ᵇ 12.2: Mr. 4.22; Lc. 8.17.

CAPÍTULO 12

La levadura de los fariseos

En esto, juntándose por millares la multitud, tanto que unos a otros se atropellaban,
comenzó a decir a sus discípulos, primeramente: Guardaos de la levadura de los fariseos,ᵃ que es la hipocresía. ² Porque nada
hay encubierto, que no haya de descubrir-
se; ni oculto, que no haya de saberse.ᵇ ³ Por
tanto, todo lo que habéis dicho en tinieblas, a la luz se oirá; y lo que habéis hablado
al oído en los aposentos, se proclamará
en las azoteas.

A quién se debe temer

⁴ Mas os digo, amigos míos: No temáis a los
que matan el cuerpo, y después nada más
pueden hacer. ⁵ Pero os enseñaré a quién
debéis temer: Temed a aquel que después
de haber quitado la vida, tiene poder de
echar en el infierno; sí, os digo, a éste temed. ⁶ ¿No se venden cinco pajarillos por
dos cuartos? Con todo, ni uno de ellos está
olvidado delante de Dios. ⁷ Pues aun los cabellos de vuestra cabeza están todos contados. No temáis, pues; más valéis vosotros
que muchos pajarillos.

El que me confesare delante de los hombres

⁸ Os digo que todo aquel que me confesare
delante de los hombres, también el Hijo
del Hombre le confesará delante de los ángeles de Dios; ⁹ mas el que me negare delante de los hombres, será negado delante
de los ángeles de Dios. ¹⁰ A todo aquel que
dijere alguna palabra contra el Hijo del
Hombre, le será perdonado; pero al que
blasfemare contra el Espíritu Santo, no le

María: la adoradora. María tenía una vida equilibrada. Ella reconocía que hay un tiempo para trabajar y un tiempo para
adorar, un tiempo para hacer y un tiempo para orar. Sabía que hay un tiempo para dejar todo a un lado y conversar con
el más honorable huésped. Mientras Marta, fundamentalmente, deseaba «tener los platos listos», María deseaba
aprovechar este maravilloso momento de sentarse a los pies del Creador del universo.

Pocas cosas hay tan dañinas a la vida cristiana como tratar de hacer la obra para Cristo, sin tomar tiempo para estar en
comunión con él. En su carta al joven Timoteo, el apóstol Pablo escribe: «El labrador, para participar de los frutos, debe
trabajar primero» (2 Timoteo 2:6). En otras palabras, tú no puedes alimentar eficazmente a otros hasta que tú mismo
hayas sido alimentado.

Lo que hacemos con Cristo es más importante que lo que hacemos para Cristo. Aquellos que saben tener un equilibrio
entre el trabajo y la adoración serán más efectivos en su servicio para el Señor, y evitarán descuidar su relación personal
con él.

será perdonado.[c] [11] Cuando os trajeren a las sinagogas, y ante los magistrados y las autoridades, no os preocupéis por cómo o qué habréis de responder, o qué habréis de decir; [12] porque el Espíritu Santo os enseñará en la misma hora lo que debáis decir.[d]

El rico insensato

[13] Le dijo uno de la multitud: Maestro, di a mi hermano que parta conmigo la herencia. [14] Mas él le dijo: Hombre, ¿quién me ha puesto sobre vosotros como juez o partidor? [15] Y les dijo: Mirad, y guardaos de toda avaricia; porque la vida del hombre no consiste en la abundancia de los bienes que posee. [16] También les refirió una parábola, diciendo: La heredad de un hombre rico había producido mucho. [17] Y él pensaba dentro de sí, diciendo: ¿Qué haré, porque no tengo dónde guardar mis frutos? [18] Y dijo: Esto haré: derribaré mis graneros, y los edificaré mayores, y allí guardaré todos mis frutos y mis bienes; [19] y diré a mi alma: Alma, muchos bienes tienes guardados para muchos años; repósate, come, bebe, regocíjate. [20] Pero Dios le dijo: Necio, esta noche vienen a pedirte tu alma; y lo que has provisto, ¿de quién será? [21] Así es el que hace para sí tesoro, y no es rico para con Dios.

El afán y la ansiedad

[22] Dijo luego a sus discípulos: Por tanto os digo: No os afanéis por vuestra vida, qué comeréis; ni por el cuerpo, qué vestiréis. [23] La vida es más que la comida, y el cuerpo que el vestido. [24] Considerad los cuervos, que ni siembran, ni siegan; que ni tienen despensa, ni granero, y Dios los alimenta. ¿No valéis vosotros mucho más que las aves? [25] ¿Y quién de vosotros podrá con afanarse añadir a su estatura un codo? [26] Pues si no podéis ni aun lo que es menos, ¿por qué os afanáis por lo demás? [27] Considerad los lirios, cómo crecen; no trabajan, ni hilan; mas os digo, que ni aun Salomón con toda su gloria [e] se vistió como uno de ellos. [28] Y si así viste Dios la hierba que hoy está en el campo, y mañana es echada al horno, ¿cuánto más a vosotros, hombres de poca fe? [29] Vosotros, pues, no os preocupéis por lo que habéis de comer, ni por lo que habéis de beber, ni estéis en ansiosa inquietud. [30] Porque todas estas cosas buscan las gentes del mundo; pero vuestro Padre sabe que tenéis necesidad de estas cosas. [31] Mas buscad el reino de Dios, y todas estas cosas os serán añadidas.

Tesoro en el cielo

[32] No temáis, manada pequeña, porque a vuestro Padre le ha placido daros el reino. [33] Vended lo que poseéis, y dad limosna; haceos bolsas que no se envejezcan, tesoro en los cielos que no se agote, donde ladrón no llega, ni polilla destruye. [34] Porque donde está vuestro tesoro, allí estará también vuestro corazón.

El siervo vigilante

[35] Estén ceñidos vuestros lomos, y vuestras lámparas encendidas;[f] [36] y vosotros sed semejantes a hombres que aguardan a que su señor regrese [g] de las bodas, para que cuando llegue y llame, le abran en seguida. [37] Bienaventurados aquellos siervos a los cuales su señor, cuando venga, halle velando; de cierto os digo que se ceñirá, y hará que se sienten a la mesa, y vendrá a servirles. [38] Y aunque venga a la segunda vigilia, y aunque venga a la tercera vigilia, si los hallare así, bienaventurados son aquellos siervos. [39] Pero sabed esto, que si supiese el padre de familia a qué hora el ladrón había de venir, velaría ciertamente, y no dejaría minar su casa. [40] Vosotros, pues, también,

[c] 12.10: Mt. 12.32; Mr. 3.29.   [d] 12.11-12: Mt. 10.19-20; Mr. 13.11; Lc. 21.14-15.   [e] 12.27: 1 R. 10.4-7; 2 Cr. 9.3-6.
[f] 12.35: Mt. 25.1-13.   [g] 12.36: Mr. 13.34-36.

PARTIR Y CORRER ▰▰▰▰▰▰▰

No desatiendas tu salud espiritual Lee Lucas 12:16-21

Como lo ilustra esta parábola, es fácil dejar que otras metas nublen nuestra visión espiritual. Nos afanamos por obtener más dinero para comprar un auto nuevo o una casa, o tomar esa soñada vacación. A veces nos dejamos atrapar de tal manera en la búsqueda de dinero, que dejamos a Dios fuera del «programa».

estad preparados, porque a la hora que no penséis, el Hijo del Hombre vendrá.[h]

El siervo infiel
[41] Entonces Pedro le dijo: Señor, ¿dices esta parábola a nosotros, o también a todos? [42] Y dijo el Señor: ¿Quién es el mayordomo fiel y prudente al cual su señor pondrá sobre su casa, para que a tiempo les dé su ración? [43] Bienaventurado aquel siervo al cual, cuando su señor venga, le halle haciendo así. [44] En verdad os digo que le pondrá sobre todos sus bienes. [45] Mas si aquel siervo dijere en su corazón: Mi señor tarda en venir; y comenzare a golpear a los criados y a las criadas, y a comer y beber y embriagarse, [46] vendrá el señor de aquel siervo en día que éste no espera, y a la hora que no sabe, y le castigará duramente, y le pondrá con los infieles. [47] Aquel siervo que conociendo la voluntad de su señor, no se preparó, ni hizo conforme a su voluntad, recibirá muchos azotes. [48] Mas el que sin conocerla hizo cosas dignas de azotes, será azotado poco; porque a todo aquel a quien se haya dado mucho, mucho se le demandará; y al que mucho se le haya confiado, más se le pedirá.

Jesús, causa de división
[49] Fuego vine a echar en la tierra; ¿y qué quiero, si ya se ha encendido? [50] De un bautismo tengo que ser bautizado;[i] y ¡cómo me angustio hasta que se cumpla! [51] ¿Pensáis que he venido para dar paz en la tierra? Os digo: No, sino disensión. [52] Porque de aquí en adelante, cinco en una familia estarán divididos, tres contra dos, y dos contra tres. [53] Estará dividido el padre contra el hijo, y el hijo contra el padre; la madre contra la hija, y la hija contra la madre; la suegra contra su nuera, y la nuera contra su suegra.[j]

¿Cómo no reconocéis este tiempo?
[54] Decía también a la multitud: Cuando veis la nube que sale del poniente, luego decís: Agua viene; y así sucede. [55] Y cuando sopla el viento del sur, decís: Hará calor; y lo hace. [56] ¡Hipócritas! Sabéis distinguir el aspecto del cielo y de la tierra; ¿y cómo no distinguís este tiempo?

Arréglate con tu adversario
[57] ¿Y por qué no juzgáis por vosotros mismos lo que es justo? [58] Cuando vayas al magistrado con tu adversario, procura en el camino arreglarte con él, no sea que te arrastre al juez, y el juez te entregue al alguacil, y el alguacil te meta en la cárcel. [59] Te digo que no saldrás de allí, hasta que hayas pagado aun la última blanca.

CAPÍTULO **13**

Arrepentíos o pereceréis
En este mismo tiempo estaban allí algunos que le contaban acerca de los galileos cuya sangre Pilato había mezclado con los sacrificios de ellos. [2] Respondiendo Jesús, les dijo: ¿Pensáis que estos galileos, porque padecieron tales cosas, eran más pecadores que todos los galileos? [3] Os digo: No; antes si no os arrepentís, todos pereceréis igualmente. [4] O aquellos dieciocho sobre los cuales cayó la torre en Siloé, y los mató, ¿pensáis que eran más culpables que todos los hombres que habitan en Jerusalén? [5] Os digo: No; antes si no os arrepentís, todos pereceréis igualmente.

Parábola de la higuera estéril
[6] Dijo también esta parábola: Tenía un hombre una higuera plantada en su viña, y vino a buscar fruto en ella, y no lo halló. [7] Y dijo al viñador: He aquí, hace tres años que vengo a buscar fruto en esta higuera, y no lo hallo; córtala; ¿para qué inutiliza también la tierra? [8] Él entonces, respondiendo, le dijo: Señor, déjala todavía este año, hasta que yo cave alrededor de ella, y la abone. [9] Y si diere fruto, bien; y si no, la cortarás después.

h 12.39-40: Mt. 24.43-44.   i 12.50: Mr. 10.38.   j 12.53: Mi. 7.6.

La respuesta de Dios a este dilema es que busquemos primeramente el reino de Dios y su voluntad en nuestras vidas y todo será puesto en su lugar. Es muy simple. Entre más canalices tu energía, ambición y vida en este único y santo propósito, menos obsesionado estarás con las responsabilidades y las preocupaciones de este mundo. Por el bien de tu salud espiritual, busca el reino de Dios en todo cuanto hagas. Fallar en esto sólo garantiza confusión, fracaso, vacío e insatisfacción.

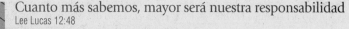

Cuanto más sabemos, mayor será nuestra responsabilidad
Lee Lucas 12:48

PIEDRAS ANGULARES

De acuerdo con este versículo, tú tendrás que rendir cuentas por todo lo que sabes. Se refiere a tu conducta personal, así como a la obra que harás para el reino de Dios. Por ejemplo, ahora sabes que no debes mentir, estafar, robar, o vivir una vida inmoral. Si pasas por alto los mandatos de Dios, sabes que vas a pagar las consecuencias. Por otro lado, también debes compartir tu conocimiento del Señor con otros, especialmente aquellos que están en camino a pasar el resto de la eternidad en el infierno. Nuestra actitud debe ser como la de Pablo, él escribió: «Sino que según fuimos aprobados por Dios para que se nos confíase el evangelio, así hablamos; no como para agradar a los hombres, sino a Dios, que prueba nuestros corazones» (1 Tesalonicenses 2:4).

¿Qué estás haciendo con el conocimiento espiritual y la visión que Dios te ha dado? ¿Los estás usando para su gloria?

Jesús sana a una mujer en el día de reposo
10 Enseñaba Jesús en una sinagoga en el día de reposo;* 11 y había allí una mujer que desde hacía dieciocho años tenía espíritu de enfermedad, y andaba encorvada, y en ninguna manera se podía enderezar. 12 Cuando Jesús la vio, la llamó y le dijo: Mujer, eres libre de tu enfermedad. 13 Y puso las manos sobre ella; y ella se enderezó luego, y glorificaba a Dios. 14 Pero el principal de la sinagoga, enojado de que Jesús hubiese sanado en el día de reposo,* dijo a la gente: Seis días hay en que se debe trabajar; en éstos, pues, venid y sed sanados, y no en día de reposo.*a*

15 Entonces el Señor le respondió y dijo: Hipócrita, cada uno de vosotros ¿no desata en el día de reposo* su buey o su asno del pesebre y lo lleva a beber? 16 Y a esta hija de Abraham, que Satanás había atado dieciocho años, ¿no se le debía desatar de esta ligadura en el día de reposo?* 17 Al decir él estas cosas, se avergonzaban todos sus adversarios; pero todo el pueblo se regocijaba por todas las cosas gloriosas hechas por él.

Parábola de la semilla de mostaza
18 Y dijo: ¿A qué es semejante el reino de Dios, y con qué lo compararé? 19 Es semejante al grano de mostaza, que un hombre tomó y sembró en su huerto; y creció, y se hizo árbol grande, y las aves del cielo anidaron en sus ramas.

Parábola de la levadura
20 Y volvió a decir: ¿A qué compararé el reino de Dios? 21 Es semejante a la levadura, que una mujer tomó y escondió en tres medidas de harina, hasta que todo hubo fermentado.

La puerta estrecha
22 Pasaba Jesús por ciudades y aldeas, enseñando, y encaminándose a Jerusalén. 23 Y alguien le dijo: Señor, ¿son pocos los que se salvan? Y él les dijo: 24 Esforzaos a entrar por la puerta angosta; porque os digo que muchos procurarán entrar, y no podrán. 25 Después que el padre de familia se haya levantado y cerrado la puerta, y estando fuera empecéis a llamar a la puerta, diciendo: Señor, Señor, ábrenos, él respondiendo os dirá: No sé de dónde sois. 26 Entonces comenzaréis a decir: Delante de ti hemos comido y bebido, y en nuestras plazas enseñaste. 27 Pero os dirá: Os digo que no sé de dónde sois; apartaos de mí todos vosotros, hacedores de maldad.*b* 28 Allí será el llanto y el crujir de dientes,*c* cuando veáis a Abraham, a Isaac, a Jacob y a todos los profetas en el reino de Dios, y vosotros estéis excluidos. 29 Porque vendrán del oriente y del occidente, del norte y del sur, y se sentarán a la mesa en el reino de Dios.*d* 30 Y he aquí, hay postreros que serán primeros, y primeros que serán postreros.*e*

---

a 13.14: Ex. 20.9-10; Dt. 5.13-14. *b* 13.27: Sal. 6.8. *c* 13.28: Mt. 22.13; 25.30. *d* 13.28-29: Mt. 8.11-12.
e 13.30: Mt. 19.30; 20.16; Mr. 10.31.

Lamento de Jesús sobre Jerusalén

³¹ Aquel mismo día llegaron unos fariseos, diciéndole: Sal, y vete de aquí, porque Herodes te quiere matar. ³² Y les dijo: Id, y decid a aquella zorra: He aquí, echo fuera demonios y hago curaciones hoy y mañana, y al tercer día termino mi obra. ³³ Sin embargo, es necesario que hoy y mañana y pasado mañana siga mi camino; porque no es posible que un profeta muera fuera de Jerusalén. ³⁴ ¡Jerusalén, Jerusalén, que matas a los profetas, y apedreas a los que te son enviados! ¡Cuántas veces quise juntar a tus hijos, como la gallina a sus polluelos debajo de sus alas, y no quisiste! ³⁵ He aquí, vuestra casa os es dejada desierta; y os digo que no me veréis, hasta que llegue el tiempo en que digáis: Bendito el que viene en nombre del Señor.^f

CAPÍTULO 14

Jesús sana a un hidrópico

Aconteció un día de reposo,* que habiendo entrado para comer en casa de un gobernante, que era fariseo, éstos le acechaban. ² Y he aquí estaba delante de él un hombre hidrópico. ³ Entonces Jesús habló a los intérpretes de la ley y a los fariseos, diciendo: ¿Es lícito sanar en el día de reposo?* ⁴ Mas ellos callaron. Y él, tomándole, le sanó, y le despidió. ⁵ Y dirigiéndose a ellos, dijo: ¿Quién de vosotros, si su asno o su buey cae en algún pozo, no lo sacará inmediatamente, aunque sea en día de reposo? *^a ⁶ Y no le podían replicar a estas cosas.

Los convidados a las bodas

⁷ Observando cómo escogían los primeros asientos a la mesa, refirió a los convidados una parábola, diciéndoles: ⁸ Cuando fueres convidado por alguno a bodas, no te sientes en el primer lugar, no sea que otro más distinguido que tú esté convidado por él, ⁹ y viniendo el que te convidó a ti y a él, te diga: Da lugar a éste; y entonces comiences con vergüenza a ocupar el último lugar. ¹⁰ Mas cuando fueres convidado, ve y siéntate en el último lugar, para que cuando venga el que te convidó, te diga: Amigo, sube más arriba; entonces tendrás gloria delante de los que se sientan contigo a la mesa.^b ¹¹ Porque cualquiera que se enaltece, será humillado; y el que se humilla, será enaltecido.^c

¹² Dijo también al que le había convidado: Cuando hagas comida o cena, no llames a tus amigos, ni a tus hermanos, ni a tus parientes, ni a vecinos ricos; no sea que ellos a su vez te vuelvan a convidar, y seas recompensado. ¹³ Mas cuando hagas banquete, llama a los pobres, los mancos, los cojos y los ciegos; ¹⁴ y serás bienaventurado; porque ellos no te pueden recompensar, pero te será recompensado en la resurrección de los justos.

Parábola de la gran cena

¹⁵ Oyendo esto uno de los que estaban sentados con él a la mesa, le dijo: Bienaventurado el que coma pan en el reino de Dios.

Un discípulo calcula el costo

Lee Lucas 14:25-33

Cuando Jesús dijo estas palabras, ya se había convertido en una figura popular. Las multitudes se agolpaban alrededor de él dondequiera que iba. Pero no siempre lo hacían por los motivos correctos. En consecuencia, Jesús dirigió sus solemnes y escrutadoras palabras a esa gente que lo seguía con propósitos egoístas o porque estaba de moda hacerlo.

Del mismo modo, Jesús no desea que lo sigas sólo cuando es conveniente o aceptable socialmente. Él desea que seas su discípulo de largo plazo, no importa cuán fácil o difícil resulte. Por este motivo debes calcular el costo de ser discípulo de Jesús. ¿Qué significa calcular el costo? Las cuatro preguntas siguientes te darán una idea concreta.

- ¿Amas a Jesús más que a nadie o a nada en tu vida?
- ¿Amas a Jesús y deseas hacer su voluntad en tu vida, más que la tuya?
- ¿Estás dispuesto a aceptar el ridículo y el sacrificio por la causa de Cristo?
- ¿Te comprometes a seguir a Jesús, sea o no popular o fácil de llevar tu fe?

Si has examinado con cuidado tu corazón, calculado el costo, y puedes sinceramente contestar sí a estas preguntas, entonces estás en el camino del discipulado y listo para pasar el resto de tu vida como su discípulo y amigo. Jesús no está buscando seguidores a medias. Desea seguidores de todo corazón.

PRIMEROS PASOS

---

^f 13.35: Sal. 118.26.   ^a 14.5: Mt. 12.11.
^b 14.8-10: Pr. 25.6-7.   ^c 14.11: Mt. 23.12; Lc. 18.14.

¹⁶ Entonces Jesús le dijo: Un hombre hizo una gran cena, y convidó a muchos. ¹⁷ Y a la hora de la cena envió a su siervo a decir a los convidados: Venid, que ya todo está preparado. ¹⁸ Y todos a una comenzaron a excusarse. El primero dijo: He comprado una hacienda, y necesito ir a verla; te ruego que me excuses. ¹⁹ Otro dijo: He comprado cinco yuntas de bueyes, y voy a probarlos; te ruego que me excuses. ²⁰ Y otro dijo: Acabo de casarme, y por tanto no puedo ir. ²¹ Vuelto el siervo, hizo saber estas cosas a su señor. Entonces enojado el padre de familia, dijo a su siervo: Vé pronto por las plazas y las calles de la ciudad, y trae acá a los pobres, los mancos, los cojos y los ciegos. ²² Y dijo el siervo: Señor, se ha hecho como mandaste, y aún hay lugar. ²³ Dijo el señor al siervo: Vé por los caminos y por los vallados, y fuérzalos a entrar, para que se llene mi casa. ²⁴ Porque os digo que ninguno de aquellos hombres que fueron convidados, gustará mi cena.

Lo que cuesta seguir a Cristo

²⁵ Grandes multitudes iban con él; y volviéndose, les dijo: ²⁶ Si alguno viene a mí, y no aborrece a su padre, y madre, y mujer, e hijos, y hermanos, y hermanas, y aun también su propia vida, no puede ser mi discípulo.[d] ²⁷ Y el que no lleva su cruz y viene en pos de mí, no puede ser mi discípulo.[e] ²⁸ Porque ¿quién de vosotros, queriendo edificar una torre, no se sienta primero y calcula los gastos, a ver si tiene lo que necesita para acabarla? ²⁹ No sea que después que haya puesto el cimiento, y no pueda acabarla, todos los que lo vean comiencen a hacer burla de él, ³⁰ diciendo: Este hombre comenzó a edificar, y no pudo acabar. ³¹ ¿O qué rey, al marchar a la guerra contra otro rey, no se sienta primero y considera si puede hacer frente con diez mil al que viene contra él con veinte mil? ³² Y si no puede, cuando el otro está todavía lejos, le envía una embajada y le pide condiciones de paz. ³³ Así, pues, cualquiera de vosotros que no renuncia a todo lo que posee, no puede ser mi discípulo.

Cuando la sal pierde su sabor

³⁴ Buena es la sal; mas si la sal se hiciere insípida, ¿con qué se sazonará? ³⁵ Ni para la tierra ni para el muladar es útil; la arrojan fuera. El que tiene oídos para oír, oiga.

CAPÍTULO 15

Parábola de la oveja perdida

Se acercaban a Jesús todos los publicanos y pecadores para oírle, ² y los fariseos y los escribas murmuraban, diciendo: Este a los pecadores recibe, y con ellos come.[a]

³ Entonces él les refirió esta parábola, diciendo: ⁴ ¿Qué hombre de vosotros, teniendo cien ovejas, si pierde una de ellas, no deja las noventa y nueve en el desierto, y va tras la que se perdió, hasta encontrarla? ⁵ Y cuando la encuentra, la pone sobre sus hombros gozoso; ⁶ y al llegar a casa, reúne a sus amigos y vecinos, diciéndoles: Gozaos conmigo, porque he encontrado mi oveja que se había perdido. ⁷ Os digo que así habrá más gozo en el cielo por un pecador que se arrepiente, que por noventa y nueve justos que no necesitan de arrepentimiento.

Parábola de la moneda perdida

⁸ ¿O qué mujer que tiene diez dracmas, si pierde una dracma, no enciende la lámpara, y barre la casa, y busca con diligencia hasta encontrarla? ⁹ Y cuando la encuentra, reúne a sus amigas y vecinas, diciendo: Gozaos conmigo, porque he encontrado la dracma que había perdido. ¹⁰ Así os digo que hay gozo delante de los ángeles de Dios por un pecador que se arrepiente.

Parábola del hijo pródigo

¹¹ También dijo: Un hombre tenía dos hijos; ¹² y el menor de ellos dijo a su padre: Padre, dame la parte de los bienes que me corresponde; y les repartió los bienes. ¹³ No muchos días después, juntándolo todo el hijo menor, se fue lejos a una provincia apartada; y allí desperdició sus bienes viviendo perdidamente. ¹⁴ Y cuando todo lo hubo malgastado, vino una gran hambre en aquella provincia, y comenzó a faltarle. ¹⁵ Y fue y se arrimó a uno de los ciudadanos de aquella tierra, el cual le envió a su hacienda para que apacentase cerdos. ¹⁶ Y deseaba llenar su vientre de las algarrobas que comían los cerdos, pero nadie le daba. ¹⁷ Y volviendo en sí, dijo: ¡Cuántos jornaleros en casa de mi padre tienen abundancia de

---

d 14.26: Mt. 10.37.   e 14.27: Mt. 10.38; 16.24; Mr. 8.34; Lc. 9.23.   a 15.1-2: Lc. 5.29-30.

pan, y yo aquí perezco de hambre! [18] Me levantaré e iré a mi padre, y le diré: Padre, he pecado contra el cielo y contra ti. [19] Ya no soy digno de ser llamado tu hijo; hazme como a uno de tus jornaleros. [20] Y levantándose, vino a su padre. Y cuando aún estaba lejos, lo vio su padre, y fue movido a misericordia, y corrió, y se echó sobre su cuello, y le besó. [21] Y el hijo le dijo: Padre, he pecado contra el cielo y contra ti, y ya no soy digno de ser llamado tu hijo. [22] Pero el padre dijo a sus siervos: Sacad el mejor vestido, y vestidle; y poned un anillo en su mano, y calzado en sus pies. [23] Y traed el becerro gordo y matadlo, y comamos y hagamos fiesta; [24] porque este mi hijo muerto era, y ha revivido; se había perdido, y es hallado. Y comenzaron a regocijarse.

[25] Y su hijo mayor estaba en el campo; y cuando vino, y llegó cerca de la casa, oyó la música y las danzas; [26] y llamando a uno de los criados, le preguntó qué era aquello. [27] Él le dijo: Tu hermano ha venido; y tu padre ha hecho matar el becerro gordo, por haberle recibido bueno y sano. [28] Entonces se enojó, y no quería entrar. Salió por tanto su padre, y le rogaba que entrase. [29] Mas él, respondiendo, dijo al padre: He aquí, tantos años te sirvo, no habiéndote desobedecido jamás, y nunca me has dado ni un cabrito para gozarme con mis amigos. [30] Pero cuando vino este tu hijo, que ha consumido tus bienes con rameras, has hecho matar para él el becerro gordo. [31] Él entonces le dijo: Hijo, tú siempre estás conmigo, y todas mis cosas son tuyas. [32] Mas era necesario hacer fiesta y regocijarnos, porque este tu hermano era muerto, y ha revivido; se había perdido, y es hallado.

CAPÍTULO 16

Parábola del mayordomo infiel

Dijo también a sus discípulos: Había un hombre rico que tenía un mayordomo, y éste fue acusado ante él como disipador de sus bienes. [2] Entonces le llamó, y le dijo: ¿Qué es esto que oigo acerca de ti? Da cuenta de tu mayordomía, porque ya no podrás más ser mayordomo. [3] Entonces el mayordomo dijo para sí: ¿Qué haré? Porque mi amo me quita la mayordomía. Cavar, no puedo; mendigar, me da vergüenza. [4] Ya sé lo que haré para que cuando se me quite de la mayordomía, me reciban en sus casas. [5] Y llamando a cada uno de los deudores de su amo, dijo al primero: ¿Cuánto debes a mi amo? [6] Él dijo: Cien barriles de aceite. Y le dijo: Toma tu cuenta, siéntate pronto, y escribe cincuenta. [7] Después dijo a otro: Y tú, ¿cuánto debes? Y él dijo: Cien medidas de trigo. Él le dijo: Toma tu cuenta, y escribe ochenta. [8] Y alabó el amo al mayordomo malo por haber hecho sagazmente; porque los hijos de este siglo son más sagaces en el trato con sus semejantes que los hijos de luz. [9] Y yo os digo: Ganad amigos por medio de las riquezas injustas, para que cuando éstas falten, os reciban en las moradas eternas.

[10] El que es fiel en lo muy poco, también en lo más es fiel; y el que en lo muy poco es injusto, también en lo más es injusto. [11] Pues si en las riquezas injustas no fuisteis fieles, ¿quién os confiará lo verdadero? [12] Y si en lo ajeno no fuisteis fieles, ¿quién os dará lo que es vuestro? [13] Ningún siervo puede servir a dos señores; porque o aborrecerá al uno y amará al otro, o estimará al uno y menospreciará al otro. No podéis servir a Dios [a] y a las riquezas.

[14] Y oían también todas estas cosas los fariseos, que eran avaros, y se burlaban de él. [15] Entonces les dijo: Vosotros sois los que os justificáis a vosotros mismos delante de los hombres; mas Dios conoce vuestros corazones; porque lo que los hombres tienen por sublime, delante de Dios es abominación.

La ley y el reino de Dios

[16] La ley y los profetas eran hasta Juan; desde entonces el reino de Dios es anunciado, y todos se esfuerzan por entrar en él. [b] [17] Pero más fácil es que pasen el cielo y la tierra, que se frustre una tilde de la ley. [c]

Jesús enseña sobre el divorcio

[18] Todo el que repudia a su mujer, y se casa con otra, adultera; y el que se casa con la repudiada del marido, adultera. [d]

El rico y Lázaro

[19] Había un hombre rico, que se vestía de púrpura y de lino fino, y hacía cada día banquete con esplendidez. [20] Había también un mendigo llamado Lázaro, que estaba echado a la

a 16.13: Mt. 6.24. b 16.16: Mt. 11.12-13. c 16.17: Mt. 5.18. d 16.18: Mt. 5.32; Mr. 10.11-12; 1 Co. 7.10-11.

¿A qué se parece el infierno? Lee Lucas 16:19-31

En esta parábola, Jesús nos da una extraña y breve visión de la vida en el infierno. Aquí está lo que revela acerca de este oscuro lugar de castigo.

El estilo de vida de la gente en la tierra, no será el mismo en la eternidad. Las cosas cambiaron dramáticamente para el hombre rico cuando pasó a la eternidad. Debido a que nunca había tenido una relación personal con Dios, de inmediato entró en los tormentos del infierno, sin un centavo y en agonía. Aquellos que no tienen un corazón recto para con Dios, enfrentan el mismo futuro que el hombre rico de esta historia. Después de la muerte serán retenidos en el infierno hasta que sean presentados delante de Dios, en lo que la Biblia llama el juicio del Gran Trono Blanco (lee «Why Would a Good God Send Anyone to Hell?» [Por qué un Dios bueno enviaría a alguien al infierno] p. 287).

El infierno es un lugar de llamas y tormentos. El hombre rico de esta parábola experimentó un calor insoportable y una sed insaciable. Se hallaba en tal agonía que clamó a Abraham, y le pidió que enviara a Lázaro para que mojara su dedo en agua y refrescara su lengua (la del hombre rico). Si alguna vez sufriste una grave quemadura, entonces tienes una idea del tormento que espera a los que pasarán la eternidad en el infierno. Agrega a esto tinieblas y soledad, y tendrás un escenario increíblemente terrible.

La gente no «la pasa bien» en el infierno. Algunos dicen: «Yo quiero ir al infierno. Todos mis amigos estarán allí». Puede ser cierto. Pero no hay fiestas en el infierno. Como dice esta parábola, el hombre rico estaba tan espantado de su situación que deseaba que Lázaro regresara a advertir a sus hermanos, para que ellos no fueran también a ese lugar de tormento.

Si deseas saber acerca de la realidad del infierno, no tienes por qué leer uno de esos periódicos sensacionalistas donde sale gente que dice haber tenido una experiencia fuera del cuerpo. Puedes estudiar las palabras del Dios viviente, quien murió y resucitó, y puede decirte exactamente qué esperar en la eternidad. Nuestra aceptación o rechazo a las palabras de la Escritura determinará en qué lado de la línea divisoria pasaremos el resto de nuestras vidas.

PIEDRAS ANGULARES

---

puerta de aquél, lleno de llagas, [21] y ansiaba saciarse de las migajas que caían de la mesa del rico; y aun los perros venían y le lamían las llagas. [22] Aconteció que murió el mendigo, y fue llevado por los ángeles al seno de Abraham; y murió también el rico, y fue sepultado. [23] Y en el Hades alzó sus ojos, estando en tormentos, y vio de lejos a Abraham, y a Lázaro en su seno. [24] Entonces él, dando voces, dijo: Padre Abraham, ten misericordia de mí, y envía a Lázaro para que moje la punta de su dedo en agua, y refresque mi lengua; porque estoy atormentado en esta llama. [25] Pero Abraham le dijo: Hijo, acuérdate que recibiste tus bienes en tu vida, y Lázaro también males; pero ahora éste es consolado aquí, y tú atormentado. [26] Además de todo esto, una gran sima está puesta entre nosotros y vosotros, de manera que los que quisieren pasar de aquí a vosotros, no pueden, ni de allá pasar acá. [27] Entonces le dijo: Te ruego, pues, padre, que le envíes a la casa de mi padre, [28] porque tengo cinco hermanos, para que les testifique, a fin de que no vengan ellos también a este lugar de tormento. [29] Y Abraham le dijo: A Moisés y a los profetas tienen; óiganlos. [30] Él entonces dijo: No, padre Abraham; pero si alguno fuere a ellos de entre los muertos, se arrepentirán. [31] Mas Abraham le dijo: Si no oyen a Moisés y a los profetas, tampoco se persuadirán aunque alguno se levantare de los muertos.

CAPÍTULO 17

Ocasiones de caer

Dijo Jesús a sus discípulos: Imposible es que no vengan tropiezos; mas ¡ay de aquel por quien vienen! [2] Mejor le fuera que se le atase al cuello una piedra de molino y se le arrojase al mar, que hacer tropezar a uno de estos pequeñitos. [3] Mirad por vosotros mismos. Si tu hermano pecare contra ti, repréndele; y si se arrepintiere, perdónale.[a] [4] Y si siete veces al día pecare contra ti, y siete veces al día volviere a ti, diciendo: Me arrepiento; perdónale.

Auméntanos la fe

⁵ Dijeron los apóstoles al Señor: Auménta-nos la fe. ⁶ Entonces el Señor dijo: Si tuvierais fe como un grano de mostaza, podríais decir a este sicómoro: Desarráigate, y plántate en el mar; y os obedecería.

El deber del siervo

⁷ ¿Quién de vosotros, teniendo un siervo que ara o apacienta ganado, al volver él del campo, luego le dice: Pasa, siéntate a la mesa? ⁸ ¿No le dice más bien: Prepárame la cena, cíñete, y sírveme hasta que haya comido y bebido; y después de esto, come y bebe tú? ⁹ ¿Acaso da gracias al siervo porque hizo lo que se le había mandado? Pienso que no. ¹⁰ Así también vosotros, cuando hayáis hecho todo lo que os ha sido ordenado, decid: Siervos inútiles somos, pues lo que debíamos hacer, hicimos.

Diez leprosos son limpiados

¹¹ Yendo Jesús a Jerusalén, pasaba entre Samaria y Galilea. ¹² Y al entrar en una aldea, le salieron al encuentro diez hombres leprosos, los cuales se pararon de lejos ¹³ y alzaron la voz, diciendo: ¡Jesús, Maestro, ten misericordia de nosotros! ¹⁴ Cuando él los vio, les dijo: Id, mostraos a los sacerdotes.[b] Y aconteció que mientras iban, fueron limpiados. ¹⁵ Entonces uno de ellos, viendo que había sido sanado, volvió, glorificando a Dios a gran voz, ¹⁶ y se postró rostro en tierra a sus pies, dándole gracias; y éste era samaritano. ¹⁷ Respondiendo Jesús, dijo: ¿No son diez los que fueron limpiados? Y los nueve, ¿dónde están? ¹⁸ ¿No hubo quien volviese y diese gloria a Dios sino este extranjero? ¹⁹ Y le dijo: Levántate, vete; tu fe te ha salvado.

La venida del Reino

²⁰ Preguntado por los fariseos, cuándo había de venir el reino de Dios, les respondió y dijo: El reino de Dios no vendrá con advertencia, ²¹ ni dirán: Helo aquí, o helo allí;[c] porque he aquí el reino de Dios está entre vosotros. ²² Y dijo a sus discípulos: Tiempo vendrá cuando desearéis ver uno de los días del Hijo del Hombre, y no lo veréis. ²³ Y os dirán: Helo aquí, o helo allí. No vayáis, ni los sigáis. ²⁴ Porque como el relámpago que al fulgurar resplandéce desde un extremo del cielo hasta el otro, así también será el Hijo del Hombre en su día. ²⁵ Pero primero es necesario que padezca mucho, y sea desechado por esta generación. ²⁶ Como fue en los días de Noé,[d] así también será en los días del Hijo del Hombre. ²⁷ Comían, bebían, se casaban y se daban en casamiento, hasta el día en que entró Noé en el arca, y vino el diluvio y los destruyó a todos.[e] ²⁸ Asimismo como sucedió en los días de Lot;[f] comían, bebían, compraban, vendían, plantaban, edificaban; ²⁹ mas el día en que Lot salió de Sodoma, llovió del cielo fuego y azufre, y los destruyó a todos. ³⁰ Así será el día en que el Hijo del Hombre se manifieste. ³¹ En aquel día, el que esté en la azotea, y sus bienes en casa, no descienda a tomarlos; y el que en el campo, asimismo no vuelva atrás.[g] ³² Acordaos de la mujer de Lot.[h] ³³ Todo el que procure salvar su vida, la perderá; y todo el que la pierda, la salvará.[i] ³⁴ Os digo que en aquella noche estarán dos en una cama; el uno será tomado, y el otro será dejado. ³⁵ Dos mujeres estarán moliendo juntas; la una será tomada, y la otra dejada. ³⁶ Dos estarán en el campo; el uno será tomado, y el otro dejado. ³⁷ Y respondiendo, le dijeron: ¿Dónde, Señor? Él les dijo: Donde estuviere el cuerpo, allí se juntarán también las águilas.

CAPÍTULO 18

Parábola de la viuda y el juez injusto

También les refirió Jesús una parábola sobre la necesidad de orar siempre, y no desmayar, ² diciendo: Había en una ciudad un juez, que ni temía a Dios, ni respetaba a hombre. ³ Había también en aquella ciudad una viuda, la cual venía a él, diciendo: Hazme justicia de mi adversario. ⁴ Y él no quiso por algún tiempo; pero después de esto dijo dentro de sí: Aunque ni temo a Dios, ni tengo respeto a hombre, ⁵ sin embargo, porque esta viuda me es molesta, le haré justicia, no sea que viniendo de continuo, me agote la paciencia. ⁶ Y dijo el Señor: Oíd lo que dijo el juez injusto. ⁷ ¿Y acaso Dios no hará justicia a sus escogidos, que claman a él día y noche? ¿Se tardará en responderles? ⁸ Os digo que pronto les hará justicia. Pero cuando venga el Hijo del Hombre, ¿hallará fe en la tierra?

b 17.14: Lv. 14.1-32.   c 17.20-21: Mr. 13.21-22.   d 17.26: Gn. 6.5-8.   e 17.27: Gn. 7.6-24.   f 17.28-29: Gn. 18.20—19.25.
g 17.31: Mt. 24.17-18; Mr. 13.15-16.   h 17.32: Gn. 19.26.   i 17.33: Mt. 10.39; 16.25; Mr. 8.35; Lc. 9.24; Jn. 12.25.

Parábola del fariseo y el publicano

9 A unos que confiaban en sí mismos como justos, y menospreciaban a los otros, dijo también esta parábola: 10 Dos hombres subieron al templo a orar: uno era fariseo, y el otro publicano. 11 El fariseo, puesto en pie, oraba consigo mismo de esta manera: Dios, te doy gracias porque no soy como los otros hombres, ladrones, injustos, adúlteros, ni aun como este publicano; 12 ayuno dos veces a la semana, doy diezmos de todo lo que gano. 13 Mas el publicano, estando lejos, no quería ni aun alzar los ojos al cielo, sino que se golpeaba el pecho, diciendo: Dios, sé propicio a mí, pecador. 14 Os digo que éste descendió a su casa justificado antes que el otro; porque cualquiera que se enaltece, será humillado; y el que se humilla será enaltecido.*a*

Jesús bendice a los niños

15 Traían a él los niños para que los tocase; lo cual viendo los discípulos, les reprendieron. 16 Mas Jesús, llamándolos, dijo: Dejad a los niños venir a mí, y no se lo impidáis; porque de los tales es el reino de Dios. 17 De cierto os digo, que el que no recibe el reino de Dios como un niño, no entrará en él.

El joven rico

18 Un hombre principal le preguntó, diciendo: Maestro bueno, ¿qué haré para heredar la vida eterna? 19 Jesús le dijo: ¿Por qué me llamas bueno? Ninguno hay bueno, sino sólo Dios. 20 Los mandamientos sabes: No adulterarás;*b* no matarás;*c* no hurtarás;*d* no dirás falso testimonio;*e* honra a tu padre y a tu madre.*f* 21 Él dijo: Todo esto lo he guardado desde mi juventud. 22 Jesús, oyendo esto, le dijo: Aún te falta una cosa: vende todo lo que tienes, y dalo a los pobres, y tendrás tesoro en el cielo; y ven, sígueme. 23 Entonces él, oyendo esto, se puso muy triste, porque era muy rico. 24 Al ver Jesús que se había entristecido mucho, dijo: ¡Cuán difícilmente entrarán en el reino de Dios los que tienen riquezas! 25 Porque es más fácil pasar un camello por el ojo de una aguja, que entrar un rico en el reino de Dios. 26 Y los que oyeron esto dijeron: ¿Quién, pues, podrá ser salvo? 27 Él les dijo: Lo que es imposible para los hombres, es posible para Dios. 28 Entonces Pedro dijo: He aquí, nosotros hemos dejado nuestras posesiones y te hemos seguido. 29 Y él les dijo: De cierto os digo, que no hay nadie que haya dejado casa, o padres, o hermanos, o mujer, o hijos, por el reino de Dios, 30 que no haya de recibir mucho más en este tiempo, y en el siglo venidero la vida eterna.

Nuevamente Jesús anuncia su muerte

31 Tomando Jesús a los doce, les dijo: He aquí subimos a Jerusalén, y se cumplirán todas las cosas escritas por los profetas acerca del Hijo del Hombre. 32 Pues será entregado a los gentiles, y será escarnecido, y afrentado, y escupido. 33 Y después que le hayan azotado, le matarán; mas al tercer día resucitará. 34 Pero ellos nada comprendieron de estas cosas, y esta palabra les era encubierta, y no entendían lo que se les decía.

Un ciego de Jericó recibe la vista

35 Aconteció que acercándose Jesús a Jericó, un ciego estaba sentado junto al camino mendigando; 36 y al oír a la multitud que pasaba, preguntó qué era aquello. 37 Y le dijeron que pasaba Jesús nazareno. 38 Entonces dio voces, diciendo: ¡Jesús, Hijo de David, ten misericordia de mí! 39 Y los que iban delante le reprendían para que callase;

---

a 18.14: Mt. 23.12; Lc. 14.11. b 18.20: Ex. 20.14; Dt. 5.18. c 18.20: Ex. 20.13; Dt. 5.17. d 18.20: Ex. 20.15; Dt. 5.19.
e 18.20: Ex. 20.16; Dt. 5.20. f 18.20: Ex. 20.12; Dt. 5.16.

PARTIR Y CORRER

Orar con persistencia Lee Lucas 18:1-8

Esta parábola ilustra la necesidad de persistir en la oración. Jesús eligió dos personajes diferentes para esta parábola: una pobre viuda, y un juez corrupto. Estos dos personajes, no parecen los apropiados para describir nuestra relación con Dios, pero Jesús desea que nos fijemos en varios contrastes interesantes en esta historia:

• La viuda tenía que ir a un juez corrupto... nosotros podemos ir a nuestro Padre celestial (lee Efesios 3:14).

pero él clamaba mucho más: ¡Hijo de David, ten misericordia de mí! 40 Jesús entonces, deteniéndose, mandó traerle a su presencia; y cuando llegó, le preguntó, 41 diciendo: ¿Qué quieres que te haga? Y él dijo: Señor, que reciba la vista. 42 Jesús le dijo: Recíbela, tu fe te ha salvado. 43 Y luego vio, y le seguía, glorificando a Dios; y todo el pueblo, cuando vio aquello, dio alabanza a Dios.

CAPÍTULO 19

Jesús y Zaqueo

Habiendo entrado Jesús en Jericó, iba pasando por la ciudad. 2 Y sucedió que un varón llamado Zaqueo, que era jefe de los publicanos, y rico, 3 procuraba ver quién era Jesús; pero no podía a causa de la multitud, pues era pequeño de estatura. 4 Y corriendo delante, subió a un árbol sicómoro para verle; porque había de pasar por allí. 5 Cuando Jesús llegó a aquel lugar, mirando hacia arriba, le vio, y le dijo: Zaqueo, date prisa, desciende, porque hoy es necesario que pose yo en tu casa. 6 Entonces él descendió aprisa, y le recibió gozoso. 7 Al ver esto, todos murmuraban, diciendo que había entrado a posar con un hombre pecador. 8 Entonces Zaqueo, puesto en pie, dijo al Señor: He aquí, Señor, la mitad de mis bienes doy a los pobres; y si en algo he defraudado a alguno, se lo devuelvo cuadruplicado. 9 Jesús le dijo: Hoy ha venido la salvación a esta casa; por cuanto él también es hijo de Abraham. 10 Porque el Hijo del Hombre vino a buscar y a salvar lo que se había perdido.[a]

Parábola de las diez minas

11 Oyendo ellos estas cosas, prosiguió Jesús y dijo una parábola, por cuanto estaba cerca de Jerusalén, y ellos pensaban que el reino de Dios se manifestaría inmediatamente. 12 Dijo, pues: Un hombre noble se fue a un país lejano, para recibir un reino y volver. 13 Y llamando a diez siervos suyos, les dio diez minas, y les dijo: Negociad entre tanto que vengo. 14 Pero sus conciudadanos le aborrecían, y enviaron tras él una embajada, diciendo: No queremos que éste reine sobre nosotros. 15 Aconteció que vuelto él, después de recibir el reino, mandó llamar ante él a aquellos siervos a los cuales había dado el dinero, para saber lo que había negociado cada uno. 16 Vino el primero, diciendo: Señor, tu mina ha ganado diez minas. 17 Él le dijo: Está bien, buen siervo; por cuanto en lo poco has sido fiel, tendrás autoridad sobre diez ciudades. 18 Vino otro, diciendo: Señor, tu mina ha producido cinco minas. 19 Y también a éste dijo: Tú también sé sobre cinco ciudades. 20 Vino otro, diciendo: Señor, aquí está tu mina, la cual he tenido guardada en un pañuelo; 21 porque tuve miedo de ti, por cuanto eres hombre severo, que tomas lo que no pusiste, y siegas lo que no sembraste. 22 Entonces él le dijo: Mal siervo, por tu propia boca te juzgo. Sabías que yo era hombre severo, que tomo lo que no puse, y que siego lo que no sembré; 23 ¿por qué, pues, no pusiste mi dinero en el banco, para que al volver yo, lo hubiera recibido con los intereses? 24 Y dijo a los que estaban presentes: Quitadle la mina, y dadla al que tiene las diez minas. 25 Ellos le dijeron: Señor, tiene diez minas. 26 Pues yo os digo que a todo el que tiene, se le dará; mas al que no tiene, aun lo que tiene se le quitará.[b] 27 Y también a aquellos mis enemigos que no querían que yo reinase sobre ellos, traedlos acá, y decapitadlos delante de mí.[c]

a 19.10: Mt. 18.11.   b 19.26: Mt. 13.12; Mr. 4.25; Lc. 8.18.   c 19.11-27: Mt. 25. 14-30.

- La viuda era una extraña... nosotros somos hijos de Dios (lee Juan 1:12)
- La viuda no tenía acceso al juez... nosotros tenemos acceso constante a Dios (lee Hebreos 10:19).
- La viuda acudía a la corte legal... nosotros acudimos al trono de gracia (lee Hebreos 4:16).
- La viuda no tenía abogado... nosotros tenemos de abogado a Jesús (lee 1 Juan 2:1)
- La viuda tuvo que agotar la paciencia del juez antes de ser escuchada... nosotros sabemos que Dios oye nuestras peticiones (lee Mateo 7:7-11)

Si esta pobre mujer recibió lo que merecía, de un juez corrupto, cuánto más recibiremos nosotros de nuestro amado Padre celestial. Como lo ilustra Jesús, la persistencia recompensa. ¡Sigue orando!

Necesitamos invertir nuestras habilidades y recursos en el reino de Dios

Lee Lucas 19:11-26

Esta parábola explica lo que Jesús desea que hagamos mientras esperamos su regreso a la tierra. El hombre noble de esta historia representa a Cristo. Los siervos somos nosotros, sus seguidores. En esencia, el corazón de la parábola es que debemos trabajar diligentemente hasta que él regrese. En esta parábola, cada hombre recibe diez libras de plata. Del mismo modo, cada creyente recibe igual oportunidad de invertir su vida en el reino de Dios. Es la sencilla comisión de proclamar el evangelio al mundo y hacer discípulos. Veamos tres niveles de inversión.

1. El siervo con enormes ganancias. Este ambicioso siervo le dio al rey diez veces la cantidad que había recibido. Es un verdadero discípulo. Comparte activamente su fe y luego toma a los nuevos creyentes bajo su cuidado para ayudarles a madurar en su fe.

2. El siervo con espléndidas ganancias. El segundo siervo fue un poco menos ambicioso que el primero, pero obtuvo algunas ganancias. Es alguien más o menos satisfecho con lo que hace. Comparte el evangelio lento pero seguro, aunque no tiene el resultado de la primera persona. Falla al aprovechar todos los recursos que Dios nos ha dado, así que con frecuencia se queda corto en su potencial.

3. El siervo que no ganó nada. El tercer siervo deseaba «ir a lo seguro» por lo que enterró el dinero. Tenía una falsa percepción de su amo, pues creía que era duro e injusto. Estaba orientado más por el temor a Dios que por el amor a Dios. Ve el testimonio más como un deber que como un privilegio. Por esto Pablo nos dice que el amor de Cristo necesita ser la fuerza motivadora en todo lo que hacemos (lee 2 Corintios 5:14). Podemos dar sólo lo que hemos recibido. Y este tipo de persona conoce poco del Salvador que dice servir.

En el reino de Dios, él espera ver inversiones y resultados. No tomes esta sagrada confianza que Dios ha puesto en ti para sepultarla. Úsala. Multiplícala. Recuerda, Dios no te está pidiendo que trabajes para él. Él está pidiendo trabajar a través de ti. Ríndete al poder del Espíritu Santo y pídele dirección a Dios sobre cómo puedes ser usado por él. Entonces verás los resultados.

PIEDRAS ANGULARES

La entrada triunfal en Jerusalén

28 Dicho esto, iba delante subiendo a Jerusalén. 29 Y aconteció que llegando cerca de Betfagé y de Betania, al monte que se llama de los Olivos, envió dos de sus discípulos, 30 diciendo: Id a la aldea de enfrente, y al entrar en ella hallaréis un pollino atado, en el cual ningún hombre ha montado jamás; desatadlo, y traedlo. 31 Y si alguien os preguntare: ¿Por qué lo desatáis? le responderéis así: Porque el Señor lo necesita. 32 Fueron los que habían sido enviados, y hallaron como les dijo. 33 Y cuando desataban el pollino, sus dueños les dijeron: ¿Por qué desatáis el pollino? 34 Ellos dijeron: Porque el Señor lo necesita. 35 Y lo trajeron a Jesús; y habiendo echado sus mantos sobre el pollino, subieron a Jesús encima. 36 Y a su paso tendían sus mantos por el camino. 37 Cuando llegaban ya cerca de la bajada del monte de los Olivos, toda la multitud de los discípulos, gozándose, comenzó a alabar a Dios a grandes voces por todas las maravillas que habían visto, 38 diciendo: ¡Bendito el rey que viene en el nombre del Señor;[d] paz en el cielo, y gloria en las alturas! 39 Entonces algunos de los fariseos de entre la multitud le dijeron: Maestro, reprende a tus discípulos. 40 Él, respondiendo, les dijo: Os digo que si éstos callaran, las piedras clamarían.

41 Y cuando llegó cerca de la ciudad, al verla, lloró sobre ella, 42 diciendo: ¡Oh, si también tú conocieses, a lo menos en este tu día, lo que es para tu paz! Mas ahora está encubierto de tus ojos. 43 Porque vendrán días sobre ti, cuando tus enemigos te rodearán con vallado, y te sitiarán, y por todas partes te estrecharán, 44 y te derribarán a tierra, y a tus hijos dentro de ti, y no dejarán en ti piedra sobre piedra, por cuanto no conociste el tiempo de tu visitación.

d 19.38: Sal. 118.26.

Purificación del templo

⁴⁵ Y entrando en el templo, comenzó a echar fuera a todos los que vendían y compraban en él, ⁴⁶ diciéndoles: Escrito está: Mi casa es casa de oración;ᵉ mas vosotros la habéis hecho cueva de ladrones.ᶠ ⁴⁷ Y enseñaba cada día en el templo;ᵍ pero los principales sacerdotes, los escribas y los principales del pueblo procuraban matarle. ⁴⁸ Y no hallaban nada que pudieran hacerle, porque todo el pueblo estaba suspenso oyéndole.

CAPÍTULO 20

La autoridad de Jesús

Sucedió un día, que enseñando Jesús al pueblo en el templo, y anunciando el evangelio, llegaron los principales sacerdotes y los escribas, con los ancianos, ² y le hablaron diciendo: Dinos: ¿con qué autoridad haces estas cosas? ¿o quién es el que te ha dado esta autoridad? ³ Respondiendo Jesús, les dijo: Os haré yo también una pregunta; respondedme: ⁴ El bautismo de Juan, ¿era del cielo, o de los hombres? ⁵ Entonces ellos discutían entre sí, diciendo: Si decimos, del cielo, dirá: ¿Por qué, pues, no le creísteis? ⁶ Y si decimos, de los hombres, todo el pueblo nos apedreará; porque están persuadidos de que Juan era profeta. ⁷ Y respondieron que no sabían de dónde fuese. ⁸ Entonces Jesús les dijo: Yo tampoco os diré con qué autoridad hago estas cosas.

Los labradores malvados

⁹ Comenzó luego a decir al pueblo esta parábola: Un hombre plantó una viña,ᵃ la arrendó a labradores, y se ausentó por mucho tiempo. ¹⁰ Y a su tiempo envió un siervo a los labradores, para que le diesen del fruto de la viña; pero los labradores le golpearon, y le enviaron con las manos vacías. ¹¹ Volvió a enviar otro siervo; mas ellos a éste también, golpeado y afrentado, le enviaron con las manos vacías. ¹² Volvió a enviar un tercer siervo; mas ellos también a éste echaron fuera, herido. ¹³ Entonces el señor de la viña dijo: ¿Qué haré? Enviaré a mi hijo amado; quizá cuando le vean a él, le tendrán respeto. ¹⁴ Mas los labradores, al verle, discutían entre sí, diciendo: Este es el heredero; venid, matémosle, para que la heredad sea nuestra. ¹⁵ Y le echaron fuera de la viña, y le mataron. ¿Qué, pues, les hará el señor de la viña? ¹⁶ Vendrá y destruirá a estos labradores, y dará su viña a otros. Cuando ellos oyeron esto, dijeron: ¡Dios nos libre! ¹⁷ Pero él, mirándolos, dijo: ¿Qué, pues, es lo que está escrito:

La piedra que desecharon los
    edificadores
Ha venido a ser cabeza del ángulo? ᵇ

¹⁸ Todo el que cayere sobre aquella piedra, será quebrantado; mas sobre quien ella cayere, le desmenuzará.

La cuestión del tributo

¹⁹ Procuraban los principales sacerdotes y los escribas echarle mano en aquella hora, porque comprendieron que contra ellos había dicho esta parábola; pero temieron al pueblo. ²⁰ Y acechándole enviaron espías que se simulasen justos, a fin de sorprenderle en alguna palabra, para entregarle al poder y autoridad del gobernador. ²¹ Y le preguntaron, diciendo: Maestro, sabemos que dices y enseñas rectamente, y que no haces acepción de persona, sino que enseñas el camino de Dios con verdad. ²² ¿Nos es lícito dar tributo a César, o no? ²³ Mas él, comprendiendo la astucia de ellos, les dijo: ¿Por qué me tentáis? ²⁴ Mostradme la moneda. ¿De quién tiene la imagen y la inscripción? Y respondiendo dijeron: De César. ²⁵ Entonces les dijo: Pues dad a César lo que es de César, y a Dios lo que es de Dios. ²⁶ Y no pudieron sorprenderle en palabra alguna delante del pueblo, sino que maravillados de su respuesta, callaron.

La pregunta sobre la resurrección

²⁷ Llegando entonces algunos de los saduceos, los cuales niegan haber resurrección,ᶜ le preguntaron, ²⁸ diciendo: Maestro, Moisés nos escribió: Si el hermano de alguno muriere teniendo mujer, y no dejare hijos, que su hermano se case con ella, y levante descendencia a su hermano.ᵈ ²⁹ Hubo, pues, siete hermanos; y el primero tomó esposa, y murió sin hijos. ³⁰ Y la tomó el segundo, el cual también murió sin hijos. ³¹ La tomó el tercero, y así todos los siete, y murieron sin dejar descendencia. ³² Finalmente murió también la mujer. ³³ En la resurrección, pues, ¿de cuál de ellos será mujer, ya que los siete la tuvieron por mujer?

ᵉ 19.46: Is. 56.7. ᶠ 19.46: Jer. 7.11. ᵍ 19.47: Lc. 21.37. ᵃ 20.9: Is. 5.1-2. ᵇ 20.17: Sal. 118.22. ᶜ 20.27: Hch. 23.8. ᵈ 20.28: Dt. 25.5.

³⁴ Entonces respondiendo Jesús, les dijo: Los hijos de este siglo se casan, y se dan en casamiento; ³⁵ mas los que fueren tenidos por dignos de alcanzar aquel siglo y la resurrección de entre los muertos, ni se casan, ni se dan en casamiento. ³⁶ Porque no pueden ya más morir, pues son iguales a los ángeles, y son hijos de Dios, al ser hijos de la resurrección. ³⁷ Pero en cuanto a que los muertos han de resucitar, aun Moisés lo enseñó en el pasaje de la zarza, cuando llama al Señor, Dios de Abraham, Dios de Isaac y Dios de Jacob.ᵉ ³⁸ Porque Dios no es Dios de muertos, sino de vivos, pues para él todos viven. ³⁹ Respondiéndole algunos de los escribas, dijeron: Maestro, bien has dicho. ⁴⁰ Y no osaron preguntarle nada más.

¿De quién es hijo el Cristo?

⁴¹ Entonces él les dijo: ¿Cómo dicen que el Cristo es hijo de David? ⁴² Pues el mismo David dice en el libro de los Salmos:

Dijo el Señor a mi Señor:
Siéntate a mi diestra,
⁴³ Hasta que ponga a tus enemigos por
   estrado de tus pies.ᶠ

⁴⁴ David, pues, le llama Señor; ¿cómo entonces es su hijo?

Jesús acusa a los escribas

⁴⁵ Y oyéndole todo el pueblo, dijo a sus discípulos: ⁴⁶ Guardaos de los escribas, que gustan de andar con ropas largas, y aman las salutaciones en las plazas, y las primeras sillas en las sinagogas, y los primeros asientos en las cenas; ⁴⁷ que devoran las casas de las viudas, y por pretexto hacen largas oraciones; éstos recibirán mayor condenación.

CAPÍTULO 21

La ofrenda de la viuda

Levantando los ojos, vio a los ricos que echaban sus ofrendas en el arca de las ofrendas. ² Vio también a una viuda muy pobre, que echaba allí dos blancas. ³ Y dijo: En verdad os digo, que esta viuda pobre echó más que todos. ⁴ Porque todos aquéllos echaron para las ofrendas de Dios de lo que les sobra; mas ésta, de su pobreza echó todo el sustento que tenía.

Jesús predice la destrucción del templo

⁵ Y a unos que hablaban de que el templo estaba adornado de hermosas piedras y ofrendas votivas, dijo: ⁶ En cuanto a estas cosas que veis, días vendrán en que no quedará piedra sobre piedra, que no sea destruida.

Señales antes del fin

⁷ Y le preguntaron, diciendo: Maestro, ¿cuándo será esto? ¿y qué señal habrá cuando estas cosas estén para suceder? ⁸ Él entonces dijo: Mirad que no seáis engañados; porque vendrán muchos en mi nombre, diciendo: Yo soy el Cristo, y: El tiempo está cerca. Mas no vayáis en pos de ellos. ⁹ Y cuando oigáis de guerras y de sediciones, no os alarméis; porque es necesario que estas cosas acontezcan primero; pero el fin no será inmediatamente.

¹⁰ Entonces les dijo: Se levantará nación contra nación, y reino contra reino; ¹¹ y habrá grandes terremotos, y en diferentes lugares hambres y pestilencias; y habrá terror y grandes señales del cielo. ¹² Pero antes de todas estas cosas os echarán mano, y os perseguirán, y os entregarán a las sinagogas y a las cárceles, y seréis llevados ante reyes y ante gobernadores por causa de mi nombre. ¹³ Y esto os será ocasión para dar testimonio. ¹⁴ Proponed en vuestros corazones no pensar antes cómo habéis de responder en vuestra defensa; ¹⁵ porque yo os daré palabra y sabiduría, la cual no podrán resistir ni contradecir todos los que se opongan.ᵃ ¹⁶ Mas seréis entregados aun por vuestros padres, y hermanos, y parientes, y amigos; y matarán a algunos de vosotros; ¹⁷ y seréis aborrecidos de todos por causa de mi nombre. ¹⁸ Pero ni un cabello de vuestra cabeza perecerá. ¹⁹ Con vuestra paciencia ganaréis vuestras almas.

²⁰ Pero cuando viereis a Jerusalén rodeada de ejércitos, sabed entonces que su destrucción ha llegado. ²¹ Entonces los que estén en Judea, huyan a los montes; y los que en medio de ella, váyanse; y los que estén en los campos, no entren en ella. ²² Porque estos son días de retribución,ᵇ para que se cumplan todas las cosas que están escritas. ²³ Mas ¡ay de las que estén encintas, y de las que críen en aquellos días! porque habrá

ᵉ 20.37: Ex. 3.6.   ᶠ 20.42-43: Sal. 110.1.
ᵃ 21.14-15: Lc. 12.11-12.   ᵇ 21.22: Os. 9.7.

gran calamidad en la tierra, e ira sobre este pueblo. ²⁴ Y caerán a filo de espada, y serán llevados cautivos a todas las naciones; y Jerusalén será hollada por los gentiles, hasta que los tiempos de los gentiles se cumplan.

La venida del Hijo del Hombre

²⁵ Entonces habrá señales en el sol, en la luna y en las estrellas,ᶜ y en la tierra angustia de las gentes, confundidas a causa del bramido del mar y de las olas; ²⁶ desfalleciendo los hombres por el temor y la expectación de las cosas que sobrevendrán en la tierra; porque las potencias de los cielos serán conmovidas. ²⁷ Entonces verán al Hijo del Hombre, que vendrá en una nube ᵈ con poder y gran gloria. ²⁸ Cuando estas cosas comiencen a suceder, erguíos y levantad vuestra cabeza, porque vuestra redención está cerca.

²⁹ También les dijo una parábola: Mirad la higuera y todos los árboles. ³⁰ Cuando ya brotan, viéndolo, sabéis por vosotros mismos que el verano está ya cerca. ³¹ Así también vosotros, cuando veáis que suceden estas cosas, sabed que está cerca el reino de Dios. ³² De cierto os digo, que no pasará esta generación hasta que todo esto acontezca. ³³ El cielo y la tierra pasarán, pero mis palabras no pasarán.

³⁴ Mirad también por vosotros mismos, que vuestros corazones no se carguen de glotonería y embriaguez y de los afanes de esta vida, y venga de repente sobre vosotros aquel día. ³⁵ Porque como un lazo vendrá sobre todos los que habitan sobre la faz de toda la tierra. ³⁶ Velad, pues, en todo tiempo orando que seáis tenidos por dignos de escapar de todas estas cosas que vendrán, y de estar en pie delante del Hijo del Hombre.

³⁷ Y enseñaba de día en el templo;ᵉ y de noche, saliendo, se estaba en el monte que se llama de los Olivos. ³⁸ Y todo el pueblo venía a él por la mañana, para oírle en el templo.

CAPÍTULO 22

El complot para matar a Jesús

Estaba cerca la fiesta de los panes sin levadura, que se llama la pascua.ᵃ ² Y los principales sacerdotes y los escribas buscaban cómo matarle; porque temían al pueblo.

³ Y entró Satanás en Judas, por sobrenombre Iscariote, el cual era uno del número de los doce; ⁴ y éste fue y habló con los principales sacerdotes, y con los jefes de la guardia, de cómo se lo entregaría. ⁵ Ellos se alegraron, y convinieron en darle dinero. ⁶ Y él se comprometió, y buscaba una oportunidad para entregárselo a espaldas del pueblo.

Institución de la Cena del Señor

⁷ Llegó el día de los panes sin levadura, en el cual era necesario sacrificar el cordero de la pascua. ⁸ Y Jesús envió a Pedro y a Juan, diciendo: Id, preparadnos la pascua para que la comamos. ⁹ Ellos le dijeron: ¿Dónde quieres que la preparemos? ¹⁰ Él les dijo: He aquí, al entrar en la ciudad os saldrá al encuentro un hombre que lleva un cántaro de agua; seguidle hasta la casa donde entrare, ¹¹ y decid al padre de familia de esa casa: El Maestro te dice: ¿Dónde está el aposento donde he de comer la pascua con mis discípulos? ¹² Entonces él os mostrará un gran aposento alto ya dispuesto; preparad allí. ¹³ Fueron, pues, y hallaron como les había dicho; y prepararon la pascua.

¹⁴ Cuando era la hora, se sentó a la mesa, y con él los apóstoles. ¹⁵ Y les dijo: ¡Cuánto he deseado comer con vosotros esta pascua antes que padezca! ¹⁶ Porque os digo que no la comeré más, hasta que se cumpla en el reino de Dios. ¹⁷ Y habiendo tomado la copa, dio gracias, y dijo: Tomad esto, y repartidlo entre vosotros; ¹⁸ porque os digo que no beberé más del fruto de la vid, hasta que el reino de Dios venga. ¹⁹ Y tomó el pan y dio gracias, y lo partió y les dio, diciendo: Esto es mi cuerpo, que por vosotros es dado; haced esto en memoria de mí. ²⁰ De igual manera, después que hubo cenado, tomó la copa, diciendo: Esta copa es el nuevo pacto ᵇ en mi sangre,ᶜ que por vosotros se derrama. ²¹ Mas he aquí, la mano del que me entrega está conmigo en la mesa. ²² A la verdad el Hijo del Hombre va, según lo que está determinado;ᵈ pero ¡ay de aquel hombre por quien es entregado! ²³ Entonces ellos comenzaron a discutir entre sí, quién de ellos sería el que había de hacer esto.

ᶜ 21.25: Is. 13.10; Ez. 32.7; Jl. 2.31; Ap. 6.12-13.   ᵈ 21.27: Dn. 7.13; Ap. 1.7.   ᵉ 21.37: Lc. 19.47.   ᵃ 22.1: Ex. 12.1-27.
ᵇ 22.20: Jer. 31.31-34.   ᶜ 22.20: Ex. 24.6-8.   ᵈ 22.22: Sal. 41.9.   ᵉ 22.24: Mt. 18.1; Mr. 9.34; Lc. 9.46.

La grandeza en el servicio

24 Hubo también entre ellos una disputa sobre quién de ellos sería el mayor.[e] 25 Pero él les dijo: Los reyes de las naciones se enseñorean de ellas, y los que sobre ellas tienen autoridad son llamados bienhechores; 26 mas no así vosotros,[f] sino sea el mayor entre vosotros como el más joven, y el que dirige, como el que sirve.[g] 27 Porque, ¿cuál es mayor, el que se sienta a la mesa, o el que sirve? ¿No es el que se sienta a la mesa? Mas yo estoy entre vosotros como el que sirve.[h]

28 Pero vosotros sois los que habéis permanecido conmigo en mis pruebas. 29 Yo, pues, os asigno un reino, como mi Padre me lo asignó a mí, 30 para que comáis y bebáis a mi mesa en mi reino, y os sentéis en tronos juzgando a las doce tribus de Israel.[i]

Jesús anuncia la negación de Pedro

31 Dijo también el Señor: Simón, Simón, he aquí Satanás os ha pedido para zarandearos como a trigo; 32 pero yo he rogado por ti, que tu fe no falte; y tú, una vez vuelto, confirma a tus hermanos. 33 Él le dijo: Señor, dispuesto estoy a ir contigo no sólo a la cárcel, sino también a la muerte. 34 Y él le dijo: Pedro, te digo que el gallo no cantará hoy antes que tú niegues tres veces que me conoces.

Bolsa, alforja y espada

35 Y a ellos dijo: Cuando os envié sin bolsa, sin alforja, y sin calzado,[j] ¿os faltó algo? Ellos dijeron: Nada. 36 Y les dijo: Pues ahora, el que tiene bolsa, tómela, y también la alforja; y el que no tiene espada, venda su capa y compre una. 37 Porque os digo que es necesario que se cumpla todavía en mí aquello que está escrito: Y fue contado con los inicuos;[k] porque lo que está escrito de mí, tiene cumplimiento. 38 Entonces ellos dijeron: Señor, aquí hay dos espadas. Y él les dijo: Basta.

Jesús ora en Getsemaní

39 Y saliendo, se fue, como solía, al monte de los Olivos; y sus discípulos también le siguieron. 40 Cuando llegó a aquel lugar, les dijo: Orad que no entréis en tentación. 41 Y él se apartó de ellos a distancia como de un tiro de piedra; y puesto de rodillas oró, 42 diciendo: Padre, si quieres, pasa de mí esta copa; pero no se haga mi voluntad, sino la tuya. 43 Y se le apareció un ángel del cielo para fortalecerle. 44 Y estando en agonía, oraba más intensamente; y era su sudor como grandes gotas de sangre que caían hasta la tierra. 45 Cuando se levantó de la oración, y vino a sus discípulos, los halló durmiendo a causa de la tristeza; 46 y les dijo: ¿Por qué dormís? Levantaos, y orad para que no entréis en tentación.

Arresto de Jesús

47 Mientras él aún hablaba, se presentó una turba; y el que se llamaba Judas, uno de los doce, iba al frente de ellos; y se acercó hasta Jesús para besarle. 48 Entonces Jesús le dijo: Judas, ¿con un beso entregas al Hijo del Hombre? 49 Viendo los que estaban con él lo que había de acontecer, le dijeron: Señor, ¿heriremos a espada? 50 Y uno de ellos hirió a un siervo del sumo sacerdote, y le cortó la oreja derecha. 51 Entonces respondiendo Jesús, dijo: Basta ya; dejad. Y tocando su oreja, le sanó. 52 Y Jesús dijo a los principales sacerdotes, a los jefes de la guardia del templo y a los ancianos, que habían venido contra él: ¿Como contra un ladrón habéis salido con espadas y palos? 53 Habiendo estado con vosotros cada día en el templo,[l] no extendisteis las manos contra mí; mas esta es vuestra hora, y la potestad de las tinieblas.

Pedro niega a Jesús

54 Y prendiéndole, le llevaron, y le condujeron a casa del sumo sacerdote. Y Pedro le seguía de lejos. 55 Y habiendo ellos encendido fuego en medio del patio, se sentaron alrededor; y Pedro se sentó también entre ellos. 56 Pero una criada, al verle sentado al fuego, se fijó en él, y dijo: También éste estaba con él. 57 Pero él lo negó, diciendo: Mujer, no lo conozco. 58 Un poco después, viéndole otro, dijo: Tú también eres de ellos. Y Pedro dijo: Hombre, no lo soy. 59 Como una hora después, otro afirmaba diciendo: Verdaderamente también éste estaba con él, porque es galileo. 60 Y Pedro dijo: Hombre, no sé lo que dices. Y en seguida, mientras él todavía hablaba, el gallo cantó. 61 Entonces, vuelto el Señor, miró a

---

[f] 22.25-26: Mt. 20.25-27; Mr. 10.42-44. [g] 22.26: Mt. 23.11; Mr. 9.35. [h] 22.27: Jn. 13.12-15. [i] 22.30: Mt. 19.28.
[j] 22.35: Mt. 10.9-10; Mr. 6.8-9; Lc. 9.3; 10.4. [k] 22.37: Is. 53.12. [l] 22.53: Lc. 19.47; 21.37.

¿Qué es reincidir? Lee Lucas 22:31-62

Como creyentes se nos ha dado una «nueva naturaleza». Significa que uno tiene hambre de Dios y una inclinación sobrenatural a hacer lo que es recto. Desdichadamente, como humanos, también tenemos una «vieja naturaleza», es decir, una inclinación natural a hacer lo malo. A veces, algunos cristianos empiezan a deslizarse hacia atrás espiritualmente o a reincidir.

Quizá el mejor modo de comprender los peligros de volver atrás es examinar el relato bíblico de cómo uno de los creyentes cayó en esta trampa. Y este era nada menos que Simón Pedro, uno de los discípulos más allegados a Jesús. En el capítulo 22 de Lucas se nos da el relato de su regresión espiritual. Su historia es una advertencia de que aun los creyentes maduros tienen el potencial de caer si bajan la guardia.

Confianza en sí mismo y falsa seguridad. Pedro hace evidente no sólo su infundada confianza en sí mismo (dijo que él «moriría» por Jesús), sino que contradice directamente la predicción del Señor de que él caería (verso 34). Niega su propia debilidad ante el pecado. La Biblia advierte que: «El que piensa estar firme, mire que no caiga (1 Corintios 10:12).

Falta de oración. Aun cuando Jesús instruyó específicamente a Pedro para que orara, en vez de orar, decidió dormir. En la parte correspondiente a este pasaje del evangelio de Mateo, Jesús hasta les había advertido: «Velad y orad, para que no entréis en tentación; el espíritu a la verdad está dispuesto, pero la carne es débil» (Mateo 26:41). Pero Pedro no se sintió débil ni vio la necesidad de orar y estar alerta. No orar, no es sólo un pecado sino la violación directa de un mandamiento, porque a través de toda la Escritura, Dios nos instruye que oremos.

Seguir a Dios de lejos. En el fondo de toda regresión espiritual hay siempre una falta de comunión y cercanía con Jesús. Aunque Pedro todavía seguía a Jesús, no lo hacía tan cerca como debía. Hay cristianos que desean vivir en dos mundos. Quieren ser creyentes, pero no desean estar demasiado dedicados. Cuando vives de esta manera, te pones en peligro.

Calentarse en el fuego del enemigo. Por seguir a Jesús de lejos, Pedro se enfrió y quiso arrimarse al fuego. Él esperaba pasar inadvertido en medio de tanta gente, así que se mezcló con aquellos que habían arrestado a Jesús. La Biblia nos dice: «Bienaventurado el varón que no anduvo en consejo de malos, ni estuvo en camino de pecadores, ni en silla de escarnecedores se ha sentado» (Salmo 1:1). Pedro estaba haciendo lo opuesto. Cuando la pasión espiritual de nuestro corazón empieza a morir, el fuego por Jesucristo se enfría y buscamos calor en cualquier otro lado.

Negación y separación. Pedro llegó al paso final de la regresión espiritual cuando negó conocer a Jesús o haber estado con él. El evangelio de Mateo nos dice que comenzó a maldecir y a jurar, lo que significa que hizo un juramento diciendo: «Que Dios me mate y me maldiga si no estoy hablando la verdad» (26:74). Pedro había perdido todo sentido de la realidad y, por lo tanto, toda conciencia de Dios.

A pesar de su caída, Pedro fue restaurado. En Lucas 22:61 dice que sus ojos se encontraron con los de Jesús y Pedro lloró amargamente. Cuando él penaba por su pecado, Jesús vio su corazón. La Biblia dice: «Porque la tristeza que es según Dios produce arrepentimiento para salvación, de que no hay que arrepentirse; pero la tristeza del mundo produce muerte» (2 Corintios 7:10).

Es relevante que tres días más tarde, después de la resurrección de Jesús, el ángel en la tumba le dijo a María: «Pero id, decid a sus discípulos, y a Pedro, que él va delante de vosotros a Galilea; allí le veréis, como os dijo» (Marcos 16:7 énfasis agregado). Jesús deseaba que Pedro supiera que él todavía lo amaba.

Como cristianos vamos a pecar. La Escritura dice: «Si decimos que no tenemos pecado, nos engañamos a nosotros mismos, y la verdad no está en nosotros» (1 Juan 1:8). Pero el Espíritu Santo amorosamente nos convencerá del pecado y nos llevará de vuelta a la cruz, donde podemos confesar el pecado y apartarnos de él. Recuerda, cuando pequemos debemos correr hacia el Señor, no alejarnos de él.

GRANDES PREGUNTAS

Pedro; y Pedro se acordó de la palabra del Señor, que le había dicho: Antes que el gallo cante, me negarás tres veces. 62 Y Pedro, saliendo fuera, lloró amargamente.

Jesús escarnecido y azotado

63 Y los hombres que custodiaban a Jesús se burlaban de él y le golpeaban; 64 y vendándole los ojos, le golpeaban el rostro, y le preguntaban, diciendo: Profetiza, ¿quién es el que te golpeó? 65 Y decían otras muchas cosas injuriándole.

Jesús ante el concilio

66 Cuando era de día, se juntaron los ancianos del pueblo, los principales sacerdotes y los escribas, y le trajeron al concilio, diciendo: 67 ¿Eres tú el Cristo? Dínoslo. Y les dijo: Si os lo dijere, no creeréis; 68 y también si os preguntare, no me responderéis, ni me soltaréis. 69 Pero desde ahora el Hijo del Hombre se sentará a la diestra del poder de Dios. 70 Dijeron todos: ¿Luego eres tú el Hijo de Dios? Y él les dijo: Vosotros decís que lo soy. 71 Entonces ellos dijeron: ¿Qué más testimonio necesitamos? porque nosotros mismos lo hemos oído de su boca.

CAPÍTULO 23

Jesús ante Pilato

Levantándose entonces toda la muchedumbre de ellos, llevaron a Jesús a Pilato. 2 Y comenzaron a acusarle, diciendo: A éste hemos hallado que pervierte a la nación, y que prohibe dar tributo a César, diciendo que él mismo es el Cristo, un rey. 3 Entonces Pilato le preguntó, diciendo: ¿Eres tú el Rey de los judíos? Y respondiéndole él, dijo: Tú lo dices. 4 Y Pilato dijo a los principales sacerdotes, y a la gente: Ningún delito hallo en este hombre. 5 Pero ellos porfiaban, diciendo: Alborota al pueblo, enseñando por toda Judea, comenzando desde Galilea hasta aquí.

Jesús ante Herodes

6 Entonces Pilato, oyendo decir, Galilea, preguntó si el hombre era galileo. 7 Y al saber que era de la jurisdicción de Herodes, le remitió a Herodes, que en aquellos días también estaba en Jerusalén. 8 Herodes, viendo a Jesús, se alegró mucho, porque hacía tiempo que deseaba verle; porque había oído muchas cosas acerca de él, y esperaba verle hacer alguna señal. 9 Y le hacía muchas preguntas, pero él nada le respondió. 10 Y estaban los principales sacerdotes y los escribas acusándole con gran vehemencia. 11 Entonces Herodes con sus soldados le menospreció y escarneció, vistiéndole de una ropa espléndida; y volvió a enviarle a Pilato. 12 Y se hicieron amigos Pilato y Herodes aquel día; porque antes estaban enemistados entre sí.

Jesús sentenciado a muerte

13 Entonces Pilato, convocando a los principales sacerdotes, a los gobernantes, y al pueblo, 14 les dijo: Me habéis presentado a éste como un hombre que perturba al pueblo; pero habiéndole interrogado yo delante de vosotros, no he hallado en este hombre delito alguno de aquellos de que le acusáis. 15 Y ni aun Herodes, porque os remití a él; y he aquí, nada digno de muerte ha hecho este hombre. 16 Le soltaré, pues, después de castigarle. 17 Y tenía necesidad de soltarles uno en cada fiesta.

18 Mas toda la multitud dio voces a una, diciendo: ¡Fuera con éste, y suéltanos a Barrabás! 19 Este había sido echado en la cárcel por sedición en la ciudad, y por un homicidio. 20 Les habló otra vez Pilato, queriendo soltar a Jesús; 21 pero ellos volvieron a dar voces, diciendo: ¡Crucifícale, crucifícale! 22 Él les dijo por tercera vez: ¿Pues qué mal ha hecho éste? Ningún delito digno de muerte he hallado en él; le castigaré, pues, y le soltaré. 23 Mas ellos instaban a grandes voces, pidiendo que fuese crucificado. Y las voces de ellos y de los principales sacerdotes prevalecieron. 24 Entonces Pilato sentenció que se hiciese lo que ellos pedían; 25 y les soltó a aquel que había sido echado en la cárcel por sedición y homicidio, a quien habían pedido; y entregó a Jesús a la voluntad de ellos.

Crucifixión y muerte de Jesús

26 Y llevándole, tomaron a cierto Simón de Cirene, que venía del campo, y le pusieron encima la cruz para que la llevase tras Jesús. 27 Y le seguía gran multitud del pueblo, y de mujeres que lloraban y hacían lamentación por él. 28 Pero Jesús, vuelto hacia ellas, les dijo: Hijas de Jerusalén, no lloréis por mí, sino llorad por vosotras mismas y por vuestros hijos. 29 Porque he aquí vendrán días en que dirán: Bienaventuradas las estériles, y los vientres que no concibieron, y los pechos que no criaron. 30 Entonces comenzarán a decir a los montes:

Caed sobre nosotros; y a los collados: Cubridnos.[a] 31 Porque si en el árbol verde hacen estas cosas, ¿en el seco, qué no se hará?

32 Llevaban también con él a otros dos, que eran malhechores, para ser muertos. 33 Y cuando llegaron al lugar llamado de la Calavera, le crucificaron allí, y a los malhechores, uno a la derecha y otro a la izquierda. 34 Y Jesús decía: Padre, perdónalos, porque no saben lo que hacen. Y repartieron entre sí sus vestidos, echando suertes.[b] 35 Y el pueblo estaba mirando; y aun los gobernantes se burlaban de él, diciendo: A otros salvó; sálvese a sí mismo, si éste es el Cristo, el escogido de Dios. 36 Los soldados también le escarnecían, acercándose y presentándole vinagre, 37 y diciendo: Si tú eres el Rey de los judíos, sálvate a ti mismo. 38 Había también sobre él un título escrito con letras griegas, latinas y hebreas: ESTE ES EL REY DE LOS JUDÍOS.

39 Y uno de los malhechores que estaban colgados le injuriaba, diciendo: Si tú eres el Cristo, sálvate a ti mismo y a nosotros. 40 Respondiendo el otro, le reprendió, diciendo: ¿Ni aun temes tú a Dios, estando en la misma condenación? 41 Nosotros, a la verdad, justamente padecemos, porque recibimos lo que merecieron nuestros hechos; mas éste ningún mal hizo. 42 Y dijo a Jesús: Acuérdate de mí cuando vengas en tu reino. 43 Entonces Jesús le dijo: De cierto te digo que hoy estarás conmigo en el paraíso.

44 Cuando era como la hora sexta, hubo tinieblas sobre toda la tierra hasta la hora novena. 45 Y el sol se oscureció, y el velo[c] del templo se rasgó por la mitad. 46 Entonces Jesús, clamando a gran voz, dijo: Padre, en tus manos encomiendo mi espíritu.[d] Y habiendo dicho esto, expiró. 47 Cuando el centurión vio lo que había acontecido, dio gloria a Dios, diciendo: Verdaderamente este hombre era justo. 48 Y toda la multitud de los que estaban presentes en este espectáculo, viendo lo que había acontecido, se volvían golpeándose el pecho. 49 Pero todos sus conocidos, y las mujeres[e] que le habían seguido desde Galilea, estaban lejos mirando estas cosas.

Jesús es sepultado

50 Había un varón llamado José, de Arimatea, ciudad de Judea, el cual era miembro del concilio, varón bueno y justo. 51 Este, que también esperaba el reino de Dios, y no había consentido en el acuerdo ni en los hechos de ellos, 52 fue a Pilato, y pidió el cuerpo de Jesús. 53 Y quitándolo, lo envolvió en una sábana, y lo puso en un sepulcro abierto en una peña, en el cual aún no se había puesto a nadie. 54 Era día de la preparación, y estaba para comenzar el día de reposo.* 55 Y las mujeres que habían venido con él desde Galilea, siguieron también, y vieron el sepulcro, y cómo fue puesto su cuerpo. 56 Y vueltas, prepararon especias aromáticas y ungüentos; y descansaron el día de reposo,* conforme al mandamiento.[f]

CAPÍTULO 24

La resurrección

El primer día de la semana, muy de mañana, vinieron al sepulcro, trayendo las especias aromáticas que habían preparado, y algunas otras mujeres con ellas. 2 Y hallaron removida la piedra del sepulcro; 3 y entrando, no hallaron el cuerpo del Señor Jesús. 4 Aconteció que estando ellas perplejas por esto, he aquí se pararon junto a ellas dos varones con vestiduras resplandecientes; 5 y como tuvieron temor, y bajaron el rostro a tierra, les dijeron: ¿Por qué buscáis entre los muertos al que vive? 6 No está aquí, sino que ha resucitado. Acordaos de lo que os habló, cuando aún estaba en Galilea, 7 diciendo: Es necesario que el Hijo del Hombre sea entregado en manos de hombres pecadores, y que sea crucificado, y resucite al tercer día.[d] 8 Entonces ellas se acordaron de sus palabras, 9 y volviendo del sepulcro, dieron nuevas de todas estas cosas a los once, y a todos los demás. 10 Eran María Magdalena, y Juana, y María madre de Jacobo, y las demás con ellas, quienes dijeron estas cosas a los apóstoles. 11 Mas a ellos les parecían locura las palabras de ellas, y no las creían. 12 Pero levantándose Pedro, corrió al sepulcro; y cuando miró dentro, vio los lienzos solos, y se fue a casa maravillándose de lo que había sucedido.

En el camino a Emaús

13 Y he aquí, dos de ellos iban el mismo día a una aldea llamada Emaús, que estaba a

---

[a] 23.30: Os. 10.8; Ap. 6.16. [b] 23.34: Sal. 22.18. [c] 23.45: Ex. 26.31-33. [d] 23.46: Sal. 31.5. [e] 23.49: Lc. 8.2-3. [f] 23.56: Ex. 20.10; Dt. 5.14. [d] 24.6-7: Mt. 16.21; 17.22-23; 20.18-19; Mr. 8.31; 9.31; 10.33-34; Lc. 9.22; 18.31-33.

sesenta estadios de Jerusalén. [14] E iban hablando entre sí de todas aquellas cosas que habían acontecido. [15] Sucedió que mientras hablaban y discutían entre sí, Jesús mismo se acercó, y caminaba con ellos. [16] Mas los ojos de ellos estaban velados, para que no le conociesen. [17] Y les dijo: ¿Qué pláticas son estas que tenéis entre vosotros mientras camináis, y por qué estáis tristes? [18] Respondiendo uno de ellos, que se llamaba Cleofas, le dijo: ¿Eres tú el único forastero en Jerusalén que no has sabido las cosas que en ella han acontecido en estos días? [19] Entonces él les dijo: ¿Qué cosas? Y ellos le dijeron: De Jesús nazareno, que fue varón profeta, poderoso en obra y en palabra delante de Dios y de todo el pueblo; [20] y cómo le entregaron los principales sacerdotes y nuestros gobernantes a sentencia de muerte, y le crucificaron. [21] Pero nosotros esperábamos que él era el que había de redimir a Israel; y ahora, además de todo esto, hoy es ya el tercer día que esto ha acontecido. [22] Aunque también nos han asombrado unas mujeres de entre nosotros, las que antes del día fueron al sepulcro; [23] y como no hallaron su cuerpo, vinieron diciendo que también habían visto visión de ángeles, quienes dijeron que él vive. [24] Y fueron algunos de los nuestros al sepulcro, y hallaron así como las mujeres habían dicho, pero a él no le vieron. [25] Entonces él les dijo: ¡Oh insensatos, y tardos de corazón para creer todo lo que los profetas han dicho! [26] ¿No era necesario que el Cristo padeciera estas cosas, y que entrara en su gloria? [27] Y comenzando desde Moisés, y siguiendo por todos los profetas, les declaraba en todas las Escrituras lo que de él decían.

[28] Llegaron a la aldea adonde iban, y él hizo como que iba más lejos. [29] Mas ellos le obligaron a quedarse, diciendo: Quédate con nosotros, porque se hace tarde, y el día ya ha declinado. Entró, pues, a quedarse con ellos. [30] Y aconteció que estando sentado con ellos a la mesa, tomó el pan y lo bendijo, lo partió, y les dio. [31] Entonces les fueron abiertos los ojos, y le reconocieron; mas él se desapareció de su vista. [32] Y se decían el uno al otro: ¿No ardía nuestro corazón en nosotros, mientras nos hablaba en el camino, y cuando nos abría las Escrituras? [33] Y levantándose en la misma hora, volvieron a Jerusalén, y hallaron a los once reunidos, y a los que estaban con ellos, [34] que decían: Ha resucitado el Señor verdaderamente, y ha aparecido a Simón. [35] Entonces ellos contaban las cosas que les habían acontecido en el camino, y cómo le habían reconocido al partir el pan.

Jesús se aparece a los discípulos

[36] Mientras ellos aún hablaban de estas cosas, Jesús se puso en medio de ellos, y les dijo: Paz a vosotros. [37] Entonces, espantados y atemorizados, pensaban que veían espíritu. [38] Pero él les dijo: ¿Por qué estáis turbados, y vienen a vuestro corazón estos pensamientos? [39] Mirad mis manos y mis pies, que yo mismo soy; palpad, y ved; porque un espíritu no tiene carne ni huesos, como veis que yo tengo. [40] Y diciendo esto, les mostró las manos y los pies. [41] Y como todavía ellos, de gozo, no lo creían, y estaban maravillados, les dijo: ¿Tenéis aquí algo de comer? [42] Entonces le dieron parte de un pez asado, y un panal de miel. [43] Y él lo tomó, y comió delante de ellos.

[44] Y les dijo: Estas son las palabras que os hablé, estando aún con vosotros: que era necesario que se cumpliese todo lo que está escrito de mí en la ley de Moisés, en los profetas y en los salmos. [45] Entonces les abrió el entendimiento, para que comprendiesen las Escrituras; [46] y les dijo: Así está escrito, y así fue necesario que el Cristo padeciese,[b] y resucitase de los muertos al tercer día;[c] [47] y que se predicase en su nombre el arrepentimiento y el perdón de pecados en todas las naciones, comenzando desde Jerusalén. [48] Y vosotros sois testigos de estas cosas. [49] He aquí, yo enviaré la promesa de mi Padre[d] sobre vosotros; pero quedaos vosotros en la ciudad de Jerusalén, hasta que seáis investidos de poder desde lo alto.

La ascensión

[50] Y los sacó fuera hasta Betania, y alzando sus manos, los bendijo. [51] Y aconteció que bendiciéndolos, se separó de ellos, y fue llevado arriba al cielo.[e] [52] Ellos, después de haberle adorado, volvieron a Jerusalén con gran gozo; [53] y estaban siempre en el templo, alabando y bendiciendo a Dios. Amén.

---

[b] 24.46: Is. 53.1-12.   [c] 24.46: Os. 6.2.   [d] 24.49: Hch. 1.4.   [e] 24.50-51: Hch. 1.9-11.

Juan

El Verbo hecho carne

En el principio era el Verbo, y el Verbo era con Dios, y el Verbo era Dios. ² Este era en el principio con Dios. ³ Todas las cosas por él fueron hechas, y sin él nada de lo que ha sido hecho, fue hecho. ⁴ En él estaba la vida, y la vida era la luz de los hombres. ⁵ La luz en las tinieblas resplandece, y las tinieblas no prevalecieron contra ella.

⁶ Hubo un hombre enviado de Dios, el cual se llamaba Juan.ᵃ ⁷ Este vino por testimonio, para que diese testimonio de la luz, a fin de que todos creyesen por él. ⁸ No era él la luz, sino para que diese testimonio de la luz.

⁹ Aquella luz verdadera, que alumbra a todo hombre, venía a este mundo. ¹⁰ En el mundo estaba, y el mundo por él fue hecho; pero el mundo no le conoció. ¹¹ A lo suyo vino, y los suyos no le recibieron. ¹² Mas a todos los que le recibieron, a los que creen en su nombre, les dio potestad de ser hechos hijos de Dios; ¹³ los cuales no son engendrados de sangre, ni de voluntad de carne, ni de voluntad de varón, sino de Dios.

¹⁴ Y aquel Verbo fue hecho carne, y habitó entre nosotros (y vimos su gloria, gloria como del unigénito del Padre), lleno de gracia y de verdad. ¹⁵ Juan dio testimonio de él, y clamó diciendo: Este es de quien yo decía: El que viene después de mí, es antes de mí; porque era primero que yo. ¹⁶ Porque de su plenitud tomamos todos, y gracia sobre gracia. ¹⁷ Pues la ley por medio de Moisés fue dada, pero la gracia y la verdad vinieron por medio de Jesucristo. ¹⁸ A Dios nadie le vio jamás; el unigénito Hijo, que está en el seno del Padre, él le ha dado a conocer.

Testimonio de Juan el Bautista

¹⁹ Este es el testimonio de Juan, cuando los judíos enviaron de Jerusalén sacerdotes y levitas para que le preguntasen: ¿Tú, quién eres? ²⁰ Confesó, y no negó, sino confesó: Yo no soy el Cristo. ²¹ Y le preguntaron: ¿Qué pues? ¿Eres tú Elías?ᵇ Dijo: No soy. ¿Eres tú el profeta?ᶜ Y respondió: No. ²² Le dijeron: ¿Pues quién eres? para que demos respuesta a los que nos enviaron. ¿Qué dices de ti mismo? ²³ Dijo: Yo soy la voz de uno que clama en el desierto: Enderezad el camino del Señor, como dijo el profeta Isaías.ᵈ

²⁴ Y los que habían sido enviados eran de los fariseos. ²⁵ Y le preguntaron, y le dijeron: ¿Por qué, pues, bautizas, si tú no eres el Cristo, ni Elías, ni el profeta? ²⁶ Juan les respondió diciendo: Yo bautizo con agua; mas en medio de vosotros está uno a quien vosotros no conocéis. ²⁷ Este es el que viene después de mí, el que es antes de mí, del cual yo no soy digno de desatar la correa del calzado. ²⁸ Estas cosas sucedieron en Betábara, al otro lado del Jordán, donde Juan estaba bautizando.

El Cordero de Dios

²⁹ El siguiente día vio Juan a Jesús que venía a él, y dijo: He aquí el Cordero de Dios, que quita el pecado del mundo. ³⁰ Este es aquel de quien yo dije: Después de mí viene un varón, el cual es antes de mí; porque era primero que yo. ³¹ Y yo no le conocía; mas

---

ᵃ 1.6: Mt. 3.1; Mr. 1.4; Lc. 3.1-2. ᵇ 1.21: Mal. 4.5. ᶜ 1.21: Dt. 18.15, 18. ᵈ 1.23: Is. 40.3.

para que fuese manifestado a Israel, por esto vine yo bautizando con agua. ³² También dio Juan testimonio, diciendo: Vi al Espíritu que descendía del cielo como paloma, y permaneció sobre él. ³³ Y yo no le conocía; pero el que me envió a bautizar con agua, aquél me dijo: Sobre quien veas descender el Espíritu y que permanece sobre él, ése es el que bautiza con el Espíritu Santo. ³⁴ Y yo le vi, y he dado testimonio de que éste es el Hijo de Dios.

Los primeros discípulos

³⁵ El siguiente día otra vez estaba Juan, y dos de sus discípulos. ³⁶ Y mirando a Jesús que andaba por allí, dijo: He aquí el Cordero de Dios. ³⁷ Le oyeron hablar los dos discípulos, y siguieron a Jesús. ³⁸ Y volviéndose Jesús, y viendo que le seguían, les dijo: ¿Qué buscáis? Ellos le dijeron: Rabí (que traducido es, Maestro), ¿dónde moras? ³⁹ Les dijo: Venid y ved. Fueron, y vieron donde moraba, y se quedaron con él aquel día; porque era como la hora décima. ⁴⁰ Andrés, hermano de Simón Pedro, era uno de los dos que habían oído a Juan, y habían seguido a Jesús. ⁴¹ Este halló primero a su hermano Simón, y le dijo: Hemos hallado al Mesías (que traducido es, el Cristo). ⁴² Y le trajo a Jesús. Y mirándole Jesús, dijo: Tú eres Simón, hijo de Jonás; tú serás llamado Cefas (que quiere decir, Pedro).

Jesús llama a Felipe y a Natanael

⁴³ El siguiente día quiso Jesús ir a Galilea, y halló a Felipe, y le dijo: Sígueme. ⁴⁴ Y Felipe era de Betsaida, la ciudad de Andrés y Pedro. ⁴⁵ Felipe halló a Natanael, y le dijo: Hemos hallado a aquél de quien escribió Moisés en la ley, así como los profetas: a Jesús, el hijo de José, de Nazaret. ⁴⁶ Natanael le dijo: ¿De Nazaret puede salir algo de bueno? Le dijo Felipe: Ven y ve. ⁴⁷ Cuando Jesús vio a Natanael que se le acercaba, dijo de él: He aquí un verdadero israelita, en quien no hay engaño. ⁴⁸ Le dijo Natanael: ¿De dónde me conoces? Respondió Jesús y le dijo: Antes que Felipe te llamara, cuando estabas debajo de la higuera, te vi. ⁴⁹ Respondió Natanael y le dijo: Rabí, tú eres el Hijo de Dios; tú eres el Rey de Israel. ⁵⁰ Respondió Jesús y le dijo: ¿Porque te dije: Te vi debajo de la higuera, crees? Cosas mayores que estas verás. ⁵¹ Y le dijo: De cierto, de cierto os digo: De aquí adelante veréis el cielo abierto, y a los ángeles de Dios que suben y descienden ᵉ sobre el Hijo del Hombre.

CAPÍTULO 2

Las bodas de Caná

Al tercer día se hicieron unas bodas en Caná de Galilea; y estaba allí la madre de Jesús. ² Y fueron también invitados a las bodas Jesús y sus discípulos. ³ Y faltando el vino, la madre de Jesús le dijo: No tienen vino. ⁴ Jesús le dijo: ¿Qué tienes conmigo, mujer? Aún no ha venido mi hora. ⁵ Su madre dijo a los que servían: Haced todo lo que os dijere.ᵃ ⁶ Y estaban allí seis tinajas de piedra para agua, conforme al rito de la purificación de los judíos, en cada una de las cuales cabían dos o tres cántaros. ⁷ Jesús les dijo: Llenad estas tinajas de agua. Y las llenaron hasta arriba. ⁸ Entonces les dijo: Sacad ahora, y llevadlo al maestresala. Y se lo llevaron. ⁹ Cuando el maestresala probó el agua hecha vino, sin saber él de dónde era, aunque lo sabían los sirvientes que habían sacado el agua, llamó al esposo, ¹⁰ y le dijo: Todo hombre sirve primero el buen vino, y cuando ya han bebido mucho, entonces el inferior; mas tú has reservado el buen vino hasta ahora. ¹¹ Este principio de señales hizo Jesús en Caná de Galilea, y manifestó su gloria; y sus discípulos creyeron en él.

¹² Después de esto descendieron a Capernaum,ᵇ él, su madre, sus hermanos y sus discípulos; y estuvieron allí no muchos días.

Jesús purifica el templo

¹³ Estaba cerca la pascua ᶜ de los judíos; y subió Jesús a Jerusalén, ¹⁴ y halló en el templo a los que vendían bueyes, ovejas y palomas, y a los cambistas allí sentados. ¹⁵ Y haciendo un azote de cuerdas, echó fuera del templo a todos, y las ovejas y los bueyes; y esparció las monedas de los cambistas, y volcó las mesas; ¹⁶ y dijo a los que vendían palomas: Quitad de aquí esto, y no hagáis de la casa de mi Padre casa de mercado. ¹⁷ Entonces se acordaron sus discípulos que está escrito: El celo de tu casa me consume.ᵈ ¹⁸ Y los judíos respondieron

---

ᵉ 1.51: Gn. 28.12.   ᵃ 2.5: Gn. 41.55.   ᵇ 2.12: Mt. 4.13.   ᶜ 2.13: Ex. 12.1-27.   ᵈ 2.17: Sal. 69.9.

y le dijeron: ¿Qué señal nos muestras, ya que haces esto? ¹⁹ Respondió Jesús y les dijo: Destruid este templo, y en tres días lo levantaré.ᵉ ²⁰ Dijeron luego los judíos: En cuarenta y seis años fue edificado este templo, ¿y tú en tres días lo levantarás? ²¹ Mas él hablaba del templo de su cuerpo. ²² Por tanto, cuando resucitó de entre los muertos, sus discípulos se acordaron que había dicho esto; y creyeron la Escritura y la palabra que Jesús había dicho.

Jesús conoce a todos los hombres

²³ Estando en Jerusalén en la fiesta de la pascua, muchos creyeron en su nombre, viendo las señales que hacía. ²⁴ Pero Jesús mismo no se fiaba de ellos, porque conocía a todos, ²⁵ y no tenía necesidad de que nadie le diese testimonio del hombre, pues él sabía lo que había en el hombre.

CAPÍTULO 3

Jesús y Nicodemo

Había un hombre de los fariseos que se llamaba Nicodemo, un principal entre los judíos. ² Este vino a Jesús de noche, y le dijo: Rabí, sabemos que has venido de Dios como maestro; porque nadie puede hacer estas señales que tú haces, si no está Dios con él. ³ Respondió Jesús y le dijo: De cierto, de cierto te digo, que el que no naciere de nuevo, no puede ver el reino de Dios. ⁴ Nicodemo le dijo: ¿Cómo puede un hombre nacer siendo viejo? ¿Puede acaso entrar por segunda vez en el vientre de su madre, y nacer? ⁵ Respondió Jesús: De cierto, de cierto te digo, que el que no naciere de agua y del Espíritu, no puede entrar en el reino de Dios. ⁶ Lo que es nacido de la carne, carne es; y lo que es nacido del Espíritu, espíritu es. ⁷ No te maravilles de que te dije: Os es necesario nacer de nuevo. ⁸ El viento sopla de donde quiere, y oyes su sonido; mas ni sabes de dónde viene, ni a dónde va; así es todo aquel que es nacido del Espíritu. ⁹ Respondió Nicodemo y le dijo: ¿Cómo puede hacerse esto? ¹⁰ Respondió Jesús y le dijo: ¿Eres tú maestro de Israel, y no sabes esto? ¹¹ De cierto, de cierto te digo, que lo que sabemos hablamos, y lo que hemos visto, testificamos; y no recibís nuestro testimonio. ¹² Si os he dicho cosas terrenales, y no creéis, ¿cómo creeréis si os dijere las celestiales? ¹³ Nadie subió al cielo, sino el que descendió del cielo; el Hijo del Hombre, que está en el cielo. ¹⁴ Y como Moisés levantó la serpiente en el desierto,ᵃ así es necesario que el Hijo del Hombre sea levantado, ¹⁵ para que todo aquel que en él cree, no se pierda, mas tenga vida eterna.

De tal manera amó Dios al mundo

¹⁶ Porque de tal manera amó Dios al mundo, que ha dado a su Hijo unigénito, para que todo aquel que en él cree, no se pierda, mas tenga vida eterna. ¹⁷ Porque no envió Dios a su Hijo al mundo para condenar al mundo, sino para que el mundo sea salvo por él. ¹⁸ El que en él cree, no es condenado; pero el que no cree, ya ha sido condenado, porque no ha creído en el nombre del unigénito Hijo de Dios. ¹⁹ Y esta es la condenación: que la luz vino al mundo, y los hombres amaron más las tinieblas que la luz, porque sus obras eran malas. ²⁰ Porque todo aquel que hace lo malo, aborrece la luz y no viene a la luz, para que sus obras no sean reprendidas. ²¹ Mas el que practica la verdad viene a la luz, para que sea manifiesto que sus obras son hechas en Dios.

El amigo del esposo

²² Después de esto, vino Jesús con sus discípulos a la tierra de Judea, y estuvo allí con ellos, y bautizaba. ²³ Juan bautizaba también en Enón, junto a Salim, porque había allí muchas aguas; y venían, y eran bautizados. ²⁴ Porque Juan no había sido aún encarcelado.ᵇ

²⁵ Entonces hubo discusión entre los discípulos de Juan y los judíos acerca de la purificación. ²⁶ Y vinieron a Juan y le dijeron: Rabí, mira que el que estaba contigo al otro lado del Jordán, de quien tú diste testimonio, bautiza, y todos vienen a él. ²⁷ Respondió Juan y dijo: No puede el hombre recibir nada, si no le fuere dado del cielo. ²⁸ Vosotros mismos me sois testigos de que dije: Yo no soy el Cristo,ᶜ sino que soy enviado delante de él. ²⁹ El que tiene la esposa, es el esposo; mas el amigo del esposo, que está a su lado y le oye, se goza grandemente de la voz del esposo; así pues, este mi gozo está cumplido. ³⁰ Es necesario que él crezca, pero que yo mengüe.

ᵉ 2.19: Mt. 26.61; 27.40; Mr. 14.58; 15.29. ᵃ 3.14: Nm. 21.9. ᵇ 3.24: Mt. 14.3; Mr. 6.17; Lc. 3.19-20. ᶜ 3.28: Jn. 1.20.

El que viene de arriba

31 El que de arriba viene, es sobre todos; el que es de la tierra, es terrenal, y cosas terrenales habla; el que viene del cielo, es sobre todos. 32 Y lo que vio y oyó, esto testifica; y nadie recibe su testimonio. 33 El que recibe su testimonio, éste atestigua que Dios es veraz. 34 Porque el que Dios envió, las palabras de Dios habla; pues Dios no da el Espíritu por medida. 35 El Padre ama al Hijo, y todas las cosas ha entregado en su mano.*d*

36 El que cree en el Hijo tiene vida eterna; pero el que rehúsa creer en el Hijo no verá la vida, sino que la ira de Dios está sobre él.

CAPÍTULO 4

Jesús y la mujer samaritana

Cuando, pues, el Señor entendió que los fariseos habían oído decir: Jesús hace y bautiza más discípulos que Juan 2 (aunque Jesús no bautizaba, sino sus discípulos), 3 salió de Judea, y se fue otra vez a Galilea. 4 Y le era necesario pasar por Samaria. 5 Vino, pues, a una ciudad de Samaria llamada Sicar, junto a la heredad que Jacob dio a su hijo José.*a* 6 Y estaba allí el pozo de Jacob. Entonces Jesús, cansado del camino, se sentó así junto al pozo. Era como la hora sexta.

7 Vino una mujer de Samaria a sacar agua; y Jesús le dijo: Dame de beber. 8 Pues sus discípulos habían ido a la ciudad a comprar de comer. 9 La mujer samaritana le dijo: ¿Cómo tú, siendo judío, me pides a mí de beber, que soy mujer samaritana? Porque judíos y samaritanos no se tratan entre sí.*b* 10 Respondió Jesús y le dijo: Si conocieras el don de Dios, y quién es el que te dice: Dame de beber; tú le pedirías, y él te daría agua viva. 11 La mujer le dijo: Señor, no tienes con qué sacarla, y el pozo es hondo. ¿De dónde, pues, tienes el agua viva? 12 ¿Acaso eres tú mayor que nuestro padre Jacob, que nos dio este pozo, del cual bebieron él, sus hijos y sus ganados? 13 Respondió Jesús y le dijo: Cualquiera que bebiere de esta agua, volverá a tener sed; 14 mas el que bebiere del agua que yo le daré, no tendrá sed jamás; sino que el agua que yo le daré será en él una fuente de agua que salte para vida eterna. 15 La mujer le dijo: Señor, dame esa agua, para que no tenga yo sed, ni venga aquí a sacarla. 16 Jesús le dijo: Ve, llama a tu marido, y ven

acá. 17 Respondió la mujer y dijo: No tengo marido. Jesús le dijo: Bien has dicho: No tengo marido; 18 porque cinco maridos has tenido, y el que ahora tienes no es tu marido; esto has dicho con verdad. 19 Le dijo la mujer: Señor, me parece que tú eres profeta. 20 Nuestros padres adoraron en este monte, y vosotros decís que en Jerusalén es el lugar donde se debe adorar. 21 Jesús le dijo: Mujer, créeme, que la hora viene cuando ni en este monte ni en Jerusalén adoraréis al Padre. 22 Vosotros adoráis lo que no sabéis; nosotros adoramos lo que sabemos; porque la salvación viene de los judíos. 23 Mas la hora viene, y ahora es, cuando los verdaderos adoradores adorarán al Padre en espíritu y en verdad; porque también el Padre tales adoradores busca que le adoren. 24 Dios es Espíritu; y los que le adoran, en espíritu y en verdad es necesario que adoren. 25 Le dijo la mujer: Sé que ha de venir el Mesías, llamado el Cristo; cuando él venga nos declarará todas las cosas. 26 Jesús le dijo: Yo soy, el que habla contigo.

27 En esto vinieron sus discípulos, y se maravillaron de que hablaba con una mujer; sin embargo, ninguno dijo: ¿Qué preguntas? o, ¿Qué hablas con ella? 28 Entonces la mujer dejó su cántaro, y fue a la ciudad, y dijo a los hombres: 29 Venid, ved a un hombre que me ha dicho todo cuanto he hecho. ¿No será éste el Cristo? 30 Entonces salieron de la ciudad, y vinieron a él.

31 Entre tanto, los discípulos le rogaban, diciendo: Rabí, come. 32 Él les dijo: Yo tengo una comida que comer, que vosotros no sabéis. 33 Entonces los discípulos decían unos a otros: ¿Le habrá traído alguien de comer? 34 Jesús les dijo: Mi comida es que haga la voluntad del que me envió, y que acabe su obra. 35 ¿No decís vosotros: Aún faltan cuatro meses para que llegue la siega? He aquí os digo: Alzad vuestros ojos y mirad los campos, porque ya están blancos para la siega. 36 Y el que siega recibe salario, y recoge fruto para vida eterna, para que el que siembra goce juntamente con el que siega. 37 Porque en esto es verdadero el dicho: Uno es el que siembra, y otro es el que siega. 38 Yo os he enviado a segar lo que vosotros no labrasteis; otros labraron, y vosotros habéis entrado en sus labores.

---

d 3.35: Mt. 11.27; Lc. 10.22.   *a* 4.5: Gn. 33.19; Jos. 24.32.   *b* 4.9: Esd. 4.1-5; Neh. 4.1-2.

³⁹ Y muchos de los samaritanos de aquella ciudad creyeron en él por la palabra de la mujer, que daba testimonio diciendo: Me dijo todo lo que he hecho. ⁴⁰ Entonces vinieron los samaritanos a él y le rogaron que se quedase con ellos; y se quedó allí dos días. ⁴¹ Y creyeron muchos más por la palabra de él, ⁴² y decían a la mujer: Ya no creemos solamente por tu dicho, porque nosotros mismos hemos oído, y sabemos que verdaderamente éste es el Salvador del mundo, el Cristo.

Jesús sana al hijo de un noble

⁴³ Dos días después, salió de allí y fue a Galilea. ⁴⁴ Porque Jesús mismo dio testimonio de que el profeta no tiene honra en su propia tierra.ᶜ ⁴⁵ Cuando vino a Galilea, los galileos le recibieron, habiendo visto todas las cosas que había hecho en Jerusalén, en la fiesta;ᵈ porque también ellos habían ido a la fiesta.

⁴⁶ Vino, pues, Jesús otra vez a Caná de Galilea, donde había convertido el agua en vino.ᵉ Y había en Capernaum un oficial del rey, cuyo hijo estaba enfermo. ⁴⁷ Este, cuando oyó que Jesús había llegado de Judea a Galilea, vino a él y le rogó que descendiese y sanase a su hijo, que estaba a punto de morir. ⁴⁸ Entonces Jesús le dijo: Si no viereis señales y prodigios, no creeréis. ⁴⁹ El oficial del rey le dijo: Señor, desciende antes que mi hijo muera. ⁵⁰ Jesús le dijo: Ve, tu hijo vive. Y el hombre creyó la palabra que Jesús le dijo, y se fue. ⁵¹ Cuando ya él descendía, sus siervos salieron a recibirle, y le dieron nuevas, diciendo: Tu hijo vive. ⁵² Entonces él les preguntó a qué hora había comenzado a estar mejor. Y le dijeron: Ayer a las siete le dejó la fiebre. ⁵³ El padre entonces entendió que aquella era la hora en que Jesús le había dicho: Tu hijo vive; y creyó él con toda su casa. ⁵⁴ Esta segunda señal hizo Jesús, cuando fue de Judea a Galilea.

CAPÍTULO 5

El paralítico de Betesda

Después de estas cosas había una fiesta de los judíos, y subió Jesús a Jerusalén.

² Y hay en Jerusalén, cerca de la puerta de las ovejas, un estanque, llamado en hebreo Betesda, el cual tiene cinco pórticos. ³ En éstos yacía una multitud de enfermos, ciegos, cojos y paralíticos, que esperaban el movimiento del agua. ⁴ Porque un ángel descendía de tiempo en tiempo al estanque, y agitaba el agua; y el que primero descendía al estanque después del movimiento del agua, quedaba sano de cualquier enfermedad que tuviese. ⁵ Y había allí un hombre que hacía treinta y ocho años que estaba enfermo. ⁶ Cuando Jesús lo vio acostado, y supo que llevaba ya mucho tiempo así, le dijo: ¿Quieres ser sano? ⁷ Señor, le respondió el enfermo, no tengo quien me meta en el estanque cuando se agita el agua; y entre tanto que yo voy, otro desciende antes que yo. ⁸ Jesús le dijo: Levántate, toma tu lecho, y anda. ⁹ Y al instante aquel hombre fue sanado, y tomó su lecho, y anduvo. Y era día de reposo* aquel día.

¹⁰ Entonces los judíos dijeron a aquel que había sido sanado: Es día de reposo;* no te es lícito llevar tu lecho.ᵃ ¹¹ Él les respondió: El que me sanó, él mismo me dijo: Toma tu lecho y anda. ¹² Entonces le preguntaron: ¿Quién es el que te dijo: Toma tu lecho y anda? ¹³ Y el que había sido sanado no sabía quién fuese, porque Jesús se había apartado de la gente que estaba en aquel lugar. ¹⁴ Después le halló Jesús en el templo, y le dijo: Mira, has sido sanado; no peques más, para que no te venga alguna cosa peor. ¹⁵ El hombre se fue, y dio aviso a los judíos, que Jesús era el que le había sanado. ¹⁶ Y por esta causa los judíos perseguían a Jesús, y procuraban matarle, porque hacía estas cosas en el día de reposo.* ¹⁷ Y Jesús les respondió: Mi Padre hasta ahora trabaja, y yo trabajo. ¹⁸ Por esto los judíos aun más procuraban matarle, porque no sólo quebrantaba el día de reposo,* sino que también decía que Dios era su propio Padre, haciéndose igual a Dios.

La autoridad del Hijo

¹⁹ Respondió entonces Jesús, y les dijo: De cierto, de cierto os digo: No puede el Hijo hacer nada por sí mismo, sino lo que ve hacer al Padre; porque todo lo que el Padre hace, también lo hace el Hijo igualmente. ²⁰ Porque el Padre ama al Hijo, y le muestra todas las cosas que él hace; y mayores obras que estas le mostrará, de modo que vosotros os maravilléis. ²¹ Porque como el Padre

ᶜ 4.44: Mt. 13.57; Mr. 6.4; Lc. 4.24.   ᵈ 4.45: Jn. 2.23.   ᵉ 4.46: Jn. 2.1-11.   ᵃ 5.10: Neh. 13.19; Jer. 17.21.

levanta a los muertos, y les da vida, así también el Hijo a los que quiere da vida. 22 Porque el Padre a nadie juzga, sino que todo el juicio dio al Hijo, 23 para que todos honren al Hijo como honran al Padre. El que no honra al Hijo, no honra al Padre que le envió.

24 De cierto, de cierto os digo: El que oye mi palabra, y cree al que me envió, tiene vida eterna; y no vendrá a condenación, mas ha pasado de muerte a vida. 25 De cierto, de cierto os digo: Viene la hora, y ahora es, cuando los muertos oirán la voz del Hijo de Dios; y los que la oyeren vivirán. 26 Porque como el Padre tiene vida en sí mismo, así también ha dado al Hijo el tener vida en sí mismo; 27 y también le dio autoridad de hacer juicio, por cuanto es el Hijo del Hombre. 28 No os maravilléis de esto; porque vendrá hora cuando todos los que están en los sepulcros oirán su voz; 29 y los que hicieron lo bueno, saldrán a resurrección de vida; mas los que hicieron lo malo, a resurrección de condenación.[b]

Testigos de Cristo

30 No puedo yo hacer nada por mí mismo; según oigo, así juzgo; y mi juicio es justo, porque no busco mi voluntad, sino la voluntad del que me envió, la del Padre. 31 Si yo doy testimonio acerca de mí mismo, mi testimonio no es verdadero. 32 Otro es el que da testimonio acerca de mí, y sé que el testimonio que da de mí es verdadero. 33 Vosotros enviasteis mensajeros a Juan, y él dio testimonio de la verdad.[c] 34 Pero yo no recibo testimonio de hombre alguno; mas digo esto, para que vosotros seáis salvos. 35 El era antorcha que ardía y alumbraba; y vosotros quisisteis regocijaros por un tiempo en su luz. 36 Mas yo tengo mayor testimonio que el de Juan; porque las obras que el Padre me dio para que cumpliese, las mismas obras que yo hago, dan testimonio de mí, que el Padre me ha enviado. 37 También el Padre que me envió ha dado testimonio de mí.[d] Nunca habéis oído su voz, ni habéis visto su aspecto, 38 ni tenéis su palabra morando en vosotros; porque a quien él envió, vosotros no creéis. 39 Escudriñad las Escrituras; porque a vosotros os parece que en ellas tenéis la vida eterna; y ellas son las que dan testimonio de mí; 40 y no queréis venir a mí para que tengáis vida. 41 Gloria de los hombres no recibo. 42 Mas yo os conozco, que no tenéis amor de Dios en vosotros. 43 Yo he venido en nombre de mi Padre, y no me recibís; si otro viniere en su propio nombre, a ése recibiréis. 44 ¿Cómo podéis vosotros creer, pues recibís gloria los unos de los otros, y no buscáis la gloria que viene del Dios único? 45 No penséis que yo voy a acusaros delante del Padre; hay quien os acusa, Moisés, en quien tenéis vuestra esperanza. 46 Porque si creyeseis a Moisés, me creeríais a mí, porque de mí escribió él. 47 Pero si no creéis a sus escritos, ¿cómo creeréis a mis palabras?

CAPÍTULO 6

Alimentación de los cinco mil

Después de esto, Jesús fue al otro lado del mar de Galilea, el de Tiberias. 2 Y le seguía gran multitud, porque veían las señales que hacía en los enfermos. 3 Entonces subió Jesús a un monte, y se sentó allí con sus discípulos. 4 Y estaba cerca la pascua, la fiesta de los judíos. 5 Cuando alzó Jesús los ojos, y vio que había venido a él gran multitud, dijo a Felipe: ¿De dónde compraremos pan para que coman éstos? 6 Pero esto decía para probarle; porque él sabía lo que había de hacer. 7 Felipe le respondió: Doscientos denarios de pan no bastarían para que cada uno de ellos tomase un poco. 8 Uno de sus discípulos, Andrés, hermano de Simón Pedro, le dijo: 9 Aquí está un muchacho, que tiene cinco panes de cebada y dos pececillos; mas ¿qué es esto para tantos? 10 Entonces Jesús dijo: Haced recostar la gente. Y había mucha hierba en aquel lugar; y se recostaron como en número de cinco mil varones. 11 Y tomó Jesús aquellos panes, y habiendo dado gracias, los repartió entre los discípulos, y los discípulos entre los que estaban recostados; asimismo de los peces, cuanto querían. 12 Y cuando se hubieron saciado, dijo a sus discípulos: Recoged los pedazos que sobraron, para que no se pierda nada. 13 Recogieron, pues, y llenaron doce cestas de pedazos, que de los cinco panes de cebada sobraron a los que habían comido. 14 Aquellos hombres entonces, viendo la señal que Jesús había hecho, dijeron: Este verdaderamente es el profeta que había de venir al mundo.

b 5.29: Dn. 12.2. c 5.33: Jn. 1.19-27; 3.27-30. d 5.37: Mt. 3.17; Mr. 1.11; Lc. 3.22.

¹⁵ Pero entendiendo Jesús que iban a venir para apoderarse de él y hacerle rey, volvió a retirarse al monte él solo.

Jesús anda sobre el mar

¹⁶ Al anochecer, descendieron sus discípulos al mar, ¹⁷ y entrando en una barca, iban cruzando el mar hacia Capernaum. Estaba ya oscuro, y Jesús no había venido a ellos. ¹⁸ Y se levantaba el mar con un gran viento que soplaba. ¹⁹ Cuando habían remado como veinticinco o treinta estadios, vieron a Jesús que andaba sobre el mar y se acercaba a la barca; y tuvieron miedo. ²⁰ Mas él les dijo: Yo soy; no temáis. ²¹ Ellos entonces con gusto le recibieron en la barca, la cual llegó en seguida a la tierra adonde iban.

La gente busca a Jesús

²² El día siguiente, la gente que estaba al otro lado del mar vio que no había habido allí más que una sola barca, y que Jesús no había entrado en ella con sus discípulos, sino que éstos se habían ido solos. ²³ Pero otras barcas habían arribado de Tiberias junto al lugar donde habían comido el pan después de haber dado gracias el Señor. ²⁴ Cuando vio, pues, la gente que Jesús no estaba allí, ni sus discípulos, entraron en las barcas y fueron a Capernaum, buscando a Jesús.

Jesús, el pan de vida

²⁵ Y hallándole al otro lado del mar, le dijeron: Rabí, ¿cuándo llegaste acá? ²⁶ Respondió Jesús y les dijo: De cierto, de cierto os digo que me buscáis, no porque habéis visto las señales, sino porque comisteis el pan y os saciasteis. ²⁷ Trabajad, no por la comida que perece, sino por la comida que a vida eterna permanece, la cual el Hijo del Hombre os dará; porque a éste señaló Dios el Padre. ²⁸ Entonces le dijeron: ¿Qué debemos hacer para poner en práctica las obras de Dios? ²⁹ Respondió Jesús y les dijo: Esta es la obra de Dios, que creáis en el que él ha enviado. ³⁰ Le dijeron entonces: ¿Qué señal, pues, haces tú, para que veamos, y te creamos? ¿Qué obra haces? ³¹ Nuestros padres comieron el maná en el desierto,ᵃ como está escrito: Pan del cielo les dio a comer.ᵇ ³² Y Jesús les dijo: De cierto, de cierto os digo: No os dio Moisés el pan del cielo, mas mi Padre os da el verdadero pan del cielo. ³³ Porque el pan de Dios es aquel que descendió del cielo y da vida al mundo. ³⁴ Le dijeron: Señor, danos siempre este pan.

³⁵ Jesús les dijo: Yo soy el pan de vida; el que a mí viene, nunca tendrá hambre; y el que en mí cree, no tendrá sed jamás. ³⁶ Mas os he dicho, que aunque me habéis visto, no creéis. ³⁷ Todo lo que el Padre me da, vendrá a mí; y al que a mí viene, no le echo fuera. ³⁸ Porque he descendido del cielo, no para hacer mi voluntad, sino la voluntad del que me envió. ³⁹ Y esta es la voluntad del Padre, el que me envió: Que de todo lo que me diere, no pierda yo nada, sino que lo resucite en el día postrero. ⁴⁰ Y esta es la voluntad del que me ha enviado: Que todo aquél que ve al Hijo, y cree en él, tenga vida eterna; y yo le resucitaré en el día postrero.

⁴¹ Murmuraban entonces de él los judíos, porque había dicho: Yo soy el pan que descendió del cielo. ⁴² Y decían: ¿No es éste Jesús, el hijo de José, cuyo padre y madre nosotros conocemos? ¿Cómo, pues, dice éste: Del cielo he descendido? ⁴³ Jesús respondió y les dijo: No murmuréis entre vosotros. ⁴⁴ Ninguno puede venir a mí, si el Padre que me envió no le trajere; y yo le resucitaré en el día postrero. ⁴⁵ Escrito está en los profetas: Y serán todos enseñados por Dios.ᶜ Así que, todo aquel que oyó al Padre, y aprendió de él, viene a mí. ⁴⁶ No que alguno haya visto al Padre, sino aquel que vino de Dios; éste ha visto al Padre. ⁴⁷ De cierto, de cierto os digo: El que cree en mí, tiene vida eterna. ⁴⁸ Yo soy el pan de vida. ⁴⁹ Vuestros padres comieron el maná en el desierto, y murieron. ⁵⁰ Este es el pan que desciende del cielo, para que el que de él come, no muera. ⁵¹ Yo soy el pan vivo que descendió del cielo; si alguno comiere de este pan, vivirá para siempre; y el pan que yo daré es mi carne, la cual yo daré por la vida del mundo.

⁵² Entonces los judíos contendían entre sí, diciendo: ¿Cómo puede éste darnos a comer su carne? ⁵³ Jesús les dijo: De cierto, de cierto os digo: Si no coméis la carne del Hijo del Hombre, y bebéis su sangre, no tenéis vida en vosotros. ⁵⁴ El que come mi carne y bebe mi sangre, tiene vida eterna; y yo le resucitaré en el día postrero. ⁵⁵ Porque

ᵃ 6.31: Ex. 16.4, 15.   ᵇ 6.31: Sal. 78.24.   ᶜ 6.45: Is. 54.13.

mi carne es verdadera comida, y mi sangre es verdadera bebida. ⁵⁶ El que come mi carne y bebe mi sangre, en mí permanece, y yo en él. ⁵⁷ Como me envió el Padre viviente, y yo vivo por el Padre, asimismo el que me come, él también vivirá por mí. ⁵⁸ Este es el pan que descendió del cielo; no como vuestros padres comieron el maná, y murieron; el que come de este pan, vivirá eternamente. ⁵⁹ Estas cosas dijo en la sinagoga, enseñando en Capernaum.

Palabras de vida eterna

⁶⁰ Al oírlas, muchos de sus discípulos dijeron: Dura es esta palabra; ¿quién la puede oír? ⁶¹ Sabiendo Jesús en sí mismo que sus discípulos murmuraban de esto, les dijo: ¿Esto os ofende? ⁶² ¿Pues qué, si viereis al Hijo del Hombre subir adonde estaba primero? ⁶³ El espíritu es el que da vida; la carne para nada aprovecha; las palabras que yo os he hablado son espíritu y son vida. ⁶⁴ Pero hay algunos de vosotros que no creen. Porque Jesús sabía desde el principio quiénes eran los que no creían, y quién le había de entregar. ⁶⁵ Y dijo: Por eso os he dicho que ninguno puede venir a mí, si no le fuere dado del Padre.

⁶⁶ Desde entonces muchos de sus discípulos volvieron atrás, y ya no andaban con él. ⁶⁷ Dijo entonces Jesús a los doce: ¿Queréis acaso iros también vosotros? ⁶⁸ Le respondió Simón Pedro: Señor, ¿a quién iremos? Tú tienes palabras de vida eterna. ⁶⁹ Y nosotros hemos creído y conocemos que tú eres el Cristo, el Hijo del Dios viviente.[d] ⁷⁰ Jesús les respondió: ¿No os he escogido yo a vosotros los doce, y uno de vosotros es diablo? ⁷¹ Hablaba de Judas Iscariote, hijo de Simón; porque éste era el que le iba a entregar, y era uno de los doce.

CAPÍTULO 7

Incredulidad de los hermanos de Jesús

Después de estas cosas, andaba Jesús en Galilea; pues no quería andar en Judea, porque los judíos procuraban matarle. ² Estaba cerca la fiesta de los judíos, la de los tabernáculos;[a] ³ y le dijeron sus hermanos: Sal de aquí, y vete a Judea, para que también tus discípulos vean las obras que haces. ⁴ Porque ninguno que procura darse a conocer hace algo en secreto. Si estas cosas haces, manifiéstate al mundo. ⁵ Porque ni aun sus hermanos creían en él. ⁶ Entonces Jesús les dijo: Mi tiempo aún no ha llegado, mas vuestro tiempo siempre está presto. ⁷ No puede el mundo aborreceros a vosotros; mas a mí me aborrece, porque yo testifico de él, que sus obras son malas. ⁸ Subid vosotros a la fiesta; yo no subo todavía a esa fiesta, porque mi tiempo aún no se ha cumplido. ⁹ Y habiéndoles dicho esto, se quedó en Galilea.

Jesús en la fiesta de los tabernáculos

¹⁰ Pero después que sus hermanos habían subido, entonces él también subió a la fiesta, no abiertamente, sino como en secreto. ¹¹ Y le buscaban los judíos en la fiesta, y decían: ¿Dónde está aquél? ¹² Y había gran murmullo acerca de él entre la multitud, pues unos decían: Es bueno; pero otros decían: No, sino que engaña al pueblo. ¹³ Pero ninguno hablaba abiertamente de él, por miedo a los judíos.

¹⁴ Mas a la mitad de la fiesta subió Jesús al templo, y enseñaba. ¹⁵ Y se maravillaban los judíos, diciendo: ¿Cómo sabe éste letras, sin haber estudiado? ¹⁶ Jesús les respondió y dijo: Mi doctrina no es mía, sino de aquel que me envió. ¹⁷ El que quiera hacer la voluntad de Dios, conocerá si la doctrina es de Dios, o si yo hablo por mi propia cuenta. ¹⁸ El que habla por su propia cuenta, su propia gloria busca; pero el que busca la gloria del que le envió, éste es verdadero, y no hay en él injusticia. ¹⁹ ¿No os dio Moisés la ley, y ninguno de vosotros cumple la ley? ¿Por qué procuráis matarme? ²⁰ Respondió la multitud y dijo: Demonio tienes; ¿quién procura matarte? ²¹ Jesús respondió y les dijo: Una obra hice, y todos os maravilláis. ²² Por cierto, Moisés os dio la circuncisión [b] (no porque sea de Moisés, sino de los padres [c]); y en el día de reposo* circuncidáis al hombre. ²³ Si recibe el hombre la circuncisión en el día de reposo,* para que la ley de Moisés no sea quebrantada, ¿os enojáis conmigo porque en el día de reposo* sané completamente a un hombre? [d] ²⁴ No juzguéis según las apariencias, sino juzgad con justo juicio.

¿Es éste el Cristo?

²⁵ Decían entonces unos de Jerusalén: ¿No es éste a quien buscan para matarle? ²⁶ Pues

---

[d] 6.68-69: Mt. 16.16; Mr. 8.29; Lc. 9.20.   [a] 7.2: Lv. 23.34; Dt. 16.13.   [b] 7.22: Lv. 12.3.   [c] 7.22: Gn. 17.10.   [d] 7.23: Jn. 5.9.

mirad, habla públicamente, y no le dicen nada. ¿Habrán reconocido en verdad los gobernantes que éste es el Cristo? [27] Pero éste, sabemos de dónde es; mas cuando venga el Cristo, nadie sabrá de dónde sea. [28] Jesús entonces, enseñando en el templo, alzó la voz y dijo: A mí me conocéis, y sabéis de dónde soy; y no he venido de mí mismo, pero el que me envió es verdadero, a quien vosotros no conocéis. [29] Pero yo le conozco, porque de él procedo, y él me envió. [30] Entonces procuraban prenderle; pero ninguno le echó mano, porque aún no había llegado su hora. [31] Y muchos de la multitud creyeron en él, y decían: El Cristo, cuando venga, ¿hará más señales que las que éste hace?

Los fariseos envían alguaciles para prender a Jesús

[32] Los fariseos oyeron a la gente que murmuraba de él estas cosas; y los principales sacerdotes y los fariseos enviaron alguaciles para que le prendiesen. [33] Entonces Jesús dijo: Todavía un poco de tiempo estaré con vosotros, e iré al que me envió. [34] Me buscaréis, y no me hallaréis; y a donde yo estaré, vosotros no podréis venir. [35] Entonces los judíos dijeron entre sí: ¿Adónde se irá éste, que no le hallemos? ¿Se irá a los dispersos entre los griegos, y enseñará a los griegos? [36] ¿Qué significa esto que dijo: Me buscaréis, y no me hallaréis; y a donde yo estaré, vosotros no podréis venir?

Ríos de agua viva

[37] En el último y gran día de la fiesta,[e] Jesús se puso en pie y alzó la voz, diciendo: Si alguno tiene sed, venga a mí y beba. [38] El que cree en mí, como dice la Escritura, de su interior correrán ríos de agua viva.[f] [39] Esto dijo del Espíritu que habían de recibir los que creyesen en él; pues aún no había venido el Espíritu Santo, porque Jesús no había sido aún glorificado.

División entre la gente

[40] Entonces algunos de la multitud, oyendo estas palabras, decían: Verdaderamente éste es el profeta. [41] Otros decían: Este es el Cristo. Pero algunos decían: ¿De Galilea ha de venir el Cristo? [42] ¿No dice la Escritura que del linaje de David, y de la aldea de Belén,[g] de donde era David, ha de venir el Cristo? [43] Hubo entonces disensión entre la gente a causa de él. [44] Y algunos de ellos querían prenderle; pero ninguno le echó mano.

¡Nunca ha hablado hombre así!

[45] Los alguaciles vinieron a los principales sacerdotes y a los fariseos; y éstos les dijeron: ¿Por qué no le habéis traído? [46] Los alguaciles respondieron: ¡Jamás hombre alguno ha hablado como este hombre! [47] Entonces los fariseos les respondieron: ¿También vosotros habéis sido engañados? [48] ¿Acaso ha creído en él alguno de los gobernantes, o de los fariseos? [49] Mas esta gente que no sabe la ley, maldita es. [50] Les dijo Nicodemo, el que vino a él de noche,[h] el cual era uno de ellos: [51] ¿Juzga acaso nuestra ley a un hombre si primero no le oye, y sabe lo que ha hecho? [52] Respondieron y le dijeron: ¿Eres tú también galileo? Escudriña y ve que de Galilea nunca se ha levantado profeta.

La mujer adúltera

[53] Cada uno se fue a su casa;

CAPÍTULO 8

y Jesús se fue al monte de los Olivos. [2] Y por la mañana volvió al templo, y todo el pueblo vino a él; y sentado él, les enseñaba. [3] Entonces los escribas y los fariseos le trajeron una mujer sorprendida en adulterio; y poniéndola en medio, [4] le dijeron: Maestro, esta mujer ha sido sorprendida en el acto mismo de adulterio. [5] Y en la ley nos mandó Moisés apedrear a tales mujeres.[a] Tú, pues, ¿qué dices? [6] Mas esto decían tentándole, para poder acusarle. Pero Jesús, inclinado hacia el suelo, escribía en tierra con el dedo. [7] Y como insistieran en preguntarle, se enderezó y les dijo: El que de vosotros esté sin pecado sea el primero en arrojar la piedra contra ella. [8] E inclinándose de nuevo hacia el suelo, siguió escribiendo en tierra. [9] Pero ellos, al oír esto, acusados por su conciencia, salían uno a uno, comenzando desde los más viejos hasta los postreros; y quedó solo Jesús, y la mujer que estaba en medio. [10] Enderezándose Jesús, y no viendo a nadie sino a la mujer, le dijo: Mujer, ¿dónde están los que te acusaban? ¿Ninguno te condenó? [11] Ella dijo: Ninguno, Señor. Entonces Jesús le dijo: Ni yo te condeno; vete, y no peques más.

e 7.37: Lv. 23.36.   f 7.38: Ez. 47.1; Zac. 14.8.   g 7.42: Mi. 5.2.   h 7.50: Jn. 3.1-2.   a 8.5: Lv. 20.10; Dt. 22.22-24.

Jesús, la luz del mundo

¹² Otra vez Jesús les habló, diciendo: Yo soy la luz del mundo;ᵇ el que me sigue, no andará en tinieblas, sino que tendrá la luz de la vida. ¹³ Entonces los fariseos le dijeron: Tú das testimonio acerca de ti mismo; tu testimonio no es verdadero.ᶜ ¹⁴ Respondió Jesús y les dijo: Aunque yo doy testimonio acerca de mí mismo, mi testimonio es verdadero, porque sé de dónde he venido y a dónde voy; pero vosotros no sabéis de dónde vengo, ni a dónde voy. ¹⁵ Vosotros juzgáis según la carne; yo no juzgo a nadie. ¹⁶ Y si yo juzgo, mi juicio es verdadero; porque no soy yo solo, sino yo y el que me envió, el Padre. ¹⁷ Y en vuestra ley está escrito que el testimonio de dos hombres es verdadero. ¹⁸ Yo soy el que doy testimonio de mí mismo, y el Padre que me envió da testimonio de mí. ¹⁹ Ellos le dijeron: ¿Dónde está tu Padre? Respondió Jesús: Ni a mí me conocéis, ni a mi Padre; si a mí me conocieseis, también a mi Padre conoceríais. ²⁰ Estas palabras habló Jesús en el lugar de las ofrendas, enseñando en el templo; y nadie le prendió, porque aún no había llegado su hora.

A donde yo voy, vosotros no podéis venir

²¹ Otra vez les dijo Jesús: Yo me voy, y me buscaréis, pero en vuestro pecado moriréis; a donde yo voy, vosotros no podéis venir. ²² Decían entonces los judíos: ¿Acaso se matará a sí mismo, que dice: A donde yo voy, vosotros no podéis venir? ²³ Y les dijo: Vosotros sois de abajo, yo soy de arriba; vosotros sois de este mundo, yo no soy de este mundo. ²⁴ Por eso os dije que moriréis en vuestros pecados; porque si no creéis que yo soy, en vuestros pecados moriréis. ²⁵ Entonces le dijeron: ¿Tú quién eres? Entonces Jesús les dijo: Lo que desde el principio os he dicho. ²⁶ Muchas cosas tengo que decir y juzgar de vosotros; pero el que me envió es verdadero; y yo, lo que he oído de él, esto hablo al mundo. ²⁷ Pero no entendieron que les hablaba del Padre. ²⁸ Les dijo, pues, Jesús: Cuando hayáis levantado al Hijo del Hombre, entonces conoceréis que yo soy, y que nada hago por mí mismo, sino que según me enseñó el Padre, así hablo. ²⁹ Porque el que me envió, conmigo está; no me ha dejado solo el Padre, porque yo hago siempre lo que le agrada. ³⁰ Hablando él estas cosas, muchos creyeron en él.

La verdad os hará libres

³¹ Dijo entonces Jesús a los judíos que habían creído en él: Si vosotros permaneciereis en mi palabra, seréis verdaderamente mis discípulos; ³² y conoceréis la verdad, y la verdad os hará libres. ³³ Le respondieron: Linaje de Abraham somos,ᵈ y jamás hemos sido esclavos de nadie. ¿Cómo dices tú: Seréis libres?

³⁴ Jesús les respondió: De cierto, de cierto os digo, que todo aquel que hace pecado, esclavo es del pecado. ³⁵ Y el esclavo no queda en la casa para siempre; el hijo sí queda para siempre. ³⁶ Así que, si el Hijo os libertare, seréis verdaderamente libres. ³⁷ Sé que sois descendientes de Abraham; pero procuráis matarme, porque mi palabra no halla cabida en vosotros. ³⁸ Yo hablo lo que he visto cerca del Padre; y vosotros hacéis lo que habéis oído cerca de vuestro padre.

Sois de vuestro padre el diablo

³⁹ Respondieron y le dijeron: Nuestro padre es Abraham. Jesús les dijo: Si fueseis hijos de Abraham, las obras de Abraham haríais. ⁴⁰ Pero ahora procuráis matarme a mí, hombre que os he hablado la verdad, la cual he oído de Dios; no hizo esto Abraham. ⁴¹ Vosotros hacéis las obras de vuestro padre. Entonces le dijeron: Nosotros no somos nacidos de fornicación; un padre tenemos, que es Dios. ⁴² Jesús entonces les dijo: Si vuestro padre fuese Dios, ciertamente me amaríais; porque yo de Dios he salido, y he venido; pues no he venido de mí mismo, sino que él me envió. ⁴³ ¿Por qué no entendéis mi lenguaje? Porque no podéis escuchar mi palabra. ⁴⁴ Vosotros sois de vuestro padre el diablo, y los deseos de vuestro padre queréis hacer. Él ha sido homicida desde el principio, y no ha permanecido en la verdad, porque no hay verdad en él. Cuando habla mentira, de suyo habla; porque es mentiroso, y padre de mentira. ⁴⁵ Y a mí, porque digo la verdad, no me creéis. ⁴⁶ ¿Quién de vosotros me redarguye de pecado? Pues si digo la verdad, ¿por qué vosotros no me creéis? ⁴⁷ El que es

ᵇ 8.12: Mt. 5.14; Jn. 9.5.   ᶜ 8.13: Jn. 5.31.   ᵈ 8.33: Mt. 3.9; Lc. 3.8.

de Dios, las palabras de Dios oye; por esto no las oís vosotros, porque no sois de Dios.

La preexistencia de Cristo

⁴⁸ Respondieron entonces los judíos, y le dijeron: ¿No decimos bien nosotros, que tú eres samaritano, y que tienes demonio? ⁴⁹ Respondió Jesús: Yo no tengo demonio, antes honro a mi Padre; y vosotros me deshonráis. ⁵⁰ Pero yo no busco mi gloria; hay quien la busca, y juzga. ⁵¹ De cierto, de cierto os digo, que el que guarda mi palabra, nunca verá muerte. ⁵² Entonces los judíos le dijeron: Ahora conocemos que tienes demonio. Abraham murió, y los profetas; y tú dices: El que guarda mi palabra, nunca sufrirá muerte. ⁵³ ¿Eres tú acaso mayor que nuestro padre Abraham, el cual murió? ¡Y los profetas murieron! ¿Quién te haces a ti mismo? ⁵⁴ Respondió Jesús: Si yo me glorifico a mí mismo, mi gloria nada es; mi Padre es el que me glorifica, el que vosotros decís que es vuestro Dios. ⁵⁵ Pero vosotros no le conocéis; mas yo le conozco, y si dijere que no le conozco, sería mentiroso como vosotros; pero le conozco, y guardo su palabra. ⁵⁶ Abraham vuestro padre se gozó de que había de ver mi día; y lo vio, y se gozó. ⁵⁷ Entonces le dijeron los judíos: Aún no tienes cincuenta años, ¿y has visto a Abraham? ⁵⁸ Jesús les dijo: De cierto, de cierto os digo: Antes que Abraham fuese, yo soy. ⁵⁹ Tomaron entonces piedras para arrojárselas; pero Jesús se escondió y salió del templo; y atravesando por en medio de ellos, se fue.

CAPÍTULO 9

Jesús sana a un ciego de nacimiento

Al pasar Jesús, vio a un hombre ciego de nacimiento. ² Y le preguntaron sus discípulos, diciendo: Rabí, ¿quién pecó, éste o sus padres, para que haya nacido ciego? ³ Respondió Jesús: No es que pecó éste, ni sus padres, sino para que las obras de Dios se manifiesten en él. ⁴ Me es necesario hacer las obras del que me envió, entre tanto que el día dura; la noche viene, cuando nadie puede trabajar. ⁵ Entre tanto que estoy en el mundo, luz soy del mundo.ᵃ ⁶ Dicho esto, escupió en tierra, e hizo lodo con la saliva, y untó con el lodo los ojos del ciego, ⁷ y le dijo: Ve a lavarte en el estanque de Siloé (que traducido es, Enviado). Fue entonces, y se lavó, y regresó viendo. ⁸ Entonces los vecinos, y los que antes le habían visto que era ciego, decían: ¿No es éste el que se sentaba y mendigaba? ⁹ Unos decían: Él es; y otros: A él se parece. Él decía: Yo soy. ¹⁰ Y le dijeron: ¿Cómo te fueron abiertos los ojos? ¹¹ Respondió él y dijo: Aquel hombre que se llama Jesús hizo lodo, me untó los ojos, y me dijo: Ve al Siloé, y lávate; y fui, y me

---

Tú no necesitas ningún entrenamiento para compartir tu fe

Lee Juan 9:1-41

Quizá una de las principales razones por las que muchos cristianos no han compartido su fe, es que sienten que Dios nunca los usaría para traer a otros hacia él. Podrías argumentar: «¡Yo no estoy preparado para hablarles a otros de Dios!» En realidad, una vez que invitas a Jesucristo a ser tu Salvador y Señor, ya puedes empezar a hablarles a otros acerca de tu nueva fe.

Este pasaje cuenta la historia de un hombre ciego cuya vista fue restaurada cuando Jesús tocó sus ojos. Después que Jesús sanó a este hombre, ciertos dirigentes religiosos conocidos como fariseos, lo atacaron haciéndole preguntas complicadas acerca de Jesús. La respuesta del hombre se ha hecho clásica: «Si es pecador, no lo sé; una cosa sé, que habiendo yo sido ciego, ahora veo».

En muchas maneras, nosotros como creyentes, nos parecemos al ciego. Nosotros también, una vez estábamos ciegos por el poder y el engaño del pecado. La Biblia dice que: «en los cuales el dios de este siglo cegó el entendimiento de los incrédulos, para que no les resplandezca la luz del evangelio de la gloria de Cristo, el cual es la imagen de Dios» (2 Corintios 4:4). Pero un día, Dios amorosamente «abrió nuestros ojos» para que viéramos nuestra verdadera necesidad espiritual, y nosotros respondimos al mensaje del evangelio.

Aunque no lleguemos a ser grandes eruditos bíblicos, aún así, conocemos mucho más del evangelio que otros y podemos comenzar con eso. Igual que el hombre ciego, podemos en un sentido espiritual, decir a otros: «Una vez era yo ciego, y ahora veo...» Cuando estudiamos la Biblia con regularidad, somos capaces de responder a muchas preguntas que la gente hace acerca de nuestra fe.

PRIMEROS PASOS

ᵃ 9.5: Mt. 5.14; Jn. 8.12.

lavé, y recibí la vista. ¹² Entonces le dijeron: ¿Dónde está él? Él dijo: No sé.

Los fariseos interrogan al ciego sanado

¹³ Llevaron ante los fariseos al que había sido ciego. ¹⁴ Y era día de reposo* cuando Jesús había hecho el lodo, y le había abierto los ojos. ¹⁵ Volvieron, pues, a preguntarle también los fariseos cómo había recibido la vista. Él les dijo: Me puso lodo sobre los ojos, y me lavé, y veo. ¹⁶ Entonces algunos de los fariseos decían: Ese hombre no procede de Dios, porque no guarda el día de reposo.* Otros decían: ¿Cómo puede un hombre pecador hacer estas señales? Y había disensión entre ellos. ¹⁷ Entonces volvieron a decirle al ciego: ¿Qué dices tú del que te abrió los ojos? Y él dijo: Que es profeta.

¹⁸ Pero los judíos no creían que él había sido ciego, y que había recibido la vista, hasta que llamaron a los padres del que había recibido la vista, ¹⁹ y les preguntaron, diciendo: ¿Es éste vuestro hijo, el que vosotros decís que nació ciego? ¿Cómo, pues, ve ahora? ²⁰ Sus padres respondieron y les dijeron: Sabemos que éste es nuestro hijo, y que nació ciego; ²¹ pero cómo vea ahora, no lo sabemos; o quién le haya abierto los ojos, nosotros tampoco lo sabemos; edad tiene, preguntadle a él; él hablará por sí mismo. ²² Esto dijeron sus padres, porque tenían miedo de los judíos, por cuanto los judíos ya habían acordado que si alguno confesase que Jesús era el Mesías, fuera expulsado de la sinagoga. ²³ Por eso dijeron sus padres: Edad tiene, preguntadle a él.

²⁴ Entonces volvieron a llamar al hombre que había sido ciego, y le dijeron: Da gloria a Dios; nosotros sabemos que ese hombre es pecador. ²⁵ Entonces él respondió y dijo: Si es pecador, no lo sé; una cosa sé, que habiendo yo sido ciego, ahora veo. ²⁶ Le volvieron a decir: ¿Qué te hizo? ¿Cómo te abrió los ojos? ²⁷ Él les respondió: Ya os lo he dicho, y no habéis querido oír; ¿por qué lo queréis oír otra vez? ¿Queréis también vosotros haceros sus discípulos? ²⁸ Y le injuriaron, y dijeron: Tú eres su discípulo; pero nosotros, discípulos de Moisés somos. ²⁹ Nosotros sabemos que Dios ha hablado a Moisés; pero respecto a ése, no sabemos de dónde sea. ³⁰ Respondió el hombre, y les dijo: Pues esto es lo maravilloso, que vosotros no sepáis de dónde sea, y a mí me abrió los ojos. ³¹ Y sabemos que Dios no oye a los pecadores; pero si alguno es temeroso de Dios, y hace su voluntad, a ése oye. ³² Desde el principio no se ha oído decir que alguno abriese los ojos a uno que nació ciego. ³³ Si éste no viniera de Dios, nada podría hacer. ³⁴ Respondieron y le dijeron: Tú naciste del todo en pecado, ¿y nos enseñas a nosotros? Y le expulsaron.

Ceguera espiritual

³⁵ Oyó Jesús que le habían expulsado; y hallándole, le dijo: ¿Crees tú en el Hijo de Dios? ³⁶ Respondió él y dijo: ¿Quién es, Señor, para que crea en él? ³⁷ Le dijo Jesús: Pues le has visto, y el que habla contigo, él es. ³⁸ Y él dijo: Creo, Señor; y le adoró. ³⁹ Dijo Jesús: Para juicio he venido yo a este mundo; para que los que no ven, vean, y los que ven, sean cegados. ⁴⁰ Entonces algunos de los fariseos que estaban con él, al oír esto, le dijeron: ¿Acaso nosotros somos también ciegos? ⁴¹ Jesús les respondió: Si fuerais ciegos, no tendríais pecado; mas ahora, porque decís: Vemos, vuestro pecado permanece.

CAPÍTULO 10

Parábola del redil

De cierto, de cierto os digo: El que no entra por la puerta en el redil de las ovejas, sino que sube por otra parte, ése es ladrón y salteador. ² Mas el que entra por la puerta, el pastor de las ovejas es. ³ A éste abre el portero, y las ovejas oyen su voz; y a sus ovejas llama por nombre, y las saca. ⁴ Y cuando ha sacado fuera todas las propias, va delante de ellas; y las ovejas le siguen, porque conocen su voz. ⁵ Mas al extraño no seguirán, sino huirán de él, porque no conocen la voz de los extraños. ⁶ Esta alegoría les dijo Jesús; pero ellos no entendieron qué era lo que les decía.

Jesús, el buen pastor

⁷ Volvió, pues, Jesús a decirles: De cierto, de cierto os digo: Yo soy la puerta de las ovejas. ⁸ Todos los que antes de mí vinieron, ladrones son y salteadores; pero no los oyeron las ovejas. ⁹ Yo soy la puerta; el que por mí entrare, será salvo; y entrará, y saldrá, y hallará pastos. ¹⁰ El ladrón no viene sino para hurtar y matar y destruir; yo he venido para que tengan vida, y para que la tengan

en abundancia. ¹¹ Yo soy el buen pastor;ᵃ el buen pastor su vida da por las ovejas. ¹² Mas el asalariado, y que no es el pastor, de quien no son propias las ovejas, ve venir al lobo y deja las ovejas y huye, y el lobo arrebata las ovejas y las dispersa. ¹³ Así que el asalariado huye, porque es asalariado, y no le importan las ovejas. ¹⁴ Yo soy el buen pastor; y conozco mis ovejas, y las mías me conocen, ¹⁵ así como el Padre me conoce, y yo conozco al Padre;ᵇ y pongo mi vida por las ovejas. ¹⁶ También tengo otras ovejas que no son de este redil; aquéllas también debo traer, y oirán mi voz; y habrá un rebaño, y un pastor. ¹⁷ Por eso me ama el Padre, porque yo pongo mi vida, para volverla a tomar. ¹⁸ Nadie me la quita, sino que yo de mí mismo la pongo. Tengo poder para ponerla, y tengo poder para volverla a tomar. Este mandamiento recibí de mi Padre.

¹⁹ Volvió a haber disensión entre los judíos por estas palabras. ²⁰ Muchos de ellos decían: Demonio tiene, y está fuera de sí; ¿por qué le oís? ²¹ Decían otros: Estas palabras no son de endemoniado. ¿Puede acaso el demonio abrir los ojos de los ciegos?

Los judíos rechazan a Jesús
²² Celebrábase en Jerusalén la fiesta de la dedicación. Era invierno, ²³ y Jesús andaba en el templo por el pórtico de Salomón. ²⁴ Y le rodearon los judíos y le dijeron: ¿Hasta cuándo nos turbarás el alma? Si tú eres el Cristo, dínoslo abiertamente. ²⁵ Jesús les respondió: Os lo he dicho, y no creéis; las obras que yo hago en nombre de mi Padre, ellas dan testimonio de mí; ²⁶ pero vosotros no creéis, porque no sois de mis ovejas, como os he dicho. ²⁷ Mis ovejas oyen mi voz, y yo las conozco, y me siguen, ²⁸ y yo les doy vida eterna; y no perecerán jamás, ni nadie las arrebatará de mi mano. ²⁹ Mi Padre que me las dio, es mayor que todos, y nadie las puede arrebatar de la mano de mi Padre. ³⁰ Yo y el Padre uno somos.

³¹ Entonces los judíos volvieron a tomar piedras para apedrearle. ³² Jesús les respondió: Muchas buenas obras os he mostrado de mi Padre; ¿por cuál de ellas me apedreáis? ³³ Le respondieron los judíos, diciendo: Por buena obra no te apedreamos,

sino por la blasfemia;ᶜ porque tú, siendo hombre, te haces Dios. ³⁴ Jesús les respondió: ¿No está escrito en vuestra ley: Yo dije, dioses sois ᵈ? ³⁵ Si llamó dioses a aquellos a quienes vino la palabra de Dios (y la Escritura no puede ser quebrantada), ³⁶ ¿al que el Padre santificó y envió al mundo, vosotros decís: Tú blasfemas, porque dije: Hijo de Dios soy? ³⁷ Si no hago las obras de mi Padre, no me creáis. ³⁸ Mas si las hago, aunque no me creáis a mí, creed a las obras, para que conozcáis y creáis que el Padre está en mí, y yo en el Padre. ³⁹ Procuraron otra vez prenderle, pero él se escapó de sus manos.

⁴⁰ Y se fue de nuevo al otro lado del Jordán, al lugar donde primero había estado bautizando Juan;ᵉ y se quedó allí. ⁴¹ Y muchos venían a él, y decían: Juan, a la verdad, ninguna señal hizo; pero todo lo que Juan dijo de éste, era verdad. ⁴² Y muchos creyeron en él allí.

CAPÍTULO 11

Muerte de Lázaro
Estaba entonces enfermo uno llamado Lázaro, de Betania, la aldea de María y de Marta su hermana.ᵃ ² (María, cuyo hermano Lázaro estaba enfermo, fue la que ungió al Señor con perfume, y le enjugó los pies con sus cabellos.ᵇ) ³ Enviaron, pues, las hermanas para decir a Jesús: Señor, he aquí el que amas está enfermo. ⁴ Oyéndolo Jesús, dijo: Esta enfermedad no es para muerte, sino para la gloria de Dios, para que el Hijo de Dios sea glorificado por ella.

⁵ Y amaba Jesús a Marta, a su hermana y a Lázaro. ⁶ Cuando oyó, pues, que estaba enfermo, se quedó dos días más en el lugar donde estaba. ⁷ Luego, después de esto, dijo a los discípulos: Vamos a Judea otra vez. ⁸ Le dijeron los discípulos: Rabí, ahora procuraban los judíos apedrearte, ¿y otra vez vas allá? ⁹ Respondió Jesús: ¿No tiene el día doce horas? El que anda de día, no tropieza, porque ve la luz de este mundo; ¹⁰ pero el que anda de noche, tropieza, porque no hay luz en él. ¹¹ Dicho esto, les dijo después: Nuestro amigo Lázaro duerme; mas voy para despertarle. ¹² Dijeron entonces sus discípulos: Señor, si duerme, sanará. ¹³ Pero Jesús decía esto de la muerte de

---

ᵃ 10.11-13: Ez. 34.11-12. ᵇ 10.15: Mt. 11.27; Lc. 10.22. ᶜ 10.33: Lv. 24.16. ᵈ 10.34: Sal. 82.6. ᵉ 10.40: Jn. 1.28.
ᵃ 11.1: Lc. 10.38-39. ᵇ 11.2: Jn. 12.3.

Lázaro; y ellos pensaron que hablaba del reposar del sueño. ¹⁴ Entonces Jesús les dijo claramente: Lázaro ha muerto; ¹⁵ y me alegro por vosotros, de no haber estado allí, para que creáis; mas vamos a él. ¹⁶ Dijo entonces Tomás, llamado Dídimo, a sus condiscípulos: Vamos también nosotros, para que muramos con él.

Jesús, la resurrección y la vida

¹⁷ Vino, pues, Jesús, y halló que hacía ya cuatro días que Lázaro estaba en el sepulcro. ¹⁸ Betania estaba cerca de Jerusalén, como a quince estadios; ¹⁹ y muchos de los judíos habían venido a Marta y a María, para consolarlas por su hermano. ²⁰ Entonces Marta, cuando oyó que Jesús venía, salió a encontrarle; pero María se quedó en casa. ²¹ Y Marta dijo a Jesús: Señor, si hubieses estado aquí, mi hermano no habría muerto. ²² Mas también sé ahora que todo lo que pidas a Dios, Dios te lo dará. ²³ Jesús le dijo: Tu hermano resucitará. ²⁴ Marta le dijo: Yo sé que resucitará en la resurrección, en el día postrero. ²⁵ Le dijo Jesús: Yo soy la resurrección y la vida; el que cree en mí, aunque esté muerto, vivirá. ²⁶ Y todo aquel que vive y cree en mí, no morirá eternamente. ¿Crees esto? ²⁷ Le dijo: Sí, Señor; yo he creído que tú eres el Cristo, el Hijo de Dios, que has venido al mundo.

Jesús llora ante la tumba de Lázaro

²⁸ Habiendo dicho esto, fue y llamó a María su hermana, diciéndole en secreto: El Maestro está aquí y te llama. ²⁹ Ella, cuando lo oyó, se levantó de prisa y vino a él. ³⁰ Jesús todavía no había entrado en la aldea, sino que estaba en el lugar donde Marta le había encontrado. ³¹ Entonces los judíos que estaban en casa con ella y la consolaban, cuando vieron que María se había levantado de prisa y había salido, la siguieron, diciendo: Va al sepulcro a llorar allí. ³² María, cuando llegó a donde estaba Jesús, al verle, se postró a sus pies, diciéndole: Señor, si hubieses estado aquí, no habría muerto mi hermano. ³³ Jesús entonces, al verla llorando, y a los judíos que la acompañaban, también llorando, se estremeció en espíritu y se conmovió, ³⁴ y dijo: ¿Dónde le pusisteis? Le dijeron: Señor, ven y ve. ³⁵ Jesús lloró. ³⁶ Dijeron entonces los judíos: Mirad cómo le amaba. ³⁷ Y algunos de ellos dijeron: ¿No podía éste, que abrió los ojos al ciego, haber hecho también que Lázaro no muriera?

Resurrección de Lázaro

³⁸ Jesús, profundamente conmovido otra vez, vino al sepulcro. Era una cueva, y tenía una piedra puesta encima. ³⁹ Dijo Jesús: Quitad la piedra. Marta, la hermana del que había muerto, le dijo: Señor, hiede ya, porque es de cuatro días. ⁴⁰ Jesús le dijo: ¿No te he dicho que si crees, verás la gloria de Dios? ⁴¹ Entonces quitaron la piedra de donde había sido puesto el muerto. Y Jesús, alzando los ojos a lo alto, dijo: Padre, gracias te doy por haberme oído. ⁴² Yo sabía que siempre me oyes; pero lo dije por causa de la multitud que está alrededor, para que crean que tú me has enviado. ⁴³ Y habiendo dicho esto, clamó a gran voz: ¡Lázaro, ven fuera! ⁴⁴ Y el que había muerto salió, atadas las manos y los pies con vendas, y el rostro envuelto en un sudario. Jesús les dijo: Desatadle, y dejadle ir.

El complot para matar a Jesús

⁴⁵ Entonces muchos de los judíos que habían venido para acompañar a María, y vieron lo que hizo Jesús, creyeron en él. ⁴⁶ Pero algunos de ellos fueron a los fariseos y les dijeron lo que Jesús había hecho. ⁴⁷ Entonces los principales sacerdotes y los fariseos reunieron el concilio, y dijeron: ¿Qué haremos? Porque este hombre hace muchas señales. ⁴⁸ Si le dejamos así, todos creerán en él; y vendrán los romanos, y destruirán nuestro lugar santo y nuestra nación. ⁴⁹ Entonces Caifás, uno de ellos, sumo sacerdote aquel año, les dijo: Vosotros no sabéis nada; ⁵⁰ ni pensáis que nos conviene que un hombre muera por el pueblo, y no que toda la nación perezca. ⁵¹ Esto no lo dijo por sí mismo, sino que como era el sumo sacerdote aquel año, profetizó que Jesús había de morir por la nación; ⁵² y no solamente por la nación, sino también para congregar en uno a los hijos de Dios que estaban dispersos. ⁵³ Así que, desde aquel día acordaron matarle.

⁵⁴ Por tanto, Jesús ya no andaba abiertamente entre los judíos, sino que se alejó de allí a la región contigua al desierto, a una ciudad llamada Efraín; y se quedó allí con sus discípulos.

⁵⁵ Y estaba cerca la pascua de los judíos; y muchos subieron de aquella región a Jerusalén antes de la pascua, para purificarse.

⁵⁶ Y buscaban a Jesús, y estando ellos en el templo, se preguntaban unos a otros: ¿Qué os parece? ¿No vendrá a la fiesta? ⁵⁷ Y los principales sacerdotes y los fariseos habían dado orden de que si alguno supiese dónde estaba, lo manifestase, para que le prendiesen.

CAPÍTULO 12 *

Jesús es ungido en Betania

Seis días antes de la pascua, vino Jesús a Betania, donde estaba Lázaro, el que había estado muerto, y a quien había resucitado de los muertos. ² Y le hicieron allí una cena; Marta servía, y Lázaro era uno de los que estaban sentados a la mesa con él. ³ Entonces María tomó una libra de perfume de nardo puro, de mucho precio, y ungió los pies de Jesús, y los enjugó con sus cabellos;ᵃ y la casa se llenó del olor del perfume. ⁴ Y dijo uno de sus discípulos, Judas Iscariote hijo de Simón, el que le había de entregar: ⁵ ¿Por qué no fue este perfume vendido por trescientos denarios, y dado a los pobres? ⁶ Pero dijo esto, no porque se cuidara de los pobres, sino porque era ladrón, y teniendo la bolsa, sustraía de lo que se echaba en ella. ⁷ Entonces Jesús dijo: Déjala; para el día de mi sepultura ha guardado esto. ⁸ Porque a los pobres siempre los tendréis con vosotros,ᵇ mas a mí no siempre me tendréis.

El complot contra Lázaro

⁹ Gran multitud de los judíos supieron entonces que él estaba allí, y vinieron, no solamente por causa de Jesús, sino también para ver a Lázaro, a quien había resucitado de los muertos. ¹⁰ Pero los principales sacerdotes acordaron dar muerte también a Lázaro, ¹¹ porque a causa de él muchos de los judíos se apartaban y creían en Jesús.

La entrada triunfal en Jerusalén

¹² El siguiente día, grandes multitudes que habían venido a la fiesta, al oír que Jesús venía a Jerusalén, ¹³ tomaron ramas de palmera y salieron a recibirle, y clamaban: ¡Hosanna! ᶜ ¡Bendito el que viene en el nombre del Señor,ᵈ el Rey de Israel! ¹⁴ Y halló Jesús un asnillo, y montó sobre él, como está escrito:

¹⁵ No temas, hija de Sion;
He aquí tu Rey viene,
Montado sobre un pollino de asna.ᵉ

¹⁶ Estas cosas no las entendieron sus discípulos al principio; pero cuando Jesús fue glorificado, entonces se acordaron de que estas cosas estaban escritas acerca de él, y de que se las habían hecho. ¹⁷ Y daba testimonio la gente que estaba con él cuando llamó a Lázaro del sepulcro, y le resucitó de los muertos. ¹⁸ Por lo cual también había venido a la gente a recibirle, porque había oído que él había hecho esta señal. ¹⁹ Pero los fariseos dijeron entre sí: Ya veis que no conseguís nada. Mirad, el mundo se va tras él.

Unos griegos buscan a Jesús

²⁰ Había ciertos griegos entre los que habían subido a adorar en la fiesta. ²¹ Estos, pues, se acercaron a Felipe, que era de Betsaida de Galilea, y le rogaron, diciendo: Señor, quisiéramos ver a Jesús. ²² Felipe fue y se lo dijo a Andrés; entonces Andrés y Felipe se lo dijeron a Jesús. ²³ Jesús les respondió diciendo: Ha llegado la hora para que el Hijo del Hombre sea glorificado. ²⁴ De cierto, de cierto os digo, que si el grano de trigo no cae en la tierra y muere, queda solo; pero si muere, lleva mucho fruto. ²⁵ El que ama su vida, la perderá; y el que aborrece su vida en este mundo, para vida eterna la guardará.ᶠ ²⁶ Si alguno me sirve, sígame; y donde yo estuviere, allí también estará mi servidor. Si alguno me sirviere, mi Padre le honrará.

Jesús anuncia su muerte

²⁷ Ahora está turbada mi alma; ¿y qué diré? ¿Padre, sálvame de esta hora? Mas para esto he llegado a esta hora. ²⁸ Padre, glorifica tu nombre. Entonces vino una voz del cielo: Lo he glorificado, y lo glorificaré otra vez. ²⁹ Y la multitud que estaba allí, y había oído la voz, decía que había sido un trueno. Otros decían: Un ángel le ha hablado. ³⁰ Respondió Jesús y dijo: No ha venido esta voz por causa mía, sino por causa de vosotros. ³¹ Ahora es el juicio de este mundo; ahora el príncipe de este mundo será echado fuera. ³² Y yo, si fuere levantado de la tierra, a todos atraeré a mí mismo. ³³ Y decía esto dando a entender de qué muerte

---

ᵃ 12.3: Lc. 7.37-38. ᵇ 12.8: Dt. 15.11. ᶜ 12.13: Sal. 118.25. ᵈ 12.13: Sal. 118.26. ᵉ 12.15: Zac. 9.9.
ᶠ 12.25: Mt. 10.39; 16.25; Mr. 8.35; Lc. 9.24; 17.33.

iba a morir. ³⁴' Le respondió la gente: Nosotros hemos oído de la ley, que el Cristo permanece para siempre.ᵍ ¿Cómo, pues, dices tú que es necesario que el Hijo del Hombre sea levantado? ¿Quién es este Hijo del Hombre? ³⁵ Entonces Jesús les dijo: Aún por un poco está la luz entre vosotros; andad entre tanto que tenéis luz, para que no os sorprendan las tinieblas; porque el que anda en tinieblas, no sabe a dónde va. ³⁶ Entre tanto que tenéis la luz, creed en la luz, para que seáis hijos de luz.

Incredulidad de los judíos

Estas cosas habló Jesús, y se fue y se ocultó de ellos. ³⁷ Pero a pesar de que había hecho tantas señales delante de ellos, no creían en él; ³⁸ para que se cumpliese la palabra del profeta Isaías, que dijo:

Señor, ¿quién ha creído a nuestro anuncio?
¿Y a quién se ha revelado el brazo del Señor?ʰ

³⁹ Por esto no podían creer, porque también dijo Isaías:
⁴⁰ Cegó los ojos de ellos, y endureció su corazón;
Para que no vean con los ojos, y entiendan con el corazón,
Y se conviertan, y yo los sane.ⁱ

⁴¹ Isaías dijo esto cuando vio su gloria, y habló acerca de él. ⁴² Con todo eso, aun de los gobernantes, muchos creyeron en él; pero a causa de los fariseos no lo confesaban, para no ser expulsados de la sinagoga. ⁴³ Porque amaban más la gloria de los hombres que la gloria de Dios.

Las palabras de Jesús juzgarán a los hombres

⁴⁴ Jesús clamó y dijo: El que cree en mí, no cree en mí, sino en el que me envió; ⁴⁵ y el que me ve, ve al que me envió. ⁴⁶ Yo, la luz, he venido al mundo, para que todo aquel que cree en mí no permanezca en tinieblas. ⁴⁷ Al que oye mis palabras, y no las guarda, yo no le juzgo; porque no he venido a juzgar al mundo, sino a salvar al mundo. ⁴⁸ El que me rechaza, y no recibe mis palabras, tiene quien le juzgue; la palabra que he hablado, ella la juzgará en el día postrero. ⁴⁹ Porque yo no he hablado por mi propia cuenta; el Padre que me envió,

él me dio mandamiento de lo que he de decir, y de lo que he de hablar. ⁵⁰ Y sé que su mandamiento es vida eterna. Así pues, lo que yo hablo, lo hablo como el Padre me lo ha dicho.

CAPÍTULO 13

Jesús lava los pies de sus discípulos

Antes de la fiesta de la pascua, sabiendo Jesús que su hora había llegado para que pasase de este mundo al Padre, como había amado a los suyos que estaban en el mundo, los amó hasta el fin. ² Y cuando cenaban, como el diablo ya había puesto en el corazón de Judas Iscariote, hijo de Simón, que le entregase, ³ sabiendo Jesús que el Padre le había dado todas las cosas en las manos, y que había salido de Dios, y a Dios iba, ⁴ se levantó de la cena, y se quitó su manto, y tomando una toalla, se la ciñó. ⁵ Luego puso agua en un lebrillo, y comenzó a lavar los pies de los discípulos, y a enjugarlos con la toalla con que estaba ceñido. ⁶ Entonces vino a Simón Pedro; y Pedro le dijo: Señor, ¿tú me lavas los pies? ⁷ Respondió Jesús y le dijo: Lo que yo hago, tú no lo comprendes ahora; mas lo entenderás después. ⁸ Pedro le dijo: No me lavarás los pies jamás. Jesús le respondió: Si no te lavare, no tendrás parte conmigo. ⁹ Le dijo Simón Pedro: Señor, no sólo mis pies, sino también las manos y la cabeza. ¹⁰ Jesús le dijo: El que está lavado, no necesita sino lavarse los pies, pues está todo limpio; y vosotros limpios estáis, aunque no todos. ¹¹ Porque sabía quién le iba a entregar; por eso dijo: No estáis limpios todos.

¹² Así que, después que les hubo lavado los pies, tomó su manto, volvió a la mesa, y les dijo: ¿Sabéis lo que os he hecho? ¹³ Vosotros me llamáis Maestro, y Señor; y decís bien, porque lo soy. ¹⁴ Pues si yo, el Señor y el Maestro, he lavado vuestros pies, vosotros también debéis lavaros los pies los unos a los otros. ¹⁵ Porque ejemplo os he dado, para que como yo os he hecho, vosotros también hagáis.ᵃ ¹⁶ De cierto, de cierto os digo: El siervo no es mayor que su señor,ᵇ ni el enviado es mayor que el que le envió. ¹⁷ Si sabéis estas cosas, bienaventurados seréis si las hiciereis. ¹⁸ No hablo de todos vosotros; yo sé a quienes he elegido; mas para que se cumpla la Escritura: El

---

ᵍ 12.34: Sal. 110.4; Is. 9.7; Ez. 37.25; Dn. 7.14.   ʰ 12.38: Is. 53.1.   ⁱ 12.40: Is. 6.10.   ᵃ 13.12-15: Lc. 22.27.
ᵇ 13.16: Mt. 10.24; Lc. 6.40; Jn. 15.20.

que come pan conmigo, levantó contra mí su calcañar.[c] 19 Desde ahora os lo digo antes que suceda, para que cuando suceda, creáis que yo soy. 20 De cierto, de cierto os digo: El que recibe al que yo enviare, me recibe a mí; y el que me recibe a mí, recibe al que me envió.[d]

Jesús anuncia la traición de Judas

21 Habiendo dicho Jesús esto, se conmovió en espíritu, y declaró y dijo: De cierto, de cierto os digo, que uno de vosotros me va a entregar. 22 Entonces los discípulos se miraban unos a otros, dudando de quién hablaba. 23 Y uno de sus discípulos, al cual Jesús amaba, estaba recostado al lado de Jesús. 24 A éste, pues, hizo señas Simón Pedro, para que preguntase quién era aquel de quien hablaba. 25 Él entonces, recostado cerca del pecho de Jesús, le dijo: Señor, ¿quién es? 26 Respondió Jesús: A quien yo diere el pan mojado, aquél es. Y mojando el pan, lo dio a Judas Iscariote hijo de Simón. 27 Y después del bocado, Satanás entró en él. Entonces Jesús le dijo: Lo que vas a hacer, hazlo más pronto. 28 Pero ninguno de los que estaban a la mesa entendió por qué le dijo esto. 29 Porque algunos pensaban, puesto que Judas tenía la bolsa, que Jesús le decía: Compra lo que necesitamos para la fiesta; o que diese algo a los pobres. 30 Cuando él, pues, hubo tomado el bocado, luego salió; y era ya de noche.

El nuevo mandamiento

31 Entonces, cuando hubo salido, dijo Jesús: Ahora es glorificado el Hijo del Hombre, y Dios es glorificado en él. 32 Si Dios es glorificado en él, Dios también le glorificará en sí mismo, y en seguida le glorificará. 33 Hijitos, aún estaré con vosotros un poco. Me buscaréis; pero como dije a los judíos, así os digo ahora a vosotros: A donde yo voy, vosotros no podéis ir.[e] 34 Un mandamiento nuevo os doy: Que os améis unos a otros;[f] como yo os he amado, que también os améis unos a otros. 35 En esto conocerán todos que sois mis discípulos, si tuviereis amor los unos con los otros.

Jesús anuncia la negación de Pedro

36 Le dijo Simón Pedro: Señor, ¿a dónde vas? Jesús le respondió: A donde yo voy, no me puedes seguir ahora; mas me seguirás después. 37 Le dijo Pedro: Señor, ¿por qué no te puedo seguir ahora? Mi vida pondré por ti. 38 Jesús le respondió: ¿Tu vida pondrás por mí? De cierto, de cierto te digo: No cantará el gallo, sin que me hayas negado tres veces.

Dios da esperanza a nuestros atribulados corazones
Lee Juan 14:1-4

Te has sentido alguna vez atribulado e inseguro acerca de tu futuro? ¿Te has preguntado si Dios sabe que tu mundo se ha trastornado por completo? Los discípulos pudieron haber experimentado estos sentimientos cuando Jesús les comunicó que pronto los dejaría, ellos quedaron muy preocupados. Pero él les dijo que no se atribularan, y enseguida les dio tres razones por las cuales tendrían paz en sus corazones.

1. Podemos confiar en la Palabra de Dios. Cuando Jesús dijo a sus discípulos: «Creéis en Dios, creed también en mí», les estaba recordando que debían confiar en la Palabra de Dios (verso 1). La Escritura habla no sólo de la inminente crucifixión de Jesús, sino también de su resurrección. De algún modo habían pasado por alto esa parte. A veces olvidamos mirar todas las circunstancias cuando parecen demasiado agobiantes. Debemos recordar las palabras halladas en estas páginas, «no pasarán» (Mateo 24:35). No hay duda, siempre podemos confiar en las promesas de Dios.

2. Nosotros vamos al cielo. La próxima vez que enfrentes alguna dificultad, sea enfermedad, problema familiar o un cambio inesperado en tu vida, recuerda que irás al cielo (verso 2). Esto te ayudará a mantener todo en la perspectiva correcta. Tus pruebas son sólo temporales. Algún día estarás en la presencia del Señor y allí no habrá temor, muerte, dolor, ni sufrimiento.

3. Jesús regresa por ti. Observa que Jesús dice: «vendré otra vez» (verso 3). El Señor no enviará a alguien a buscarnos. Él vendrá personalmente para escoltarnos hasta la casa del Padre. La Biblia nos dice «Alentaos los unos a los otros» (1 Tesalonicenses 4:18). En medio de tus pruebas, recuerda que Dios se preocupa tanto por ti, que volverá a buscarte para que estés con él para siempre.

PRIMEROS PASOS

---

c 13.18: Sal. 41.9. d 13.20: Mt. 10.40; Mr. 9.37; Lc. 9.48; 10.16. e 13.33: Jn. 7.34. f 13.34: Jn. 15.12, 17. 1 Jn. 3.23.

¿Quién entrará al cielo? Lee Juan 14:2-6

Hollywood ha descrito a menudo el cielo como el lugar donde tú «discutes tu caso» y los méritos que has hecho para entrar. Jesús explica claramente que los únicos que entrarán al cielo son aquellos que lo han aceptado como «el camino, la verdad y la vida» y no los que creen tener los mejores argumentos o han hecho las mejores obras. El cielo no es un tribunal de justicia, sino un lugar preparado para aquellos que creen en Jesús. Si eres cristiano puedes estar seguro de que tu reservación en el cielo fue hecha en el mismo momento que aceptaste a Cristo. Y en cuanto al hospedaje, no debes afligirte, porque el mismo Jesús ha prometido preparar un lugar para ti. La Biblia dice que debemos prepararnos para el encuentro con Dios. ¿Está hecha tu reservación?

PIEDRAS ANGULARES

CAPÍTULO **14**

Jesús, el camino al Padre

No se turbe vuestro corazón; creéis en Dios, creed también en mí. ² En la casa de mi Padre muchas moradas hay; si así no fuera, yo os lo hubiera dicho; voy, pues, a preparar lugar para vosotros. ³ Y si me fuere y os preparare lugar, vendré otra vez, y os tomaré a mí mismo, para que donde yo estoy, vosotros también estéis. ⁴ Y sabéis a dónde voy, y sabéis el camino. ⁵ Le dijo Tomás: Señor, no sabemos a dónde vas; ¿cómo, pues, podemos saber el camino? ⁶ Jesús le dijo: Yo soy el camino, y la verdad, y la vida; nadie viene al Padre, sino por mí. ⁷ Si me conocieseis, también a mi Padre conoceríais; y desde ahora le conocéis, y le habéis visto.

⁸ Felipe le dijo: Señor, muéstranos el Padre, y nos basta. ⁹ Jesús le dijo: ¿Tanto tiempo hace que estoy con vosotros, y no me has conocido, Felipe? El que me ha visto a mí, ha visto al Padre; ¿cómo, pues, dices tú: Muéstranos el Padre? ¹⁰ ¿No crees que yo soy en el Padre, y el Padre en mí? Las palabras que yo os hablo, no las hablo por mi propia cuenta, sino que el Padre que mora en mí, él hace las obras. ¹¹ Creedme que yo soy en el Padre, y el Padre en mí; de otra manera, creedme por las mismas obras.

¹² De cierto, de cierto os digo: El que en mí cree, las obras que yo hago, él las hará también; y aun mayores hará, porque yo voy al Padre. ¹³ Y todo lo que pidiereis al Padre en mi nombre, lo haré, para que el Padre sea glorificado en el Hijo. ¹⁴ Si algo pidiereis en mi nombre, yo lo haré.

La promesa del Espíritu Santo

¹⁵ Si me amáis, guardad mis mandamientos. ¹⁶ Y yo rogaré al Padre, y os dará otro Consolador, para que esté con vosotros para siempre: ¹⁷ el Espíritu de verdad, al cual el mundo no puede recibir, porque no le ve, ni le conoce; pero vosotros le conocéis, porque mora con vosotros, y estará en vosotros.

¹⁸ No os dejaré huérfanos; vendré a vosotros. ¹⁹ Todavía un poco, y el mundo no me verá más; pero vosotros me veréis; porque yo vivo, vosotros también viviréis. ²⁰ En aquel día vosotros conoceréis que yo estoy en mi Padre, y vosotros en mí, y yo en vosotros. ²¹ El que tiene mis mandamientos, y los guarda, ése es el que me ama; y el que me ama, será amado por mi Padre, y yo le amaré, y me manifestaré a él. ²² Le dijo Judas (no el Iscariote): Señor, ¿cómo es que te manifestarás a nosotros, y no al mundo? ²³ Respondió Jesús y le dijo: El que me ama, mi palabra guardará; y mi Padre le amará, y vendremos a él, y haremos morada con él. ²⁴ El que no me ama, no guarda mis palabras; y la palabra que habéis oído no es mía, sino del Padre que me envió.

²⁵ Os he dicho estas cosas estando con vosotros. ²⁶ Mas el Consolador, el Espíritu Santo, a quien el Padre enviará en mi nombre, él os enseñará todas las cosas, y os recordará todo lo que yo os he dicho. ²⁷ La paz os dejo, mi paz os doy; yo no os la doy como el mundo la da. No se turbe vuestro corazón, ni tenga miedo. ²⁸ Habéis oído que yo os he dicho: Voy, y vengo a vosotros. Si me amarais, os habríais regocijado, porque he dicho que voy al Padre; porque el

Padre mayor es que yo. [29] Y ahora os lo he dicho antes que suceda, para que cuando suceda, creáis. [30] No hablaré ya mucho con vosotros; porque viene el príncipe de este mundo, y él nada tiene en mí. [31] Mas para que el mundo conozca que amo al Padre, y como el Padre me mandó, así hago. Levantaos, vamos de aquí.

CAPÍTULO 15
Jesús, la vid verdadera

Yo soy la vid verdadera, y mi Padre es el labrador. [2] Todo pámpano que en mí no lleva fruto, lo quitará; y todo aquel que lleva fruto, lo limpiará, para que lleve más fruto. [3] Ya vosotros estáis limpios por la palabra que os he hablado. [4] Permaneced en mí, y yo en vosotros. Como el pámpano no puede llevar fruto por sí mismo, si no permanece en la vid, así tampoco vosotros, si no permanecéis en mí. [5] Yo soy la vid, vosotros los pámpanos; el que permanece en mí, y yo en él, éste lleva mucho fruto; porque separados de mí nada podéis hacer. [6] El que en mí no permanece, será echado fuera como pámpano, y se secará; y los recogen, y los echan en el fuego, y arden. [7] Si permanecéis en mí, y mis palabras permanecen en vosotros, pedid todo lo que queréis, y os será hecho. [8] En esto es glorificado mi Padre, en que llevéis mucho fruto, y seáis así mis discípulos. [9] Como el Padre me ha amado, así también yo os he amado; permaneced en mi amor. [10] Si guardareis mis mandamientos, permaneceréis en mi amor; así como yo he guardado los mandamientos de mi Padre, y permanezco en su amor. [11] Estas cosas os he hablado, para que mi gozo esté en vosotros, y vuestro gozo sea cumplido.

[12] Este es mi mandamiento: Que os améis unos a otros,[a] como yo os he amado. [13] Nadie tiene mayor amor que este, que uno ponga su vida por sus amigos. [14] Vosotros sois mis amigos, si hacéis lo que yo os mando. [15] Ya no os llamaré siervos, porque el siervo no sabe lo que hace su señor; pero os he llamado amigos, porque todas las cosas que oí de mi Padre, os las he dado a conocer. [16] No me elegisteis vosotros a mí, sino que yo os elegí a vosotros, y os he puesto para que vayáis y llevéis fruto, y vuestro fruto permanezca; para que todo lo

que pidiereis al Padre en mi nombre, él os lo dé. [17] Esto os mando: Que os améis unos a otros.

Un discípulo permanece en Cristo
Lee Juan 15:1-17

Jesús sabe que sus verdaderos discípulos desean vivir vidas productivas, abundantes y llenas de gozo. En este pasaje menciona cuatro características predominantes de un discípulo en crecimiento.

1. Un discípulo permanece cerca de su Maestro. Jesús nos anima a permanecer en él (versos 4-5). Significa que uno se mantiene firme en una posición. Quiere decir que tu relación con Jesús ha echado raíces profundas, permitiéndole llenar cada parte de tu vida y de tus actividades diarias. Si mantienes esta comunión con Dios, el resultado será un cambio completo en tu estilo de vida.

2. Un discípulo es fructífero. Así como una rama sólo puede tener fruto cuando está unida a la vid, nosotros podemos llevar fruto sólo cuando extraemos nuestra fuerza de Jesús (versos 6,16). La Biblia describe el fruto del cual habla Jesús, como amor, gozo, paz, paciencia, benignidad, bondad, fe, mansedumbre, templanza (lee Gálatas 5:22).

3. Un discípulo obedece a su Maestro. Otra señal muy clara de que eres discípulo de Cristo, es tu obediencia a los principios y las normas hallados en su Palabra, la Biblia (verso 10). Entonces y sólo entonces, descubrirás lo que significa vivir en el amor de Dios.

4. Un discípulo ama a los demás. Jesús nos dio el mayor ejemplo de amor, al dar su vida por nosotros. Y en esencia nos está pidiendo hacer lo mismo. Aunque no necesariamente significa que muramos por otro, sí significa que debemos poner las necesidades de otros antes que las nuestras. En el verso 11 hallamos la razón por la cual Jesús nos enseñó ese principio: él desea que estemos llenos de gozo. Si tratas de hallar la felicidad buscándola por sí misma, te eludirá. El único modo de hallar felicidad es a través de la búsqueda de Dios. Si el orden de prioridades de tu vida es como Jesús lo ha expuesto en estos versículos, entonces «tu gozo se desbordará».

PRIMEROS PASOS

---

[a] 15.12: Jn. 13.34; 15.17; 1 Jn. 3.23; 2 Jn. 5.

Cómo el Espíritu Santo trabaja en nuestra vida Lee Juan 14:15-17

La Biblia usa tres preposiciones griegas diferentes en el Nuevo Testamento, para describir las diferentes maneras en que el Espíritu Santo obra en nuestra vida. Este versículo muestra dos de ellas y la tercera puedes encontrarla en otra parte de la Escritura.

1. Él trabaja con nosotros antes de ser creyentes (la palabra griega para). Antes de nuestra conversión a Jesucristo, el Espíritu Santo nos convence de pecado y nos da a conocer a Cristo como la respuesta (lee Juan 16:8). Alguno puede confundir esa obra como la acusación de la propia conciencia. Pero es el Espíritu Santo que abre nuestros ojos y nos permite ver nuestra condición pecaminosa y nos hace entender nuestra falta de rectitud. Es por eso que vemos nuestra necesidad de volvernos al Señor Jesucristo.

2. Él viene a nuestra vida cuando nos volvemos a Cristo (la palabra griega en). Una vez que aceptamos a Jesucristo como nuestro Salvador y lo invitamos a venir a nuestra vida, el Espíritu Santo entra y hace allí su residencia, por decirlo así. Primero, él produce el proceso de salvación en nuestro corazón. Como lo dijo Jesús: «El que no naciere de agua y del Espíritu, no puede entrar en el reino de Dios» (Juan 3:5). Segundo, nos asegura que hemos hecho lo correcto. Porque la Escritura nos dice: «El Espíritu mismo da testimonio a nuestro espíritu, de que somos hijos de Dios» (Romanos 8:16). Nos da el íntimo conocimiento de que Cristo vive en nosotros. Ahora él comienza a cambiar nuestra vida de dentro afuera y desarrolla la nueva naturaleza dentro de nosotros.

3. Él viene sobre nosotros para darnos poder como creyentes (la palabra griega epi). Este aspecto del Espíritu Santo se describe en Lucas 24:49, donde Jesús dice: «He aquí, yo enviaré la promesa de mi Padre sobre vosotros». Aquí Jesús describe el poder dinámico del Espíritu Santo en nuestras vidas. Esto fue lo que experimentaron los primeros cristianos en Hechos capítulo 2, y que fortaleció dramáticamente su testimonio para hablar de Jesús. Este poder está disponible para los creyentes de hoy, porque la Escritura habla del don del Espíritu: «Porque para vosotros es la promesa, y para vuestros hijos, y para todos los que están lejos; para cuantos el Señor nuestro Dios llamare» (Hechos 2:39).

PIEDRAS ANGULARES

El mundo os aborrecerá

18 Si el mundo os aborrece, sabed que a mí me ha aborrecido antes que a vosotros. 19 Si fuerais del mundo, el mundo amaría lo suyo; pero porque no sois del mundo, antes yo os elegí del mundo, por eso el mundo os aborrece. 20 Acordaos de la palabra que yo os he dicho: El siervo no es mayor que su señor.[b] Si a mí me han perseguido, también a vosotros os perseguirán; si han guardado mi palabra, también guardarán la vuestra. 21 Mas todo esto os harán por causa de mi nombre, porque no conocen al que me ha enviado. 22 Si yo no hubiera venido, ni les hubiera hablado, no tendrían pecado; pero ahora no tienen excusa por su pecado. 23 El que me aborrece a mí, también a mi Padre aborrece. 24 Si yo no hubiese hecho entre ellos obras que ningún otro ha hecho, no tendrían pecado; pero ahora

han visto y han aborrecido a mí y a mi Padre. 25 Pero esto es para que se cumpla la palabra que está escrita en su ley: Sin causa me aborrecieron.[c] 26 Pero cuando venga el Consolador, a quien yo os enviaré del Padre, el Espíritu de verdad, el cual procede del Padre, él dará testimonio acerca de mí. 27 Y vosotros daréis testimonio también, porque habéis estado conmigo desde el principio.

CAPÍTULO 16

Estas cosas os he hablado, para que no tengáis tropiezo. 2 Os expulsarán de las sinagogas; y aun viene la hora cuando cualquiera que os mate, pensará que rinde servicio a Dios. 3 Y harán esto porque no conocen al Padre ni a mí. 4 Mas os he dicho estas cosas, para que cuando llegue la hora, os acordéis de que ya os lo había dicho.

b 15.20: Mt. 10.24; Lc. 6.40; Jn. 13.16. c 15.25: Sal. 35.19; 69.4.

La obra del Espíritu Santo

Esto no os lo dije al principio, porque yo estaba con vosotros. ⁵ Pero ahora voy al que me envió; y ninguno de vosotros me pregunta: ¿A dónde vas? ⁶ Antes, porque os he dicho estas cosas, tristeza ha llenado vuestro corazón. ⁷ Pero yo os digo la verdad: Os conviene que yo me vaya; porque si no me fuera, el Consolador no vendría a vosotros; mas si me fuere, os lo enviaré. ⁸ Y cuando él venga, convencerá al mundo de pecado, de justicia y de juicio. ⁹ De pecado, por cuanto no creen en mí; ¹⁰ de justicia, por cuanto voy al Padre, y no me veréis más; ¹¹ y de juicio, por cuanto el príncipe de este mundo ha sido ya juzgado.

¹² Aún tengo muchas cosas que deciros, pero ahora no las podéis sobrellevar. ¹³ Pero cuando venga el Espíritu de verdad, él os guiará a toda la verdad; porque no hablará por su propia cuenta, sino que hablará todo lo que oyere, y os hará saber las cosas que habrán de venir. ¹⁴ Él me glorificará; porque tomará de lo mío, y os lo hará saber. ¹⁵ Todo lo que tiene el Padre es mío; por eso dije que tomará de lo mío, y os lo hará saber.

La tristeza se convertirá en gozo

¹⁶ Todavía un poco, y no me veréis; y de nuevo un poco, y me veréis; porque yo voy al Padre. ¹⁷ Entonces se dijeron algunos de sus discípulos unos a otros: ¿Qué es esto que nos dice: Todavía un poco y no me veréis; y de nuevo un poco, y me veréis; y, porque yo voy al Padre? ¹⁸ Decían, pues: ¿Qué quiere decir con: Todavía un poco? No entendemos lo que habla. ¹⁹ Jesús conoció que querían preguntarle, y les dijo: ¿Preguntáis entre vosotros acerca de esto que dije: Todavía un poco y no me veréis, y de nuevo un poco y me veréis? ²⁰ De cierto, de cierto os digo, que vosotros lloraréis y lamentaréis, y el mundo se alegrará; pero aunque vosotros estéis tristes, vuestra tristeza se convertirá en gozo. ²¹ La mujer cuando da a luz, tiene dolor, porque ha llegado su hora; pero después que ha dado a luz un niño, ya no se acuerda de la angustia, por el gozo de que haya nacido un hombre en el mundo. ²² También vosotros ahora tenéis tristeza; pero os volveré a ver, y se gozará vuestro corazón, y nadie os quitará vuestro gozo. ²³ En aquel día no me preguntaréis nada. De cierto, de cierto os digo,

Vivir en el amor de Dios
Lee Juan 15:9-11

Este pasaje es una porción del último mensaje de Jesús a sus discípulos antes de morir. Al prepararlos para su partida, deseaba enfatizar su amor por ellos, y cómo ese amor afectaría sus vidas. Quería que comprendieran que podían experimentar gozo verdadero y constante al caminar con Dios, aun si él no estaba personalmente con ellos. Por esta razón este mensaje y mandamiento de Cristo se aplica a nosotros también. En este texto Jesús nos da cuatro puntos sencillos que nos ayudan a vivir en su amor.

1. Comprende que tú tienes el amor de Jesús y de tu Padre celestial. Jesús no es sólo una figura autoritaria que demanda nuestro respeto. Es un ser personal, que nos ama tanto que dio su vida por nosotros. En respuesta, él demanda nuestra obediencia. Sabiendo que tú eres amado por Jesús, te da libertad para corresponder a su amor. La mejor manera de mostrar tu amor por él es obedecer sus mandamientos. Tratar de obedecer sus mandamientos por obligación, más que por amor, puede producir resentimiento hacia él. La razón es porque no hay gozo en una simple obligación. Pero obedecer a Jesús por amor produce gozo.

2. Obedeciendo sus mandamientos vives dentro del amor de Dios. Esta es una de las características de un buen discípulo de Cristo. Es fácil gloriarnos de nuestro gran amor por Dios o de la gran devoción y afecto que sentimos por él. Pero como dice el dicho: «Ver para creer». Si amamos a Dios, le obedeceremos. Si no le obedecemos, pone en duda que le amamos profundamente.

3. Sigue el ejemplo de Jesús. Él es nuestro perfecto modelo de obediencia. Pon cuidadosa atención en cómo obedeció Jesús a su Padre celestial a través de los evangelios de Mateo, Marcos, Lucas, y Juan.

4. Experimenta la recompensa de la obediencia: gozo sobreabundante. Un cristiano obediente es un cristiano feliz. Si tú deseas más gozo en tu vida, asegúrate de que estás siguiendo las pautas que Dios te ha dado en su Palabra.

¿Te resulta difícil obedecer a Dios y sus principios? Si es así, entonces es tiempo de examinar tus prioridades y asegurarte de que lo más importante en tu vida es conocer mejor a tu Creador. Entonces descubrirás el gozo que viene de vivir en el amor de Dios cada día.

PRIMEROS PASOS

que todo cuanto pidiereis al Padre en mi nombre, os lo dará. ²⁴ Hasta ahora nada habéis pedido en mi nombre; pedid, y recibiréis, para que vuestro gozo sea cumplido.

Yo he vencido al mundo

²⁵ Estas cosas os he hablado en alegorías; la hora viene cuando ya no os hablaré por alegorías, sino que claramente os anunciaré acerca del Padre. ²⁶ En aquel día pediréis en mi nombre; y no os digo que yo rogaré al Padre por vosotros, ²⁷ pues el Padre mismo os ama, porque vosotros me habéis amado, y habéis creído que yo salí de Dios. ²⁸ Salí del Padre, y he venido al mundo; otra vez dejo el mundo, y voy al Padre.

²⁹ Le dijeron sus discípulos: He aquí ahora hablas claramente, y ninguna alegoría dices. ³⁰ Ahora entendemos que sabes todas las cosas, y no necesitas que nadie te pregunte; por esto creemos que has salido de Dios. ³¹ Jesús les respondió: ¿Ahora creéis? ³² He aquí la hora viene, y ha venido ya, en que seréis esparcidos cada uno por su lado, y me dejaréis solo; mas no estoy solo, porque el Padre está conmigo. ³³ Estas cosas os he hablado para que en mí tengáis paz. En el mundo tendréis aflicción; pero confiad, yo he vencido al mundo.

CAPÍTULO 17

Jesús ora por sus discípulos

Estas cosas habló Jesús, y levantando los ojos al cielo, dijo: Padre, la hora ha llegado; glorifica a tu Hijo, para que también tu Hijo te glorifique a ti; ² como le has dado potestad sobre toda carne, para que dé vida eterna a todos los que le diste. ³ Y esta es la vida eterna: que te conozcan a ti, el único Dios verdadero, y a Jesucristo, a quien has enviado. ⁴ Yo te he glorificado en la tierra; he acabado la obra que me diste que hiciese. ⁵ Ahora pues, Padre, glorifícame tú al lado tuyo, con aquella gloria que tuve contigo antes que el mundo fuese.

⁶ He manifestado tu nombre a los hombres que del mundo me diste; tuyos eran, y me los diste, y han guardado tu palabra. ⁷ Ahora han conocido que todas las cosas que me has dado, proceden de ti; ⁸ porque las palabras que me diste, les he dado; y ellos las recibieron, y han conocido verdaderamente que salí de ti, y han creído que tú me enviaste. ⁹ Yo ruego por ellos; no ruego por el mundo, sino por los que me diste; porque tuyos son, ¹⁰ y todo lo mío es tuyo, y lo tuyo mío; y he sido glorificado en ellos. ¹¹ Y ya no estoy en el mundo; mas éstos están en el mundo, y yo voy a ti. Padre santo, a los que me has dado, guárdalos en tu nombre, para que sean uno, así como nosotros. ¹² Cuando estaba con ellos en el mundo, yo los guardaba en tu nombre; a los que me diste, yo los guardé, y ninguno de ellos se perdió, sino el hijo de perdición, para que la Escritura se cumpliese.ᵃ ¹³ Pero ahora voy a ti; y hablo esto en el mundo, para que tengan mi gozo cumplido en sí mismos. ¹⁴ Yo les he dado tu palabra; y el mundo los aborreció, porque no son del mundo, como tampoco yo soy del mundo. ¹⁵ No ruego que los quites del mundo, sino que los guardes del mal. ¹⁶ No son del mundo, como tampoco yo soy del mundo. ¹⁷ Santifícalos en tu verdad; tu palabra es verdad. ¹⁸ Como tú me enviaste al mundo, así yo los he enviado al mundo. ¹⁹ Y por ellos yo me santifico a mí mismo, para que también ellos sean santificados en la verdad.

²⁰ Mas no ruego solamente por éstos, sino también por los que han de creer en mí por la palabra de ellos, ²¹ para que todos sean uno; como tú, oh Padre, en mí, y yo en ti, que también ellos sean uno en nosotros; para que el mundo crea que tú me enviaste. ²² La gloria que me diste, yo les he dado, para que sean uno, así como nosotros somos uno. ²³ Yo en ellos, y tú en mí, para que sean perfectos en unidad, para que el mundo conozca que tú me enviaste, y que los has amado a ellos como también a mí me has amado. ²⁴ Padre, aquellos que me has dado, quiero que donde yo estoy, también ellos estén conmigo, para que vean mi gloria que me has dado; porque me has amado desde antes de la fundación del mundo. ²⁵ Padre justo, el mundo no te ha conocido, pero yo te he conocido, y éstos han conocido que tú me enviaste. ²⁶ Y les he dado a conocer tu nombre, y lo daré a conocer aún, para que el amor con que me has amado, esté en ellos, y yo en ellos.

CAPÍTULO 18

Arresto de Jesús

Habiendo dicho Jesús estas cosas, salió con sus discípulos al otro lado del torrente de Cedrón, donde había un huerto, en el cual entró con sus discípulos. ² Y también Judas,

---

ᵃ 17.12: Sal. 41.9.

el que le entregaba, conocía aquel lugar, porque muchas veces Jesús se había reunido allí con sus discípulos. ³ Judas, pues, tomando una compañía de soldados, y alguaciles de los principales sacerdotes y de los fariseos, fue allí con linternas y antorchas, y con armas. ⁴ Pero Jesús, sabiendo todas las cosas que le habían de sobrevenir, se adelantó y les dijo: ¿A quién buscáis? ⁵ Le respondieron: A Jesús nazareno. Jesús les dijo: Yo soy. Y estaba también con ellos Judas, el que le entregaba. ⁶ Cuando les dijo: Yo soy, retrocedieron, y cayeron a tierra. ⁷ Volvió, pues, a preguntarles: ¿A quién buscáis? Y ellos dijeron: A Jesús nazareno. ⁸ Respondió Jesús: Os he dicho que yo soy; pues si me buscáis a mí, dejad ir a éstos; ⁹ para que se cumpliese aquello que había dicho: De los que me diste, no perdí ninguno. ¹⁰ Entonces Simón Pedro, que tenía una espada, la desenvainó, e hirió al siervo del sumo sacerdote, y le cortó la oreja derecha. Y el siervo se llamaba Malco. ¹¹ Jesús entonces dijo a Pedro: Mete tu espada en la vaina; la copa ᵃ que el Padre me ha dado, ¿no la he de beber?

Jesús ante el sumo sacerdote

¹² Entonces la compañía de soldados, el tribuno y los alguaciles de los judíos, prendieron a Jesús y le ataron, ¹³ y le llevaron primeramente a Anás; porque era suegro de Caifás, que era sumo sacerdote aquel año. ¹⁴ Era Caifás el que había dado el consejo a los judíos, de que convenía que un solo hombre muriese por el pueblo.ᵇ

Pedro en el patio de Anás

¹⁵ Y seguían a Jesús Simón Pedro y otro discípulo. Y este discípulo era conocido del sumo sacerdote, y entró con Jesús al patio del sumo sacerdote; ¹⁶ mas Pedro estaba fuera, a la puerta. Salió, pues, el discípulo que era conocido del sumo sacerdote, y habló a la portera, e hizo entrar a Pedro. ¹⁷ Entonces la criada portera dijo a Pedro: ¿No eres tú también de los discípulos de este hombre? Dijo él: No lo soy. ¹⁸ Y estaban en pie los siervos y los alguaciles que habían encendido un fuego; porque hacía frío, y se calentaban; y también con ellos estaba Pedro en pie, calentándose.

a 18.11: Mt. 26.39; Mr. 14.36; Lc. 22.42.
b 18.14: Jn. 11.49-50.

Anás interroga a Jesús

¹⁹ Y el sumo sacerdote preguntó a Jesús acerca de sus discípulos y de su doctrina. ²⁰ Jesús le respondió: Yo públicamente he hablado al mundo; siempre he enseñado en la sinagoga y en el templo, donde se reúnen todos los judíos, y nada he hablado en oculto. ²¹ ¿Por qué me preguntas a mí? Pregunta a los que han oído, qué les haya yo hablado; he aquí, ellos saben lo que yo he dicho. ²² Cuando Jesús hubo dicho esto, uno de los alguaciles, que estaba allí, le dio una bofetada, diciendo: ¿Así respondes al sumo sacerdote? ²³ Jesús le respondió: Si he

---

El Espíritu de Dios será tu guía
Lee Juan 16:13-15

La obra del Espíritu Santo en la vida del cristiano es multidimensional. Se nos dice entre otras cosas que «el Espíritu mismo da testimonio a nuestro espíritu, de que somos hijos de Dios» (Romanos 8:16). En este pasaje vemos que el Espíritu nos sirve de maestro y guía.

El Espíritu Santo nos ayuda a comprender la Biblia. Antes que tú fueras cristiano, comprender la Biblia era lo mismo que caminar con anteojeras. Pero esas «anteojeras» fueron quitadas, por así decirlo, cuando el Espíritu Santo hizo su residencia en tu corazón. El Espíritu Santo te enseña la verdad de la Escritura, ayudándote a comprender hasta los pasajes difíciles.

El Espíritu Santo te revela más y más acerca de Dios y Jesús. La Biblia muestra con claridad que una de las funciones principales del Espíritu Santo, es glorificar a Cristo. Desde el momento que tú invitas a Jesús a tu corazón, el Espíritu de Dios empieza a ayudarte a captar las cualidades divinas o atributos de Jesús, los cuales son maravillosos y dignos de alabanza. Aquellos que no tienen una relación personal con Cristo, no pueden ver o comprender, la entera gloria de Dios, porque no tienen la guía del Espíritu Santo.

El Espíritu Santo desea estar involucrado activamente en tu vida, ayudándote a crecer en el conocimiento de Dios y su Palabra, de modo que puedas comprender mejor la voluntad de Dios para tu vida. Cada vez que abras la Biblia, ora para que el Espíritu Santo te muestre cómo puedes aplicar a tu vida los pasajes que lees.

PRIMEROS PASOS

hablado mal, testifica en qué está el mal; y si bien, ¿por qué me golpeas? 24 Anás entonces le envió atado a Caifás, el sumo sacerdote.

Pedro niega a Jesús

25 Estaba, pues, Pedro en pie, calentándose. Y le dijeron: ¿No eres tú de sus discípulos? Él negó, y dijo: No lo soy. 26 Uno de los siervos del sumo sacerdote, pariente de aquel a quien Pedro había cortado la oreja, le dijo: ¿No te vi yo en el huerto con él? 27 Negó Pedro otra vez; y en seguida cantó el gallo.

Jesús ante Pilato

28 Llevaron a Jesús de casa de Caifás al pretorio. Era de mañana, y ellos no entraron en el pretorio para no contaminarse, y así poder comer la pascua. 29 Entonces salió Pilato a ellos, y les dijo: ¿Qué acusación traéis contra este hombre? 30 Respondieron y le dijeron: Si éste no fuera malhechor, no te lo habríamos entregado. 31 Entonces les dijo Pilato: Tomadle vosotros, y juzgadle según vuestra ley. Y los judíos le dijeron: A nosotros no nos está permitido dar muerte a nadie; 32 para que se cumpliese la palabra que Jesús había dicho, dando a entender de qué muerte iba a morir.ᶜ

33 Entonces Pilato volvió a entrar en el pretorio, y llamó a Jesús y le dijo: ¿Eres tú el Rey de los judíos? 34 Jesús le respondió: ¿Dices tú esto por ti mismo, o te lo han dicho otros de mí? 35 Pilato le respondió: ¿Soy yo acaso judío? Tu nación, y los principales sacerdotes, te han entregado a mí. ¿Qué has hecho? 36 Respondió Jesús: Mi reino no es de este mundo; si mi reino fuera de este mundo, mis servidores pelearían para que yo no fuera entregado a los judíos; pero mi reino no es de aquí. 37 Le dijo entonces Pilato: ¿Luego, eres tú rey? Respondió Jesús: Tú dices que yo soy rey. Yo para esto he nacido, y para esto he venido al mundo, para dar testimonio a la verdad. Todo aquel que es de la verdad, oye mi voz. 38 Le dijo Pilato: ¿Qué es la verdad?

Y cuando hubo dicho esto, salió otra vez a los judíos, y les dijo: Yo no hallo en él ningún delito. 39 Pero vosotros tenéis la costumbre de que os suelte uno en la pascua. ¿Queréis, pues, que os suelte al Rey de los judíos? 40 Entonces todos dieron voces de nuevo, diciendo: No a éste, sino a Barrabás. Y Barrabás era ladrón.

CAPÍTULO 19

Así que, entonces tomó Pilato a Jesús, y le azotó. 2 Y los soldados entretejieron una corona de espinas, y la pusieron sobre su cabeza, y le vistieron con un manto de púrpura; 3 y le decían: ¡Salve, Rey de los judíos! y le daban de bofetadas. 4 Entonces Pilato salió otra vez, y les dijo: Mirad, os lo traigo fuera, para que entendáis que ningún delito hallo en él. 5 Y salió Jesús, llevando la corona de espinas y el manto de púrpura. Y Pilato les dijo: ¡He aquí el hombre! 6 Cuando le vieron los principales sacerdotes y los alguaciles, dieron voces, diciendo: ¡Crucifícale! ¡Crucifícale! Pilato les dijo: Tomadle vosotros, y crucificadle; porque yo no hallo delito en él. 7 Los judíos le respondieron: Nosotros tenemos una ley, y según nuestra ley debe morir, porque se hizo a sí mismo Hijo de Dios. 8 Cuando Pilato oyó decir esto, tuvo más miedo. 9 Y entró otra vez en el pretorio, y dijo a Jesús: ¿De dónde eres tú? Mas Jesús no le dio respuesta. 10 Entonces le dijo Pilato: ¿A mí no me hablas? ¿No sabes que tengo autoridad para crucificarte, y que tengo autoridad para soltarte? 11 Respondió Jesús: Ninguna autoridad tendrías contra mí, si no te fuese dada de arriba; por tanto, el que a ti me ha entregado, mayor pecado tiene.

12 Desde entonces procuraba Pilato soltarle; pero los judíos daban voces, diciendo: Si a éste sueltas, no eres amigo de César; todo el que se hace rey, a César se opone. 13 Entonces Pilato, oyendo esto, llevó fuera a Jesús, y se sentó en el tribunal en el lugar llamado el Enlosado, y en hebreo Gabata. 14 Era la preparación de la pascua, y como la hora sexta. Entonces dijo a los judíos: ¡He aquí vuestro Rey! 15 Pero ellos gritaron: ¡Fuera, fuera, crucifícale! Pilato les dijo: ¿A vuestro Rey he de crucificar? Respondieron los principales sacerdotes: No tenemos más rey que César. 16 Así que entonces lo entregó a ellos para que fuese crucificado. Tomaron, pues, a Jesús, y le llevaron.

Crucifixión y muerte de Jesús

17 Y él, cargando su cruz, salió al lugar llamado de la Calavera, y en hebreo, Gólgota; 18 y allí le

ᶜ 18.32: Jn. 3.14; 12.32.

crucificaron, y con él a otros dos, uno a cada lado, y Jesús en medio. [19] Escribió también Pilato un título, que puso sobre la cruz, el cual decía: JESÚS NAZARENO, REY DE LOS JUDÍOS. [20] Y muchos de los judíos leyeron este título; porque el lugar donde Jesús fue crucificado estaba cerca de la ciudad, y el título estaba escrito en hebreo, en griego y en latín. [21] Dijeron a Pilato los principales sacerdotes de los judíos: No escribas: Rey de los judíos; sino, que él dijo: Soy Rey de los judíos. [22] Respondió Pilato: Lo que he escrito, he escrito.

[23] Cuando los soldados hubieron crucificado a Jesús, tomaron sus vestidos, e hicieron cuatro partes, una para cada soldado. Tomaron también su túnica, la cual era sin costura, de un solo tejido de arriba abajo. [24] Entonces dijeron entre sí: No la partamos, sino echemos suertes sobre ella, a ver de quién será. Esto fue para que se cumpliese la Escritura, que dice:

Repartieron entre sí mis vestidos,
Y sobre mi ropa echaron suertes.[a]

Y así lo hicieron los soldados. [25] Estaban junto a la cruz de Jesús su madre, y la hermana de su madre, María mujer de Cleofas, y María Magdalena. [26] Cuando vio Jesús a su madre, y al discípulo a quien él amaba, que estaba presente, dijo a su madre: Mujer, he ahí tu hijo. [27] Después dijo al discípulo: He ahí tu madre. Y desde aquella hora el discípulo la recibió en su casa.

[28] Después de esto, sabiendo Jesús que ya todo estaba consumado, dijo, para que la Escritura se cumpliese: [b] Tengo sed. [29] Y estaba allí una vasija llena de vinagre; entonces ellos empaparon en vinagre una esponja, y poniéndola en un hisopo, se la acercaron a la boca. [30] Cuando Jesús hubo tomado el vinagre, dijo: Consumado es. Y habiendo inclinado la cabeza, entregó el espíritu.

El costado de Jesús traspasado

[31] Entonces los judíos, por cuanto era la preparación de la pascua, a fin de que los cuerpos no quedasen en la cruz en el día de reposo* (pues aquel día de reposo* era de gran solemnidad), rogaron a Pilato que se les quebrasen las piernas, y fuesen quitados de allí. [32] Vinieron, pues, los soldados, y quebraron las piernas al primero, y asimismo al otro que había sido crucificado con él. [33] Mas cuando llegaron a Jesús, como le vieron ya muerto, no le quebraron las piernas. [34] Pero uno de los soldados le abrió el costado con una lanza, y al instante salió sangre y agua. [35] Y el que lo vio da testimonio, y su testimonio es verdadero; y él sabe que dice verdad, para que vosotros también creáis. [36] Porque estas cosas sucedieron para que se cumpliese la Escritura: No será quebrado hueso suyo.[c] [37] Y también otra Escritura dice: Mirarán al que traspasaron.[d]

Jesús es sepultado

[38] Después de todo esto, José de Arimatea, que era discípulo de Jesús, pero secretamente por miedo de los judíos, rogó a Pilato que le permitiese llevarse el cuerpo de Jesús; y Pilato se lo concedió. Entonces vino, y se llevó el cuerpo de Jesús. [39] También Nicodemo, el que antes había visitado a Jesús de noche,[e] vino trayendo un compuesto de mirra y de áloes, como cien libras. [40] Tomaron, pues, el cuerpo de Jesús, y lo envolvieron en lienzos con especias aromáticas, según es costumbre sepultar entre los judíos. [41] Y en el lugar donde había sido crucificado, había un huerto, y en el huerto un sepulcro nuevo, en el cual aún no había sido puesto ninguno. [42] Allí, pues, por causa de la preparación de la pascua de los judíos, y porque aquel sepulcro estaba cerca, pusieron a Jesús.

CAPÍTULO 20

La resurrección

El primer día de la semana, María Magdalena fue de mañana, siendo aún oscuro, al sepulcro; y vio quitada la piedra del sepulcro. [2] Entonces corrió, y fue a Simón Pedro y al otro discípulo, aquel al que amaba Jesús, y les dijo: Se han llevado del sepulcro al Señor, y no sabemos dónde le han puesto. [3] Y salieron Pedro y el otro discípulo, y fueron al sepulcro. [4] Corrían los dos juntos; pero el otro discípulo corrió más aprisa que Pedro, y llegó primero al sepulcro. [5] Y bajándose a mirar, vio los lienzos puestos allí, pero no entró. [6] Luego llegó Simón Pedro tras él, y entró en el sepulcro, y vio los lienzos puestos allí, [7] y el sudario, que había estado sobre la cabeza de Jesús, no puesto

---

a 19.24: Sal. 22.18.   b 19.28: Sal. 69.21.   c 19.36: Ex. 12.46; Nm. 9.12; Sal. 34.20.   d 19.37: Zac. 12.10; Ap. 1.7.   e 19.39: Jn. 3.1-2.

Nuestro amor a Dios nos prepara para el servicio
Lee Juan 21:15-17

Pedro sabía que había desilusionado al Señor negándolo tres veces antes de la crucifixión, pero también sabía que Jesús lo había perdonado. Así que Jesús probó a Pedro haciéndole tres veces la inquisitiva pregunta: «¿Pedro, me amas?»

Las respuestas de Pedro a las preguntas de Jesús tienen gran significado en el lenguaje original del texto. Cuando Jesús le habló, básicamente le estaba preguntando: «Pedro, ¿tú me amas con amor leal y de sacrificio?» Pedro, sin embargo, contestó con una palabra diferente para el «amor» que Jesús había sugerido. Pedro dijo, esencialmente: «Señor, te quiero. Te amo como a un amigo».

Por lo menos, Pedro era honesto. Le dijo la verdad a Jesús acerca de su dedicación. Es interesante, que Jesús todavía lo consideró como uno de sus siervos y le encomendó alimentar y cuidar a sus ovejas. Jesús deseaba que Pedro afirmara su devoción al Señor antes de darle indicaciones para que le sirviera.

Como lo implica esta historia, debemos amar a Dios antes que podamos servirle fielmente. ¿Amas tú a Dios? Aquí hay cinco maneras de comprobar que tú realmente amas a Dios y que estás creciendo en ese amor para él.

1. Si amas al Señor, anhelarás tener comunión con él. ¿Te identificas con las palabras del salmista: «Como el ciervo brama por las corrientes de las aguas, así clama por ti, oh Dios, el alma mía» (Salmo 42:1)? Cuando tú amas realmente a Dios, te deleitarás en adorarle y alabarle. Esto es porque tu adoración y alabanza brotan de un corazón lleno de amor a Dios. Y este amor hace que anheles pasar más tiempo con él y alabándole con otros creyentes.

2. Sí amas a Dios, amarás las cosas que él ama. Sabemos cuáles son las cosas que Dios ama porque él las ha declarado en su Palabra, la Biblia. Así que, si tú amas a Dios, amarás su Palabra. El estudio bíblico no te será monótono, sino una delicia.

3. Si amas al Señor, odiarás lo que él odia. Cuando la naturaleza del Señor viene a ser tu propia naturaleza, sus gustos y disgustos vienen a ser los tuyos también. Su percepción de las cosas llega a ser la tuya. Sabemos por su Palabra que él odia el pecado. Si nosotros lo amamos, también odiaremos el pecado.

4. Si amas al Señor, anhelarás su regreso. Jesús se describe a sí mismo como un esposo (Marcos 2:19). Su esposa es la iglesia, es decir, el cuerpo de creyentes (Efesios 5:23-29). Cuando Jesús regrese, se unirá a su iglesia. Por lo tanto, si tú amas al Señor, anhelarás su regreso, tanto como un novio y una novia se anhelan el uno al otro.

5. Si amas al Señor, guardarás sus mandamientos. Jesús dice: «Si me amáis, guardad mis mandamientos» (Juan 14:15). Esto no significa que nunca pecarás. Aunque es imposible para cualquiera de nosotros que amamos a Dios, pecar deliberada y constantemente, es posible caer en algún pecado personal. Pero si amamos a Dios, nos arrepentiremos de ese pecado y buscaremos su perdón, y que nuestra vida se conforme a las verdades halladas en su Palabra.

¿Amas al Señor? Igual que Pedro, puedes ser tentado a pensar que no amas al Señor cuando pecas. Puedes pensar que Dios nunca más te tendrá a su servicio. Sé honesto con Dios; entonces comienza a restablecer esa relación siguiendo los pasos mencionados anteriormente. Cuando reafirmes tu amor por él, Dios te abrirá oportunidades para que le sirvas y compartas ese amor con otros. Un corazón consagrado conduce a un servicio consagrado.

PIEDRAS ANGULARES

---

con los lienzos, sino enrollado en un lugar aparte. [8] Entonces entró también el otro discípulo, que había venido primero al sepulcro; y vio, y creyó. [9] Porque aún no habían entendido la Escritura, que era necesario que él resucitase de los muertos. [10] Y volvieron los discípulos a los suyos.

Jesús se aparece a María Magdalena
[11] Pero María estaba fuera llorando junto al sepulcro; y mientras lloraba, se inclinó para mirar dentro del sepulcro; [12] y vio a dos ángeles con vestiduras blancas, que estaban sentados el uno a la cabecera, y el otro a los pies, donde el cuerpo de Jesús había sido

puesto. ¹³ Y le dijeron: Mujer, ¿por qué lloras? Les dijo: Porque se han llevado a mi Señor, y no sé dónde le han puesto. ¹⁴ Cuando había dicho esto, se volvió, y vio a Jesús que estaba allí; mas no sabía que era Jesús. ¹⁵ Jesús le dijo: Mujer, ¿por qué lloras? ¿A quién buscas? Ella, pensando que era el hortelano, le dijo: Señor, si tú lo has llevado, dime dónde lo has puesto, y yo lo llevaré. ¹⁶ Jesús le dijo: ¡María! Volviéndose ella, le dijo: ¡Raboni! (que quiere decir, Maestro). ¹⁷ Jesús le dijo: No me toques, porque aún no he subido a mi Padre; mas ve a mis hermanos, y diles: Subo a mi Padre y a vuestro Padre, a mi Dios y a vuestro Dios. ¹⁸ Fue entonces María Magdalena para dar a los discípulos las nuevas de que había visto al Señor, y que él le había dicho estas cosas.

Jesús se aparece a los discípulos
¹⁹ Cuando llegó la noche de aquel mismo día, el primero de la semana, estando las puertas cerradas en el lugar donde los discípulos estaban reunidos por miedo de los judíos, vino Jesús, y puesto en medio, les dijo: Paz a vosotros. ²⁰ Y cuando les hubo dicho esto, les mostró las manos y el costado. Y los discípulos se regocijaron viendo al Señor. ²¹ Entonces Jesús les dijo otra vez: Paz a vosotros. Como me envió el Padre, así también yo os envío. ²² Y habiendo dicho esto, sopló, y les dijo: Recibid el Espíritu Santo. ²³ A quienes remitiereis los pecados, les son remitidos; y a quienes se los retuviereis, les son retenidos.[a]

Incredulidad de Tomás
²⁴ Pero Tomás, uno de los doce, llamado Dídimo, no estaba con ellos cuando Jesús vino. ²⁵ Le dijeron, pues, los otros discípulos: Al Señor hemos visto. Él les dijo: Si no viere en sus manos la señal de los clavos, y metiere mi dedo en el lugar de los clavos, y metiere mi mano en su costado, no creeré. ²⁶ Ocho días después, estaban otra vez sus discípulos dentro, y con ellos Tomás. Llegó Jesús, estando las puertas cerradas, y se puso en medio y les dijo: Paz a vosotros. ²⁷ Luego dijo a Tomás: Pon aquí tu dedo, y mira mis manos; y acerca tu mano, y métela en mi costado; y no seas incrédulo, sino creyente. ²⁸ Entonces Tomás respondió y le dijo: ¡Señor mío, y Dios mío! ²⁹ Jesús le dijo: Porque me has visto, Tomás, creíste; bienaventurados los que no vieron, y creyeron.

El propósito del libro
³⁰ Hizo además Jesús muchas otras señales en presencia de sus discípulos, las cuales no están escritas en este libro. ³¹ Pero éstas se han escrito para que creáis que Jesús es el Cristo, el Hijo de Dios, y para que creyendo, tengáis vida en su nombre.

CAPÍTULO 21
Jesús se aparece a siete de sus discípulos
Después de esto, Jesús se manifestó otra vez a sus discípulos junto al mar de Tiberias; y se manifestó de esta manera: ² Estaban juntos Simón Pedro, Tomás llamado el Dídimo, Natanael el de Caná de Galilea, los hijos de Zebedeo, y otros dos de sus discípulos. ³ Simón Pedro les dijo: Voy a pescar. Ellos le dijeron: Vamos nosotros también contigo. Fueron, y entraron en una barca; y aquella noche no pescaron nada.[a]
⁴ Cuando ya iba amaneciendo, se presentó Jesús en la playa; mas los discípulos no sabían que era Jesús. ⁵ Y les dijo: Hijitos, ¿tenéis algo de comer? Le respondieron: No. ⁶ Él les dijo: Echad la red a la derecha de la barca, y hallaréis. Entonces la echaron, y ya no la podían sacar, por la gran cantidad de peces.[b] ⁷ Entonces aquel discípulo a quien Jesús amaba dijo a Pedro: ¡Es el Señor! Simón Pedro, cuando oyó que era el Señor, se ciñó la ropa (porque se había despojado de ella), y se echó al mar. ⁸ Y los otros discípulos vinieron con la barca, arrastrando la red de peces, pues no distaban de tierra sino como doscientos codos.
⁹ Al descender a tierra, vieron brasas puestas, y un pez encima de ellas, y pan. ¹⁰ Jesús les dijo: Traed de los peces que acabáis de pescar. ¹¹ Subió Simón Pedro, y sacó la red a tierra, llena de grandes peces, ciento cincuenta y tres; y aun siendo tantos, la red no se rompió. ¹² Les dijo Jesús: Venid, comed. Y ninguno de los discípulos se atrevía a preguntarle: ¿Tú, quién eres? sabiendo que era el Señor. ¹³ Vino, pues, Jesús, y tomó el pan y les dio, y asimismo del pescado. ¹⁴ Esta era ya la tercera vez que Jesús se manifestaba a sus discípulos, después de haber resucitado de los muertos.

a 20.23: Mt. 16.19; 18.18.   a 21.3: Lc. 5.5.   b 21.6: Lc. 5.6.

Apacienta mis ovejas

¹⁵ Cuando hubieron comido, Jesús dijo a Simón Pedro: Simón, hijo de Jonás, ¿me amas más que éstos? Le respondió: Sí, Señor; tú sabes que te amo. Él le dijo: Apacienta mis corderos. ¹⁶ Volvió a decirle la segunda vez: Simón, hijo de Jonás, ¿me amas? Pedro le respondió: Sí, Señor; tú sabes que te amo. Le dijo: Pastorea mis ovejas. ¹⁷ Le dijo la tercera vez: Simón, hijo de Jonás, ¿me amas? Pedro se entristeció de que le dijese la tercera vez: ¿Me amas? y le respondió: Señor, tú lo sabes todo; tú sabes que te amo. Jesús le dijo: Apacienta mis ovejas. ¹⁸ De cierto, de cierto te digo: Cuando eras más joven, te ceñías, e ibas a donde querías; mas cuando ya seas viejo, extenderás tus manos, y te ceñirá otro, y te llevará a donde no quieras. ¹⁹ Esto dijo, dando a entender con qué muerte había de glorificar a Dios. Y dicho esto, añadió: Sígueme.

^c 21.20: Jn. 13.25.

El discípulo amado

²⁰ Volviéndose Pedro, vio que les seguía el discípulo a quien amaba Jesús, el mismo que en la cena se había recostado al lado de él, y le había dicho: Señor, ¿quién es el que te ha de entregar? ^c ²¹ Cuando Pedro le vio, dijo a Jesús: Señor, ¿y qué de éste? ²² Jesús le dijo: Si quiero que él quede hasta que yo venga, ¿qué a ti? Sígueme tú. ²³ Este dicho se extendió entonces entre los hermanos, que aquel discípulo no moriría. Pero Jesús no le dijo que no moriría, sino: Si quiero que él quede hasta que yo venga, ¿qué a ti?

²⁴ Este es el discípulo que da testimonio de estas cosas, y escribió estas cosas; y sabemos que su testimonio es verdadero.

²⁵ Y hay también otras muchas cosas que hizo Jesús, las cuales si se escribieran una por una, pienso que ni aun en el mundo cabrían los libros que se habrían de escribir. Amén.

Hechos

CAPÍTULO 1

La promesa del Espíritu Santo

En el primer tratado, oh Teófilo,[a] hablé acerca de todas las cosas que Jesús comenzó a hacer y a enseñar, [2] hasta el día en que fue recibido arriba, después de haber dado mandamientos por el Espíritu Santo a los apóstoles que había escogido; [3] a quienes también, después de haber padecido, se presentó vivo con muchas pruebas indubitables, apareciéndoseles durante cuarenta días y hablándoles acerca del reino de Dios. [4] Y estando juntos, les mandó que no se fueran de Jerusalén, sino que esperasen la promesa del Padre,[b] la cual, les dijo, oísteis de mí. [5] Porque Juan ciertamente bautizó con agua, mas vosotros seréis bautizados con el Espíritu Santo [c] dentro de no muchos días.

La ascensión

[6] Entonces los que se habían reunido le preguntaron, diciendo: Señor, ¿restaurarás el reino a Israel en este tiempo? [7] Y les dijo: No os toca a vosotros saber los tiempos o las sazones, que el Padre puso en su sola potestad; [8] pero recibiréis poder, cuando haya venido sobre vosotros el Espíritu Santo, y me seréis testigos en Jerusalén, en toda Judea, en Samaria, y hasta lo último de la tierra.[d] [9] Y habiendo dicho estas cosas, viéndolo ellos, fue alzado, y le recibió una nube que le ocultó de sus ojos.[e] [10] Y estando ellos con los ojos puestos en el cielo, entre tanto que él se iba, he aquí se pusieron junto a ellos dos varones con vestiduras blancas, [11] los cuales también les dijeron: Varones galileos, ¿por qué estáis mirando al cielo? Este mismo Jesús, que ha sido tomado de vosotros al cielo, así vendrá como le habéis visto ir al cielo.

Elección del sucesor de Judas

[12] Entonces volvieron a Jerusalén desde el monte que se llama del Olivar, el cual está cerca de Jerusalén, camino de un día de reposo.* [13] Y entrados, subieron al aposento alto, donde moraban Pedro y Jacobo, Juan, Andrés, Felipe, Tomás, Bartolomé, Mateo, Jacobo hijo de Alfeo, Simón el Zelote y Judas hermano de Jacobo.[f] [14] Todos éstos perseveraban unánimes en oración y ruego, con las mujeres, y con María la madre de Jesús, y con sus hermanos.

[15] En aquellos días Pedro se levantó en medio de los hermanos (y los reunidos eran como ciento veinte en número), y dijo: [16] Varones hermanos, era necesario que se cumpliese la Escritura en que el Espíritu Santo habló antes por boca de David acerca de Judas, que fue guía de los que prendieron a Jesús, [17] y era contado con nosotros, y tenía parte en este ministerio. [18] Este, pues, con el salario de su iniquidad adquirió un campo, y cayendo de cabeza, se reventó por la mitad, y todas sus entrañas se derramaron. [19] Y fue notorio a todos los habitantes de Jerusalén, de tal manera que aquel campo se llama en su propia lengua, Acéldama, que quiere decir, Campo de sangre.[g] [20] Porque está escrito en el libro de los Salmos:

Sea hecha desierta su habitación,
Y no haya quien more en ella;[h]

y:

Tome otro su oficio.[i]

---

a 1.1: Lc. 1.1-4. b 1.4: Lc. 24.49. c 1.5: Mt. 3.11; Mr. 1.8; Lc. 3.16; Jn. 1.33. d 1.8: Mt. 28.19; Mr. 16.15; Lc. 24.47-48.
e 1.9: Mr. 16.19; Lc. 24.50-51. f 1.13: Mt. 10.2-4; Mr. 3.16-19; Lc. 6.14-16. g 1.18-19: Mt. 27.3-8. h 1.20: Sal. 69.25. i 1.20: Sal. 109.8.

A quién ayuda el Espíritu Santo Lee Hechos 2:1-41

A quién ayuda el Espíritu Santo? El Espíritu Santo ha sido dado a todos los creyentes para que profundicen su vida espiritual, y capacitarlos para que hagan un impacto en el mundo para Jesucristo. Este pasaje ilustra tres aspectos de la obra única del Espíritu Santo en la vida de los creyentes.

1. El Espíritu Santo llena a todos los creyentes. En el Antiguo Testamento, el Espíritu Santo fue dado a ciertas personas para que hicieran alguna obra específica. Este capítulo indica un cambio en el plan. El Espíritu Santo fue derramado sobre todos los creyentes que estaban en la casa en ese día (verso 4), y estuvo presente con cada uno de ellos desde ese día en adelante. Este derramamiento del Espíritu, Dios lo usó para establecer la iglesia y proclamar el mensaje del evangelio alrededor del mundo (lee verso 39).

2. El Espíritu Santo dirige la atención al Salvador. Notemos que Pedro no hace mención del extraordinario hecho que acababa de suceder, sino que lleva la atención de la multitud al mensaje de Jesucristo y la necesidad del arrepentimiento. Igualmente, el Espíritu Santo no llama la atención sobre sí mismo, sino sobre el Salvador. Cuando él llena por completo tu vida, aumenta de forma radical tu habilidad para compartir el evangelio con otros.

3. El Espíritu Santo inspiró el mensaje de Pedro. El sermón de Pedro, inspirado por el Espíritu Santo, llevó a la gente a una decisión: «¿Qué haremos?» (verso 37). La gente no fue atraída a Pedro, sino a su mensaje. Como lo decimos en el punto anterior, una de las características principales del Espíritu Santo es atraer gente a Dios. Como ya se mencionó, el Espíritu Santo trabajó poderosamente ese día y tres mil personas respondieron al mensaje.

El Espíritu Santo ha sido prometido a todos aquellos que se arrepienten y reciben a Jesús. Mucha gente no comprende bien quién es el Espíritu Santo y qué dimensión de poder es posible obtener por medio de él. Será de ayuda examinar lo que tuvo lugar después que los discípulos recibieron la llenura del Espíritu que Jesús les había prometido (lee Hechos l:8).

PIEDRAS ANGULARES

---

21 Es necesario, pues, que de estos hombres que han estado juntos con nosotros todo el tiempo que el Señor Jesús entraba y salía entre nosotros, 22 comenzando desde el bautismo de Juan ʲ hasta el día en que de entre nosotros fue recibido arriba,ᵏ uno sea hecho testigo con nosotros, de su resurrección. 23 Y señalaron a dos: a José, llamado Barsabás, que tenía por sobrenombre Justo, y a Matías. 24 Y orando, dijeron: Tú, Señor, que conoces los corazones de todos, muestra cuál de estos dos has escogido, 25 para que tome la parte de este ministerio y apostolado, de que cayó Judas por transgresión, para irse a su propio lugar. 26 Y les echaron suertes, y la suerte cayó sobre Matías; y fue contado con los once apóstoles.

CAPÍTULO 2

La venida del Espíritu Santo

Cuando llegó el día de Pentecostés,ᵃ estaban todos unánimes juntos. 2 Y de repente vino del cielo un estruendo como de un viento recio que soplaba, el cual llenó toda la casa donde estaban sentados; 3 y se les aparecieron lenguas repartidas, como de fuego, asentándose sobre cada uno de ellos. 4 Y fueron todos llenos del Espíritu Santo, y comenzaron a hablar en otras lenguas, según el Espíritu les daba que hablasen.

5 Moraban entonces en Jerusalén judíos, varones piadosos, de todas las naciones bajo el cielo. 6 Y hecho este estruendo, se juntó la multitud; y estaban confusos, porque cada uno les oía hablar en su propia lengua. 7 Y estaban atónitos y maravillados, diciendo: Mirad, ¿no son galileos todos estos que hablan? 8 ¿Cómo, pues, les oímos nosotros hablar cada uno en nuestra lengua en la que hemos nacido? 9 Partos, medos, elamitas, y los que habitamos en Mesopotamia, en Judea, en Capadocia, en el Ponto y en Asia, 10 en Frigia y Panfilia, en Egipto y en las regiones de Africa más allá de Cirene, y romanos aquí residentes, tanto judíos como prosélitos, 11 cretenses y árabes, les oímos hablar en nuestras lenguas

---

ʲ 1.22: Mt. 3.16; Mr. 1.9; Lc. 3.21.   ᵏ 1.22: Mr. 16.19; Lc. 24.51.   ᵃ 2.1: Lv. 23.15-21; Dt. 16.9-11.

las maravillas de Dios. ¹² Y estaban todos atónitos y perplejos, diciéndose unos a otros: ¿Qué quiere decir esto? ¹³ Mas otros, burlándose, decían: Están llenos de mosto.

Primer discurso de Pedro

¹⁴ Entonces Pedro, poniéndose en pie con los once, alzó la voz y les habló diciendo: Varones judíos, y todos los que habitáis en Jerusalén, esto os sea notorio, y oíd mis palabras. ¹⁵ Porque éstos no están ebrios, como vosotros suponéis, puesto que es la hora tercera del día. ¹⁶ Mas esto es lo dicho por el profeta Joel:

¹⁷ Y en los postreros días, dice Dios,
  Derramaré de mi Espíritu sobre toda
    carne,
  Y vuestros hijos y vuestras hijas
    profetizarán;
  Vuestros jóvenes verán visiones,
  Y vuestros ancianos soñarán sueños;
¹⁸ Y de cierto sobre mis siervos y sobre
    mis siervas en aquellos días
  Derramaré de mi Espíritu, y
    profetizarán.
¹⁹ Y daré prodigios arriba en el cielo,
  Y señales abajo en la tierra,
  Sangre y fuego y vapor de humo;
²⁰ El sol se convertirá en tinieblas,
  Y la luna en sangre,
  Antes que venga el día del Señor,
  Grande y manifiesto;
²¹ Y todo aquel que invocare el nombre
    del Señor, será salvo.*b*

²² Varones israelitas, oíd estas palabras: Jesús nazareno, varón aprobado por Dios entre vosotros con las maravillas, prodigios y señales que Dios hizo entre vosotros por medio de él, como vosotros mismos sabéis; ²³ a éste, entregado por el determinado consejo y anticipado conocimiento de Dios, prendisteis y matasteis por manos de inicuos, crucificándole;*c* ²⁴ al cual Dios levantó,*d* sueltos los dolores de la muerte, por cuanto era imposible que fuese retenido por ella. ²⁵ Porque David dice de él:
  Veía al Señor siempre delante de mí;
  Porque está a mi diestra, no seré
    conmovido.
²⁶ Por lo cual mi corazón se alegró, y se
    gozó mi lengua,

  Y aun mi carne descansará en
    esperanza;
²⁷ Porque no dejarás mi alma en el Hades,
  Ni permitirás que tu Santo vea
    corrupción.
²⁸ Me hiciste conocer los caminos de la
    vida;
  Me llenarás de gozo con tu presencia.*e*

²⁹ Varones hermanos, se os puede decir libremente del patriarca David, que murió y fue sepultado, y su sepulcro está con nosotros hasta el día de hoy. ³⁰ Pero siendo profeta, y sabiendo que con juramento Dios le había jurado que de su descendencia, en cuanto a la carne, levantaría al Cristo para que se sentase en su trono,*f* ³¹ viéndolo antes, habló de la resurrección de Cristo, que su alma no fue dejada en el Hades, ni su carne vio corrupción.

El Espíritu de Dios dará poder a tu testimonio
Lee Hechos 1:8

Una de las grandes cosas que el Espíritu Santo desea hacer en la vida del creyente es darle poder para testificar. La palabra poder en este versículo, viene de la palabra griega dunamis, de la cual sacamos también las palabras dinamita, dinámico y dínamo. Dios no nos da el poder del Espíritu Santo para sentir algo, sino para hacer algo.

A veces el poder del Espíritu Santo actúa en nuestras vidas como dinamita, explotando en nosotros con vigor, sacudiéndonos de nuestra complacencia, y motivándonos a crecer espiritualmente.

Otras veces, el Espíritu de Dios es como un generador que produce fuerza eléctrica que nos ayuda a vivir cada día en un nivel que nunca hubiéramos alcanzado antes con nuestras propias fuerzas. Debemos recordar las estimulantes palabras que el apóstol Pablo dijo al joven Timoteo: «Porque no nos ha dado Dios espíritu de cobardía, sino de poder, de amor y de dominio propio» (2 Timoteo 1:7).

¿Eres tímido en tu testimonio por Cristo? ¿Te es difícil hablar de lo que crees? Entonces necesitas conectarte al poder que el Señor hace alcanzable a través de su Espíritu. El Santo Espíritu de Dios te dará una amplia dimensión de valentía, poder y persuasión en tu testimonio como nunca antes has experimentado.

PRIMEROS PASOS

---

b 2.17-21: Jl. 2.28-32.
c 2.23: Mt. 27.35; Mr. 15.24; Lc. 23.33; Jn. 19.18.
d 2.24: Mt. 28. 5-6; Mr. 16.6; Lc. 24.5. e 2.25-28: Sal. 16.8-11.
f 2.30: Sal. 89. 3-4; 132.11.

³² A este Jesús resucitó Dios, de lo cual todos nosotros somos testigos. ³³ Así que, exaltado por la diestra de Dios, y habiendo recibido del Padre la promesa del Espíritu Santo, ha derramado esto que vosotros veis y oís. ³⁴ Porque David no subió a los cielos; pero él mismo dice:

Dijo el Señor a mi Señor:
Siéntate a mi diestra,
³⁵ Hasta que ponga a tus enemigos por estrado de tus pies.ᵍ

³⁶ Sepa, pues, ciertísimamente toda la casa de Israel, que a este Jesús a quien vosotros crucificasteis, Dios le ha hecho Señor y Cristo.

³⁷ Al oír esto, se compungieron de corazón, y dijeron a Pedro y a los otros apóstoles: Varones hermanos, ¿qué haremos? ³⁸ Pedro les dijo: Arrepentíos, y bautícese cada uno de vosotros en el nombre de Jesucristo para perdón de los pecados; y recibiréis el don del Espíritu Santo. ³⁹ Porque para vosotros es la promesa, y para vuestros hijos, y para todos los que están lejos; para cuantos el Señor nuestro Dios llamare. ⁴⁰ Y con otras muchas palabras testificaba y les exhortaba, diciendo: Sed salvos de esta perversa generación. ⁴¹ Así que, los que recibieron su palabra fueron bautizados; y se añadieron aquel día como tres mil personas. ⁴² Y perseveraban en la doctrina de los apóstoles, en la comunión unos con otros, en el partimiento del pan y en las oraciones.

La vida de los primeros cristianos

⁴³ Y sobrevino temor a toda persona; y muchas maravillas y señales eran hechas por los apóstoles. ⁴⁴ Todos los que habían creído estaban juntos, y tenían en común todas las cosas;ʰ ⁴⁵ y vendían sus propiedades y sus bienes, y lo repartían a todos según la necesidad de cada uno.ⁱ ⁴⁶ Y perseverando unánimes cada día en el templo, y partiendo el pan en las casas, comían juntos con alegría y sencillez de corazón, ⁴⁷ alabando a Dios, y teniendo favor con todo el pueblo. Y el Señor añadía cada día a la iglesia los que habían de ser salvos.

CAPÍTULO 3

Curación de un cojo

Pedro y Juan subían juntos al templo a la hora novena, la de la oración. ² Y era traído un hombre cojo de nacimiento, a quien ponían cada día a la puerta del templo que se llama la Hermosa, para que pidiese limosna de los que entraban en el templo. ³ Este, cuando vio a Pedro y a Juan que iban a entrar en el templo, les rogaba que le diesen limosna. ⁴ Pedro, con Juan, fijando en él los ojos, le dijo: Míranos. ⁵ Entonces él les estuvo atento, esperando recibir de ellos algo. ⁶ Mas Pedro dijo: No tengo plata ni oro, pero lo que tengo te doy; en el nombre de Jesucristo de Nazaret, levántate y anda. ⁷ Y tomándole por la mano derecha le levantó; y al momento se le afirmaron los pies y tobillos; ⁸ y saltando, se puso en pie y anduvo; y entró con ellos en el templo, andando, y saltando, y alabando a Dios. ⁹ Y todo el pueblo le vio andar y alabar a Dios. ¹⁰ Y le reconocían que era el que se sentaba a pedir limosna a la puerta del templo, la Hermosa; y se llenaron de asombro y espanto por lo que le había sucedido.

Discurso de Pedro en el pórtico de Salomón

¹¹ Y teniendo asidos a Pedro y a Juan el cojo que había sido sanado, todo el pueblo, atónito, concurrió a ellos al pórtico que se llama de Salomón. ¹² Viendo esto Pedro, respondió al pueblo: Varones israelitas, ¿por qué os maravilláis de esto? ¿o por qué ponéis los ojos en nosotros, como si por nuestro poder o piedad hubiésemos hecho andar a éste? ¹³ El Dios de Abraham, de Isaac y de Jacob, el Dios de nuestros padres, ha glorificado a su Hijo Jesús, a quien vosotros entregasteis y negasteis delante de Pilato, cuando éste había resuelto ponerle en libertad. ¹⁴ Mas vosotros negasteis al Santo y al Justo, y pedisteis que se os diese un homicida,ᵃ ¹⁵ y matasteis al Autor de la vida, a quien Dios ha resucitado de los muertos, de lo cual nosotros somos testigos. ¹⁶ Y por la fe en su nombre, a éste, que vosotros veis y conocéis, le ha confirmado su nombre; y la fe que es por él ha dado a éste esta completa sanidad en presencia de todos vosotros.

¹⁷ Mas ahora, hermanos, sé que por ignorancia lo habéis hecho, como también vuestros gobernantes. ¹⁸ Pero Dios ha cumplido así lo que había antes anunciado por boca de todos sus profetas, que su Cristo había de padecer. ¹⁹ Así que, arrepentíos y convertíos, para que sean borrados vuestros pecados;

ᵍ 2.34-35: Sal. 110.1. ʰ 2.44: Hch. 4.32-35. ⁱ 2.45: Mt. 19.21; Mr. 10.21; Lc. 12.33; 18.22.
ᵃ 3.14: Mt. 27.15-23; Mr. 15.6-14; Lc. 23.13-23; Jn. 19.12-15.

para que vengan de la presencia del Señor tiempos de refrigerio, [20] y él envíe a Jesucristo, que os fue antes anunciado; [21] a quien de cierto es necesario que el cielo reciba hasta los tiempos de la restauración de todas las cosas, de que habló Dios por boca de sus santos profetas que han sido desde tiempo antiguo. [22] Porque Moisés dijo a los padres: El Señor vuestro Dios os levantará profeta de entre vuestros hermanos, como a mí; a él oiréis en todas las cosas que os hable;[b] [23] y toda alma que no oiga a aquel profeta, será desarraigada del pueblo.[c] [24] Y todos los profetas desde Samuel en adelante, cuantos han hablado, también han anunciado estos días. [25] Vosotros sois los hijos de los profetas, y del pacto que Dios hizo con nuestros padres, diciendo a Abraham: En tu simiente serán benditas todas las familias de la tierra.[d] [26] A vosotros primeramente, Dios, habiendo levantado a su Hijo, lo envió para que os bendijese, a fin de que cada uno se convierta de su maldad.

CAPÍTULO **4**

Pedro y Juan ante el concilio

Hablando ellos al pueblo, vinieron sobre ellos los sacerdotes con el jefe de la guardia del templo, y los saduceos, [2] resentidos de que enseñasen al pueblo, y anunciasen en Jesús la resurrección de entre los muertos. [3] Y les echaron mano, y los pusieron en la cárcel hasta el día siguiente, porque era ya tarde. [4] Pero muchos de los que habían oído la palabra, creyeron; y el número de los varones era como cinco mil.

[5] Aconteció al día siguiente, que se reunieron en Jerusalén los gobernantes, los ancianos y los escribas, [6] y el sumo sacerdote Anás, y Caifás y Juan y Alejandro, y todos los que eran de la familia de los sumos sacerdotes; [7] y poniéndoles en medio, les preguntaron: ¿Con qué potestad, o en qué nombre, habéis hecho vosotros esto? [8] Entonces Pedro, lleno del Espíritu Santo, les dijo: Gobernantes del pueblo, y ancianos de Israel: [9] Puesto que hoy se nos interroga acerca del beneficio hecho a un hombre enfermo, de qué manera éste haya sido sanado, [10] sea notorio a todos vosotros, y a todo el pueblo de Israel, que en el nombre de Jesucristo de Nazaret, a quien vosotros crucificasteis y a quien Dios resucitó de los

[b] 3.22: Dt. 18.15-16.   [c] 3.23: Dt. 18.19.   [d] 3.25: Gn. 22.18.

Qué iglesia elegir
Lee Hechos 2:42; 44-47

La iglesia del primer siglo trastornó al mundo con su mensaje (lee Hechos 17:6). Lo que hizo a la iglesia primitiva tan dinámica fue la decisión de cada miembro, de seguir a Cristo de todo corazón. Cuando busques alguna iglesia a la cual asistir, mira si hay en ella estas cinco características de una iglesia saludable:

1. Busca una iglesia donde se reúnan regularmente todos los creyentes. Los cristianos primitivos no vieron la iglesia como un club social, sino como un lugar de devoto compañerismo y valiosa instrucción. Nos perdemos una tremenda bendición cuando somos negligentes en reunirnos con el pueblo de Dios. Cuando estemos débiles espiritualmente, no debemos huir de la iglesia, sino ir ¡hacia la iglesia!

2. Busca una iglesia cuya gran prioridad sea el estudio bíblico. Los cristianos del primer siglo «se dedicaron devotamente a la enseñanza de los apóstoles». Las enseñanzas de los apóstoles sobre la vida y el ministerio de Jesús, finalmente llegaron a convertirse en los cuatro evangelios que tenemos en el Nuevo Testamento. Estudiar la Biblia es esencial para el crecimiento espiritual de cada cristiano. Sin conocer la Biblia los cristianos no pueden saber ni comprender los mandamientos y la verdad de Dios.

3. Busca una iglesia donde el cuerpo de Cristo (los creyentes) ore y adore al Señor. La iglesia primitiva reconoció el valor y la importancia de la adoración y la oración de todo el cuerpo de Cristo. La adoración de la iglesia fijó la atención en el carácter de Dios que es digno de toda alabanza y les dio la oportunidad de expresar su agradecimiento a Dios. La oración unida les permitió manifestar su gratitud a Dios, pero también fue una oportunidad de buscar a Dios en unanimidad y presentarle sus peticiones como un cuerpo.

4. Busca una iglesia que se ocupa de sus miembros. Los cristianos primitivos compartían unos con otros la comida, la ropa y la casa. La Biblia nos recuerda cuidar de los hermanos en Cristo que están en necesidad (lee 2 Corintios 9:1-15).

5. Busca una iglesia que esté creciendo. El crecimiento de la iglesia no es responsabilidad nuestra, sino de Dios. Si nosotros hacemos nuestra parte como iglesia, Dios hará lo suyo. Tenemos prueba de esto en el verso 47.

Jesús tiene gran poder para transformar a las personas
Lee Hechos 4:1-13

Todo el libro de los Hechos es un testimonio de la transformación que tiene lugar en la vida de un verdadero seguidor de Jesús. Consideremos el caso de Pedro y Juan. Inmediatamente después de la crucifixión de Jesús, Pedro y Juan se escondieron. ¡De hecho, Pedro negó tres veces que conocía a Jesús, antes de la crucifixión! Estos varones estaban lejos de ser hombres fuertes. Pero cuando Jesús resucitó, se reunió con ellos y les dijo que esperaran al prometido Espíritu Santo, una vez que él regresara al cielo, y a partir de entonces todo empezó a cambiar.

¿Por qué Pedro y Juan se volvieron tan valientes? ¿Qué hizo su testimonio tan efectivo, y cómo nuestras vidas pueden ser transformadas de forma impresionante?

Pedro y Juan pasaron tiempo con Jesús. Por tres años, Pedro y Juan siguieron a Jesús por todo Israel. Durante ese tiempo lo vieron realizar muchos milagros. También escucharon sus enseñanzas y observaron su estilo de vida. Pero no fueron meros observadores casuales. Hablaron con Jesús y compartieron sus vidas con él, y debido a esto, Jesús llegó a ser una parte significante de sus vidas. Aunque nosotros no caminamos con Jesús por esta tierra, podemos invitarle a que venga a nuestro corazón. Además, tenemos sus enseñanzas para estudiarlas, así como el privilegio de pasar tiempo con él en oración. En otras palabras, no necesitamos vivir en los tiempos bíblicos para tener una relación con Jesús.

Pedro y Juan moldearon sus vidas según la vida y las enseñanzas de Jesús. La vida, muerte y resurrección de Cristo hicieron tal impacto en Pedro y Juan, que ellos empezaron a imitar a Jesús en su conducta. En los primeros capítulos de los Hechos podemos ver el impacto que Jesús hizo en estos discípulos. Pedro y Juan hablan de Jesús con valentía en público, sanan a un mendigo paralítico y soportan cualquier persecución por Jesús. Sus acciones prueban un punto muy importante: nosotros necesitamos poner en práctica lo que hemos aprendido durante el tiempo que pasamos con Jesús.

Pedro y Juan pusieron su confianza en Cristo, no en sus propias habilidades. Recuerda, Pedro y Juan eran simples pescadores. No tenían credenciales impresionantes para desplegar delante de la gente. Ellos sólo confiaron en que Jesús los guiaría y los ayudaría a pasar todos los obstáculos, y eso les dio la confianza que necesitaban. Nosotros no podemos hacer menos.

Si quieres ver el poder de Jesucristo en acción hoy, fíjate en algunas de las vidas que él ha cambiado. Parte de la mejor evidencia del poder de Jesucristo en la actualidad, está basada en las innumerables vidas que han sido cambiadas por su toque.

PIEDRAS ANGULARES

---

muertos, por él este hombre está en vuestra presencia sano. [11] Este Jesús es la piedra reprobada por vosotros los edificadores, la cual ha venido a ser cabeza del ángulo.[a] [12] Y en ningún otro hay salvación; porque no hay otro nombre bajo el cielo, dado a los hombres, en que podamos ser salvos.

[13] Entonces viendo el denuedo de Pedro y de Juan, y sabiendo que eran hombres sin letras y del vulgo, se maravillaban; y les reconocían que habían estado con Jesús. [14] Y viendo al hombre que había sido sanado, que estaba en pie con ellos, no podían decir nada en contra. [15] Entonces les ordenaron que saliesen del concilio; y conferenciaban entre sí, [16] diciendo: ¿Qué haremos con estos hombres? Porque de

cierto, señal manifiesta ha sido hecha por ellos, notoria a todos los que moran en Jerusalén, y no lo podemos negar. [17] Sin embargo, para que no se divulgue más entre el pueblo, amenacémosles para que no hablen de aquí en adelante a hombre alguno en este nombre. [18] Y llamándolos, les intimaron que en ninguna manera hablasen ni enseñasen en el nombre de Jesús. [19] Mas Pedro y Juan respondieron diciéndoles: Juzgad si es justo delante de Dios obedecer a vosotros antes que a Dios; [20] porque no podemos dejar de decir lo que hemos visto y oído. [21] Ellos entonces les amenazaron y les soltaron, no hallando ningún modo de castigarles, por causa del pueblo; porque todos glorificaban a Dios por lo que se

[a] 4.11: Sal. 118.22.

¿Por qué es Jesucristo el único camino hacia Dios?

Lee Hechos 4:12

GRANDES PREGUNTAS

Una crítica común hacia el cristianismo es que es demasiado reducido. Mucha gente no cree que hay un solo camino al cielo. Debido a que los cristianos siempre han proclamado esta verdad, han sido criticados por implicar que ellos son mejores que aquellos que no creen en Jesucristo. Pero es importante notar que la razón por la que los cristianos creen que Jesús es el único camino al cielo, es porque él mismo lo dijo: «Yo soy el camino, y la verdad, y la vida; nadie viene al Padre, sino por mí» (Juan 14:6).

Si la humanidad pudiera alcanzar a Dios por otro camino, Jesús no habría venido a morir. Su muerte voluntaria en la cruz ilustra claramente que no hay otro camino posible. Aquellos que rechazan su amorosa oferta de salvación, la cual se extiende a toda la humanidad, lo hacen por su propio riesgo.

---

había hecho, [22] ya que el hombre en quien se había hecho este milagro de sanidad, tenía más de cuarenta años.

Los creyentes piden confianza y valor

[23] Y puestos en libertad, vinieron a los suyos y contaron todo lo que los principales sacerdotes y los ancianos les habían dicho. [24] Y ellos, habiéndolo oído, alzaron unánimes la voz a Dios, y dijeron: Soberano Señor, tú eres el Dios que hiciste el cielo y la tierra, el mar y todo lo que en ellos hay;[b] [25] que por boca de David tu siervo dijiste:

¿Por qué se amotinan las gentes,
Y los pueblos piensan cosas vanas?
[26] Se reunieron los reyes de la tierra,
Y los príncipes se juntaron en uno
Contra el Señor, y contra su Cristo.[c]

[27] Porque verdaderamente se unieron en esta ciudad contra tu santo Hijo Jesús, a quien ungiste, Herodes[d] y Poncio Pilato,[e] con los gentiles y el pueblo de Israel, [28] para hacer cuanto tu mano y tu consejo habían antes determinado que sucediera. [29] Y ahora, Señor, mira sus amenazas, y concede a tus siervos que con todo denuedo hablen tu palabra, [30] mientras extiendes tu mano para que se hagan sanidades y señales y prodigios mediante el nombre de tu santo Hijo Jesús. [31] Cuando hubieron orado, el lugar en que estaban congregados tembló; y todos fueron llenos del Espíritu Santo, y hablaban con denuedo la palabra de Dios.

Todas las cosas en común

[32] Y la multitud de los que habían creído era de un corazón y un alma; y ninguno decía ser suyo propio nada de lo que poseía, sino que tenían todas las cosas en común.[f] [33] Y con gran poder los apóstoles daban testimonio de la resurrección del Señor Jesús, y abundante gracia era sobre todos ellos. [34] Así que no había entre ellos ningún necesitado; porque todos los que poseían heredades o casas, las vendían, y traían el precio de lo vendido, [35] y lo ponían a los pies de los apóstoles; y se repartía a cada uno según su necesidad.[g] [36] Entonces José, a quien los apóstoles pusieron por sobrenombre Bernabé (que traducido es, Hijo de consolación), levita, natural de Chipre, [37] como tenía una heredad, la vendió y trajo el precio y lo puso a los pies de los apóstoles.

CAPÍTULO 5

Ananías y Safira

Pero cierto hombre llamado Ananías, con Safira su mujer, vendió una heredad, [2] y

---

[b] 4.24: Ex. 20.11; Sal. 146.6.   [c] 4.25-26: Sal. 2.1-2.   [d] 4.27: Lc. 23.7-11.   [e] 4.27: Mt. 27.1-2; Mr. 15.1; Lc. 23.1; Jn. 18.28-29.
[f] 4.32: Hch. 2.44-45.   [g] 4.34-35: Mt. 19.21; Mr. 10.21; Lc. 12.33; 18.22.

Cuando se peca en contra del Espíritu Santo Lee Hechos 5:1-10

Una de las maneras que la Biblia sostiene el concepto de que el Espíritu Santo es una persona y no un poder, es mostrando cómo podemos pecar contra él. Es importante comprender que el Espíritu Santo es, en realidad, Dios en acción, y que pecar contra él es pecar contra Dios. En este pasaje podemos ver qué implica pecar contra el Espíritu Santo. Pero otros pasajes nos enseñan que hay por lo menos cinco maneras de pecar contra el Espíritu Santo.

1. Mentirle al Espíritu Santo. Ananías y Safira mintieron al Espíritu Santo, pues fingían estar dedicados a Dios cuando no era así. Hoy, la gente continúa haciéndolo «actúa en una manera espiritual» sin sentirlo realmente en su corazón.

2. Contristar al Espíritu Santo. Sólo los creyentes pueden entristecer al Espíritu Santo (lee Efesios 4:30). Consternamos al Espíritu cuando albergamos ira en el corazón, ofendemos a otros o hacemos cosas que sabemos que van en contra de la nueva naturaleza que ya está en nosotros.

3. Apagar al Espíritu Santo. Cuando el Espíritu Santo nos convence de algo que debemos cambiar en nuestra vida y no hacemos caso de su solicitud, extinguimos su poder dentro de nosotros (1 Tesalonicenses 5:19). Él está todavía en nuestro interior, pero no le damos completo control.

4. Resistir al Espíritu Santo. Cuando Esteban, el primer mártir cristiano de la historia, habló a sus perseguidores, compartió el mensaje de Jesucristo y terminó con estas palabras: «¡Duros de cerviz, e incircuncisos de corazón y de oídos! Vosotros resistís siempre al Espíritu Santo» (Hechos 7:51). La gente que comete este pecado, puede saber que el Espíritu Santo está tratando de conducirlos a Jesús, pero su orgullo les impide reconocer a Cristo como Señor y Salvador. El peligro con este pecado es que cada vez que una persona resiste al Espíritu de Dios, se le va haciendo más difícil venir a Cristo.

5. Insultar al Espíritu Santo. Insultar al Espíritu Santo significa «tener por inmunda la sangre del pacto» (Hebreos 10:29). Quien comete este pecado desprecia el gran precio que Jesús pagó por él en la cruz del calvario. Esta persona ha rechazado aceptar el tremendo don de la salvación que Dios le ha ofrecido.

6. Blasfemar contra el Espíritu Santo. Los dos pecados mencionados anteriormente, resistir e insultar al Espíritu Santo, pueden llevar a lo que se llama «el pecado imperdonable», es decir la blasfemia contra el

Espíritu Santo (lee Mateo 12:31-32). Debido a que la Biblia dice que Jesús es el único camino de salvación y que la obra inicial del Espíritu Santo sobre nosotros como no creyentes es traernos a Cristo, rechazar a Jesús como Señor y Salvador es blasfemar contra el Espíritu Santo. Este es el punto sin retorno. Cada vez que una persona resiste al Espíritu y lo insulta, se acerca más a cometer este pecado.

PIEDRAS ANGULARES

---

sustrajo del precio, sabiéndolo también su mujer; y trayendo sólo una parte, la puso a los pies de los apóstoles. ³ Y dijo Pedro: Ananías, ¿por qué llenó Satanás tu corazón para que mintieses al Espíritu Santo, y sustrajeses del precio de la heredad? ⁴ Reteniéndola, ¿no se te quedaba a ti? y vendida, ¿no estaba en tu poder? ¿Por qué pusiste esto en tu corazón? No has mentido a los hombres, sino a Dios. ⁵ Al oír Ananías estas palabras, cayó y expiró. Y vino un gran temor sobre todos los que lo oyeron. ⁶ Y levantándose los jóvenes, lo envolvieron, y sacándolo, lo sepultaron.

⁷ Pasado un lapso como de tres horas, sucedió que entró su mujer, no sabiendo lo que había acontecido. ⁸ Entonces Pedro le dijo: Dime, ¿vendisteis en tanto la heredad? Y ella dijo: Sí, en tanto. ⁹ Y Pedro le dijo: ¿Por qué convinisteis en tentar al Espíritu del Señor? He aquí a la puerta los pies de los que han sepultado a tu marido, y te sacarán a ti. ¹⁰ Al instante ella cayó a los pies de él, y expiró; y cuando entraron los jóvenes, la hallaron muerta; y la sacaron, y la sepultaron junto a su marido. ¹¹ Y vino gran temor sobre toda la iglesia, y sobre todos los que oyeron estas cosas.

Muchas señales y maravillas

¹² Y por la mano de los apóstoles se hacían muchas señales y prodigios en el pueblo; y estaban todos unánimes en el pórtico de

¿Son otras religiones tan buenas como el cristianismo?
Lee Hechos 4:12

Algunos dicen que todas las religiones, básicamente, dicen y enseñan lo mismo, así que, todas deben ser «verdaderas». Para citar una frase muy común pero equivocada: «Si una persona es sincera en lo que cree, irá al cielo».

En realidad, todo sistema de creencia no puede ser cierto, porque se contradicen uno a otro. A muchos les gustaría pensar que todas las religiones pueden mezclarse entre ellas, pero no es así. Miremos las diferencias entre lo que creen los seguidores de tres de las religiones mayores del mundo, comparado con lo que creen los cristianos.

La existencia de un Dios personal
- Los budistas niegan la existencia de un Dios personal.
- Los hindúes creen en dos dioses mayores, Siva y Visnú, así como en otros millones de dioses menores.
- Los musulmanes creen en un dios llamado Alá.
- Los cristianos creen que Dios es un ser que creó a los humanos a su propia imagen, que los ama y desea tener relación personal con ellos.

El asunto de la salvación
- Los budistas creen que la salvación es sólo por esfuerzo personal.
- Los hindúes creen que la salvación se obtiene por devoción, obras y dominio de sí mismo.
- Los musulmanes creen que la gente gana su propia salvación y paga por sus propios pecados.
- Los cristianos creen que Jesucristo murió por sus pecados. Si la gente abandona el pecado y sigue a Jesús, pueden ser perdonados y tener la esperanza de estar con Jesús en el cielo.

La persona de Jesucristo
- Los budistas creen que Jesús fue un buen maestro, pero menos importante que Buda.
- Los hindúes creen que Jesús fue simplemente una de las muchas encarnaciones o hijos de Dios. También aseveran que Cristo no fue el único Hijo de Dios. Dicen que Jesús no fue más divino que cualquier otro hombre y no murió por los pecados de la gente.
- Los musulmanes creen que Jesús fue el mayor de los profetas después de Mahoma. Además, no creen que Jesús murió por los pecados de los hombres.
- Los cristianos creen que Jesús es Dios y también hombre. Que no cometió pecado y que murió para redimir a la humanidad.

GRANDES PREGUNTAS

Como puedes ver, no se puede estar de acuerdo con las creencias de las otras religiones. Esto es porque cada religión contradice las creencias del cristianismo (Frizt Ridenour, So What's the Difference? [Glendale, Gospel Light Publications, 1967]).

Salomón. [13] De los demás, ninguno se atrevía a juntarse con ellos; mas el pueblo los alababa grandemente. [14] Y los que creían en el Señor aumentaban más, gran número así de hombres como de mujeres; [15] tanto que sacaban los enfermos a las calles, y los ponían en camas y lechos, para que al pasar Pedro, a lo menos su sombra cayese sobre alguno de ellos. [16] Y aun de las ciudades vecinas muchos venían a Jerusalén, trayendo enfermos y atormentados de espíritus inmundos; y todos eran sanados.

Pedro y Juan son perseguidos
[17] Entonces levantándose el sumo sacerdote y todos los que estaban con él, esto es, la secta de los saduceos, se llenaron de celos; [18] y echaron mano a los apóstoles y los pusieron en la cárcel pública. [19] Mas un ángel del Señor, abriendo de noche las puertas de la cárcel y sacándolos, dijo: [20] Id, y puestos en pie en el templo, anunciad al pueblo todas las palabras de esta vida. [21] Habiendo oído esto, entraron de mañana en el templo, y enseñaban.

Entre tanto, vinieron el sumo sacerdote y los que estaban con él, y convocaron al concilio y a todos los ancianos de los hijos de Israel, y enviaron a la cárcel para que fuesen traídos. 22 Pero cuando llegaron los alguaciles, no los hallaron en la cárcel; entonces volvieron y dieron aviso, 23 diciendo: Por cierto, la cárcel hemos hallado cerrada con toda seguridad, y los guardas afuera de pie ante las puertas; mas cuando abrimos, a nadie hallamos dentro. 24 Cuando oyeron estas palabras el sumo sacerdote y el jefe de la guardia del templo y los principales sacerdotes, dudaban en qué vendría a parar aquello. 25 Pero viniendo uno, les dio esta noticia: He aquí, los varones que pusisteis en la cárcel están en el templo, y enseñan al pueblo. 26 Entonces fue el jefe de la guardia con los alguaciles, y los trajo sin violencia, porque temían ser apedreados por el pueblo.

27 Cuando los trajeron, los presentaron en el concilio, y el sumo sacerdote les preguntó, 28 diciendo: ¿No os mandamos estrictamente que no enseñaseis en ese nombre? Y ahora habéis llenado a Jerusalén de vuestra doctrina, y queréis echar sobre nosotros la sangre de ese hombre.[a] 29 Respondiendo Pedro y los apóstoles, dijeron: Es necesario obedecer a Dios antes que a los hombres. 30 El Dios de nuestros padres levantó a Jesús, a quien vosotros matasteis colgándole en un madero. 31 A éste, Dios ha exaltado con su diestra por Príncipe y Salvador, para dar a Israel arrepentimiento y perdón de pecados. 32 Y nosotros somos testigos suyos de estas cosas, y también el Espíritu Santo, el cual ha dado Dios a los que le obedecen.

33 Ellos, oyendo esto, se enfurecían y querían matarlos. 34 Entonces levantándose en el concilio un fariseo llamado Gamaliel, doctor de la ley, venerado de todo el pueblo, mandó que sacasen fuera por un momento a los apóstoles, 35 y luego dijo: Varones israelitas, mirad por vosotros lo que vais a hacer respecto a estos hombres. 36 Porque antes de estos días se levantó Teudas, diciendo que era alguien. A éste se unió un número como de cuatrocientos hombres; pero él fue muerto, y todos los que le obedecían fueron dispersados y reducidos a nada. 37 Después de éste, se levantó Judas el galileo, en los días del censo, y llevó en pos de sí a mucho pueblo. Pereció también él, y todos los que le obedecían fueron dispersados. 38 Y ahora os digo: Apartaos de estos hombres, y dejadlos; porque si este consejo o esta obra es de los hombres, se desvanecerá; 39 mas si es de Dios, no la podréis destruir; no seáis tal vez hallados luchando contra Dios.

40 Y convinieron con él; y llamando a los apóstoles, después de azotarlos, les intimaron que no hablasen en el nombre de Jesús, y los pusieron en libertad. 41 Y ellos salieron de la presencia del concilio, gozosos de haber sido tenidos por dignos de padecer afrenta por causa del Nombre. 42 Y todos los días, en el templo y por las casas, no cesaban de enseñar y predicar a Jesucristo.

CAPÍTULO 6

Elección de siete diáconos

En aquellos días, como creciera el número de los discípulos, hubo murmuración de los griegos contra los hebreos, de que las viudas de aquéllos eran desatendidas en la distribución diaria. 2 Entonces los doce convocaron a la multitud de los discípulos, y dijeron: No es justo que nosotros dejemos la palabra de Dios, para servir a las mesas. 3 Buscad, pues, hermanos, de entre vosotros a siete varones de buen testimonio, llenos del Espíritu Santo y de sabiduría, a quienes encarguemos de este trabajo. 4 Y nosotros persistiremos en la oración y en el ministerio de la palabra. 5 Agradó la propuesta a toda la multitud; y eligieron a Esteban, varón lleno de fe y del Espíritu Santo, a Felipe, a Prócoro, a Nicanor, a Timón, a Parmenas, y a Nicolás prosélito de Antioquía; 6 a los cuales presentaron ante los apóstoles, quienes, orando, les impusieron las manos.

7 Y crecía la palabra del Señor, y el número de los discípulos se multiplicaba grandemente en Jerusalén; también muchos de los sacerdotes obedecían a la fe.

Arresto de Esteban

8 Y Esteban, lleno de gracia y de poder, hacía grandes prodigios y señales entre el pueblo. 9 Entonces se levantaron unos de la sinagoga llamada de los libertos, y de los de Cirene, de Alejandría, de Cilicia y de Asia,

disputando con Esteban. 10 Pero no podían resistir a la sabiduría y al Espíritu con que hablaba. 11 Entonces sobornaron a unos para que dijesen que le habían oído hablar palabras blasfemas contra Moisés y contra Dios. 12 Y soliviantaron al pueblo, a los ancianos y a los escribas; y arremetiendo, le arrebataron, y le trajeron al concilio. 13 Y pusieron testigos falsos que decían: Este hombre no cesa de hablar palabras blasfemas contra este lugar santo y contra la ley; 14 pues le hemos oído decir que ese Jesús de Nazaret destruirá este lugar, y cambiará las costumbres que nos dio Moisés. 15 Entonces todos los que estaban sentados en el concilio, al fijar los ojos en él, vieron su rostro como el rostro de un ángel.

CAPÍTULO 7

Defensa y muerte de Esteban

El sumo sacerdote dijo entonces: ¿Es esto así? 2 Y él dijo:

Varones hermanos y padres, oíd: El Dios de la gloria apareció a nuestro padre Abraham, estando en Mesopotamia, antes que morase en Harán, 3 y le dijo: Sal de tu tierra y de tu parentela, y ven a la tierra que yo te mostraré.[a] 4 Entonces salió de la tierra de los caldeos y habitó en Harán;[b] y de allí, muerto su padre, Dios le trasladó a esta tierra, en la cual vosotros habitáis ahora.[c] 5 Y no le dio herencia en ella, ni aun para asentar un pie; pero le prometió que se la daría en posesión, y a su descendencia después de él,[d] cuando él aún no tenía hijo. 6 Y le dijo Dios así: Que su descendencia sería extranjera en tierra ajena, y que los reducirían a servidumbre y los maltratarían, por cuatrocientos años. 7 Mas yo juzgaré, dijo Dios, a la nación de la cual serán siervos; y después de esto saldrán y me servirán en este lugar.[e] 8 Y le dio el pacto de la circuncisión;[f] y así Abraham engendró a Isaac,[g] y le circuncidó al octavo día; e Isaac a Jacob,[h] y Jacob a los doce patriarcas.[i] 9 Los patriarcas, movidos por envidia,[j] vendieron a José para Egipto;[k] pero Dios estaba con él,[l] 10 y le libró de todas sus tribulaciones, y le dio gracia y sabiduría delante de Faraón rey de Egipto, el cual lo puso por gobernador sobre Egipto y sobre toda su casa.[m] 11 Vino entonces hambre en toda la tierra de Egipto y de Canaán, y grande tribulación; y nuestros padres no hallaban alimentos.[n] 12 Cuando oyó Jacob que había trigo en Egipto, envió a nuestros padres la primera vez.[o] 13 Y en la segunda, José se dio a conocer a sus hermanos,[p] y fue manifestado a Faraón el linaje de José.[q] 14 Y enviando José, hizo venir a su padre Jacob,[r] y a toda su parentela, en número de setenta y cinco personas.[s] 15 Así descendió Jacob a Egipto,[t] donde murió él,[u] y también nuestros padres; 16 los cuales fueron trasladados a Siquem, y puestos en el sepulcro que a precio de dinero compró Abraham de los hijos de Hamor en Siquem.[v]

17 Pero cuando se acercaba el tiempo de la promesa, que Dios había jurado a Abraham, el pueblo creció y se multiplicó en Egipto, 18 hasta que se levantó en Egipto otro rey que no conocía a José.[w] 19 Este rey, usando de astucia con nuestro pueblo, maltrató a nuestros padres,[x] a fin de que expusiesen a la muerte a sus niños, para que no se propagasen.[y] 20 En aquel mismo tiempo nació Moisés, y fue agradable a Dios; y fue criado tres meses en casa de su padre.[z] 21 Pero siendo expuesto a la muerte, la hija de Faraón le recogió y le crió como a hijo suyo.[a] 22 Y fue enseñado Moisés en toda la sabiduría de los egipcios; y era poderoso en sus palabras y obras.

23 Cuando hubo cumplido la edad de cuarenta años, le vino al corazón el visitar a sus hermanos, los hijos de Israel. 24 Y al ver a uno que era maltratado, lo defendió, e hiriendo al egipcio, vengó al oprimido. 25 Pero él pensaba que sus hermanos comprendían que Dios les daría libertad por mano suya; mas ellos no lo habían entendido así. 26 Y al día siguiente, se presentó a unos de ellos que reñían, y los ponía en paz, diciendo: Varones, hermanos sois, ¿por qué os maltratáis el uno al otro? 27 Entonces el que maltrataba a su prójimo le rechazó, diciendo: ¿Quién te ha puesto por gobernante y juez sobre nosotros? 28 ¿Quieres tú matarme, como mataste ayer al egipcio? 29 Al

[a] 7.2-3: Gn. 12.1. [b] 7.4: Gn. 11.31. [c] 7.4: Gn. 12.4. [d] 7.5: Gn. 12.7; 13.15; 15.18; 17.8. [e] 7.6-7: Gn. 15.13-14. [f] 7.8: Gn. 17.10-14. [g] 7.8: Gn. 21.2-4. [h] 7.8: Gn. 25.26. [i] 7.8: Gn. 29.31—35.18. [j] 7.9: Gn. 37.11. [k] 7.9: Gn. 37.28. [l] 7.9: Gn. 39.2, 21. [m] 7.10: Gn. 41.39-41. [n] 7.11: Gn. 41.54-57. [o] 7.12: Gn. 42.1-2. [p] 7.13: Gn. 45.1. [q] 7.13: Gn. 45.16. [r] 7.14: Gn. 45.9-10, 17-18. [s] 7.14: Gn. 46.27. [t] 7.15: Gn. 46.1-7. [u] 7.15: Gn. 49.33. [v] 7.16: Gn. 23.3-16; 33.19; 50.7-13; Jos. 24.32. [w] 7.17-18: Ex. 1.7-8. [x] 7.19: Ex. 1.10-11. [y] 7.19: Ex. 1.22. [z] 7.20: Ex. 2.2. [a] 7.21: Ex. 2.3-10. [b] 7.23-29: Ex. 2.11-15.

oír esta palabra, Moisés huyó, y vivió como extranjero en tierra de Madián,[b] donde engendró dos hijos.[c]

[30] Pasados cuarenta años, un ángel se le apareció en el desierto del monte Sinaí, en la llama de fuego de una zarza. [31] Entonces Moisés, mirando, se maravilló de la visión; y acercándose para observar, vino a él la voz del Señor: [32] Yo soy el Dios de tus padres, el Dios de Abraham, el Dios de Isaac, y el Dios de Jacob. Y Moisés, temblando, no se atrevía a mirar. [33] Y le dijo el Señor: Quita el calzado de tus pies, porque el lugar en que estás es tierra santa. [34] Ciertamente he visto la aflicción de mi pueblo que está en Egipto, y he oído su gemido, y he descendido para librarlos. Ahora, pues, ven, te enviaré a Egipto.[d]

[35] A este Moisés, a quien habían rechazado, diciendo: ¿Quién te ha puesto por gobernante y juez?, a éste lo envió Dios como gobernante y libertador por mano del ángel que se le apareció en la zarza. [36] Este los sacó, habiendo hecho prodigios y señales en tierra de Egipto,[e] y en el Mar Rojo,[f] y en el desierto por cuarenta años.[g] [37] Este Moisés es el que dijo a los hijos de Israel: Profeta os levantará el Señor vuestro Dios de entre vuestros hermanos, como a mí;[h] a él oiréis. [38] Este es aquel Moisés que estuvo en la congregación en el desierto con el ángel que le hablaba en el monte Sinaí,[i] y con nuestros padres, y que recibió palabras de vida que darnos; [39] al cual nuestros padres no quisieron obedecer, sino que le desecharon, y en sus corazones se volvieron a Egipto, [40] cuando dijeron a Aarón: Haznos dioses que vayan delante de nosotros; porque a este Moisés, que nos sacó de la tierra de Egipto, no sabemos qué le haya acontecido.[j] [41] Entonces hicieron un becerro, y ofrecieron sacrificio al ídolo, y en las obras de sus manos se regocijaron.[k] [42] Y Dios se apartó, y los entregó a que rindiesen culto al ejército del cielo; como está escrito en el libro de los profetas:

¡Acaso me ofrecisteis víctimas y
   sacrificios
En el desierto por cuarenta años, casa
   de Israel?

[43] Antes bien llevasteis el tabernáculo de
   Moloc,

Y la estrella de vuestro dios Renfán,
Figuras que os hicisteis para adorarlas.
Os transportaré, pues, más allá de
   Babilonia.[l]

[44] Tuvieron nuestros padres el tabernáculo del testimonio en el desierto, como había ordenado Dios cuando dijo a Moisés que lo hiciese conforme al modelo que había visto.[m] [45] El cual, recibido a su vez por nuestros padres, lo introdujeron con Josué[n] al tomar posesión de la tierra de los gentiles, a los cuales Dios arrojó de la presencia de nuestros padres, hasta los días de David. [46] Este halló gracia delante de Dios, y pidió proveer tabernáculo para el Dios de Jacob.[o] [47] Mas Salomón le edificó casa;[p] [48] si bien el Altísimo no habita en templos hechos de mano, como dice el profeta:

[49] El cielo es mi trono,
Y la tierra el estrado de mis pies.
¿Qué casa me edificaréis? dice el Señor;
¿O cuál es el lugar de mi reposo?
[50] ¿No hizo mi mano todas estas cosas?[q]

[51] ¡Duros de cerviz, e incircuncisos de corazón y de oídos! Vosotros resistís siempre al Espíritu Santo; como vuestros padres, así también vosotros.[r] [52] ¿A cuál de los profetas no persiguieron vuestros padres? Y mataron a los que anunciaron de antemano la venida del Justo, de quien vosotros ahora habéis sido entregadores y matadores; [53] vosotros que recibisteis la ley por disposición de ángeles, y no la guardasteis.

[54] Oyendo estas cosas, se enfurecían en sus corazones, y crujían los dientes contra él. [55] Pero Esteban, lleno del Espíritu Santo, puestos los ojos en el cielo, vio la gloria de Dios, y a Jesús que estaba a la diestra de Dios, [56] y dijo: He aquí, veo los cielos abiertos, y al Hijo del Hombre que está a la diestra de Dios. [57] Entonces ellos, dando grandes voces, se taparon los oídos, y arremetieron a una contra él. [58] Y echándole fuera de la ciudad, le apedrearon; y los testigos pusieron sus ropas a los pies de un joven que se llamaba Saulo. [59] Y apedreaban a Esteban, mientras él invocaba y decía: Señor Jesús, recibe mi espíritu. [60] Y puesto de rodillas, clamó a gran voz: Señor, no les tomes en cuenta este pecado. Y habiendo dicho esto, durmió.

---

c 7.29: Ex. 18.3-4. d 7.30-34: Ex. 3.1-10. e 7.36: Ex. 7.3. f 7.36: Ex. 14.21. g 7.36: Nm. 14.33. h 7.37: Dt. 18.15, 18.
i 7.38: Ex. 19.1—20.17; Dt. 5.1-33. j 7.40: Ex. 32.1. k 7.41: Ex. 32.2-6. l 7.42-43: Am. 5.25-27. m 7.44: Ex. 25.9, 40.
n 7.45: Jos. 3.14-17. o 7.46: 2 S. 7.1-16; 1 Cr. 17.1-14. p 7.47: 1 R. 6.1-38; 2 Cr. 3.1-17. q 7.49-50: Is. 66.1-2. r 7.51: Is. 63.10.

CAPÍTULO 8
Saulo persigue a la iglesia

Y Saulo consentía en su muerte. En aquel día hubo una gran persecución contra la iglesia que estaba en Jerusalén; y todos fueron esparcidos por las tierras de Judea y de Samaria, salvo los apóstoles. ² Y hombres piadosos llevaron a enterrar a Esteban, e hicieron gran llanto sobre él. ³ Y Saulo asolaba la iglesia, y entrando casa por casa, arrastraba a hombres y a mujeres, y los entregaba en la cárcel.ᵃ

Predicación del evangelio en Samaria

⁴ Pero los que fueron esparcidos iban por todas partes anunciando el evangelio. ⁵ Entonces Felipe, descendiendo a la ciudad de Samaria, les predicaba a Cristo. ⁶ Y la gente, unánime, escuchaba atentamente las cosas que decía Felipe, oyendo y viendo las señales que hacía. ⁷ Porque de muchos que tenían espíritus inmundos, salían éstos dando grandes voces; y muchos paralíticos y cojos eran sanados; ⁸ así que había gran gozo en aquella ciudad.

⁹ Pero había un hombre llamado Simón, que antes ejercía la magia en aquella ciudad, y había engañado a la gente de Samaria, haciéndose pasar por algún grande. ¹⁰ A éste oían atentamente todos, desde el más pequeño hasta el más grande, diciendo: Este es el gran poder de Dios. ¹¹ Y le estaban atentos, porque con sus artes mágicas les había engañado mucho tiempo. ¹² Pero cuando creyeron a Felipe, que anunciaba el evangelio del reino de Dios y el nombre de Jesucristo, se bautizaban hombres y mujeres. ¹³ También creyó Simón mismo, y habiéndose bautizado, estaba siempre con Felipe; y viendo las señales y grandes milagros que se hacían, estaba atónito.

¹⁴ Cuando los apóstoles que estaban en Jerusalén oyeron que Samaria había recibido la palabra de Dios, enviaron allá a Pedro y a Juan; ¹⁵ los cuales, habiendo venido, oraron por ellos para que recibiesen el Espíritu Santo; ¹⁶ porque aún no había descendido sobre ninguno de ellos, sino que solamente habían sido bautizados en el nombre de Jesús. ¹⁷ Entonces les imponían las manos, y recibían el Espíritu Santo. ¹⁸ Cuando vio Simón que por la imposición de las manos de los apóstoles se daba el Espíritu Santo, les ofreció

ᵃ 8.1-3: Hch. 22.4-5; 26.9-11.

dinero, ¹⁹ diciendo: Dadme también a mí este poder, para que cualquiera a quien yo impusiere las manos reciba el Espíritu Santo. ²⁰ Entonces Pedro le dijo: Tu dinero perezca

Sé receptivo a la dirección de Dios
Lee Hechos 8:4-8, 26-38

Este texto muestra dos formas de evangelización. En el principio del pasaje vemos a Felipe involucrado en «evangelizar multitudes» (versos 4-8). Hacia el final del capítulo, Felipe está tomando parte en una «evangelización de persona a persona» con el etíope (versos 26-38). El texto nos da tres principios que debemos seguir para una evangelización efectiva.

1. Felipe era guiado por el Espíritu de Dios. Este principio (verso 29) puede hacer toda la diferencia al compartir nuestra fe. Esta guía viene a veces en la forma de una «impresión» o una carga, tal como el impulsivo deseo de hablar con alguien acerca de tu fe (lee Hechos 17:16-31. Igual que Felipe, siempre tenemos que estar dispuestos a hacer lo que Dios nos ordene.

2. Felipe obedeció la dirección de Dios. Felipe hizo lo que Dios le dijo que hiciera, y sin demoras (verso 27). Jesús dice: «Mis ovejas oyen mi voz; yo las conozco, y me siguen» (Juan 10:27). De modo, que cuando Dios dijo: «Ve», ¡Felipe fue! De la misma manera siempre debemos estar de servicio, listos a «predicar la Palabra de Dios» (2 Timoteo 4:2).

3. Felipe conocía la Escritura. Él usó la Escritura que el hombre iba leyendo como un punto de partida. Luego usó otros pasajes para hablarle al etíope acerca de Jesús (verso 35). Conocer la Palabra de Dios es esencial para toda persona que quiere guiar a otros a Jesucristo. Los argumentos no tienen el gran impacto que tiene la Palabra de Dios, cuando compartimos nuestra fe con otros.

El mismo Dios que guió a Felipe en su trabajo evangelístico, desea dirigir nuestros pasos. Debes empezar cada día con una oración semejante a la del profeta Isaías: «Heme aquí, envíame a mí» (Isaías 6:8). Recuerda, Dios no mira tanto la habilidad de una persona, sino su disponibilidad. Él no está buscando gente «fuerte» para que sean sus testigos, sino gente de la cual él pueda mostrar su fortaleza.

PRIMEROS PASOS

contigo, porque has pensado que el don de Dios se obtiene con dinero. [21] No tienes tú parte ni suerte en este asunto, porque tu corazón no es recto delante de Dios.[b] [22] Arrepiéntete, pues, de esta tu maldad, y ruega a Dios, si quizá te sea perdonado el pensamiento de tu corazón; [23] porque en hiel de amargura y en prisión de maldad veo que estás. [24] Respondiendo entonces Simón, dijo: Rogad vosotros por mí al Señor, para que nada de esto que habéis dicho venga sobre mí.

[25] Y ellos, habiendo testificado y hablado la palabra de Dios, se volvieron a Jerusalén, y en muchas poblaciones de los samaritanos anunciaron el evangelio.

Felipe y el etíope

[26] Un ángel del Señor habló a Felipe, diciendo: Levántate y ve hacia el sur, por el camino que desciende de Jerusalén a Gaza, el cual es desierto. [27] Entonces él se levantó y fue. Y sucedió que un etíope, eunuco, funcionario de Candace reina de los etíopes, el cual estaba sobre todos sus tesoros, y había venido a Jerusalén para adorar, [28] volvía sentado en su carro, y leyendo al profeta Isaías. [29] Y el Espíritu dijo a Felipe: Acércate y júntate a ese carro. [30] Acudiendo Felipe, le oyó que leía al profeta Isaías, y dijo: Pero ¿entiendes lo que lees? [31] Él dijo: ¿Y cómo podré, si alguno no me enseñare? Y rogó a Felipe que subiese y se sentara con él. [32] El pasaje de la Escritura que leía era este:

Como oveja a la muerte fue llevado;
Y como cordero mudo delante del que
    lo trasquila,
Así no abrió su boca.
[33] En su humillación no se le hizo justicia;
Mas su generación, ¿quién la contará?
Porque fue quitada de la tierra su vida.[c]

[34] Respondiendo el eunuco, dijo a Felipe: Te ruego que me digas: ¿de quién dice el profeta esto; de sí mismo, o de algún otro? [35] Entonces Felipe, abriendo su boca, y comenzando desde esta escritura, le anunció el evangelio de Jesús. [36] Y yendo por el camino, llegaron a cierta agua, y dijo el eunuco: Aquí hay agua; ¿qué impide que yo sea bautizado? [37] Felipe dijo: Si crees de todo corazón, bien puedes. Y respondiendo, dijo: Creo que Jesucristo es el Hijo de Dios. [38] Y mandó parar el carro; y descendieron ambos al agua, Felipe y el eunuco, y

le bautizó. [39] Cuando subieron del agua, el Espíritu del Señor arrebató a Felipe; y el eunuco no le vio más, y siguió gozoso su camino. [40] Pero Felipe se encontró en Azoto; y pasando, anunciaba el evangelio en todas las ciudades, hasta que llegó a Cesarea.

CAPÍTULO 9

Conversión de Saulo

Saulo, respirando aún amenazas y muerte contra los discípulos del Señor, vino al sumo sacerdote, [2] y le pidió cartas para las sinagogas de Damasco, a fin de que si hallase algunos hombres o mujeres de este Camino, los trajese presos a Jerusalén. [3] Mas yendo por el camino, aconteció que al llegar cerca de Damasco, repentinamente le rodeó un resplandor de luz del cielo; [4] y cayendo en tierra, oyó una voz que le decía: Saulo, Saulo, ¿por qué me persigues? [5] Él dijo: ¿Quién eres, Señor? Y le dijo: Yo soy Jesús, a quien tú persigues; dura cosa te es dar coces contra el aguijón. [6] Él, temblando y temeroso, dijo: Señor, ¿qué quieres que yo haga? Y el Señor le dijo: Levántate y entra en la ciudad, y se te dirá lo que debes hacer. [7] Y los hombres que iban con Saulo se pararon atónitos, oyendo a la verdad la voz, mas sin ver a nadie. [8] Entonces Saulo se levantó de tierra, y abriendo los ojos, no veía a nadie; así que, llevándole por la mano, le metieron en Damasco, [9] donde estuvo tres días sin ver, y no comió ni bebió.

[10] Había entonces en Damasco un discípulo llamado Ananías, a quien el Señor dijo en visión: Ananías. Y él respondió: Heme aquí, Señor. [11] Y el Señor le dijo: Levántate, y ve a la calle que se llama Derecha, y busca en casa de Judas a uno llamado Saulo, de Tarso; porque he aquí, él ora, [12] y ha visto en visión a un varón llamado Ananías, que entra y le pone las manos encima para que recobre la vista. [13] Entonces Ananías respondió: Señor, he oído de muchos acerca de este hombre, cuántos males ha hecho a tus santos en Jerusalén; [14] y aun aquí tiene autoridad de los principales sacerdotes para prender a todos los que invocan tu nombre. [15] El Señor le dijo: Ve, porque instrumento escogido me es éste, para llevar mi nombre en presencia de los

[b] 8.21: Sal. 78.37. [c] 8.32-33: Is. 53.7-8.

gentiles, y de reyes, y de los hijos de Israel; [16] porque yo le mostraré cuánto le es necesario padecer por mi nombre. [17] Fue entonces Ananías y entró en la casa, y poniendo sobre él las manos, dijo: Hermano Saulo, el Señor Jesús, que se te apareció en el camino por donde venías, me ha enviado para que recibas la vista y seas lleno del Espíritu Santo. [18] Y al momento le cayeron de los ojos como escamas, y recibió al instante la vista; y levantándose, fue bautizado. [19] Y habiendo tomado alimento, recobró fuerzas. Y estuvo Saulo por algunos días con los discípulos que estaban en Damasco.

Saulo predica en Damasco

[20] En seguida predicaba a Cristo en las sinagogas, diciendo que éste era el Hijo de Dios. [21] Y todos los que le oían estaban atónitos, y decían: ¿No es éste el que asolaba en Jerusalén a los que invocaban este nombre, y a eso vino acá, para llevarlos presos ante los principales sacerdotes? [22] Pero Saulo mucho más se esforzaba, y confundía a los judíos que moraban en Damasco, demostrando que Jesús era el Cristo.

Saulo escapa de los judíos

[23] Pasados muchos días, los judíos resolvieron en consejo matarle; [24] pero sus asechanzas llegaron a conocimiento de Saulo. Y ellos guardaban las puertas de día y de noche para matarle. [25] Entonces los discípulos, tomándole de noche, le bajaron por el muro, descolgándole en una canasta.[a]

Saulo en Jerusalén

[26] Cuando llegó a Jerusalén, trataba de juntarse con los discípulos; pero todos le tenían miedo, no creyendo que fuese discípulo. [27] Entonces Bernabé, tomándole, lo trajo a los apóstoles, y les contó cómo Saulo había visto en el camino al Señor, el cual le había hablado, y cómo en Damasco había hablado valerosamente en el nombre de Jesús. [28] Y estaba con ellos en Jerusalén; y entraba y salía, [29] y hablaba denodadamente en el nombre del Señor, y disputaba con los griegos; pero éstos procuraban matarle. [30] Cuando supieron esto los hermanos, le llevaron hasta Cesarea, y le enviaron a Tarso.

[31] Entonces las iglesias tenían paz por toda Judea, Galilea y Samaria; y eran edificadas, andando en el temor del Señor, y se acrecentaban fortalecidas por el Espíritu Santo.

Curación de Eneas

[32] Aconteció que Pedro, visitando a todos, vino también a los santos que habitaban en Lida. [33] Y halló allí a uno que se llamaba Eneas, que hacía ocho años que estaba en cama, pues era paralítico. [34] Y le dijo Pedro: Eneas, Jesucristo te sana; levántate, y haz tu cama. Y en seguida se levantó. [35] Y le vieron todos los que habitaban en Lida y en Sarón, los cuales se convirtieron al Señor.

Dorcas es resucitada

[36] Había entonces en Jope una discípula llamada Tabita, que traducido quiere decir, Dorcas. Esta abundaba en buenas obras y en limosnas que hacía. [37] Y aconteció que en aquellos días enfermó y murió. Después de lavada, la pusieron en una sala. [38] Y como Lida estaba cerca de Jope, los discípulos, oyendo que Pedro estaba allí, le enviaron dos hombres, a rogarle: No tardes en venir a nosotros. [39] Levantándose entonces Pedro, fue con ellos; y cuando llegó, le llevaron a la sala, donde le rodearon todas las viudas, llorando y mostrando las túnicas y los vestidos que Dorcas hacía cuando estaba con ellas. [40] Entonces, sacando a todos, Pedro se puso de rodillas y oró; y volviéndose al cuerpo, dijo: Tabita, levántate. Y ella abrió los ojos, y al ver a Pedro, se incorporó. [41] Y él, dándole la mano, la levantó; entonces, llamando a los santos y a las viudas, la presentó viva. [42] Esto fue notorio en toda Jope, y muchos creyeron en el Señor. [43] Y aconteció que se quedó muchos días en Jope en casa de un cierto Simón, curtidor.

CAPÍTULO **10**

Pedro y Cornelio

Había en Cesarea un hombre llamado Cornelio, centurión de la compañía llamada la Italiana, [2] piadoso y temeroso de Dios con toda su casa, y que hacía muchas limosnas al pueblo, y oraba a Dios siempre. [3] Este vio claramente en una visión, como a la hora novena del día, que un ángel de Dios entraba donde él estaba, y le decía: Cornelio.

---

[a] 9.23-25: 2 Co. 11.32-33.

⁴ El, mirándole fijamente, y atemorizado, dijo: ¿Qué es, Señor? Y le dijo: Tus oraciones y tus limosnas han subido para memoria delante de Dios. ⁵ Envía, pues, ahora hombres a Jope, y haz venir a Simón, el que tiene por sobrenombre Pedro. ⁶ Este posa en casa de cierto Simón curtidor, que tiene su casa junto al mar; él te dirá lo que es necesario que hagas. ⁷ Ido el ángel que hablaba con Cornelio, éste llamó a dos de sus criados, y a un devoto soldado de los que le asistían; ⁸ a los cuales envió a Jope, después de haberles contado todo.

⁹ Al día siguiente, mientras ellos iban por el camino y se acercaban a la ciudad, Pedro subió a la azotea para orar, cerca de la hora sexta. ¹⁰ Y tuvo gran hambre, y quiso comer; pero mientras le preparaban algo, le sobrevino un éxtasis; ¹¹ y vio el cielo abierto, y que descendía algo semejante a un gran lienzo, que atado de las cuatro puntas era bajado a la tierra; ¹² en el cual había de todos los cuadrúpedos terrestres y reptiles y aves del cielo. ¹³ Y le vino una voz: Levántate, Pedro, mata y come. ¹⁴ Entonces Pedro dijo: Señor, no; porque ninguna cosa común o inmunda he comido jamás. ¹⁵ Volvió la voz a él la segunda vez: Lo que Dios limpió, no lo llames tú común. ¹⁶ Esto se hizo tres veces; y aquel lienzo volvió a ser recogido en el cielo.

¹⁷ Y mientras Pedro estaba perplejo dentro de sí sobre lo que significaría la visión que había visto, he aquí los hombres que habían sido enviados por Cornelio, los cuales, preguntando por la casa de Simón, llegaron a la puerta. ¹⁸ Y llamando, preguntaron si moraba allí un Simón que tenía por sobrenombre Pedro. ¹⁹ Y mientras Pedro pensaba en la visión, le dijo el Espíritu: He aquí, tres hombres te buscan. ²⁰ Levántate, pues, y desciende y no dudes de ir con ellos, porque yo los he enviado. ²¹ Entonces Pedro, descendiendo a donde estaban los hombres que fueron enviados por Cornelio, les dijo: He aquí, yo soy el que buscáis; ¿cuál es la causa por la que habéis venido? ²² Ellos dijeron: Cornelio el centurión, varón justo y temeroso de Dios, y que tiene buen testimonio en toda la nación de los judíos, ha recibido instrucciones de un santo ángel, de hacerte venir a su casa para oír tus palabras. ²³ Entonces, haciéndoles entrar, los hospedó. Y al día siguiente, levantándose, se fue con ellos; y le acompañaron algunos de los hermanos de Jope.

²⁴ Al otro día entraron en Cesarea. Y Cornelio los estaba esperando, habiendo convocado a sus parientes y amigos más íntimos. ²⁵ Cuando Pedro entró, salió Cornelio a recibirle, y postrándose a sus pies, adoró. ²⁶ Mas Pedro le levantó, diciendo: Levántate, pues yo mismo también soy hombre. ²⁷ Y hablando con él, entró, y halló a muchos que se habían reunido. ²⁸ Y les dijo: Vosotros sabéis cuán abominable es para un varón judío juntarse o acercarse a un extranjero; pero a mí me ha mostrado Dios que a ningún hombre llame común o inmundo; ²⁹ por lo cual, al ser llamado, vine sin replicar. Así que pregunto: ¿Por qué causa me habéis hecho venir?

³⁰ Entonces Cornelio dijo: Hace cuatro días que a esta hora yo estaba en ayunas; y a la hora novena, mientras oraba en mi casa, vi que se puso delante de mí un varón con vestido resplandeciente, ³¹ y dijo: Cornelio, tu oración ha sido oída, y tus limosnas han sido recordadas delante de Dios. ³² Envía, pues, a Jope, y haz venir a Simón el que tiene por sobrenombre Pedro, el cual mora en casa de Simón, un curtidor, junto al mar; y cuando llegue, él te hablará. ³³ Así que luego envié por ti; y tú has hecho bien en venir. Ahora, pues, todos nosotros estamos aquí en la presencia de Dios, para oír todo lo que Dios te ha mandado.

³⁴ Entonces Pedro, abriendo la boca, dijo: En verdad comprendo que Dios no hace acepción de personas,ᵃ ³⁵ sino que en toda nación se agrada del que le teme y hace justicia. ³⁶ Dios envió mensaje a los hijos de Israel, anunciando el evangelio de la paz por medio de Jesucristo; éste es Señor de todos. ³⁷ Vosotros sabéis lo que se divulgó por toda Judea, comenzando desde Galilea, después del bautismo que predicó Juan: ³⁸ cómo Dios ungió con el Espíritu Santo y con poder a Jesús de Nazaret, y cómo éste anduvo haciendo bienes y sanando a todos los oprimidos por el diablo, porque Dios estaba con él. ³⁹ Y nosotros somos testigos de todas las cosas que Jesús hizo en la tierra de Judea y en Jerusalén; a quien mataron colgándole en un madero. ⁴⁰ A éste levantó Dios al tercer día, e hizo que se manifestase; ⁴¹ no a todo el pueblo,

---

ᵃ 10.34: Dt. 10.17.

sino a los testigos que Dios había ordenado de antemano, a nosotros que comimos y bebimos con él después que resucitó de los muertos. [42] Y nos mandó que predicásemos al pueblo, y testificásemos que él es el que Dios ha puesto por Juez de vivos y muertos. [43] De éste dan testimonio todos los profetas, que todos los que en él creyeren, recibirán perdón de pecados por su nombre.

[44] Mientras aún hablaba Pedro estas palabras, el Espíritu Santo cayó sobre todos los que oían el discurso. [45] Y los fieles de la circuncisión que habían venido con Pedro se quedaron atónitos de que también sobre los gentiles se derramase el don del Espíritu Santo. [46] Porque los oían que hablaban en lenguas, y que magnificaban a Dios. [47] Entonces respondió Pedro: ¿Puede acaso alguno impedir el agua, para que no sean bautizados estos que han recibido el Espíritu Santo también como nosotros? [48] Y mandó bautizarles en el nombre del Señor Jesús. Entonces le rogaron que se quedase por algunos días.

CAPÍTULO **11**

Informe de Pedro a la iglesia de Jerusalén

Oyeron los apóstoles y los hermanos que estaban en Judea, que también los gentiles habían recibido la palabra de Dios. [2] Y cuando Pedro subió a Jerusalén, disputaban con él los que eran de la circuncisión, [3] diciendo: ¿Por qué has entrado en casa de hombres incircuncisos, y has comido con ellos? [4] Entonces comenzó Pedro a contarles por orden lo sucedido, diciendo: [5] Estaba yo en la ciudad de Jope orando, y vi en éxtasis una visión; algo semejante a un gran lienzo que descendía, que por las cuatro puntas era bajado del cielo y venía hasta mí. [6] Cuando fijé en él los ojos, consideré y vi cuadrúpedos terrestres, y fieras, y reptiles, y aves del cielo. [7] Y oí una voz que me decía: Levántate, Pedro, mata y come. [8] Y dije: Señor, no; porque ninguna cosa común o inmunda entró jamás en mi boca. [9] Entonces la voz me respondió del cielo por segunda vez: Lo que Dios limpió, no lo llames tú común. [10] Y esto se hizo tres veces, y volvió todo a ser llevado arriba al cielo. [11] Y he aquí, luego llegaron tres hombres a la casa donde yo estaba, enviados a mí desde Cesarea. [12] Y el Espíritu me dijo que fuese con ellos sin dudar. Fueron también conmigo estos seis hermanos, y entramos en casa de un varón, [13] quien nos contó cómo había visto en su casa un ángel, que se puso en pie y le dijo: Envía hombres a Jope, y haz venir a Simón, el que tiene por sobrenombre Pedro; [14] él te hablará palabras por las cuales serás salvo tú, y toda tu casa. [15] Y cuando comencé a hablar, cayó el Espíritu Santo sobre ellos también, como sobre nosotros al principio. [16] Entonces me acordé de lo dicho por el Señor, cuando dijo: Juan ciertamente bautizó en agua, mas vosotros seréis bautizados con el Espíritu Santo.[a] [17] Si Dios, pues, les concedió también el mismo don que a nosotros que hemos creído en el Señor Jesucristo, ¿quién era yo que pudiese estorbar a Dios? [18] Entonces, oídas estas cosas, callaron, y glorificaron a Dios, diciendo: ¡De manera que también a los gentiles ha dado Dios arrepentimiento para vida!

La iglesia en Antioquía

[19] Ahora bien, los que habían sido esparcidos a causa de la persecución que hubo con motivo de Esteban,[b] pasaron hasta Fenicia, Chipre y Antioquía, no hablando a nadie la palabra, sino sólo a los judíos. [20] Pero había entre ellos unos varones de Chipre y de Cirene, los cuales, cuando entraron en Antioquía, hablaron también a los griegos, anunciando el evangelio del Señor Jesús. [21] Y la mano del Señor estaba con ellos, y gran número creyó y se convirtió al Señor. [22] Llegó la noticia de estas cosas a oídos de la iglesia que estaba en Jerusalén; y enviaron a Bernabé que fuese hasta Antioquía. [23] Este, cuando llegó, y vio la gracia de Dios, se regocijó, y exhortó a todos a que con propósito de corazón permaneciesen fieles al Señor. [24] Porque era varón bueno, y lleno del Espíritu Santo y de fe. Y una gran multitud fue agregada al Señor. [25] Después fue Bernabé a Tarso para buscar a Saulo; y hallándole, le trajo a Antioquía. [26] Y se congregaron allí todo un año con la iglesia, y enseñaron a mucha gente; y a los discípulos se les llamó cristianos por primera vez en Antioquía.

[27] En aquellos días unos profetas descendieron de Jerusalén a Antioquía. [28] Y levantándose uno de ellos, llamado Agabo,[c] daba a entender por el Espíritu, que vendría una gran hambre en toda la tierra habitada; la cual sucedió en tiempo de Claudio. [29] Entonces los

---

[a] 11.16: Hch. 1.5.   [b] 11.19: Hch. 8.1-4.   [c] 11.28: Hch. 21.10.

discípulos, cada uno conforme a lo que tenía, determinaron enviar socorro a los hermanos que habitaban en Judea; [30] lo cual en efecto hicieron, enviándolo a los ancianos por mano de Bernabé y de Saulo.

CAPÍTULO 12

Jacobo, muerto; Pedro, encarcelado

En aquel mismo tiempo el rey Herodes echó mano a algunos de la iglesia para maltratarles. [2] Y mató a espada a Jacobo, hermano de Juan. [3] Y viendo que esto había agradado a los judíos, procedió a prender también a Pedro. Eran entonces los días de los panes sin levadura. [4] Y habiéndole tomado preso, le puso en la cárcel, entregándole a cuatro grupos de cuatro soldados cada uno, para que le custodiasen; y se proponía sacarle al pueblo después de la pascua.[a] [5] Así que Pedro estaba custodiado en la cárcel; pero la iglesia hacía sin cesar oración a Dios por él.

Pedro es librado de la cárcel

[6] Y cuando Herodes le iba a sacar, aquella misma noche estaba Pedro durmiendo entre dos soldados, sujeto con dos cadenas, y los guardas delante de la puerta custodiaban la cárcel. [7] Y he aquí que se presentó un ángel del Señor, y una luz resplandeció en la cárcel; y tocando a Pedro en el costado, le despertó, diciendo: Levántate pronto. Y las cadenas se le cayeron de las manos. [8] Le dijo el ángel: Cíñete, y átate las sandalias. Y lo hizo así. Y le dijo: Envuélvete en tu manto, y sígueme. [9] Y saliendo, le seguía; pero no sabía que era verdad lo que hacía el ángel, sino que pensaba que veía una visión. [10] Habiendo pasado la primera y la segunda guardia, llegaron a la puerta de hierro que daba a la ciudad, la cual se les abrió por sí misma; y salidos, pasaron una calle, y luego el ángel se apartó de él. [11] Entonces Pedro, volviendo en sí, dijo: Ahora entiendo verdaderamente que el Señor ha enviado su ángel, y me ha librado de la mano de Herodes, y de todo lo que el pueblo de los judíos esperaba.

[12] Y habiendo considerado esto, llegó a casa de María la madre de Juan, el que tenía por sobrenombre Marcos, donde muchos estaban reunidos orando. [13] Cuando llamó Pedro a la puerta del patio, salió a escuchar una muchacha llamada Rode, [14] la cual, cuando reconoció la voz de Pedro, de gozo no abrió la puerta, sino que corriendo adentro, dio la nueva de que Pedro estaba a la puerta. [15] Y ellos le dijeron: Estás loca. Pero ella aseguraba que así era. Entonces ellos decían: ¡Es su ángel! [16] Mas Pedro persistía en llamar; y cuando abrieron y le vieron, se quedaron atónitos. [17] Pero él, haciéndoles con la mano señal de que callasen, les contó cómo el Señor le había sacado de la cárcel. Y dijo: Haced saber esto a Jacobo y a los hermanos. Y salió, y se fue a otro lugar.

[18] Luego que fue de día, hubo no poco alboroto entre los soldados sobre qué había sido de Pedro. [19] Mas Herodes, habiéndole buscado sin hallarle, después de interrogar a los guardas, ordenó llevarlos a la muerte. Después descendió de Judea a Cesarea y se quedó allí.

---

[a] 12.4: Ex. 12.1-27.

PARTIR Y CORRER ▰▰▰▰▰▰▰

Orar con eficacia Lee Hechos 12:1-17

Esta historia ilustra vívidamente cómo Dios actúa en respuesta a las oraciones de su pueblo. Aunque parecía que no había ninguna esperanza para Pedro, el cuerpo de creyentes hizo todo lo que estaba a su alcance para ayudarlo: clamaron a Dios.

¿Por qué fueron tan efectivas las oraciones de esos creyentes? El secreto se halla en el verso 5. Allí vemos tres pasos básicos que esos cristianos siguieron, en respuesta a lo que parecía ser una situación desesperada.

1. Dirigieron sus oraciones a Dios. Es irónico, pero nuestras oraciones a menudo contienen pocos pensamientos acerca de Dios mismo. Llenamos nuestra mente con pensamientos acerca de nuestras necesidades en vez de concentrarnos en el Padre celestial. Jesús nos animó a considerar con respeto a quien estamos orando, cuando nos dio la oración del Padrenuestro (lee Mateo 6:9-13). Esto te permitirá quitar los ojos de tu dilema para ponerlos en Jesús y te ayudará a adaptar tu voluntad a la de él.

Muerte de Herodes

²⁰ Y Herodes estaba enojado contra los de Tiro y de Sidón; pero ellos vinieron de acuerdo ante él, y sobornado Blasto, que era camarero mayor del rey, pedían paz, porque su territorio era abastecido por el del rey. ²¹ Y un día señalado, Herodes, vestido de ropas reales, se sentó en el tribunal y les arengó. ²² Y el pueblo aclamaba gritando: ¡Voz de Dios, y no de hombre! ²³ Al momento un ángel del Señor le hirió, por cuanto no dio la gloria a Dios; y expiró comido de gusanos.

²⁴ Pero la palabra del Señor crecía y se multiplicaba.

²⁵ Y Bernabé y Saulo, cumplido su servicio, volvieron de Jerusalén, llevando también consigo a Juan, el que tenía por sobrenombre Marcos.

CAPÍTULO 13

Bernabé y Saulo comienzan su primer viaje misionero

Había entonces en la iglesia que estaba en Antioquía, profetas y maestros: Bernabé, Simón el que se llamaba Niger, Lucio de Cirene, Manaén el que se había criado junto con Herodes el tetrarca, y Saulo. ² Ministrando éstos al Señor, y ayunando, dijo el Espíritu Santo: Apartadme a Bernabé y a Saulo para la obra a que los he llamado. ³ Entonces, habiendo ayunado y orado, les impusieron las manos y los despidieron.

Los apóstoles predican en Chipre

⁴ Ellos, entonces, enviados por el Espíritu Santo, descendieron a Seleucia, y de allí navegaron a Chipre. ⁵ Y llegados a Salamina, anunciaban la palabra de Dios en las sinagogas de los judíos. Tenían también a Juan de ayudante. ⁶ Y habiendo atravesado toda la isla hasta Pafos, hallaron a cierto mago, falso profeta, judío, llamado Barjesús, ⁷ que estaba con el procónsul Sergio Paulo, varón prudente. Este, llamando a Bernabé y a Saulo, deseaba oír la palabra de Dios. ⁸ Pero les resistía Elimas, el mago (pues así se traduce su nombre), procurando apartar de la fe al procónsul. ⁹ Entonces Saulo, que también es Pablo, lleno del Espíritu Santo, fijando en él los ojos, ¹⁰ dijo: ¡Oh, lleno de todo engaño y de toda maldad, hijo del diablo, enemigo de toda justicia! ¿No cesarás de trastornar los caminos rectos del Señor? ¹¹ Ahora, pues, he aquí la mano del Señor está contra ti, y serás ciego, y no verás el sol por algún tiempo. E inmediatamente cayeron sobre él oscuridad y tinieblas; y andando alrededor, buscaba quien le condujese de la mano. ¹² Entonces el procónsul, viendo lo que había sucedido, creyó, maravillado de la doctrina del Señor.

Pablo y Bernabé en Antioquía de Pisidia

¹³ Habiendo zarpado de Pafos, Pablo y sus compañeros arribaron a Perge de Panfilia; pero Juan, apartándose de ellos, volvió a Jerusalén. ¹⁴ Ellos, pasando de Perge, llegaron a Antioquía de Pisidia; y entraron en la sinagoga un día de reposo* y se sentaron. ¹⁵ Y después de la lectura de la ley y de los profetas, los principales de la sinagoga mandaron a decirles: Varones hermanos, si tenéis alguna palabra de exhortación para el pueblo, hablad. ¹⁶ Entonces Pablo, levantándose, hecha señal de silencio con la mano, dijo:

Varones israelitas, y los que teméis a Dios, oíd: ¹⁷ El Dios de este pueblo de Israel

2. Oraron con fervor. Estos creyentes elevaron constantes y fervientes oraciones por Pedro. Otra traducción de este versículo es: «oraron con agonía». Es la misma frase que se usa para describir la oración de Jesús en el Getsemaní. Sus oraciones tenían intensidad. Muchas de nuestras oraciones carecen de poder porque no ponemos todo el corazón en ellas. Si ponemos poca intensidad en nuestras oraciones, no podemos esperar que Dios ponga mucha intensidad en contestarlas.

3. Oraron como un cuerpo. Hay poder en la oración unida. Jesús dice en Mateo 18:19: «Otra vez os digo, que si dos de vosotros se pusieren de acuerdo en la tierra acerca de cualquiera cosa que pidieren, les será hecho por mi Padre que está en los cielos». Lo que Jesús quería decir es que si dos o más personas que comparten la misma carga dada por Dios, están seguros de la voluntad de Dios y están de acuerdo con el Espíritu Santo y unos con otros cuando oran, verán resultados extraordinarios.

Alguien dijo una vez: «Satanás tiembla cuando ve al más débil de los santos sobre sus rodillas». Si tú estás en mala situación hoy, considera cómo Dios obró a través de las oraciones de aquellos primeros cristianos. No te des por vencido. Si sigues estos principios, verás los resultados a la manera de Dios y en el tiempo de Dios.

escogió a nuestros padres, y enalteció al pueblo, siendo ellos extranjeros en tierra de Egipto,[a] y con brazo levantado los sacó de ella.[b] 18 Y por un tiempo como de cuarenta años los soportó en el desierto;[c] 19 y habiendo destruido siete naciones en la tierra de Canaán,[d] les dio en herencia su territorio.[e] 20 Después, como por cuatrocientos cincuenta años, les dio jueces[f] hasta el profeta Samuel.[g] 21 Luego pidieron rey,[h] y Dios les dio a Saúl hijo de Cis, varón de la tribu de Benjamín,[i] por cuarenta años. 22 Quitado éste,[j] les levantó por rey a David, de quien dio también testimonio diciendo: He hallado a David hijo de Isaí, varón conforme a mi corazón, quien hará todo lo que yo quiero.[k] 23 De la descendencia de éste, y conforme a la promesa, Dios levantó a Jesús por Salvador a Israel. 24 Antes de su venida, predicó Juan el bautismo de arrepentimiento[l] a todo el pueblo de Israel. 25 Mas cuando Juan terminaba su carrera, dijo: ¿Quién pensáis que soy? No soy yo él;[m] mas he aquí viene tras mí uno de quien no soy digno de desatar el calzado de los pies.[n]

26 Varones hermanos, hijos del linaje de Abraham, y los que entre vosotros teméis a Dios, a vosotros es enviada la palabra de esta salvación. 27 Porque los habitantes de Jerusalén y sus gobernantes, no conociendo a Jesús, ni las palabras de los profetas que se leen todos los días de reposo,* las cumplieron al condenarle. 28 Y sin hallar en él causa digna de muerte, pidieron a Pilato que se le matase.[o] 29 Y habiendo cumplido todas las cosas que de él estaban escritas, quitándolo del madero, lo pusieron en el sepulcro.[p] 30 Mas Dios le levantó de los muertos. 31 Y él se apareció durante muchos días a los que habían subido juntamente con él de Galilea a Jerusalén,[q] los cuales ahora son sus testigos ante el pueblo. 32 Y nosotros también os anunciamos el evangelio de aquella promesa hecha a nuestros padres, 33 la cual Dios ha cumplido a los hijos de ellos, a nosotros, resucitando a Jesús; como está escrito también en el salmo segundo: Mi hijo eres tú, yo te he engendrado hoy.[r] 34 Y en cuanto a que le levantó de los muertos para nunca más volver a

corrupción, lo dijo así: Os daré las misericordias fieles de David.[s]

35 Por eso dice también en otro salmo: No permitirás que tu Santo vea corrupción.[t] 36 Porque a la verdad David, habiendo servido a su propia generación según la voluntad de Dios, durmió, y fue reunido con sus padres, y vio corrupción. 37 Mas aquel a quien Dios levantó, no vio corrupción. 38 Sabed, pues, esto, varones hermanos: que por medio de él se os anuncia perdón de pecados, 39 y que de todo aquello de que por la ley de Moisés no pudisteis ser justificados, en él es justificado todo aquel que cree. 40 Mirad, pues, que no venga sobre vosotros lo que está dicho en los profetas:

41 Mirad, oh menospreciadores, y
   asombraos, y desapareced;
Porque yo hago una obra en vuestros
   días,
Obra que no creeréis, si alguien os la
   contare.[u]

42 Cuando salieron ellos de la sinagoga de los judíos, los gentiles les rogaron que el siguiente día de reposo* les hablasen de estas cosas. 43 Y despedida la congregación, muchos de los judíos y de los prosélitos piadosos siguieron a Pablo y a Bernabé, quienes hablándoles, les persuadían a que perseverasen en la gracia de Dios.

44 El siguiente día de reposo* se juntó casi toda la ciudad para oír la palabra de Dios. 45 Pero viendo los judíos la muchedumbre, se llenaron de celos, y rebatían lo que Pablo decía, contradiciendo y blasfemando. 46 Entonces Pablo y Bernabé, hablando con denuedo, dijeron: A vosotros a la verdad era necesario que se os hablase primero la palabra de Dios; mas puesto que la desecháis, y no os juzgáis dignos de la vida eterna, he aquí, nos volvemos a los gentiles. 47 Porque así nos ha mandado el Señor, diciendo:
Te he puesto para luz de los gentiles,
A fin de que seas para salvación hasta
   lo último de la tierra.[v]

48 Los gentiles, oyendo esto, se regocijaban y glorificaban la palabra del Señor, y creyeron todos los que estaban ordenados

---

a 13.17: Ex. 1.7. b 13.17: Ex. 12.51. c 13.18: Nm. 14.34; Dt. 1.31. d 13.19: Dt. 7.1. e 13.19: Jos. 14.1. f 13.20: Jue. 2.16.
g 13.20: 1 S. 3.20. h 13.21: 1 S. 8.5. i 13.21: 1 S. 10.21. j 13.22: 1 S. 13.14. k 13.22: 1 S. 16.12; Sal. 89.20.
l 13.24: Mr. 1.4; Lc. 3.3. m 13.25: Jn. 1.20. n 13.25: Mt. 3.11; Mr. 1.7; Lc. 3.16; Jn. 1.27.
o 13.28: Mt. 27.22-23; Mr. 15.13-14; Lc. 23.21-23; Jn. 19.15. p 13.29: Mt. 27.57-61; Mr. 15.42-47; Lc. 23.50-56; Jn. 19.38-42.
q 13.31: Hch. 1.3. r 13.33: Sal. 2.7. s 13.34: Is. 55.3. t 13.35: Sal. 16.10. u 13.41: Hab. 1.5. v 13.47: Is. 42.6; 49.6.

para vida eterna. [49] Y la palabra del Señor se difundía por toda aquella provincia. [50] Pero los judíos instigaron a mujeres piadosas y distinguidas, y a los principales de la ciudad, y levantaron persecución contra Pablo y Bernabé, y los expulsaron de sus límites. [51] Ellos entonces, sacudiendo contra ellos el polvo de sus pies,[w] llegaron a Iconio. [52] Y los discípulos estaban llenos de gozo y del Espíritu Santo.

CAPÍTULO 14

Pablo y Bernabé en Iconio

Aconteció en Iconio que entraron juntos en la sinagoga de los judíos, y hablaron de tal manera que creyó una gran multitud de judíos, y asimismo de griegos. [2] Mas los judíos que no creían excitaron y corrompieron los ánimos de los gentiles contra los hermanos. [3] Por tanto, se detuvieron allí mucho tiempo, hablando con denuedo, confiados en el Señor, el cual daba testimonio a la palabra de su gracia, concediendo que se hiciesen por las manos de ellos señales y prodigios. [4] Y la gente de la ciudad estaba dividida: unos estaban con los judíos, y otros con los apóstoles. [5] Pero cuando los judíos y los gentiles, juntamente con sus gobernantes, se lanzaron a afrentarlos y apedrearlos, [6] habiéndolo sabido, huyeron a Listra y Derbe, ciudades de Licaonia, y a toda la región circunvecina, [7] y allí predicaban el evangelio.

Pablo es apedreado en Listra

[8] Y cierto hombre de Listra estaba sentado, imposibilitado de los pies, cojo de nacimiento, que jamás había andado. [9] Este oyó hablar a Pablo, el cual, fijando en él sus ojos, y viendo que tenía fe para ser sanado, [10] dijo a gran voz: Levántate derecho sobre tus pies. Y él saltó, y anduvo. [11] Entonces la gente, visto lo que Pablo había hecho, alzó la voz, diciendo en lengua licaónica: Dioses bajo la semejanza de hombres han descendido a nosotros. [12] Y a Bernabé llamaban Júpiter, y a Pablo, Mercurio, porque éste era el que llevaba la palabra. [13] Y el sacerdote de Júpiter, cuyo templo estaba frente a la ciudad, trajo toros y guirnaldas delante de las puertas, y juntamente con la muchedumbre quería ofrecer sacrificios. [14] Cuando lo oyeron los apóstoles Bernabé y Pablo, rasgaron sus ropas, y se lanzaron entre la multitud, dando voces [15] y diciendo: Varones, ¿por qué hacéis esto? Nosotros también somos hombres semejantes a vosotros, que os anunciamos que de estas vanidades os convirtáis al Dios vivo, que hizo el cielo y la tierra, el mar, y todo lo que en ellos hay. [16] En las edades pasadas él ha dejado a todas las gentes andar en sus propios caminos; [17] si bien no se dejó a sí mismo sin testimonio, haciendo bien, dándonos lluvias del cielo y tiempos fructíferos, llenando de sustento y de alegría nuestros corazones. [18] Y diciendo estas cosas, difícilmente lograron impedir que la multitud les ofreciese sacrificio.

[19] Entonces vinieron unos judíos de Antioquía y de Iconio, que persuadieron a la multitud, y habiendo apedreado a Pablo, le arrastraron fuera de la ciudad, pensando que estaba muerto. [20] Pero rodeándole los discípulos, se levantó y entró en la ciudad; y al día siguiente salió con Bernabé para Derbe. [21] Y después de anunciar el evangelio a aquella ciudad y de hacer muchos discípulos, volvieron a Listra, a Iconio y a Antioquía, [22] confirmando los ánimos de los discípulos, exhortándoles a que permaneciesen en la fe, y diciéndoles: Es necesario que a través de muchas tribulaciones entremos en el reino de Dios. [23] Y constituyeron ancianos en cada iglesia, y habiendo orado con ayunos, los encomendaron al Señor en quien habían creído.

El regreso a Antioquía de Siria

[24] Pasando luego por Pisidia, vinieron a Panfilia. [25] Y habiendo predicado la palabra en Perge, descendieron a Atalia. [26] De allí navegaron a Antioquía, desde donde habían sido encomendados a la gracia de Dios para la obra que habían cumplido. [27] Y habiendo llegado, y reunido a la iglesia, refirieron cuán grandes cosas había hecho Dios con ellos, y cómo había abierto la puerta de la fe a los gentiles. [28] Y se quedaron allí mucho tiempo con los discípulos.

CAPÍTULO 15

El concilio en Jerusalén

Entonces algunos que venían de Judea enseñaban a los hermanos: Si no os circuncidáis conforme al rito de Moisés,[a] no podéis

---

w 13.51: Mt. 10.14; Mr. 6.11; Lc. 9.5; 10.11.   a 15.1: Lv. 12.3.

ser salvos. ² Como Pablo y Bernabé tuviesen una discusión y contienda no pequeña con ellos, se dispuso que subiesen Pablo y Bernabé a Jerusalén, y algunos otros de ellos, a los apóstoles y a los ancianos, para tratar esta cuestión. ³ Ellos, pues, habiendo sido encaminados por la iglesia, pasaron por Fenicia y Samaria, contando la conversión de los gentiles; y causaban gran gozo a todos los hermanos. ⁴ Y llegados a Jerusalén, fueron recibidos por la iglesia y los apóstoles y los ancianos, y refirieron todas las cosas que Dios había hecho con ellos. ⁵ Pero algunos de la secta de los fariseos, que habían creído, se levantaron diciendo: Es necesario circuncidarlos, y mandarles que guarden la ley de Moisés.

⁶ Y se reunieron los apóstoles y los ancianos para conocer de este asunto. ⁷ Y después de mucha discusión, Pedro se levantó y les dijo: Varones hermanos, vosotros sabéis cómo ya hace algún tiempo que Dios escogió que los gentiles oyesen por mi boca la palabra del evangelio y creyesen.*ᵇ* ⁸ Y Dios, que conoce los corazones, les dio testimonio, dándoles el Espíritu Santo *ᶜ* lo mismo que a nosotros;*ᵈ* ⁹ y ninguna diferencia hizo entre nosotros y ellos, purificando por la fe sus corazones. ¹⁰ Ahora, pues, ¿por qué tentáis a Dios, poniendo sobre la cerviz de los discípulos un yugo que ni nuestros padres ni nosotros hemos podido llevar? ¹¹ Antes creemos que por la gracia del Señor Jesús seremos salvos, de igual modo que ellos.

¹² Entonces toda la multitud calló, y oyeron a Bernabé y a Pablo, que contaban cuán grandes señales y maravillas había hecho Dios por medio de ellos entre los gentiles. ¹³ Y cuando ellos callaron, Jacobo respondió diciendo:

Varones hermanos, oídme. ¹⁴ Simón ha contado cómo Dios visitó por primera vez a los gentiles, para tomar de ellos pueblo para su nombre. ¹⁵ Y con esto concuerdan las palabras de los profetas, como está escrito:

¹⁶ Después de esto volveré
   Y reedificaré el tabernáculo de David,
      que está caído;
   Y repararé sus ruinas,
   Y lo volveré a levantar,
¹⁷ Para que el resto de los hombres
      busque al Señor,
   Y todos los gentiles, sobre los cuales es
      invocado mi nombre,
¹⁸ Dice el Señor, que hace conocer todo
      esto desde tiempos antiguos.*ᵉ*

¹⁹ Por lo cual yo juzgo que no se inquiete a los gentiles que se convierten a Dios, ²⁰ sino que se les escriba que se aparten de las contaminaciones de los ídolos,*ᶠ* de fornicación,*ᵍ* de ahogado y de sangre.*ʰ* ²¹ Porque Moisés desde tiempos antiguos tiene en cada ciudad quien lo predique en las sinagogas, donde es leído cada día de reposo.*

²² Entonces pareció bien a los apóstoles y a los ancianos, con toda la iglesia, elegir de entre ellos varones y enviarlos a Antioquía con Pablo y Bernabé: a Judas que tenía por sobrenombre Barsabás, y a Silas, varones principales entre los hermanos; ²³ y escribir por conducto de ellos: Los apóstoles y los ancianos y los hermanos, a los hermanos de entre los gentiles que están en Antioquía, en Siria y en Cilicia, salud. ²⁴ Por cuanto hemos oído que algunos que han salido de nosotros, a los cuales no dimos orden, os han inquietado con palabras, perturbando vuestras almas, mandando circuncidaros y guardar la ley, ²⁵ nos ha parecido bien, habiendo llegado a un acuerdo, elegir varones y enviarlos a vosotros con

---

ᵇ 15.7: Hch. 10.1-43. ᶜ 15.8: Hch. 10.44. ᵈ 15.8: Hch. 2.4. ᵉ 15.16-18: Am. 9.11-12. ᶠ 15.20: Ex. 34.15-17.
ᵍ 15.20: Lv. 18.6-23. ʰ 15.20: Lv. 17.10-16.

PARTIR Y CORRER ▰▰▰▰▰▰▰▰

Asegúrate de que tus hijos oigan el mensaje del evangelio
Lee Hechos 16:29-34

En esta maravillosa historia vemos cómo un hombre buscó el bienestar espiritual de toda su familia. Aprovechó la oportunidad para que toda su familia escuchase el mensaje de Cristo a través del testimonio de Pablo y Silas.

Nosotros también debemos aprovechar toda oportunidad que se nos presente para que nuestra familia pueda escuchar el evangelio, principalmente nuestros hijos. Nunca se es demasiado joven o viejo para ser enseñado acerca de las cosas de Dios. Aquí hay cuatro sugerencias para ayudarte a compartir el evangelio con tu familia.

nuestros amados Bernabé y Pablo, ²⁶ hombres que han expuesto su vida por el nombre de nuestro Señor Jesucristo. ²⁷ Así que enviamos a Judas y a Silas, los cuales también de palabra os harán saber lo mismo. ²⁸ Porque ha parecido bien al Espíritu Santo, y a nosotros, no imponeros ninguna carga más que estas cosas necesarias: ²⁹ que os abstengáis de lo sacrificado a ídolos, de sangre, de ahogado y de fornicación; de las cuales cosas si os guardareis, bien haréis. Pasadlo bien.

³⁰ Así, pues, los que fueron enviados descendieron a Antioquía, y reuniendo a la congregación, entregaron la carta; ³¹ habiendo leído la cual, se regocijaron por la consolación. ³² Y Judas y Silas, como ellos también eran profetas, consolaron y confirmaron a los hermanos con abundancia de palabras. ³³ Y pasando algún tiempo allí, fueron despedidos en paz por los hermanos, para volver a aquellos que los habían enviado. ³⁴ Mas a Silas le pareció bien el quedarse allí. ³⁵ Y Pablo y Bernabé continuaron en Antioquía, enseñando la palabra del Señor y anunciando el evangelio con otros muchos.

Pablo se separa de Bernabé, y comienza su segundo viaje misionero

³⁶ Después de algunos días, Pablo dijo a Bernabé: Volvamos a visitar a los hermanos en todas las ciudades en que hemos anunciado la palabra del Señor, para ver cómo están. ³⁷ Y Bernabé quería que llevasen consigo a Juan, el que tenía por sobrenombre Marcos; ³⁸ pero a Pablo no le parecía bien llevar consigo al que se había apartado de ellos desde Panfilia,ⁱ y no había ido con ellos a la obra. ³⁹ Y hubo tal desacuerdo entre ellos, que se separaron el uno del otro; Bernabé, tomando a Marcos, navegó a Chipre, ⁴⁰ y Pablo, escogiendo a Silas, salió

ⁱ 15.38: Hch. 13.13.

encomendado por los hermanos a la gracia del Señor, ⁴¹ y pasó por Siria y Cilicia, confirmando a las iglesias.

CAPÍTULO 16

Timoteo acompaña a Pablo y a Silas

Después llegó a Derbe y a Listra; y he aquí, había allí cierto discípulo llamado Timoteo, hijo de una mujer judía creyente, pero de padre griego; ² y daban buen testimonio de él los hermanos que estaban en Listra y en Iconio. ³ Quiso Pablo que éste fuese con él; y tomándole, le circuncidó por causa de los judíos que había en aquellos lugares; porque todos sabían que su padre era griego. ⁴ Y al pasar por las ciudades, les entregaban las ordenanzas que habían acordado los apóstoles y los ancianos que estaban en Jerusalén, para que las guardasen. ⁵ Así que las iglesias eran confirmadas en la fe, y aumentaban en número cada día.

La visión del varón macedonio

⁶ Y atravesando Frigia y la provincia de Galacia, les fue prohibido por el Espíritu Santo hablar la palabra en Asia; ⁷ y cuando llegaron a Misia, intentaron ir a Bitinia, pero el Espíritu no se lo permitió. ⁸ Y pasando junto a Misia, descendieron a Troas. ⁹ Y se le mostró a Pablo una visión de noche: un varón macedonio estaba en pie, rogándole y diciendo: Pasa a Macedonia y ayúdanos. ¹⁰ Cuando vio la visión, en seguida procuramos partir para Macedonia, dando por cierto que Dios nos llamaba para que les anunciásemos el evangelio.

Encarcelados en Filipos

¹¹ Zarpando, pues, de Troas, vinimos con rumbo directo a Samotracia, y el día siguiente a Neápolis; ¹² y de allí a Filipos, que

---

1. **Aparta un tiempo para devociones familiares.** Estudien la Biblia, oren juntos, y háblales de cómo Dios está actuando en tu vida.

2. **Invita a otros creyentes a tu hogar.** Este carcelero invitó a Pablo y Silas a comer en su casa, y leemos cómo todos en su casa se regocijaron cuando se hicieron creyentes. Este tipo de comunión puede ser un enriquecedor tiempo para tu familia.

3. **Trae a tus hijos a la iglesia contigo.** Probablemente tus hijos aprenderán lecciones que permanecerán con ellos por el resto de sus vidas. Si son chicos todavía, tráelos. Si ya son mayores, anímalos a que se unan contigo.

4. **Ora por tus hijos a diario.** Como padre, tú no puedes «hacer» cristianos a tus hijos, pero puedes orar que sus corazones sean sensibles y estén abiertos al mensaje del evangelio.

Usa la palabra de Dios para evaluar la enseñanza de otra persona Lee Hechos 17:11

En este pasaje vemos que distinguidas personas de la ciudad de Berea escudriñaron las Escrituras para saber si las palabras de Pablo eran ciertas. En los textos originales de la Biblia, escritos en griego, la palabra escudriñar podría ser traducida también como examinar. Lo hicieron porque sabían que podían confiar en la Palabra de Dios y que podían usarla como una regla para evaluar las enseñanzas de otros.

Lo mismo se aplica para nosotros hoy. Todo lo que necesitamos conocer acerca de Dios se encuentra en las páginas de la Escritura. Estudiar la Biblia con dedicación, nos ayuda a determinar cuáles enseñanzas son verdaderas y cuáles son falsas. Si fallamos al estudiar la Biblia, podemos creer ingenuamente en falsas enseñanzas. Pero si estudiamos la Palabra de Dios con constancia, bajo la iluminación del Espíritu Santo, nos capacitamos para distinguir entre la verdad y el error.

Hay un refrán muy bueno y confiable para tenerlo en mente si alguien dice que «tiene una nueva palabra» o «nueva revelación del Señor», pues podemos estar seguros de que no es cierto: ¡Si es cierta no es nueva! ¡Si es nueva no es cierta! Y si no está en la Palabra, no es del Señor.

PIEDRAS ANGULARES

---

es la primera ciudad de la provincia de Macedonia, y una colonia; y estuvimos en aquella ciudad algunos días. [13] Y un día de reposo* salimos fuera de la puerta, junto al río, donde solía hacerse la oración; y sentándonos, hablamos a las mujeres que se habían reunido. [14] Entonces una mujer llamada Lidia, vendedora de púrpura, de la ciudad de Tiatira, que adoraba a Dios, estaba oyendo; y el Señor abrió el corazón de ella para que estuviese atenta a lo que Pablo decía. [15] Y cuando fue bautizada, y su familia, nos rogó diciendo: Si habéis juzgado que yo sea fiel al Señor, entrad en mi casa, y posad. Y nos obligó a quedarnos.

[16] Aconteció que mientras íbamos a la oración, nos salió al encuentro una muchacha que tenía espíritu de adivinación, la cual daba gran ganancia a sus amos, adivinando. [17] Esta, siguiendo a Pablo y a nosotros, daba voces, diciendo: Estos hombres son siervos del Dios Altísimo, quienes os anuncian el camino de salvación. [18] Y esto lo hacía por muchos días; mas desagradando a Pablo, éste se volvió y dijo al espíritu: Te mando en el nombre de Jesucristo, que salgas de ella. Y salió en aquella misma hora.

[19] Pero viendo sus amos que había salido la esperanza de su ganancia, prendieron a Pablo y a Silas, y los trajeron al foro, ante las autoridades; [20] y presentándolos a los magistrados, dijeron: Estos hombres, siendo judíos, alborotan nuestra ciudad, [21] y enseñan costumbres que no nos es lícito recibir ni hacer, pues somos romanos. [22] Y se agolpó el pueblo contra ellos; y los magistrados, rasgándoles las ropas, ordenaron azotarles con varas. [23] Después de haberles azotado mucho, los echaron en la cárcel, mandando al carcelero que los guardase con seguridad. [24] El cual, recibido este mandato, los metió en el calabozo de más adentro, y les aseguró los pies en el cepo.

[25] Pero a medianoche, orando Pablo y Silas, cantaban himnos a Dios; y los presos los oían. [26] Entonces sobrevino de repente un gran terremoto, de tal manera que los cimientos de la cárcel se sacudían; y al instante se abrieron todas las puertas, y las cadenas de todos se soltaron. [27] Despertando el carcelero, y viendo abiertas las puertas de la cárcel, sacó la espada y se iba a matar, pensando que los presos habían huido. [28] Mas Pablo clamó a gran voz, diciendo: No te hagas ningún mal, pues todos estamos aquí. [29] Él entonces, pidiendo luz, se precipitó adentro, y temblando, se postró a los pies de Pablo y de Silas; [30] y sacándolos, les dijo: Señores, ¿qué debo hacer para ser salvo? [31] Ellos dijeron: Cree en el Señor Jesucristo, y serás salvo, tú y tu casa. [32] Y le hablaron la palabra del Señor a él y a todos los que

estaban en su casa. ³³ Y él, tomándolos en aquella misma hora de la noche, les lavó las heridas; y en seguida se bautizó él con todos los suyos. ³⁴ Y llevándolos a su casa, les puso la mesa; y se regocijó con toda su casa de haber creído a Dios.

³⁵ Cuando fue de día, los magistrados enviaron alguaciles a decir: Suelta a aquellos hombres. ³⁶ Y el carcelero hizo saber estas palabras a Pablo: Los magistrados han mandado a decir que se os suelte; así que ahora salid, y marchaos en paz. ³⁷ Pero Pablo les dijo: Después de azotarnos públicamente sin sentencia judicial, siendo ciudadanos romanos, nos echaron en la cárcel, ¿y ahora nos echan encubiertamente? No, por cierto, sino vengan ellos mismos a sacarnos. ³⁸ Y los alguaciles hicieron saber estas palabras a los magistrados, los cuales tuvieron miedo al oír que eran romanos. ³⁹ Y viniendo, les rogaron; y sacándolos, les pidieron que salieran de la ciudad. ⁴⁰ Entonces, saliendo de la cárcel, entraron en casa de Lidia, y habiendo visto a los hermanos, los consolaron, y se fueron.

CAPÍTULO 17

El alboroto en Tesalónica

Pasando por Anfípolis y Apolonia, llegaron a Tesalónica, donde había una sinagoga de los judíos. ² Y Pablo, como acostumbraba, fue a ellos, y por tres días de reposo* discutió con ellos, ³ declarando y exponiendo por medio de las Escrituras, que era necesario que el Cristo padeciese, y resucitase de los muertos; y que Jesús, a quien yo os anuncio, decía él, es el Cristo. ⁴ Y algunos de ellos creyeron, y se juntaron con Pablo y con Silas; y de los griegos piadosos gran número, y mujeres nobles no pocas. ⁵ Entonces los judíos que no creían, teniendo celos, tomaron consigo a algunos ociosos, hombres malos, y juntando una turba, alborotaron la ciudad; y asaltando la casa de Jasón, procuraban sacarlos al pueblo. ⁶ Pero no hallándolos, trajeron a Jasón y a algunos hermanos ante las autoridades de la ciudad, gritando: Estos que trastornan el mundo entero también han venido acá; ⁷ a los cuales Jasón ha recibido; y todos éstos contravienen los decretos de César, diciendo que hay otro rey, Jesús. ⁸ Y alborotaron al pueblo y a las autoridades de la ciudad, oyendo estas cosas. ⁹ Pero obtenida fianza de Jasón y de los demás, los soltaron.

Pablo y Silas en Berea

¹⁰ Inmediatamente, los hermanos enviaron de noche a Pablo y a Silas hasta Berea. Y ellos, habiendo llegado, entraron en la sinagoga de los judíos. ¹¹ Y éstos eran más nobles que los que estaban en Tesalónica, pues recibieron la palabra con toda solicitud, escudriñando cada día las Escrituras para ver si estas cosas eran así. ¹² Así que creyeron muchos de ellos, y mujeres griegas de distinción, y no pocos hombres. ¹³ Cuando los judíos de Tesalónica supieron que también en Berea era anunciada la palabra de Dios por Pablo, fueron allá, y también alborotaron a las multitudes. ¹⁴ Pero inmediatamente los hermanos enviaron a Pablo que fuese hacia el mar; y Silas y Timoteo se quedaron allí. ¹⁵ Y los que se habían encargado de conducir a Pablo le llevaron a Atenas; y habiendo recibido orden para Silas y Timoteo, de que viniesen a él lo más pronto que pudiesen, salieron.

Pablo en Atenas

¹⁶ Mientras Pablo los esperaba en Atenas, su espíritu se enardecía viendo la ciudad entregada a la idolatría. ¹⁷ Así que discutía en la sinagoga con los judíos y piadosos, y en la plaza cada día con los que concurrían. ¹⁸ Y algunos filósofos de los epicúreos y de los estoicos disputaban con él; y unos decían: ¿Qué querrá decir este palabrero? Y otros: Parece que es predicador de nuevos dioses; porque les predicaba el evangelio de Jesús, y de la resurrección. ¹⁹ Y tomándole, le trajeron al Areópago, diciendo: ¿Podremos saber qué es esta nueva enseñanza de que hablas? ²⁰ Pues traes a nuestros oídos cosas extrañas. Queremos, pues, saber qué quiere decir esto. ²¹ (Porque todos los atenienses y los extranjeros residentes allí, en ninguna otra cosa se interesaban sino en decir o en oír algo nuevo.)

²² Entonces Pablo, puesto en pie en medio del Areópago, dijo: Varones atenienses, en todo observo que sois muy religiosos; ²³ porque pasando y mirando vuestros santuarios, hallé también un altar en el cual estaba esta inscripción: AL DIOS NO CONOCIDO. Al que vosotros adoráis, pues, sin conocerle, es a quien yo os anuncio. ²⁴ El Dios que hizo el mundo y todas las cosas que en él hay, siendo Señor del cielo y de la tierra, no habita en templos hechos por manos humanas, ²⁵ ni es honrado

Dios es personal Lee Hechos 17:22-33

L os oyentes de Pablo en este pasaje eran personas de dos creencias diferentes. Estaban aquellos que no creían en una vida después de la muerte, y vivían sólo para el placer. Eran conocidos como los epicúreos. Y estaban aquellos que creían que Dios está en cada objeto material y procuraban estar en paz con el mundo. Eran llamados los estoicos. A estos dos grupos de corrientes filosóficas distintas, Pablo les demostró cómo estaban lejos de percibir la verdadera naturaleza de Dios, con las siguientes verdades acerca de quién es Dios.

Dios es el Todopoderoso Creador
- Dios hizo los cielos y la tierra y toda criatura viviente.
- Dios es demasiado grande para habitar en templos hechos por manos humanas.
- Dios creó a toda la humanidad a partir de un solo hombre.
- Dios es el arquitecto detrás del escenario del mundo.

Dios es el Ser supremo y personal
- Su propósito detrás de la creación es traer a toda la gente a él.
- Él se preocupa de las necesidades de la gente.
- Él no está lejos de ninguno de nosotros.
- Él nos ha facilitado el conocerle personalmente (salvación por medio de Cristo).
- Él puede y así lo hará, juzgar cada pensamiento y motivo en el día del juicio.

La gente que oyó a Pablo respondió de una de estas tres maneras: (1) algunos se burlaron de él; (2) otros lo dejaron para mañana, diciendo que tomarían una decisión después de oírlo hablar otra vez; y (3) algunos le creyeron y aceptaron a Jesús como su Salvador. Hoy en día la gente reacciona al mensaje del evangelio de la misma manera. Sin embargo, si alguien desea conocer al Dios poderoso, el Creador y quien está personalmente interesado en su vida, sólo la última respuesta le servirá.

PIEDRAS ANGULARES

---

por manos de hombres, como si necesitase de algo; pues él es quien da a todos vida y aliento y todas las cosas.ᵃ ²⁶ Y de una sangre ha hecho todo el linaje de los hombres, para que habiten sobre toda la faz de la tierra; y les ha prefijado el orden de los tiempos, y los límites de su habitación; ²⁷ para que busquen a Dios, si en alguna manera, palpando, puedan hallarle, aunque ciertamente no está lejos de cada uno de nosotros. ²⁸ Porque en él vivimos, y nos movemos, y somos; como algunos de vuestros propios poetas también han dicho: Porque linaje suyo somos. ²⁹ Siendo, pues, linaje de Dios, no debemos pensar que la Divinidad sea semejante a oro, o plata, o piedra, escultura de arte y de imaginación de hombres. ³⁰ Pero Dios, habiendo pasado por alto los tiempos de esta ignorancia, ahora manda a todos los hombres en todo lugar, que se arrepientan; ³¹ por cuanto ha establecido un día en el cual juzgará al mundo

con justicia, por aquel varón a quien designó, dando fe a todos con haberle levantado de los muertos.

³² Pero cuando oyeron lo de la resurrección de los muertos, unos se burlaban, y otros decían: Ya te oiremos acerca de esto otra vez. ³³ Y así Pablo salió de en medio de ellos. ³⁴ Mas algunos creyeron, juntándose con él; entre los cuales estaba Dionisio el areopagita, una mujer llamada Dámaris, y otros con ellos.

CAPÍTULO 18
Pablo en Corinto
Después de estas cosas, Pablo salió de Atenas y fue a Corinto. ² Y halló a un judío llamado Aquila, natural del Ponto, recién venido de Italia con Priscila su mujer, por cuanto Claudio había mandado que todos los judíos saliesen de Roma. Fue a ellos, ³ y como era del mismo oficio, se quedó con ellos, y trabajaban juntos, pues el oficio de

ᵃ 17.24-25: Is. 42.5.

ellos era hacer tiendas. [4] Y discutía en la sinagoga todos los días de reposo,* y persuadía a judíos y a griegos.

[5] Y cuando Silas y Timoteo vinieron de Macedonia, Pablo estaba entregado por entero a la predicación de la palabra, testificando a los judíos que Jesús era el Cristo. [6] Pero oponiéndose y blasfemando éstos, les dijo, sacudiéndose los vestidos: Vuestra sangre sea sobre vuestra propia cabeza; yo, limpio; desde ahora me iré a los gentiles. [7] Y saliendo de allí, se fue a la casa de uno llamado Justo, temeroso de Dios, la cual estaba junto a la sinagoga. [8] Y Crispo, el principal de la sinagoga, creyó en el Señor con toda su casa; y muchos de los corintios, oyendo, creían y eran bautizados. [9] Entonces el Señor dijo a Pablo en visión de noche: No temas, sino habla, y no calles; [10] porque yo estoy contigo, y ninguno pondrá sobre ti la mano para hacerte mal, porque yo tengo mucho pueblo en esta ciudad. [11] Y se detuvo allí un año y seis meses, enseñándoles la palabra de Dios.

[12] Pero siendo Galión procónsul de Acaya, los judíos se levantaron de común acuerdo contra Pablo, y le llevaron al tribunal, [13] diciendo: Éste persuade a los hombres a honrar a Dios contra la ley. [14] Y al comenzar Pablo a hablar, Galión dijo a los judíos: Si fuera algún agravio o algún crimen enorme, oh judíos, conforme a derecho yo os toleraría. [15] Pero si son cuestiones de palabras, y de nombres, y de vuestra ley, vedlo vosotros; porque yo no quiero ser juez de estas cosas. [16] Y los echó del tribunal. [17] Entonces todos los griegos, apoderándose de Sóstenes, principal de la sinagoga, le golpeaban delante del tribunal; pero a Galión nada se le daba de ello.

[18] Mas Pablo, habiéndose detenido aún muchos días allí, después se despidió de los hermanos y navegó a Siria, y con él Priscila y Aquila, habiéndose rapado la cabeza en Cencrea, porque tenía hecho voto.[a] [19] Y llegó a Éfeso, y los dejó allí; y entrando en la sinagoga, discutía con los judíos, [20] los cuales le rogaban que se quedase con ellos por más tiempo; mas no accedió, [21] sino que se despidió de ellos, diciendo: Es necesario que en todo caso yo guarde en Jerusalén la fiesta que viene; pero otra vez volveré a vosotros, si Dios quiere. Y zarpó de Éfeso.

Pablo regresa a Antioquía y comienza su tercer viaje misionero

[22] Habiendo arribado a Cesarea, subió para saludar a la iglesia, y luego descendió a Antioquía. [23] Y después de estar allí algún tiempo, salió, recorriendo por orden la región de Galacia y de Frigia, confirmando a todos los discípulos.

Apolos predica en Éfeso

[24] Llegó entonces a Éfeso un judío llamado Apolos, natural de Alejandría, varón elocuente, poderoso en las Escrituras. [25] Este había sido instruido en el camino del Señor; y siendo de espíritu fervoroso, hablaba y enseñaba diligentemente lo concerniente al Señor, aunque solamente conocía el bautismo de Juan. [26] Y comenzó a hablar con denuedo en la sinagoga; pero cuando le oyeron Priscila y Aquila, le tomaron aparte y le expusieron más exactamente el camino de Dios. [27] Y queriendo él pasar a Acaya, los hermanos le animaron, y escribieron a los discípulos que le recibiesen; y llegado él allá, fue de gran provecho a los que por la gracia habían creído; [28] porque con gran vehemencia refutaba públicamente a los judíos, demostrando por las Escrituras que Jesús era el Cristo.

CAPÍTULO 19

Pablo en Éfeso

Aconteció que entre tanto que Apolos estaba en Corinto, Pablo, después de recorrer las regiones superiores, vino a Éfeso, y hallando a ciertos discípulos, [2] les dijo: ¿Recibisteis el Espíritu Santo cuando creísteis? Y ellos le dijeron: Ni siquiera hemos oído si hay Espíritu Santo. [3] Entonces dijo: ¿En qué, pues, fuisteis bautizados? Ellos dijeron: En el bautismo de Juan. [4] Dijo Pablo: Juan bautizó con bautismo de arrepentimiento, diciendo al pueblo que creyesen en aquel que vendría después de él, esto es, en Jesús el Cristo.[a] [5] Cuando oyeron esto, fueron bautizados en el nombre del Señor Jesús. [6] Y habiéndoles impuesto Pablo las manos, vino sobre ellos el Espíritu Santo; y hablaban en lenguas, y profetizaban. [7] Eran por todos unos doce hombres.

[8] Y entrando Pablo en la sinagoga, habló con denuedo por espacio de tres meses, discutiendo y persuadiendo acerca del reino

---

[a] 18.18: Nm. 6.18. · [a] 19.4: Mt. 3.11; Mr. 1.4, 7-8; Lc. 3.4, 16; Jn. 1.26-27.

¿Pueden los demonios dañarte personalmente?

Lee Hechos 19:13-20

Mientras los cristianos tienen la promesa de la protección angélica sobre sus vidas, los no cristianos son blancos propicios para el diablo y sus fuerzas satánicas. Como lo relata este pasaje, los demonios sólo pueden responder a los «genuinos» creyentes o evitarlos. Ellos no responden a una persona que usa el nombre de Jesús sin que conozca quién realmente es Jesús. Ni la religión ni los símbolos tales como el crucifijo mantendrán lejos a los demonios. Ciertamente Satanás odia la obra que Jesús hizo en la cruz, pero llevar una cruz no libra de demonios.

Lo único que nos libra del dominio del diablo y hasta de la posesión de nuestra alma, es la presencia de Jesucristo en nuestra vida. Una vez que confías en él, pasas a estar bajo la protección divina y vienes a ser de su propiedad. Él dice que tú eres su oveja y que nadie puede arrebatarte de sus manos (lee Juan 10:27-29). Pero si no eres cristiano, eres una presa fácil que el diablo puede tomar a su voluntad.

PIEDRAS ANGULARES

---

de Dios. ⁹ Pero endureciéndose algunos y no creyendo, maldiciendo el Camino delante de la multitud, se apartó Pablo de ellos y separó a los discípulos, discutiendo cada día en la escuela de uno llamado Tiranno. ¹⁰ Así continuó por espacio de dos años, de manera que todos los que habitaban en Asia, judíos y griegos, oyeron la palabra del Señor Jesús.

¹¹ Y hacía Dios milagros extraordinarios por mano de Pablo, ¹² de tal manera que aun se llevaban a los enfermos los paños o delantales de su cuerpo, y las enfermedades se iban de ellos, y los espíritus malos salían. ¹³ Pero algunos de los judíos, exorcistas ambulantes, intentaron invocar el nombre del Señor Jesús sobre los que tenían espíritus malos, diciendo: Os conjuro por Jesús, el que predica Pablo. ¹⁴ Había siete hijos de un tal Esceva, judío, jefe de los sacerdotes, que hacían esto. ¹⁵ Pero respondiendo el espíritu malo, dijo: A Jesús conozco, y sé quién es Pablo; pero vosotros, ¿quiénes sois? ¹⁶ Y el hombre en quien estaba el espíritu malo, saltando sobre ellos y dominándolos, pudo más que ellos, de tal manera que huyeron de aquella casa desnudos y heridos. ¹⁷ Y esto fue notorio a todos los que habitaban en Éfeso, así judíos como griegos; y tuvieron temor todos ellos, y era magnificado el nombre del Señor Jesús. ¹⁸ Y muchos de los que habían creído venían, confesando y dando cuenta de sus hechos. ¹⁹ Asimismo muchos de los que habían practicado la magia trajeron los libros y los quemaron delante de todos; y hecha la cuenta de su precio, hallaron que era cincuenta mil piezas de plata. ²⁰ Así crecía y prevalecía poderosamente la palabra del Señor.

²¹ Pasadas estas cosas, Pablo se propuso en espíritu ir a Jerusalén, después de recorrer Macedonia y Acaya, diciendo: Después que haya estado allí, me será necesario ver también a Roma. ²² Y enviando a Macedonia a dos de los que le ayudaban, Timoteo y Erasto, él se quedó por algún tiempo en Asia.

El alboroto en Éfeso

²³ Hubo por aquel tiempo un disturbio no pequeño acerca del Camino. ²⁴ Porque un platero llamado Demetrio, que hacía de plata templecillos de Diana, daba no poca ganancia a los artífices; ²⁵ a los cuales, reunidos con los obreros del mismo oficio, dijo: Varones, sabéis que de este oficio obtenemos nuestra riqueza; ²⁶ pero veis y oís que este Pablo, no solamente en Éfeso, sino en casi toda Asia, ha apartado a muchas gentes con persuasión, diciendo que no son dioses los que se hacen con las manos. ²⁷ Y no solamente hay peligro de que este nuestro negocio venga a desacreditarse, sino también que el templo de la gran diosa Diana sea estimado en nada, y comience a

ser destruida la majestad de aquella a quien venera toda Asia, y el mundo entero.

²⁸ Cuando oyeron estas cosas, se llenaron de ira, y gritaron, diciendo: ¡Grande es Diana de los efesios! ²⁹ Y la ciudad se llenó de confusión, y a una se lanzaron al teatro, arrebatando a Gayo y a Aristarco, macedonios, compañeros de Pablo. ³⁰ Y queriendo Pablo salir al pueblo, los discípulos no le dejaron. ³¹ También algunas de las autoridades de Asia, que eran sus amigos, le enviaron recado, rogándole que no se presentase en el teatro. ³² Unos, pues, gritaban una cosa, y otros otra; porque la concurrencia estaba confusa, y los más no sabían por qué se habían reunido. ³³ Y sacaron de entre la multitud a Alejandro, empujándole los judíos. Entonces Alejandro, pedido silencio con la mano, quería hablar en su defensa ante el pueblo. ³⁴ Pero cuando le conocieron que era judío, todos a una voz gritaron casi por dos horas: ¡Grande es Diana de los efesios! ³⁵ Entonces el escribano, cuando había apaciguado a la multitud, dijo: Varones efesios, ¿y quién es el hombre que no sabe que la ciudad de los efesios es guardiana del templo de la gran diosa Diana, y de la imagen venida de Júpiter? ³⁶ Puesto que esto no puede contradecirse, es necesario que os apacigüéis, y que nada hagáis precipitadamente. ³⁷ Porque habéis traído a estos hombres, sin ser sacrílegos ni blasfemadores de vuestra diosa. ³⁸ Que si Demetrio y los artífices que están con él tienen pleito contra alguno, audiencias se conceden, y procónsules hay; acúsense los unos a los otros. ³⁹ Y si demandáis alguna otra cosa, en legítima asamblea se puede decidir. ⁴⁰ Porque peligro hay de que seamos acusados de sedición por esto de hoy, no habiendo ninguna causa por la cual podamos dar razón de este concurso. ⁴¹ Y habiendo dicho esto, despidió la asamblea.

CAPÍTULO **20**

Viaje de Pablo a Macedonia y Grecia

Después que cesó el alboroto, llamó Pablo a los discípulos, y habiéndolos exhortado y abrazado, se despidió y salió para ir a Macedonia. ² Y después de recorrer aquellas regiones, y de exhortarles con abundancia de palabras, llegó a Grecia. ³ Después de haber estado allí tres meses, y siéndole puestas asechanzas por los judíos para cuando se embarcase para Siria, tomó la decisión de volver por Macedonia. ⁴ Y le acompañaron hasta Asia, Sópater de Berea, Aristarco y Segundo de Tesalónica, Gayo de Derbe, y Timoteo; y de Asia, Tíquico y Trófimo. ⁵ Éstos, habiéndose adelantado, nos esperaron en Troas. ⁶ Y nosotros, pasados los días de los panes sin levadura, navegamos de Filipos, y en cinco días nos reunimos con ellos en Troas, donde nos quedamos siete días.

Visita de despedida de Pablo en Troas

⁷ El primer día de la semana, reunidos los discípulos para partir el pan, Pablo les enseñaba, habiendo de salir al día siguiente; y alargó el discurso hasta la medianoche. ⁸ Y había muchas lámparas en el aposento alto donde estaban reunidos; ⁹ y un joven llamado Eutico, que estaba sentado en la ventana, rendido de un sueño profundo, por cuanto Pablo disertaba largamente, vencido del sueño cayó del tercer piso abajo, y fue levantado muerto. ¹⁰ Entonces descendió Pablo y se echó sobre él, y abrazándole, dijo: No os alarméis, pues está vivo. ¹¹ Después de haber subido, y partido el pan y comido, habló largamente hasta el alba; y así salió. ¹² Y llevaron al joven vivo, y fueron grandemente consolados.

Viaje de Troas a Mileto

¹³ Nosotros, adelantándonos a embarcarnos, navegamos a Asón para recoger allí a Pablo, ya que así lo había determinado, queriendo él ir por tierra. ¹⁴ Cuando se reunió con nosotros en Asón, tomándole a bordo, vinimos a Mitilene. ¹⁵ Navegando de allí, al día siguiente llegamos delante de Quío, y al otro día tomamos puerto en Samos; y habiendo hecho escala en Trogilio, al día siguiente llegamos a Mileto. ¹⁶ Porque Pablo se había propuesto pasar de largo a Éfeso, para no detenerse en Asia, pues se apresuraba por estar el día de Pentecostés, si le fuese posible, en Jerusalén.

Discurso de despedida de Pablo en Mileto

¹⁷ Enviando, pues, desde Mileto a Éfeso, hizo llamar a los ancianos de la iglesia. ¹⁸ Cuando vinieron a él, les dijo:

Vosotros sabéis cómo me he comportado entre vosotros todo el tiempo, desde el primer día que entré en Asia, ¹⁹ sirviendo al Señor con toda humildad, y con muchas lágrimas, y pruebas que me han venido por las asechanzas de los judíos; ²⁰ y cómo nada que fuese útil he rehuido de anunciaros y enseñaros, públicamente y por las casas, ²¹ testificando a judíos y a gentiles acerca del arrepentimiento para con Dios, y de la fe en nuestro Señor Jesucristo. ²² Ahora, he aquí, ligado yo en espíritu, voy a Jerusalén, sin saber lo que allá me ha de acontecer; ²³ salvo que el Espíritu Santo por todas las ciudades me da testimonio, diciendo que me esperan prisiones y tribulaciones. ²⁴ Pero de ninguna cosa hago caso, ni estimo preciosa mi vida para mí mismo, con tal que acabe mi carrera ᵃ con gozo, y el ministerio que recibí del Señor Jesús, para dar testimonio del evangelio de la gracia de Dios. ²⁵ Y ahora, he aquí, yo sé que ninguno de todos vosotros, entre quienes he pasado predicando el reino de Dios, verá más mi rostro. ²⁶ Por tanto, yo os protesto en el día de hoy, que estoy limpio de la sangre de todos; ²⁷ porque no he rehuido anunciaros todo el consejo de Dios. ²⁸ Por tanto, mirad por vosotros, y por todo el rebaño en que el Espíritu Santo os ha puesto por obispos, para apacentar la iglesia del Señor, la cual él ganó por su propia sangre. ²⁹ Porque yo sé que después de mi partida entrarán en medio de vosotros lobos rapaces, que no perdonarán al rebaño. ³⁰ Y de vosotros mismos se levantarán hombres que hablen cosas perversas para arrastrar tras sí a los discípulos. ³¹ Por tanto, velad, acordándoos que por tres años, de noche y de día, no he cesado de amonestar con lágrimas a cada uno. ³² Y ahora, hermanos, os encomiendo a Dios, y a la palabra de su gracia, que tiene poder para sobreedificaros y daros herencia con todos los santificados. ³³ Ni plata ni oro ni vestido de nadie he codiciado. ³⁴ Antes vosotros sabéis que para lo que me ha sido necesario a mí y a los que están conmigo, estas manos me han servido. ³⁵ En todo os he enseñado que, trabajando así, se debe ayudar a los necesitados, y recordar las palabras del Señor Jesús, que dijo: Más bienaventurado es dar que recibir. ³⁶ Cuando hubo dicho estas cosas, se puso de rodillas, y oró con todos ellos. ³⁷ Entonces hubo gran llanto de todos; y echándose al cuello de Pablo, le besaban,

³⁸ doliéndose en gran manera por la palabra que dijo, de que no verían más su rostro. Y le acompañaron al barco.

CAPÍTULO 21

Viaje de Pablo a Jerusalén

Después de separarnos de ellos, zarpamos y fuimos con rumbo directo a Cos, y al día siguiente a Rodas, y de allí a Pátara. ² Y hallando un barco que pasaba a Fenicia, nos embarcamos, y zarpamos. ³ Al avistar Chipre, dejándola a mano izquierda, navegamos a Siria, y arribamos a Tiro, porque el barco había de descargar allí. ⁴ Y hallados los discípulos, nos quedamos allí siete días; y ellos decían a Pablo por el Espíritu, que no subiese a Jerusalén. ⁵ Cumplidos aquellos días, salimos, acompañándonos todos, con sus mujeres e hijos, hasta fuera de la ciudad; y puestos de rodillas en la playa, oramos. ⁶ Y abrazándonos los unos a los otros, subimos al barco y ellos se volvieron a sus casas.

⁷ Y nosotros completamos la navegación, saliendo de Tiro y arribando a Tolemaida; y habiendo saludado a los hermanos, nos quedamos con ellos un día. ⁸ Al otro día, saliendo Pablo y los que con él estábamos, fuimos a Cesarea; y entrando en casa de Felipe ᵃ el evangelista, que era uno de los siete, posamos con él. ⁹ Este tenía cuatro hijas doncellas que profetizaban. ¹⁰ Y permaneciendo nosotros allí algunos días, descendió de Judea un profeta llamado Agabo,ᵇ ¹¹ quien viniendo a vernos, tomó el cinto de Pablo, y atándose los pies y las manos, dijo: Esto dice el Espíritu Santo: Así atarán los judíos en Jerusalén al varón de quien es este cinto, y le entregarán en manos de los gentiles. ¹² Al oír esto, le rogamos nosotros y los de aquel lugar, que no subiese a Jerusalén. ¹³ Entonces Pablo respondió: ¿Qué hacéis llorando y quebrantándome el corazón? Porque yo estoy dispuesto no sólo a ser atado, mas aun a morir en Jerusalén por el nombre del Señor Jesús. ¹⁴ Y como no le pudimos persuadir, desistimos, diciendo: Hágase la voluntad del Señor.

¹⁵ Después de esos días, hechos ya los preparativos, subimos a Jerusalén. ¹⁶ Y vinieron también con nosotros de Cesarea algunos de los discípulos, trayendo consigo a

---

ᵃ 20.24: 2 Ti. 4.7.   ᵃ 21.8: Hch. 6.5; 8.5.   ᵇ 21.10: Hch. 11.28.

uno llamado Mnasón, de Chipre, discípulo antiguo, con quien nos hospedaríamos.

Arresto de Pablo en el templo

[17] Cuando llegamos a Jerusalén, los hermanos nos recibieron con gozo. [18] Y al día siguiente Pablo entró con nosotros a ver a Jacobo, y se hallaban reunidos todos los ancianos; [19] a los cuales, después de haberles saludado, les contó una por una las cosas que Dios había hecho entre los gentiles por su ministerio. [20] Cuando ellos lo oyeron, glorificaron a Dios, y le dijeron: Ya ves, hermano, cuántos millares de judíos hay que han creído; y todos son celosos por la ley. [21] Pero se les ha informado en cuanto a ti, que enseñas a todos los judíos que están entre los gentiles a apostatar de Moisés, diciéndoles que no circunciden a sus hijos, ni observen las costumbres. [22] ¿Qué hay, pues? La multitud se reunirá de cierto, porque oirán que has venido. [23] Haz, pues, esto que te decimos: Hay entre nosotros cuatro hombres que tienen obligación de cumplir voto. [24] Tómalos contigo, purifícate con ellos, y paga sus gastos para que se rasuren la cabeza;[c] y todos comprenderán que no hay nada de lo que se les informó acerca de ti, sino que tú también andas ordenadamente, guardando la ley. [25] Pero en cuanto a los gentiles que han creído, nosotros les hemos escrito determinando que no guarden nada de esto; solamente que se abstengan de lo sacrificado a los ídolos, de sangre, de ahogado y de fornicación.[d] [26] Entonces Pablo tomó consigo a aquellos hombres, y al día siguiente, habiéndose purificado con ellos, entró en el templo, para anunciar el cumplimiento de los días de la purificación, cuando había de presentarse la ofrenda por cada uno de ellos.

[27] Pero cuando estaban para cumplirse los siete días, unos judíos de Asia, al verle en el templo, alborotaron a toda la multitud y le echaron mano, [28] dando voces: ¡Varones israelitas, ayudad! Este es el hombre que por todas partes enseña a todos contra el pueblo, la ley y este lugar; y además de esto, ha metido a griegos en el templo, y ha profanado este santo lugar. [29] Porque antes habían visto con él en la ciudad a Trófimo,[e] de Éfeso, a quien pensaban que Pablo había metido en el templo. [30] Así que toda la ciudad se conmovió, y se agolpó el pueblo; y apoderándose de Pablo, le arrastraron fuera del templo, e inmediatamente cerraron las puertas. [31] Y procurando ellos matarle, se le avisó al tribuno de la compañía, que toda la ciudad de Jerusalén estaba alborotada. [32] Este, tomando luego soldados y centuriones, corrió a ellos. Y cuando ellos vieron al tribuno y a los soldados, dejaron de golpear a Pablo. [33] Entonces, llegando el tribuno, le prendió y le mandó atar con dos cadenas, y preguntó quién era y qué había hecho. [34] Pero entre la multitud, unos gritaban una cosa, y otros otra; y como no podía entender nada de cierto a causa del alboroto, le mandó llevar a la fortaleza. [35] Al llegar a las gradas, aconteció que era llevado en peso por los soldados a causa de la violencia de la multitud; [36] porque la muchedumbre del pueblo venía detrás, gritando: ¡Muera!

Defensa de Pablo ante el pueblo

[37] Cuando comenzaron a meter a Pablo en la fortaleza, dijo al tribuno: ¿Se me permite decirte algo? Y él dijo: ¿Sabes griego? [38] ¿No eres tú aquel egipcio que levantó una sedición antes de estos días, y sacó al desierto los cuatro mil sicarios? [39] Entonces dijo Pablo: Yo de cierto soy hombre judío de Tarso, ciudadano de una ciudad no insignificante de Cilicia; pero te ruego que me permitas hablar al pueblo. [40] Y cuando él se lo permitió, Pablo, estando en pie en las gradas, hizo señal con la mano al pueblo. Y hecho gran silencio, habló en lengua hebrea, diciendo:

CAPÍTULO 22

Varones hermanos y padres, oíd ahora mi defensa ante vosotros.

[2] Y al oír que les hablaba en lengua hebrea, guardaron más silencio. Y él les dijo:

[3] Yo de cierto soy judío, nacido en Tarso de Cilicia, pero criado en esta ciudad, instruido a los pies de Gamaliel,[a] estrictamente conforme a la ley de nuestros padres, celoso de Dios, como hoy lo sois todos vosotros. [4] Perseguía yo este Camino hasta la muerte, prendiendo y entregando en cárceles a hombres y mujeres; [5] como el sumo sacerdote también me es testigo, y todos los ancianos, de quienes también recibí cartas para los hermanos, y fui a Damasco para

---

c 21.23-24: Nm. 6.13-20. ᵈ 21.25: Hch. 15.29. ᵉ 21.29: Hch. 20.4. ᵃ 22.3: Hch. 5.34-39.

traer presos a Jerusalén también a los que estuviesen allí, para que fuesen castigados.[b]

Pablo relata su conversión

[6] Pero aconteció que yendo yo, al llegar cerca de Damasco, como a mediodía, de repente me rodeó mucha luz del cielo; [7] y caí al suelo, y oí una voz que me decía: Saulo, Saulo, ¿por qué me persigues? [8] Yo entonces respondí: ¿Quién eres, Señor? Y me dijo: Yo soy Jesús de Nazaret, a quien tú persigues. [9] Y los que estaban conmigo vieron a la verdad la luz, y se espantaron; pero no entendieron la voz del que hablaba conmigo. [10] Y dije: ¿Qué haré, Señor? Y el Señor me dijo: Levántate, y ve a Damasco, y allí se te dirá todo lo que está ordenado que hagas. [11] Y como yo no veía a causa de la gloria de la luz, llevado de la mano por los que estaban conmigo, llegué a Damasco.

[12] Entonces uno llamado Ananías, varón piadoso según la ley, que tenía buen testimonio de todos los judíos que allí moraban, [13] vino a mí, y acercándose, me dijo: Hermano Saulo, recibe la vista. Y yo en aquella misma hora recobré la vista y lo miré. [14] Y él dijo: El Dios de nuestros padres te ha escogido para que conozcas su voluntad, y veas al Justo, y oigas la voz de su boca. [15] Porque serás testigo suyo a todos los hombres, de lo que has visto y oído. [16] Ahora, pues, ¿por qué te detienes? Levántate y bautízate, y lava tus pecados, invocando su nombre.

Pablo es enviado a los gentiles

[17] Y me aconteció, vuelto a Jerusalén, que orando en el templo me sobrevino un éxtasis. [18] Y le vi que me decía: Date prisa, y sal prontamente de Jerusalén; porque no recibirán tu testimonio acerca de mí. [19] Yo dije: Señor, ellos saben que yo encarcelaba y azotaba en todas las sinagogas a los que creían en ti; [20] y cuando se derramaba la sangre de Esteban tu testigo, yo mismo también estaba presente, y consentía en su muerte, y guardaba las ropas de los que le mataban.[c] [21] Pero me dijo: Ve, porque yo te enviaré lejos a los gentiles.

Pablo en manos del tribuno

[22] Y le oyeron hasta esta palabra; entonces alzaron la voz, diciendo: Quita de la tierra a tal hombre, porque no conviene que viva. [23] Y como ellos gritaban y arrojaban sus ropas y lanzaban polvo al aire, [24] mandó el tribuno que le metiesen en la fortaleza, y ordenó que fuese examinado con azotes, para saber por qué causa clamaban así contra él. [25] Pero cuando le ataron con correas, Pablo dijo al centurión que estaba presente: ¿Os es lícito azotar a un ciudadano romano sin haber sido condenado? [26] Cuando el centurión oyó esto, fue y dio aviso al tribuno, diciendo: ¿Qué vas a hacer? Porque este hombre es ciudadano romano. [27] Vino el tribuno y le dijo: Dime, ¿eres tú ciudadano romano? Él dijo: Sí. [28] Respondió el tribuno: Yo con una gran suma adquirí esta ciudadanía. Entonces Pablo dijo: Pero yo lo soy de nacimiento. [29] Así que, luego se apartaron de él los que le iban a dar tormento; y aun el tribuno, al saber que era ciudadano romano, también tuvo temor por haberle atado.

Pablo ante el concilio

[30] Al día siguiente, queriendo saber de cierto la causa por la cual le acusaban los judíos, le soltó de las cadenas, y mandó venir a los principales sacerdotes y a todo el concilio, y sacando a Pablo, le presentó ante ellos.

CAPÍTULO 23

Entonces Pablo, mirando fijamente al concilio, dijo: Varones hermanos, yo con toda buena conciencia he vivido delante de Dios hasta el día de hoy. [2] El sumo sacerdote Ananías ordenó entonces a los que estaban junto a él, que le golpeasen en la boca. [3] Entonces Pablo le dijo: ¡Dios te golpeará a ti, pared blanqueada![a] ¿Estás tú sentado para juzgarme conforme a la ley, y quebrantando la ley me mandas golpear? [4] Los que estaban presentes dijeron: ¿Al sumo sacerdote de Dios injurias? [5] Pablo dijo: No sabía, hermanos, que era el sumo sacerdote; pues escrito está: No maldecirás a un príncipe de tu pueblo.[b]

[6] Entonces Pablo, notando que una parte era de saduceos y otra de fariseos, alzó la voz en el concilio: Varones hermanos, yo soy fariseo,[c] hijo de fariseo; acerca de la esperanza y de la resurrección de los muertos se me juzga. [7] Cuando dijo esto, se produjo

---

[b] 22.4-5: Hch. 8.3; 26.9-11.   [c] 22.20: Hch. 7.58.   [a] 23.3: Mt. 23.27-28; Lc. 11.44.   [b] 23.5: Ex. 22.28.   [c] 23.6: Hch. 26.5; Fil. 3.5.

disensión entre los fariseos y los saduceos, y la asamblea se dividió. 8 Porque los saduceos dicen que no hay resurrección,*d* ni ángel, ni espíritu; pero los fariseos afirman estas cosas. 9 Y hubo un gran vocerío; y levantándose los escribas de la parte de los fariseos, contendían, diciendo: Ningún mal hallamos en este hombre; que si un espíritu le ha hablado, o un ángel, no resistamos a Dios. 10 Y habiendo grande disensión, el tribuno, teniendo temor de que Pablo fuese despedazado por ellos, mandó que bajasen soldados y le arrebatasen de en medio de ellos, y le llevasen a la fortaleza.

11 A la noche siguiente se le presentó el Señor y le dijo: Ten ánimo, Pablo, pues como has testificado de mí en Jerusalén, así es necesario que testifiques también en Roma.

Complot contra Pablo
12 Venido el día, algunos de los judíos tramaron un complot y se juramentaron bajo maldición, diciendo que no comerían ni beberían hasta que hubiesen dado muerte a Pablo. 13 Eran más de cuarenta los que habían hecho esta conjuración, 14 los cuales fueron a los principales sacerdotes y a los ancianos y dijeron: Nosotros nos hemos juramentado bajo maldición, a no gustar nada hasta que hayamos dado muerte a Pablo. 15 Ahora pues, vosotros, con el concilio, requerid al tribuno que le traiga mañana ante vosotros, como que queréis indagar alguna cosa más cierta acerca de él; y nosotros estaremos listos para matarle antes que llegue.

16 Mas el hijo de la hermana de Pablo, oyendo hablar de la celada, fue y entró en la fortaleza, y dio aviso a Pablo. 17 Pablo, llamando a uno de los centuriones, dijo: Lleva a este joven ante el tribuno, porque tiene cierto aviso que darle. 18 Él entonces tomándole, le llevó al tribuno, y dijo: El preso Pablo me llamó y me rogó que trajese ante ti a este joven, que tiene algo que hablarte. 19 El tribuno, tomándole de la mano y retirándose aparte, le preguntó: ¿Qué es lo que tienes que decirme? 20 Él le dijo: Los judíos han convenido en rogarte que mañana lleves a Pablo ante el concilio, como que van a inquirir alguna cosa más cierta acerca de él. 21 Pero tú no les creas; porque más de cuarenta hombres de ellos le acechan, los cuales se han juramentado bajo maldición, a no comer ni beber hasta que le hayan dado muerte; y ahora están listos esperando tu promesa. 22 Entonces el tribuno despidió al joven, mandándole que a nadie dijese que le había dado aviso de esto.

Pablo es enviado a Félix el gobernador
23 Y llamando a dos centuriones, mandó que preparasen para la hora tercera de la noche doscientos soldados, setenta jinetes y doscientos lanceros, para que fuesen hasta Cesarea; 24 y que preparasen cabalgaduras en que poniendo a Pablo, le llevasen en salvo a Félix el gobernador. 25 Y escribió una carta en estos términos:

26 Claudio Lisias al excelentísimo gobernador Félix: Salud. 27 A este hombre, aprehendido por los judíos, y que iban ellos a matar, lo libré yo acudiendo con la tropa, habiendo sabido que era ciudadano romano. 28 Y queriendo saber la causa por qué le acusaban, le llevé al concilio de ellos; 29 y hallé que le acusaban por cuestiones de la ley de ellos, pero que ningún delito tenía digno de muerte o de prisión. 30 Pero al ser avisado de asechanzas que los judíos habían tendido contra este hombre, al punto le he enviado a ti, intimando también a los acusadores que traten delante de ti lo que tengan contra él. Pásalo bien.

31 Y los soldados, tomando a Pablo como se les ordenó, le llevaron de noche a Antípatris. 32 Y al día siguiente, dejando a los jinetes que fuesen con él, volvieron a la fortaleza. 33 Cuando aquéllos llegaron a Cesarea, y dieron la carta al gobernador, presentaron también a Pablo delante de él. 34 Y el gobernador, leída la carta, preguntó de qué provincia era; y habiendo entendido que era de Cilicia, 35 le dijo: Te oiré cuando vengan tus acusadores. Y mandó que le custodiasen en el pretorio de Herodes.

CAPÍTULO **24**
Defensa de Pablo ante Félix
Cinco días después, descendió el sumo sacerdote Ananías con algunos de los ancianos y un cierto orador llamado Tértulo, y comparecieron ante el gobernador contra Pablo. 2 Y cuando éste fue llamado, Tértulo comenzó a acusarle, diciendo:

d 23.8: Mt. 22.23; Mr. 12.18; Lc. 20.27.

Como debido a ti gozamos de gran paz, y muchas cosas son bien gobernadas en el pueblo por tu prudencia, [3] oh excelentísimo Félix, lo recibimos en todo tiempo y en todo lugar con toda gratitud. [4] Pero por no molestarte más largamente, te ruego que nos oigas brevemente conforme a tu equidad. [5] Porque hemos hallado que este hombre es una plaga, y promotor de sediciones entre todos los judíos por todo el mundo, y cabecilla de la secta de los nazarenos. [6] Intentó también profanar el templo; y prendiéndole, quisimos juzgarle conforme a nuestra ley. [7] Pero interviniendo el tribuno Lisias, con gran violencia le quitó de nuestras manos, [8] mandando a sus acusadores que viniesen a ti. Tú mismo, pues, al juzgarle, podrás informarte de todas estas cosas de que le acusamos.

[9] Los judíos también confirmaban, diciendo ser así todo.

[10] Habiéndole hecho señal el gobernador a Pablo para que hablase, éste respondió:

Porque sé que desde hace muchos años eres juez de esta nación, con buen ánimo haré mi defensa. [11] Como tú puedes cerciorarte, no hace más de doce días que subí a adorar a Jerusalén; [12] y no me hallaron disputando con ninguno, ni amotinando a la multitud; ni en el templo, ni en las sinagogas ni en la ciudad; [13] ni te pueden probar las cosas de que ahora me acusan. [14] Pero esto te confieso, que según el Camino que ellos llaman herejía, así sirvo al Dios de mis padres, creyendo todas las cosas que en la ley y en los profetas están escritas; [15] teniendo esperanza en Dios, la cual ellos también abrigan, de que ha de haber resurrección de los muertos, así de justos como de injustos. [16] Y por esto procuro tener siempre una conciencia sin ofensa ante Dios y ante los hombres. [17] Pero pasados algunos años, vine a hacer limosnas a mi nación y presentar ofrendas. [18] Estaba en ello, cuando unos judíos de Asia me hallaron purificado en el templo, no con multitud ni con alboroto.[a] [19] Ellos debieran comparecer ante ti y acusarme, si contra mí tienen algo. [20] O digan éstos mismos si hallaron en mí alguna cosa mal hecha, cuando comparecí ante el concilio, [21] a no ser que estando entre ellos prorrumpí en alta voz: Acerca de la resurrección de los muertos soy juzgado hoy por vosotros.[b]

[22] Entonces Félix, oídas estas cosas, estando bien informado de este Camino, les aplazó, diciendo: Cuando descendiere el tribuno Lisias, acabaré de conocer de vuestro asunto. [23] Y mandó al centurión que se custodiase a Pablo, pero que se le concediese alguna libertad, y que no impidiese a ninguno de los suyos servirle o venir a él.

[24] Algunos días después, viniendo Félix con Drusila su mujer, que era judía, llamó a Pablo, y le oyó acerca de la fe en Jesucristo. [25] Pero al disertar Pablo acerca de la justicia, del dominio propio y del juicio venidero, Félix se espantó, y dijo: Ahora vete; pero cuando tenga oportunidad te llamaré. [26] Esperaba también con esto, que Pablo le diera dinero para que le soltase; por lo cual muchas veces lo hacía venir y hablaba con él. [27] Pero al cabo de dos años recibió Félix por sucesor a Porcio Festo; y queriendo Félix congraciarse con los judíos, dejó preso a Pablo.

CAPÍTULO 25

Pablo apela a César

Llegado, pues, Festo a la provincia, subió de Cesarea a Jerusalén tres días después. [2] Y los principales sacerdotes y los más influyentes de los judíos se presentaron ante él contra Pablo, y le rogaron, [3] pidiendo contra él, como gracia, que le hiciese traer a Jerusalén; preparando ellos una celada para matarle en el camino. [4] Pero Festo respondió que Pablo estaba custodiado en Cesarea, adonde él mismo partiría en breve. [5] Los que de vosotros puedan, dijo, desciendan conmigo, y si hay algún crimen en este hombre, acúsenle.

[6] Y deteniéndose entre ellos no más de ocho o diez días, venido a Cesarea, al siguiente día se sentó en el tribunal, y mandó que fuese traído Pablo. [7] Cuando éste llegó, lo rodearon los judíos que habían venido de Jerusalén, presentando contra él muchas y graves acusaciones, las cuales no podían probar; [8] alegando Pablo en su defensa: Ni contra la ley de los judíos, ni contra el templo, ni contra César he pecado en nada. [9] Pero Festo, queriendo congraciarse con los judíos, respondiendo a Pablo dijo:

---

a 24.17-18: Hch. 21.17-28.   b 24.21: Hch. 23.6.

¿Quieres subir a Jerusalén, y allá ser juzgado de estas cosas delante de mí? ¹⁰ Pablo dijo: Ante el tribunal de César estoy, donde debo ser juzgado. A los judíos no les he hecho ningún agravio, como tú sabes muy bien. ¹¹ Porque si algún agravio, o cosa alguna digna de muerte he hecho, no rehúso morir; pero si nada hay de las cosas de que éstos me acusan, nadie puede entregarme a ellos. A César apelo. ¹² Entonces Festo, habiendo hablado con el consejo, respondió: A César has apelado; a César irás.

Pablo ante Agripa y Berenice

¹³ Pasados algunos días, el rey Agripa y Berenice vinieron a Cesarea para saludar a Festo. ¹⁴ Y como estuvieron allí muchos días, Festo expuso al rey la causa de Pablo, diciendo: Un hombre ha sido dejado preso por Félix, ¹⁵ respecto al cual, cuando fui a Jerusalén, se me presentaron los principales sacerdotes y los ancianos de los judíos, pidiendo condenación contra él. ¹⁶ A éstos respondí que no es costumbre de los romanos entregar alguno a la muerte antes que el acusado tenga delante a sus acusadores, y pueda defenderse de la acusación. ¹⁷ Así que, habiendo venido ellos juntos acá, sin ninguna dilación, al día siguiente, sentado en el tribunal, mandé traer al hombre. ¹⁸ Y estando presentes los acusadores, ningún cargo presentaron de los que yo sospechaba, ¹⁹ sino que tenían contra él ciertas cuestiones acerca de su religión, y de un cierto Jesús, ya muerto, el que Pablo afirmaba estar vivo. ²⁰ Yo, dudando en cuestión semejante, le pregunté si quería ir a Jerusalén y allá ser juzgado de estas cosas. ²¹ Mas como Pablo apeló para que se le reservase para el conocimiento de Augusto, mandé que le custodiasen hasta que le enviara yo a César. ²² Entonces Agripa dijo a Festo: Yo también quisiera oír a ese hombre. Y él le dijo: Mañana le oirás.

²³ Al otro día, viniendo Agripa y Berenice con mucha pompa, y entrando en la audiencia con los tribunos y principales hombres de la ciudad, por mandato de Festo fue traído Pablo. ²⁴ Entonces Festo dijo: Rey Agripa, y todos los varones que estáis aquí juntos con nosotros, aquí tenéis a este hombre, respecto del cual toda la multitud de los judíos me ha demandado en Jerusalén y aquí, dando voces que no debe vivir más. ²⁵ Pero yo, hallando que ninguna cosa digna de muerte ha hecho, y como él mismo apeló a Augusto, he determinado enviarle a él. ²⁶ Como no tengo cosa cierta que escribir a mi señor, le he traído ante vosotros, y mayormente ante ti, oh rey Agripa, para que después de examinarle, tenga yo qué escribir. ²⁷ Porque me parece fuera de razón enviar un preso, y no informar de los cargos que haya en su contra.

CAPÍTULO 26

Defensa de Pablo ante Agripa

Entonces Agripa dijo a Pablo: Se te permite hablar por ti mismo. Pablo entonces, extendiendo la mano, comenzó así su defensa:

² Me tengo por dichoso, oh rey Agripa, de que haya de defenderme hoy delante de

---

Comparte tu propia historia
Lee Hechos 26:1-23

Otra herramienta útil en tu «caja de herramientas para evangelizar», es la historia o testimonio de cómo has llegado a conocer personalmente a Jesucristo. Pablo usó este efectivo método cuando se presentó ante el rey Agripa. Como era a menudo su estilo, comenzó la presentación del evangelio explicando como él llegó a tener una relación personal con Cristo. Entonces continuó con la presentación del mensaje del evangelio (versos 19-23).

Cada creyente tiene un testimonio. Algunos casos pueden ser más conmovedores que otros. Tal era el caso de Pablo, el anteriormente famoso Saulo de Tarso, agresivo perseguidor de la iglesia. No importa qué increíble sea tu testimonio, la historia de tu salvación personal tendrá un punto en común con uno que no es creyente. Puedes contar de cómo eran tu vida y tus actitudes antes de venir a Cristo y entonces explicar los cambios que se han producido en ti. Cuando un no creyente ve que tu vida coincide con la de él, estará más dispuesto a escuchar lo que tienes que decir.

¿Por qué no te tomas un momento para pensar en los cambios que se han producido en tu vida desde que eres cristiano? Hasta vas a tener deseos de escribir tu testimonio, para poder compartirlo mejor en la próxima oportunidad.

PRIMEROS PASOS

ti de todas las cosas de que soy acusado por los judíos. ³ Mayormente porque tú conoces todas las costumbres y cuestiones que hay entre los judíos; por lo cual te ruego que me oigas con paciencia.

Vida anterior de Pablo
⁴ Mi vida, pues, desde mi juventud, la cual desde el principio pasé en mi nación, en Jerusalén, la conocen todos los judíos; ⁵ los cuales también saben que yo desde el principio, si quieren testificarlo, conforme a la más rigurosa secta de nuestra religión, viví fariseo.ᵃ ⁶ Y ahora, por la esperanza de la promesa que hizo Dios a nuestros padres soy llamado a juicio; ⁷ promesa cuyo cumplimiento esperan que han de alcanzar nuestras doce tribus, sirviendo constantemente a Dios de día y de noche. Por esta esperanza, oh rey Agripa, soy acusado por los judíos. ⁸ ¡Qué! ¿Se juzga entre vosotros cosa increíble que Dios resucite a los muertos?

Pablo el perseguidor
⁹ Yo ciertamente había creído mi deber hacer muchas cosas contra el nombre de Jesús de Nazaret; ¹⁰ lo cual también hice en Jerusalén. Yo encerré en cárceles a muchos de los santos, habiendo recibido poderes de los principales sacerdotes; y cuando los mataron, yo di mi voto. ¹¹ Y muchas veces, castigándolos en todas las sinagogas, los forcé a blasfemar; y enfurecido sobremanera contra ellos, los perseguí hasta en las ciudades extranjeras.ᵇ

Pablo relata su conversión
¹² Ocupado en esto, iba yo a Damasco con poderes y en comisión de los principales sacerdotes, ¹³ cuando a mediodía, oh rey, yendo por el camino, vi una luz del cielo que sobrepasaba el resplandor del sol, la cual me rodeó a mí y a los que iban conmigo. ¹⁴ Y habiendo caído todos nosotros en tierra, oí una voz que me hablaba, y decía en lengua hebrea: Saulo, Saulo, ¿por qué me persigues? Dura cosa te es dar coces contra el aguijón. ¹⁵ Yo entonces dije: ¿Quién eres, Señor? Y el Señor dijo: Yo soy Jesús, a quien tú persigues. ¹⁶ Pero levántate, y ponte sobre tus pies; porque para esto he aparecido a ti, para ponerte por ministro

y testigo de las cosas que has visto, y de aquellas en que me apareceré a ti, ¹⁷ librándote de tu pueblo, y de los gentiles, a quienes ahora te envío, ¹⁸ para que abras sus ojos, para que se conviertan de las tinieblas a la luz, y de la potestad de Satanás a Dios; para que reciban, por la fe que es en mí, perdón de pecados y herencia entre los santificados.

Pablo obedece a la visión
¹⁹ Por lo cual, oh rey Agripa, no fui rebelde a la visión celestial, ²⁰ sino que anuncié primeramente a los que están en Damasco,ᶜ y Jerusalén,ᵈ y por toda la tierra de Judea, y a los gentiles, que se arrepintiesen y se convirtiesen a Dios, haciendo obras dignas de arrepentimiento. ²¹ Por causa de esto los judíos, prendiéndome en el templo, intentaron matarme. ²² Pero habiendo obtenido auxilio de Dios, persevero hasta el día de hoy, dando testimonio a pequeños y a grandes, no diciendo nada fuera de las cosas que los profetas y Moisés dijeron que habían de suceder: ²³ Que el Cristo había de padecer, y ser el primero de la resurrección de los muertos, para anunciar luz al pueblo y a los gentiles.ᵉ

Pablo insta a Agripa a que crea
²⁴ Diciendo él estas cosas en su defensa, Festo a gran voz dijo: Estás loco, Pablo; las muchas letras te vuelven loco. ²⁵ Mas él dijo: No estoy loco, excelentísimo Festo, sino que hablo palabras de verdad y de cordura. ²⁶ Pues el rey sabe estas cosas, delante de quien también hablo con toda confianza. Porque no pienso que ignora nada de esto; pues no se ha hecho esto en algún rincón. ²⁷ ¿Crees, oh rey Agripa, a los profetas? Yo sé que crees. ²⁸ Entonces Agripa dijo a Pablo: Por poco me persuades a ser cristiano. ²⁹ Y Pablo dijo: ¡Quisiera Dios que por poco o por mucho, no solamente tú, sino también todos los que hoy me oyen, fueseis hechos tales cual yo soy, excepto estas cadenas!

³⁰ Cuando había dicho estas cosas, se levantó el rey, y el gobernador, y Berenice, y los que se habían sentado con ellos; ³¹ y cuando se retiraron aparte, hablaban entre sí, diciendo: Ninguna cosa digna ni de muerte ni de prisión ha hecho este hombre.

ᵃ 26.5: Hch. 23.6; Fil. 3.5.   ᵇ 26.9-11: Hch. 8.3; 22.4-5.   ᶜ 26.20: Hch. 9.20.   ᵈ 26.20: Hch. 9.28-29.   ᵉ 26.23: Is. 42.6; 49.6.

³² Y Agripa dijo a Festo: Podía este hombre ser puesto en libertad, si no hubiera apelado a César.

CAPÍTULO 27

Pablo es enviado a Roma

Cuando se decidió que habíamos de navegar para Italia, entregaron a Pablo y a algunos otros presos a un centurión llamado Julio, de la compañía Augusta. ² Y embarcándonos en una nave adramitena que iba a tocar los puertos de Asia, zarpamos, estando con nosotros Aristarco, macedonio de Tesalónica. ³ Al otro día llegamos a Sidón; y Julio, tratando humanamente a Pablo, le permitió que fuese a los amigos, para ser atendido por ellos. ⁴ Y haciéndonos a la vela desde allí, navegamos a sotavento de Chipre, porque los vientos eran contrarios. ⁵ Habiendo atravesado el mar frente a Cilicia y Panfilia, arribamos a Mira, ciudad de Licia. ⁶ Y hallando allí el centurión una nave alejandrina que zarpaba para Italia, nos embarcó en ella. ⁷ Navegando muchos días despacio, y llegando a duras penas frente a Gnido, porque nos impedía el viento, navegamos a sotavento de Creta, frente a Salmón. ⁸ Y costeándola con dificultad, llegamos a un lugar que llaman Buenos Puertos, cerca del cual estaba la ciudad de Lasea.

⁹ Y habiendo pasado mucho tiempo, y siendo ya peligrosa la navegación, por haber pasado ya el ayuno, Pablo les amonestaba, ¹⁰ diciéndoles: Varones, veo que la navegación va a ser con perjuicio y mucha pérdida, no sólo del cargamento y de la nave, sino también de nuestras personas. ¹¹ Pero el centurión daba más crédito al piloto y al patrón de la nave, que a lo que Pablo decía. ¹² Y siendo incómodo el puerto para invernar, la mayoría acordó zarpar también de allí, por si pudiesen arribar a Fenice, puerto de Creta que mira al nordeste y sudeste, e invernar allí.

La tempestad en el mar

¹³ Y soplando una brisa del sur, pareciéndoles que ya tenían lo que deseaban, levaron anclas e iban costeando Creta. ¹⁴ Pero no mucho después dio contra la nave un viento huracanado llamado Euroclidón. ¹⁵ Y siendo arrebatada la nave, y no pudiendo poner proa al viento, nos abandonamos a él y nos dejamos llevar. ¹⁶ Y habiendo corrido a sotavento de una pequeña isla llamada Clauda, con dificultad pudimos recoger el esquife. ¹⁷ Y una vez subido a bordo, usaron de refuerzos para ceñir la nave; y teniendo temor de dar en la Sirte, arriaron las velas y quedaron a la deriva. ¹⁸ Pero siendo combatidos por una furiosa tempestad, al siguiente día empezaron a alijar, ¹⁹ y al tercer día con nuestras propias manos arrojamos los aparejos de la nave. ²⁰ Y no apareciendo ni sol ni estrellas por muchos días, y acosados por una tempestad no pequeña, ya habíamos perdido toda esperanza de salvarnos.

²¹ Entonces Pablo, como hacía ya mucho que no comíamos, puesto en pie en medio de ellos, dijo: Habría sido por cierto conveniente, oh varones, haberme oído, y no zarpar de Creta tan sólo para recibir este perjuicio y pérdida. ²² Pero ahora os exhorto a tener buen ánimo, pues no habrá ninguna pérdida de vida entre vosotros, sino solamente de la nave. ²³ Porque esta noche ha estado conmigo el ángel del Dios de quien soy y a quien sirvo, ²⁴ diciendo: Pablo, no temas; es necesario que comparezcas ante César; y he aquí, Dios te ha concedido todos los que navegan contigo. ²⁵ Por tanto, oh varones, tened buen ánimo; porque yo confío en Dios que será así como se me ha dicho. ²⁶ Con todo, es necesario que demos en alguna isla.

²⁷ Venida la decimacuarta noche, y siendo llevados a través del mar Adriático, a la medianoche los marineros sospecharon que estaban cerca de tierra; ²⁸ y echando la sonda, hallaron veinte brazas; y pasando un poco más adelante, volviendo a echar la sonda, hallaron quince brazas. ²⁹ Y temiendo dar en escollos, echaron cuatro anclas por la popa, y ansiaban que se hiciese de día. ³⁰ Entonces los marineros procuraron huir de la nave, y echando el esquife al mar, aparentaban como que querían largar las anclas de proa. ³¹ Pero Pablo dijo al centurión y a los soldados: Si éstos no permanecen en la nave, vosotros no podéis salvaros. ³² Entonces los soldados cortaron las amarras del esquife y lo dejaron perderse.

³³ Cuando comenzó a amanecer, Pablo exhortaba a todos que comiesen, diciendo: Este es el decimocuarto día que veláis y permanecéis en ayunas, sin comer nada. ³⁴ Por tanto, os ruego que comáis por vuestra salud; pues ni aun un cabello de la cabeza de

ninguno de vosotros perecerá. [35] Y habiendo dicho esto, tomó el pan y dio gracias a Dios en presencia de todos, y partiéndolo, comenzó a comer. [36] Entonces todos, teniendo ya mejor ánimo, comieron también. [37] Y éramos todas las personas en la nave doscientas setenta y seis. [38] Y ya satisfechos, aligeraron la nave, echando el trigo al mar.

El naufragio

[39] Cuando se hizo de día, no reconocían la tierra, pero veían una ensenada que tenía playa, en la cual acordaron varar, si pudiesen, la nave. [40] Cortando, pues, las anclas, las dejaron en el mar, largando también las amarras del timón; e izada al viento la vela de proa, enfilaron hacia la playa. [41] Pero dando en un lugar de dos aguas, hicieron encallar la nave; y la proa, hincada, quedó inmóvil, y la popa se abría con la violencia del mar. [42] Entonces los soldados acordaron matar a los presos, para que ninguno se fugase nadando. [43] Pero el centurión, queriendo salvar a Pablo, les impidió este intento, y mandó que los que pudiesen nadar se echasen los primeros, y saliesen a tierra; [44] y los demás, parte en tablas, parte en cosas de la nave. Y así aconteció que todos se salvaron saliendo a tierra.

CAPÍTULO 28

Pablo en la isla de Malta

Estando ya a salvo, supimos que la isla se llamaba Malta. [2] Y los naturales nos trataron con no poca humanidad; porque encendiendo un fuego, nos recibieron a todos, a causa de la lluvia que caía, y del frío. [3] Entonces, habiendo recogido Pablo algunas ramas secas, las echó al fuego; y una víbora, huyendo del calor, se le prendió en la mano. [4] Cuando los naturales vieron la víbora colgando de su mano, se decían unos a otros: Ciertamente este hombre es homicida, a quien, escapado del mar, la justicia no deja vivir. [5] Pero él, sacudiendo la víbora en el fuego, ningún daño padeció. [6] Ellos estaban esperando que él se hinchase, o cayese muerto de repente; mas habiendo esperado mucho, y viendo que ningún mal le venía, cambiaron de parecer y dijeron que era un dios.

[7] En aquellos lugares había propiedades del hombre principal de la isla, llamado Publio, quien nos recibió y hospedó solícitamente tres días. [8] Y aconteció que el padre de Publio estaba en cama, enfermo de fiebre y de disentería; y entró Pablo a verle, y después de haber orado, le impuso las manos, y le sanó. [9] Hecho esto, también los otros que en la isla tenían enfermedades, venían, y eran sanados; [10] los cuales también nos honraron con muchas atenciones; y cuando zarpamos, nos cargaron de las cosas necesarias.

Pablo llega a Roma

[11] Pasados tres meses, nos hicimos a la vela en una nave alejandrina que había invernado en la isla, la cual tenía por enseña a Cástor y Pólux. [12] Y llegados a Siracusa, estuvimos allí tres días. [13] De allí, costeando alrededor, llegamos a Regio; y otro día después, soplando el viento sur, llegamos al segundo día a Puteoli, [14] donde habiendo hallado hermanos, nos rogaron que nos quedásemos con ellos siete días; y luego fuimos a Roma, [15] de donde, oyendo de nosotros los hermanos, salieron a recibirnos hasta el Foro de Apio y las Tres Tabernas; y al verlos, Pablo dio gracias a Dios y cobró aliento. [16] Cuando llegamos a Roma, el centurión entregó los presos al prefecto militar, pero a Pablo se le permitió vivir aparte, con un soldado que le custodiase.

Pablo predica en Roma

[17] Aconteció que tres días después, Pablo convocó a los principales de los judíos, a los cuales, luego que estuvieron reunidos, les dijo: Yo, varones hermanos, no habiendo hecho nada contra el pueblo, ni contra las costumbres de nuestros padres, he sido entregado preso desde Jerusalén en manos de los romanos; [18] los cuales, habiéndome examinado, me querían soltar, por no haber en mí ninguna causa de muerte. [19] Pero oponiéndose los judíos, me vi obligado a apelar a César;[a] no porque tenga de qué acusar a mi nación. [20] Así que por esta causa os he llamado para veros y hablaros; porque por la esperanza de Israel estoy sujeto con esta cadena. [21] Entonces ellos le dijeron: Nosotros ni hemos recibido de Judea cartas acerca de ti, ni ha venido alguno de los hermanos que haya denunciado o hablado algún mal de ti. [22] Pero querríamos

a 28.19: Hch. 25.11.

oír de ti lo que piensas; porque de esta secta nos es notorio que en todas partes se habla contra ella.

²³ Y habiéndole señalado un día, vinieron a él muchos a la posada, a los cuales les declaraba y les testificaba el reino de Dios desde la mañana hasta la tarde, persuadiéndoles acerca de Jesús, tanto por la ley de Moisés como por los profetas. ²⁴ Y algunos asentían a lo que se decía, pero otros no creían. ²⁵ Y como no estuviesen de acuerdo entre sí, al retirarse, les dijo Pablo esta palabra: Bien habló el Espíritu Santo por medio del profeta Isaías a nuestros padres, diciendo:

²⁶ Ve a este pueblo, y diles:

De oído oiréis, y no entenderéis;

Y viendo veréis, y no percibiréis;

²⁷ Porque el corazón de este pueblo se ha engrosado,

Y con los oídos oyeron pesadamente,

Y sus ojos han cerrado,

Para que no vean con los ojos,

Y oigan con los oídos,

Y entiendan de corazón,

Y se conviertan,

Y yo los sane.[b]

²⁸ Sabed, pues, que a los gentiles es enviada esta salvación de Dios; y ellos oirán. ²⁹ Y cuando hubo dicho esto, los judíos se fueron, teniendo gran discusión entre sí.

³⁰ Y Pablo permaneció dos años enteros en una casa alquilada, y recibía a todos los que a él venían, ³¹ predicando el reino de Dios y enseñando acerca del Señor Jesucristo, abiertamente y sin impedimento.

b 28.26-27: Is. 6.9-10.

Romanos

Salutación

Pablo, siervo de Jesucristo, llamado a ser apóstol, apartado para el evangelio de Dios, [2] que él había prometido antes por sus profetas en las santas Escrituras, [3] acerca de su Hijo, nuestro Señor Jesucristo, que era del linaje de David según la carne, [4] que fue declarado Hijo de Dios con poder, según el Espíritu de santidad, por la resurrección de entre los muertos, [5] y por quien recibimos la gracia y el apostolado, para la obediencia a la fe en todas las naciones por amor de su nombre; [6] entre las cuales estáis también vosotros, llamados a ser de Jesucristo; [7] a todos los que estáis en Roma, amados de Dios, llamados a ser santos: Gracia y paz a vosotros, de Dios nuestro Padre y del Señor Jesucristo.

Deseo de Pablo de visitar Roma

[8] Primeramente doy gracias a mi Dios mediante Jesucristo con respecto a todos vosotros, de que vuestra fe se divulga por todo el mundo. [9] Porque testigo me es Dios, a quien sirvo en mi espíritu en el evangelio de su Hijo, de que sin cesar hago mención de vosotros siempre en mis oraciones, [10] rogando que de alguna manera tenga al fin, por la voluntad de Dios, un próspero viaje para ir a vosotros. [11] Porque deseo veros, para comunicaros algún don espiritual, a fin de que seáis confirmados; [12] esto es, para ser mutuamente confortados por la fe que nos es común a vosotros y a mí. [13] Pero no quiero, hermanos, que ignoréis que muchas veces me he propuesto ir a vosotros [a] (pero hasta ahora he sido estorbado), para tener también entre vosotros algún fruto, como entre los demás gentiles. [14] A griegos y a no griegos, a sabios y a no sabios soy deudor. [15] Así que, en cuanto a mí, pronto estoy a anunciaros el evangelio también a vosotros que estáis en Roma.

El poder del evangelio

[16] Porque no me avergüenzo del evangelio, porque es poder de Dios para salvación a todo aquel que cree; al judío primeramente, y también al griego. [17] Porque en el evangelio la justicia de Dios se revela por fe y para fe, como está escrito: Mas el justo por la fe vivirá.[b]

La culpabilidad del hombre

[18] Porque la ira de Dios se revela desde el cielo contra toda impiedad e injusticia de los hombres que detienen con injusticia la verdad; [19] porque lo que de Dios se conoce les es manifiesto, pues Dios se lo manifestó. [20] Porque las cosas invisibles de él, su eterno poder y deidad, se hacen claramente visibles desde la creación del mundo, siendo entendidas por medio de las cosas hechas, de modo que no tienen excusa. [21] Pues habiendo conocido a Dios, no le glorificaron como a Dios, ni le dieron gracias, sino que se envanecieron en sus razonamientos, y su necio corazón fue entenebrecido. [22] Profesando ser sabios, se hicieron necios, [23] y cambiaron la gloria del Dios incorruptible en semejanza de imagen de hombre corruptible, de aves, de cuadrúpedos y de reptiles.

[24] Por lo cual también Dios los entregó a la inmundicia, en las concupiscencias de sus corazones, de modo que deshonraron

entre sí sus propios cuerpos, ²⁵ ya que cambiaron la verdad de Dios por la mentira, honrando y dando culto a las criaturas antes que al Creador, el cual es bendito por los siglos. Amén.

²⁶ Por esto Dios los entregó a pasiones vergonzosas; pues aun sus mujeres cambiaron el uso natural por el que es contra naturaleza, ²⁷ y de igual modo también los hombres, dejando el uso natural de la mujer, se encendieron en su lascivia unos con otros, cometiendo hechos vergonzosos hombres con hombres, y recibiendo en sí mismos la retribución debida a su extravío.

²⁸ Y como ellos no aprobaron tener en cuenta a Dios, Dios los entregó a una mente reprobada, para hacer cosas que no convienen; ²⁹ estando atestados de toda injusticia, fornicación, perversidad, avaricia, maldad; llenos de envidia, homicidios, contiendas, engaños y malignidades; ³⁰ murmuradores, detractores, aborrecedores de Dios, injuriosos, soberbios, altivos, inventores de males, desobedientes a los padres, ³¹ necios, desleales, sin afecto natural, implacables, sin misericordia; ³² quienes habiendo entendido el juicio de Dios, que los que practican tales cosas son dignos de muerte, no sólo las hacen, sino que también se complacen con los que las practican.

CAPÍTULO 2

El justo juicio de Dios

Por lo cual eres inexcusable, oh hombre, quienquiera que seas tú que juzgas; pues en lo que juzgas a otro, te condenas a ti mismo;ᵃ porque tú que juzgas haces lo mismo. ² Mas sabemos que el juicio de Dios contra los que practican tales cosas es según verdad. ³ ¿Y piensas esto, oh hombre, tú que juzgas a los que tal hacen, y haces lo mismo, que tú escaparás del juicio de Dios? ⁴ ¿O menosprecias las riquezas de su benignidad, paciencia y longanimidad, ignorando que su benignidad te guía al arrepentimiento? ⁵ Pero por tu dureza y por tu corazón no arrepentido, atesoras para ti mismo ira para el día de la ira y de la revelación del justo juicio de Dios, ⁶ el cual pagará a cada uno conforme a sus obras: ᵇ ⁷ vida eterna a los que, perseverando en bien hacer, buscan gloria y honra e inmortalidad, ⁸ pero ira y enojo a los que son contenciosos y no obedecen a la verdad, sino que obedecen a la injusticia; ⁹ tribulación y angustia sobre todo ser humano que hace lo malo, el judío primeramente y también el griego, ¹⁰ pero gloria y honra y paz a todo el que hace lo bueno, al judío primeramente y también al griego; ¹¹ porque no hay acepción de personas para con Dios.ᶜ

¹² Porque todos los que sin ley han pecado, sin ley también perecerán; y todos los que bajo la ley han pecado, por la ley serán juzgados; ¹³ porque no son los oidores de la ley los justos ante Dios, sino los hacedores de la ley serán justificados. ¹⁴ Porque cuando los gentiles que no tienen ley, hacen por naturaleza lo que es de la ley, éstos, aunque no tengan ley, son ley para sí mismos, ¹⁵ mostrando la obra de la ley escrita en sus corazones, dando testimonio su conciencia, y acusándoles o defendiéndoles sus razonamientos, ¹⁶ en el día en que Dios juzgará por Jesucristo los secretos de los hombres, conforme a mi evangelio.

Los judíos y la ley

¹⁷ He aquí, tú tienes el sobrenombre de judío, y te apoyas en la ley, y te glorías en Dios, ¹⁸ y conoces su voluntad, e instruido por la ley apruebas lo mejor, ¹⁹ y confías en que eres guía de los ciegos, luz de los que están en tinieblas, ²⁰ instructor de los indoctos, maestro de niños, que tienes en la ley la forma de la ciencia y de la verdad. ²¹ Tú, pues, que enseñas a otro, ¿no te enseñas a ti mismo? Tú que predicas que no se ha de hurtar, ¿hurtas? ²² Tú que dices que no se ha de adulterar, ¿adulteras? Tú que abominas de los ídolos, ¿cometes sacrilegio? ²³ Tú que te jactas de la ley, ¿con infracción de la ley deshonras a Dios? ²⁴ Porque como está escrito, el nombre de Dios es blasfemado entre los gentiles por causa de vosotros.ᵈ

²⁵ Pues en verdad la circuncisión aprovecha, si guardas la ley; pero si eres transgresor de la ley, tu circuncisión viene a ser incircuncisión. ²⁶ Si, pues, el incircunciso guardare las ordenanzas de la ley, ¿no será tenida su incircuncisión como circuncisión? ²⁷ Y el que físicamente es incircunciso, pero guarda perfectamente la ley, te condenará a ti, que con la letra de la ley y con la circuncisión eres transgresor de la ley. ²⁸ Pues no es judío el que lo es exteriormente, ni es la circuncisión la que se hace

ᵃ 2.1: Mt. 7.1; Lc. 6.37. ᵇ 2.6: Sal. 62.12. ᶜ 2.11: Dt. 10.17. ᵈ 2.24: Is. 52.5.

¿Qué pasa con aquellos que nunca han oído el evangelio?
Lee Romanos 1:18-20

Muchas veces las personas que hacen esta pregunta, no tienen verdadero interés en aquellos que nunca han oído el evangelio, sino que quieren echar una «cortina de humo» para impedirte a ti –el cristiano– que les declares su necesidad de Dios. Podemos decir a esas personas que Dios es bueno y compasivo y tratará justa e imparcialmente a todos aquellos que nunca escucharon el evangelio. Pero la persona que hace esta pregunta, debe reconocer que el conocimiento trae responsabilidad. Por lo tanto, aquellos que conocen la verdad del evangelio deben ser responsables.

Como sabemos por la Biblia, Dios juzgará a cada uno conforme a lo que cada uno conoce de él (lee Lucas 12:48). No seremos responsables por lo que no sabemos. Pero, aún así, esto no nos exime de toda responsabilidad, de otro modo podríamos decir: «ignorancia es bendición». Tampoco se puede decir que la persona que no oyó de Jesús, nunca lo conoció.

Los seres humanos, no importa dónde vivamos en esta tierra de Dios, hemos nacido con un alma, un vacío, un sentido de que la vida tiene que tener significado y propósito. A pesar de tal profundo anhelo espiritual, hemos menospreciado a Dios y su Palabra. Pero si buscamos realmente a Dios, él se manifestará a nosotros. Hallamos prueba de esto en Hechos 10:1-48. Allí, un hombre llamado Cornelio –un religioso que oraba constantemente– le pidió a Dios que se manifestase a él. Quizá había oído de Jesús, pero todavía no conocía el plan de salvación. Sin embargo, eso no fue un motivo para que Dios contestara sus oraciones y enviara al apóstol Pedro a predicarle a su casa. Cuando Cornelio escuchó el maravilloso mensaje, ¡creyó!

La Biblia dice que Dios no cambia nunca (lee Santiago 1:17). Él es el mismo ayer, hoy y mañana. Si Dios oyó las oraciones de Cornelio, también oirá las oraciones de aquellos que todavía no lo conocen, pero desean conocerlo.

GRANDES PREGUNTAS

?

---

exteriormente en la carne; [29] sino que es judío el que lo es en lo interior, y la circuncisión es la del corazón, en espíritu, no en letra; la alabanza del cual no viene de los hombres, sino de Dios.

CAPÍTULO 3

¿Qué ventaja tiene, pues, el judío? ¿o de qué aprovecha la circuncisión? [2] Mucho, en todas maneras. Primero, ciertamente, que les ha sido confiada la palabra de Dios. [3] ¿Pues qué, si algunos de ellos han sido incrédulos? ¿Su incredulidad habrá hecho nula la fidelidad de Dios? [4] De ninguna manera; antes bien sea Dios veraz, y todo hombre mentiroso; como está escrito:

Para que seas justificado en tus
    palabras,
Y venzas cuando fueres juzgado.[a]

[5] Y si nuestra injusticia hace resaltar la justicia de Dios, ¿qué diremos? ¿Será injusto Dios que da castigo? (Hablo como hombre.) [6] En ninguna manera; de otro modo, ¿cómo juzgaría Dios al mundo? [7] Pero si por mi mentira la verdad de Dios abundó para su gloria, ¿por qué aún soy juzgado como pecador? [8] ¿Y por qué no decir (como se nos calumnia, y como algunos, cuya condenación es justa, afirman que nosotros decimos): Hagamos males para que vengan bienes?

No hay justo

[9] ¿Qué, pues? ¿Somos nosotros mejores que ellos? En ninguna manera; pues ya hemos acusado a judíos y a gentiles, que todos están bajo pecado. [10] Como está escrito:

No hay justo, ni aun uno;

ᵃ 3.4: Sal. 51.4.

¹¹ No hay quien entienda,
No hay quien busque a Dios.
¹² Todos se desviaron, a una se hicieron
inútiles;
No hay quien haga lo bueno, no hay ni
siquiera uno.ᵇ
¹³ Sepulcro abierto es su garganta;
Con su lengua engañan.ᶜ
Veneno de áspides hay debajo de sus
labios;ᵈ
¹⁴ Su boca está llena de maldición y de
amargura.ᵉ
¹⁵ Sus pies se apresuran para derramar
sangre;
¹⁶ Quebranto y desventura hay en sus
caminos;
¹⁷ Y no conocieron camino de paz.ᶠ
¹⁸ No hay temor de Dios delante de sus
ojos.ᵍ
¹⁹ Pero sabemos que todo lo que la ley
dice, lo dice a los que están bajo la ley, para
que toda boca se cierre y todo el mundo
quede bajo el juicio de Dios; ²⁰ ya que por
las obras de la ley ningún ser humano será
justificado delante de él;ʰ porque por medio de la ley es el conocimiento del pecado.

La justicia es por medio de la fe

²¹ Pero ahora, aparte de la ley, se ha manifestado la justicia de Dios, testificada por la
ley y por los profetas; ²² la justicia de Dios
por medio de la fe en Jesucristo,ⁱ para todos
los que creen en él. Porque no hay diferencia, ²³ por cuanto todos pecaron, y están
destituidos de la gloria de Dios, ²⁴ siendo
justificados gratuitamente por su gracia,
mediante la redención que es en Cristo Jesús, ²⁵ a quien Dios puso como propiciación por medio de la fe en su sangre, para
manifestar su justicia, a causa de haber pasado por alto, en su paciencia, los pecados
pasados, ²⁶ con la mira de manifestar en
este tiempo su justicia, a fin de que él sea el
justo, y el que justifica al que es de la fe de
Jesús.

²⁷ ¿Dónde, pues, está la jactancia? Queda
excluida. ¿Por cuál ley? ¿Por la de las obras?
No, sino por la ley de la fe. ²⁸ Concluimos,
pues, que el hombre es justificado por fe sin
las obras de la ley. ²⁹ ¿Es Dios solamente Dios
de los judíos? ¿No es también Dios de los gentiles? Ciertamente, también de los gentiles.

³⁰ Porque Dios es uno, y él justificará por la fe
a los de la circuncisión, y por medio de la fe a
los de la incircuncisión. ³¹ ¿Luego por la fe in-
validamos la ley? En ninguna manera, sino
que confirmamos la ley.

CAPÍTULO 4

El ejemplo de Abraham

¿Qué, pues, diremos que halló Abraham,
nuestro padre según la carne? ² Porque si
Abraham fue justificado por las obras, tiene
de qué gloriarse, pero no para con Dios.
³ Porque ¿qué dice la Escritura? Creyó
Abraham a Dios, y le fue contado por justi-
cia.ᵃ ⁴ Pero al que obra, no se le cuenta el salario como gracia, sino como deuda; ⁵ mas
al que no obra, sino cree en aquel que justifica al impío, su fe le es contada por justicia. ⁶ Como también David habla de la bienaventuranza del hombre a quien Dios
atribuye justicia sin obras, ⁷ diciendo:
Bienaventurados aquellos cuyas
iniquidades son perdonadas,
Y cuyos pecados son cubiertos.
⁸ Bienaventurado el varón a quien el
Señor no inculpa de pecado.ᵇ
⁹ ¿Es, pues, esta bienaventuranza solamente para los de la circuncisión, o también para los de la incircuncisión? Porque
decimos que a Abraham le fue contada la fe
por justicia. ¹⁰ ¿Cómo, pues, le fue contada? ¿Estando en la circuncisión, o en la incircuncisión? No en la circuncisión, sino
en la incircuncisión. ¹¹ Y recibió la circunci-
siónᶜ como señal, como sello de la justicia
de la fe que tuvo estando aún incircunciso;
para que fuese padre de todos los creyentes
no circuncidados, a fin de que también a
ellos la fe les sea contada por justicia; ¹² y
padre de la circuncisión, para los que no solamente son de la circuncisión, sino que
también siguen las pisadas de la fe que tuvo
nuestro padre Abraham antes de ser circuncidado.

La promesa realizada mediante la fe

¹³ Porque no por la ley fue dada a Abraham
o a su descendencia la promesa de que sería
heredero del mundo,ᵈ sino por la justicia
de la fe. ¹⁴ Porque si los que son de la ley
son los herederos, vana resulta la fe, y anu-
lada la promesa.ᵉ ¹⁵ Pues la ley produce ira;

ᵇ 3.10-12: Sal. 14.1-3; 53.1-3. ᶜ 3.13: Sal. 5.9. ᵈ 3.13: Sal. 140.3. ᵉ 3.14: Sal. 10.7. ᶠ 3.15-17: Is. 59.7-8.
ᵍ 3.18: Sal. 36.1. ʰ 3.20: Sal. 143.2; Gá. 2.16. ⁱ 3.22: Gá. 2.16. ᵃ 4.3: Gn. 15.6; Gá. 3.6. ᵇ 4.7-8: Sal. 32.1-2.
ᶜ 4.11: Gn. 17.10. ᵈ 4.13: Gá. 3.29. ᵉ 4.14: Gá. 3.18.

Si Dios es tan bueno, ¿por qué le suceden cosas malas a su pueblo? Lee Romanos 5:1-5

Enfermedades, guerras, accidentes, desastres naturales, les ocurren tanto a justos como a injustos; a los cristianos y a los que no lo son; a los decentes y a los inmorales. Entonces, si Dios es tan bueno y topoderoso, ¿por qué no barre con todas las cosas malas que hay en este mundo? Esta pregunta surge a menudo después de una tragedia, pero especialmente cuando afecta a personas que parecerían ser «inmunes» a tales cosas.

Al hacer esta pregunta, es importante recordar que Dios en un principio creó al mundo perfecto. Pero también dio al hombre la libertad de obedecer o desobedecer. Cuando Adán pecó, la muerte y el sufrimiento llegaron a ser parte inevitable de la vida (verso 12). Como dice el pensador cristiano C. S. Lewis, es perder el tiempo especular acerca del origen del mal. El problema que tenemos que encarar es el hecho del mal. La única solución al hecho del mal es la solución de Dios, Jesucristo (Paul Little, How to Give Away Your Faith [Downers Grove. III.: InterVarsity Press, 1966], p.72).

¿Cómo Jesucristo es la solución al problema del mal? Desde el momento que rendiste tu vida a Jesucristo, entraste en el plan maestro de Dios para ti. Aunque es cierto que no conoces lo que el futuro tiene para ti, tú sabes a quién le pertenece el futuro. Y él ha prometido que aquellos que aman a Dios todas las cosas obran para bien (lee Romanos 8:28). No sólo las cosas buenas, sino todas las cosas.

Es fácil decirlo cuando todo marcha bien. Pero cuando ocurre algo inesperado, nos preguntamos si Dios no está atento a nuestra situación. Entonces debemos pensar en nuestra historia, como un gran lienzo que Dios está pintando. Él está mirando todo el cuadro. Lo que nosotros vemos del cuadro es sólo la porción que vivimos en ese instante. En algún momento dado, Dios permite que muchas cosas ocurran en nuestra vida, tanto buenas como malas. Algunas tienen sentido, otras no lo tienen. Pero cada uno de esos incidentes forma parte de un gran plan para nuestra vida. La tragedia, en sí misma, no es buena. Pero Dios puede tomar la tragedia y usarla para su gloria. Como hijos de Dios, sabemos que todas las cosas que suceden pasan primero bajo su escrutinio de protección. Y él nunca nos da más de lo que podemos soportar (lee 1 Corintios 10:13). Por esta razón podemos seguir el consejo del verso 3 y regocijarnos. Tenemos la seguridad de que Dios está trabajando en nosotros para fortalecernos y desarrollar nuestro carácter. Pero algo aun más importante, él nunca se aparta de nuestro lado (lee Hebreos 13:5).

GRANDES PREGUNTAS

?

---

pero donde no hay ley, tampoco hay transgresión.

16 Por tanto, es por fe, para que sea por gracia, a fin de que la promesa sea firme para toda su descendencia; no solamente para la que es de la ley, sino también para la que es de la fe de Abraham, el cual es padre de todos nosotros[f] 17 (como está escrito: Te he puesto por padre de muchas gentes[g]) delante de Dios, a quien creyó, el cual da vida a los muertos, y llama las cosas que no son, como si fuesen. 18 Él creyó en esperanza contra esperanza, para llegar a ser padre de muchas gentes, conforme a lo que se le había dicho: Así será tu descendencia.[h] 19 Y no se debilitó en la fe al considerar su cuerpo, que estaba ya como muerto (siendo de casi cien años[i]), o la esterilidad de la matriz de Sara. 20 Tampoco dudó, por incredulidad, de la promesa de Dios, sino que se fortaleció en fe, dando gloria a Dios, 21 plenamente convencido de que era también poderoso para hacer todo lo que había prometido; 22 por lo cual también su fe le fue contada por justicia. 23 Y no solamente con respecto a él se escribió que le fue contada, 24 sino también con respecto a nosotros a quienes ha de ser contada, esto es, a los que

f 4.16: Gá. 3.7. g 4.17: Gn 17.5. h 4.18: Gn. 15.5. i 4.19: Gn. 17.17.

creemos en el que levantó de los muertos a Jesús, Señor nuestro, ²⁵ el cual fue entregado por nuestras transgresiones, y resucitado para nuestra justificación.

CAPÍTULO 5

Resultados de la justificación

Justificados, pues, por la fe, tenemos paz para con Dios por medio de nuestro Señor Jesucristo; ² por quien también tenemos entrada por la fe a esta gracia en la cual estamos firmes, y nos gloriamos en la esperanza de la gloria de Dios. ³ Y no sólo esto, sino que también nos gloriamos en las tribulaciones, sabiendo que la tribulación produce paciencia; ⁴ y la paciencia, prueba; y la prueba, esperanza; ⁵ y la esperanza no avergüenza; porque el amor de Dios ha sido derramado en nuestros corazones por el Espíritu Santo que nos fue dado.

⁶ Porque Cristo, cuando aún éramos débiles, a su tiempo murió por los impíos. ⁷ Ciertamente, apenas morirá alguno por un justo; con todo, pudiera ser que alguno osara morir por el bueno. ⁸ Mas Dios muestra su amor para con nosotros, en que siendo aún pecadores, Cristo murió por nosotros. ⁹ Pues mucho más, estando ya justificados en su sangre, por él seremos salvos de la ira. ¹⁰ Porque si siendo enemigos, fuimos reconciliados con Dios por la muerte de su Hijo, mucho más, estando reconciliados, seremos salvos por su vida. ¹¹ Y no sólo esto, sino que también nos gloriamos en Dios por el Señor nuestro Jesucristo, por quien hemos recibido ahora la reconciliación.

Adán y Cristo

¹² Por tanto, como el pecado entró en el mundo por un hombre, y por el pecado la muerte,ᵃ así la muerte pasó a todos los hombres, por cuanto todos pecaron. ¹³ Pues antes de la ley, había pecado en el mundo; pero donde no hay ley, no se inculpa de pecado. ¹⁴ No obstante, reinó la muerte desde Adán hasta Moisés, aun en los que no pecaron a la manera de la transgresión de Adán, el cual es figura del que había de venir.

¹⁵ Pero el don no fue como la transgresión; porque si por la transgresión de aquel uno murieron los muchos, abundaron mucho más para los muchos la gracia y el don de Dios por la gracia de un hombre, Jesucristo. ¹⁶ Y con el don no sucede como en el caso de aquel uno que pecó; porque ciertamente el juicio vino a causa de un solo pecado para condenación, pero el don vino a causa de muchas transgresiones para justificación. ¹⁷ Pues si por la transgresión de uno solo reinó la muerte, mucho más reinarán en vida por uno solo, Jesucristo, los que reciben la abundancia de la gracia y del don de la justicia.

¹⁸ Así que, como por la transgresión de uno vino la condenación a todos los hombres, de la misma manera por la justicia de uno vino a todos los hombres la justificación de vida. ¹⁹ Porque así como por la desobediencia de un hombre los muchos fueron constituidos pecadores, así también por la obediencia de uno, los muchos serán constituidos justos. ²⁰ Pero la ley se introdujo para que el pecado abundase; mas cuando el pecado abundó, sobreabundó la gracia; ²¹ para que así como el pecado reinó para muerte, así también la gracia reine por la justicia para vida eterna mediante Jesucristo, Señor nuestro.

CAPÍTULO 6

Muertos al pecado

¿Qué, pues, diremos? ¿Perseveraremos en el pecado para que la gracia abunde? ² En ninguna manera. Porque los que hemos muerto al pecado, ¿cómo viviremos aún en él? ³ ¿O no sabéis que todos los que hemos sido bautizados en Cristo Jesús, hemos sido bautizados en su muerte? ⁴ Porque somos sepultados juntamente con él para muerte por el bautismo, a fin de que como Cristo resucitó de los muertos por la gloria del Padre, así también nosotros andemos en vida nueva.ᵃ

⁵ Porque si fuimos plantados juntamente con él en la semejanza de su muerte, así también lo seremos en la de su resurrección; ⁶ sabiendo esto, que nuestro viejo hombre fue crucificado juntamente con él, para que el cuerpo del pecado sea destruido, a fin de que no sirvamos más al pecado. ⁷ Porque el que ha muerto, ha sido justificado del pecado. ⁸ Y si morimos con Cristo, creemos que también viviremos con él; ⁹ sabiendo que Cristo, habiendo resucitado de los muertos, ya no muere; la muerte no

---

ᵃ 5.12: Gn. 3.6. ᵃ 6.4: Col. 2.12.

se enseñorea más de él. [10] Porque en cuanto murió, al pecado murió una vez por todas; mas en cuanto vive, para Dios vive. [11] Así también vosotros consideraos muertos al pecado, pero vivos para Dios en Cristo Jesús, Señor nuestro.

[12] No reine, pues, el pecado en vuestro cuerpo mortal, de modo que lo obedezcáis en sus concupiscencias; [13] ni tampoco presentéis vuestros miembros al pecado como instrumentos de iniquidad, sino presentaos vosotros mismos a Dios como vivos de entre los muertos, y vuestros miembros a Dios como instrumentos de justicia. [14] Porque el pecado no se enseñoreará de vosotros; pues no estáis bajo la ley, sino bajo la gracia.

Siervos de la justicia

[15] ¿Qué, pues? ¿Pecaremos, porque no estamos bajo la ley, sino bajo la gracia? En ninguna manera. [16] ¿No sabéis que si os sometéis a alguien como esclavos para obedecerle, sois esclavos de aquel a quien obedecéis, sea del pecado para muerte, o sea de la obediencia para justicia? [17] Pero gracias a Dios, que aunque erais esclavos del pecado, habéis obedecido de corazón a aquella forma de doctrina a la cual fuisteis entregados; [18] y libertados del pecado, vinisteis a ser siervos de la justicia. [19] Hablo como humano, por vuestra humana debilidad; que así como para iniquidad presentasteis vuestros miembros para servir a la inmundicia y a la iniquidad, así ahora para santificación presentad vuestros miembros para servir a la justicia.

[20] Porque cuando erais esclavos del pecado, erais libres acerca de la justicia. [21] ¿Pero qué fruto teníais de aquellas cosas de las cuales ahora os avergonzáis? Porque el fin de ellas es muerte. [22] Mas ahora que habéis sido libertados del pecado y hechos siervos de Dios, tenéis por vuestro fruto la santificación, y como fin, la vida eterna. [23] Porque la paga del pecado es muerte, mas la dádiva de Dios es vida eterna en Cristo Jesús Señor nuestro.

CAPÍTULO 7
Analogía tomada del matrimonio

¿Acaso ignoráis, hermanos (pues hablo con los que conocen la ley), que la ley se enseñorea del hombre entre tanto que éste vive? [2] Porque la mujer casada está sujeta por la ley al marido mientras éste vive; pero si el marido muere, ella queda libre de la ley del marido. [3] Así que, si en vida del marido se uniere a otro varón, será llamada adúltera; pero si su marido muriere, es libre de esa ley, de tal manera que si se uniere a otro marido, no será adúltera.

El Espíritu de Dios nos ayuda a vencer el pecado
Lee Romanos 8:9-14

Este poderoso pasaje de la Escritura contiene algunas verdades importantes que necesitamos saber sobre cómo permitir que el Espíritu Santo guíe nuestra vida.

Recuerda, cuando ya eres cristiano, Dios te da su Santo Espíritu para ayudarte a vivir tu fe, guiar tus pasos, fortalecer tu testimonio, y como lo atestigua este pasaje, vencer el pecado. Mira estos cuatro puntos clave que el apóstol Pablo destaca.

1. **Eres controlado por una nueva naturaleza.** Tu vieja y pecaminosa naturaleza está tratando todavía de tener su mano en el volante. Pero ahora tu nueva naturaleza está sentada en el asiento del conductor y tu vieja naturaleza está como un molesto compañero de viaje. Puedes dejar que tu vieja naturaleza maneje el auto o puedes no hacerle caso y dejar que el Espíritu Santo dirija.

2. **Aun cuando enfrentes la muerte física, no enfrentarás la muerte espiritual.** Como creyente, la muerte física es una simple transición a la vida eterna en el cielo. Tú has sido librado de la muerte espiritual, que te llevaría a un eterno tormento y al infierno (lee Apocalipsis 21:8). Este importante hecho debe darte seguridad cuando el diablo trate de arrojar dudas en tu camino.

3. **El mismo espíritu de Dios que levantó a Jesús de la muerte, reside en ti.** ¿Has captado eso? El Espíritu Santo, que tuvo poder para levantar a Jesús de entre los muertos, ¡ahora vive en ti! Si esto es cierto –y la Palabra de Dios así lo dice– ¡piensa en el poder sobrenatural que tienes en tu vida para resistir al pecado!

4. **No tienes que dar lugar a tu vieja naturaleza y sus sugerencias.** Pablo no estaba hablando acerca de las metas que nos proponemos para el año nuevo. Si tratamos de vivir una vida moral y justa, en nuestras propias fuerzas, fallaremos. Pero si confiamos en el poder del Espíritu Santo para ayudarnos, seremos vencedores.

PRIMEROS PASOS

Nuestra vida debe mostrar que Dios está trabajando en nuestro corazón Lee Romanos 7:4

Mientras vivamos de este lado del cielo, estaremos siempre luchando entre el deseo de obedecer a Dios y el deseo de seguir nuestros instintos pecaminosos. Aun el apóstol Pablo sabía lo que es luchar contra el pecado. Los versículos que rodean este texto, describen seis claves para ganar la batalla y vivir una vida que no sólo agrada a Dios, sino que muestra que Dios está trabajando en nuestro corazón.

1. **Admite el poder del pecado en tu vida** (lee Romanos 7:14). Reconoce que tienes una «naturaleza impetuosa» dentro de ti; una vulnerabilidad a las tentaciones del pecado. Si fallamos al percibir nuestra debilidad potencial, seremos más vulnerables para ceder a ella. La Biblia nos advierte contra tal actitud, diciendo: «Así que, el que piensa estar firme, mire que no caiga» (1 Corintios 10:12).

2. **Comprende que no tienes poder para cambiar tu propio ser** (lee Romanos 7:18). Tu naturaleza pecaminosa es la fuente del problema. Tú nunca vas a «dominar» al pecado y vivir una vida agradable a Dios con tus propias fuerzas. Separado de Dios, no puedes hacer nada.

3. **Llega a estar «harto» de tu condición y clama por ayuda** (lee Romanos 7:24). Tú no puedes controlar el mal en tu vida simplemente por determinar hacerlo. Tienes que llegar al final de tus fuerzas y entonces pedir la ayuda de Dios en tus luchas.

4. **Acepta tu libertad** (lee Romanos 7:25). Toma la mano de ayuda que te está ofreciendo Jesús.

5. **Acepta el perdón de Dios y que eres libre de condenación** (lee Romanos 8:1-2). A causa de tu unión especial con Cristo, Dios te perdona y no te condena cuando reconoces tus fallas, luchas y promesas no cumplidas.

6. **Corta las acciones instintivas de tu naturaleza pecaminosa** (lee Romanos 8:3-8). La única manera de no cometer acciones pecaminosas instintivas es dejar de vivir dominado por esa naturaleza pecaminosa y empezar a vivir por el poder del Espíritu Santo. ¿Cómo puedes hacerlo? Como lo implica el verso 6, debes ceder el control de tu mente al Espíritu. Cuando haces esto, eres «controlado por el Espíritu Santo y piensas en las cosas que agradan al Espíritu» (Romanos 8:5).

Siempre tendrás la posibilidad de pecar, pero Dios te ha dado el poder para vencer el pecado a través del Espíritu Santo. La clave para tener este poder es obedecer al Espíritu Santo.

PIEDRAS ANGULARES

---

⁴ Así también vosotros, hermanos míos, habéis muerto a la ley mediante el cuerpo de Cristo, para que seáis de otro, del que resucitó de los muertos, a fin de que llevemos fruto para Dios. ⁵ Porque mientras estábamos en la carne, las pasiones pecaminosas que eran por la ley obraban en nuestros miembros llevando fruto para muerte. ⁶ Pero ahora estamos libres de la ley, por haber muerto para aquella en que estábamos sujetos, de modo que sirvamos bajo el régimen nuevo del Espíritu y no bajo el régimen viejo de la letra.

El pecado que mora en mí

⁷ ¿Qué diremos, pues? ¿La ley es pecado? En ninguna manera. Pero yo no conocí el pecado sino por la ley; porque tampoco conociera la codicia, si la ley no dijera: No codiciarás.ᵃ ⁸ Mas el pecado, tomando ocasión por el mandamiento, produjo en mí toda codicia; porque sin la ley el pecado está muerto. ⁹ Y yo sin la ley vivía en un tiempo; pero venido el mandamiento, el pecado revivió y yo morí. ¹⁰ Y hallé que el mismo mandamiento que era para vida, a mí me resultó para muerte; ¹¹ porque el pecado, tomando ocasión por el mandamiento, me engañó, y por él me mató. ¹² De manera que la ley a la verdad es santa, y el mandamiento santo, justo y bueno.

¹³ ¿Luego lo que es bueno, vino a ser muerte para mí? En ninguna manera; sino que el pecado, para mostrarse pecado, produjo en

ᵃ 7.7: Ex. 20.17; Dt. 5.21.

mí la muerte por medio de lo que es bueno, a fin de que por el mandamiento el pecado llegase a ser sobremanera pecaminoso. 14 Porque sabemos que la ley es espiritual; mas yo soy carnal, vendido al pecado. 15 Porque lo que hago, no lo entiendo; pues no hago lo que quiero, sino lo que aborrezco, eso hago.[b] 16 Y si lo que no quiero, esto hago, apruebo que la ley es buena. 17 De manera que ya no soy yo quien hace aquello, sino el pecado que mora en mí. 18 Y yo sé que en mí, esto es, en mi carne, no mora el bien; porque el querer el bien está en mí, pero no el hacerlo. 19 Porque no hago el bien que quiero, sino el mal que no quiero, eso hago. 20 Y si hago lo que no quiero, ya no lo hago yo, sino el pecado que mora en mí.

21 Así que, queriendo yo hacer el bien, hallo esta ley: que el mal está en mí. 22 Porque según el hombre interior, me deleito en la ley de Dios; 23 pero veo otra ley en mis miembros, que se rebela contra la ley de mi mente, y que me lleva cautivo a la ley del pecado que está en mis miembros. 24 ¡Miserable de mí! ¿quién me librará de este cuerpo de muerte? 25 Gracias doy a Dios, por Jesucristo Señor nuestro. Así que, yo mismo con la mente sirvo a la ley de Dios, mas con la carne a la ley del pecado.

CAPÍTULO 8
Viviendo en el Espíritu

Ahora, pues, ninguna condenación hay para los que están en Cristo Jesús, los que no andan conforme a la carne, sino conforme al Espíritu. 2 Porque la ley del Espíritu de vida en Cristo Jesús me ha librado de la ley del pecado y de la muerte. 3 Porque lo que era imposible para la ley, por cuanto era débil por la carne, Dios, enviando a su Hijo en semejanza de carne de pecado y a causa del pecado, condenó al pecado en la carne; 4 para que la justicia de la ley se cumpliese en nosotros, que no andamos conforme a la carne, sino conforme al Espíritu. 5 Porque los que son de la carne piensan en las cosas de la carne; pero los que son del Espíritu, en las cosas del Espíritu. 6 Porque el ocuparse de la carne es muerte, pero el ocuparse del Espíritu es vida y paz. 7 Por cuanto los designios de la carne son enemistad contra Dios; porque no se sujetan a la ley de Dios, ni tampoco pueden; 8 y los

que viven según la carne no pueden agradar a Dios.

9 Mas vosotros no vivís según la carne, sino según el Espíritu, si es que el Espíritu de Dios mora en vosotros. Y si alguno no tiene el Espíritu de Cristo, no es de él. 10 Pero si Cristo está en vosotros, el cuerpo en verdad está muerto a causa del pecado, mas el espíritu vive a causa de la justicia. 11 Y si el Espíritu de aquel que levantó de los muertos a Jesús mora en vosotros, el que levantó de los muertos a Cristo Jesús vivificará también vuestros cuerpos mortales por su Espíritu que mora en vosotros.

12 Así que, hermanos, deudores somos, no a la carne, para que vivamos conforme a la carne; 13 porque si vivís conforme a la carne, moriréis; mas si por el Espíritu hacéis morir las obras de la carne, viviréis. 14 Porque todos los que son guiados por el Espíritu de Dios, éstos son hijos de Dios. 15 Pues no habéis recibido el espíritu de esclavitud para estar otra vez en temor, sino que habéis recibido el espíritu de adopción, por el cual clamamos: ¡Abba,

---

La oración no es una experiencia solitaria
Lee Romanos 8:26-27

Has pensado qué decirle a Dios? Quizá tienes un amigo enfermo que no sabe cómo orar a Dios. O quizá tú mismo estás inseguro sobre cómo orar por tus propias necesidades espirituales. Esta porción de la Escritura te animará. Desde el momento que pediste a Jesús que fuera tu Salvador personal, recibiste un huésped que reside en tu corazón: el Espíritu Santo.

Una de las muchas cosas que él hace es ayudarte en la oración —especialmente cuando no sabes cómo orar—. Cuando comprendas de qué manera tan íntima se relaciona Dios con tus oraciones, empezarás a sentir una estrecha proximidad a tu Padre en los cielos. Y comenzarás a sentir una frescura en tu vida de oración como nunca antes.

La próxima vez que no sepas cómo orar, pídele al Espíritu Santo que te ayude a presentar a Dios tus preocupaciones y necesidades.

PRIMEROS PASOS

---

b 7.15: Gá. 5.17.

Vivir para agradar a Dios Lee Romanos 8:5-8

Vivir para agradar a Dios puede parecer una tarea temible. Y para algunos, así lo es. Luchan entre una serie de «hazlo» y «no lo hagas». Tratan de obtener el favor de Dios a través de actos de bondad y compasión. Intentan «apaciguar» a Dios por su conducta pecaminosa, yendo a la iglesia o haciendo una «confesión». Pero este pasaje, en realidad, todo este capítulo de Romanos enseña que es posible vivir una vida pura y agradable a Dios.

Los primeros versículos de este capítulo explican que una vez que has entrado en una relación con Jesucristo, Dios te libera del «círculo vicioso» del pecado y la muerte por medio del poder de su Santo Espíritu. Esta terminología ilustra la base de nuestra libertad: en esencia, el Espíritu Santo que recibiste al aceptar a Jesucristo en tu vida te ha hecho un «esclavo» de Jesucristo, no un «esclavo» de tu naturaleza pecaminosa.

El apóstol Pablo se identifica a menudo en sus escritos como un esclavo de Jesucristo. Usa la palabra *doulos*, que significa «siervo por voluntad». Esta palabra era muy común y de uso frecuente en la cultura romana. Un *doulos* era una persona que había recibido su libertad, pero que por un profundo amor a su señor o amo, decidía voluntariamente seguir sirviendo como esclavo. Pablo no era un esclavo de Jesucristo porque tenía que serlo; era esclavo de Jesucristo porque deseaba serlo. Se había entregado por completo a sí mismo a su Maestro.

La única manera de estar libre del poder del pecado es «someterse» a Jesús. A menos que le rindas completamente tu vida a Jesús, todos tus esfuerzos por llevar una vida pura serán inútiles. Esa vieja naturaleza levantará continuamente su fea cabeza e influirá tus pensamientos y acciones. Pero si tú eres un siervo fiel de Jesús, que sigue la guía del Espíritu Santo (verso 5), no servirás a Dios por temor y deber sino por amor y gratitud. Tu servicio no estará motivado por el deseo de ganar la aprobación de Dios, sino por el deseo de estar más cerca de Jesús, reconociendo que ya estás aprobado por lo que él hizo por ti. Esta «bendita» servidumbre te dará la voluntad, el poder y la motivación de vivir una vida que es agradable a Dios.

PIEDRAS ANGULARES

Padre! ¹⁶ El Espíritu mismo da testimonio a nuestro espíritu, de que somos hijos de Dios. ¹⁷ Y si hijos, también herederos;ᵃ herederos de Dios y coherederos con Cristo, si es que padecemos juntamente con él, para que juntamente con él seamos glorificados.

¹⁸ Pues tengo por cierto que las aflicciones del tiempo presente no son comparables con la gloria venidera que en nosotros ha de manifestarse. ¹⁹ Porque el anhelo ardiente de la creación es el aguardar la manifestación de los hijos de Dios. ²⁰ Porque la creación fue sujetada a vanidad, no por su propia voluntad, sino por causa del que la sujetó en esperanza; ²¹ porque también la creación misma será libertada de la esclavitud de corrupción, a la libertad gloriosa de los hijos de Dios. ²² Porque sabemos que toda la creación gime a una, y a una está con dolores de parto hasta ahora; ²³ y no sólo ella, sino que también nosotros mismos, que tenemos las primicias del Espíritu,

nosotros también gemimos dentro de nosotros mismos, esperando la adopción, la redención de nuestro cuerpo. ²⁴ Porque en esperanza fuimos salvos; pero la esperanza que se ve, no es esperanza; porque lo que alguno ve, ¿a qué esperarlo? ²⁵ Pero si esperamos lo que no vemos, con paciencia lo aguardamos.

²⁶ Y de igual manera el Espíritu nos ayuda en nuestra debilidad; pues qué hemos de pedir como conviene, no lo sabemos, pero el Espíritu mismo intercede por nosotros con gemidos indecibles. ²⁷ Mas el que escudriña los corazones sabe cuál es la intención del Espíritu, porque conforme a la voluntad de Dios intercede por los santos.

Más que vencedores

²⁸ Y sabemos que a los que aman a Dios, todas las cosas les ayudan a bien, esto es, a los que conforme a su propósito son llamados. ²⁹ Porque a los que antes conoció, también

ᵃ 8.15-17: Gá. 4.5-7.

los predestinó para que fuesen hechos conformes a la imagen de su Hijo, para que él sea el primogénito entre muchos hermanos. 30 Y a los que predestinó, a éstos también llamó; y a los que llamó, a éstos también justificó; y a los que justificó, a éstos también glorificó.

31 ¿Qué, pues, diremos a esto? Si Dios es por nosotros, ¿quién contra nosotros? 32 El que no escatimó ni a su propio Hijo, sino que lo entregó por todos nosotros, ¿cómo no nos dará también con él todas las cosas? 33 ¿Quién acusará a los escogidos de Dios? Dios es el que justifica. 34 ¿Quién es el que condenará? Cristo es el que murió; más aun, el que también resucitó, el que además está a la diestra de Dios, el que también intercede por nosotros. 35 ¿Quién nos separará del amor de Cristo? ¿Tribulación, o angustia, o persecución, o hambre, o desnudez, o peligro, o espada? 36 Como está escrito:

Por causa de ti somos muertos todo el
    tiempo;
Somos contados como ovejas de
    matadero.*b*

37 Antes, en todas estas cosas somos más que vencedores por medio de aquel que nos amó. 38 Por lo cual estoy seguro de que ni la muerte, ni la vida, ni ángeles, ni principados, ni potestades, ni lo presente, ni lo por venir, 39 ni lo alto, ni lo profundo, ni ninguna otra cosa creada nos podrá separar del amor de Dios, que es en Cristo Jesús Señor nuestro.

CAPÍTULO 9

La elección de Israel

Verdad digo en Cristo, no miento, y mi conciencia me da testimonio en el Espíritu Santo, 2 que tengo gran tristeza y continuo dolor en mi corazón. 3 Porque deseara yo mismo ser anatema, separado de Cristo, por amor a mis hermanos, los que son mis parientes según la carne; 4 que son israelitas, de los cuales son la adopción, la gloria, el pacto, la promulgación de la ley, el culto y las promesas; 5 de quienes son los patriarcas, y de los cuales, según la carne, vino Cristo, el cual es Dios sobre todas las cosas, bendito por los siglos. Amén.

6 No que la palabra de Dios haya fallado; porque no todos los que descienden de

Rinde tu vida incondicionalmente
Lee Romanos 12:1-2

Este pasaje de la Escritura es lo que podemos llamar una promesa condicional. La última parte del verso 2 contiene esa promesa. Si deseamos descubrir la perfecta voluntad de Dios para nuestra vida, debemos reunir las tres condiciones mencionadas al principio de estos versos.

1. **Debemos presentarnos nosotros mismos a Dios como sacrificio vivo.** Debemos reconocer que, como cristianos, le pertenecemos a Dios. La Biblia nos dice que ya no somos dueños de nuestro cuerpo porque Cristo pagó por él cuando murió en la cruz (lee 1 Corintios 6:19b-20). Debido a que nuestros cuerpos le pertenecen, debemos abstenernos del pecado. Esto es lo que significa un sacrificio vivo: dejar a un lado nuestra propia voluntad y hacer la voluntad de Dios.

2. **No debemos conformarnos a este mundo.** El próximo paso en preparar nuestros corazones para conocer la voluntad de Dios es guardarnos de copiar «la conducta y las costumbres de este mundo». Cuando la Biblia habla de «el mundo» no se está refiriendo a la tierra; más bien, está hablando de la mentalidad y la forma de pensar de los tiempos; la bancarrota espiritual que es hostil a las cosas de Dios y que se enfoca principalmente en los propios deseos egoístas de la humanidad.

3. **Debemos ser transformados por la renovación de nuestra mente.** Una de las mejores maneras de llegar a ser «una persona nueva y diferente» es saturar literalmente tu mente y corazón de aquellas cosas que edifican tu espíritu. Puedes lograrlo estudiando la Palabra de Dios, cantando himnos y alabanzas, pasando tiempo en oración y en el compañerismo con otros creyentes. Como nos lo dice el apóstol Pablo: «Por lo demás, hermanos, todo lo que es verdadero, todo lo honesto, todo lo justo, todo lo puro, todo lo amable, todo lo que es de buen nombre; si hay virtud alguna, si algo digno de alabanza, en esto pensad» (Filipenses 4:8).

Cuando tomemos estos pasos preliminares seremos más capaces de discernir con seguridad la voluntad de Dios para nuestra vida.

Israel son israelitas, [7] ni por ser descendientes de Abraham, son todos hijos; sino: En Isaac te será llamada descendencia.[a,] [8] Esto es: No los que son hijos según la carne son los hijos de Dios, sino que los que son hijos según la promesa son contados como descendientes. [9] Porque la palabra de la promesa es esta: Por este tiempo vendré, y Sara tendrá un hijo.[b] [10] Y no sólo esto, sino también cuando Rebeca concibió de uno, de Isaac nuestro padre [11] (pues no habían aún nacido, ni habían hecho aún ni bien ni mal, para que el propósito de Dios conforme a la elección permaneciese, no por las obras sino por el que llama), [12] se le dijo: El mayor servirá al menor.[c] [13] Como está escrito: A Jacob amé, mas a Esaú aborrecí.[d]

[14] ¿Qué, pues, diremos? ¿Que hay injusticia en Dios? En ninguna manera. [15] Pues a Moisés dice: Tendré misericordia del que yo tenga misericordia, y me compadeceré del que yo me compadezca.[e] [16] Así que no depende del que quiere, ni del que corre, sino de Dios que tiene misericordia. [17] Porque la Escritura dice a Faraón: Para esto mismo te he levantado, para mostrar en ti mi poder, y para que mi nombre sea anunciado por toda la tierra.[f] [18] De manera que de quien quiere, tiene misericordia, y al que quiere endurecer, endurece.

[19] Pero me dirás: ¿Por qué, pues, inculpa? porque ¿quién ha resistido a su voluntad? [20] Mas antes, oh hombre, ¿quién eres tú, para que alterques con Dios? ¿Dirá el vaso de barro al que lo formó: ¿Por qué me has hecho así? [g] [21] ¿O no tiene potestad el alfarero sobre el barro, para hacer de la misma masa un vaso para honra y otro para deshonra? [22] ¿Y qué, si Dios, queriendo mostrar su ira y hacer notorio su poder, soportó con mucha paciencia los vasos de ira preparados para destrucción, [23] y para hacer notorias las riquezas de su gloria, las mostró para con los vasos de misericordia que él preparó de antemano para gloria, [24] a los cuales también ha llamado, esto es, a nosotros, no sólo de los judíos, sino también de los gentiles? [25] Como también en Oseas dice:

Llamaré pueblo mío al que no era mi
 pueblo,
Y a la no amada, amada.[h]
[26] Y en el lugar donde se les dijo: Vosotros
 no sois pueblo mío,
Allí serán llamados hijos del Dios
 viviente.[i]

[27] También Isaías clama tocante a Israel: Si fuere el número de los hijos de Israel como la arena del mar, tan sólo el remanente será salvo; [28] porque el Señor ejecutará su sentencia sobre la tierra en justicia y con prontitud.[j] [29] Y como antes dijo Isaías:

Si el Señor de los ejércitos no nos
 hubiera dejado descendencia,
Como Sodoma habríamos venido a ser,
 y a Gomorra seríamos semejantes.[k]

La justicia que es por fe

[30] ¿Qué, pues, diremos? Que los gentiles, que no iban tras la justicia, han alcanzado la justicia, es decir, la justicia que es por fe; [31] mas Israel, que iba tras una ley de justicia, no la alcanzó. [32] ¿Por qué? Porque iban tras ella no por fe, sino como por obras de la ley, pues tropezaron en la piedra de tropiezo, [33] como está escrito:

He aquí pongo en Sion piedra de
 tropiezo y roca de caída;
Y el que creyere en él, no será
 avergonzado.[l]

---

[a] 9.7: Gn. 21.12. [b] 9.9: Gn. 18.10. [c] 9.12: Gn. 25.23. [d] 9.13: Mal. 1.2-3. [e] 9.15: Ex. 33.19. [f] 9.17: Ex. 9.16. [g] 9.20: Is. 45.9.
[h] 9.25: Os. 2.23. [i] 9.26: Os. 1.10. [j] 9.27-28: Is. 10.22-23. [k] 9.29: Is. 1.9.

PARTIR Y CORRER ▰▰▰▰▰▰▰

Mantén vivo tu celo espiritual Lee Romanos 12:11

Este versículo no sólo nos anima a mantener vivo nuestro celo por el Señor, sino que nos ordena hacerlo. Otro significado de la frase: «fervientes en espíritu sirviendo al Señor», es tener un corazón que arde por Dios. La importancia de esto se ve en el libro del Apocalipsis. Allí Jesús advierte a la iglesia de Laodicea que esas personas estaban en peligro de ser «vomitados de su boca», debido a que eran tibios (Apocalipsis 3:15-16). En esencia, ellos habían perdido el fuego de su celo espiritual y eran una ofensa para Cristo. Por lo tanto, Jesús les dijo que se arrepintieran porque si no, él los rechazaría.

¿Qué podemos hacer para conservar vivo nuestro celo por el Señor? Debemos mantener nuestro fuego espiritual bien alimentado, pasando tiempo con el pueblo de Dios, en oración y compañerismo.

CAPÍTULO 10

Hermanos, ciertamente el anhelo de mi corazón, y mi oración a Dios por Israel, es para salvación. ² Porque yo les doy testimonio de que tienen celo de Dios, pero no conforme a ciencia. ³ Porque ignorando la justicia de Dios, y procurando establecer la suya propia, no se han sujetado a la justicia de Dios; ⁴ porque el fin de la ley es Cristo, para justicia a todo aquel que cree.

⁵ Porque de la justicia que es por la ley Moisés escribe así: El hombre que haga estas cosas, vivirá por ellas.ᵃ ⁶ Pero la justicia que es por la fe dice así: No digas en tu corazón: ¿Quién subirá al cielo? (esto es, para traer abajo a Cristo); ⁷ o, ¿quién descenderá al abismo? (esto es, para hacer subir a Cristo de entre los muertos). ⁸ Mas ¿qué dice? Cerca de ti está la palabra, en tu boca y en tu corazón.ᵇ Esta es la palabra de fe que predicamos: ⁹ que si confesares con tu boca que Jesús es el Señor, y creyeres en tu corazón que Dios le levantó de los muertos, serás salvo. ¹⁰ Porque con el corazón se cree para justicia, pero con la boca se confiesa para salvación. ¹¹ Pues la Escritura dice: Todo aquel que en él creyere, no será avergonzado.ᶜ ¹² Porque no hay diferencia entre judío y griego, pues el mismo que es Señor de todos, es rico para con todos los que le invocan; ¹³ porque todo aquel que invocare el nombre del Señor, será salvo.ᵈ

¹⁴ ¿Cómo, pues, invocarán a aquel en el cual no han creído? ¿Y cómo creerán en aquel de quien no han oído? ¿Y cómo oirán sin haber quien les predique? ¹⁵ ¿Y cómo predicarán si no fueren enviados? Como está escrito: ¡Cuán hermosos son los pies de los que anuncian la paz, de los que anuncian buenas nuevas! ᵉ ¹⁶ Mas no todos obedecieron al evangelio; pues Isaías dice: Señor, ¿quién ha creído a nuestro anuncio? ᶠ ¹⁷ Así que la fe es por el oír, y el oír, por la palabra de Dios. ¹⁸ Pero digo: ¿No han oído? Antes bien,

Por toda la tierra ha salido la voz de ellos,
Y hasta los fines de la tierra sus palabras.ᵍ

¹⁹ También digo: ¿No ha conocido esto Israel? Primeramente Moisés dice:

Yo os provocaré a celos con un pueblo que no es pueblo;
Con pueblo insensato os provocaré a ira.ʰ

²⁰ E Isaías dice resueltamente:

Fui hallado de los que no me buscaban;
Me manifesté a los que no preguntaban por mí.ⁱ

²¹ Pero acerca de Israel dice: Todo el día extendí mis manos a un pueblo rebelde y contradictor.ʲ

CAPÍTULO 11

El remanente de Israel

Digo, pues: ¿Ha desechado Dios a su pueblo? En ninguna manera. Porque también yo soy israelita, de la descendencia de Abraham, de la tribu de Benjamín.ᵃ ² No ha desechado Dios a su pueblo, al cual desde antes conoció. ¿O no sabéis qué dice de Elías la Escritura, cómo invoca a Dios contra Israel, diciendo: ³ Señor, a tus profetas han dado muerte, y tus altares han derribado; y sólo yo he quedado, y procuran matarme? ᵇ ⁴ Pero ¿qué le dice la divina respuesta? Me he reservado siete mil hombres, que no han doblado la rodilla delante de Baal.ᶜ ⁵ Así

ʲ 9.33: Is. 28.16.   ᵃ 10.5: Lv. 18.5.   ᵇ 10.6-8: Dt. 30.12-14.   ᶜ 10.11: Is. 28.16.   ᵈ 10.13: Jl. 2.32.   ᵉ 10.15: Is. 52.7.   ᶠ 10.16: Is. 53.1.   ᵍ 10.18: Sal. 19.4.   ʰ 10.19: Dt. 32.21.   ⁱ 10.20: Is. 65.1.   ʲ 10.21: Is. 65.2.   ᵃ 11.1: Fil. 3.5.   ᵇ 11.3: 1 R. 19.10, 14.   ᶜ 11.4: 1 R. 19.18.

Debemos sustentar ese fuego con constante alimento de la Palabra de Dios. Como lo experimentaron los dos discípulos que estaban desanimados y se encontraron con su maestro. Oyendo las palabras de Jesús, es posible reanimar el celo por Dios: «Y se decían el uno al otro: ¿No ardía nuestro corazón en nosotros, mientras nos hablaba en el camino, y cuando nos abría las Escrituras?» (Lucas 24:32).

¿Cómo está tu temperatura espiritual? ¿Sientes pasión por el Señor al cual sirves? ¿Aprovechas al máximo cualquier oportunidad que se te presenta de hablar a otros de Cristo?

El evangelista John Wesley dijo una vez: «Dadme cien hombres que amen a Dios con todo su corazón y que no teman a nada sino al pecado y moveré al mundo». Si estás encendido con el Espíritu, sirviendo al Señor con celo y entusiasmo, tu vida hará la diferencia.

Nuestra paz continúa mientras seguimos al Espíritu Santo
Lee Romanos 8:5-8

Aunque eres cristiano, todavía luchas con tu antigua naturaleza. Sin embargo, si permites al Espíritu Santo de Dios controlar tu vida, esa lucha será mucho menos intensa. Porque como lo dice este pasaje, tú desearás agradar a Dios.

Si sigues tu vieja naturaleza con sus malos deseos, «nunca podrás agradar a Dios» (verso 8). Tu vida, sea que lo comprendas o no, estará vacía. Pero si vives una vida controlada por el Espíritu, experimentarás «vida y paz» (verso 6). Para entrar a una vida controlada por el Espíritu, sigue el consejo del apóstol Pablo: «Poned la mira en las cosas de arriba, no en las de la tierra. Porque habéis muerto, y vuestra vida está escondida con Cristo en Dios» (Colosenses 3:2-3).

---

también aun en este tiempo ha quedado un remanente escogido por gracia. 6 Y si por gracia, ya no es por obras; de otra manera la gracia ya no es gracia. Y si por obras, ya no es gracia; de otra manera la obra ya no es obra.

7 ¿Qué pues? Lo que buscaba Israel, no lo ha alcanzado; pero los escogidos sí lo han alcanzado; y los demás fueron endurecidos; 8 como está escrito: Dios les dio espíritu de estupor, ojos con que no vean y oídos con que no oigan, hasta el día de hoy.[d] 9 Y David dice:

Sea vuelto su convite en trampa y en red,

En tropezadero y en retribución;

10 Sean oscurecidos sus ojos para que no vean,

Y agóbiales la espalda para siempre.[e]

La salvación de los gentiles

11 Digo, pues: ¿Han tropezado los de Israel para que cayesen? En ninguna manera; pero por su transgresión vino la salvación a los gentiles, para provocarles a celos. 12 Y si su transgresión es la riqueza del mundo, y su defección la riqueza de los gentiles, ¿cuánto más su plena restauración?

13 Porque a vosotros hablo, gentiles. Por cuanto yo soy apóstol a los gentiles, honro mi ministerio, 14 por si en alguna manera pueda provocar a celos a los de mi sangre, y hacer salvos a algunos de ellos. 15 Porque si su exclusión es la reconciliación del mundo, ¿qué será su admisión, sino vida de entre los muertos? 16 Si las primicias son

santas, también lo es la masa restante; y si la raíz es santa, también lo son las ramas.

17 Pues si algunas de las ramas fueron desgajadas, y tú, siendo olivo silvestre, has sido injertado en lugar de ellas, y has sido hecho participante de la raíz y de la rica savia del olivo; 18 no te jactes contra las ramas; y si te jactas, sabe que no sustentas tú a la raíz, sino la raíz a ti. 19 Pues las ramas, dirás, fueron desgajadas para que yo fuese injertado. 20 Bien; por su incredulidad fueron desgajadas, pero tú por la fe estás en pie. No te ensoberbezcas, sino teme. 21 Porque si Dios no perdonó a las ramas naturales, a ti tampoco te perdonará. 22 Mira, pues, la bondad y la severidad de Dios; la severidad ciertamente para con los que cayeron, pero la bondad para contigo, si permaneces en esa bondad; pues de otra manera tú también serás cortado. 23 Y aun ellos, si no permanecieren en incredulidad, serán injertados, pues poderoso es Dios para volverlos a injertar. 24 Porque si tú fuiste cortado del que por naturaleza es olivo silvestre, y contra naturaleza fuiste injertado en el buen olivo, ¿cuánto más éstos, que son las ramas naturales, serán injertados en su propio olivo?

La restauración de Israel

25 Porque no quiero, hermanos, que ignoréis este misterio, para que no seáis arrogantes en cuanto a vosotros mismos: que ha acontecido a Israel endurecimiento en parte, hasta que haya entrado la plenitud de los gentiles; 26 y luego todo Israel será salvo, como está escrito:

---

[d] 11.8: Dt. 29.4; Is. 29.10.   [e] 11.9-10: Sal. 69.22-23.

¿Cómo debemos considerar a las autoridades? Lee Romanos 13:1-2

Cuando tratamos el asunto de la autoridad, en particular cómo actuar ante el gobierno de nuestro país, la Biblia nos da algunos asuntos importantes para considerar.

Dios establece a los gobernantes. Es cierto que no todo gobierno oficial es obediente a Dios. De hecho, muchos gobiernos violan la Palabra de Dios. Pero Dios ha permitido ciertos gobiernos con un propósito divino. En el Antiguo Testamento, muchas veces Dios permitió que algunos «malos» países llegaran al poder, para castigar a Israel por su mal proceder y para recordarles que debían retornar a Dios. Por lo tanto, debemos respetar a las autoridades, ya que Dios tiene propósitos específicos al permitir ciertos gobiernos.

Dios usa a los gobernantes que tienen temor de Dios. Aunque Dios, en resumidas cuentas, tiene control de todo lo que ocurre y de cada suceso que hay en el mundo, él usa a su pueblo en posiciones estratégicas de poder. Cuando la reina Ester, una judía, se vio frente a la posibilidad de ver a su pueblo completamente destruido, su tío Mardoqueo la desafió con estas palabras: «Porque si callas absolutamente en este tiempo, respiro y liberación vendrá de alguna otra parte para los judíos; mas tú y la casa de tu padre pereceréis. ¿Y quién sabe si para esta hora has llegado al reino?» (Ester 4:14). Ciertamente, Dios no nos prohíbe ser parte de los procesos políticos y usa a cristianos en el gobierno para cumplir sus propósitos.

Tenemos que ser testigos a los que están en autoridad. Tu obediencia a las leyes de la tierra es usada como un testimonio que exalta al Dios que sirves. Pedro, dirigiéndose a los primeros cristianos que estaban sufriendo crueles persecuciones bajo la tiranía de Nerón, los desafía a ser ciudadanos rectos (lee 1 Pedro 2:13-15).

Nuestra fidelidad a Dios debe estar primero. ¿Qué acerca de esos tiempos cuando la ley o el gobierno, hacen algo que contradice directamente la ley de Dios? Nosotros somos responsables ante una autoridad mayor. En el Antiguo Testamento leemos cómo Daniel desafió el decreto del rey que prohibía a la gente orar a otro dios que no fuera él (Daniel 6:1-28). Daniel sabía que Dios había dicho que sólo lo adoraran a él, así que él obedeció la ley de Dios antes que la ley de los hombres. Como recordarás, Daniel fue echado al foso de los leones, pero Dios preservó su vida cerrando la boca de las bestias. En el Nuevo Testamento, Pedro dijo al sumo sacerdote, cuando les advirtió que no hablaran en el nombre de Jesús: «Es necesario obedecer a Dios antes que a los hombres» (Hechos 5:29). En tiempos más recientes, los cristianos que viven en países comunistas o musulmanes, continúan hablando de Cristo y repartiendo Biblias, a pesar de las leyes que lo prohíben.

Quizá lo mejor que podemos hacer para quienes están en autoridad, es seguir el consejo dado en 1 Pedro 2:17: «Temed a Dios. Honrad al rey». Aquí tenemos un perfecto equilibrio, porque si tememos a Dios, viviremos por encima de cualquier crítica y seremos ejemplo a aquellos en autoridad. Al mismo tiempo, seremos capaces de discernir cuándo las leyes humanas contradicen las leyes divinas establecidas por Dios.

GRANDES PREGUNTAS

Vendrá de Sion el Libertador,
Que apartará de Jacob la impiedad. *f*
27 Y este será mi pacto con ellos,
Cuando yo quite sus pecados. *g*
28 Así que en cuanto al evangelio, son enemigos por causa de vosotros; pero en cuanto a la elección, son amados por causa de los padres. 29 Porque irrevocables son los dones y el llamamiento de Dios. 30 Pues como vosotros también en otro tiempo erais desobedientes a Dios, pero ahora habéis alcanzado misericordia por la desobediencia de ellos, 31 así también éstos ahora han sido desobedientes, para que por la misericordia concedida a vosotros, ellos también alcancen misericordia. 32 Porque Dios sujetó a todos en desobediencia, para tener misericordia de todos.

33 ¡Oh profundidad de las riquezas de la sabiduría y de la ciencia de Dios! ¡Cuán insondables son sus juicios, e inescrutables

f 11.26: Is. 59.20. *g* 11.27: Jer. 31.33-34.

sus caminos! [34] Porque ¿quién entendió la mente del Señor? ¿O quién fue su consejero? [h] [35] ¿O quién le dio a él primero, para que le fuese recompensado? [i] [36] Porque de él, y por él, y para él, son todas las cosas. A él sea la gloria por los siglos. Amén.

CAPÍTULO 12

Deberes cristianos

Así que, hermanos, os ruego por las misericordias de Dios, que presentéis vuestros cuerpos en sacrificio vivo, santo, agradable a Dios, que es vuestro culto racional. [2] No os conforméis a este siglo, sino transformaos por medio de la renovación de vuestro entendimiento, para que comprobéis cuál sea la buena voluntad de Dios, agradable y perfecta.

[3] Digo, pues, por la gracia que me es dada, a cada cual que está entre vosotros, que no tenga más alto concepto de sí que el que debe tener, sino que piense de sí con cordura, conforme a la medida de fe que Dios repartió a cada uno. [4] Porque de la manera que en un cuerpo tenemos muchos miembros, pero no todos los miembros tienen la misma función, [5] así nosotros, siendo muchos, somos un cuerpo en Cristo, [a] y todos miembros los unos de los otros. [6] De manera que, teniendo diferentes dones, según la gracia que nos es dada, [b] si el de profecía, úsese conforme a la medida de la fe; [7] o si de servicio, en servir; o el que enseña, en la enseñanza; [8] el que exhorta, en la exhortación; el que reparte, con liberalidad; el que preside, con solicitud; el que hace misericordia, con alegría.

[9] El amor sea sin fingimiento. Aborreced lo malo, seguid lo bueno. [10] Amaos los unos a los otros con amor fraternal; en cuanto a honra, prefiriéndoos los unos a los otros. [11] En lo que requiere diligencia, no perezosos; fervientes en espíritu, sirviendo al Señor; [12] gozosos en la esperanza; sufridos en la tribulación; constantes en la oración; [13] compartiendo para las necesidades de los santos; practicando la hospitalidad.

[14] Bendecid a los que os persiguen; [c] bendecid, y no maldigáis. [15] Gozaos con los que se gozan; llorad con los que lloran. [16] Unánimes entre vosotros; no altivos, sino asociándoos con los humildes. No seáis sabios en vuestra propia opinión. [d] [17] No paguéis a nadie mal por mal; procurad lo bueno delante de todos los hombres. [18] Si es posible, en cuanto dependa de vosotros, estad en paz con todos los hombres. [19] No os venguéis vosotros mismos, amados míos, sino dejad lugar a la ira de Dios; porque escrito está: Mía es la venganza, yo pagaré, dice el Señor. [e] [20] Así que, si tu enemigo tuviere hambre, dale de comer; si tuviere sed, dale de beber; pues haciendo esto, ascuas de fuego amontonarás sobre su cabeza. [f] [21] No seas vencido de lo malo, sino vence con el bien el mal.

CAPÍTULO 13

Sométase toda persona a las autoridades superiores; porque no hay autoridad sino de parte de Dios, y las que hay, por Dios han sido establecidas. [2] De modo que quien se opone a la autoridad, a lo establecido por Dios resiste; y los que resisten, acarrean condenación para sí mismos. [3] Porque los magistrados no están para infundir temor al que hace el bien, sino al malo. ¿Quieres, pues, no temer la autoridad? Haz lo bueno, y tendrás alabanza de ella; [4] porque es servidor de Dios para tu bien. Pero si haces lo malo, teme; porque no en vano lleva la espada, pues es servidor de Dios, vengador para castigar al que hace lo malo. [5] Por lo cual es necesario estarle sujetos, no solamente por razón del castigo, sino también por causa de la conciencia. [6] Pues por esto pagáis también los tributos, porque son servidores de Dios que atienden continuamente a esto mismo. [7] Pagad a todos lo que debéis: al que tributo, tributo; al que impuesto, impuesto; al que respeto, respeto; al que honra, honra. [a]

[8] No debáis a nadie nada, sino el amaros unos a otros; porque el que ama al prójimo, ha cumplido la ley. [9] Porque: No adulterarás, [b] no matarás, [c] no hurtarás, [d] no dirás falso testimonio, [e] no codiciarás, [f] y cualquier otro mandamiento, en esta sentencia se resume: Amarás a tu prójimo como a ti mismo. [g] [10] El amor no hace mal al prójimo; así que el cumplimiento de la ley es el amor.

[11] Y esto, conociendo el tiempo, que es ya hora de levantarnos del sueño; porque

h 11.34: Is. 40.13. i 11.35: Job 41.11. a 12.4-5: 1 Co. 12.12. b 12.6-8: 1 Co. 12.4-11. c 12.14: Lc. 6.28. d 12.16: Pr. 3.7.
e 12.19: Dt. 32.35. f 12.20: Pr. 25.21-22. a 13.6-7: Mt. 22.21; Mr. 12.17; Lc. 20.25. b 13.9: Ex. 20.14; Dt. 5.18.
c 13.9: Ex. 20.13; Dt. 5.17. d 13.9: Ex. 20.15; Dt. 5.19. e 13.9: Ex. 20.16; Dt. 5.20. f 13.9: Ex. 20.17; Dt. 5.21. g 13.9: Lv. 19.18.

ahora está más cerca de nosotros nuestra salvación que cuando creímos. [12] La noche está avanzada, y se acerca el día. Desechemos, pues, las obras de las tinieblas, y vistámonos las armas de la luz. [13] Andemos como de día, honestamente; no en glotonerías y borracheras, no en lujurias y lascivias, no en contiendas y envidia, [14] sino vestíos del Señor Jesucristo, y no proveáis para los deseos de la carne.

CAPÍTULO 14

Los débiles en la fe

Recibid al débil en la fe, pero no para contender sobre opiniones. [2] Porque uno cree que se ha de comer de todo; otro, que es débil, come legumbres. [3] El que come, no menosprecie al que no come, y el que no come, no juzgue al que come; porque Dios le ha recibido. [4] ¿Tú quién eres, que juzgas al criado ajeno? Para su propio señor está en pie, o cae; pero estará firme, porque poderoso es el Señor para hacerle estar firme.

[5] Uno hace diferencia entre día y día; otro juzga iguales todos los días. Cada uno esté plenamente convencido en su propia mente. [6] El que hace caso del día, lo hace para el Señor; y el que no hace caso del día, para el Señor no lo hace. El que come, para el Señor come, porque da gracias a Dios; y el que no come, para el Señor no come, y da gracias a Dios.[a] [7] Porque ninguno de nosotros vive para sí, y ninguno muere para sí. [8] Pues si vivimos, para el Señor vivimos; y si morimos, para el Señor morimos. Así pues, sea que vivamos, o que muramos, del Señor somos. [9] Porque Cristo para esto murió y resucitó, y volvió a vivir, para ser Señor así de los muertos como de los que viven.

[10] Pero tú, ¿por qué juzgas a tu hermano? O tú también, ¿por qué menosprecias a tu hermano? Porque todos compareceremos ante el tribunal de Cristo.[b] [11] Porque escrito está:

Vivo yo, dice el Señor, que ante mí se
    doblará toda rodilla,
Y toda lengua confesará a Dios.[c]

[12] De manera que cada uno de nosotros dará a Dios cuenta de sí.

[13] Así que, ya no nos juzguemos más los unos a los otros, sino más bien decidid no poner tropiezo u ocasión de caer al hermano. [14] Yo sé, y confío en el Señor Jesús, que

nada es inmundo en sí mismo; mas para el que piensa que algo es inmundo, para él lo es. [15] Pero si por causa de la comida tu hermano es contristado, ya no andas conforme al amor. No hagas que por la comida tuya se pierda aquel por quien Cristo murió. [16] No sea, pues, vituperado vuestro bien; [17] porque el reino de Dios no es comida ni bebida, sino justicia, paz y gozo en el Espíritu Santo. [18] Porque el que en esto sirve a Cristo, agrada a Dios, y es aprobado

---

Vestir la armadura de Dios
Lee Romanos 13:11-14

Otro modo de leer el último versículo de este capítulo es: «sean hombres y mujeres de Cristo, de la cabeza hasta los pies y no le den oportunidad a la carne». En otras palabras, necesitamos «vestirnos» de Cristo. Para hacerlo necesitas dejar que Cristo forme parte de todo lo que haces e invitarle a ir a todas partes contigo. Permítele actuar en cada decisión que tomes. Recuerda estas tres verdades sencillas cuando trates de obedecer a Cristo.

1. El tiempo es corto. Jesucristo volverá pronto y necesitamos ser los mejores testigos de él que podamos ser.

2. Vivir en la luz. Como dice Efesios 5:8: «Porque en otro tiempo erais tinieblas, mas ahora sois luz en el Señor; andad como hijos de luz». Cuanto más vives en la luz de Dios, menos deseas ser influido por las tinieblas del mundo que te rodean.

3. Confía en Cristo para permanecer firme. No serás capaz por ti mismo de permanecer firme ante las tentaciones. Mientras sigas a Cristo y su ejemplo, hallarás que es mucho más fácil evitar caídas espirituales. Como se ha dicho: «La mejor defensa es una buena ofensiva».

Algunos desean poner a Dios en un pequeño compartimiento. Quieren adorarlo de nueve a once de la mañana el día domingo, pero el resto del tiempo se lo guardan para sí mismos. Eso no es la vida cristiana. Como verdaderos seguidores de Jesucristo, necesitamos identificarnos con nuestro Maestro las veinticuatro horas del día, los siete días de la semana y el resto de nuestra vida.

PRIMEROS PASOS

---

[a] 14.1-6: Col. 2.16.   [b] 14.10: 2 Co. 5.10.   [c] 14.11: Is. 45.23.

por los hombres. ¹⁹ Así que, sigamos lo que contribuye a la paz y a la mutua edificación. ²⁰ No destruyas la obra de Dios por causa de la comida. Todas las cosas a la verdad son limpias; pero es malo que el hombre haga tropezar a otros con lo que come. ²¹ Bueno es no comer carne, ni beber vino, ni nada en que tu hermano tropiece, o se ofenda, o se debilite. ²² ¿Tienes tú fe? Tenla para contigo delante de Dios. Bienaventurado el que no se condena a sí mismo en lo que aprueba. ²³ Pero el que duda sobre lo que come, es condenado, porque no lo hace con fe; y todo lo que no proviene de fe, es pecado.

CAPÍTULO 15

Así que, los que somos fuertes debemos soportar las flaquezas de los débiles, y no agradarnos a nosotros mismos. ² Cada uno de nosotros agrade a su prójimo en lo que es bueno, para edificación. ³ Porque ni aun Cristo se agradó a sí mismo; antes bien, como está escrito: Los vituperios de los que te vituperaban, cayeron sobre mí.ᵃ ⁴ Porque las cosas que se escribieron antes, para nuestra enseñanza se escribieron, a fin de que por la paciencia y la consolación de las Escrituras, tengamos esperanza. ⁵ Pero el Dios de la paciencia y de la consolación os dé entre vosotros un mismo sentir según Cristo Jesús, ⁶ para que unánimes, a una voz, glorifiquéis al Dios y Padre de nuestro Señor Jesucristo.

El evangelio a los gentiles

⁷ Por tanto, recibíos los unos a los otros, como también Cristo nos recibió, para gloria de Dios. ⁸ Pues os digo, que Cristo Jesús vino a ser siervo de la circuncisión para mostrar la verdad de Dios, para confirmar las promesas hechas a los padres, ⁹ y para que los gentiles glorifiquen a Dios por su misericordia, como está escrito:

Por tanto, yo te confesaré entre los gentiles,
Y cantaré a tu nombre.ᵇ

¹⁰ Y otra vez dice:
Alegraos, gentiles, con su pueblo.ᶜ

¹¹ Y otra vez:
Alabad al Señor todos los gentiles,
Y magnificadle todos los pueblos.ᵈ

¹² Y otra vez dice Isaías:
Estará la raíz de Isaí,
Y el que se levantará a regir los gentiles;
Los gentiles esperarán en él.ᵉ

¹³ Y el Dios de esperanza os llene de todo gozo y paz en el creer, para que abundéis en esperanza por el poder del Espíritu Santo.

¹⁴ Pero estoy seguro de vosotros, hermanos míos, de que vosotros mismos estáis llenos de bondad, llenos de todo conocimiento, de tal manera que podéis amonestaros los unos a los otros. ¹⁵ Mas os he escrito, hermanos, en parte con atrevimiento, como para haceros recordar, por la gracia que de Dios me es dada ¹⁶ para ser ministro de Jesucristo a los gentiles, ministrando el evangelio de Dios, para que los gentiles le sean ofrenda agradable, santificada por el Espíritu Santo. ¹⁷ Tengo, pues, de qué gloriarme en Cristo Jesús en lo que a Dios se refiere. ¹⁸ Porque no osaría hablar sino de lo que Cristo ha hecho por medio de mí para la obediencia de los gentiles, con la palabra y con las obras, ¹⁹ con potencia de señales y prodigios, en el poder del Espíritu de Dios; de manera que desde Jerusalén, y por los alrededores hasta Ilírico, todo lo he llenado del evangelio de Cristo. ²⁰ Y de esta manera me esforcé a predicar el evangelio,

---

ᵃ 15.3: Sal. 69.9. ᵇ 15.9: 2 S. 22.50; Sal. 18.49. ᶜ 15.10: Dt. 32.43. ᵈ 15.11: Sal. 117.1. ᵉ 15.12: Is. 11.10. ᶠ 15.21: Is.52.15.

PARTIR Y CORRER ▰▰▰▰▰▰▰▰

¿Podría esta actividad ser un tropiezo para la fe de otros cristianos? Lee Romanos 14:15

No hagas nada por lo que puedan criticarte, aun si estás convencido de que esa actividad es correcta. Lo que somos y hacemos tiene un efecto directo en otras personas, no sólo durante nuestra vida aquí en la tierra, sino también por la eternidad. No sólo debemos vivir conscientes de la opinión de Dios, sino que también necesitamos considerar a los demás. No debemos hacer nada que haga que otro hermano o hermana en la fe tropiece y caiga.

no donde Cristo ya hubiese sido nombrado, para no edificar sobre fundamento ajeno, ²¹ sino, como está escrito:

Aquellos a quienes nunca les fue
anunciado acerca de él, verán;
Y los que nunca han oído de él,
entenderán.^f

Pablo se propone ir a Roma
²² Por esta causa me he visto impedido muchas veces de ir a vosotros.^g ²³ Pero ahora, no teniendo más campo en estas regiones, y deseando desde hace muchos años ir a vosotros, ²⁴ cuando vaya a España, iré a vosotros; porque espero veros al pasar, y ser encaminado allá por vosotros, una vez que haya gozado con vosotros. ²⁵ Mas ahora voy a Jerusalén para ministrar a los santos. ²⁶ Porque Macedonia y Acaya tuvieron a bien hacer una ofrenda para los pobres que hay entre los santos que están en Jerusalén.^h ²⁷ Pues les pareció bueno, y son deudores a ellos; porque si los gentiles han sido hechos participantes de sus bienes espirituales, deben también ellos ministrarles de los materiales.ⁱ ²⁸ Así que, cuando haya concluido esto, y les haya entregado este fruto, pasaré entre vosotros rumbo a España. ²⁹ Y sé que cuando vaya a vosotros, llegaré con abundancia de la bendición del evangelio de Cristo.

³⁰ Pero os ruego, hermanos, por nuestro Señor Jesucristo y por el amor del Espíritu, que me ayudéis orando por mí a Dios, ³¹ para que sea librado de los rebeldes que están en Judea, y que la ofrenda de mi servicio a los santos en Jerusalén sea acepta; ³² para que con gozo llegue a vosotros por la voluntad de Dios, y que sea recreado juntamente con vosotros. ³³ Y el Dios de paz sea con todos vosotros. Amén.

CAPÍTULO 16

Saludos personales
Os recomiendo además nuestra hermana Febe, la cual es diaconisa de la iglesia en Cencrea; ² que la recibáis en el Señor, como es digno de los santos, y que la ayudéis en cualquier cosa en que necesite de vosotros; porque ella ha ayudado a muchos, y a mí mismo.

³ Saludad a Priscila y a Aquila,^a mis colaboradores en Cristo Jesús, ⁴ que expusieron su vida por mí; a los cuales no sólo yo doy gracias, sino también todas las iglesias de los gentiles. ⁵ Saludad también a la iglesia de su casa. Saludad a Epeneto, amado mío, que es el primer fruto de Acaya para Cristo. ⁶ Saludad a María, la cual ha trabajado mucho entre vosotros. ⁷ Saludad a Andrónico y a Junias, mis parientes y mis compañeros de prisiones, los cuales son muy estimados entre los apóstoles, y que también fueron antes de mí en Cristo. ⁸ Saludad a Amplias, amado mío en el Señor. ⁹ Saludad a Urbano, nuestro colaborador en Cristo Jesús, y a Estaquis, amado mío. ¹⁰ Saludad a Apeles, aprobado en Cristo. Saludad a los de la casa de Aristóbulo. ¹¹ Saludad a Herodión, mi pariente. Saludad a los de la casa de Narciso, los cuales están en el Señor. ¹² Saludad a Trifena y a Trifosa, las cuales trabajan en el Señor. Saludad a la amada Pérsida, la cual ha trabajado mucho en el Señor. ¹³ Saludad a Rufo,^b escogido en el Señor, y a su madre y mía. ¹⁴ Saludad a Asíncrito, a Flegonte, a Hermas, a Patrobas, a Hermes y a los hermanos que están con ellos. ¹⁵ Saludad a Filólogo, a Julia, a Nereo y a su hermana, a Olimpas y a todos los santos que están con ellos. ¹⁶ Saludaos los unos a los otros con ósculo santo. Os saludan todas las iglesias de Cristo.

^g 15.22: Ro. 1.13. ^h 15.25-26: 1 Co. 16.1-4. ⁱ 15.27: 1 Co. 9.11. ^a 16.3: Hch. 18.2. ^b 16.13: Mr. 15.21.

¿Tengo alguna inquietud acerca de esta actividad? Lee Romanos 14:23

Cuando participamos en actividades cuestionables, es fácil justificarse y decir que también otros lo están haciendo. Este versículo pone claramente toda la responsabilidad sobre tus hombros. Puedes protestar y decir: «Bien, ¡este y aquel lo están haciendo también!» Pero tú no eres esa persona. Tú debes dar lo que Dios te dice a ti. ¿Cuándo sabes que no deberías participar en tal actividad? A menudo, el Santo Espíritu de Dios pondrá inquietud en tu conciencia acerca de algo que no deberías hacer. Por ejemplo, puedes tener la sensación de que no deberías estar en determinado lugar impropio, junto a gente que hace cosas indebidas. O puedes sentir falta de paz en tu corazón acerca de una actividad en la cual estás participando. Cuando esto sucede, es bueno prestar atención a tu conciencia y ser obediente a Dios.

Saber a quién perteneces y qué te depara el futuro, te producirá verdadero gozo Lee Romanos 15:13

Este versículo toca tres facetas de la vida cristiana que producen gran gozo:

1. Tienes una nueva identidad. Cuando aceptas a Cristo en tu vida, Dios te da una nueva identidad. Descubres que no eres un producto del azar o la casualidad. No eres un simple punto en el universo. Tú eres hijo de Dios, y como su hijo puedes descansar tranquilo, seguro de que serás amado y cuidado por tu Padre celestial.

2. Tienes poder para hacerle frente a la vida. Con esa nueva identidad y esperanza en Cristo, tú también tienes la promesa de la presencia y el poder del Espíritu Santo en tu vida. El Espíritu Santo trabaja constantemente en tu corazón, ayudándote a comprender la Palabra de Dios y transformando tus actitudes y comportamiento (lee la sección «¿Quién es el Espíritu Santo?»). Una traducción ampliada de este versículo dice que por el poder del Espíritu Santo, toda tu vida y tu parecer estarán «radiantes de esperanza». Dios no te deja enfrentar la vida solo. Él ha prometido guiarte y fortalecerte con su Espíritu.

3. Tienes esperanza para el futuro. Como cristiano tienes el conocimiento y la esperanza que hay vida después de la muerte. Tu último suspiro en la tierra será seguido por tu primer suspiro en el cielo. Nosotros sabemos que esto es cierto porque Dios lo ha prometido en su Palabra (lee la sección «¿Qué es el cielo?»). Este verso asegura que tu creencia en Jesús y sus promesas a nosotros sus seguidores, te llenarán de gozo y paz.

El mundo ofrece muchos caminos a la felicidad: sexo, dinero, poder y éxito personal. Pero son inferiores e indignos sustitutos en comparación con el conocimiento de que tú eres hijo de Dios y que tienes la esperanza del cielo. Este es el único camino a un constante y eterno gozo.

PIEDRAS ANGULARES

---

¹⁷ Mas os ruego, hermanos, que os fijéis en los que causan divisiones y tropiezos en contra de la doctrina que vosotros habéis aprendido, y que os apartéis de ellos. ¹⁸ Porque tales personas no sirven a nuestro Señor Jesucristo, sino a sus propios vientres, y con suaves palabras y lisonjas engañan los corazones de los ingenuos. ¹⁹ Porque vuestra obediencia ha venido a ser notoria a todos, así que me gozo de vosotros; pero quiero que seáis sabios para el bien, e ingenuos para el mal. ²⁰ Y el Dios de paz aplastará en breve a Satanás bajo vuestros pies. La gracia de nuestro Señor Jesucristo sea con vosotros.

²¹ Os saludan Timoteo ^c mi colaborador, y Lucio, Jasón y Sosípater, mis parientes. ²² Yo Tercio, que escribí la epístola, os saludo en el Señor.

²³ Os saluda Gayo,^d hospedador mío y de toda la iglesia. Os saluda Erasto,^e tesorero de la ciudad, y el hermano Cuarto.

²⁴ La gracia de nuestro Señor Jesucristo sea con todos vosotros. Amén.

Doxología final

²⁵ Y al que puede confirmaros según mi evangelio y la predicación de Jesucristo, según la revelación del misterio que se ha mantenido oculto desde tiempos eternos, ²⁶ pero que ha sido manifestado ahora, y que por las Escrituras de los profetas, según el mandamiento del Dios eterno, se ha dado a conocer a todas las gentes para que obedezcan a la fe, ²⁷ al único y sabio Dios, sea gloria mediante Jesucristo para siempre. Amén.

ᶜ 16.21: Hch. 16.1.   ᵈ 16.23: Hch. 19.29; 1 Co. 1.14.   ᵉ 16.23: 2 Ti. 4.20.

1 Corintios

Salutación

Pablo, llamado a ser apóstol de Jesucristo por la voluntad de Dios, y el hermano Sóstenes, ² a la iglesia de Dios que está en Corinto,ᵃ a los santificados en Cristo Jesús, llamados a ser santos con todos los que en cualquier lugar invocan el nombre de nuestro Señor Jesucristo, Señor de ellos y nuestro: ³ Gracia y paz a vosotros, de Dios nuestro Padre y del Señor Jesucristo.

Acción de gracias por dones espirituales

⁴ Gracias doy a mi Dios siempre por vosotros, por la gracia de Dios que os fue dada en Cristo Jesús; ⁵ porque en todas las cosas fuisteis enriquecidos en él, en toda palabra y en toda ciencia; ⁶ así como el testimonio acerca de Cristo ha sido confirmado en vosotros, ⁷ de tal manera que nada os falta en ningún don, esperando la manifestación de nuestro Señor Jesucristo; ⁸ el cual también os confirmará hasta el fin, para que seáis irreprensibles en el día de nuestro Señor Jesucristo. ⁹ Fiel es Dios, por el cual fuisteis llamados a la comunión con su Hijo Jesucristo nuestro Señor.

¿Está dividido Cristo?

¹⁰ Os ruego, pues, hermanos, por el nombre de nuestro Señor Jesucristo, que habléis todos una misma cosa, y que no haya entre vosotros divisiones, sino que estéis perfectamente unidos en una misma mente y en un mismo parecer. ¹¹ Porque he sido informado acerca de vosotros, hermanos míos, por los de Cloé, que hay entre vosotros contiendas. ¹² Quiero decir, que cada uno de vosotros dice: Yo soy de Pablo; y yo de Apolos;ᵇ y yo de Cefas; y yo de Cristo. ¹³ ¿Acaso está dividido Cristo? ¿Fue crucificado Pablo por vosotros? ¿O fuisteis bautizados en el nombre de Pablo? ¹⁴ Doy gracias a Dios de que a ninguno de vosotros he bautizado, sino a Crispo ᶜ y a Gayo,ᵈ ¹⁵ para que ninguno diga que fuisteis bautizados en mi nombre. ¹⁶ También bauticé a la familia de Estéfanas;ᵉ de los demás, no sé si he bautizado a algún otro. ¹⁷ Pues no me envió Cristo a bautizar, sino a predicar el evangelio; no con sabiduría de palabras, para que no se haga vana la cruz de Cristo.

Cristo, poder y sabiduría de Dios

¹⁸ Porque la palabra de la cruz es locura a los que se pierden; pero a los que se salvan, esto es, a nosotros, es poder de Dios. ¹⁹ Pues está escrito:

Destruiré la sabiduría de los sabios,
Y desecharé el entendimiento de los
    entendidos.ᶠ

²⁰ ¿Dónde está el sabio? ¿Dónde está el escriba? ¿Dónde está el disputador de este siglo? ¿No ha enloquecido Dios la sabiduría del mundo? ᵍ ²¹ Pues ya que en la sabiduría de Dios, el mundo no conoció a Dios mediante la sabiduría, agradó a Dios salvar a los creyentes por la locura de la predicación. ²² Porque los judíos piden señales, y los griegos buscan sabiduría; ²³ pero nosotros predicamos a Cristo crucificado, para los judíos ciertamente tropezadero, y para los gentiles locura; ²⁴ mas para los llamados, así judíos como griegos, Cristo poder de Dios, y sabiduría de Dios. ²⁵ Porque lo insensato de Dios es más sabio que los

ᵃ 1.2: Hch. 18.1. ᵇ 1.12: Hch. 18.24. ᶜ 1.14: Hch. 18.8. ᵈ 1.14: Hch. 19.29. ᵉ 1.16: 1 Co. 16.15. ᶠ 1.19: Is. 29.14. ᵍ 1.20: Is. 44.25.

El pasar por alto pequeños asuntos nos deja libres para experimentar alegría Lee 1 Corintios 1:10-17

En su primera carta a los corintios, Pablo señala varios problemas que la iglesia en Corinto estaba experimentando. Uno de los mayores problemas era que la iglesia se dividía, agrupándose bajo las enseñanzas de uno u otro apóstol, más que concentrarse en el gozo de su salvación. Pablo por lo tanto, amonesta a la iglesia por dividirse por tan mezquinos problemas, recordándoles que es a Cristo a quien deben seguir, no a Apolos o a Pedro o a Pablo.

Igual que los corintios, nosotros podemos estancarnos en pequeños asuntos que no sólo dividen a la iglesia sino que en realidad carecen de importancia. Cuando participamos en asuntos intrascendentes, nos robamos a nosotros mismos la experiencia del gozo que Cristo nos ha dado. Esto es porque el sumergirnos en asuntos no esenciales llega a ser más importante que la salvación misma. Nos obsesionamos por ganar gente que apoye nuestro punto de vista más que conducirlos a su fe en Cristo. Olvidar y dejar de lado minúsculos detalles, es liberador. Nos da libertad para enfocarnos en nuestra propia salvación y experimentar el gozo del perdón cristiano.

¿Cómo podemos hacer esto? Aquí hay cuatro maneras de pasar por alto pequeños asuntos y experimentar gozo en Cristo.

1. Concéntrate en un solo propósito. El propósito de nuestra vida es servir a Cristo (lee Filipenses 1:21).

2. Adopta las prioridades de Dios como tuyas. Pon a Dios primero, a los demás en segundo lugar, y tú en tercero (lee Filipenses 2:5-6).

3. Mantente en constante progreso espiritual. Reconoce que todavía no has «llegado» espiritualmente y procura siempre conocer más de Dios (lee Filipenses 3:13-14).

4. Ten una mente que se regocija. No te goces en las circunstancias, sino regocíjate en Dios y su fidelidad (lee Filipenses 4:4-5).

El no mantener el gozo del Señor en nuestra vida personal nos guía al fracaso espiritual; no mantenerlo en nuestras iglesias, debilita la causa de Cristo. Permite que su gozo fluya en tu vida.

PIEDRAS ANGULARES

---

hombres, y lo débil de Dios es más fuerte que los hombres. 26 Pues mirad, hermanos, vuestra vocación, que no sois muchos sabios según la carne, ni muchos poderosos, ni muchos nobles; 27 sino que lo necio del mundo escogió Dios, para avergonzar a los sabios; y lo débil del mundo escogió Dios, para avergonzar a lo fuerte; 28 y lo vil del mundo y lo menospreciado escogió Dios, y lo que no es, para deshacer lo que es, 29 a fin de que nadie se jacte en su presencia. 30 Mas por él estáis vosotros en Cristo Jesús, el cual nos ha sido hecho por Dios sabiduría, justificación, santificación y redención; 31 para que, como está escrito: El que se gloría, gloríese en el Señor.[h]

CAPÍTULO 2
Proclamando a Cristo crucificado
Así que, hermanos, cuando fui a vosotros para anunciaros el testimonio de Dios, no fui con excelencia de palabras o de sabiduría. 2 Pues me propuse no saber entre vosotros cosa alguna sino a Jesucristo, y a éste crucificado. 3 Y estuve entre vosotros con debilidad, y mucho temor y temblor;[a] 4 y ni mi palabra ni mi predicación fue con palabras persuasivas de humana sabiduría, sino con demostración del Espíritu y de poder, 5 para que vuestra fe no esté fundada en la sabiduría de los hombres, sino en el poder de Dios.

La revelación por el Espíritu de Dios
6 Sin embargo, hablamos sabiduría entre los que han alcanzado madurez; y sabiduría, no de este siglo, ni de los príncipes de este siglo, que perecen. 7 Mas hablamos sabiduría de Dios en misterio, la sabiduría oculta, la cual Dios predestinó antes de los siglos para nuestra gloria, 8 la que ninguno de los príncipes de este siglo conoció; porque si la hubieran conocido, nunca habrían

h 1.31: Jer. 9.24.   a 2.3: Hch. 18.9.

crucificado al Señor de gloria. ⁹ Antes bien, como está escrito:

> Cosas que ojo no vio, ni oído oyó,
> Ni han subido en corazón de hombre,
> Son las que Dios ha preparado para los
> que le aman.ᵇ

¹⁰ Pero Dios nos las reveló a nosotros por el Espíritu; porque el Espíritu todo lo escudriña, aun lo profundo de Dios. ¹¹ Porque ¿quién de los hombres sabe las cosas del hombre, sino el espíritu del hombre que está en él? Así tampoco nadie conoció las cosas de Dios, sino el Espíritu de Dios. ¹² Y nosotros no hemos recibido el espíritu del mundo, sino el Espíritu que proviene de Dios, para que sepamos lo que Dios nos ha concedido, ¹³ lo cual también hablamos, no con palabras enseñadas por sabiduría humana, sino con las que enseña el Espíritu, acomodando lo espiritual a lo espiritual.

¹⁴ Pero el hombre natural no percibe las cosas que son del Espíritu de Dios, porque para él son locura, y no las puede entender, porque se han de discernir espiritualmente. ¹⁵ En cambio el espiritual juzga todas las cosas; pero él no es juzgado de nadie. ¹⁶ Porque ¿quién conoció la mente del Señor? ¿Quién le instruirá? ᶜ Mas nosotros tenemos la mente de Cristo.

CAPÍTULO 3
Colaboradores de Dios

De manera que yo, hermanos, no pude hablaros como a espirituales, sino como a carnales, como a niños en Cristo. ² Os di a beber leche, y no vianda;ᵃ porque aún no erais capaces, ni sois capaces todavía, ³ porque aún sois carnales; pues habiendo entre vosotros celos, contiendas y disensiones, ¿no sois carnales, y andáis como hombres? ⁴ Porque diciendo el uno: Yo ciertamente soy de Pablo; y el otro: Yo soy de Apolos,ᵇ ¿no sois carnales?

⁵ ¿Qué, pues, es Pablo, y qué es Apolos? Servidores por medio de los cuales habéis creído; y eso según lo que a cada uno concedió el Señor. ⁶ Yo planté,ᶜ Apolos regó;ᵈ pero el crecimiento lo ha dado Dios. ⁷ Así que ni el que planta es algo, ni el que riega, sino Dios, que da el crecimiento. ⁸ Y el que planta y el que riega son una misma cosa;

aunque cada uno recibirá su recompensa conforme a su labor. ⁹ Porque nosotros somos colaboradores de Dios, y vosotros sois labranza de Dios, edificio de Dios.

¹⁰ Conforme a la gracia de Dios que me ha sido dada, yo como perito arquitecto puse el fundamento, y otro edifica encima; pero cada uno mire cómo sobreedifica. ¹¹ Porque nadie puede poner otro fundamento que el que está puesto, el cual es Jesucristo. ¹² Y si sobre este fundamento alguno edificare oro, plata, piedras preciosas, madera, heno, hojarasca, ¹³ la

---

Comprende la sencillez del evangelio Lee 1 Corintios 2:1-5

Pablo nos recuerda en este texto que lo más importante del mensaje del evangelio es la historia de la vida, muerte y resurrección de Jesucristo. Los apóstoles enfatizaron este mensaje en su predicación a través del Nuevo Testamento, especialmente en el libro de los Hechos, que es la crónica de los primeros años de la iglesia. Cuando compartas tu fe con otros, ten en mente estos dos puntos que se advierten en los esfuerzos de los propios apóstoles para difundir el evangelio:

1. Recuerda la sencillez del evangelio. La gente necesita saber que son pecadores y que su pecado los separa de Dios. Pero Jesús vino para unir a la humanidad con Dios. Cuando él murió en la cruz, todos los pecados de la humanidad fueron puestos sobre él, y él pagó totalmente la pena por esos pecados. Tres días después de su crucifixión, él se levantó de los muertos, probando que era el verdadero Hijo de Dios, el único que podía pagar por nuestros pecados.

2. Reconoce el poder del evangelio. Aunque el mensaje es sencillo, es increíblemente poderoso. Pablo escribió: «Porque no me avergüenzo del evangelio, porque es poder de Dios para salvación a todo aquel que cree» (Romanos 1:16). La palabra que Pablo usa para describir el poder del evangelio, es la palabra griega de la cual se derivan dinamita y dinámico. Recuerda que hay poder en el sencillo mensaje de la vida, muerte y resurrección de Jesucristo. No debemos avergonzarnos de ello sino proclamarlo firmemente.

PRIMEROS PASOS

ᵇ 2:9: Is. 64:4. ᶜ 2:16: Is. 40:13. ᵃ 3:2: He. 5:12-13.
ᵇ 3:4: 1 Co. 1:12. ᶜ 3:6: Hch. 18:4-11. ᵈ 3:6: Hch. 18:24-28.

El valor de nuestra obra en la tierra será probado
Lee 1 Corintios 3:10-15

E l predicador inglés Alan Redpath dijo una vez: «Es posible tener un alma salvada y una vida perdida». En otras palabras se puede ser salvo y perdonado del pecado y desperdiciar nuestra vida por no servir al Señor.

De esto está advirtiendo Pablo a los corintios en este pasaje. Pablo describe aquí otro juicio, especialmente para creyentes, aparte del juicio que la Biblia llama el Gran Trono Blanco. Podemos llamarle el día en que Cristo repartirá las recompensas. Será distinto a todas las ceremonias de entrega de premios de la tierra. Se probará la calidad de nuestra obra para el Señor, tanto como los motivos que tuvimos para hacerla. Nuestra recompensa reflejará lo que hemos hecho, o no hemos hecho, con los talentos y las habilidades que el Señor nos dio.

Un día tú estarás delante de Jesús. Cuando ese día llegue, te gustará ser bienvenido en los brazos del Señor y oírle decir: «Bien, buen siervo y fiel» (Mateo 25:21).

Sé un «constructor experto». Toma los dones y las habilidades que Dios te dio, no importa si te parecen insignificantes y úsalos para su gloria. Entonces tendrás un alma salvada y una vida abundante.

PIEDRAS ANGULARES

---

obra de cada uno se hará manifiesta; porque el día la declarará, pues por el fuego será revelada; y la obra de cada uno cuál sea, el fuego la probará. ¹⁴ Si permaneciere la obra de alguno que sobreedificó, recibirá recompensa. ¹⁵ Si la obra de alguno se quemare, él sufrirá pérdida, si bien él mismo será salvo, aunque así como por fuego.

¹⁶ ¿No sabéis que sois templo de Dios, y que el Espíritu de Dios mora en vosotros? *e* ¹⁷ Si alguno destruyere el templo de Dios, Dios le destruirá a él; porque el templo de Dios, el cual sois vosotros, santo es.

¹⁸ Nadie se engañe a sí mismo; si alguno entre vosotros se cree sabio en este siglo, hágase ignorante, para que llegue a ser sabio. ¹⁹ Porque la sabiduría de este mundo es insensatez para con Dios; pues escrito está: Él prende a los sabios en la astucia de ellos. *f* ²⁰ Y otra vez: El Señor conoce los pensamientos de los sabios, que son vanos. *g* ²¹ Así que, ninguno se gloríe en los hombres; porque todo es vuestro; ²² sea Pablo, sea Apolos, sea Cefas, sea el mundo, sea la vida, sea la muerte, sea lo presente, sea lo por venir, todo es vuestro, ²³ y vosotros de Cristo, y Cristo de Dios.

CAPÍTULO 4
El ministerio de los apóstoles

Así, pues, téngannos los hombres por servidores de Cristo, y administradores de los misterios de Dios. ² Ahora bien, se requiere de los administradores, que cada uno sea hallado fiel. ³ Yo en muy poco tengo el ser juzgado por vosotros, o por tribunal humano; y ni aun yo me juzgo a mí mismo. ⁴ Porque aunque de nada tengo mala conciencia, no por eso soy justificado; pero el que me juzga es el Señor. ⁵ Así que, no juzguéis nada antes de tiempo, hasta que venga el Señor, el cual aclarará también lo oculto de las tinieblas, y manifestará las intenciones de los corazones; y entonces cada uno recibirá su alabanza de Dios.

⁶ Pero esto, hermanos, lo he presentado como ejemplo en mí y en Apolos por amor de vosotros, para que en nosotros aprendáis a no pensar más de lo que está escrito, no sea que por causa de uno, os envanezcáis unos contra otros. ⁷ Porque ¿quién te distingue? ¿o qué tienes que no hayas recibido? Y si lo recibiste, ¿por qué te glorías como si no lo hubieras recibido?

---

e 3.16: 1 Co. 6.19; 2 Co. 6.16.   *f* 3.19: Job 5.13.   *g* 3.20: Sal. 94.11.

¿Dios aprueba estilos de vida alternativos?
Lee 1 Corintios 6:9-10, 15-20

En estos tiempos oímos mucho hablar de «estilos de vida alternativos». Pero, ¿qué tiene Dios que decir acerca del homosexualismo, vivir juntos sin estar casados o ser promiscuos? Mientras algunos dicen que Dios acepta cualquier clase de relación, la Biblia pinta un cuadro muy diferente. Que esas relaciones existan no quiere decir que sean correctas. Dios las califica claramente como pecados.

Acerca de la homosexualidad. Decir que la homosexualidad es mala no es popular en nuestra cultura de hoy. Pero a Dios no le importa si una cosa es popular o no. A él le interesa la salvación de la gente y su obediencia a su Palabra. Sólo porque la homosexualidad sea vista hoy en día como un estilo de vida alternativo no significa que no sea pecado. Dios la declaró pecado cuando dio su ley a los israelitas (lee Levítico 18:22). Pablo reitera el mandamiento de Dios de abstenerse del pecado de la homosexualidad, en su carta a los romanos (lee Romanos 1:26-27), así como en otras cartas suyas a la iglesia primitiva.

Acerca de vivir juntos antes de estar casados y el sexo prematrimonial. ¿Has pensado que algo es correcto sólo «porque todos lo hacen»? En el día de hoy es muy aceptable que las parejas vivan juntas sin estar casadas. Además, tal parece que el sexo extramatrimonial es la norma y no la excepción. Pero Dios no ha dado su aprobación a esta clase de relaciones (lee Hebreos 13:4). Aunque Dios creó las relaciones sexuales, no las planeó para antes del matrimonio. Dios creó la relación sexual como un medio para que marido y mujer profundicen su relación y crezcan juntos en ella. No la creó para que sea una diversión barata que se disfruta antes del matrimonio, fuera de los vínculos sagrados, tal como lo hacen los que practican el sexo prematrimonial y viven juntos sin estar casados.

Acerca de la promiscuidad. Es una palabra que hoy en día no oímos tanto como en tiempos pasados. El problema con la promiscuidad es que se tiene relaciones sexuales con diferentes personas. La Escritura dice que la voluntad de Dios es que cada uno tenga un solo amante: esposa o esposo. Cuando una persona tiene más de un compañero (con la excepción de un nuevo casamiento después de la viudez o un divorcio realizado sobre una sana base bíblica), la persona se involucra en inmoralidad sexual si es soltero, y adulterio si es casado (lee Efesios 5:3 y Mateo 5:27-28).

Algunos se preguntan si lo que dice la Palabra de Dios acerca de estos asuntos tiene validez hoy o si era simplemente para la cultura particular de aquellos tiempos. La Palabra de Dios es para siempre (lee 1 Pedro 1:25). En consecuencia, estas instrucciones se aplican a nosotros hoy, tanto como se aplicaron siglos atrás.

Dios ha dado el deseo sexual para que se disfrute dentro del matrimonio (lee 1 Corintios 7:1-5). Si uno se opone al plan divinamente instituido y no se arrepiente, pagará las consecuencias, no sólo en esta vida, sino también en la eternidad. No puedes estar cerca de Dios si estás involucrado en inmoralidad. Por el contrario, si realmente andas cerca de Dios, no te involucras en inmoralidad.

GRANDES PREGUNTAS

---

⁸ Ya estáis saciados, ya estáis ricos, sin nosotros reináis. ¡Y ojalá reinaseis, para que nosotros reinásemos también juntamente con vosotros! ⁹ Porque según pienso, Dios nos ha exhibido a nosotros los apóstoles como postreros, como a sentenciados a muerte; pues hemos llegado a ser espectáculo al mundo, a los ángeles y a los hombres. ¹⁰ Nosotros somos insensatos por amor de Cristo, mas vosotros prudentes en Cristo; nosotros débiles, mas vosotros fuertes; vosotros honorables, mas nosotros despreciados. ¹¹ Hasta esta hora padecemos hambre, tenemos sed, estamos desnudos, somos abofeteados, y no tenemos morada fija. ¹² Nos fatigamos trabajando con nuestras propias manos;ᵈ nos maldicen, y bendecimos; padecemos persecución, y la soportamos. ¹³ Nos difaman, y rogamos; hemos venido a ser hasta ahora como la escoria del mundo, el desecho de todos.

ᵃ 4.12: Hch. 18.3.

¹⁴ No escribo esto para avergonzaros, sino para amonestaros como a hijos míos amados. ¹⁵ Porque aunque tengáis diez mil ayos en Cristo, no tendréis muchos padres; pues en Cristo Jesús yo os engendré por medio del evangelio. ¹⁶ Por tanto, os ruego que me imitéis.*ᵇ* ¹⁷ Por esto mismo os he enviado a Timoteo, que es mi hijo amado y fiel en el Señor, el cual os recordará mi proceder en Cristo, de la manera que enseño en todas partes y en todas las iglesias. ¹⁸ Mas algunos están envanecidos, como si yo nunca hubiese de ir a vosotros. ¹⁹ Pero iré pronto a vosotros, si el Señor quiere, y conoceré, no las palabras, sino el poder de los que andan envanecidos. ²⁰ Porque el reino de Dios no consiste en palabras, sino en poder. ²¹ ¿Qué queréis? ¿Iré a vosotros con vara, o con amor y espíritu de mansedumbre?

CAPÍTULO 5

Un caso de inmoralidad juzgado

De cierto se oye que hay entre vosotros fornicación, y tal fornicación cual ni aun se nombra entre los gentiles; tanto que alguno tiene la mujer de su padre.*ᵃ* ² Y vosotros estáis envanecidos. ¿No debierais más bien haberos lamentado, para que fuese quitado de en medio de vosotros el que cometió tal acción?

³ Ciertamente yo, como ausente en cuerpo, pero presente en espíritu, ya como presente he juzgado al que tal cosa ha hecho. ⁴ En el nombre de nuestro Señor Jesucristo, reunidos vosotros y mi espíritu, con el poder de nuestro Señor Jesucristo, ⁵ el tal sea entregado a Satanás para destrucción de la carne, a fin de que el espíritu sea salvo en el día del Señor Jesús.

⁶ No es buena vuestra jactancia. ¿No sabéis que un poco de levadura leuda toda la masa? *ᵇ* ⁷ Limpiaos, pues, de la vieja levadura, para

que seáis nueva masa, sin levadura como sois; porque nuestra pascua,*ᶜ* que es Cristo, ya fue sacrificada por nosotros. ⁸ Así que celebremos la fiesta, no con la vieja levadura, ni con la levadura de malicia y de maldad, sino con panes sin levadura,*ᵈ* de sinceridad y de verdad.

⁹ Os he escrito por carta, que no os juntéis con los fornicarios; ¹⁰ no absolutamente con los fornicarios de este mundo, o con los avaros, o con los ladrones, o con los idólatras; pues en tal caso os sería necesario salir del mundo. ¹¹ Más bien os escribí que no os juntéis con ninguno que, llamándose hermano, fuere fornicario, o avaro, o idólatra, o maldiciente, o borracho, o ladrón; con el tal ni aun comáis. ¹² Porque ¿qué razón tendría yo para juzgar a los que están fuera? ¿No juzgáis vosotros a los que están dentro? ¹³ Porque a los que están fuera, Dios juzgará. Quitad, pues, a ese perverso de entre vosotros.

CAPÍTULO 6

Litigios delante de los incrédulos

¿Osa alguno de vosotros, cuando tiene algo contra otro, ir a juicio delante de los injustos, y no delante de los santos? ² ¿O no sabéis que los santos han de juzgar al mundo? Y si el mundo ha de ser juzgado por vosotros, ¿sois indignos de juzgar cosas muy pequeñas? ³ ¿O no sabéis que hemos de juzgar a los ángeles? ¿Cuánto más las cosas de esta vida? ⁴ Si, pues, tenéis juicios sobre cosas de esta vida, ¿ponéis para juzgar a los que son de menor estima en la iglesia? ⁵ Para avergonzaros lo digo. ¿Pues qué, no hay entre vosotros sabio, ni aun uno, que pueda juzgar entre sus hermanos, ⁶ sino que el hermano con el hermano pleitea en juicio, y esto ante los incrédulos?

⁷ Así que, por cierto es ya una falta en vosotros que tengáis pleitos entre vosotros mismos. ¿Por qué no sufrís más bien el

---

ᵇ 4.16: 1 Co. 11.1; Fil. 3.17.   ᵃ 5.1: Dt. 22.30.   ᵇ 5.6: Gá. 5.9.   ᶜ 5.7: Ex. 12.5.   ᵈ 5.8: Ex. 13.7; Dt. 16.3.

PARTIR Y CORRER ▰▰▰▰▰▰▰▰▰▰▰▰

¿Esta actividad me controla? Lee 1 Corintios 6:12

Algunos suponen erróneamente que seguir a Cristo significa obedecer una lista de «hazlo» y «no lo hagas». En realidad, la vida cristiana, si se vive de acuerdo con las Escrituras, es una vida de gozo y satisfacción. Este versículo sirve para aclarar las cosas. ¡Seguir el principio establecido aquí, no es restrictivo sino liberador!

Algunas personas están controladas por el placer. Por ejemplo, viven tan dedicados a un deporte, al grado del fanatismo, que se torna en una obsesión. Otros pueden estar obsesionados por

agravio? ¿Por qué no sufrís más bien el ser defraudados? [8] Pero vosotros cometéis el agravio, y defraudáis, y esto a los hermanos.

[9] ¿No sabéis que los injustos no heredarán el reino de Dios? No erréis; ni los fornicarios, ni los idólatras, ni los adúlteros, ni los afeminados, ni los que se echan con varones, [10] ni los ladrones, ni los avaros, ni los borrachos, ni los maldicientes, ni los estafadores, heredarán el reino de Dios. [11] Y esto erais algunos; mas ya habéis sido lavados, ya habéis sido santificados, ya habéis sido justificados en el nombre del Señor Jesús, y por el Espíritu de nuestro Dios.

Glorificad a Dios en vuestro cuerpo

[12] Todas las cosas me son lícitas, mas no todas convienen;[a] todas las cosas me son lícitas, mas yo no me dejaré dominar de ninguna. [13] Las viandas para el vientre, y el vientre para las viandas; pero tanto al uno como a las otras destruirá Dios. Pero el cuerpo no es para la fornicación, sino para el Señor, y el Señor para el cuerpo. [14] Y Dios, que levantó al Señor, también a nosotros nos levantará con su poder. [15] ¿No sabéis que vuestros cuerpos son miembros de Cristo? ¿Quitaré, pues, los miembros de Cristo y los haré miembros de una ramera? De ningún modo. [16] ¿O no sabéis que el que se une con una ramera, es un cuerpo con ella? Porque dice: Los dos serán una sola carne.[b] [17] Pero el que se une al Señor, un espíritu es con él. [18] Huid de la fornicación. Cualquier otro pecado que el hombre cometa, está fuera del cuerpo; mas el que fornica, contra su propio cuerpo peca. [19] ¿O ignoráis que vuestro cuerpo es templo del Espíritu Santo, el cual está en vosotros,[c] el cual tenéis de Dios, y que no sois vuestros? [20] Porque habéis sido comprados por precio; glorificad, pues, a Dios en vuestro cuerpo y en vuestro espíritu, los cuales son de Dios.

CAPÍTULO 7

Problemas del matrimonio

En cuanto a las cosas de que me escribisteis, bueno le sería al hombre no tocar mujer; [2] pero a causa de las fornicaciones, cada uno tenga su propia mujer, y cada una tenga su propio marido. [3] El marido cumpla con la mujer el deber conyugal, y asimismo la mujer con el marido. [4] La mujer no tiene potestad sobre su propio cuerpo, sino el marido; ni tampoco tiene el marido potestad sobre su propio cuerpo, sino la mujer. [5] No os neguéis el uno al otro, a no ser por algún tiempo de mutuo consentimiento, para ocuparos sosegadamente en la oración; y volved a juntaros en uno, para que no os tiente Satanás a causa de vuestra incontinencia. [6] Mas esto digo por vía de concesión, no por mandamiento. [7] Quisiera más bien que todos los hombres fuesen como yo; pero cada uno tiene su propio don de Dios, uno a la verdad de un modo, y otro de otro.

[8] Digo, pues, a los solteros y a las viudas, que bueno les fuera quedarse como yo; [9] pero si no tienen don de continencia, cásense, pues mejor es casarse que estarse quemando.

[10] Pero a los que están unidos en matrimonio, mando, no yo, sino el Señor: Que la mujer no se separe del marido; [11] y si se separa, quédese sin casar, o reconcíliese con su marido; y que el marido no abandone a su mujer.[a]

[12] Y a los demás yo digo, no el Señor: Si algún hermano tiene mujer que no sea creyente, y ella consiente en vivir con él, no la abandone. [13] Y si una mujer tiene marido que no sea creyente, y él consiente en vivir con ella, no lo abandone. [14] Porque el marido incrédulo es santificado en la mujer, y la mujer incrédula en el marido; pues de otra manera vuestros hijos serían inmundos, mientras que ahora son

---

a 6.12: 1 Co. 10.23. b 6.16: Gn. 2.24. c 6.19: 1 Co. 3.16; 2 Co. 6.16. a 7.10-11: Mt. 5.32; 19.9; Mr. 10.11-12; Lc. 16.18.

---

las telenovelas, la comida o algún otro hábito particular que los tiene bajo su poder. Pero tú, como cristiano, debes desear ser controlado sólo por el poder de Jesucristo.

Debemos valorar tanto nuestra relación con Dios —y la libertad del pecado que ello trae—, de modo que guardemos celosamente esa relación, deseando que ninguna cosa o persona se interponga entre nosotros. Debemos orar como el salmista: «Examíname, oh Dios, y conoce mi corazón; pruébame y conoce mis pensamientos; y ve si hay en mí camino de perversidad, y guíame en el camino eterno» (Salmo 139:23-24).

santos. ¹⁵ Pero si el incrédulo se separa, sepárese; pues no está el hermano o la hermana sujeto a servidumbre en semejante caso, sino que a paz nos llamó Dios. ¹⁶ Porque ¿qué sabes tú, oh mujer, si quizá harás salvo a tu marido? ¿O qué sabes tú, oh marido, si quizá harás salva a tu mujer?

¹⁷ Pero cada uno como el Señor le repartió, y como Dios llamó a cada uno, así haga; esto ordeno en todas las iglesias. ¹⁸ ¿Fue llamado alguno siendo circunciso? Quédese circunciso. ¿Fue llamado alguno siendo incircunciso? No se circuncide. ¹⁹ La circuncisión nada es, y la incircuncisión nada es, sino el guardar los mandamientos de Dios. ²⁰ Cada uno en el estado en que fue llamado, en él se quede. ²¹ ¿Fuiste llamado siendo esclavo? No te dé cuidado; pero también, si puedes hacerte libre, procúralo más. ²² Porque el que en el Señor fue llamado siendo esclavo, liberto es del Señor; asimismo el que fue llamado siendo libre, esclavo es de Cristo. ²³ Por precio fuisteis comprados; no os hagáis esclavos de los hombres. ²⁴ Cada uno, hermanos, en el estado en que fue llamado, así permanezca para con Dios.

²⁵ En cuanto a las vírgenes no tengo mandamiento del Señor; mas doy mi parecer, como quien ha alcanzado misericordia del Señor para ser fiel. ²⁶ Tengo, pues, esto por bueno a causa de la necesidad que apremia; que hará bien el hombre en quedarse como está. ²⁷ ¿Estás ligado a mujer? No procures soltarte. ¿Estás libre de mujer? No procures casarte. ²⁸ Mas también si te casas, no pecas; y si la doncella se casa, no peca; pero los tales tendrán aflicción de la carne, y yo os la quisiera evitar. ²⁹ Pero esto digo, hermanos: que el tiempo es corto; resta, pues,

que los que tienen esposa sean como si no la tuviesen; ³⁰ y los que lloran, como si no llorasen; y los que se alegran, como si no se alegrasen; y los que compran, como si no poseyesen; ³¹ y los que disfrutan de este mundo, como si no lo disfrutasen; porque la apariencia de este mundo se pasa.

³² Quisiera, pues, que estuvieseis sin congoja. El soltero tiene cuidado de las cosas del Señor, de cómo agradar al Señor; ³³ pero el casado tiene cuidado de las cosas del mundo, de cómo agradar a su mujer. ³⁴ Hay asimismo diferencia entre la casada y la doncella. La doncella tiene cuidado de las cosas del Señor, para ser santa así en cuerpo como en espíritu; pero la casada tiene cuidado de las cosas del mundo, de cómo agradar a su marido. ³⁵ Esto lo digo para vuestro provecho; no para tenderos lazo, sino para lo honesto y decente, y para que sin impedimento os acerquéis al Señor.

³⁶ Pero si alguno piensa que es impropio para su hija virgen que pase ya de edad, y es necesario que así sea, haga lo que quiera, no peca; que se case. ³⁷ Pero el que está firme en su corazón, sin tener necesidad, sino que es dueño de su propia voluntad, y ha resuelto en su corazón guardar a su hija virgen, bien hace. ³⁸ De manera que el que la da en casamiento hace bien, y el que no la da en casamiento hace mejor.

³⁹ La mujer casada está ligada por la ley mientras su marido vive; pero si su marido muriere, libre es para casarse con quien quiera, con tal que sea en el Señor. ⁴⁰ Pero a mi juicio, más dichosa será si se quedare así; y pienso que también yo tengo el Espíritu de Dios.

PARTIR Y CORRER ∎∎∎∎∎∎∎∎∎∎∎∎∎∎

El matrimonio no es para todos Lee 1 Corintios 7:1-40

Contrario a la opinión popular, Dios le ha dado a algunos la habilidad de permanecer «felizmente solteros». El verso 35 de este pasaje nos recuerda que cuando uno quiere casarse es de vital importancia asegurarse de que la decisión «nos ayudará a servir a Dios mejor». Si estás considerando casarte, aquí tienes cuatro importantes asuntos para reflexionar:

1. Tomen tiempo para conocerse. No te apresures. Si estás realmente enamorado de una persona, desearás edificar una amistad con él o ella. Este es el fundamento de tu matrimonio. Como lo dice Benjamín Franklin: «Abre bien los ojos antes de casarte, y tenlos medio cerrados después de casarte». ¡Y no al revés!

2. Prueba la profundidad de tu amor. El amor es algo más que una emoción «almibarada». Es un compromiso. En el idioma griego, el amor se describía con tres palabras: eros (atracción física), philos (amor entre amigos) y ágape (amor

CAPÍTULO 8

Lo sacrificado a los ídolos

En cuanto a lo sacrificado a los ídolos, sabemos que todos tenemos conocimiento. El conocimiento envanece, pero el amor edifica. ² Y si alguno se imagina que sabe algo, aún no sabe nada como debe saberlo. ³ Pero si alguno ama a Dios, es conocido por él.

⁴ Acerca, pues, de las viandas que se sacrifican a los ídolos, sabemos que un ídolo nada es en el mundo, y que no hay más que un Dios. ⁵ Pues aunque haya algunos que se llamen dioses, sea en el cielo, o en la tierra (como hay muchos dioses y muchos señores), ⁶ para nosotros, sin embargo, sólo hay un Dios, el Padre, del cual proceden todas las cosas, y nosotros somos para él; y un Señor, Jesucristo, por medio del cual son todas las cosas, y nosotros por medio de él.

⁷ Pero no en todos hay este conocimiento; porque algunos, habituados hasta aquí a los ídolos, comen como sacrificado a ídolos, y su conciencia, siendo débil, se contamina. ⁸ Si bien la vianda no nos hace más aceptos ante Dios; pues ni porque comamos, seremos más, ni porque no comamos, seremos menos. ⁹ Pero mirad que esta libertad vuestra no venga a ser tropezadero para los débiles. ¹⁰ Porque si alguno te ve a ti, que tienes conocimiento, sentado a la mesa en un lugar de ídolos, la conciencia de aquel que es débil, ¿no será estimulada a comer de lo sacrificado a los ídolos? ¹¹ Y por el conocimiento tuyo, se perderá el hermano débil por quien Cristo murió. ¹² De esta manera, pues, pecando contra los hermanos e hiriendo su débil conciencia, contra Cristo pecáis. ¹³ Por lo cual, si la comida le es a mi hermano ocasión de caer, no comeré carne jamás, para no poner tropiezo a mi hermano.

CAPÍTULO 9

Los derechos de un apóstol

¿No soy apóstol? ¿No soy libre? ¿No he visto a Jesús el Señor nuestro? ¿No sois vosotros mi obra en el Señor? ² Si para otros no soy apóstol, para vosotros ciertamente lo soy; porque el sello de mi apostolado sois vosotros en el Señor.

³ Contra los que me acusan, esta es mi defensa: ⁴ ¿Acaso no tenemos derecho de comer y beber? ⁵ ¿No tenemos derecho de traer con nosotros una hermana por mujer como también los otros apóstoles, y los hermanos del Señor, y Cefas? ⁶ ¿O sólo yo y Bernabé no tenemos derecho de no trabajar? ⁷ ¿Quién fue jamás soldado a sus propias expensas? ¿Quién planta viña y no come de su fruto? ¿O quién apacienta el rebaño y no toma de la leche del rebaño?

⁸ ¿Digo esto sólo como hombre? ¿No dice esto también la ley? ⁹ Porque en la ley de Moisés está escrito: No pondrás bozal al buey que trilla.ᵃ ¿Tiene Dios cuidado de los bueyes, ¹⁰ o lo dice enteramente por nosotros? Pues por nosotros se escribió; porque con esperanza debe arar el que ara, y el que trilla, con esperanza de recibir del fruto. ¹¹ Si nosotros sembramos entre vosotros lo espiritual, ¿es gran cosa si segáremos de vosotros lo material? ᵇ ¹² Si otros participan de este derecho sobre vosotros, ¿cuánto más nosotros?

Pero no hemos usado de este derecho, sino que lo soportamos todo, por no poner ningún obstáculo al evangelio de Cristo.

ᵃ 9.9: Dt. 25.4.   ᵇ 9.11: Ro. 15.27.

---

incondicional). Los matrimonios basados solamente en eros o philos, están propensos a tener problemas, pero los edificados en el amor ágape que Cristo mostró, durarán hasta el fin. Las emociones vienen y van, pero el verdadero amor es más que eso. La Biblia dice: «Las muchas aguas no podrán apagar el amor, ni lo ahogarán los ríos» (Cantares 8:7).

3. Asegúrate de tu compromiso. Hazte las siguientes preguntas: ¿Estás listo para pasar el resto de tu vida con esa persona? ¿Puedes verte con esa persona siendo padres? ¿Estás dispuesto a hacer sacrificios en tus relaciones, aficiones y hasta en tu carrera, en favor de tu matrimonio?

4. Considera tu testimonio en cuanto a Cristo. Si tu novio o novia no es creyente, ni siquiera considers casarte. La Escritura nos advierte seriamente a no unirnos con personas que no son creyentes (2 Corintios 6:14). Necesitas también considerar las implicaciones espirituales de esta relación. ¿Serán los dos, ya casados, mejores y más fuertes testigos de Cristo, que estando separados?

Sea que te cases o que permanezcas soltero, aprende a contentarte cualquiera sea la situación en que el Señor te tenga. Entonces poseerás una de las claves de la verdadera felicidad.

¹³ ¿No sabéis que los que trabajan en las cosas sagradas, comen del templo, y que los que sirven al altar, del altar participan? ᶜ ¹⁴ Así también ordenó el Señor a los que anuncian el evangelio, que vivan del evangelio.ᵈ

¹⁵ Pero yo de nada de esto me he aprovechado, ni tampoco he escrito esto para que se haga así conmigo; porque prefiero morir, antes que nadie desvanezca esta mi gloria. ¹⁶ Pues si anuncio el evangelio, no tengo por qué gloriarme; porque me es impuesta necesidad; y ¡ay de mí si no anunciare el evangelio!

¹⁷ Por lo cual, si lo hago de buena voluntad, recompensa tendré; pero si de mala voluntad, la comisión me ha sido encomendada. ¹⁸ ¿Cuál, pues, es mi galardón? Que predicando el evangelio, presente gratuitamente el evangelio de Cristo, para no abusar de mi derecho en el evangelio. ¹⁹ Por lo cual, siendo libre de todos, me he hecho siervo de todos para ganar a mayor número. ²⁰ Me he hecho a los judíos como judío, para ganar a los judíos; a los que están sujetos a la ley (aunque yo no esté sujeto a la ley) como sujeto a la ley, para ganar a los que están sujetos a la ley; ²¹ a los que están sin ley, como si yo estuviera sin ley (no estando yo sin ley de Dios, sino bajo la ley de Cristo), para ganar a los que están sin ley. ²² Me he hecho débil a los débiles, para ganar a los débiles; a todos me he hecho de todo, para que de todos modos salve a algunos. ²³ Y esto hago por causa del evangelio, para hacerme copartícipe de él.

²⁴ ¿No sabéis que los que corren en el estadio, todos a la verdad corren, pero uno solo se lleva el premio? Corred de tal manera que lo obtengáis. ²⁵ Todo aquel que lucha, de todo se abstiene; ellos, a la verdad, para recibir una corona corruptible, pero nosotros, una incorruptible. ²⁶ Así que, yo de esta manera corro, no como a la ventura; de esta manera peleo, no como quien golpea el aire, ²⁷ sino que golpeo mi cuerpo, y lo pongo en servidumbre, no sea que habiendo sido heraldo para otros, yo mismo venga a ser eliminado.

CAPÍTULO **10**

Amonestaciones contra la idolatría

Porque no quiero, hermanos, que ignoréis que nuestros padres todos estuvieron bajo la nube,ᵃ y todos pasaron el mar;ᵇ ² y todos en Moisés fueron bautizados en la nube y en el mar, ³ y todos comieron el mismo alimento espiritual,ᶜ ⁴ y todos bebieron la misma bebida espiritual;ᵈ porque bebían de la roca espiritual que los seguía, y la roca era Cristo. ⁵ Pero de los más de ellos no se agradó Dios; por lo cual quedaron postrados en el desierto.ᵉ

⁶ Mas estas cosas sucedieron como ejemplos para nosotros, para que no codiciemos cosas malas, como ellos codiciaron.ᶠ ⁷ Ni seáis idólatras, como algunos de ellos, según está escrito: Se sentó el pueblo a comer y a beber, y se levantó a jugar.ᵍ ⁸ Ni forniquemos, como algunos de ellos fornicaron, y cayeron en un día veintitrés mil.ʰ ⁹ Ni tentemos al Señor, como también algunos de ellos le tentaron, y perecieron por las serpientes.ⁱ ¹⁰ Ni murmuréis, como algunos de ellos murmuraron, y perecieron por el destructor.ʲ ¹¹ Y estas cosas les acontecieron como ejemplo, y están escritas para amonestarnos a nosotros, a quienes han alcanzado los fines de los siglos. ¹² Así que, el

ᶜ 9.13: Dt. 18.1. ᵈ 9.14: Mt. 10.10; Lc. 10.7. ᵃ 10.1: Ex. 13.21-22. ᵇ 10.1: Ex. 14.22-29. ᶜ 10.3: Ex. 16.35. ᵈ 10.4: Ex. 17.6. ᵉ 10.5: Nm. 14.29-30. ᶠ 10.6: Nm. 11.4. ᵍ 10.7: Ex. 32.6. ʰ 10.8: Nm. 25.1-18. ⁱ 10.9: Nm. 21.5-6. ʲ 10.10: Nm. 16.41-49.

PARTIR Y CORRER ▰▰▰▰▰▰▰▰▰▰▰

Un cristiano no debería divorciarse de un cónyuge no cristiano

Lee 1 Corintios 7:12-16

Aunque parece una decisión razonable, dejar un cónyuge que no es creyente y que no apoya tu fe, no es bíblico. Como Pablo lo reitera aquí, Dios no aprueba el divorcio. En el caso de un matrimonio entre un creyente y un no creyente, hay dos razones adicionales para permanecer casados:

1. Un cónyuge cristiano sirve de testigo al cónyuge no cristiano. Un cristiano es un factor clave para ganar a su cónyuge para el Señor. La Escritura dice que una esposa cristiana puede tener una poderosa influencia sobre su

que piensa estar firme, mire que no caiga. [13] No os ha sobrevenido ninguna tentación que no sea humana; pero fiel es Dios, que no os dejará ser tentados más de lo que podéis resistir, sino que dará también juntamente con la tentación la salida, para que podáis soportar.

[14] Por tanto, amados míos, huid de la idolatría. [15] Como a sensatos os hablo; juzgad vosotros lo que digo. [16] La copa de bendición que bendecimos, ¿no es la comunión de la sangre de Cristo? El pan que partimos, ¿no es la comunión del cuerpo de Cristo? [k] [17] Siendo uno solo el pan, nosotros, con ser muchos, somos un cuerpo; pues todos participamos de aquel mismo pan. [18] Mirad a Israel según la carne; los que comen de los sacrificios, ¿no son partícipes del altar? [l] [19] ¿Qué digo, pues? ¿Que el ídolo es algo, o que sea algo lo que se sacrifica a los ídolos? [20] Antes digo que lo que los gentiles sacrifican, a los demonios lo sacrifican, y no a Dios; [m] y no quiero que vosotros os hagáis partícipes con los demonios. [21] No podéis beber la copa del Señor, y la copa de los demonios; no podéis participar de la mesa del Señor, y de la mesa de los demonios. [22] ¿O provocaremos a celos al Señor? [n] ¿Somos más fuertes que él?

Haced todo para la gloria de Dios
[23] Todo me es lícito, pero no todo conviene; [o] todo me es lícito, pero no todo edifica. [24] Ninguno busque su propio bien, sino el del otro. [25] De todo lo que se vende en la carnicería, comed, sin preguntar nada por motivos de conciencia; [26] porque del Señor es la tierra y su plenitud. [p] [27] Si algún incrédulo os invita, y queréis ir, de todo lo que se

os ponga delante comed, sin preguntar nada por motivos de conciencia. [28] Mas si alguien os dijere: Esto fue sacrificado a los ídolos; no lo comáis, por causa de aquel que lo declaró, y por motivos de conciencia; porque del Señor es la tierra y su plenitud. [29] La conciencia, digo, no la tuya, sino la del otro. Pues ¿por qué se ha de juzgar mi libertad por la conciencia de otro? [30] Y si yo con agradecimiento participo, ¿por qué he de ser censurado por aquello de que doy gracias?

[31] Si, pues, coméis o bebéis, o hacéis otra cosa, hacedlo todo para la gloria de Dios. [32] No seáis tropiezo ni a judíos, ni a gentiles, ni a la iglesia de Dios; [33] como también yo en todas las cosas agrado a todos, no procurando mi propio beneficio, sino el de muchos, para que sean salvos.

CAPÍTULO **11**
Sed imitadores de mí, [a] así como yo de Cristo.

Atavío de las mujeres
[2] Os alabo, hermanos, porque en todo os acordáis de mí, y retenéis las instrucciones tal como os las entregué. [3] Pero quiero que sepáis que Cristo es la cabeza de todo varón, y el varón es la cabeza de la mujer, y Dios la cabeza de Cristo. [4] Todo varón que ora o profetiza con la cabeza cubierta, afrenta su cabeza. [5] Pero toda mujer que ora o profetiza con la cabeza descubierta, afrenta su cabeza; porque lo mismo es que si se hubiese rapado. [6] Porque si la mujer no se cubre, que se corte también el cabello; y si le es vergonzoso a la mujer cortarse el cabello o raparse, que se cubra. [7] Porque el varón no debe cubrirse la cabeza, pues él es imagen y gloria de Dios; [b] pero la mujer es

---

k 10.16: Mt. 26.26-28; Mr. 14.22-24; Lc. 22.19-20.   l 10.18: Lv. 7.6.   m 10.20: Dt. 32.17.   n 10.22: Dt. 32.21.
o 10.23: 1 Co. 6.12.   p 10.26: Sal. 24.1.   a 11.1: 1 Co. 4.16; Fil. 3.17.   b 11.7: Gn. 1.26.

---

marido inconverso a través de sus buenas acciones y ejemplo, y animarlo así a venir a la fe en Cristo (lee 1 Pedro 3:1-2). Lo mismo es cierto en cuanto a un marido cristiano.

2. Un cónyuge cristiano puede llevar a los hijos del matrimonio a Cristo. Si se separan, como dice Pablo, hay una alta probabilidad de que los hijos se desvíen de la fe. Pero los ayudará mucho si ven tu fe en el contexto de una familia unida.

Si la persona no cristiana abandona a su cónyuge cristiano, a pesar de que el creyente haya hecho todo lo posible para conservar el matrimonio unido, en ese caso, Dios no obliga a mantener esa relación. Esta es una de las pocas causas de divorcio que aparecen en las Escrituras. Dios no obliga a un creyente a permanecer casado con un no creyente que no tiene ningún deseo de seguir unido.

gloria del varón. [8] Porque el varón no procede de la mujer, sino la mujer del varón, [9] y tampoco el varón fue creado por causa de la mujer, sino la mujer por causa del varón.[c] [10] Por lo cual la mujer debe tener señal de autoridad sobre su cabeza, por causa de los ángeles. [11] Pero en el Señor, ni el varón es sin la mujer, ni la mujer sin el varón; [12] porque así como la mujer procede del varón, también el varón nace de la mujer; pero todo procede de Dios. [13] Juzgad vosotros mismos: ¿Es propio que la mujer ore a Dios sin cubrirse la cabeza? [14] La naturaleza misma ¿no os enseña que al varón le es deshonroso dejarse crecer el cabello? [15] Por el contrario, a la mujer dejarse crecer el cabello le es honroso; porque en lugar de velo le es dado el cabello? [16] Con todo eso, si alguno quiere ser contencioso, nosotros no tenemos tal costumbre, ni las iglesias de Dios.

Abusos en la Cena del Señor

[17] Pero al anunciaros esto que sigue, no os alabo; porque no os congregáis para lo mejor, sino para lo peor. [18] Pues en primer lugar, cuando os reunís como iglesia, oigo que hay entre vosotros divisiones; y en parte lo creo. [19] Porque es preciso que entre vosotros haya disensiones, para que se hagan manifiestos entre vosotros los que son aprobados. [20] Cuando, pues, os reunís vosotros, esto no es comer la cena del Señor. [21] Porque al comer, cada uno se adelanta a tomar su propia cena; y uno tiene hambre, y otro se embriaga. [22] Pues qué, ¿no tenéis casas en que comáis y bebáis? ¿O menospreciáis la iglesia de Dios, y avergonzáis a los que no tienen nada? ¿Qué os diré? ¿Os alabaré? En esto no os alabo.

Institución de la Cena del Señor

[23] Porque yo recibí del Señor lo que también os he enseñado: Que el Señor Jesús, la noche que fue entregado, tomó pan; [24] y habiendo dado gracias, lo partió, y dijo: Tomad, comed; esto es mi cuerpo que por vosotros es partido; haced esto en memoria de mí. [25] Asimismo tomó también la copa, después de haber cenado, diciendo: Esta copa es el nuevo pacto [d] en mi sangre;[e] haced esto todas las veces que la bebiereis, en memoria de mí. [26] Así, pues, todas las veces que comiereis este pan, y bebiereis esta copa, la muerte del Señor anunciáis hasta que él venga.

Tomando la Cena indignamente

[27] De manera que cualquiera que comiere este pan o bebiere esta copa del Señor indignamente, será culpado del cuerpo y de la sangre del Señor. [28] Por tanto, pruébese cada uno a sí mismo, y coma así del pan, y beba de la copa. [29] Porque el que come y bebe indignamente, sin discernir el cuerpo del Señor, juicio come y bebe para sí. [30] Por lo cual hay muchos enfermos y debilitados entre vosotros, y muchos duermen. [31] Si, pues, nos examinásemos a nosotros mismos, no seríamos juzgados; [32] mas siendo juzgados, somos castigados por el Señor, para que no seamos condenados con el mundo.

[33] Así que, hermanos míos, cuando os reunís a comer, esperaos unos a otros. [34] Si alguno tuviere hambre, coma en su casa, para que no os reunáis para juicio. Las demás cosas las pondré en orden cuando yo fuere.

CAPÍTULO 12

Dones espirituales

No quiero, hermanos, que ignoréis acerca de los dones espirituales. [2] Sabéis que cuando erais gentiles, se os extraviaba llevándoos, como se os llevaba, a los ídolos mudos. [3] Por tanto, os hago saber que nadie que hable por el Espíritu de Dios llama anatema a Jesús; y nadie puede llamar a Jesús Señor, sino por el Espíritu Santo.

[4] Ahora bien, hay diversidad de dones, pero el Espíritu es el mismo. [5] Y hay diversidad de ministerios, pero el Señor es el mismo. [6] Y hay diversidad de operaciones, pero Dios, que hace todas las cosas en todos, es el mismo. [7] Pero a cada uno le es dada la manifestación del Espíritu para provecho. [8] Porque a éste es dada por el Espíritu palabra de sabiduría; a otro, palabra de ciencia según el mismo Espíritu; [9] a otro, fe por el mismo Espíritu; y a otro, dones de sanidades por el mismo Espíritu. [10] A otro, el hacer milagros; a otro, profecía; a otro, discernimiento de espíritus; a otro, diversos géneros de lenguas; y a otro, interpretación de lenguas. [11] Pero todas estas

c 11.8-9: Gn. 2.18-23. d 11.25: Jer. 31.31-34. e 11.25: Ex. 24.6-8.

cosas las hace uno y el mismo Espíritu, repartiendo a cada uno en particular como él quiere.[a]

12 Porque así como el cuerpo es uno, y tiene muchos miembros, pero todos los miembros del cuerpo, siendo muchos, son un solo cuerpo, así también Cristo.[b] **13** Porque por un solo Espíritu fuimos todos bautizados en un cuerpo, sean judíos o griegos, sean esclavos o libres; y a todos se nos dio a beber de un mismo Espíritu.

14 Además, el cuerpo no es un solo miembro, sino muchos. **15** Si dijere el pie: Porque no soy mano, no soy del cuerpo, ¿por eso no será del cuerpo? **16** Y si dijere la oreja: Porque no soy ojo, no soy del cuerpo, ¿por eso no será del cuerpo? **17** Si todo el cuerpo fuese ojo, ¿dónde estaría el oído? Si todo fuese oído, ¿dónde estaría el olfato? **18** Mas ahora Dios ha colocado los miembros cada uno de ellos en el cuerpo, como él quiso. **19** Porque si todos fueran un solo miembro, ¿dónde estaría el cuerpo? **20** Pero ahora son muchos los miembros, pero el cuerpo es uno solo. **21** Ni el ojo puede decir a la mano: No te necesito, ni tampoco la cabeza a los pies: No tengo necesidad de vosotros. **22** Antes bien los miembros del cuerpo que parecen más débiles, son los más necesarios; **23** y a aquellos del cuerpo que nos parecen menos dignos, a éstos vestimos más dignamente; y los que en nosotros son menos decorosos, se tratan con más decoro. **24** Porque los que en nosotros son más decorosos, no tienen necesidad; pero Dios ordenó el cuerpo, dando más abundante honor al que le faltaba, **25** para que no haya desavenencia en el cuerpo, sino que los miembros todos se preocupen los unos por los otros. **26** De manera que si un miembro padece, todos los miembros se duelen con él, y si un miembro recibe honra, todos los miembros con él se gozan.

27 Vosotros, pues, sois el cuerpo de Cristo, y miembros cada uno en particular. **28** Y a unos puso Dios en la iglesia, primeramente apóstoles, luego profetas, lo tercero maestros,[c] luego los que hacen milagros, después los que sanan, los que ayudan, los que administran, los que tienen don de lenguas. **29** ¿Son todos apóstoles? ¿son todos profetas? ¿todos maestros? ¿hacen todos milagros? **30** ¿Tienen todos dones de sanidad? ¿hablan todos lenguas? ¿interpretan todos? **31** Procurad, pues, los dones mejores. Mas yo os muestro un camino aun más excelente.

CAPÍTULO 13
La preeminencia del amor

Si yo hablase lenguas humanas y angélicas, y no tengo amor, vengo a ser como metal que resuena, o címbalo que retiñe. **2** Y si tuviese profecía, y entendiese todos los misterios y toda ciencia, y si tuviese toda la fe, de tal manera que trasladase los

---

Regocíjate porque la victoria es tuya en Cristo Jesús
Lee 1 Corintios 10:13

Dios comprende que nosotros, como humanos, somos tentados por las atracciones de este mundo. Afortunadamente, Dios se preocupa tanto por nosotros, que de antemano ha dispuesto la manera de ayudarnos en tiempos de tentación. En este versículo vemos dos rayos de esperanza cuando somos tentados:

1. Jesús comprende tu situación. Cualquier tentación que estés enfrentando o enfrentarás no es nueva. Mejor aun, Jesús entiende lo que es ser tentado, pues la Biblia enseña que él se compadece de nosotros porque él «fue tentado en todo según nuestra semejanza, pero sin pecado» (Hebreos 4:15).

2. Dios siempre te dará la fortaleza para que venzas en toda tentación. Cuando enfrentas una tentación, Dios siempre te da la fortaleza para resistirla o te da una vía de escape. A veces, la manera de salir de una tentación es literal. Por ejemplo, si estás en el cine y en la pantalla aparece una explícita escena sexual, el modo de escapar es salir del cine. Otras veces puede significar confiar en el Santo Espíritu de Dios, que te dará el poder para resistir.

La próxima vez que seas tentado o probado, recuerda: Dios puede permitir momentos difíciles en la vida del cristiano, pero siempre serán filtrados a través de la red de su amor. Él nunca te dará más de lo que puedes resistir.

PRIMEROS PASOS

---

[a] 12.4-11: Ro. 12.6-8. [b] 12.12: Ro. 12.4-5.
[c] 12.28: Ef. 4.11.

montes,[d] y no tengo amor, nada soy. [3] Y si repartiese todos mis bienes para dar de comer a los pobres, y si entregase mi cuerpo para ser quemado, y no tengo amor, de nada me sirve.

[4] El amor es sufrido, es benigno; el amor no tiene envidia, el amor no es jactancioso, no se envanece; [5] no hace nada indebido, no busca lo suyo, no se irrita, no guarda rencor; [6] no se goza de la injusticia, mas se goza de la verdad. [7] Todo lo sufre, todo lo cree, todo lo espera, todo lo soporta.

[8] El amor nunca deja de ser; pero las profecías se acabarán, y cesarán las lenguas, y la ciencia acabará. [9] Porque en parte conocemos, y en parte profetizamos; [10] mas cuando venga lo perfecto, entonces lo que es en parte se acabará. [11] Cuando yo era niño, hablaba como niño, pensaba como niño, juzgaba como niño; mas cuando ya fui hombre, dejé lo que era de niño. [12] Ahora vemos por espejo, oscuramente; mas entonces veremos cara a cara. Ahora conozco en parte; pero entonces conoceré como fui conocido. [13] Y ahora permanecen la fe, la esperanza y el amor, estos tres; pero el mayor de ellos es el amor.

CAPÍTULO 14
El hablar en lenguas

Seguid el amor; y procurad los dones espirituales, pero sobre todo que profeticéis. [2] Porque el que habla en lenguas no habla a los hombres, sino a Dios; pues nadie le entiende, aunque por el Espíritu habla misterios. [3] Pero el que profetiza habla a los hombres para edificación, exhortación y consolación. [4] El que habla en lengua extraña, a sí mismo se edifica; pero el que profetiza, edifica a la iglesia. [5] Así que, quisiera que todos vosotros hablaseis en lenguas, pero más que profetizaseis; porque mayor es el que profetiza que el que habla en lenguas, a no ser que las interprete para que la iglesia reciba edificación.

[6] Ahora pues, hermanos, si yo voy a vosotros hablando en lenguas, ¿qué os aprovechará, si no os hablare con revelación, o con ciencia, o con profecía, o con doctrina? [7] Ciertamente las cosas inanimadas que producen sonidos, como la flauta o la cítara, si no dieren distinción de voces, ¿cómo se sabrá lo que se toca con la flauta o con la cítara? [8] Y si la trompeta diere sonido incierto, ¿quién se preparará para la batalla? [9] Así también vosotros, si por la lengua no diereis palabra bien comprensible, ¿cómo se entenderá lo que decís? Porque hablaréis al aire. [10] Tantas clases de idiomas hay, seguramente, en el mundo, y ninguno de ellos carece de significado. [11] Pero si yo ignoro el valor de las palabras, seré como extranjero para el que habla, y el que habla será como extranjero para mí. [12] Así también vosotros; pues que anheláis dones espirituales, procurad abundar en ellos para edificación de la iglesia.

[13] Por lo cual, el que habla en lengua extraña, pida en oración poder interpretarla. [14] Porque si yo oro en lengua desconocida, mi espíritu ora, pero mi entendimiento queda sin fruto. [15] ¿Qué, pues? Oraré con el espíritu, pero oraré también con el entendimiento; cantaré con el espíritu, pero cantaré también con el entendimiento. [16] Porque si bendices sólo con el espíritu, el que ocupa lugar de simple oyente, ¿cómo dirá el Amén a tu acción de gracias? pues no sabe lo que has dicho. [17] Porque tú, a la verdad, bien das gracias; pero el otro no es edificado. [18] Doy gracias a Dios que hablo en lenguas más que todos vosotros; [19] pero en

---

a 13.2: Mt. 17.20; 21.21; Mr. 11.23.

PARTIR Y CORRER ▰▰▰▰▰▰▰▰▰▰▰▰▰

¿Esta actividad me edifica espiritualmente?
Lee 1 Corintios 10:23

Este versículo trata el tema de si ciertas actividades son edificantes para tu vida —incluso si no están bien definidas—. Una traducción más literal de este versículo es «todas las cosas me son permitidas, pero no todas estimulan el desarrollo del carácter cristiano».

La próxima vez que cuestiones si debes estar viendo cierta película, participando de alguna actividad específica, o tienes algún hábito, te puedes hacer las siguientes preguntas:

- ¿Esta actividad hará que las cosas de este mundo sean más atractivas que las cosas de Dios?

la iglesia prefiero hablar cinco palabras con mi entendimiento, para enseñar también a otros, que diez mil palabras en lengua desconocida.

²⁰ Hermanos, no seáis niños en el modo de pensar, sino sed niños en la malicia, pero maduros en el modo de pensar. ²¹ En la ley está escrito: En otras lenguas y con otros labios hablaré a este pueblo; y ni aun así me oirán, dice el Señor.ᵃ ²² Así que, las lenguas son por señal, no a los creyentes, sino a los incrédulos; pero la profecía, no a los incrédulos, sino a los creyentes. ²³ Si, pues, toda la iglesia se reúne en un solo lugar, y todos hablan en lenguas, y entran indoctos o incrédulos, ¿no dirán que estáis locos? ²⁴ Pero si todos profetizan, y entra algún incrédulo o indocto, por todos es convencido, por todos es juzgado; ²⁵ lo oculto de su corazón se hace manifiesto; y así, postrándose sobre el rostro, adorará a Dios, declarando que verdaderamente Dios está entre vosotros.

²⁶ ¿Qué hay, pues, hermanos? Cuando os reunís, cada uno de vosotros tiene salmo, tiene doctrina, tiene lengua, tiene revelación, tiene interpretación. Hágase todo para edificación. ²⁷ Si habla alguno en lengua extraña, sea esto por dos, o a lo más tres, y por turno; y uno interprete. ²⁸ Y si no hay intérprete, calle en la iglesia, y hable para sí mismo y para Dios. ²⁹ Asimismo, los profetas hablen dos o tres, y los demás juzguen. ³⁰ Y si algo le fuere revelado a otro que estuviere sentado, calle el primero. ³¹ Porque podéis profetizar todos uno por uno, para que todos aprendan, y todos sean exhortados. ³² Y los espíritus de los profetas están sujetos a los profetas; ³³ pues Dios no es Dios de confusión, sino de paz.

Como en todas las iglesias de los santos, ³⁴ vuestras mujeres callen en las congregaciones; porque no les es permitido hablar, sino que estén sujetas, como también la ley lo dice. ³⁵ Y si quieren aprender algo, pregunten en casa a sus maridos; porque es indecoroso que una mujer hable en la congregación. ³⁶ ¿Acaso ha salido de vosotros la palabra de Dios, o sólo a vosotros ha llegado?

³⁷ Si alguno se cree profeta, o espiritual, reconozca que lo que os escribo son mandamientos del Señor. ³⁸ Mas el que ignora, ignore. ³⁹ Así que, hermanos, procurad profetizar, y no impidáis el hablar lenguas; ⁴⁰ pero hágase todo decentemente y con orden.

CAPÍTULO 15
La resurrección de los muertos

Además os declaro, hermanos, el evangelio que os he predicado, el cual también recibisteis, en el cual también perseveráis; ² por el cual asimismo, si retenéis la palabra que os he predicado, sois salvos, si no creísteis en vano.

³ Porque primeramente os he enseñado lo que asimismo recibí: Que Cristo murió por nuestros pecados, conforme a las Escrituras;ᵃ ⁴ y que fue sepultado, y que resucitó al tercer día, conforme a las Escrituras;ᵇ ⁵ y que apareció a Cefas,ᶜ y después a los doce.ᵈ ⁶ Después apareció a más de quinientos hermanos a la vez, de los cuales muchos viven aún, y otros ya duermen. ⁷ Después apareció a Jacobo; después a todos los apóstoles; ⁸ y al último de todos, como a un abortivo, me apareció a mí.ᵉ ⁹ Porque yo soy el más pequeño de los apóstoles, que no soy digno de ser llamado apóstol, porque perseguí a la iglesia de Dios.ᶠ ¹⁰ Pero

---

ᵃ 14.21: Is. 28.11-12. ⁱᵃ 15.3: Is. 53.5-12. ᵇ 15.4: Sal. 16.8-10; Os. 6.2. ᶜ 15.5: Lc. 24.34.
ᵈ 15.5: Mt. 28.16-17; Mr. 16.14; Lc. 24.36; Jn. 20.19. ᵉ 15.8: Hch. 9.3-6. ᶠ 15.9: Hch. 8.3.

- ¿Me alejará de la oración?
- ¿Disminuirá mi hambre por la Palabra de Dios?
- ¿Me debilitará espiritualmente, alejándome de otros cristianos?

Tú no tienes tiempo para las cosas que hacen más atractivo este mundo, que te alejan de la oración, que disminuyen tu ansia por el estudio de la Palabra o que te mantienen lejos de la comunión con otros cristianos. Busca todo lo que te ayude a edificar tu carácter cristiano.

por la gracia de Dios soy lo que soy; y su gracia no ha sido en vano para conmigo, antes he trabajado más que todos ellos; pero no yo, sino la gracia de Dios conmigo. [11] Porque o sea yo o sean ellos, así predicamos, y así habéis creído.

[12] Pero si se predica de Cristo que resucitó de los muertos, ¿cómo dicen algunos entre vosotros que no hay resurrección de muertos? [13] Porque si no hay resurrección de muertos, tampoco Cristo resucitó. [14] Y si Cristo no resucitó, vana es entonces nuestra predicación, vana es también vuestra fe. [15] Y somos hallados falsos testigos de Dios; porque hemos testificado de Dios que él resucitó a Cristo, al cual no resucitó, si en verdad los muertos no resucitan. [16] Porque si los muertos no resucitan, tampoco Cristo resucitó; [17] y si Cristo no resucitó, vuestra fe es vana; aún estáis en vuestros pecados. [18] Entonces también los que durmieron en Cristo perecieron. [19] Si en esta vida solamente esperamos en Cristo, somos los más dignos de conmiseración de todos los hombres.

[20] Mas ahora Cristo ha resucitado de los muertos; primicias de los que durmieron es hecho. [21] Porque por cuanto la muerte entró por un hombre, también por un hombre la resurrección de los muertos. [22] Porque así como en Adán todos mueren, también en Cristo todos serán vivificados. [23] Pero cada uno en su debido orden: Cristo, las primicias; luego los que son de Cristo, en su venida. [24] Luego el fin, cuando entregue el reino al Dios y Padre, cuando haya suprimido todo dominio, toda autoridad y potencia. [25] Porque preciso es que él reine hasta que haya puesto a todos sus enemigos debajo de sus pies.[g] [26] Y el postrer enemigo que será destruido es la muerte. [27] Porque todas las cosas las sujetó debajo de sus pies.[h] Y cuando dice que todas las cosas han sido sujetadas a él, claramente se exceptúa aquel que sujetó a él todas las cosas. [28] Pero luego que todas las cosas le estén sujetas, entonces también el Hijo mismo se sujetará al que le sujetó a él todas las cosas, para que Dios sea todo en todos.

[29] De otro modo, ¿qué harán los que se bautizan por los muertos, si en ninguna manera los muertos resucitan? ¿Por qué, pues, se bautizan por los muertos? [30] ¿Y por qué nosotros peligramos a toda hora? [31] Os aseguro, hermanos, por la gloria que de vosotros tengo en nuestro Señor Jesucristo, que cada día muero. [32] Si como hombre batallé en Éfeso contra fieras, ¿qué me aprovecha? Si los muertos no resucitan, comamos y bebamos, porque mañana moriremos.[i] [33] No erréis; las malas conversaciones corrompen las buenas costumbres. [34] Velad debidamente, y no pequéis; porque algunos no conocen a Dios; para vergüenza vuestra lo digo.

[35] Pero dirá alguno: ¿Cómo resucitarán los muertos? ¿Con qué cuerpo vendrán? [36] Necio, lo que tú siembras no se vivifica, si no muere antes. [37] Y lo que siembras no es el cuerpo que ha de salir, sino el grano desnudo, ya sea de trigo o de otro grano; [38] pero Dios le da el cuerpo como él quiso, y a cada semilla su propio cuerpo. [39] No toda carne es la misma carne, sino que una carne es la de los hombres, otra carne la de las bestias, otra la de los peces, y otra la de las aves. [40] Y hay cuerpos celestiales, y cuerpos terrenales; pero una es la gloria de los celestiales, y otra la de los terrenales. [41] Una es la gloria del sol, otra la gloria de la luna, y otra la gloria de las estrellas, pues una estrella es diferente de otra en gloria.

[42] Así también es la resurrección de los muertos. Se siembra en corrupción, resucitará en incorrupción. [43] Se siembra en deshonra, resucitará en gloria; se siembra en debilidad, resucitará en poder. [44] Se siembra cuerpo animal, resucitará cuerpo espiritual. Hay cuerpo animal, y hay cuerpo espiritual. [45] Así también está escrito: Fue hecho el primer hombre Adán alma viviente;[j] el postrer Adán, espíritu vivificante. [46] Mas lo espiritual no es primero, sino lo animal; luego lo espiritual. [47] El primer hombre es de la tierra, terrenal; el segundo hombre, que es el Señor, es del cielo. [48] Cual el terrenal, tales también los terrenales; y cual el celestial, tales también los celestiales. [49] Y así como hemos traído la imagen del terrenal, traeremos también la imagen del celestial. [50] Pero esto digo, hermanos: que la carne y la sangre no pueden heredar el reino de Dios, ni la corrupción hereda la incorrupción.

[51] He aquí, os digo un misterio: No todos dormiremos; pero todos seremos transformados, [52] en un momento, en un

---

g 15.25: Sal. 110.1.   h 15.27: Sal. 8.6.   i 15.32: Is. 22.13.   j 15.45: Gn. 2.7.

abrir y cerrar de ojos, a la final trompeta; porque se tocará la trompeta, y los muertos serán resucitados incorruptibles, y nosotros seremos transformados.[k] 53 Porque es necesario que esto corruptible se vista de incorrupción, y esto mortal se vista de inmortalidad. 54 Y cuando esto corruptible se haya vestido de incorrupción, y esto mortal se haya vestido de inmortalidad, entonces se cumplirá la palabra que está escrita: Sorbida es la muerte en victoria.[l] 55 ¿Dónde está, oh muerte, tu aguijón? ¿Dónde, oh sepulcro, tu victoria?[m] 56 ya que el aguijón de la muerte es el pecado, y el poder del pecado, la ley. 57 Mas gracias sean dadas a Dios, que nos da la victoria por medio de nuestro Señor Jesucristo.

58 Así que, hermanos míos amados, estad firmes y constantes, creciendo en la obra del Señor siempre, sabiendo que vuestro trabajo en el Señor no es en vano.

CAPÍTULO 16

La ofrenda para los santos

En cuanto a la ofrenda para los santos,[a] haced vosotros también de la manera que ordené en las iglesias de Galacia. 2 Cada primer día de la semana cada uno de vosotros ponga aparte algo, según haya prosperado, guardándolo, para que cuando yo llegue no se recojan entonces ofrendas. 3 Y cuando haya llegado, a quienes hubiereis designado por carta, a éstos enviaré para que lleven vuestro donativo a Jerusalén. 4 Y si fuere propio que yo también vaya, irán conmigo.

Planes de Pablo

5 Iré a vosotros, cuando haya pasado por Macedonia,[b] pues por Macedonia tengo que pasar. 6 Y podrá ser que me quede con vosotros, o aun pase el invierno, para que vosotros me encaminéis a donde haya de ir. 7 Porque no quiero veros ahora de paso, pues espero estar con vosotros algún tiempo, si el Señor lo permite. 8 Pero estaré en Éfeso hasta Pentecostés;[c] 9 porque se me ha abierto puerta grande y eficaz, y muchos son los adversarios.[d]

10 Y si llega Timoteo,[e] mirad que esté con vosotros con tranquilidad, porque él hace la obra del Señor así como yo. 11 Por tanto,

Tú tienes un lugar en la iglesia
Lee 1 Corintios 12:12-27

El apóstol Pablo usa esta ilustración del cuerpo físico para señalar un importante punto: cada persona tiene una función que desempeñar en el cuerpo de Cristo. Esto significa que Dios tiene para ti un lugar especial y un propósito específico en tu iglesia local, y tú tienes que llenar ese propósito con la ayuda de Dios. Este pasaje explica por qué esto es tan importante.

La iglesia está compuesta por diferentes personas con diferentes funciones. Cuando Dios diseñó la iglesia, no quiso que todos fuéramos «copias o duplicados cristianos». Él eligió usar los varios grupos y dones espirituales hallados a través de la iglesia, para traer atención a la persona que nos unifica a todos: Jesucristo (lee Efesios 3:10-11). Cuando la iglesia opera tal como Dios lo planeó, se convierte en un testigo poderoso a un mundo que observa.

Ninguna persona es más valiosa que otra. Ningún don del Espíritu es «mejor» que otro. Por lo tanto, cada individuo tiene un lugar significativo dentro del cuerpo de Cristo, aun cuando su función no parezca tan destacada como la de otros. Por ejemplo, Dios puede usarte a ti para visitar a los enfermos, y a otro para impartir un estudio bíblico, pero tu función es igual de importante.

Nosotros nos necesitamos el uno al otro para funcionar como Dios lo designó. Si fallas en usar los dones y las habilidades especiales que Dios te ha dado, prestas un débil servicio a la iglesia. Dios desea que comprendas la importancia de que los cristianos trabajen juntos y se edifiquen en el compañerismo con otros creyentes consagrados. La iglesia es comparable a las brasas de carbón cuando están ardiendo juntas y producen un fuego brillante. Cada brasa no sólo emana su propio calor, sino que también ayuda a las otras a mantener el suyo, beneficiándose unas a otras. Si aíslas una de esas brasas, en breve, su calor se disipa. Lo mismo ocurre con los creyentes. Nos necesitamos unos a otros para funcionar como individuos y como cuerpo de Cristo.

PRIMEROS PASOS

k 15.51-52: 1 Ts. 4.15-17.   l 15.54: Is. 25.8.   m 15.55: Os. 13.14.
a 16.1: Ro. 15.25-26.   b 16.5: Hch. 19.21.
c 16.8: Lv. 23.15-21; Dt. 16.9-11.
d 16.8-9: Hch. 19.8-10.   e 16.10: 1 Co. 4.17.

El amor sobrepasa todos los dones espirituales
Lee 1 Corintios 13:1-13

Este pasaje contiene la descripción más completa sobre el amor, que hay en la Biblia. Hace énfasis en el amor como lo más importante que debemos buscar en la vida, porque sin él cualquier cosa que hacemos o decimos carece de valor. Compara el amor descrito aquí con el amor superficial que practica el mundo:

- Dios dice que el amor debe estar dirigido a otros (versos 1-3). El mundo dice que el amor debe estar dirigido a nosotros mismos.
- Dios dice que el amor es paciente y amable (v. 4). El mundo dice que el amor debe satisfacer tus necesidades inmediatas.
- Dios dice que el amor nunca es celoso o envidioso (verso 4). El mundo dice que el amor significa que tú mereces «lo mejor».
- Dios dice que el amor nunca es engreído ni vanidoso (verso 4). El mundo dice que el amor no es necesario para lograr que el mundo te respete.
- Dios dice que el amor no hace nada indebido (verso 5). El mundo dice que el amor te permite actuar como quieras.
- Dios dice que el amor no busca lo suyo (verso 5). El mundo dice que el amor es un obstáculo para lograr mi satisfacción.
- Dios dice que el amor no es irritable o rencoroso (verso 5). El mundo dice que hagamos a un lado el amor si necesitamos vengarnos.
- Dios dice que el amor se goza en la justicia y la verdad (verso 6). El mundo dice que el amor «comprende» y hasta ignora el mal.
- Dios dice que el amor es leal (verso 7). El mundo dice que el amor es para satisfacernos como sea.

El amor que Dios desea que des a otros es imposible que tú mismo lo «fabriques». Se puede afirmar que es un amor «sobrenatural». Es un fluir natural de la presencia de Dios en nuestras vidas. La Biblia dice: «El amor de Dios ha sido derramado en nuestros corazones por el Espíritu Santo que nos fue dado» (Romanos 5:5).

Si sientes que tu amor por otros no es tan bueno como debiera ser, pídele al Espíritu Santo que te fortalezca en ese aspecto. Tu relación con otros nunca será la misma.

PIEDRAS ANGULARES

---

nadie le tenga en poco, sino encaminadle en paz, para que venga a mí, porque le espero con los hermanos.

¹² Acerca del hermano Apolos, mucho le rogué que fuese a vosotros con los hermanos, mas de ninguna manera tuvo voluntad de ir por ahora; pero irá cuando tenga oportunidad.

Salutaciones finales
¹³ Velad, estad firmes en la fe; portaos varonilmente, y esforzaos. ¹⁴ Todas vuestras cosas sean hechas con amor.

¹⁵ Hermanos, ya sabéis que la familia de Estéfanas ᶠ es las primicias de Acaya, y que ellos se han dedicado al servicio de los santos. ¹⁶ Os ruego que os sujetéis a personas como ellos, y a todos los que ayudan y trabajan. ¹⁷ Me regocijo con la venida de Estéfanas, de Fortunato y de Acaico, pues ellos han suplido vuestra ausencia. ¹⁸ Porque confortaron mi espíritu y el vuestro; reconoced, pues, a tales personas.

¹⁹ Las iglesias de Asia os saludan. Aquila y Priscila,ᵍ con la iglesia que está en su casa, os saludan mucho en el Señor. ²⁰ Os saludan todos los hermanos. Saludaos los unos a los otros con ósculo santo.

²¹ Yo, Pablo, os escribo esta salutación de mi propia mano. ²² El que no amare al Señor Jesucristo, sea anatema. El Señor viene. ²³ La gracia del Señor Jesucristo esté con vosotros. ²⁴ Mi amor en Cristo Jesús esté con todos vosotros. Amén.

ᶠ 16.15: 1 Co. 1.16.   ᵍ 16.19: Hch. 18.2.

2 Corintios

CAPÍTULO 1

Salutación

Pablo, apóstol de Jesucristo por la voluntad de Dios, y el hermano Timoteo, a la iglesia de Dios que está en Corinto,*a* con todos los santos que están en toda Acaya: 2 Gracia y paz a vosotros, de Dios nuestro Padre y del Señor Jesucristo.

Aflicciones de Pablo

3 Bendito sea el Dios y Padre de nuestro Señor Jesucristo, Padre de misericordias y Dios de toda consolación, 4 el cual nos consuela en todas nuestras tribulaciones, para que podamos también nosotros consolar a los que están en cualquier tribulación, por medio de la consolación con que nosotros somos consolados por Dios. 5 Porque de la manera que abundan en nosotros las aflicciones de Cristo, así abunda también por el mismo Cristo nuestra consolación. 6 Pero si somos atribulados, es para vuestra consolación y salvación; o si somos consolados, es para vuestra consolación y salvación, la cual se opera en el sufrir las mismas aflicciones que nosotros también padecemos. 7 Y nuestra esperanza respecto de vosotros es firme, pues sabemos que así como sois compañeros en las aflicciones, también lo sois en la consolación.

8 Porque hermanos, no queremos que ignoréis acerca de nuestra tribulación que nos sobrevino en Asia;*b* pues fuimos abrumados sobremanera más allá de nuestras fuerzas, de tal modo que aun perdimos la esperanza de conservar la vida. 9 Pero tuvimos en nosotros mismos sentencia de muerte, para que no confiásemos en nosotros mismos, sino en Dios que resucita a los muertos; 10 el cual nos libró, y nos libra, y en quien esperamos que aún nos librará, de tan gran muerte; 11 cooperando también vosotros a favor nuestro con la oración, para que por muchas personas sean dadas gracias a favor nuestro por el don concedido a nosotros por medio de muchos.

Por qué Pablo pospuso su visita a Corinto

12 Porque nuestra gloria es esta: el testimonio de nuestra conciencia, que con sencillez y sinceridad de Dios, no con sabiduría humana, sino con la gracia de Dios, nos hemos conducido en el mundo, y mucho más con vosotros. 13 Porque no os escribimos otras cosas de las que leéis, o también entendéis; y espero que hasta el fin las entenderéis; 14 como también en parte habéis entendido que somos vuestra gloria, así como también vosotros la nuestra, para el día del Señor Jesús.

15 Con esta confianza quise ir primero a vosotros, para que tuvieseis una segunda gracia, 16 y por vosotros pasar a Macedonia,*c* y desde Macedonia venir otra vez a vosotros, y ser encaminado por vosotros a Judea. 17 Así que, al proponerme esto, ¿usé quizá de ligereza? ¿O lo que pienso hacer, lo pienso según la carne, para que haya en mí Sí y No? 18 Mas, como Dios es fiel, nuestra palabra a vosotros no es Sí y No. 19 Porque el Hijo de Dios, Jesucristo, que entre vosotros ha sido predicado por nosotros, por mí, Silvano y Timoteo,*d* no ha sido Sí y No; mas ha sido Sí en él; 20 porque todas las promesas de Dios son en él Sí, y en él Amén, por medio de nosotros, para la gloria de Dios. 21 Y el que nos confirma con

a 1.1: Hch. 18.1. b 1.8: 1 Co. 15.32. c 1.16: Hch. 19.21. d 1.19: Hch. 18.5.

vosotros en Cristo, y el que nos ungió, es Dios, ²² el cual también nos ha sellado, y nos ha dado las arras del Espíritu en nuestros corazones.

²³ Mas yo invoco a Dios por testigo sobre mi alma, que por ser indulgente con vosotros no he pasado todavía a Corinto. ²⁴ No que nos enseñoreemos de vuestra fe, sino que colaboramos para vuestro gozo; porque por la fe estáis firmes.

CAPÍTULO 2

Esto, pues, determiné para conmigo, no ir otra vez a vosotros con tristeza. ² Porque si yo os contristo, ¿quién será luego el que me alegre, sino aquel a quien yo contristé? ³ Y esto mismo os escribí, para que cuando llegue no tenga tristeza de parte de aquellos de quienes me debiera gozar; confiando en vosotros todos que mi gozo es el de todos vosotros. ⁴ Porque por la mucha tribulación y angustia del corazón os escribí con muchas lágrimas, no para que fueseis contristados, sino para que supieseis cuán grande es el amor que os tengo.

Pablo perdona al ofensor

⁵ Pero si alguno me ha causado tristeza, no me la ha causado a mí solo, sino en cierto modo (por no exagerar) a todos vosotros. ⁶ Le basta a tal persona esta represión hecha por muchos; ⁷ así que, al contrario, vosotros más bien debéis perdonarle y consolarle, para que no sea consumido de demasiada tristeza. ⁸ Por lo cual os ruego que confirméis el amor para con él. ⁹ Porque también para este fin os escribí, para tener la prueba de si vosotros sois obedientes en todo. ¹⁰ Y al que vosotros perdonáis, yo también; porque también yo lo que he perdonado, si algo he perdonado, por vosotros lo he hecho en presencia de Cristo, ¹¹ para que Satanás no gane ventaja alguna sobre nosotros; pues no ignoramos sus maquinaciones.

Ansiedad de Pablo en Troas

¹² Cuando llegué a Troas para predicar el evangelio de Cristo, aunque se me abrió puerta en el Señor, ¹³ no tuve reposo en mi espíritu, por no haber hallado a mi hermano Tito; así, despidiéndome de ellos, partí para Macedonia.ᵃ

Triunfantes en Cristo

¹⁴ Mas a Dios gracias, el cual nos lleva siempre en triunfo en Cristo Jesús, y por medio de nosotros manifiesta en todo lugar el olor de su conocimiento. ¹⁵ Porque para Dios somos grato olor de Cristo en los que se salvan, y en los que se pierden; ¹⁶ a éstos ciertamente olor de muerte para muerte, y a aquéllos olor de vida para vida. Y para estas cosas, ¿quién es suficiente? ¹⁷ Pues no somos como muchos, que medran falsificando la palabra de Dios, sino que con sinceridad, como de parte de Dios, y delante de Dios, hablamos en Cristo.

CAPÍTULO 3

Ministros del nuevo pacto

¿Comenzamos otra vez a recomendarnos a nosotros mismos? ¿O tenemos necesidad, como algunos, de cartas de recomendación para vosotros, o de recomendación de vosotros? ² Nuestras cartas sois vosotros, escritas en nuestros corazones, conocidas y leídas por todos los hombres; ³ siendo manifiesto que sois carta de Cristo expedida por nosotros, escrita no con tinta, sino con el Espíritu del Dios vivo; no en tablas de piedra,ᵃ sino en tablas de carne del corazón.

⁴ Y tal confianza tenemos mediante Cristo para con Dios; ⁵ no que seamos competentes por nosotros mismos para pensar algo como de nosotros mismos, sino que nuestra competencia proviene de Dios, ⁶ el cual asimismo nos hizo ministros competentes de un nuevo pacto,ᵇ no de la letra, sino del espíritu; porque la letra mata, mas el espíritu vivifica.

⁷ Y si el ministerio de muerte grabado con letras en piedras fue con gloria, tanto que los hijos de Israel no pudieron fijar la vista en el rostro de Moisés a causa de la gloria de su rostro,ᶜ la cual había de perecer, ⁸ ¿cómo no será más bien con gloria el ministerio del espíritu? ⁹ Porque si el ministerio de condenación fue con gloria, mucho más abundará en gloria el ministerio de justificación. ¹⁰ Porque aun lo que fue glorioso, no es glorioso en este respecto, en comparación con la gloria más eminente. ¹¹ Porque si lo que perece tuvo gloria, mucho más glorioso será lo que permanece.

ᵃ 2.12-13: Hch. 20.1. ᵃ 3.3: Ex. 24.12. ᵇ 3.6: Jer. 31.31-34. ᶜ 3.7: Ex. 34.29.

¹² Así que, teniendo tal esperanza, usamos de mucha franqueza; ¹³ y no como Moisés, que ponía un velo sobre su rostro,ᵈ para que los hijos de Israel no fijaran la vista en el fin de aquello que había de ser abolido. ¹⁴ Pero el entendimiento de ellos se embotó; porque hasta el día de hoy, cuando leen el antiguo pacto, les queda el mismo velo no descubierto, el cual por Cristo es quitado. ¹⁵ Y aun hasta el día de hoy, cuando se lee a Moisés, el velo está puesto sobre el corazón de ellos. ¹⁶ Pero cuando se conviertan al Señor, el velo se quitará. ¹⁷ Porque el Señor es el Espíritu; y donde está el Espíritu del Señor, allí hay libertad. ¹⁸ Por tanto, nosotros todos, mirando a cara descubierta como en un espejo la gloria del Señor, somos transformados de gloria en gloria en la misma imagen, como por el Espíritu del Señor.

CAPÍTULO 4

Por lo cual, teniendo nosotros este ministerio según la misericordia que hemos recibido, no desmayamos. ² Antes bien renunciamos a lo oculto y vergonzoso, no andando con astucia, ni adulterando la palabra de Dios, sino por la manifestación de la verdad recomendándonos a toda conciencia humana delante de Dios. ³ Pero si nuestro evangelio está aún encubierto, entre los que se pierden está encubierto; ⁴ en los cuales el dios de este siglo cegó el entendimiento de los incrédulos, para que no les resplandezca la luz del evangelio de la gloria de Cristo, el cual es la imagen de Dios. ⁵ Porque no nos predicamos a nosotros mismos, sino a Jesucristo como Señor, y a nosotros como vuestros siervos por amor de Jesús. ⁶ Porque Dios, que mandó que de las tinieblas resplandeciese la luz,ᵃ es el que resplandeció en nuestros corazones, para iluminación del conocimiento de la gloria de Dios en la faz de Jesucristo.

Viviendo por la fe

⁷ Pero tenemos este tesoro en vasos de barro, para que la excelencia del poder sea de Dios, y no de nosotros, ⁸ que estamos atribulados en todo, mas no angustiados; en apuros, mas no desesperados; ⁹ perseguidos, mas no desamparados; derribados, pero no destruidos; ¹⁰ llevando en el cuerpo siempre por todas partes la muerte de Jesús, para que también la vida de Jesús se manifieste en nuestros cuerpos. ¹¹ Porque nosotros que vivimos, siempre estamos entregados a muerte por causa de Jesús, para que también la vida de Jesús se manifieste en nuestra carne mortal. ¹² De manera que la muerte actúa en nosotros, y en vosotros la vida.

¹³ Pero teniendo el mismo espíritu de fe, conforme a lo que está escrito: Creí, por lo cual hablé,ᵇ nosotros también creemos, por lo cual también hablamos, ¹⁴ sabiendo que el que resucitó al Señor Jesús, a nosotros también nos resucitará con Jesús, y nos presentará juntamente con vosotros. ¹⁵ Porque todas estas cosas padecemos por amor a vosotros, para que abundando la gracia por medio de muchos, la acción de gracias sobreabunde para gloria de Dios.

¹⁶ Por tanto, no desmayamos; antes aunque este nuestro hombre exterior se va desgastando, el interior no obstante se renueva de día en día. ¹⁷ Porque esta leve tribulación momentánea produce en nosotros un

---

Las pruebas nos ayudan para consolar a otros
Lee 2 Corintios 1:3-7

El apóstol Pablo escribió estas palabras a partir de una experiencia personal. Había experimentado el sufrimiento a través de los años, particularmente por causa del evangelio de Jesús. Fue puesto en prisión más de una vez, pero continuó alabando a Dios y compartiendo su fe en Cristo. Él naufragó, fue abandonado por viejos amigos, apedreado y dado por muerto. Sin embargo, su fe permaneció firme. ¿Por qué? Porque había aprendido a extraer su consuelo del Señor. Esto lo capacitó para ser una gran fuente de consuelo para todos aquellos que lo rodeaban.

La próxima vez que alguien te ridiculice o te rechace, a causa de tu entrega a Cristo, recuerda las palabras de Pablo. No tienes por qué temer a las pruebas en tu vida. No importa cuán grande sea la dificultad que enfrentes, comprende que Jesús te consolará y fortalecerá. Y por lo tanto, estarás mejor preparado para consolar a aquellos que sufren las mismas dificultades.

PRIMEROS PASOS

ᵈ 3.13: Ex. 34.33.   ᵃ 4.6: Gn. 1.3.   ᵇ 4.13: Sal. 116.10.

¿Cuáles son las habilidades de Satanás? Lee 2 Corintios 4:3-4

Desde que Satanás perdió sus privilegios y fue arrojado a la tierra, se ha opuesto con todas sus armas a la obra que Dios desea cumplir en la tierra. La segunda carta de Pablo a los corintios revela tres de esas habilidades de Satanás:

1. Él es el Dios de este mundo. Esto se hace más y más evidente a medida que examinas la creciente maldad alrededor de ti. Mientras que Cristo conquistó el pecado y la muerte en la cruz, este mundo sigue siendo débil y malo. Pero Satanás perderá su reino de este mundo cuando Cristo venga para establecer el suyo en la tierra.

2. Él ciega el entendimiento de los incrédulos. De acuerdo con este texto, Satanás desea impedir que vengan al Señor, todos aquellos que no tienen una relación con Dios. La mente del incrédulo tiene dificultad para comprender el mensaje del evangelio porque Satanás ha ensombrecido el entendimiento de esa persona. Pero Cristo puede romper esa barrera (lee 2 Timoteo 2:24-26).

3. Él es maestro del engaño. Una de las grandes habilidades de Satanás es el engaño. Hace que la mentira parezca igual a la verdad. Pablo describe a Satanás como uno que se disfraza como ángel de luz (lee 2 Corintios 11:14). Engaña a la gente y le hace creer que las mentiras que dice son verdad. Su engaño toma varias formas, tales como las falsas doctrinas no bíblicas y las innumerables sectas que hay. Podemos discernir la diferencia entre la mentira y la verdad, cuando examinamos todo a la luz de la Palabra de Dios.

PIEDRAS ANGULARES

---

cada vez más excelente y eterno peso de gloria; [18] no mirando nosotros las cosas que se ven, sino las que no se ven; pues las cosas que se ven son temporales, pero las que no se ven son eternas.

CAPÍTULO 5

Porque sabemos que si nuestra morada terrestre, este tabernáculo, se deshiciere, tenemos de Dios un edificio, una casa no hecha de manos, eterna, en los cielos. [2] Y por esto también gemimos, deseando ser revestidos de aquella nuestra habitación celestial; [3] pues así seremos hallados vestidos, y no desnudos. [4] Porque asimismo los que estamos en este tabernáculo gemimos con angustia; porque no quisiéramos ser desnudados, sino revestidos, para que lo mortal sea absorbido por la vida. [5] Mas el que nos hizo para esto mismo es Dios, quien nos ha dado las arras del Espíritu.

[6] Así que vivimos confiados siempre, y sabiendo que entre tanto que estamos en el cuerpo, estamos ausentes del Señor [7] (porque por fe andamos, no por vista); [8] pero confiamos, y más quisiéramos estar ausentes del cuerpo, y presentes al Señor. [9] Por

tanto procuramos también, o ausentes o presentes, serle agradables. [10] Porque es necesario que todos nosotros comparezcamos ante el tribunal de Cristo,[a] para que cada uno reciba según lo que haya hecho mientras estaba en el cuerpo, sea bueno o sea malo.

El ministerio de la reconciliación

[11] Conociendo, pues, el temor del Señor, persuadimos a los hombres; pero a Dios le es manifiesto lo que somos; y espero que también lo sea a vuestras conciencias. [12] No nos recomendamos, pues, otra vez a vosotros, sino os damos ocasión de gloriaros por nosotros, para que tengáis con qué responder a los que se glorían en las apariencias y no en el corazón. [13] Porque si estamos locos, es para Dios; y si somos cuerdos, es para vosotros. [14] Porque el amor de Cristo nos constriñe, pensando esto: que si uno murió por todos, luego todos murieron; [15] y por todos murió, para que los que viven, ya no vivan para sí, sino para aquel que murió y resucitó por ellos.

[16] De manera que nosotros de aquí en adelante a nadie conocemos según la carne; y aun si a Cristo conocimos según la

carne, ya no lo conocemos así. [17] De modo que si alguno está en Cristo, nueva criatura es; las cosas viejas pasaron; he aquí todas son hechas nuevas. [18] Y todo esto proviene de Dios, quien nos reconcilió consigo mismo por Cristo, y nos dio el ministerio de la reconciliación; [19] que Dios estaba en Cristo reconciliando consigo al mundo, no tomándoles en cuenta a los hombres sus pecados, y nos encargó a nosotros la palabra de la reconciliación. [20] Así que, somos embajadores en nombre de Cristo, como si Dios rogase por medio de nosotros; os rogamos en nombre de Cristo: Reconciliaos con Dios. [21] Al que no conoció pecado, por nosotros lo hizo pecado, para que nosotros fuésemos hechos justicia de Dios en él.

CAPÍTULO **6**

Así, pues, nosotros, como colaboradores suyos, os exhortamos también a que no recibáis en vano la gracia de Dios. [2] Porque dice:

En tiempo aceptable te he oído,
Y en día de salvación te he socorrido.[a]

He aquí ahora el tiempo aceptable; he aquí ahora el día de salvación. [3] No damos a nadie ninguna ocasión de tropiezo, para que nuestro ministerio no sea vituperado; [4] antes bien, nos recomendamos en todo como ministros de Dios, en mucha paciencia, en tribulaciones, en necesidades, en angustias; [5] en azotes, en cárceles,[b] en tumultos, en trabajos, en desvelos, en ayunos; [6] en pureza, en ciencia, en longanimidad, en bondad, en el Espíritu Santo, en amor sincero, [7] en palabra de verdad, en poder de Dios, con armas de justicia a diestra y a siniestra; [8] por honra y por deshonra, por mala fama y por buena fama; como engañadores, pero veraces; [9] como desconocidos, pero bien conocidos; como moribundos, mas he aquí vivimos; como castigados, mas no muertos; [10] como entristecidos, mas siempre gozosos; como pobres, mas enriqueciendo a muchos; como no teniendo nada, mas poseyéndolo todo.

[11] Nuestra boca se ha abierto a vosotros, oh corintios; nuestro corazón se ha ensanchado. [12] No estáis estrechos en nosotros, pero sí sois estrechos en vuestro propio corazón. [13] Pues,

a 6.2: Is. 49.8.   b 6.5: Hch. 16.23.

Las pruebas son soportables
Lee 2 Corintios 4:7-18

Cuando enfrentamos pruebas en nuestra vida podemos hacer una de dos cosas. Concentrarnos en nuestros problemas y decir: «¡Qué difíciles son!» O podemos poner nuestros ojos en Jesús, y decir: «Esto es pasajero». El apóstol Pablo era capaz de mirar el aspecto temporal de sus pruebas porque aceptaba cinco razones importantes:

1. Nuestro cuerpo es débil y mortal. Pablo no se avergonzaba de sus dolores y sufrimientos corporales. No pretendía tener un cuerpo perfecto, porque sabía que su cuerpo era simplemente un «recipiente desechable». La Biblia no enseña que tenemos que despreciar nuestro cuerpo, pero dice que el ejercicio espiritual es más importante y beneficioso (lee 1 Timoteo 4:8).

2. El poder de Dios se perfecciona en nuestra debilidad. Si llegamos a estar demasiado obsesionados con nosotros mismos, no le daremos oportunidad a Dios de trabajar en nuestra vida. Pablo reconoce que la gloria de Dios brilla a través de nuestra debilidad.

3. Dios nunca nos abandona. Aun cuando estamos «oprimidos» y «confusos», tenemos la esperanza de que Dios nos protegerá y fortalecerá a través de todas nuestras pruebas.

4. Las pruebas son oportunidades para testificar. Cuando la gente vea la fortaleza interior que tenemos en Cristo, se asombrarán. Esto está bien ilustrado en la historia de Pablo y Silas, cuando fueron puestos en prisión por predicar el evangelio (lee Hechos 16:16-36). Aunque habían sido azotados y tenían los pies aprisionados en el cepo en una celda húmeda y oscura, empezaron a orar y alabar al Señor. En una singular cadena de sucesos, estos dos hombres fueron capaces de guiar al carcelero y a toda su familia a los pies del Señor. La piadosa actitud de Pablo y Silas les dio el poder para regocijarse en tiempos de prueba y preparó el corazón de este hombre para que recibiera el evangelio que ellos predicaban.

5. Tenemos la esperanza del cielo. Estas pruebas son sólo un abrir y cerrar de ojos momentáneo en comparación con los eternos gozos y las bendiciones del cielo.

PRIMEROS PASOS

¿Cuándo entra al cielo un cristiano? Lee 2 Corintios 5:6-9

Algunas personas enseñan que cuando uno muere entra en un estado de inercia y que luego, más tarde, somos llamados a la presencia de Dios. Pero este pasaje enseña claramente que cuando un creyente muere va directamente al cielo para estar «en casa con el Señor». Esto se ilustra en por lo menos dos lugares más en la Escritura:

1. El ladrón en la cruz. Cuando Jesús estaba en la cruz, un ladrón, crucificado también, le dijo que se acordara de él cuando viniera en su reino. Jesús le dijo inmediatamente: «¡Hoy estarás conmigo en el paraíso» (Lucas 23:40-43).

2. El apóstol Pablo. El apóstol Pablo escribe: «Yo anhelo irme y estar con Cristo» (Filipenses 1:23). Él no dice: «Deseo partir y estar suspendido en un sueño del alma por miles de años». Pablo comprendía mejor que la mayoría esta verdad, porque ya había tenido un vistazo del cielo. Es probable que cuando Pablo fue apedreado, murió y entró en la presencia del Señor. Pero Dios tenía todavía trabajo en la tierra para Pablo.

Así que lo envió de vuelta a este mundo para que continuara haciendo la obra de Dios (lee 2 Corintios 12:2-4).

En el momento que exhales el último suspiro en la tierra, tendrás el primero en los cielos. Por eso, no le tengas temor a la muerte. En vez de eso, disfruta de tu vida con Cristo en la tierra y pasa el resto de tu vida aquí encaminando a otros hacia el Salvador, con quien pasarás la eternidad.

PIEDRAS ANGULARES

---

para corresponder del mismo modo (como a hijos hablo), ensanchaos también vosotros.

Somos templo del Dios viviente

14 No os unáis en yugo desigual con los incrédulos; porque ¿qué compañerismo tiene la justicia con la injusticia? ¿Y qué comunión la luz con las tinieblas? 15 ¿Y qué concordia Cristo con Belial? ¿O qué parte el creyente con el incrédulo? 16 ¿Y qué acuerdo hay entre el templo de Dios y los ídolos? Porque vosotros sois el templo del Dios viviente,*c* como Dios dijo:

Habitaré y andaré entre ellos,
Y seré su Dios,
Y ellos serán mi pueblo.*d*

17 Por lo cual,

Salid de en medio de ellos, y apartaos,
dice el Señor,
Y no toquéis lo inmundo;
Y yo os recibiré,*e*

18 Y seré para vosotros por Padre,
Y vosotros me seréis hijos e hijas, dice
el Señor Todopoderoso.*f*

CAPÍTULO 7

Así que, amados, puesto que tenemos tales promesas, limpiémonos de toda contaminación de carne y de espíritu, perfeccionando la santidad en el temor de Dios.

Regocijo de Pablo al arrepentirse los corintios

2 Admitidnos: a nadie hemos agraviado, a nadie hemos corrompido, a nadie hemos engañado. 3 No lo digo para condenaros; pues ya he dicho antes que estáis en nuestro corazón, para morir y para vivir juntamente. 4 Mucha franqueza tengo con vosotros; mucho me glorío con respecto de vosotros; lleno estoy de consolación; sobreabundo de gozo en todas nuestras tribulaciones.

5 Porque de cierto, cuando vinimos a Macedonia,*a* ningún reposo tuvo nuestro cuerpo, sino que en todo fuimos atribulados; de fuera, conflictos; de dentro, temores. 6 Pero Dios, que consuela a los humildes, nos consoló con la venida de Tito; 7 y no sólo con su venida, sino también con la consolación con que él había sido consolado en cuanto a vosotros, haciéndonos saber vuestro gran afecto, vuestro llanto, vuestra solicitud por mí, de manera que me regocijé aun más. 8 Porque aunque os contristé con la carta, no me pesa, aunque entonces lo lamenté; porque veo que aquella carta, aunque por algún tiempo, os contristó. 9 Ahora me gozo, no porque hayáis sido contristados, sino porque fuisteis contristados para arrepentimiento; porque habéis sido contristados según

---

c 6.16: 1 Co. 3.16; 6.19. d 6.16: Lv. 26.12; Ez. 37.27. e 6.17: Is. 52.11. f 6.18: 2 S. 7.14; 1 Cr. 17.13. a 7.5: 2 Co. 2.13.

Dios, para que ninguna pérdida padecieseis por nuestra parte. [10] Porque la tristeza que es según Dios produce arrepentimiento para salvación, de que no hay que arrepentirse; pero la tristeza del mundo produce muerte. [11] Porque he aquí, esto mismo de que hayáis sido contristados según Dios, ¡qué solicitud produjo en vosotros, qué defensa, qué indignación, qué temor, qué ardiente afecto, qué celo, y qué vindicación! En todo os habéis mostrado limpios en el asunto. [12] Así que, aunque os escribí, no fue por causa del que cometió el agravio, ni por causa del que lo padeció, sino para que se os hiciese manifiesta nuestra solicitud que tenemos por vosotros delante de Dios.

[13] Por esto hemos sido consolados en vuestra consolación; pero mucho más nos gozamos por el gozo de Tito, que haya sido confortado su espíritu por todos vosotros. [14] Pues si de algo me he gloriado con él respecto de vosotros, no he sido avergonzado, sino que así como en todo os hemos hablado con verdad, también nuestro gloriarnos con Tito resultó verdad. [15] Y su cariño para con vosotros es aun más abundante, cuando se acuerda de la obediencia de todos vosotros, de cómo lo recibisteis con temor y temblor. [16] Me gozo de que en todo tengo confianza en vosotros.

CAPÍTULO 8

La ofrenda para los santos

Asimismo, hermanos, os hacemos saber la gracia de Dios que se ha dado a las iglesias de Macedonia; [2] que en grande prueba de tribulación, la abundancia de su gozo y su profunda pobreza abundaron en riquezas de su generosidad. [3] Pues doy testimonio de que con agrado han dado conforme a sus fuerzas, y aun más allá de sus fuerzas, [4] pidiéndonos con muchos ruegos que les concediésemos el privilegio de participar en este servicio para los santos.[a] [5] Y no como lo esperábamos, sino que a sí mismos se dieron primeramente al Señor, y luego a nosotros por la voluntad de Dios; [6] de manera que exhortamos a Tito para que tal como comenzó antes, asimismo acabe también entre vosotros esta obra de gracia. [7] Por tanto, como en todo abundáis, en fe, en palabra, en ciencia, en toda

a 8.1-4: Ro. 15.26.

solicitud, y en vuestro amor para con nosotros, abundad también en esta gracia.

[8] No hablo como quien manda, sino para poner a prueba, por medio de la diligencia de otros, también la sinceridad del

---

Reconoce que eres una nueva creación Lee 2 Corintios 5:14-17

Aunque exteriormente pareces todavía la misma persona, cuando recibes a Cristo pasas por un trasplante de corazón radical. Eres una «nueva persona» (o creación) por dentro. Este corto pasaje de la Escritura destaca algunos puntos estimulantes cuando te dispones a obedecer a Dios.

- Siendo «nueva creación» el amor de Cristo nos impone a agradar a Dios antes que a nosotros mismos.
- Como «nueva creación» podemos mirar más allá del exterior de una persona para ver lo que tiene en el fondo del corazón.
- Como «nueva creación» somos personas totalmente diferentes.
- Como «nueva creación» hemos recibido una nueva cuenta limpia, un nuevo comienzo y una nueva naturaleza.

La nueva naturaleza que has recibido es como una tierna florecita. Lleva tiempo y esfuerzo cultivarla. A veces hallarás que es difícil obedecer a Dios y abandonar ciertos viejos hábitos. Pero cuando cultives esa nueva naturaleza, mientras pasas más tiempo con Dios a través de la oración y el estudio de la Biblia, notarás cambios con el paso de las semanas, los meses y los años.

Un hombre de la India dijo que se podía comparar nuestra nueva naturaleza espiritual y nuestra vieja naturaleza egoísta con dos perros que se pelean continuamente. Él podía decir cuál de los dos perros ganaría. Cuando le preguntaron por qué lo sabía, dijo: «Ganará el perro al cual yo alimente más, por supuesto». Cuando tomes tiempo para «alimentar» tu nueva naturaleza espiritual (tal como lo estás haciendo ahora) empezarás a ganar el conflicto entre el bien y el mal.

PRIMEROS PASOS

amor vuestro. ⁹ Porque ya conocéis la gracia de nuestro Señor Jesucristo, que por amor a vosotros se hizo pobre, siendo rico, para que vosotros con su pobreza fueseis enriquecidos. ¹⁰ Y en esto doy mi consejo; porque esto os conviene a vosotros, que comenzasteis antes, no sólo a hacerlo, sino también a quererlo, desde el año pasado. ¹¹ Ahora, pues, llevad también a cabo el hacerlo, para que como estuvisteis prontos a querer, así también lo estéis en cumplir conforme a lo que tengáis. ¹² Porque si primero hay la voluntad dispuesta, será acepta según lo que uno tiene, no según lo que no tiene. ¹³ Porque no digo esto para que haya para otros holgura, y para vosotros estrechez, ¹⁴ sino para que en este tiempo, con igualdad, la abundancia vuestra supla la escasez de ellos, para que también la abundancia de ellos supla la necesidad vuestra, para que haya igualdad, ¹⁵ como está escrito: El que recogió mucho, no tuvo más, y el que poco, no tuvo menos.ᵇ

¹⁶ Pero gracias a Dios que puso en el corazón de Tito la misma solicitud por vosotros. ¹⁷ Pues a la verdad recibió la exhortación; pero estando también muy solícito, por su propia voluntad partió para ir a vosotros. ¹⁸ Y enviamos juntamente con él al hermano cuya alabanza en el evangelio se oye por todas las iglesias; ¹⁹ y no sólo esto, sino que también fue designado por las iglesias como compañero de nuestra peregrinación para llevar este donativo, que es administrado por nosotros para gloria del Señor mismo, y para demostrar vuestra buena voluntad; ²⁰ evitando que nadie nos censure en cuanto a esta ofrenda abundante que administramos, ²¹ procurando hacer las cosas honradamente, no sólo delante del Señor sino también delante de los hombres.ᶜ ²² Enviamos también con ellos a nuestro hermano, cuya diligencia hemos comprobado repetidas veces en muchas cosas, y ahora mucho más diligente por la mucha confianza que tiene en vosotros. ²³ En cuanto a Tito, es mi compañero y colaborador para con vosotros; y en cuanto a nuestros hermanos, son mensajeros de las iglesias, y gloria de Cristo. ²⁴ Mostrad, pues, para con ellos ante las iglesias la prueba de vuestro amor, y de nuestro gloriarnos respecto de vosotros.

CAPÍTULO 9

Cuanto a la ministración para los santos, es por demás que yo os escriba; ² pues conozco vuestra buena voluntad, de la cual yo me glorío entre los de Macedonia, que Acaya está preparada desde el año pasado; y vuestro celo ha estimulado a la mayoría. ³ Pero he enviado a los hermanos, para que nuestro gloriarnos de vosotros no sea vano en esta parte; para que como lo he dicho, estéis preparados; ⁴ no sea que si vinieren conmigo algunos macedonios, y os hallaren desprevenidos, nos avergoncemos nosotros, por no decir vosotros, de esta nuestra confianza. ⁵ Por tanto, tuve por ecesario exhortar a los hermanos que fuesen primero a vosotros y preparasen primero vuestra generosidad antes prometida, para que esté lista como de generosidad, y no como de exigencia nuestra.

⁶ Pero esto digo: El que siembra escasamente, también segará escasamente; y el que siembra generosamente, generosamente también segará. ⁷ Cada uno dé como propuso en su corazón: no con tristeza, ni por necesidad, porque Dios ama al dador alegre. ⁸ Y poderoso es Dios para hacer que abunde en vosotros toda gracia, a fin de que, teniendo siempre en todas las cosas todo lo suficiente, abundéis para toda buena obra; ⁹ como está escrito:

ᵇ 8.15: Ex. 16.18.   ᶜ 8.21: Pr. 3.4.   ᵃ 9.9: Sal. 112.9.

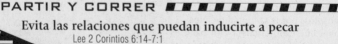

PARTIR Y CORRER ▮▮▮▮▮▮▮▮▮▮▮▮▮▮▮

Evita las relaciones que puedan inducirte a pecar
Lee 2 Corintios 6:14-7:1

Como cristiano, debes evitar cualquier cosa que comprometa tu relación con Jesús. Esto incluye cualquier clase de relación, negocio o actividad, que te tiente a rebajar tus niveles morales o que desacredite tu integridad. Cuando te asocias con alguien que no ama ni teme al Señor, esa relación puede debilitar tu espiritualidad.

Repartió, dio a los pobres;
Su justicia permanece para siempre.[a]

[10] Y el que da semilla al que siembra, y pan al que come,[b] proveerá y multiplicará vuestra sementera, y aumentará los frutos de vuestra justicia, [11] para que estéis enriquecidos en todo para toda liberalidad, la cual produce por medio de nosotros acción de gracias a Dios. [12] Porque la ministración de este servicio no solamente suple lo que a los santos falta, sino que también abunda en muchas acciones de gracias a Dios; [13] pues por la experiencia de esta ministración glorifican a Dios por la obediencia que profesáis al evangelio de Cristo, y por la liberalidad de vuestra contribución para ellos y para todos; [14] asimismo en la oración de ellos por vosotros, a quienes aman a causa de la superabundante gracia de Dios en vosotros. [15] ¡Gracias a Dios por su don inefable!

CAPÍTULO 10

Pablo defiende su ministerio

Yo Pablo os ruego por la mansedumbre y ternura de Cristo, yo que estando presente ciertamente soy humilde entre vosotros, mas ausente soy osado para con vosotros; [2] ruego, pues, que cuando esté presente, no tenga que usar de aquella osadía con que estoy dispuesto a proceder resueltamente contra algunos que nos tienen como si anduviésemos según la carne. [3] Pues aunque andamos en la carne, no militamos según la carne; [4] porque las armas de nuestra milicia no son carnales, sino poderosas en Dios para la destrucción de fortalezas, [5] derribando argumentos y toda altivez que se levanta contra el conocimiento de Dios, y llevando cautivo todo pensamiento a la obediencia a Cristo, [6] y estando prontos para castigar toda desobediencia, cuando vuestra obediencia sea perfecta.

[7] Miráis las cosas según la apariencia. Si alguno está persuadido en sí mismo que es de Cristo, esto también piense por sí mismo, que como él es de Cristo, así también nosotros somos de Cristo. [8] Porque aunque me gloríe algo más todavía de nuestra autoridad, la cual el Señor nos dio para edificación y no para vuestra destrucción, no me avergonzaré; [9] para que no parezca como que os quiero amedrentar por cartas. [10] Porque a la verdad, dicen, las cartas son duras y fuertes; mas la presencia corporal débil, y la palabra menospreciable. [11] Esto tenga en cuenta tal persona, que así como somos en la palabra por cartas, estando ausentes, lo seremos también en hechos, estando presentes. [12] Porque no nos atrevemos a contarnos ni a compararnos con algunos que se alaban a sí mismos; pero ellos, midiéndose a sí mismos por sí mismos, y comparándose consigo mismos, no son juiciosos. [13] Pero nosotros no nos gloriaremos desmedidamente, sino conforme a la regla que Dios nos ha dado por medida, para llegar también hasta vosotros. [14] Porque no nos hemos extralimitado, como si no llegásemos hasta vosotros, pues fuimos los primeros en llegar hasta vosotros con el evangelio de Cristo. [15] No nos gloriamos desmedidamente en trabajos ajenos, sino que esperamos que conforme crezca vuestra fe seremos muy engrandecidos entre vosotros, conforme a nuestra regla; [16] y que anunciaremos el evangelio en los lugares más allá de vosotros, sin entrar en la obra de otro para gloriarnos en lo que ya estaba preparado. [17] Mas el que se gloría, gloríese en el Señor;[a] [18] porque no es aprobado el que se alaba a sí mismo, sino aquel a quien Dios alaba.

CAPÍTULO 11

¡Ojalá me toleraseis un poco de locura! Sí, toleradme. [2] Porque os celo con celo de Dios; pues os he desposado con un solo

---

b 9.10: Is. 55.10.   a 10.17: Jer. 9.24.

Dios no desea que cortes completamente toda relación con los no creyentes. Jesús mismo pasó mucho tiempo con los «pecadores» y marginados sociales de su tiempo, con el fin de compartirles el mensaje de salvación.

Lo que Dios desea es que no nos relacionemos a fondo con gente pecadora, porque a la larga, eso afecta nuestra fe y comportamiento, y compromete nuestro testimonio y obediencia a Dios.

esposo, para presentaros como una virgen pura a Cristo. [3] Pero temo que como la serpiente con su astucia engañó a Eva,[a] vuestros sentidos sean de alguna manera extraviados de la sincera fidelidad a Cristo. [4] Porque si viene alguno predicando a otro Jesús que el que os hemos predicado, o si recibís otro espíritu que el que habéis recibido, u otro evangelio que el que habéis aceptado, bien lo toleráis; [5] y pienso que en nada he sido inferior a aquellos grandes apóstoles. [6] Pues aunque sea tosco en la palabra, no lo soy en el conocimiento; en todo y por todo os lo hemos demostrado.

[7] ¿Pequé yo humillándome a mí mismo, para que vosotros fueseis enaltecidos, por cuanto os he predicado el evangelio de Dios de balde? [8] He despojado a otras iglesias, recibiendo salario para serviros a vosotros. [9] Y cuando estaba entre vosotros y tuve necesidad, a ninguno fui carga, pues lo que me faltaba, lo suplieron los hermanos que vinieron de Macedonia,[b] y en todo me guardé y me guardaré de seros gravoso. [10] Por la verdad de Cristo que está en mí, que no se me impedirá esta mi gloria en las regiones de Acaya. [11] ¿Por qué? ¿Porque no os amo? Dios lo sabe.

[12] Mas lo que hago, lo haré aún, para quitar la ocasión a aquellos que la desean, a fin de que en aquello en que se glorían, sean hallados semejantes a nosotros. [13] Porque éstos son falsos apóstoles, obreros fraudulentos, que se disfrazan como apóstoles de Cristo. [14] Y no es maravilla, porque el mismo Satanás se disfraza como ángel de luz. [15] Así que, no es extraño si también sus ministros se disfrazan como ministros de justicia; cuyo fin será conforme a sus obras.

Sufrimientos de Pablo como apóstol

[16] Otra vez digo: Que nadie me tenga por loco; o de otra manera, recibidme como a loco, para que yo también me gloríe un poquito. [17] Lo que hablo, no lo hablo según el Señor, sino como en locura, con esta confianza de gloriarme. [18] Puesto que muchos se glorían según la carne, también yo me gloriaré; [19] porque de buena gana toleráis a los necios, siendo vosotros cuerdos. [20] Pues toleráis si alguno os esclaviza, si alguno os devora, si alguno toma lo vuestro, si alguno

se enaltece, si alguno os da de bofetadas. [21] Para vergüenza mía lo digo, para eso fuimos demasiado débiles.

Pero en lo que otro tenga osadía (hablo con locura), también yo tengo osadía. [22] ¿Son hebreos? Yo también. ¿Son israelitas? Yo también. ¿Son descendientes de Abraham? También yo. [23] ¿Son ministros de Cristo? (Como si estuviera loco hablo.) Yo más; en trabajos más abundante; en azotes sin número; en cárceles[c] más; en peligros de muerte muchas veces. [24] De los judíos cinco veces he recibido cuarenta azotes menos uno.[d] [25] Tres veces he sido azotado con varas;[e] una vez apedreado;[f] tres veces he padecido naufragio; una noche y un día he estado como náufrago en alta mar; [26] en caminos muchas veces; en peligros de ríos, peligros de ladrones, peligros de los de mi nación,[g] peligros de los gentiles,[h] peligros en la ciudad, peligros en el desierto, peligros en el mar, peligros entre falsos hermanos; [27] en trabajo y fatiga, en muchos desvelos, en hambre y sed, en muchos ayunos, en frío y en desnudez; [28] y además de otras cosas, lo que sobre mí se agolpa cada día, la preocupación por todas las iglesias. [29] ¿Quién enferma, y yo no enfermo? ¿A quién se le hace tropezar, y yo no me indigno?

[30] Si es necesario gloriarse, me gloriaré en lo que es de mi debilidad. [31] El Dios y Padre de nuestro Señor Jesucristo, quien es bendito por los siglos, sabe que no miento. [32] En Damasco, el gobernador de la provincia del rey Aretas guardaba la ciudad de los damascenos para prenderme; [33] y fui descolgado del muro en un canasto por una ventana, y escapé de sus manos.[i]

CAPÍTULO **12**

El aguijón en la carne

Ciertamente no me conviene gloriarme; pero vendré a las visiones y a las revelaciones del Señor. [2] Conozco a un hombre en Cristo, que hace catorce años (si en el cuerpo, no lo sé; si fuera del cuerpo, no lo sé; Dios lo sabe) fue arrebatado hasta el tercer cielo. [3] Y conozco al tal hombre (si en el cuerpo, o fuera del cuerpo, no lo sé; Dios lo sabe), [4] que fue arrebatado al paraíso, donde oyó palabras inefables que no le es dado

---

a 11.3: Gn. 3.1-5, 13.   b 11.9: Fil. 4.15-18.   c 11.23: Hch. 16.23.   d 11.24: Dt. 25.3.   e 11.25: Hch. 16.22.   f 11.25: Hch. 14.19.
g 11.26: Hch. 9.23.   h 11.26: Hch. 14.5.   i 11.32-33: Hch. 9.23-25.

al hombre expresar. [5] De tal hombre me gloriaré; pero de mí mismo en nada me gloriaré, sino en mis debilidades. [6] Sin embargo, si quisiera gloriarme, no sería insensato, porque diría la verdad; pero lo dejo, para que nadie piense de mí más de lo que en mí ve, u oye de mí. [7] Y para que la grandeza de las revelaciones no me exaltase desmedidamente, me fue dado un aguijón en mi carne, un mensajero de Satanás que me abofetee, para que no me enaltezca sobremanera; [8] respecto a lo cual tres veces he rogado al Señor, que lo quite de mí. [9] Y me ha dicho: Bástate mi gracia; porque mi poder se perfecciona en la debilidad. Por tanto, de buena gana me gloriaré más bien en mis debilidades, para que repose sobre mí el poder de Cristo. [10] Por lo cual, por amor a Cristo me gozo en las debilidades, en afrentas, en necesidades, en persecuciones, en angustias; porque cuando soy débil, entonces soy fuerte.

[11] Me he hecho un necio al gloriarme; vosotros me obligasteis a ello, pues yo debía ser alabado por vosotros; porque en nada he sido menos que aquellos grandes apóstoles, aunque nada soy. [12] Con todo, las señales de apóstol han sido hechas entre vosotros en toda paciencia, por señales, prodigios y milagros. [13] Porque ¿en qué habéis sido menos que las otras iglesias, sino en que yo mismo no os he sido carga? ¡Perdonadme este agravio!

Pablo anuncia su tercera visita
[14] He aquí, por tercera vez estoy preparado para ir a vosotros; y no os seré gravoso, porque no busco lo vuestro, sino a vosotros, pues no deben atesorar los hijos para los padres, sino los padres para los hijos. [15] Y yo con el mayor placer gastaré lo mío, y aun yo mismo me gastaré del todo por amor de vuestras almas, aunque amándoos más, sea amado menos. [16] Pero admitiendo esto, que yo no os he sido carga, sino que como soy astuto, os prendí por engaño, [17] ¿acaso os he engañado por alguno de los que he enviado a vosotros? [18] Rogué a Tito, y envié con él al hermano. ¿Os engañó acaso Tito? ¿No hemos procedido con el mismo espíritu y en las mismas pisadas?

[19] ¿Pensáis aún que nos disculpamos con vosotros? Delante de Dios en Cristo hablamos; y todo, muy amados, para vuestra edificación. [20] Pues me temo que cuando

¿Qué sucede cuando ofrendas?
Lee 2 Corintios 9:6-14

Una de las metas del ministerio de Pablo fue remediar la división que existía entre los creyentes judíos y los gentiles. Para hacer esto Pablo levantó una ofrenda entre las iglesias gentiles para llevarla a los creyentes judíos de Jerusalén. Aparentemente, los creyentes de Corinto eran remisos en dar. Así que Pablo, en esta porción de 2 Corintios, escribió acerca de los beneficios de dar generosamente a Dios y a la obra de su iglesia. Estas son tres importantes verdades acerca de nuestro ofrendar como creyentes:

1. **Nuestros motivos son importantes.** El pasaje dice que Dios premia al dador alegre (verso 7). La palabra alegremente también podría traducirse «con hilaridad», o riéndose. Debemos ofrendar con gozo, no como una obligación o deber. Como lo dijo Jesús, «más bienaventurado es dar que recibir» (Hechos 20:35).

2. **Cuando damos, Dios nos da a nosotros.** Tú no puedes sobrepasar a Dios (versos 8, 10). Así dijo Jesús: «Dad, y se os dará; medida buena, apretada, remecida y rebosando darán en vuestro regazo; porque con la misma medida con que medís, os volverán a medir» (Lucas 6:38). Volviendo a nuestro motivo de dar, no debemos caer en la trampa de «dar para recibir». Debemos dar porque Dios nos ha dado a nosotros generosamente.

3. **Otros reciben ayuda por nuestro apoyo financiero.** Siempre debemos considerar a los hermanos y hermanas en Cristo que están en necesidad. Pablo no está hablando del diezmo, sino de una ofrenda por encima y más allá del diezmo (versos 11-14). Nuestro diezmo va a la iglesia. Las ofrendas van a otras situaciones, como ayuda para los necesitados. Cuando esa gente recibe ayuda, ven que nuestra fe es más profunda que meras palabras.

Cuando tú das a la obra del Señor, ese dinero que antes no tenía ningún efecto espiritual, será usado para tocar las vidas de otros para la gloria de Dios. Él está buscando gente de mano generosa sobre la cual él puede derramar sus bendiciones y quienes, en su turno, darán a otros.

PRIMEROS PASOS

llegue, no os halle tales como quiero, y yo sea hallado de vosotros cual no queréis; que haya entre vosotros contiendas, envidias, iras, divisiones, maledicencias, murmuraciones, soberbias, desórdenes; [21] que cuando vuelva, me humille Dios entre vosotros, y quizá tenga que llorar por muchos de los que antes han pecado, y no se han arrepentido de la inmundicia y fornicación y lascivia que han cometido.

CAPÍTULO 13

Esta es la tercera vez que voy a vosotros. Por boca de dos o de tres testigos [a] se decidirá todo asunto. [2] He dicho antes, y ahora digo otra vez como si estuviera presente, y ahora ausente lo escribo a los que antes pecaron, y a todos los demás, que si voy otra vez, no seré indulgente; [3] pues buscáis una prueba de que habla Cristo en mí, el cual no es débil para con vosotros, sino que es poderoso en vosotros. [4] Porque aunque fue crucificado en debilidad, vive por el poder de Dios. Pues también nosotros somos débiles en él, pero viviremos con él por el poder de Dios para con vosotros.

[5] Examinaos a vosotros mismos si estáis en la fe; probaos a vosotros mismos. ¿O no os conocéis a vosotros mismos, que Jesucristo está en vosotros, a menos que estéis reprobados? [6] Mas espero que conoceréis que nosotros no estamos reprobados. [7] Y oramos a Dios que ninguna cosa mala hagáis; no para que nosotros aparezcamos aprobados, sino para que vosotros hagáis lo bueno, aunque nosotros seamos como reprobados. [8] Porque nada podemos contra la verdad, sino por la verdad. [9] Por lo cual nos gozamos de que seamos nosotros débiles, y que vosotros estéis fuertes; y aun oramos por vuestra perfección. [10] Por esto os escribo estando ausente, para no usar de severidad cuando esté presente, conforme a la autoridad que el Señor me ha dado para edificación, y no para destrucción.

Saludos y doxología final

[11] Por lo demás, hermanos, tened gozo, perfeccionaos, consolaos, sed de un mismo sentir, y vivid en paz; y el Dios de paz y de amor estará con vosotros. [12] Saludaos unos a otros con ósculo santo. [13] Todos los santos os saludan. [14] La gracia del Señor Jesucristo, el amor de Dios, y la comunión del Espíritu Santo sean con todos vosotros. Amén.

[a] 13.1: Dt. 17.6; 19.15.

Gálatas

Salutación

Pablo, apóstol (no de hombres ni por hombre, sino por Jesucristo y por Dios el Padre que lo resucitó de los muertos), ² y todos los hermanos que están conmigo, a las iglesias de Galacia: ³ Gracia y paz sean a vosotros, de Dios el Padre y de nuestro Señor Jesucristo, ⁴ el cual se dio a sí mismo por nuestros pecados para librarnos del presente siglo malo, conforme a la voluntad de nuestro Dios y Padre, ⁵ a quien sea la gloria por los siglos de los siglos. Amén.

No hay otro evangelio

⁶ Estoy maravillado de que tan pronto os hayáis alejado del que os llamó por la gracia de Cristo, para seguir un evangelio diferente. ⁷ No que haya otro, sino que hay algunos que os perturban y quieren pervertir el evangelio de Cristo. ⁸ Mas si aun nosotros, o un ángel del cielo, os anunciare otro evangelio diferente del que os hemos anunciado, sea anatema. ⁹ Como antes hemos dicho, también ahora lo repito: Si alguno os predica diferente evangelio del que habéis recibido, sea anatema.

¹⁰ Pues, ¿busco ahora el favor de los hombres, o el de Dios? ¿O trato de agradar a los hombres? Pues si todavía agradara a los hombres, no sería siervo de Cristo.

El ministerio de Pablo

¹¹ Mas os hago saber, hermanos, que el evangelio anunciado por mí, no es según hombre; ¹² pues yo ni lo recibí ni lo aprendí de hombre alguno, sino por revelación de Jesucristo. ¹³ Porque ya habéis oído acerca de mi conducta en otro tiempo en el judaísmo, que perseguía sobremanera a la iglesia de Dios, y la asolaba;ᵃ ¹⁴ y en el judaísmo aventajaba a muchos de mis contemporáneos en mi nación, siendo mucho más celoso de las tradiciones de mis padres.ᵇ ¹⁵ Pero cuando agradó a Dios, que me apartó desde el vientre de mi madre, y me llamó por su gracia, ¹⁶ revelar a su Hijo en mí,ᶜ para que yo le predicase entre los gentiles, no consulté en seguida con carne y sangre, ¹⁷ ni subí a Jerusalén a los que eran apóstoles antes que yo; sino que fui a Arabia, y volví de nuevo a Damasco.

¹⁸ Después, pasados tres años, subí a Jerusalénᵈ para ver a Pedro, y permanecí con él quince días; ¹⁹ pero no vi a ningún otro de los apóstoles, sino a Jacobo el hermano del Señor. ²⁰ En esto que os escribo, he aquí delante de Dios que no miento. ²¹ Después fui a las regiones de Siria y de Cilicia, ²² y no era conocido de vista a las iglesias de Judea, que eran en Cristo; ²³ solamente oían decir: Aquel que en otro tiempo nos perseguía, ahora predica la fe que en otro tiempo asolaba. ²⁴ Y glorificaban a Dios en mí.

Después, pasados catorce años, subí otra vez a Jerusalénᵃ con Bernabé, llevando también conmigo a Tito. ² Pero subí según una revelación, y para no correr o haber corrido en vano, expuse en privado a los que tenían cierta reputación el evangelio que predico entre los gentiles. ³ Mas ni aun Tito, que estaba conmigo, con todo y ser griego, fue obligado a circuncidarse; ⁴ y esto a pesar de los falsos hermanos introducidos a escondidas, que entraban para

ᵃ 1.13: Hch. 8.3; 22.4-5; 26.9-11. ᵇ 1.14: Hch. 22.3. ᶜ 1.15-16: Hch. 9.3-6; 22.6-10. ᵈ 1.18: Hch. 9.26-30. ᵃ 2.1: Hch. 11.30.

Por qué los cristianos necesitan al Espíritu Santo Lee Gálatas 5:16-26

Este texto habla de cuatro importantes razones por las cuales necesitamos permitir que el Espíritu Santo tome completo control de nuestras vidas como creyentes:

1. El Espíritu Santo nos ayuda a conquistar nuestra naturaleza pecaminosa. El Espíritu Santo nos ayudará a hacer las decisiones correctas si escuchamos su consejo.

2. El Espíritu Santo nos habilita para seguir las ordenanzas de Dios. El Espíritu Santo nos da poder para vivir dentro de las ordenanzas de Dios. Si oímos y seguimos sus consejos, no tenemos que forzarnos a obedecer al Señor porque desearemos obedecerle.

3. El Espíritu Santo produce cualidades santas en nuestra vida. Cuando vivimos por el Espíritu Santo, él desarrolla cualidades santas (conocidas como el fruto del Espíritu) en nosotros.

4. El Espíritu Santo nos anima a buscar la aprobación de Dios por encima de la de hombre. Buscamos la gloria de Dios por encima de la nuestra cuando nos dejamos guiar por el Espíritu Santo.

En esencia, el Espíritu Santo capacita a los cristianos a vivir vidas que son agradables a Dios, algo que es imposible hacer por nosotros mismos. Él hace que seguir a Cristo sea más un gozo que un deber.

PIEDRAS ANGULARES

---

espiar nuestra libertad que tenemos en Cristo Jesús, para reducirnos a esclavitud, [5] a los cuales ni por un momento accedimos a someternos, para que la verdad del evangelio permaneciese con vosotros. [6] Pero de los que tenían reputación de ser algo (lo que hayan sido en otro tiempo nada me importa; Dios no hace acepción de personas [b]), a mí, pues, los de reputación nada nuevo me comunicaron. [7] Antes por el contrario, como vieron que me había sido encomendado el evangelio de la incircuncisión, como a Pedro el de la circuncisión [8] (pues el que actuó en Pedro para el apostolado de la circuncisión, actuó también en mí para con los gentiles), [9] y reconociendo la gracia que me había sido dada, Jacobo, Cefas y Juan, que eran considerados como columnas, nos dieron a mí y a Bernabé la diestra en señal de compañerismo, para que nosotros fuésemos a los gentiles, y ellos a la circuncisión. [10] Solamente nos pidieron que nos acordásemos de los pobres; lo cual también procuré con diligencia hacer.

Pablo reprende a Pedro en Antioquía

[11] Pero cuando Pedro vino a Antioquía, le resistí cara a cara, porque era de condenar. [12] Pues antes que viniesen algunos de parte de Jacobo, comía con los gentiles; pero después que vinieron, se retraía y se apartaba, porque tenía miedo de los de la circuncisión. [13] Y en su simulación participaban también los otros judíos, de tal manera que aun Bernabé fue también arrastrado por la hipocresía de ellos. [14] Pero cuando vi que no andaban rectamente conforme a la verdad del evangelio, dije a Pedro delante de todos: Si tú, siendo judío, vives como los gentiles y no como judío, ¿por qué obligas a los gentiles a judaizar? [15] Nosotros, judíos de nacimiento, y no pecadores de entre los gentiles, [16] sabiendo que el hombre no es justificado por las obras de la ley,[c] sino por la fe de Jesucristo,[d] nosotros también hemos creído en Jesucristo, para ser justificados por la fe de Cristo y no por las obras de la ley, por cuanto por las obras de la ley nadie será justificado. [17] Y si buscando ser justificados en Cristo, también nosotros somos hallados pecadores, ¿es por eso Cristo ministro de pecado? En ninguna manera. [18] Porque si las cosas que destruí, las mismas vuelvo a edificar, transgresor me hago. [19] Porque yo por la ley soy muerto para la ley, a fin de vivir para Dios. [20] Con Cristo estoy juntamente crucificado, y ya no vivo yo, mas vive Cristo en mí; y lo que ahora vivo en la carne, lo vivo en la fe del Hijo de Dios, el cual me amó y se entregó a sí mismo por mí. [21] No desecho la gracia de Dios; pues

---

[b] 2.6: Dt. 10.17.   [c] 2.16: Sal. 143.2; Ro. 3.20.   [d] 2.16: Ro. 3.22.

si por la ley fuese la justicia, entonces por demás murió Cristo.

CAPÍTULO 3

El Espíritu se recibe por la fe

¡Oh gálatas insensatos! ¿quién os fascinó para no obedecer a la verdad, a vosotros ante cuyos ojos Jesucristo fue ya presentado claramente entre vosotros como crucificado? ² Esto solo quiero saber de vosotros: ¿Recibisteis el Espíritu por las obras de la ley, o por el oír con fe? ³ ¿Tan necios sois? ¡Habiendo comenzado por el Espíritu, ahora vais a acabar por la carne? ⁴ ¿Tantas cosas habéis padecido en vano? si es que realmente fue en vano. ⁵ Aquel, pues, que os suministra el Espíritu, y hace maravillas entre vosotros, ¿lo hace por las obras de la ley, o por el oír con fe?

El pacto de Dios con Abraham

⁶ Así Abraham creyó a Dios, y le fue contado por justicia.ᵃ ⁷ Sabed, por tanto, que los que son de fe, éstos son hijos de Abraham.ᵇ ⁸ Y la Escritura, previendo que Dios había de justificar por la fe a los gentiles, dio de antemano la buena nueva a Abraham, diciendo: En ti serán benditas todas las naciones.ᶜ ⁹ De modo que los de la fe son bendecidos con el creyente Abraham.

¹⁰ Porque todos los que dependen de las obras de la ley están bajo maldición, pues escrito está: Maldito todo aquel que no permaneciere en todas las cosas escritas en el libro de la ley, para hacerlas.ᵈ ¹¹ Y que por la ley ninguno se justifica para con Dios, es evidente, porque: El justo por la fe vivirá;ᵉ ¹² y la ley no es de fe, sino que dice: El que hiciere estas cosas vivirá por ellas.ᶠ ¹³ Cristo nos redimió de la maldición de la ley, hecho por nosotros maldición (porque está escrito: Maldito todo el que es colgado en un madero ᵍ), ¹⁴ para que en Cristo Jesús la bendición de Abraham alcanzase a los gentiles, a fin de que por la fe recibiésemos la promesa del Espíritu.

¹⁵ Hermanos, hablo en términos humanos: Un pacto, aunque sea de hombre, una vez ratificado, nadie lo invalida, ni le añade. ¹⁶ Ahora bien, a Abraham fueron hechas las promesas, y a su simiente. No dice: Y a las simientes, como si hablase de muchos, sino como de uno: Y a tu simiente,ʰ la cual es Cristo. ¹⁷ Esto, pues, digo: El pacto previamente ratificado por Dios para con Cristo, la ley que vino cuatrocientos treinta años después,ⁱ no lo abroga, para invalidar la promesa. ¹⁸ Porque si la herencia es por la ley, ya no es por la promesa;ʲ pero Dios la concedió a Abraham mediante la promesa.

El propósito de la ley

¹⁹ Entonces, ¿para qué sirve la ley? Fue añadida a causa de las transgresiones, hasta que viniese la simiente a quien fue hecha la promesa; y fue ordenada por medio de ángeles en mano de un mediador. ²⁰ Y el mediador no lo es de uno solo; pero Dios es uno.

²¹ ¿Luego la ley es contraria a las promesas de Dios? En ninguna manera; porque si la ley dada pudiera vivificar, la justicia fuera verdaderamente por la ley. ²² Mas la Escritura lo encerró todo bajo pecado, para que la promesa que es por la fe en Jesucristo fuese dada a los creyentes.

²³ Pero antes que viniese la fe, estábamos confinados bajo la ley, encerrados para aquella fe que iba a ser revelada. ²⁴ De manera que la ley ha sido nuestro ayo, para llevarnos a Cristo, a fin de que fuésemos justificados por la fe. ²⁵ Pero venida la fe, ya no estamos bajo ayo, ²⁶ pues todos sois hijos de Dios por la fe en Cristo Jesús; ²⁷ porque todos los que habéis sido bautizados en Cristo, de Cristo estáis revestidos. ²⁸ Ya no hay judío ni griego; no hay esclavo ni libre; no hay varón ni mujer; porque todos vosotros sois uno en Cristo Jesús. ²⁹ Y si vosotros sois de Cristo, ciertamente linaje de Abraham sois, y herederos según la promesa.ᵏ

CAPÍTULO 4

Pero también digo: Entre tanto que el heredero es niño, en nada difiere del esclavo, aunque es señor de todo; ² sino que está bajo tutores y curadores hasta el tiempo señalado por el padre. ³ Así también nosotros, cuando éramos niños, estábamos en esclavitud bajo los rudimentos del mundo. ⁴ Pero cuando vino el cumplimiento del tiempo, Dios envió a su Hijo, nacido de mujer y nacido bajo la ley, ⁵ para que redimiese a los que estaban bajo la ley, a fin de

---

ᵃ 3.6: Gn. 15.6; Ro. 4.3. ᵇ 3.7: Ro. 4.16. ᶜ 3.8: Gn. 12.3. ᵈ 3.10: Dt. 27.26. ᵉ 3.11: Hab. 2.4. ᶠ 3.12: Lv. 18.5. ᵍ 3.13: Dt. 21.23.
ʰ 3.16: Gn. 12.7. ⁱ 3.17: Ex. 12.40. ʲ 3.18: Ro. 4.14. ᵏ 3.29: Ro. 4.13.

que recibiésemos la adopción de hijos. [6] Y por cuanto sois hijos, Dios envió a vuestros corazones el Espíritu de su Hijo, el cual clama: ¡Abba, Padre! [7] Así que ya no eres esclavo, sino hijo; y si hijo, también heredero de Dios por medio de Cristo.[a]

Exhortación contra el volver a la esclavitud
[8] Ciertamente, en otro tiempo, no conociendo a Dios, servíais a los que por naturaleza no son dioses; [9] mas ahora, conociendo a Dios, o más bien, siendo conocidos por Dios, ¿cómo es que os volvéis de nuevo a los débiles y pobres rudimentos, a los cuales os queréis volver a esclavizar? [10] Guardáis los días, los meses, los tiempos y los años. [11] Me temo de vosotros, que haya trabajado en vano con vosotros.

[12] Os ruego, hermanos, que os hagáis como yo, porque yo también me hice como vosotros. Ningún agravio me habéis hecho. [13] Pues vosotros sabéis que a causa de una enfermedad del cuerpo os anuncié el evangelio al principio; [14] y no me despreciasteis ni desechasteis por la prueba que tenía en mi cuerpo, antes bien me recibisteis como a un ángel de Dios, como a Cristo Jesús. [15] ¿Dónde, pues, está esa satisfacción que experimentabais? Porque os doy testimonio de que si hubieseis podido, os hubierais sacado vuestros propios ojos para dármelos. [16] ¿Me he hecho, pues, vuestro enemigo, por deciros la verdad? [17] Tienen celo por vosotros, pero no para bien, sino que quieren apartaros de nosotros para que vosotros tengáis celo por ellos. [18] Bueno es mostrar celo en lo bueno siempre, y no solamente cuando estoy presente con vosotros. [19] Hijitos míos, por quienes vuelvo a sufrir dolores de parto, hasta que Cristo sea formado en vosotros, [20] quisiera estar con vosotros ahora mismo y cambiar de tono, pues estoy perplejo en cuanto a vosotros.

Alegoría de Sara y Agar
[21] Decidme, los que queréis estar bajo la ley: ¿no habéis oído la ley? [22] Porque está escrito que Abraham tuvo dos hijos; uno de la esclava,[b] el otro de la libre.[c] [23] Pero el de la esclava nació según la carne; mas el de la libre, por la promesa. [24] Lo cual es una alegoría, pues estas mujeres son los dos pactos; el uno proviene del monte Sinaí, el cual da hijos para esclavitud; éste es Agar. [25] Porque Agar es el monte Sinaí en Arabia, y corresponde a la Jerusalén actual, pues ésta, junto con sus hijos, está en esclavitud. [26] Mas la Jerusalén de arriba, la cual es madre de todos nosotros, es libre. [27] Porque está escrito:

Regocíjate, oh estéril, tú que no das a
    luz;
Prorrumpe en júbilo y clama, tú que no
    tienes dolores de parto;
Porque más son los hijos de la
    desolada, que de la que tiene
    marido.[d]

[28] Así que, hermanos, nosotros, como Isaac, somos hijos de la promesa. [29] Pero como entonces el que había nacido según la carne perseguía al que había nacido según el Espíritu,[e] así también ahora. [30] Mas ¿qué dice la Escritura? Echa fuera a la esclava y a su hijo, porque no heredará el hijo de la esclava con el hijo de la libre.[f] [31] De manera, hermanos, que no somos hijos de la esclava, sino de la libre.

a 4.5-7: Ro. 8.15-17.   b 4.22: Gn. 16.15.   c 4.22: Gn. 21.2.   d 4.27: Is. 54.1.   e 4.29: Gn. 21.9.   f 4.30: Gn. 21.10.

PARTIR Y CORRER ▨▨▨▨▨▨▨▨▨▨▨▨

Busca un verdadero amigo cristiano Lee Gálatas 6:1-3

No es la intención de Dios que nos convirtamos en cristianos «solitarios». Es por eso que una de las primeras medidas que debes tomar después de recibir a Cristo, es procurar hacerte de buenos y sólidos amigos cristianos. Aunque Dios quiere que en tiempos de dificultad acudamos primeramente a él, sabe también que necesitamos hermanos y hermanas en Cristo, aquí en la tierra, para ayudarnos en las pruebas y los problemas, y que ellos nos necesitan a nosotros también. Estas son tres características que debemos buscar en un amigo cristiano:

1. Un verdadero amigo cristiano te hará saber cuando has pecado. Un verdadero amigo se preocupará por tu condición espiritual y te dirá la verdad. La Biblia dice: «Fieles son las heridas del que ama; Pero importunos los besos del que aborrece» (Proverbios 27:6).

CAPÍTULO **5**

Estad firmes en la libertad

Estad, pues, firmes en la libertad con que Cristo nos hizo libres, y no estéis otra vez sujetos al yugo de esclavitud. ² He aquí, yo Pablo os digo que si os circuncidáis, de nada os aprovechará Cristo. ³ Y otra vez testifico a todo hombre que se circuncida, que está obligado a guardar toda la ley. ⁴ De Cristo os desligasteis, los que por la ley os justificáis; de la gracia habéis caído. ⁵ Pues nosotros por el Espíritu aguardamos por fe la esperanza de la justicia; ⁶ porque en Cristo Jesús ni la circuncisión vale algo, ni la incircuncisión, sino la fe que obra por el amor. ⁷ Vosotros corríais bien; ¿quién os estorbó para no obedecer a la verdad? ⁸ Esta persuasión no procede de aquel que os llama.ᵃ ⁹ Un poco de levadura leuda toda la masa. ¹⁰ Yo confío respecto de vosotros en el Señor, que no pensaréis de otro modo; mas el que os perturba llevará la sentencia, quienquiera que sea. ¹¹ Y yo, hermanos, si aún predico la circuncisión, ¿por qué padezco persecución todavía? En tal caso se ha quitado el tropiezo de la cruz. ¹² ¡Ojalá se mutilasen los que os perturban!

¹³ Porque vosotros, hermanos, a libertad fuisteis llamados; solamente que no uséis la libertad como ocasión para la carne, sino servíos por amor los unos a los otros. ¹⁴ Porque toda la ley en esta sola palabra se cumple: Amarás a tu prójimo como a ti mismo.ᵇ ¹⁵ Pero si os mordéis y os coméis unos a otros, mirad que también no os consumáis unos a otros.

Las obras de la carne y el fruto del Espíritu
¹⁶ Digo, pues: Andad en el Espíritu, y no satisfagáis los deseos de la carne. ¹⁷ Porque el deseo de la carne es contra el Espíritu, y el del Espíritu es contra la carne; y éstos se oponen entre sí, para que no hagáis lo que quisiereis.ᶜ ¹⁸ Pero si sois guiados por el Espíritu, no estáis bajo la ley. ¹⁹ Y manifiestas son las obras de la carne, que son: adulterio, fornicación, inmundicia, lascivia, ²⁰ idolatría, hechicerías, enemistades, pleitos, celos, iras, contiendas, disensiones, herejías, ²¹ envidias, homicidios, borracheras, orgías, y cosas semejantes a estas; acerca de las cuales os amonesto, como ya os lo he dicho antes, que los que practican tales cosas no heredarán el reino de Dios. ²² Mas el fruto del Espíritu es amor, gozo, paz, paciencia, benignidad, bondad, fe, ²³ mansedumbre, templanza; contra tales cosas no hay ley. ²⁴ Pero los que son de Cristo han crucificado la carne con sus pasiones y deseos.

²⁵ Si vivimos por el Espíritu, andemos también por el Espíritu. ²⁶ No nos hagamos vanagloriosos, irritándonos unos a otros, envidiándonos unos a otros.

CAPÍTULO **6**

Hermanos, si alguno fuere sorprendido en alguna falta, vosotros que sois espirituales, restauradle con espíritu de mansedumbre, considerándote a ti mismo, no sea que tú también seas tentado. ² Sobrellevad los unos las cargas de los otros, y cumplid así la ley de Cristo. ³ Porque el que se cree ser algo, no siendo nada, a sí mismo se engaña. ⁴ Así que, cada uno someta a prueba su propia obra, y entonces tendrá motivo de gloriarse sólo respecto de sí mismo, y no en otro; ⁵ porque cada uno llevará su propia carga.

⁶ El que es enseñado en la palabra, haga partícipe de toda cosa buena al que lo instruye.

ᵃ 5.9: 1 Co. 5.6.   ᵇ 5.14: Lv. 19.18.   ᶜ 5.17: Ro. 7.15-23.

---

2. Un verdadero amigo cristiano es humilde. Si tú caes espiritualmente, un amigo que es un cristiano fuerte, te ayudará a restaurarte sin difundir rumores. Este amigo sabe que es tan susceptible de pecar como tú.

3. Un verdadero amigo cristiano te ayudará a llevar tus cargas. Llorará cuando tú llores y se regocijará cuando tú te regocijes (lee Romanos 12:15).

Tener un amigo que es un cristiano firme no es sólo un beneficio, ¡es una necesidad! Y esto es lo que Jesús desea. Por lo tanto, cultiva buenas amistades cristianas porque te ayudarán a fortalecerte a ti mismo y al cuerpo de Cristo.

⁷ No os engañéis; Dios no puede ser burlado: pues todo lo que el hombre sembrare, eso también segará. ⁸ Porque el que siembra para su carne, de la carne segará corrupción; mas el que siembra para el Espíritu, del Espíritu segará vida eterna. ⁹ No nos cansemos, pues, de hacer bien; porque a su tiempo segaremos, si no desmayamos. ¹⁰ Así que, según tengamos oportunidad, hagamos bien a todos, y mayormente a los de la familia de la fe.

Pablo se gloría en la cruz de Cristo
¹¹ Mirad con cuán grandes letras os escribo de mi propia mano. ¹² Todos los que quieren agradar en la carne, éstos os obligan a que os circuncidéis, solamente para no padecer persecución a causa de la cruz de Cristo. ¹³ Porque ni aun los mismos que se circuncidan guardan la ley; pero quieren que vosotros os circuncidéis, para gloriarse en vuestra carne. ¹⁴ Pero lejos esté de mí gloriarme, sino en la cruz de nuestro Señor Jesucristo, por quien el mundo me es crucificado a mí, y yo al mundo. ¹⁵ Porque en Cristo Jesús ni la circuncisión vale nada, ni la incircuncisión, sino una nueva creación. ¹⁶ Y a todos los que anden conforme a esta regla, paz y misericordia sea a ellos, y al Israel de Dios.

¹⁷ De aquí en adelante nadie me cause molestias; porque yo traigo en mi cuerpo las marcas del Señor Jesús.

Bendición final
¹⁸ Hermanos, la gracia de nuestro Señor Jesucristo sea con vuestro espíritu. Amén.

Efesios

CAPÍTULO 1

Salutación

Pablo, apóstol de Jesucristo por la voluntad de Dios, a los santos y fieles en Cristo Jesús que están en Éfeso: *ᵃ* 2 Gracia y paz a vosotros, de Dios nuestro Padre y del Señor Jesucristo.

Bendiciones espirituales en Cristo

3 Bendito sea el Dios y Padre de nuestro Señor Jesucristo, que nos bendijo con toda bendición espiritual en los lugares celestiales en Cristo, 4 según nos escogió en él antes de la fundación del mundo, para que fuésemos santos y sin mancha delante de él, 5 en amor habiéndonos predestinado para ser adoptados hijos suyos por medio de Jesucristo, según el puro afecto de su voluntad, 6 para alabanza de la gloria de su gracia, con la cual nos hizo aceptos en el Amado, 7 en quien tenemos redención por su sangre, el perdón de pecados *ᵇ* según las riquezas de su gracia, 8 que hizo sobreabundar para con nosotros en toda sabiduría e inteligencia, 9 dándonos a conocer el misterio de su voluntad, según su beneplácito, el cual se había propuesto en sí mismo, 10 de reunir todas las cosas en Cristo, en la dispensación del cumplimiento de los tiempos, así las que están en los cielos, como las que están en la tierra.

11 En él asimismo tuvimos herencia, habiendo sido predestinados conforme al propósito del que hace todas las cosas según el designio de su voluntad, 12 a fin de que seamos para alabanza de su gloria, nosotros los que primeramente esperábamos en Cristo. 13 En él también vosotros, habiendo oído la palabra de verdad, el evangelio de vuestra salvación, y habiendo creído en él, fuisteis sellados con el Espíritu Santo de la promesa, 14 que es las arras de nuestra herencia hasta la redención de la posesión adquirida, para alabanza de su gloria.

El espíritu de sabiduría y de revelación

15 Por esta causa también yo, habiendo oído de vuestra fe en el Señor Jesús, y de vuestro amor para con todos los santos, 16 no ceso de dar gracias por vosotros, haciendo memoria de vosotros en mis oraciones, 17 para que el Dios de nuestro Señor Jesucristo, el Padre de gloria, os dé espíritu de sabiduría y de revelación en el conocimiento de él, 18 alumbrando los ojos de vuestro entendimiento, para que sepáis cuál es la esperanza a que él os ha llamado, y cuáles las riquezas de la gloria de su herencia en los santos, 19 y cuál la supereminente grandeza de su poder para con nosotros los que creemos, según la operación del poder de su fuerza, 20 la cual operó en Cristo, resucitándole de los muertos y sentándole a su diestra *ᶜ* en los lugares celestiales, 21 sobre todo principado y autoridad y poder y señorío, y sobre todo nombre que se nombra, no sólo en este siglo, sino también en el venidero; 22 y sometió todas las cosas bajo sus pies,*ᵈ* y lo dio por cabeza sobre todas las cosas a la iglesia, 23 la cual es su cuerpo,*ᵉ* la plenitud de Aquel que todo lo llena en todo.

CAPÍTULO 2

Salvos por gracia

Y él os dio vida a vosotros, cuando estabais muertos en vuestros delitos y pecados, 2 en los

---

ᵃ 1.1: Hch. 18.19-21; 19.1.　ᵇ 1.7: Col. 1.14.　ᶜ 1.20: Sal. 110.1.　ᵈ 1.22: Sal. 8.6.　ᵉ 1.22-23: Col. 1.18.

Por qué Dios nos da el Espíritu Santo Lee Efesios 1:13-14

Se podría decir que el Espíritu Santo es nuestra «marca de fabricación» como cristianos. En este texto vemos tres razones específicas por las cuales Dios nos da el Espíritu Santo:

1. El Espíritu Santo es una promesa. Una vez más la Escritura nos recuerda que Dios ha prometido enviar al Espíritu Santo a todos aquellos que oyen las buenas nuevas del evangelio y reciben a Cristo como Salvador.

2. El Espíritu Santo es un sello. El Espíritu Santo sirve como una marca de propiedad, que demuestra que pertenecemos a Dios.

3. El Espíritu Santo es una garantía. El Espíritu Santo representa también la promesa de Dios de llevarnos a nuestra final herencia espiritual. Esta palabra podría traducirse también como «primera cuota» o «depósito» y significa que su sello en nuestra vida es un anticipo de mucho más que está por venir.

Dios nos da el Espíritu Santo no sólo para capacitarnos para vivir la vida cristiana, sino para probarnos que somos valiosos ante él.

PIEDRAS ANGULARES

cuales anduvisteis en otro tiempo, siguiendo la corriente de este mundo, conforme al príncipe de la potestad del aire, el espíritu que ahora opera en los hijos de desobediencia, [3] entre los cuales también todos nosotros vivimos en otro tiempo en los deseos de nuestra carne, haciendo la voluntad de la carne y de los pensamientos, y éramos por naturaleza hijos de ira, lo mismo que los demás. [4] Pero Dios, que es rico en misericordia, por su gran amor con que nos amó, [5] aun estando nosotros muertos en pecados, nos dio vida juntamente con Cristo [a] (por gracia sois salvos), [6] y juntamente con él nos resucitó, y asimismo nos hizo sentar en los lugares celestiales con Cristo Jesús, [7] para mostrar en los siglos venideros las abundantes riquezas de su gracia en su bondad para con nosotros en Cristo Jesús. [8] Porque por gracia sois salvos por medio de la fe; y esto no de vosotros, pues es don de Dios; [9] no por obras, para que nadie se gloríe. [10] Porque somos hechura suya, creados en Cristo Jesús para buenas obras, las cuales Dios preparó de antemano para que anduviésemos en ellas.

Reconciliación por medio de la cruz

[11] Por tanto, acordaos de que en otro tiempo vosotros, los gentiles en cuanto a la carne, erais llamados incircuncisión por la llamada circuncisión hecha con mano en la carne. [12] En aquel tiempo estabais sin Cristo, alejados de la ciudadanía de Israel y ajenos a los pactos de la promesa, sin esperanza y sin Dios en el mundo. [13] Pero ahora en Cristo Jesús, vosotros que en otro tiempo estabais lejos, habéis sido hechos cercanos por la sangre de Cristo. [14] Porque él es nuestra paz, que de ambos pueblos hizo uno, derribando la pared intermedia de separación, [15] aboliendo en su carne las enemistades, la ley de los mandamientos expresados en ordenanzas,[b] para crear en sí mismo de los dos un solo y nuevo hombre, haciendo la paz, [16] y mediante la cruz reconciliar con Dios a ambos en un solo cuerpo,[c] matando en ella las enemistades. [17] Y vino y anunció las buenas nuevas de paz a vosotros que estabais lejos, y a los que estaban cerca;[d] [18] porque por medio de él los unos y los otros tenemos entrada por un mismo Espíritu al Padre. [19] Así que ya no sois extranjeros ni advenedizos, sino conciudadanos de los santos, y miembros de la familia de Dios, [20] edificados sobre el fundamento de los apóstoles y profetas, siendo la principal piedra del ángulo Jesucristo mismo, [21] en quien todo el edificio, bien coordinado, va creciendo para ser un templo santo en el Señor; [22] en quien vosotros también sois juntamente edificados para morada de Dios en el Espíritu.

[a] 2.1-5: Col. 2.13.   [b] 2.15: Col. 2.14.   [c] 2.16: Col. 1.20.   [d] 2.17: Is. 57.19.

CAPÍTULO 3
Ministerio de Pablo a los gentiles

Por esta causa yo Pablo, prisionero de Cristo Jesús por vosotros los gentiles; ² si es que habéis oído de la administración de la gracia de Dios que me fue dada para con vosotros; ³ que por revelación me fue declarado el misterio, como antes lo he escrito brevemente, ⁴ leyendo lo cual podéis entender cuál sea mi conocimiento en el misterio de Cristo, ⁵ misterio que en otras generaciones no se dio a conocer a los hijos de los hombres, como ahora es revelado a sus santos apóstoles y profetas por el Espíritu: ⁶ que los gentiles son coherederos y miembros del mismo cuerpo, y copartícipes de la promesa en Cristo Jesús por medio del evangelio,*ᵃ* ⁷ del cual yo fui hecho ministro por el don de la gracia de Dios que me ha sido dado según la operación de su poder.

⁸ A mí, que soy menos que el más pequeño de todos los santos, me fue dada esta gracia de anunciar entre los gentiles el evangelio de las inescrutables riquezas de Cristo, ⁹ y de aclarar a todos cuál sea la dispensación del misterio escondido desde los siglos en Dios, que creó todas las cosas; ¹⁰ para que la multiforme sabiduría de Dios sea ahora dada a conocer por medio de la iglesia a los principados y potestades en los lugares celestiales, ¹¹ conforme al propósito eterno que hizo en Cristo Jesús nuestro Señor, ¹² en quien tenemos seguridad y acceso con confianza por medio de la fe en él; ¹³ por lo cual pido que no desmayéis a causa de mis tribulaciones por vosotros, las cuales son vuestra gloria.

El amor que excede a todo conocimiento

¹⁴ Por esta causa doblo mis rodillas ante el Padre de nuestro Señor Jesucristo, ¹⁵ de quien toma nombre toda familia en los cielos y en la tierra, ¹⁶ para que os dé, conforme a las riquezas de su gloria, el ser fortalecidos con poder en el hombre interior por su Espíritu; ¹⁷ para que habite Cristo por la fe en vuestros corazones, a fin de que, arraigados y cimentados en amor, ¹⁸ seáis plenamente capaces de comprender con todos los santos cuál sea la anchura, la longitud, la profundidad y la altura, ¹⁹ y de conocer el amor de Cristo, que excede a todo conocimiento, para que seáis llenos de toda la plenitud de Dios.

ᵃ 3.4-6: Col. 1.26-27.

²⁰ Y a Aquel que es poderoso para hacer todas las cosas mucho más abundantemente de lo que pedimos o entendemos, según el poder que actúa en nosotros, ²¹ a él sea gloria en la iglesia en Cristo Jesús por todas las edades, por los siglos de los siglos. Amén.

CAPÍTULO 4
La unidad del Espíritu

Yo pues, preso en el Señor, os ruego que andéis como es digno de la vocación con que fuisteis llamados, ² con toda humildad y

---

Por qué te necesita la iglesia
Lee Efesios 4:11-16

No solamente tú necesitas a la iglesia sino que la iglesia te necesita a ti! Como hijo de Dios tú has sido bendecido con talentos y habilidades santas y únicas que el Espíritu Santo te ha dado y que pueden ser utilizados en beneficio del cuerpo de Cristo. Puedes usar esos dones, en por lo menos dos maneras, para beneficiar a tus hermanos creyentes:

1. Los dones que Dios te da promueven la madurez espiritual. Dios desea que crezcas espiritualmente. Para lograrlo ha colocado en la iglesia personas dotadas de talentos para complementar diferentes aspectos del ministerio. Si los pastores, maestros, evangelistas y otros cumplen sus obligaciones, esto no sólo promueve tu crecimiento espiritual, sino que también te capacita para hacer mejor trabajo para él. Sin embargo, para que esto suceda, tú tienes que «armonizar perfectamente» con «cada parte, mientras cada uno hace su tarea especial y ayuda a las otras partes a crecer».

2. Los dones que Dios te da bendicen a otros. Aunque no tengas todavía una posición prominente en la iglesia, tú puedes animar a otros, cuidar de los enfermos o de los que están en necesidad, ayudar financieramente a misioneros o limpiar los baños. Si fallas en el compañerismo con los demás miembros de la iglesia, estás desperdiciando una tremenda oportunidad para usar las habilidades que Dios te ha dado.

PRIMEROS PASOS

Dios nos ha salvado para un propósito   Lee Efesios 2:10

Cuando no eras cristiano nada te motivaba a vivir rectamente. Quizá trataste de hallarle propósito y significado a la vida, pero no lo lograste. Como creyente, sin embargo, tú eres «hechura de Dios», lo cual significa que su Espíritu está trabajando en tu vida para hacerte más parecido a Cristo y darte un propósito para vivir.

Este versículo describe parte del propósito que Dios tiene para tu vida como hijo suyo: hacer buenas obras ayudando a otros. La asombrosa y maravillosa verdad acerca del propósito de Dios para tu vida, es que él tenía planes para que hicieras buenas obras, mucho tiempo antes que existieras. Él ha programado los días y los sucesos de tu vida para que tangiblemente compartas su amor con otros (Lee Efesios 2:10).

La próxima vez que veas a tu prójimo en angustia o escuchas que un amigo está batallando con un problema o notas que un compañero de trabajo está afligido o ves a un desconocido que necesite que le tiendas la mano, aprovecha esta oportunidad que Dios ha preparado en tu camino. Deja que «tu luz brille» (lee Mateo 5:16), puesto que tú eres su hijo.

PIEDRAS ANGULARES

---

mansedumbre, soportándoos con paciencia los unos a los otros en amor,[a] [3] solícitos en guardar la unidad del Espíritu en el vínculo de la paz; [4] un cuerpo, y un Espíritu, como fuisteis también llamados en una misma esperanza de vuestra vocación; [5] un Señor, una fe, un bautismo, [6] un Dios y Padre de todos, el cual es sobre todos, y por todos, y en todos. [7] Pero a cada uno de nosotros fue dada la gracia conforme a la medida del don de Cristo. [8] Por lo cual dice:

Subiendo a lo alto, llevó cautiva la cautividad,
Y dio dones a los hombres.[b]

[9] Y eso de que subió, ¿qué es, sino que también había descendido primero a las partes más bajas de la tierra? [10] El que descendió, es el mismo que también subió por encima de todos los cielos para llenarlo todo. [11] Y él mismo constituyó a unos, apóstoles; a otros, profetas; a otros, evangelistas; a otros, pastores y maestros, [12] a fin de perfeccionar a los santos para la obra del ministerio, para la edificación del cuerpo de Cristo, [13] hasta que todos lleguemos a la unidad de la fe y del conocimiento del Hijo de Dios, a un varón perfecto, a la medida de la estatura de la plenitud de Cristo; [14] para que ya no seamos niños fluctuantes, llevados por doquiera de todo viento de doctrina, por estratagema de hombres que para engañar emplean con astucia las artimañas del error,

[15] sino que siguiendo la verdad en amor, crezcamos en todo en aquel que es la cabeza, esto es, Cristo, [16] de quien todo el cuerpo, bien concertado y unido entre sí por todas las coyunturas que se ayudan mutuamente, según la actividad propia de cada miembro, recibe su crecimiento para ir edificándose en amor.[c]

La nueva vida en Cristo

[17] Esto, pues, digo y requiero en el Señor: que ya no andéis como los otros gentiles, que andan en la vanidad de su mente, [18] teniendo el entendimiento entenebrecido, ajenos de la vida de Dios por la ignorancia que en ellos hay, por la dureza de su corazón; [19] los cuales, después que perdieron toda sensibilidad, se entregaron a la lascivia para cometer con avidez toda clase de impureza. [20] Mas vosotros no habéis aprendido así a Cristo, [21] si en verdad le habéis oído, y habéis sido por él enseñados, conforme a la verdad que está en Jesús. [22] En cuanto a la pasada manera de vivir, despojaos del viejo hombre,[d] que está viciado conforme a los deseos engañosos, [23] y renovaos en el espíritu de vuestra mente, [24] y vestíos del nuevo hombre,[e] creado según Dios[f] en la justicia y santidad de la verdad.

[25] Por lo cual, desechando la mentira, hablad verdad cada uno con su prójimo;[g]

---

a 4.2: Col. 3.12-13. b 4.8: Sal. 68.18. c 4.16: Col. 2.19. d 4.22: Col. 3.9. e 4.24: Col. 3.10. f 4.24: Gn. 1.26. g 4.25: Zac. 8.16.

¿Qué son los dones espirituales? Lee Efesios 4:11-16

Dios ha elegido a personas para que lleven a cabo su obra. Escogió este curso de acción por razones que él sólo conoce y comprende. Desde una perspectiva humana, podemos preguntarnos si esta fue la mejor decisión. Después de todo, «el cielo es el límite» con respecto a lo que Dios podría haber hecho. Pudo haber escogido ángeles para que hablaran a la humanidad perdida. Ciertamente, Dios usó ángeles en muchas ocasiones a través de todas las Escrituras. O pudo también haber creado una clase especial de mensajeros que nunca le fallaran, es decir, instrumentos «a prueba de pecado» que fielmente proclamaran su Palabra. Para este propósito Dios pudo haber asomado su cara desde el cielo para decir: «¡Hola, mundo, yo soy Dios y ustedes no!» Pero Dios ha escogido a hombres y mujeres para hacer su obra a través de la humanidad.

Cuando seguimos a Jesús y buscamos ser usados por él, necesitamos utilizar todo lo que él ha provisto para nosotros. Una de las grandes bendiciones que Jesús le ha dado a la iglesia y, por consiguiente, a nosotros como individuos, son los dones del Espíritu Santo. ¿Por qué nos ha dado esos dones? La Biblia dice lo siguiente acerca del papel vital que desempeñan las cualidades santas en la vida de los creyentes:

Los dones espirituales nos ayudan a crecer en el conocimiento de Cristo. Algunas personas se obsesionan más con los dones espirituales que con Jesús mismo. Los creyentes empiezan a seguir señales y maravillas en vez de que las señales y maravillas sigan a los creyentes. Esto es un signo de inmadurez espiritual. El escritor y predicador A. B. Simpson escribió estas sobresalientes palabras:

Una vez fue la bendición, ahora es el Señor.

Una vez fue el sentimiento, ahora es su Palabra.

Una vez fueron sus dones los que deseaba, ahora es al Dador de lo que tengo.

Una vez busqué sanidad, ahora sólo lo busco a él.

Obtener dones espirituales no es la meta sino el medio. Ellos no son algo para entretenerse jugando, sino herramientas para edificar armas para combatir. Seremos mucho más efectivos cuando los usemos para la gloria de Dios y no para la nuestra.

Los dones espirituales son para ser usados. Es posible poseer un don y no usarlo. Cuando no lo usas desobedeces a Dios y privas a la iglesia de una bendición. Es por esta razón que debemos usar todos los dones que Dios nos da. De hecho, sería un insulto a Dios despreciar algún don que nos diera su Espíritu Santo, si decimos que no es tan importante como para usarlo.

Cada don espiritual tiene un lugar especial en el cuerpo de Cristo. Cada cualidad santa que Dios ha puesto en la iglesia, que es el cuerpo de Cristo, es importante. Algunos dones tales como el de la predicación, la enseñanza y la profecía parecen más importantes que otros, como el de la hospitalidad o los de servicio. Pero todos esos dones los ha dado Dios para edificar a la iglesia. Ninguno debiera ser menospreciado o tomado a la ligera.

GRANDES PREGUNTAS

?

porque somos miembros los unos de los otros. [26] Airaos, pero no pequéis;[h] no se ponga el sol sobre vuestro enojo, [27] ni deis lugar al diablo. [28] El que hurtaba, no hurte más, sino trabaje, haciendo con sus manos lo que es bueno, para que tenga qué compartir con el que padece necesidad. [29] Ninguna palabra corrompida salga de vuestra boca, sino la que sea buena para la necesaria edificación, a fin de dar gracia a los oyentes. [30] Y no contristéis al Espíritu Santo de Dios, con el cual fuisteis sellados para el día de la redención. [31] Quítense de vosotros toda amargura, enojo, ira, gritería y maledicencia, y toda malicia. [32] Antes sed benignos unos con otros, misericordiosos, perdonándoos unos a otros, como Dios también os perdonó a vosotros en Cristo.[i]

CAPÍTULO 5
Andad como hijos de luz

Sed, pues, imitadores de Dios como hijos amados. [2] Y andad en amor, como también Cristo nos amó, y se entregó a sí mismo por

h 4.26: Sal. 4.4.   i 4.32: Col. 3.13.

nosotros, ofrenda y sacrificio a Dios en olor fragante.[a]

³ Pero fornicación y toda inmundicia, o avaricia, ni aun se nombre entre vosotros, como conviene a santos; ⁴ ni palabras deshonestas, ni necedades, ni truhanerías, que no convienen, sino antes bien acciones de gracias. ⁵ Porque sabéis esto, que ningún fornicario, o inmundo, o avaro, que es idólatra, tiene herencia en el reino de Cristo y de Dios. ⁶ Nadie os engañe con palabras vanas, porque por estas cosas viene la ira de Dios sobre los hijos de desobediencia. ⁷ No seáis, pues, partícipes con ellos. ⁸ Porque en otro tiempo erais tinieblas, mas ahora sois luz en el Señor; andad como hijos de luz ⁹ (porque el fruto del Espíritu es en toda bondad, justicia y verdad), ¹⁰ comprobando lo que es agradable al Señor. ¹¹ Y no participéis en las obras infructuosas de las tinieblas, sino más bien reprendedlas; ¹² porque vergonzoso es aun hablar de lo

[a] 5.2: Ex. 29.18.

PARTIR Y CORRER

Marido y mujer tienen distintas funciones en el matrimonio Lee Efesios 5:21-33

La razón por la que muchos matrimonios fracasan es porque él o ella, o ambos, no obedecen las normas que Dios ha establecido en las Escrituras. En este texto hallamos las funciones específicas que Dios ha dado al marido y a su esposa.

El plan de Dios para el esposo

- Debe ser cabeza de su esposa así como Cristo es cabeza de la iglesia.
  La verdadera autoridad dentro del matrimonio se la ha dado Dios al marido. Desde el principio, Dios designó al hombre como el líder del matrimonio (verso 23). Igual que Cristo, el esposo tiene que ser firme y decidido, pero también debe ser humilde y sin nada de egoísmo. Antes que un esposo espere que su mujer se someta a él, él debe someterse a Cristo.

- Debe amar a su esposa así como Cristo amó a la iglesia.
  Jesús dijo: «Como el Hijo del Hombre no vino para ser servido, sino para servir, y para dar su vida en rescate por muchos» (Mateo 20:28). Amar como Jesús ama, significa que el marido debe mirar primero las necesidades de su esposa, no las suyas (verso 25). La sumisión de la esposa se basa en que el marido cumpla esto. Y así como la iglesia ama a Jesús por su extraordinario despliegue de amor por ella, la esposa amará y se someterá a su marido, cuando ve esta demostración de amor por ella. Un corazón que arde de amor enciende al otro.

- Debe animar a su esposa a crecer espiritualmente.
  Una de las primeras prioridades del marido es asegurarse de que su esposa tenga una buena relación con Dios (verso 26). Él puede animar a su esposa a crecer espiritualmente, reconociendo que ello afecta su felicidad personal como mujer, esposa, y madre.

- Él debe amar a su esposa como se ama a sí mismo.
  Un marido debe reconocer que él y su esposa son «uno». Por lo tanto, debe hacer por su esposa lo que haría por sí mismo. Debe prestar atención a las necesidades de su esposa, como lo hace con la suyas (versos 28-29).

El plan de Dios para la esposa

- Ella debe someterse al liderazgo de su esposo.
  Así como una esposa se somete a Dios, buscando hacer su voluntad más que la suya propia, así también debe someterse al marido y sus decisiones (versos 21, 24).

Estas normas para el esposo y la esposa son mucho más fáciles de seguir si los dos respetan la primera norma de conducta que aparece en la lista: «Someteos unos a otros en el temor de Dios» (verso 21). La palabra sométanse es un término que significa: «asumir un rango menor». En otras palabras, se deben considerar las necesidades del cónyuge antes que las propias, en el temor de Dios. Cuando esto se lleva a cabo, el matrimonio florece, como ha sido el deseo de Dios, y ambos llegan a ser una vívida ilustración del amor de Cristo por la iglesia a un mundo incrédulo. Porque el matrimonio no es tanto hallar a la persona apropiada sino ser la persona adecuada para el otro.

que ellos hacen en secreto. [13] Mas todas las cosas, cuando son puestas en evidencia por la luz, son hechas manifiestas; porque la luz es lo que manifiesta todo. [14] Por lo cual dice:

Despiértate, tú que duermes,
Y levántate de los muertos,
Y te alumbrará Cristo.

[15] Mirad, pues, con diligencia cómo andéis, no como necios sino como sabios, [16] aprovechando bien el tiempo,[b] porque los días son malos. [17] Por tanto, no seáis insensatos, sino entendidos de cuál sea la voluntad del Señor. [18] No os embriaguéis con vino, en lo cual hay disolución; antes bien sed llenos del Espíritu, [19] hablando entre vosotros con salmos, con himnos y cánticos espirituales, cantando y alabando al Señor en vuestros corazones; [20] dando siempre gracias por todo al Dios y Padre, en el nombre de nuestro Señor Jesucristo.[c]

Someteos los unos a los otros

[21] Someteos unos a otros en el temor de Dios. [22] Las casadas estén sujetas a sus propios maridos,[d] como al Señor; [23] porque el marido es cabeza de la mujer, así como Cristo es cabeza de la iglesia, la cual es su cuerpo, y él es su Salvador. [24] Así que, como la iglesia está sujeta a Cristo, así también las casadas lo estén a sus maridos en todo. [25] Maridos, amad a vuestras mujeres,[e] así como Cristo amó a la iglesia, y se entregó a sí mismo por ella, [26] para santificarla, habiéndola purificado en el lavamiento del agua por la palabra, [27] a fin de presentársela a sí mismo, una iglesia gloriosa, que no tuviese mancha ni arruga ni cosa semejante, sino que fuese santa y sin mancha. [28] Así también los maridos deben amar a sus mujeres como a sus mismos cuerpos. El que ama a su mujer, a sí mismo se ama. [29] Porque nadie aborreció jamás a su propia carne, sino que la sustenta y la cuida, como también Cristo a la iglesia, [30] porque somos miembros de su cuerpo, de su carne y de sus huesos. [31] Por esto dejará el hombre a su padre y a su madre, y se unirá a su mujer, y los dos serán una sola carne.[f] [32] Grande es este misterio; mas yo digo esto respecto de Cristo y de la iglesia. [33] Por lo demás, cada uno de vosotros ame también a su mujer

como a sí mismo; y la mujer respete a su marido.

CAPÍTULO 6

Hijos, obedeced en el Señor a vuestros padres, porque esto es justo.[a] [2] Honra a tu padre y a tu madre, que es el primer mandamiento con promesa; [3] para que te vaya bien, y seas de larga vida sobre la tierra.[b] [4] Y vosotros, padres, no provoquéis a ira a vuestros hijos,[c] sino criadlos en disciplina y amonestación del Señor.

Descubre de quién viene la tentación Lee Efesios 6:10-12

En la Biblia, la vida cristiana no sólo se compara a una guerra, ¡es realmente una guerra! Como en toda batalla, es bueno conocer al enemigo. En este caso, nuestro enemigo es el mismo que tentó a Jesús en el desierto: el diablo. Él sabe bien que has rendido tu vida a Cristo y también te ve como una potencial amenaza para su reino. Pero la noticia alentadora es que el diablo no es tan poderoso como a él le gustaría que pensaras. Aquí hay dos cosas que el diablo no quiere que tú sepas:

1. El diablo fue vencido por Jesús. Cuando Jesús murió en la cruz, venció al diablo y desarmó sus poderes diabólicos. Él ya no puede tener control sobre la gente y condenarla por su pecado. Además, ya no tiene la amenaza de pena de muerte (lee Colosenses 2:13-15; Hebreos 2:14, 1 Juan 3:8-9). Pero el hecho de que Jesús venció al diablo no significa que el diablo no tenga poder el día de hoy. Sin embargo, él no tiene todo el poder.

2. El diablo tiene limitaciones definidas. A Satanás le gustaría que nosotros pensáramos que él es igual a Dios, pero Dios nos ha dado poderes para derrotarlo (lee Santiago 4:7). Lo más importante es que antes que él pueda tentarnos o poner una dificultad en nuestro camino, debe pasar por el muro de protección de Jesucristo.

La tentación llegará a tu vida. Sé sabio y somete tu vida al Señor firmemente para cuando el enemigo venga con sus insinuaciones.

Entonces, una vez que hayas vencido la tentación, te sentirás más fuerte.

Como dijo una vez Martín Lutero:

«Un cristiano que ha sido tentado y ha vencido, es más digno que mil que no lo han sido».

PRIMEROS PASOS

---

b 5.16: Col. 4.5. c 5.19-20: Col. 3.16-17. d 5.22: Col. 3.18.
e 5.25: Col. 3.19; 1 P. 3.7. f 5.31: Gn. 2.24. a 6.1: Col. 3.20.
b 6.2-3: Ex. 20.12; Dt. 5.16. c 6.4: Col. 3.21.

El amor de Cristo es el ejemplo Lee Efesios 5:2

Recuerda un momento cuando eras pequeño. ¿Qué hubiera pasado si tus padres nunca te hubieran enseñado a usar el tenedor y la cuchara? Y luego de pronto un día en la mesa te hubieran dicho: «¡come!» Seguro que no hubieras tenido idea de cómo llevarte el alimento a la boca y en consecuencia hubiese sido un desastre.

Afortunadamente cuando se trata de amar a otros, Dios nos ha dado el gran ejemplo: Jesucristo. Él sabía que la mejor manera de enseñarnos a amar, era amándonos. Y a través de los evangelios vemos el amor de Jesús en acción. Por supuesto, la mayor prueba del amor de Jesús por nosotros fue tomar el castigo que nos correspondía y morir en la cruz por nosotros. A causa de ese inmenso sacrificio estamos obligados a amar a otros. La Escritura dice: «No debáis a nadie nada, sino el amaros unos a otros; porque el que ama al prójimo, ha cumplido la ley» (Romanos 13:8). Nunca podremos amar con la profundidad que Jesús nos amó, siempre vamos a estar en deuda con él. Por esto siempre tenemos que amar a los demás con esa intensidad.

Tal vez creciste en un hogar donde no se expresaba amor con frecuencia o has tenido una imagen distorsionada del amor y crees que eres incapaz de amar verdaderamente a otros. Anímate por lo que este pasaje dice, pues tú puedes tomar a Jesús como tu ejemplo.

Si Cristo es modelo de tu amor, comprenderás por qué el apóstol Pablo dice que el amor de Cristo nos constriñe (lee 2 Corintios 5:14).

PIEDRAS ANGULARES

---

⁵ Siervos, obedeced a vuestros amos terrenales con temor y temblor, con sencillez de vuestro corazón, como a Cristo; ⁶ no sirviendo al ojo, como los que quieren agradar a los hombres, sino como siervos de Cristo, de corazón haciendo la voluntad de Dios; ⁷ sirviendo de buena voluntad, como al Señor y no a los hombres, ⁸ sabiendo que el bien que cada uno hiciere, ése recibirá del Señor, sea siervo o sea libre.*d* ⁹ Y vosotros, amos, haced con ellos lo mismo, dejando las amenazas, sabiendo que el Señor de ellos y vuestro está en los cielos,*e* y que para él no hay acepción de personas.*f*

La armadura de Dios

¹⁰ Por lo demás, hermanos míos, fortaleceos en el Señor, y en el poder de su fuerza. ¹¹ Vestíos de toda la armadura de Dios, para que podáis estar firmes contra las asechanzas del diablo. ¹² Porque no tenemos lucha contra sangre y carne, sino contra principados, contra potestades, contra los gobernadores de las tinieblas de este siglo, contra huestes espirituales de maldad en las regiones celestes. ¹³ Por tanto, tomad toda la armadura de Dios, para que podáis resistir en el día malo, y habiendo acabado todo, estar firmes. ¹⁴ Estad, pues, firmes, ceñidos vuestros lomos con la verdad,*g* y vestidos con la coraza de justicia,*h* ¹⁵ y calzados los pies con el apresto del evangelio de la paz.*i* ¹⁶ Sobre todo, tomad el escudo de la fe, con que podáis apagar todos los dardos de fuego del maligno. ¹⁷ Y tomad el yelmo de la salvación,*j* y la espada del Espíritu, que es la palabra de Dios; ¹⁸ orando en todo tiempo con toda oración y súplica en el Espíritu, y velando en ello con toda perseverancia y súplica por todos los santos; ¹⁹ y por mí, a fin de que al abrir mi boca me sea dada palabra para dar a conocer con denuedo el misterio del evangelio, ²⁰ por el cual soy embajador en cadenas; que con denuedo hable de él, como debo hablar.

Salutaciones finales

²¹ Para que también vosotros sepáis mis asuntos, y lo que hago, todo os lo hará saber Tíquico,*k* hermano amado y fiel ministro en el Señor, ²² el cual envié a vosotros para esto mismo, para que sepáis lo tocante a nosotros, y que consuele vuestros corazones.*l*

²³ Paz sea a los hermanos, y amor con fe, de Dios Padre y del Señor Jesucristo. ²⁴ La gracia sea con todos los que aman a nuestro Señor Jesucristo con amor inalterable. Amén.

d 6.5-8: Col. 3.22-25.   *e* 6.9: Col. 4.1.   *f* 6.9: Dt. 10.17; Col. 3.25.   *g* 6.14: Is. 11.5.   *h* 6.14: Is. 59.17.   *i* 6.15: Is. 52.7.
j 6.17: Is. 59.17. *k* 6.21: Hch. 20.4; 2 Ti. 4.12.   *l* 6.21-22: Col. 4.7-8.

Filipenses

Salutación

Pablo y Timoteo, siervos de Jesucristo, a todos los santos en Cristo Jesús que están en Filipos,[a] con los obispos y diáconos: 2 Gracia y paz a vosotros, de Dios nuestro Padre y del Señor Jesucristo.

Oración de Pablo por los creyentes

3 Doy gracias a mi Dios siempre que me acuerdo de vosotros, 4 siempre en todas mis oraciones rogando con gozo por todos vosotros, 5 por vuestra comunión en el evangelio, desde el primer día hasta ahora; 6 estando persuadido de esto, que el que comenzó en vosotros la buena obra, la perfeccionará hasta el día de Jesucristo; 7 como me es justo sentir esto de todos vosotros, por cuanto os tengo en el corazón; y en mis prisiones, y en la defensa y confirmación del evangelio, todos vosotros sois participantes conmigo de la gracia. 8 Porque Dios me es testigo de cómo os amo a todos vosotros con el entrañable amor de Jesucristo. 9 Y esto pido en oración, que vuestro amor abunde aun más y más en ciencia y en todo conocimiento, 10 para que aprobéis lo mejor, a fin de que seáis sinceros e irreprensibles para el día de Cristo, 11 llenos de frutos de justicia que son por medio de Jesucristo, para gloria y alabanza de Dios.

Para mí el vivir es Cristo

12 Quiero que sepáis, hermanos, que las cosas que me han sucedido, han redundado más bien para el progreso del evangelio, 13 de tal manera que mis prisiones[b] se han hecho patentes en Cristo en todo el pretorio, y a todos los demás. 14 Y la mayoría de los hermanos, cobrando ánimo en el Señor con mis prisiones, se atreven mucho más a hablar la palabra sin temor.

15 Algunos, a la verdad, predican a Cristo por envidia y contienda; pero otros de buena voluntad. 16 Los unos anuncian a Cristo por contención, no sinceramente, pensando añadir aflicción a mis prisiones; 17 pero los otros por amor, sabiendo que estoy puesto para la defensa del evangelio. 18 ¿Qué, pues? Que no obstante, de todas maneras, o por pretexto o por verdad, Cristo es anunciado; y en esto me gozo, y me gozaré aún.

19 Porque sé que por vuestra oración y la suministración del Espíritu de Jesucristo, esto resultará en mi liberación, 20 conforme a mi anhelo y esperanza de que en nada seré avergonzado; antes bien con toda confianza, como siempre, ahora también será magnificado Cristo en mi cuerpo, o por vida o por muerte. 21 Porque para mí el vivir es Cristo, y el morir es ganancia. 22 Mas si el vivir en la carne resulta para mí en beneficio de la obra, no sé entonces qué escoger. 23 Porque de ambas cosas estoy puesto en estrecho, teniendo deseo de partir y estar con Cristo, lo cual es muchísimo mejor; 24 pero quedar en la carne es más necesario por causa de vosotros. 25 Y confiado en esto, sé que quedaré, que aún permaneceré con todos vosotros, para vuestro provecho y gozo de la fe, 26 para que abunde vuestra gloria de mí en Cristo Jesús por mi presencia otra vez entre vosotros.

27 Solamente que os comportéis como es digno del evangelio de Cristo, para que o sea que vaya a veros, o que esté ausente, oiga de

---

a 1.1: Hch. 16.12.   b 1.13: Hch. 28.30.

Jesús es humano Lee Filipenses 2:5-11

Este pasaje de la Escritura muestra una impresionante descripción del Salvador a la vez que aporta algunas verdades clave concernientes a la deidad y la humanidad de Jesús. En esencia, nos muestra por qué debemos imitar y adorar a Jesús en nuestras vidas.

Jesús veló su deidad sin despojarse de ella. En ningún momento en la vida humana de Jesús, de pronto «se hizo» Dios. Él era Dios antes de nacer como un bebé. Y siguió siendo Dios después de haberse hecho hombre. Cuando la Escritura dice que se «despojó» no significa que dejó de ser Dios. Simplemente veló su deidad. Pero nunca se despojó de ella. Él siempre fue y siempre será Dios.

Jesús experimentó la humanidad. Otro manera de decir que Jesús tomó forma de siervo es «se despojó de sí mismo». No significa que se despojó de su deidad, sino que sin dejar de ser Dios, experimentó en su totalidad lo que es ser humano, privándose a sí mismo de los privilegios de su deidad. Por ejemplo, nunca hizo un milagro para su propio beneficio. Caminó sobre esta tierra como un ser humano, no como un espíritu. Experimentó todas las limitaciones humanas. Jesús –Dios en forma humana– experimentó hambre y tristeza, y a veces se cansó. Sintió el dolor de la soledad. Tuvo la presión de la tentación. Por estas razones podemos estar seguros de que Dios comprende lo que somos y todas las cosas por las cuales estamos pasando (lee Hebreos 2:17-18).

El Señorío de Jesús será reconocido por todos. No importa lo que cada ser humano piense hoy de Jesús, al final toda rodilla se doblará y toda lengua confesará que Jesús es el Señor. La autoridad de la Biblia respalda esta afirmación. La naturaleza divina de Cristo mientras anduvo en la tierra, que él veló por un tiempo, será entonces claramente visible para ser reconocida por todos.

PIEDRAS ANGULARES

---

vosotros que estáis firmes en un mismo espíritu, combatiendo unánimes por la fe del evangelio, 28 y en nada intimidados por los que se oponen, que para ellos ciertamente es indicio de perdición, mas para vosotros de salvación; y esto de Dios. 29 Porque a vosotros os es concedido a causa de Cristo, no sólo que creáis en él, sino también que padezcáis por él, 30 teniendo el mismo conflicto que habéis visto en mí,[c] y ahora oís que hay en mí.

CAPÍTULO 2
Humillación y exaltación de Cristo
Por tanto, si hay alguna consolación en Cristo, si algún consuelo de amor, si alguna comunión del Espíritu, si algún afecto entrañable, si alguna misericordia, 2 completad mi gozo, sintiendo lo mismo, teniendo el mismo amor, unánimes, sintiendo una misma cosa. 3 Nada hagáis por contienda o por vanagloria; antes bien con humildad, estimando cada uno a los demás como superiores a él mismo; 4 no mirando cada uno por lo suyo propio, sino cada cual también por lo de los otros. 5 Haya, pues, en vosotros este sentir que hubo también en Cristo Jesús, 6 el cual, siendo en forma de Dios, no estimó el ser igual a Dios como cosa a que aferrarse, 7 sino que se despojó a sí mismo, tomando forma de siervo, hecho semejante a los hombres; 8 y estando en la condición de hombre, se humilló a sí mismo, haciéndose obediente hasta la muerte, y muerte de cruz. 9 Por lo cual Dios también le exaltó hasta lo sumo, y le dio un nombre que es sobre todo nombre, 10 para que en el nombre de Jesús se doble toda rodilla de los que están en los cielos, y en la tierra, y debajo de la tierra; 11 y toda lengua confiese [a] que Jesucristo es el Señor, para gloria de Dios Padre.

Luminares en el mundo
12 Por tanto, amados míos, como siempre habéis obedecido, no como en mi presencia solamente, sino mucho más ahora en mi ausencia, ocupaos en vuestra salvación con temor y temblor, 13 porque Dios es el que en vosotros produce así el querer como el hacer, por su buena voluntad.

c 1.30: Hch. 16.19-40.   a 2.10-11: Is. 45.23.

¹⁴ Haced todo sin murmuraciones y contiendas, ¹⁵ para que seáis irreprensibles y sencillos, hijos de Dios sin mancha en medio de una generación maligna y perversa,[b] en medio de la cual resplandecéis como luminares en el mundo; ¹⁶ asidos de la palabra de vida, para que en el día de Cristo yo pueda gloriarme de que no he corrido en vano, ni en vano he trabajado. ¹⁷ Y aunque sea derramado en libación sobre el sacrificio y servicio de vuestra fe, me gozo y regocijo con todos vosotros. ¹⁸ Y asimismo gozaos y regocijaos también vosotros conmigo.

Timoteo y Epafrodito

¹⁹ Espero en el Señor Jesús enviaros pronto a Timoteo, para que yo también esté de buen ánimo al saber de vuestro estado; ²⁰ pues a ninguno tengo del mismo ánimo, y que tan sinceramente se interese por vosotros. ²¹ Porque todos buscan lo suyo propio, no lo que es de Cristo Jesús. ²² Pero ya conocéis los méritos de él, que como hijo a padre ha servido conmigo en el evangelio. ²³ Así que a éste espero enviaros, luego que yo vea cómo van mis asuntos; ²⁴ y confío en el Señor que yo también iré pronto a vosotros.

²⁵ Mas tuve por necesario enviaros a Epafrodito, mi hermano y colaborador y compañero de milicia, vuestro mensajero, y ministrador de mis necesidades; ²⁶ porque él tenía gran deseo de veros a todos vosotros, y gravemente se angustió porque habíais oído que había enfermado. ²⁷ Pues en verdad estuvo enfermo, a punto de morir; pero Dios tuvo misericordia de él, y no solamente de él, sino también de mí, para que yo no tuviese tristeza sobre tristeza. ²⁸ Así que le envío con mayor solicitud, para que al verle de nuevo, os gocéis, y yo esté con menos tristeza. ²⁹ Recibidle, pues, en el Señor, con todo gozo, y tened en estima a los que son como él; ³⁰ porque por la obra de Cristo estuvo próximo a la muerte, exponiendo su vida para suplir lo que faltaba en vuestro servicio por mí.

CAPÍTULO 3

Prosigo al blanco

Por lo demás, hermanos, gozaos en el Señor. A mí no me es molesto el escribiros las mismas cosas, y para vosotros es seguro.

² Guardaos de los perros, guardaos de los malos obreros, guardaos de los mutiladores del cuerpo. ³ Porque nosotros somos la circuncisión, los que en espíritu servimos a Dios y nos gloriamos en Cristo Jesús, no teniendo confianza en la carne. ⁴ Aunque yo tengo también de qué confiar en la carne. Si alguno piensa que tiene de qué confiar en la carne, yo más: ⁵ circuncidado al octavo día, del linaje de Israel, de la tribu de Benjamín,[a] hebreo de hebreos; en cuanto a la ley, fariseo;[b] ⁶ en cuanto a celo, perseguidor de la iglesia;[c] en cuanto a la justicia que es en la ley, irreprensible. ⁷ Pero cuantas cosas eran para mí ganancia, las he estimado como pérdida por amor de Cristo. ⁸ Y ciertamente, aun estimo todas las cosas como pérdida por la excelencia del conocimiento de Cristo Jesús, mi Señor, por amor del cual lo he perdido todo, y lo tengo por basura, para ganar a Cristo, ⁹ y ser hallado en él, no teniendo mi propia justicia, que es por la ley, sino la que es por la fe de Cristo, la justicia que es de Dios por la fe; ¹⁰ a fin de conocerle, y el poder de su resurrección, y la participación de sus padecimientos, llegando a ser semejante a él en su muerte, ¹¹ si en alguna manera llegase a la resurrección de entre los muertos.

¹² No que lo haya alcanzado ya, ni que ya sea perfecto; sino que prosigo, por ver si logro asir aquello para lo cual fui también asido por Cristo Jesús. ¹³ Hermanos, yo mismo no pretendo haberlo ya alcanzado; pero una cosa hago: olvidando ciertamente lo que queda atrás, y extendiéndome a lo que está delante, ¹⁴ prosigo a la meta, al premio del supremo llamamiento de Dios en Cristo Jesús. ¹⁵ Así que, todos los que somos perfectos, esto mismo sintamos; y si otra cosa sentís, esto también os lo revelará Dios. ¹⁶ Pero en aquello a que hemos llegado, sigamos una misma regla, sintamos una misma cosa.

¹⁷ Hermanos, sed imitadores de mí,[d] y mirad a los que así se conducen según el ejemplo que tenéis en nosotros. ¹⁸ Porque por ahí andan muchos, de los cuales os dije muchas veces, y aun ahora lo digo llorando, que son enemigos de la cruz de Cristo; ¹⁹ el fin de los cuales será perdición, cuyo dios es el vientre, y cuya gloria es su vergüenza; que sólo piensan en lo terrenal. ²⁰ Mas nuestra

---

[b] 2.15: Dt. 32.5.   [a] 3.5: Ro. 11.1.   [b] 3.5: Hch. 23.6; 26.5.   [c] 3.6: Hch. 8.3; 22.4; 26.9-11.   [d] 3.17: 1 Co. 4.16; 11.1.

ciudadanía está en los cielos, de donde también esperamos al Salvador, al Señor Jesucristo; ²¹ el cual transformará el cuerpo de la humillación nuestra, para que sea semejante al cuerpo de la gloria suya, por el poder con el cual puede también sujetar a sí mismo todas las cosas.

CAPÍTULO 4

Regocijaos en el Señor siempre

Así que, hermanos míos amados y deseados, gozo y corona mía, estad así firmes en el Señor, amados.

² Ruego a Evodia y a Síntique, que sean de un mismo sentir en el Señor. ³ Asimismo te ruego también a ti, compañero fiel, que ayudes a éstas que combatieron juntamente conmigo en el evangelio, con Clemente también y los demás colaboradores míos, cuyos nombres están en el libro de la vida.

⁴ Regocijaos en el Señor siempre. Otra vez digo: ¡Regocijaos! ⁵ Vuestra gentileza sea conocida de todos los hombres. El Señor está cerca. ⁶ Por nada estéis afanosos, sino sean conocidas vuestras peticiones delante de Dios en toda oración y ruego, con acción de gracias. ⁷ Y la paz de Dios, que sobrepasa todo entendimiento, guardará vuestros corazones y vuestros pensamientos en Cristo Jesús.

En esto pensad

⁸ Por lo demás, hermanos, todo lo que es verdadero, todo lo honesto, todo lo justo, todo lo puro, todo lo amable, todo lo que es de buen nombre; si hay virtud alguna, si algo digno de alabanza, en esto pensad. ⁹ Lo que aprendisteis y recibisteis y oísteis y visteis en mí, esto haced; y el Dios de paz estará con vosotros.

Dádivas de los filipenses

¹⁰ En gran manera me gocé en el Señor de que ya al fin habéis revivido vuestro cuidado de mí; de lo cual también estabais solícitos, pero os faltaba la oportunidad. ¹¹ No lo digo porque tenga escasez, pues he aprendido a contentarme, cualquiera que sea mi situación. ¹² Sé vivir humildemente, y sé tener abundancia; en todo y por todo estoy enseñado, así para estar saciado como para tener hambre, así para tener abundancia como para padecer necesidad. ¹³ Todo lo puedo en Cristo que me fortalece.

¹⁴ Sin embargo, bien hicisteis en participar conmigo en mi tribulación. ¹⁵ Y sabéis también vosotros, oh filipenses, que al principio de la predicación del evangelio, cuando partí de Macedonia, ninguna iglesia participó conmigo en razón de dar y recibir, sino vosotros solos; ¹⁶ pues aun a Tesalónica ᵃ me enviasteis una y otra vez para

ᵃ 4.16: Hch. 17.1.

PARTIR Y CORRER ▰▰▰▰▰

Que Cristo esté por encima de todo Lee Filipenses 3:4-8

Como afirman los versos 4-6, el apóstol Pablo fue un ejemplo de lo que es ser un buen judío. Había nacido como miembro del pueblo elegido de Dios y siempre guardó sin fallar las leyes de Dios. Pero cuando Pablo se encontró con Jesús en el camino de Damasco (lee Hechos 9:1-19), comprendió que toda esa vida que había vivido lo llevaba por el camino equivocado. Por eso consideró todo de esta vida: reputación, conquistas, anhelos, metas y posesiones, como «basura». Así que su único anhelo de ahí en adelante fue conocer y servir a Jesús.

¿Tú también, al igual que Pablo, has puesto a Jesús por encima de todo en tu vida? Si no estás seguro todavía, hazte las siguientes preguntas: ¿Cómo estoy empleando mi tiempo? ¿Qué domina mis pensamientos? ¿Cuáles son mis prioridades? ¿Cuál es mi motivación más intensa?

Si lo más importante de tu vida es Jesús, entonces te encaminarás más y más a conocerlo profundamente. Pasarás el tiempo aprendiendo acerca de quién es él y de su voluntad y propósitos para ti, según su Palabra. Y serás capaz de decir que has descubierto «la incomparable ganancia de conocer a Cristo Jesús».

mis necesidades.[b] [17] No es que busque dádivas, sino que busco fruto que abunde en vuestra cuenta. [18] Pero todo lo he recibido, y tengo abundancia; estoy lleno, habiendo recibido de Epafrodito lo que enviasteis; olor fragante,[c] sacrificio acepto, agradable a Dios. [19] Mi Dios, pues, suplirá todo lo que os falta conforme a sus riquezas en gloria en Cristo Jesús. [20] Al Dios y Padre nuestro sea gloria por los siglos de los siglos. Amén.

Salutaciones finales

[21] Saludad a todos los santos en Cristo Jesús. Los hermanos que están conmigo os saludan. [22] Todos los santos os saludan, y especialmente los de la casa de César.

[23] La gracia de nuestro Señor Jesucristo sea con todos vosotros. Amén.

[b] 4.15-16: 2 Co. 11.9.
[c] 4.18: Ex. 29.18.

La oración nos ayuda a sobrellevar las pruebas
Lee Filipenses 4:6-7

¿Te has sentido a veces dominado por la aflicción o el temor? La aflicción o congoja es una emoción completamente improductiva. Es el pago que sufrimos por las tribulaciones. Estos versículos nos dan el mejor antídoto para las aflicciones: la oración. Dios desea ser el primero a quien acudamos en tiempos de aflicción o crisis. Cuando lo hacemos, él nos promete una bendición especial si hacemos lo siguiente:

1. Deja de preocuparte y comienza a orar. Nunca pienses que tu necesidad es tan insignificante que no merece la atención de Dios. Él desea que oremos por todo.

2. Dile a Dios tus necesidades. Aun cuando Dios lo sabe todo y conoce bien de tu situación, desea que le hables de tus necesidades y las pongas en sus manos.

3. Presenta tus peticiones con acción de gracias. En vez de orar con sentimientos de duda, debes agradecer a Dios de antemano por sus respuestas, confiando en las promesas que él nos ha dado en su Palabra.

4. Recibe la paz de Dios. Una vez que hayas hecho esto, el verso 7 dice que experimentarás la paz de Dios. En el texto griego original, este versículo significa literalmente que la paz de Dios «montará guardia» alrededor de tu corazón y mente, para cuidarte y protegerte durante esos tiempos difíciles de tu vida.

La próxima vez que te sientas tentado a afligirte por alguna cosa, canaliza en oración toda la energía que gastarías en afligirte. Di algo como esto: «Señor, este es mi problema. Me parece demasiado grande, por eso lo pongo en tus manos. No voy a afligirme, Señor. En lugar de eso, voy a confiar en ti. Y te doy gracias por lo que tú harás y porque tú sabes lo que haces». Esto no siempre es fácil de hacer, pero si deseas sobreponerte a la aflicción y experimentar la paz de Dios, es algo que debes hacer conscientemente.

PRIMEROS PASOS

Colosenses

Salutación

Pablo, apóstol de Jesucristo por la voluntad de Dios, y el hermano Timoteo, [2] a los santos y fieles hermanos en Cristo que están en Colosas: Gracia y paz sean a vosotros, de Dios nuestro Padre y del Señor Jesucristo.

Pablo pide que Dios les conceda sabiduría espiritual

[3] Siempre orando por vosotros, damos gracias a Dios, Padre de nuestro Señor Jesucristo, [4] habiendo oído de vuestra fe en Cristo Jesús, y del amor que tenéis a todos los santos, [5] a causa de la esperanza que os está guardada en los cielos, de la cual ya habéis oído por la palabra verdadera del evangelio, [6] que ha llegado hasta vosotros, así como a todo el mundo, y lleva fruto y crece también en vosotros, desde el día que oísteis y conocisteis la gracia de Dios en verdad, [7] como lo habéis aprendido de Epafras,[a] nuestro consiervo amado, que es un fiel ministro de Cristo para vosotros, [8] quien también nos ha declarado vuestro amor en el Espíritu.

[9] Por lo cual también nosotros, desde el día que lo oímos, no cesamos de orar por vosotros, y de pedir que seáis llenos del conocimiento de su voluntad en toda sabiduría e inteligencia espiritual, [10] para que andéis como es digno del Señor, agradándole en todo, llevando fruto en toda buena obra, y creciendo en el conocimiento de Dios; [11] fortalecidos con todo poder, conforme a la potencia de su gloria, para toda paciencia y longanimidad; [12] con gozo dando gracias al Padre que nos hizo aptos para participar de la herencia de los santos en luz; [13] el cual nos ha librado de la potestad de las tinieblas, y trasladado al reino de su amado Hijo, [14] en quien tenemos redención por su sangre, el perdón de pecados.[b]

Reconciliación por medio de la muerte de Cristo

[15] Él es la imagen del Dios invisible, el primogénito de toda creación. [16] Porque en él fueron creadas todas las cosas, las que hay en los cielos y las que hay en la tierra, visibles e invisibles; sean tronos, sean dominios, sean principados, sean potestades; todo fue creado por medio de él y para él. [17] Y él es antes de todas las cosas, y todas las cosas en él subsisten; [18] y él es la cabeza del cuerpo que es la iglesia,[c] él que es el principio, el primogénito de entre los muertos, para que en todo tenga la preeminencia; [19] por cuanto agradó al Padre que en él habitase toda plenitud, [20] y por medio de él reconciliar consigo todas las cosas, así las que están en la tierra como las que están en los cielos, haciendo la paz mediante la sangre de su cruz.[d]

[21] Y a vosotros también, que erais en otro tiempo extraños y enemigos en vuestra mente, haciendo malas obras, ahora os ha reconciliado [22] en su cuerpo de carne, por medio de la muerte, para presentaros santos y sin mancha e irreprensibles delante de él; [23] si en verdad permanecéis fundados y firmes en la fe, y sin moveros de la esperanza del evangelio que habéis oído, el cual se predica en toda la creación que está debajo del cielo; del cual yo Pablo fui hecho ministro.

a 1.7: Col. 4.12; Flm. 23.   b 1.14: Ef. 1.7.   c 1.18: Ef. 1.22-23.   d 1.20: Ef. 2.16.

Jesús es Dios Lee Colosenses 1:15-20

L a verdad fundamental más importante de la fe cristiana es que Jesús, aunque vino a la tierra y se hizo hombre, es Dios. Este pasaje establece seis importantes detalles acerca de la divinidad de Jesús y su obra en los cielos y la tierra:

1. Jesús es eterno. Siendo Dios, Jesús nunca tuvo un principio, ni tendrá fin (verso 15). El apóstol Juan lo sabía. En Juan 1:1 se refiere a Jesús como el Verbo y dice: «En el principio era el Verbo, quiere decir que ya existía».

2. Jesús es el creador de todas las cosas. Este concepto hace más asombrosa la venida de Jesús a esta tierra como Salvador. Él comprendió la manera en que la gente actúa y la dureza de los corazones humanos porque él los creó (verso 16). A pesar de ello, nos ama tanto que estuvo deseoso de venir a la tierra y morir para redimir a toda la humanidad.

3. Jesús mantiene todas las cosas unidas. Jesús tiene y siempre ha tenido, el control de todas las cosas (versos 16-17). Nuestro mundo no está sin control, ha sido creado con un propósito en mente: glorificar a Cristo.

4. Jesús es la cabeza de la iglesia. La iglesia no se estableció por un grupo de personas, sino por Dios mismo. Aunque algunos líderes de la iglesia nos fallen, debemos recordar que Cristo es la verdadera cabeza de su cuerpo de creyentes (verso 18), y nunca falla.

5. Jesús es el primero de todos los que resucitarán de los muertos. Cristo fue el primero en vencer la muerte y retornar a la vida con un cuerpo resucitado (verso 18). Por esta razón, nosotros, los que le seguimos, tenemos la esperanza, y la evidencia de que nosotros también resucitaremos un día después de la muerte, para pasar la eternidad con él.

6. Jesús es el único camino para tener paz con Dios. Dios no se sorprendió de que el hombre pecara en el jardín del Edén. La Biblia dice que el sacrificio de Jesús en la cruz fue conocido «antes de la creación del mundo» (Apocalipsis 13:8). Esto significa que Dios ya había preparado la provisión para el perdón de nuestros pecados desde antes que Adán comiera el fruto prohibido (verso 20).

Jesús fue mucho más que profeta, maestro o mensajero. En realidad, Jesús fue nada menos que Dios mismo viniendo a la tierra. Negar esta verdad es negar la base de la fe cristiana. Recuerda, fue esta verdad la que motivó a los primeros cristianos del primer siglo a «trastornar el mundo» por causa del evangelio (lee Hechos 17:6).

PIEDRAS ANGULARES

Ministerio de Pablo a los gentiles

²⁴ Ahora me gozo en lo que padezco por vosotros, y cumplo en mi carne lo que falta de las aflicciones de Cristo por su cuerpo, que es la iglesia; ²⁵ de la cual fui hecho ministro, según la administración de Dios que me fue dada para con vosotros, para que anuncie cumplidamente la palabra de Dios, ²⁶ el misterio que había estado oculto desde los siglos y edades, pero que ahora ha sido manifestado a sus santos, ²⁷ a quienes Dios quiso dar a conocer las riquezas de la gloria de este misterio entre los gentiles; que es Cristo en vosotros, la esperanza de gloria, ²⁸ a quien anunciamos, amonestando a todo hombre, y enseñando a todo hombre en toda sabiduría, a fin de presentar perfecto en Cristo Jesús a todo hombre; ²⁹ para lo cual también trabajo, luchando según la potencia de él, la cual actúa poderosamente en mí.

CAPÍTULO 2

Porque quiero que sepáis cuán gran lucha sostengo por vosotros, y por los que están en Laodicea, y por todos los que nunca han visto mi rostro; ² para que sean consolados sus corazones, unidos en amor, hasta alcanzar todas las riquezas de pleno entendimiento, a fin de conocer el misterio de Dios el Padre, y de Cristo, ³ en quien están escondidos todos los tesoros de la sabiduría y del conocimiento. ⁴ Y esto lo digo para que nadie os engañe con palabras persuasivas.

[5] Porque aunque estoy ausente en cuerpo, no obstante en espíritu estoy con vosotros, gozándome y mirando vuestro buen orden y la firmeza de vuestra fe en Cristo.

[6] Por tanto, de la manera que habéis recibido al Señor Jesucristo, andad en él; [7] arraigados y sobreedificados en él, y confirmados en la fe, así como habéis sido enseñados, abundando en acciones de gracias.

Plenitud de vida en Cristo

[8] Mirad que nadie os engañe por medio de filosofías y huecas sutilezas, según las tradiciones de los hombres, conforme a los rudimentos del mundo, y no según Cristo. [9] Porque en él habita corporalmente toda la plenitud de la Deidad, [10] y vosotros estáis completos en él, que es la cabeza de todo principado y potestad. [11] En él también fuisteis circuncidados con circuncisión no hecha a mano, al echar de vosotros el cuerpo pecaminoso carnal, en la circuncisión de Cristo; [12] sepultados con él en el bautismo, en el cual fuisteis también resucitados con él, mediante la fe en el poder de Dios que le levantó de los muertos.[a] [13] Y a vosotros, estando muertos en pecados y en la incircuncisión de vuestra carne, os dio vida juntamente con él,[b] perdonándoos todos los pecados, [14] anulando el acta de los decretos que había contra nosotros, que nos era contraria, quitándola de en medio y clavándola en la cruz,[c] [15] y despojando a los principados y a las potestades, los exhibió públicamente, triunfando sobre ellos en la cruz.

[16] Por tanto, nadie os juzgue en comida o en bebida, o en cuanto a días de fiesta, luna nueva o días de reposo,[d] [17] todo lo cual es sombra de lo que ha de venir; pero el cuerpo es de Cristo. [18] Nadie os prive de vuestro premio, afectando humildad y culto a los ángeles, entremetiéndose en lo que no ha visto, vanamente hinchado por su propia mente carnal, [19] y no asiéndose de la Cabeza, en virtud de quien todo el cuerpo, nutriéndose y uniéndose por las coyunturas y ligamentos, crece con el crecimiento que da Dios.[e]

[20] Pues si habéis muerto con Cristo en cuanto a los rudimentos del mundo, ¿por qué, como si vivieseis en el mundo, os

sometéis a preceptos [21] tales como: No manejes, ni gustes, ni aun toques [22] (en conformidad a mandamientos y doctrinas de hombres), cosas que todas se destruyen con el uso? [23] Tales cosas tienen a la verdad cierta reputación de sabiduría en culto voluntario, en humildad y en duro trato del cuerpo; pero no tienen valor alguno contra los apetitos de la carne.

CAPÍTULO 3

Si, pues, habéis resucitado con Cristo, buscad las cosas de arriba, donde está Cristo sentado a la diestra de Dios.[a] [2] Poned la mira en las cosas de arriba, no en las de la

---

Deja que Dios ocupe tus pensamientos Lee Colosenses 3:2-4

Un canto cristiano dice: «Pon tus ojos en Cristo, tan lleno de gracia y amor; y lo terrenal sin valor será, a la luz del glorioso Señor». Es una valiosa forma de vida, porque una de las más fuertes protecciones para que vuelvas a la antigua forma de vida, es enfocar tu vista en Jesús y el futuro. Como creyente tienes la promesa de la vida eterna, la esperanza del cielo y la seguridad de pasar la eternidad en la presencia de Dios. Cuando piensas en esto, las trampas de este mundo empiezan a perder su fuerza.

La próxima vez que te sientas inclinado a volver a tu vieja forma de vida o a sentirte cargado con los problemas de este mundo o tengas temor de no triunfar como cristiano, recuerda lo siguiente:

- Mantén tus ojos en tu destino final.
- Recuerda que las preocupaciones no deben ser parte de tu vida.
- Mírate a ti mismo como muerto para este mundo y vivo para Cristo.
- Recuerda que tu Redentor viene pronto por ti.

Si permites que estas verdades ocupen tus pensamientos, hallarás que te es mucho más fácil obedecer a Dios y decir no a todas las tentaciones y cosas dañinas de este mundo.

PRIMEROS PASOS

---

[a] 2.12: Ro. 6.4. [b] 2.13: Ef. 2.1-5. [c] 2.14: Ef. 2.15.
[d] 2.16: Ro. 14.1-6. [e] 2.19: Ef. 4.16. [a] 3.1: Sal. 110.1.

Es necesario que la paz de Dios gobierne nuestros corazones
Lee Colosenses 3:15

Una de las marcas más obvias que identifican a un cristiano es la paz. Como Pablo lo señala en este versículo, la paz que un cristiano tiene, viene de Cristo, y «gobierna» en su corazón. El verbo griego que usa Pablo para gobierne sugiere que la paz actúa como un «árbitro» o juez en nuestras vidas, decidiendo nuestro parecer y nuestro actuar en medio de las circunstancias.

¿Qué es lo que caracteriza la paz de Cristo? Aquí hay algunas descripciones bíblicas:
- No es ansiedad por todo sino confianza en Dios (lee Filipenses 4:6-7).
- No es dudar que Dios tiene el control (lee Marcos 4:35-41).
- No es olvidar las bendiciones de Dios y las respuestas a nuestras oraciones (lee Filipenses 4:6).
- Debería estar presente en todas nuestras relaciones (lee Romanos 12:18).
- Viene sólo de Cristo (lee Juan 16:33).
- Es producida por el Espíritu Santo (lee Gálatas 5:22).
- Promueve la paz con otros (lee Santiago 3:18).

¿Gobierna en tu vida la paz de Cristo? Si no es así, no estás viviendo como Jesús desea que vivas. Dale a Dios todos tus problemas y ansiedades y pídele que los reemplace con su paz. Esta paz no sólo calmará tu corazón, sino que te ayudará a tener armonía con tus hermanos y hermanas en Cristo.

PIEDRAS ANGULARES

---

tierra. [3] Porque habéis muerto, y vuestra vida está escondida con Cristo en Dios. [4] Cuando Cristo, vuestra vida, se manifieste, entonces vosotros también seréis manifestados con él en gloria.

La vida antigua y la nueva

[5] Haced morir, pues, lo terrenal en vosotros: fornicación, impureza, pasiones desordenadas, malos deseos y avaricia, que es idolatría; [6] cosas por las cuales la ira de Dios viene sobre los hijos de desobediencia, [7] en las cuales vosotros también anduvisteis en otro tiempo cuando vivíais en ellas. [8] Pero ahora dejad también vosotros todas estas cosas: ira, enojo, malicia, blasfemia, palabras deshonestas de vuestra boca. [9] No mintáis los unos a los otros, habiéndoos despojado del viejo hombre [b] con sus hechos, [10] y revestido del nuevo,[c] el cual conforme a la imagen del que lo creó [d] se va renovando hasta el conocimiento pleno, [11] donde no hay griego ni judío, circuncisión

[b] 3.9: Ef. 4.22. [c] 3.10: Ef. 4.24.
[d] 3.10: Gn. 1.26.

PARTIR Y CORRER ▰▰▰▰▰▰
Evita exasperar a tus hijos Lee Colosenses 3:20-21

Aunque la disciplina es necesaria en la vida de los hijos, es igualmente necesario suavizarla con amor. Esto significa que los padres no deben ofender ni humillar a sus hijos, en especial cuando los disciplinan. Otros términos que se emplean para señalar la actitud inadecuada de los padres son exasperación y agravio. La palabra agravar significa irritar, enfurecer, enojar y agregar combustible al fuego.

Cuando se aplica la disciplina como agravio, las consecuencias pueden ser devastadoras. Los hijos no sólo pueden resentirse y enojarse con los padres, sino también faltarles el respeto y deshonrarlos. Lo peor es que un día los hijos pueden terminar su relación con los padres y actuar violentamente contra ellos.

Si deseas que tus hijos te honren como padre, debes disciplinarlos con amor, halagarlos cuando obedecen e instruirlos en las cosas del Señor.

PARTIR Y CORRER ▰▰▰▰▰▰▰

Trabaja como si lo hicieras para el Señor Lee Colosenses 3:22-24

Mientras el mundo dice que debes trabajar para tu propio beneficio, Jesús dice que debes trabajar para agradarle a él. Mientras el mundo dice que hay que trabajar duro para ir adelante, Jesús dice que hay que hacerlo para mostrarle al mundo para quién estás trabajando. Cuando trabajas como si lo hicieras para el Señor, toda tu visión cambia.

¿Deseas revolucionar tu actitud hacia tu trabajo? Entonces pon este verso en tu corazón. Si eres una madre y trabajas en el hogar, lavas los platos, planchas la ropa y cocinas, hazlo para el Señor, no meramente para tu familia. Si estás trabajando en una oficina, cumple tus labores y trata a tus compañeros como si fueran el Señor mismo. Quizá tu trabajo sea poco apreciado y mal pagado, pero Dios promete darte plena recompensa en los cielos (verso 24).

---

ni incircuncisión, bárbaro ni escita, siervo ni libre, sino que Cristo es el todo, y en todos.

¹² Vestíos, pues, como escogidos de Dios, santos y amados, de entrañable misericordia, de benignidad, de humildad, de mansedumbre, de paciencia; ¹³ soportándoos unos a otros, y perdonándoos unos a otros ᵉ si alguno tuviere queja contra otro. De la manera que Cristo os perdonó, así también hacedlo vosotros.ᶠ ¹⁴ Y sobre todas estas cosas vestíos de amor, que es el vínculo perfecto. ¹⁵ Y la paz de Dios gobierne en vuestros corazones, a la que asimismo fuisteis llamados en un solo cuerpo; y sed agradecidos. ¹⁶ La palabra de Cristo more en abundancia en vosotros, enseñándoos y exhortándoos unos a otros en toda sabiduría, cantando con gracia en vuestros corazones al Señor con salmos e himnos y cánticos espirituales. ¹⁷ Y todo lo que hacéis, sea de palabra o de hecho, hacedlo todo en el nombre del Señor Jesús, dando gracias a Dios Padre por medio de él.ᵍ

Deberes sociales de la nueva vida

¹⁸ Casadas, estad sujetas a vuestros maridos,ʰ como conviene en el Señor. ¹⁹ Maridos, amad a vuestras mujeres,ⁱ y no seáis ásperos con ellas. ²⁰ Hijos, obedeced a vuestros padres en todo, porque esto agrada al Señor.ʲ ²¹ Padres, no exasperéis a vuestros hijos,ᵏ para que no se desalienten. ²² Siervos, obedeced en todo a vuestros amos terrenales, no sirviendo al ojo, como los que quieren agradar a los hombres, sino con corazón sincero, temiendo a Dios. ²³ Y

todo lo que hagáis, hacedlo de corazón, como para el Señor y no para los hombres; ²⁴ sabiendo que del Señor recibiréis la recompensa de la herencia, porque a Cristo el Señor servís. ²⁵ Mas el que hace injusticia, recibirá la injusticia que hiciere,ˡ porque no hay acepción de personas.ᵐ

CAPÍTULO 4

Amos, haced lo que es justo y recto con vuestros siervos, sabiendo que también vosotros tenéis un Amo en los cielos.ᵃ

² Perseverad en la oración, velando en ella con acción de gracias; ³ orando también al mismo tiempo por nosotros, para que el Señor nos abra puerta para la palabra, a fin de dar a conocer el misterio de Cristo, por el cual también estoy preso, ⁴ para que lo manifieste como debo hablar.

⁵ Andad sabiamente para con los de afuera, redimiendo el tiempo.ᵇ ⁶ Sea vuestra palabra siempre con gracia, sazonada con sal, para que sepáis cómo debéis responder a cada uno.

Salutaciones finales

⁷ Todo lo que a mí se refiere, os lo hará saber Tíquico,ᶜ amado hermano y fiel ministro y consiervo en el Señor, ⁸ el cual he enviado a vosotros para esto mismo, para que conozca lo que a vosotros se refiere, y conforte vuestros corazones,ᵈ ⁹ con Onésimo,ᵉ amado y fiel hermano, que es uno de vosotros. Todo lo que acá pasa, os lo harán saber.

¹⁰ Aristarco,ᶠ mi compañero de prisiones, os saluda, y Marcos ᵍ el sobrino de

ᵉ 3.12-13: Ef. 4.2. ᶠ 3.13: Ef. 4.32. ᵍ 3.16-17: Ef. 5.19-20. ʰ 3.18: Ef. 5.22; 1 P. 3.1. ⁱ 3.19: Ef. 5.25; 1 P. 3.7. ʲ 3.20: Ef. 6.1. ᵏ 3.21: Ef. 6.4. ˡ 3.22-25: Ef. 6.5-8. ᵐ 3.25: Dt. 10.17; Ef. 6.9. ᵃ 4.1: Ef. 6.9. ᵇ 4.5: Ef. 5.16. ᶜ 4.7: Hch. 20.4; 2 Ti. 4.12. ᵈ 4.7-8: Ef. 6.21-22. ᵉ 4.9: Flm. 10-12. ᶠ 4.10: Hch. 19.29; 27.2; Flm. 24. ᵍ 4.10: Hch. 12.12, 25; 13.13; 15.37-39.

PARTIR Y CORRER ▰▰▰▰▰▰

Mantén tu conversación siempre con gracia Lee Colosenses 4:6

Testificar a otros acerca del Señor puede intimidar al principio. Nunca sabemos qué clase de respuesta vamos a recibir. Pero si sigues estos tres pasos dados en este pasaje, serás mucho más efectivo al compartir tu fe.

1. Da la buena noticia. Concentra tu conversación en el sencillo mensaje del evangelio: (1) El hombre está separado de Dios a causa del pecado; (2) Dios envió a su Hijo, Jesucristo, a morir en la cruz y pagar el precio por nuestros pecados; y (3) debemos volvernos de nuestro pecado, recibir a Cristo como nuestro Salvador y Señor, y seguirle. Así seremos perdonados y podremos tener una relación mejor con Dios.

2. Sé sabio cuando compartas tu fe. Usa discernimiento. No hables de Cristo si te das cuenta de que la otra persona no está interesada, pero no cortes la conversación si ves que está interesada sinceramente. Recuerda que es Dios quien suaviza el corazón de una persona. Tú sólo presentas el mensaje.

3. Trata de que tu conversación sea agradable y sensible. No confíes en argumentos muy rebuscados para probar lo que dices. Deja que el amor de Cristo brille en ti cuando hablas. Una traducción de este pasaje dice que tu hablar «sea sazonado con sal». En otras palabras, haz que la otra persona sienta sed para saber más acerca de Jesucristo.

Jesús comunicó su mensaje en una manera única a cada individuo. Nosotros debemos hacer lo mismo. Cuanto más compartimos nuestra fe, más fácil nos resulta hacerlo.

Bernabé, acerca del cual habéis recibido mandamientos; si fuere a vosotros, recibidle; 11 y Jesús, llamado Justo; que son los únicos de la circuncisión que me ayudan en el reino de Dios, y han sido para mí un consuelo. 12 Os saluda Epafras,[h] el cual es uno de vosotros, siervo de Cristo, siempre rogando encarecidamente por vosotros en sus oraciones, para que estéis firmes, perfectos y completos en todo lo que Dios quiere. 13 Porque de él doy testimonio de que tiene gran solicitud por vosotros, y por los que están en Laodicea, y los que están en Hierápolis. 14 Os saluda Lucas[i] el médico amado, y Demas.[j] 15 Saludad a los hermanos que están en Laodicea, y a Ninfas y a la iglesia que está en su casa. 16 Cuando esta carta haya sido leída entre vosotros, haced que también se lea en la iglesia de los laodicenses, y que la de Laodicea la leáis también vosotros. 17 Decid a Arquipo:[k] Mira que cumplas el ministerio que recibiste en el Señor.

18 La salutación de mi propia mano, de Pablo. Acordaos de mis prisiones. La gracia sea con vosotros. Amén.

h 4.12: Col. 1.7; Flm. 23.   i 4.14: 2 Ti. 4.11; Flm. 24.   j 4.14: 2 Ti. 4.10; Flm. 24.   k 4.17: Flm. 2.

1 Tesalonicenses

Salutación

Pablo, Silvano y Timoteo, a la iglesia de los tesalonicenses [a] en Dios Padre y en el Señor Jesucristo: Gracia y paz sean a vosotros, de Dios nuestro Padre y del Señor Jesucristo.

Ejemplo de los tesalonicenses

[2] Damos siempre gracias a Dios por todos vosotros, haciendo memoria de vosotros en nuestras oraciones, [3] acordándonos sin cesar delante del Dios y Padre nuestro de la obra de vuestra fe, del trabajo de vuestro amor y de vuestra constancia en la esperanza en nuestro Señor Jesucristo. [4] Porque conocemos, hermanos amados de Dios, vuestra elección; [5] pues nuestro evangelio no llegó a vosotros en palabras solamente, sino también en poder, en el Espíritu Santo y en plena certidumbre, como bien sabéis cuáles fuimos entre vosotros por amor de vosotros. [6] Y vosotros vinisteis a ser imitadores de nosotros y del Señor, recibiendo la palabra en medio de gran tribulación,[b] con gozo del Espíritu Santo, [7] de tal manera que habéis sido ejemplo a todos los de Macedonia y de Acaya que han creído. [8] Porque partiendo de vosotros ha sido divulgada la palabra del Señor, no sólo en Macedonia y Acaya, sino que también en todo lugar vuestra fe en Dios se ha extendido, de modo que nosotros no tenemos necesidad de hablar nada; [9] porque ellos mismos cuentan de nosotros la manera en que nos recibisteis, y cómo os convertisteis de los ídolos a Dios, para servir al Dios vivo y verdadero, [10] y esperar de los cielos a su Hijo, al cual resucitó de los muertos, a Jesús, quien nos libra de la ira venidera.

CAPÍTULO 2

Ministerio de Pablo en Tesalónica

Porque vosotros mismos sabéis, hermanos, que nuestra visita a vosotros no resultó vana; [2] pues habiendo antes padecido y sido ultrajados en Filipos,[a] como sabéis, tuvimos denuedo en nuestro Dios para anunciaros el evangelio de Dios en medio de gran oposición.[b] [3] Porque nuestra exhortación no procedió de error ni de impureza, ni fue por engaño, [4] sino que según fuimos aprobados por Dios para que se nos confiase el evangelio, así hablamos; no como para agradar a los hombres, sino a Dios, que prueba nuestros corazones. [5] Porque nunca usamos de palabras lisonjeras, como sabéis, ni encubrimos avaricia; Dios es testigo; [6] ni buscamos gloria de los hombres; ni de vosotros, ni de otros, aunque podíamos seros carga como apóstoles de Cristo. [7] Antes fuimos tiernos entre vosotros, como la nodriza que cuida con ternura a sus propios hijos. [8] Tan grande es nuestro afecto por vosotros, que hubiéramos querido entregaros no sólo el evangelio de Dios, sino también nuestras propias vidas; porque habéis llegado a sernos muy queridos.

[9] Porque os acordáis, hermanos, de nuestro trabajo y fatiga; cómo trabajando de noche y de día, para no ser gravosos a ninguno de vosotros, os predicamos el evangelio de Dios. [10] Vosotros sois testigos, y Dios también, de cuán santa, justa e irreprensiblemente nos comportamos con vosotros los creyentes; [11] así como también sabéis de

---

Nuestro amor debe crecer Lee 1 Tesalonicenses 3:12-13

Muchos de nosotros pensamos que el amor es algo emocional que va y viene. Sin embargo, este pasaje sugiere que nuestro amor no sólo debe permanecer estable sino que también debe crecer. Esta parece ser una tarea imposible de lograr por nuestra cuenta, y lo es. Por esta razón el apóstol Pablo dice: «Que el Señor haga que tu amor crezca». No puedes fabricar el amor sincero. El amor de Cristo debe motivarte (lee 2 Corintios 5:14). Este amor te ayudará a fortalecer tu corazón, guardarte del pecado y santificarte para que puedas ser libre de toda culpa hasta la venida de Cristo.

Si tu amor a Dios y a otros parece estar estancado, es posible que te hayas apartado de la Fuente de ese amor. Regresa al Señor y pídele que te llene y refresque tu amor hacia él. Luego busca maneras de compartir ese amor con otros.

PIEDRAS ANGULARES

---

qué modo, como el padre a sus hijos, exhortábamos y consolábamos a cada uno de vosotros, ¹² y os encargábamos que anduvieseis como es digno de Dios, que os llamó a su reino y gloria.

¹³ Por lo cual también nosotros sin cesar damos gracias a Dios, de que cuando recibisteis la palabra de Dios que oísteis de nosotros, la recibisteis no como palabra de hombres, sino según es en verdad, la palabra de Dios, la cual actúa en vosotros los creyentes. ¹⁴ Porque vosotros, hermanos, vinisteis a ser imitadores de las iglesias de Dios en Cristo Jesús que están en Judea; pues habéis padecido de los de vuestra propia nación ᶜ las mismas cosas que ellas padecieron de los judíos, ¹⁵ los cuales mataron al Señor Jesús y a sus propios profetas, y a nosotros nos expulsaron;ᵈ y no agradan a Dios, y se oponen a todos los hombres, ¹⁶ impidiéndonos hablar a los gentiles para que éstos se salven; así colman ellos siempre la medida de sus pecados, pues vino sobre ellos la ira hasta el extremo.

Ausencia de Pablo de la iglesia

¹⁷ Pero nosotros, hermanos, separados de vosotros por un poco de tiempo, de vista pero no de corazón, tanto más procuramos con mucho deseo ver vuestro rostro; ¹⁸ por lo cual quisimos ir a vosotros, yo Pablo ciertamente una y otra vez; pero Satanás nos estorbó. ¹⁹ Porque ¿cuál es nuestra

ᶜ 2.14: Hch. 17.5.   ᵈ 2.15: Hch. 9.23, 29; 13.45, 50; 14.2, 5, 19; 17.5, 13; 18.12.

PARTIR Y CORRER ▰▰▰▰▰

Procura el crecimiento espiritual de tus hijos
Lee 1 Tesalonicenses 2:11-12

El apóstol Pablo comparó su relación con los tesalonicenses a la de un padre con sus hijos. Aunque este pasaje no trata necesariamente de la relación entre padre e hijo, nos muestra cómo un padre representa un papel importante en el desarrollo de la fe de sus hijos:

1. Padres animen a sus hijos en su fe. Una manera en que los padres pueden hacer esto es viviendo su fe delante de sus hijos. Al hacerlo les mostrarán cómo la fe afecta la manera en que una persona vive.

2. Padres consuelen a sus hijos en su fe. Deben estar disponibles cuando sus hijos enfrenten pruebas en su fe.

3. Padres animen a sus hijos a crecer en su fe. Establezcan reglas y límites que ayuden a construir el fundamento moral que los hijos necesitan para vivir una vida agradable a Dios. Los padres no pueden estar con sus hijos veinticuatro horas al día, pero pueden ayudarles a establecer convicción en las vidas de sus hijos para que ellos tomen decisiones correctas. Esta es una de las inversiones más trascendentales de la labor de un padre.

esperanza, o gozo, o corona de que me gloríe? ¿No lo sois vosotros, delante de nuestro Señor Jesucristo, en su venida? [20] Vosotros sois nuestra gloria y gozo.

CAPÍTULO 3

Por lo cual, no pudiendo soportarlo más, acordamos quedarnos solos en Atenas,[a] [2] y enviamos a Timoteo nuestro hermano, servidor de Dios y colaborador nuestro en el evangelio de Cristo, para confirmaros y exhortaros respecto a vuestra fe, [3] a fin de que nadie se inquiete por estas tribulaciones; porque vosotros mismos sabéis que para esto estamos puestos. [4] Porque también estando con vosotros, os predecíamos que íbamos a pasar tribulaciones, como ha acontecido y sabéis. [5] Por lo cual también yo, no pudiendo soportar más, envié para informarme de vuestra fe, no sea que os hubiese tentado el tentador, y que nuestro trabajo resultase en vano.

[6] Pero cuando Timoteo volvió de vosotros a nosotros,[b] y nos dio buenas noticias de vuestra fe y amor, y que siempre nos recordáis con cariño, deseando vernos, como también nosotros a vosotros, [7] por ello, hermanos, en medio de toda nuestra necesidad y aflicción fuimos consolados de vosotros por medio de vuestra fe; [8] porque ahora vivimos, si vosotros estáis firmes en el Señor. [9] Por lo cual, ¿qué acción de gracias podremos dar a Dios por vosotros, por todo el gozo con que nos gozamos a causa de vosotros delante de nuestro Dios, [10] orando de noche y de día con gran insistencia, para que veamos vuestro rostro, y completemos lo que falte a vuestra fe?

[11] Mas el mismo Dios y Padre nuestro, y nuestro Señor Jesucristo, dirija nuestro camino a vosotros. [12] Y el Señor os haga crecer y abundar en amor unos para con otros y para con todos, como también lo hacemos nosotros para con vosotros, [13] para que sean afirmados vuestros corazones, irreprensibles en santidad delante de Dios nuestro Padre, en la venida de nuestro Señor Jesucristo con todos sus santos.

CAPÍTULO 4

La vida que agrada a Dios

Por lo demás, hermanos, os rogamos y exhortamos en el Señor Jesús, que de la

[a] 3.1: Hch. 17.15.   [b] 3.6: Hch. 18.5.

Actúa de acuerdo con lo que Dios ya te ha revelado en la Escritura
Lee 1 Tesalonicenses 4:1-5

Muchas veces nos preguntamos cuál es la voluntad de Dios con referencia a alguna situación en particular. Sin embargo, la Escritura nos revela ciertas cosas que son claramente la voluntad de Dios para todos los creyentes, sin excepción. Aquí hay cuatro aspectos que la Escritura enseña acerca de la voluntad de Dios.

1. Dios quiere que vivamos bajo el control del Espíritu Santo. Dios no desea que llenemos nuestra vida con sustitutos baratos, como el alcohol, las posesiones o cosas mundanas. Él desea que busquemos vivir bajo el control del Espíritu Santo, el cual produce cualidades santas como amor, gozo, paz, paciencia, benignidad, bondad, fidelidad, mansedumbre y dominio propio en nuestra vida (lee Efesios 5:18). Ser controlado por cualquier otra cosa o persona, está fuera de la voluntad de Dios.

2. Dios quiere que vivamos una vida pura y santa. La voluntad precisa de Dios es que como cristianos tengamos una vida sexual pura (versos 4-5). La única relación sexual que Dios bendice es la de un hombre y una mujer, comprometidos en el matrimonio. Las relaciones prematrimonial y extramatrimonial no son la voluntad de Dios para el creyente, bajo ninguna circunstancia.

3. Dios quiere que tengamos una actitud de gratitud. No importa lo que pase, Dios quiere que demos gracias, reconociendo que él está en control de todas las circunstancias que rodean nuestra vida (lee 1 Tesalonicenses 5:18). Él ha prometido hacer todas las cosas para el bien del creyente. Podemos regocijarnos porque él tiene un propósito en mente para todo lo que nos sucede.

4. Dios Quiere que todos lleguen al arrepentimiento. Es evidente que Dios desea ver que toda la gente entre en una relación con él (lee 2 Pedro 3:9). Por esta razón debes aprovechar cada oportunidad que tengas para orar y testificar a quienes necesitan a Cristo.

PRIMEROS PASOS

Evita relaciones adúlteras Lee 1 Tesalonicenses 4:1-8

Este pasaje nos da razones contundentes para evitar la inmoralidad sexual a toda costa. Hay por lo menos seis consecuencias dañinas que causa el pecado de adulterio.

1. El adulterio produce grave daño al cónyuge del adúltero. Una persona adúltera viola el vínculo con su cónyuge al tener relaciones adúlteras con otra persona. Este pecado es tan serio que Jesús lo considera un motivo válido para el divorcio (lee Mateo 19:9). Aunque un matrimonio puede sobrevivir al dolor del adulterio con la ayuda de Dios, la confianza nunca será la misma.

2. El adulterio daña irreparablemente al adúltero. Aunque Dios puede perdonar a la persona que comete este pecado, no todos perdonarán tan fácilmente. La reputación de tal persona quedará dañada y Satanás, sin duda, lo acosará con sentimientos de culpa.

3. El adulterio causa grandes heridas a los hijos del adúltero. La persona que comete este pecado, nunca recuperará la confianza de sus hijos. Pero lo peor, es que los hijos de la persona adúltera pueden seguir sus pasos y cometer el mismo pecado más tarde en sus vidas.

4. Los creyentes que cometen adulterio traen mala reputación a la iglesia. La Escritura enseña que cuando una parte del cuerpo de Cristo sufre, todos los demás sufren (lee 1 Corintios 12:26). Todos los cristianos son representantes de la iglesia y cuando se descubre el pecado de uno de los miembros, esa persona dañará la reputación de la iglesia, especialmente si esa persona tiene una posición de liderazgo.

5. El adulterio daña la causa de Cristo. Tal conducta hiere a los cristianos y daña la credibilidad del adúltero.

6. El adulterio es un pecado contra Dios. Este debe ser el principal motivo para llevar una vida santa. Como Pablo afirma en este texto, Dios nos ha dado su Santo Espíritu para que viva en nosotros. Cuanto más el Espíritu Santo llene y controle nuestra vida, menos probabilidad habrá de caer en la tentación del adulterio.

PIEDRAS ANGULARES

---

manera que aprendisteis de nosotros cómo os conviene conduciros y agradar a Dios, así abundéis más y más. ² Porque ya sabéis qué instrucciones os dimos por el Señor Jesús; ³ pues la voluntad de Dios es vuestra santificación; que os apartéis de fornicación; ⁴ que cada uno de vosotros sepa tener su propia esposa en santidad y honor; ⁵ no en pasión de concupiscencia, como los gentiles que no conocen a Dios; ⁶ que ninguno agravie ni engañe en nada a su hermano; porque el Señor es vengador de todo esto, como ya os hemos dicho y testificado. ⁷ Pues no nos ha llamado Dios a inmundicia, sino a santificación. ⁸ Así que, el que desecha esto, no desecha a hombre, sino a Dios, que también nos dio su Espíritu Santo.

PARTIR Y CORRER ▰▰▰▰▰▰▰

Esfuérzate y sé responsable Lee 1 Tesalonicenses 4:11-12

Como cristiano, debes esforzarte en ser el mejor trabajador que puedas. Si no lo haces y realizas un trabajo de menos calidad, entonces le quitas honor al Señor a quien sirves. Por el contrario, si eres aplicado en tu trabajo y llevas una vida responsable, tendrás muchas oportunidades de compartir tu fe, porque la gente te respetará.

Considera la vida de José que se encuentra en el Antiguo Testamento. Aunque había sido vendido como esclavo por sus propios hermanos, realizaba con esmero cada trabajo que se le asignaba. Ese arduo trabajo hizo la

⁹ Pero acerca del amor fraternal no tenéis necesidad de que os escriba, porque vosotros mismos habéis aprendido de Dios que os améis unos a otros; ¹⁰ y también lo hacéis así con todos los hermanos que están por toda Macedonia. Pero os rogamos, hermanos, que abundéis en ello más y más; ¹¹ y que procuréis tener tranquilidad, y ocuparos en vuestros negocios, y trabajar con vuestras manos de la manera que os hemos mandado, ¹² a fin de que os conduzcáis honradamente para con los de afuera, y no tengáis necesidad de nada.

La venida del Señor

¹³ Tampoco queremos, hermanos, que ignoréis acerca de los que duermen, para que no os entristezcáis como los otros que no tienen esperanza. ¹⁴ Porque si creemos que Jesús murió y resucitó, así también traerá Dios con Jesús a los que durmieron en él. ¹⁵ Por lo cual os decimos esto en palabra del Señor: que nosotros que vivimos, que habremos quedado hasta la venida del Señor, no precederemos a los que durmieron. ¹⁶ Porque el Señor mismo con voz de mando, con voz de arcángel, y con trompeta de Dios, descenderá del cielo; y los muertos en Cristo resucitarán primero. ¹⁷ Luego nosotros los que vivimos, los que hayamos quedado, seremos arrebatados juntamente con ellos en las nubes para recibir al Señor en el aire, y así estaremos siempre con el Señor.ᵃ ¹⁸ Por tanto, alentaos los unos a los otros con estas palabras.

CAPÍTULO 5

Pero acerca de los tiempos y de las ocasiones, no tenéis necesidad, hermanos, de que yo os escriba. ² Porque vosotros sabéis perfectamente que el día del Señor vendrá así como ladrón en la noche;ᵃ ³ que cuando digan: Paz y seguridad, entonces vendrá sobre ellos destrucción repentina, como los dolores a la mujer encinta, y no escaparán. ⁴ Mas vosotros, hermanos, no estáis en tinieblas, para que aquel día os sorprenda como ladrón. ⁵ Porque todos vosotros sois hijos de luz e hijos del día; no somos de la noche ni de las tinieblas. ⁶ Por tanto, no durmamos como los demás, sino velemos y seamos sobrios. ⁷ Pues los que duermen, de noche duermen, y los que se embriagan, de noche se embriagan. ⁸ Pero nosotros, que somos del día, seamos sobrios, habiéndonos vestido con la coraza de fe y de amor, y con la esperanza de salvación como yelmo.ᵇ ⁹ Porque no nos ha puesto Dios para ira, sino para alcanzar salvación por medio de nuestro Señor Jesucristo, ¹⁰ quien murió por nosotros para que ya sea que velemos, o que durmamos, vivamos juntamente con él. ¹¹ Por lo cual, animaos unos a otros, y edificaos unos a otros, así como lo hacéis.

Pablo exhorta a los hermanos

¹² Os rogamos, hermanos, que reconozcáis a los que trabajan entre vosotros, y os presiden en el Señor, y os amonestan; ¹³ y que los tengáis en mucha estima y amor por causa de su obra. Tened paz entre vosotros. ¹⁴ También os rogamos, hermanos, que amonestéis a los ociosos, que alentéis a los de poco ánimo, que sostengáis a los débiles, que seáis pacientes para con todos. ¹⁵ Mirad que ninguno pague a otro mal por mal; antes seguid siempre lo bueno unos para con otros, y para con todos. ¹⁶ Estad siempre gozosos. ¹⁷ Orad sin cesar. ¹⁸ Dad gracias en todo, porque esta es la voluntad de Dios para con vosotros en Cristo Jesús.

ᵃ 4.15-17: 1 Co. 15.51-52.   ᵃ 5.2: Mt. 24.43; Lc. 12.39; 2 P. 3.10.   ᵇ 5.8: Is. 59.17.

diferencia. La Biblia dice: «Mas Jehová estaba con José, y fue varón próspero; y estaba en la casa de su amo el egipcio. Y vio su amo que Jehová estaba con él, y que todo lo que él hacía, Jehová lo hacía prosperar en su mano» (Génesis 39:2-3).

No puedes esperar que otros tomen tu mensaje seriamente si no ven que eres serio en lo que haces. No llames la atención por tu pereza u holgazanería, sino atrae la atención de otros al Señor por tu diligencia. Tu modo de vida, fiel y responsable, será tu mejor mensaje.

¹⁹ No apaguéis al Espíritu. ²⁰ No menospreciéis las profecías. ²¹ Examinadlo todo; retened lo bueno. ²² Absteneos de toda especie de mal.

²³ Y el mismo Dios de paz os santifique por completo; y todo vuestro ser, espíritu, alma y cuerpo, sea guardado irreprensible para la venida de nuestro Señor Jesucristo. ²⁴ Fiel es el que os llama, el cual también lo hará.

Salutaciones y bendición final

²⁵ Hermanos, orad por nosotros.

²⁶ Saludad a todos los hermanos con ósculo santo.

²⁷ Os conjuro por el Señor, que esta carta se lea a todos los santos hermanos.

²⁸ La gracia de nuestro Señor Jesucristo sea con vosotros.

Amén.

PARTIR Y CORRER

Piensa en cómo animar, elogiar y edificar a otros
Lee 1 Tesalonicenses 5:11

Las palabras que diriges a otros benefician verdaderamente y dejan una impresión positiva en aquellos a quienes hablas? En este pasaje, Pablo insiste en la importancia de hablar con integridad. Las siguientes son tres ideas sacadas de este pasaje que te ayudarán a hacer tu conversación más significativa.

1. No digas malas palabras. Como cristiano, tu hablar debe ser positivo y edificante, no vulgar y obsceno. Esta manera de hablar aparta la atención de Cristo y nada hace para edificar a otros.

2. Escucha antes de hablar. No simules estar interesado, escucha realmente. No sabrás qué decirle a una persona a menos que entiendas bien sus necesidades, preguntas y sentimientos. Santiago nos instruye a ser prontos para oír y tardos para hablar (lee Santiago 1:19).

3. Esfuérzate en honrar a Cristo en todo lo que hablas. La mejor manera de ser de bendición o de animar a otros es compartiéndoles del Señor Jesucristo. Este versículo también puede aplicarse como: «usar las palabras apropiadas para cada ocasión y que puedan ser instrumentos para que Dios traiga bendición a otros». Por ejemplo, cuando alguien te empieza a hablar de alguna preocupación que está enfrentando, aprovecha la oportunidad para compartirle de la esperanza que Jesucristo ofrece.

Desdichadamente, debido a nuestra vida tan egoísta y agitada, la calidad de nuestra conversación se ve afectada. Nuestras conversaciones parecen girar sobre temas superficiales, tales como el tiempo, actividades deportivas, asuntos de trabajo o las noticias del día. Pero como cristianos tenemos que andar «la segunda milla» para que nuestras conversaciones sean más significativas, de modo que aquellos que nos oyen sean animados y edificados con lo que decimos. Los que siguen este consejo de Pablo no sólo desarrollarán amistades más profundas, sino que también serán testigos eficaces para el Señor.

2 Tesalonicenses

CAPÍTULO 1

Salutación

Pablo, Silvano y Timoteo, a la iglesia de los tesalonicenses [a] en Dios nuestro Padre y en el Señor Jesucristo: [2] Gracia y paz a vosotros, de Dios nuestro Padre y del Señor Jesucristo.

Dios juzgará a los pecadores en la venida de Cristo

[3] Debemos siempre dar gracias a Dios por vosotros, hermanos, como es digno, por cuanto vuestra fe va creciendo, y el amor de todos y cada uno de vosotros abunda para con los demás; [4] tanto, que nosotros mismos nos gloriamos de vosotros en las iglesias de Dios, por vuestra paciencia y fe en todas vuestras persecuciones y tribulaciones que soportáis.

[5] Esto es demostración del justo juicio de Dios, para que seáis tenidos por dignos del reino de Dios, por el cual asimismo padecéis. [6] Porque es justo delante de Dios pagar con tribulación a los que os atribulan, [7] y a vosotros que sois atribulados, daros reposo con nosotros, cuando se manifieste el Señor Jesús desde el cielo con los ángeles de su poder, [8] en llama de fuego, para dar retribución a los que no conocieron a Dios, ni obedecen al evangelio de nuestro Señor Jesucristo; [9] los cuales sufrirán pena de eterna perdición, excluidos de la presencia del Señor y de la gloria de su poder, [10] cuando venga en aquel día para ser glorificado en sus santos y ser admirado en todos los que creyeron (por cuanto nuestro testimonio ha sido creído entre vosotros). [11] Por lo cual asimismo oramos siempre por vosotros, para que nuestro Dios os tenga por dignos de su llamamiento, y cumpla todo propósito de bondad y toda obra de fe con su poder, [12] para que el nombre de nuestro Señor Jesucristo sea glorificado en vosotros, y vosotros en él, por la gracia de nuestro Dios y del Señor Jesucristo.

CAPÍTULO 2

Manifestación del hombre de pecado

Pero con respecto a la venida de nuestro Señor Jesucristo, y nuestra reunión con él, [a] os rogamos, hermanos, [2] que no os dejéis mover fácilmente de vuestro modo de pensar, ni os conturbéis, ni por espíritu, ni por palabra, ni por carta como si fuera nuestra, en el sentido de que el día del Señor está cerca. [3] Nadie os engañe en ninguna manera; porque no vendrá sin que antes venga la apostasía, y se manifieste el hombre de pecado, el hijo de perdición, [4] el cual se opone y se levanta contra todo lo que se llama Dios o es objeto de culto; [b] tanto que se sienta en el templo de Dios como Dios, haciéndose pasar por Dios. [5] ¿No os acordáis que cuando yo estaba todavía con vosotros, os decía esto? [6] Y ahora vosotros sabéis lo que lo detiene, a fin de que a su debido tiempo se manifieste. [7] Porque ya está en acción el misterio de la iniquidad; sólo que hay quien al presente lo detiene, hasta que él a su vez sea quitado de en medio. [8] Y entonces se manifestará aquel inicuo, a quien el Señor matará con el espíritu de su boca, [c] y destruirá con el resplandor de su venida; [9] inicuo cuyo advenimiento es por obra de Satanás, con gran poder y señales y prodigios mentirosos, [d] [10] y con todo engaño de

a 1.1: Hch. 17.1.   a 2.1: 1 Ts. 4.15-17.   b 2.4: Dn. 11.36.
c 2.8: Is. 11.4.   d 2.9: Mt. 24.24.

¿Cuál es el peor castigo del infierno? Lee 2 Tesalonicenses 1:7-10

Como este pasaje lo establece, la verdadera agonía de todos aquellos que van al infierno es que estarán separados eternamente de Dios. Para comprender cuán terrible es este castigo, examinemos las consecuencias de estar separados de la presencia de Dios.

Juicio. Cuando Cristo vuelva, los no creyentes enfrentarán un juicio; no así los creyentes. En este juicio, públicamente serán reveladas todas sus obras y entonces serán sentenciados a pasar la eternidad en el lago de fuego (lee Apocalipsis 20:11-15).

Destrucción eterna. En el infierno los no creyentes serán destinados a sufrir un tormento eterno junto con el diablo y sus demonios. El tormento que soportarán está descrito por Jesús como un fuego inextinguible y eterno (lee Mateo 18:8, y Mateo 25:41). Los no creyentes pasarán la eternidad en agonía.

Remordimiento. Jesús usó muchas parábolas para describir el reino de los cielos y quiénes entrarán y quiénes no. Los que no entrarán a su reino son descritos como: «llorando y crujiendo los dientes» (Mateo 13:42. Llorar y crujir los dientes es una de las experiencias del remordimiento que experimentarán cuando comprendan que están perdidos por la eternidad.

Desesperación. Debido a que su castigo es eterno, los no creyentes no tendrán esperanza de que su situación mejore. Su existencia será no sólo de agonía, sino también de desesperación.

Aquellos que conocen a Cristo tienen mucho que ganar. Los que no le conocen tienen mucho para perder.

PIEDRAS ANGULARES

---

iniquidad para los que se pierden, por cuanto no recibieron el amor de la verdad para ser salvos. [11] Por esto Dios les envía un poder engañoso, para que crean la mentira, [12] a fin de que sean condenados todos los que no creyeron a la verdad, sino que se complacieron en la injusticia.

Escogidos para salvación

[13] Pero nosotros debemos dar siempre gracias a Dios respecto a vosotros, hermanos amados por el Señor, de que Dios os haya escogido desde el principio para salvación, mediante la santificación por el Espíritu y la fe en la verdad, [14] a lo cual os llamó mediante nuestro evangelio, para alcanzar la gloria de nuestro Señor Jesucristo. [15] Así que, hermanos, estad firmes, y retened la doctrina que habéis aprendido, sea por palabra, o por carta nuestra.

[16] Y el mismo Jesucristo Señor nuestro, y Dios nuestro Padre, el cual nos amó y nos dio consolación eterna y buena esperanza por gracia, [17] conforte vuestros corazones, y os confirme en toda buena palabra y obra.

CAPÍTULO 3

Que la palabra de Dios sea glorificada

Por lo demás, hermanos, orad por nosotros, para que la palabra del Señor corra y sea glorificada, así como lo fue entre vosotros, [2] y para que seamos librados de hombres perversos y malos; porque no es de todos la fe. [3] Pero fiel es el Señor, que os afirmará y guardará del mal. [4] Y tenemos confianza respecto a vosotros en el Señor, en que hacéis y haréis lo que os hemos mandado. [5] Y el Señor encamine vuestros corazones al amor de Dios, y a la paciencia de Cristo.

El deber de trabajar

[6] Pero os ordenamos, hermanos, en el nombre de nuestro Señor Jesucristo, que os apartéis de todo hermano que ande desordenadamente, y no según la enseñanza que recibisteis de nosotros. [7] Porque vosotros mismos sabéis de qué manera debéis imitarnos; pues nosotros no anduvimos desordenadamente entre vosotros, [8] ni comimos de balde el pan de nadie, sino que trabajamos con afán y fatiga día y noche, para no ser gravosos a ninguno de

vosotros; [9] no porque no tuviésemos derecho, sino por daros nosotros mismos un ejemplo para que nos imitaseis. [10] Porque también cuando estábamos con vosotros, os ordenábamos esto: Si alguno no quiere trabajar, tampoco coma. [11] Porque oímos que algunos de entre vosotros andan desordenadamente, no trabajando en nada, sino entremetiéndose en lo ajeno. [12] A los tales mandamos y exhortamos por nuestro Señor Jesucristo, que trabajando sosegadamente, coman su propio pan. [13] Y vosotros, hermanos, no os canséis de hacer bien.

[14] Si alguno no obedece a lo que decimos por medio de esta carta, a ése señaladlo, y no os juntéis con él, para que se avergüence. [15] Mas no lo tengáis por enemigo, sino amonestadle como a hermano.

Bendición final

[16] Y el mismo Señor de paz os dé siempre paz en toda manera. El Señor sea con todos vosotros.

[17] La salutación es de mi propia mano, de Pablo, que es el signo en toda carta mía; así escribo. [18] La gracia de nuestro Señor Jesucristo sea con todos vosotros. Amén.

1 Timoteo

CAPÍTULO 1

Salutación

Pablo, apóstol de Jesucristo por mandato de Dios nuestro Salvador, y del Señor Jesucristo nuestra esperanza, ² a Timoteo,*a* verdadero hijo en la fe: Gracia, misericordia y paz, de Dios nuestro Padre y de Cristo Jesús nuestro Señor.

Advertencia contra falsas doctrinas

³ Como te rogué que te quedases en Éfeso, cuando fui a Macedonia, para que mandases a algunos que no enseñen diferente doctrina, ⁴ ni presten atención a fábulas y genealogías interminables, que acarrean disputas más bien que edificación de Dios que es por fe, así te encargo ahora. ⁵ Pues el propósito de este mandamiento es el amor nacido de corazón limpio, y de buena conciencia, y de fe no fingida, ⁶ de las cuales cosas desviándose algunos, se apartaron a vana palabrería, ⁷ queriendo ser doctores de la ley, sin entender ni lo que hablan ni lo que afirman.

⁸ Pero sabemos que la ley es buena, si uno la usa legítimamente; ⁹ conociendo esto, que la ley no fue dada para el justo, sino para los transgresores y desobedientes, para los impíos y pecadores, para los irreverentes y profanos, para los parricidas y matricidas, para los homicidas, ¹⁰ para los fornicarios, para los sodomitas, para los secuestradores, para los mentirosos y perjuros, y para cuanto se oponga a la sana doctrina, ¹¹ según el glorioso evangelio del Dios bendito, que a mí me ha sido encomendado.

El ministerio de Pablo

¹² Doy gracias al que me fortaleció, a Cristo Jesús nuestro Señor, porque me tuvo por fiel, poniéndome en el ministerio, ¹³ habiendo yo sido antes blasfemo, perseguidor *b* e injuriador; mas fui recibido a misericordia porque lo hice por ignorancia, en incredulidad. ¹⁴ Pero la gracia de nuestro Señor fue más abundante con la fe y el amor que es en Cristo Jesús. ¹⁵ Palabra fiel y digna de ser recibida por todos: que Cristo Jesús vino al mundo para salvar a los pecadores, de los cuales yo soy el primero. ¹⁶ Pero por esto fui recibido a misericordia, para que Jesucristo mostrase en mí el primero toda su clemencia, para ejemplo de los que habrían de creer en él para vida eterna. ¹⁷ Por tanto, al Rey de los siglos, inmortal, invisible, al único y sabio Dios, sea honor y gloria por los siglos de los siglos. Amén.

¹⁸ Este mandamiento, hijo Timoteo, te encargo, para que conforme a las profecías que se hicieron antes en cuanto a ti, milites por ellas la buena milicia, ¹⁹ manteniendo la fe y buena conciencia, desechando la cual naufragaron en cuanto a la fe algunos, ²⁰ de los cuales son Himeneo y Alejandro, a quienes entregué a Satanás para que aprendan a no blasfemar.

CAPÍTULO 2

Instrucciones sobre la oración

Exhorto ante todo, a que se hagan rogativas, oraciones, peticiones y acciones de gracias, por todos los hombres; ² por los reyes y por todos los que están en eminencia,

ᵃ 1.2: Hch. 16.1.
ᵇ 1.13: Hch. 8.3; 9.4-5.

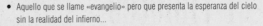

Reconoce las estrategias de Satanás Lee 1 Timoteo 4:1-2

Debemos estar en guardia contra las astutas trampas de Satanás, como lo dice este pasaje, él estará activo en los últimos días (que ya estamos viviendo). De hecho, se nos advierte que algunos de la iglesia caerán presa de aberrantes ideas y enseñanzas. Por lo tanto, al escuchar a maestros, pastores y todos los que enseñan la Palabra, recuerda lo siguiente:

- Aquello que se llame «evangelio» pero que distorsione el mensaje de Jesús, sea agregándole o quitándole algo a lo que enseña la Biblia.
- Aquello que se llame «evangelio» pero que ofrece un cristianismo sin Cristo o sin la cruz...
  - Aquello que se llame «evangelio» pero que ofrece perdón sin arrepentimiento...
  - Aquello que se llame «evangelio» pero que presenta la esperanza del cielo sin la realidad del infierno...

No es el evangelio, sino una «versión torcida» que te da falsas esperanzas y aparente seguridad. Tales enseñanzas son extremadamente peligrosas para tu beneficio espiritual. Permanece lejos de ellas.

PIEDRAS ANGULARES

---

para que vivamos quieta y reposadamente en toda piedad y honestidad. ³ Porque esto es bueno y agradable delante de Dios nuestro Salvador, ⁴ el cual quiere que todos los hombres sean salvos y vengan al conocimiento de la verdad. ⁵ Porque hay un solo Dios, y un solo mediador entre Dios y los hombres, Jesucristo hombre, ⁶ el cual se dio a sí mismo en rescate por todos, de lo cual se dio testimonio a su debido tiempo. ⁷ Para esto yo fui constituido predicador y apóstol (digo verdad en Cristo, no miento), y maestro de los gentiles en fe y verdad.ᵃ

⁸ Quiero, pues, que los hombres oren en todo lugar, levantando manos santas, sin ira ni contienda. ⁹ Asimismo que las mujeres se atavíen de ropa decorosa, con pudor y modestia; no con peinado ostentoso, ni oro, ni perlas, ni vestidos costosos,ᵇ ¹⁰ sino con buenas obras, como corresponde a mujeres que profesan piedad. ¹¹ La mujer aprenda en silencio, con toda sujeción. ¹² Porque no permito a la mujer enseñar, ni ejercer dominio sobre el hombre, sino estar en silencio. ¹³ Porque Adán fue formado primero,ᶜ después Eva;ᵈ ¹⁴ y Adán no fue engañado, sino que la mujer, siendo engañada, incurrió en transgresión.ᵉ ¹⁵ Pero se salvará engendrando hijos, si permaneciere en fe, amor y santificación, con modestia.

CAPÍTULO 3

Requisitos de los obispos

Palabra fiel: Si alguno anhela obispado, buena obra desea. ² Pero es necesario que el obispo sea irreprensible, marido de una sola mujer, sobrio, prudente, decoroso, hospedador, apto para enseñar; ³ no dado al vino, no pendenciero, no codicioso de ganancias deshonestas, sino amable, apacible, no avaro; ⁴ que gobierne bien su casa, que tenga a sus hijos en sujeción con toda honestidad ⁵ (pues el que no sabe gobernar su propia casa, ¿cómo cuidará de la iglesia de Dios?); ⁶ no un neófito, no sea que envaneciéndose caiga en la condenación del diablo. ⁷ También es necesario que tenga buen testimonio de los de afuera, para que no caiga en descrédito y en lazo del diablo.ᵃ

Requisitos de los diáconos

⁸ Los diáconos asimismo deben ser honestos, sin doblez, no dados a mucho vino, no codiciosos de ganancias deshonestas; ⁹ que guarden el misterio de la fe con limpia conciencia. ¹⁰ Y éstos también sean sometidos a prueba primero, y entonces ejerzan el diaconado, si son irreprensibles. ¹¹ Las mujeres asimismo sean honestas, no calumniadoras, sino sobrias, fieles en todo. ¹² Los diáconos sean maridos de una sola mujer, y que gobiernen bien sus hijos

---

ᵃ 2.7: 2 Ti. 1.11. ᵇ 2.9: 1 P. 3.3. ᶜ 2.13: Gn. 2.7. ᵈ 2.13: Gn. 2.21-22.
ᵉ 2.14: Gn. 3.1-6. ᵃ 3.2-7: Tit. 1.6-9.

y sus casas. [13] Porque los que ejerzan bien el diaconado, ganan para sí un grado honroso, y mucha confianza en la fe que es en Cristo Jesús.

El misterio de la piedad

[14] Esto te escribo, aunque tengo la esperanza de ir pronto a verte, [15] para que si tardo, sepas cómo debes conducirte en la casa de Dios, que es la iglesia del Dios viviente, columna y baluarte de la verdad. [16] E indiscutiblemente, grande es el misterio de la piedad:

Dios fue manifestado en carne,
Justificado en el Espíritu,
Visto de los ángeles,
Predicado a los gentiles,
Creído en el mundo,
Recibido arriba en gloria.

CAPÍTULO **4**

Predicción de la apostasía

Pero el Espíritu dice claramente que en los postreros tiempos algunos apostatarán de la fe, escuchando a espíritus engañadores y a doctrinas de demonios; [2] por la hipocresía de mentirosos que, teniendo cauterizada la conciencia, [3] prohibirán casarse, y mandarán abstenerse de alimentos que Dios creó para que con acción de gracias participasen de ellos los creyentes y los que han conocido la verdad. [4] Porque todo lo que Dios creó es bueno, y nada es de desecharse, si se toma con acción de gracias; [5] porque por la palabra de Dios y por la oración es santificado.

Un buen ministro de Jesucristo

[6] Si esto enseñas a los hermanos, serás buen ministro de Jesucristo, nutrido con las palabras de la fe y de la buena doctrina que has seguido. [7] Desecha las fábulas profanas y de viejas. Ejercítate para la piedad; [8] porque el ejercicio corporal para poco es provechoso, pero la piedad para todo aprovecha, pues tiene promesa de esta vida presente, y de la venidera. [9] Palabra fiel es esta, y digna de ser recibida por todos. [10] Que por esto mismo trabajamos y sufrimos oprobios, porque esperamos en el Dios viviente, que es el Salvador de todos los hombres, mayormente de los que creen.

[11] Esto manda y enseña. [12] Ninguno tenga en poco tu juventud, sino sé ejemplo de los creyentes en palabra, conducta, amor, espíritu, fe y pureza. [13] Entre tanto que voy, ocúpate en la lectura, la exhortación y la enseñanza. [14] No descuides el don que hay en ti, que te fue dado mediante profecía con la imposición de las manos del presbiterio. [15] Ocúpate en estas cosas; permanece en ellas, para que tu aprovechamiento sea manifiesto a todos. [16] Ten cuidado de ti mismo y de la doctrina; persiste en ello, pues haciendo esto, te salvarás a ti mismo y a los que te oyeren.

¿Puedes disfrutar de riquezas?

Lee 1 Timoteo 6:17-19

El Señor puede y, de hecho, te bendecirá con riquezas. Estas riquezas no serán necesariamente materiales. Como lo dice el verso 6 de este capítulo: «gran ganancia es la piedad acompañada de contentamiento». Pero si Dios te bendice con riquezas materiales, él requiere tres cosas de ti:

1. No seas arrogante, ni pongas toda tu esperanza en la riqueza. Como lo dice el verso 10 de este capítulo: «Porque la raíz de todos los males es el amor al dinero, el cual codiciando algunos, se extraviaron de la fe, y fueron traspasados de muchos dolores». La riqueza no es pecaminosa. La riqueza no es espiritual. Todo depende del corazón de la persona que es rica. Hay personas piadosas que son ricas y hay personas no piadosas que son pobres y viceversa. La pregunta que debes hacerte es: «¿Poseo mis riquezas o mis riquezas me poseen a mí?»

2. Disfruta de lo que Dios te ha dado. Si Dios te bendice materialmente, no te sientas culpable por eso. Sé agradecido, comprendiendo que él desea que tú disfrutes de lo que tienes.

3. Sé generoso, haz lo bueno, y comparte tu riqueza con otros. Junto con la riqueza viene la responsabilidad. Reconoce que eres un mayordomo de lo que Dios te ha dado, e invierte lo que tienes en su obra.

Si sigues estos tres principios, te ayudarán a ser feliz con lo que posees. Cuando le das a Dios el completo control en esta área de tu vida, no serás controlado por tu riqueza o por las riquezas que deseas tener.

PRIMEROS PASOS

CAPÍTULO 5

Deberes hacia los demás

No reprendas al anciano, sino exhórtale como a padre; a los más jóvenes, como a hermanos; ² a las ancianas, como a madres; a las jovencitas, como a hermanas, con toda pureza.

³ Honra a las viudas que en verdad lo son. ⁴ Pero si alguna viuda tiene hijos, o nietos, aprendan éstos primero a ser piadosos para con su propia familia, y a recompensar a sus padres; porque esto es lo bueno y agradable delante de Dios. ⁵ Mas la que en verdad es viuda y ha quedado sola, espera en Dios, y es diligente en súplicas y oraciones noche y día. ⁶ Pero la que se entrega a los placeres, viviendo está muerta. ⁷ Manda también estas cosas, para que sean irreprensibles; ⁸ porque si alguno no provee para los suyos, y mayormente para los de su casa, ha negado la fe, y es peor que un incrédulo.

⁹ Sea puesta en la lista sólo la viuda no menor de sesenta años, que haya sido esposa de un solo marido, ¹⁰ que tenga testimonio de buenas obras; si ha criado hijos; si ha practicado la hospitalidad; si ha lavado los pies de los santos; si ha socorrido a los afligidos; si ha practicado toda buena obra. ¹¹ Pero viudas más jóvenes no admitas; porque cuando, impulsadas por sus deseos, se rebelan contra Cristo, quieren casarse, ¹² incurriendo así en condenación, por haber quebrantado su primera fe. ¹³ Y también aprenden a ser ociosas, andando de casa en casa; y no solamente ociosas, sino también chismosas y entremetidas, hablando lo que no debieran. ¹⁴ Quiero, pues, que las viudas jóvenes se casen, críen hijos, gobiernen su casa; que no den al adversario ninguna ocasión de maledicencia. ¹⁵ Porque ya algunas se han apartado en pos de Satanás. ¹⁶ Si algún creyente o alguna creyente tiene viudas, que las mantenga, y no sea gravada la iglesia, a fin de que haya lo suficiente para las que en verdad son viudas.

¹⁷ Los ancianos que gobiernan bien, sean tenidos por dignos de doble honor, mayormente los que trabajan en predicar y enseñar. ¹⁸ Pues la Escritura dice: No pondrás bozal al buey que trilla;ᵃ y: Digno es el obrero de su salario.ᵇ ¹⁹ Contra un anciano no admitas acusación sino con dos o tres testigos.ᶜ ²⁰ A los que persisten en pecar, repréndelos delante de todos, para que los demás también teman. ²¹ Te encarezco delante de Dios y del Señor Jesucristo, y de sus ángeles escogidos, que guardes estas cosas sin prejuicios, no haciendo nada con parcialidad. ²² No impongas con ligereza las manos a ninguno, ni participes en pecados ajenos. Consérvate puro.

²³ Ya no bebas agua, sino usa de un poco de vino por causa de tu estómago y de tus frecuentes enfermedades.

²⁴ Los pecados de algunos hombres se hacen patentes antes que ellos vengan a juicio, mas a otros se les descubren después. ²⁵ Asimismo se hacen manifiestas las buenas obras; y las que son de otra manera, no pueden permanecer ocultas.

CAPÍTULO 6

Todos los que están bajo el yugo de esclavitud, tengan a sus amos por dignos de todo honor, para que no sea blasfemado el nombre de Dios y la doctrina. ² Y los que tienen amos creyentes, no los tengan en menos por ser hermanos, sino sírvanles mejor, por cuanto son creyentes y amados los que se benefician de su buen servicio. Esto enseña y exhorta.

Piedad y contentamiento

³ Si alguno enseña otra cosa, y no se conforma a las sanas palabras de nuestro Señor Jesucristo, y a la doctrina que es conforme a la piedad, ⁴ está envanecido, nada sabe, y delira acerca de cuestiones y contiendas de palabras, de las cuales nacen envidias, pleitos, blasfemias, malas sospechas, ⁵ disputas necias de hombres corruptos de entendimiento y privados de la verdad, que toman la piedad como fuente de ganancia; apártate de los tales. ⁶ Pero gran ganancia es la piedad acompañada de contentamiento; ⁷ porque nada hemos traído a este mundo, y sin duda nada podremos sacar. ⁸ Así que, teniendo sustento y abrigo, estemos contentos con esto. ⁹ Porque los que quieren enriquecerse caen en tentación y lazo, y en muchas codicias necias y dañosas, que hunden a los hombres en destrucción y perdición; ¹⁰ porque raíz de todos los males es el amor al dinero, el cual codiciando algunos, se extraviaron de la fe, y fueron traspasados de muchos dolores.

ᵃ 5.18: Dt. 25.4. ᵇ 5.18: Mt. 10.10; Lc. 10.7. ᶜ 5.19: Dt. 17.6; 19.15.

La buena batalla de la fe

¹¹ Mas tú, oh hombre de Dios, huye de estas cosas, y sigue la justicia, la piedad, la fe, el amor, la paciencia, la mansedumbre. ¹² Pelea la buena batalla de la fe, echa mano de la vida eterna, a la cual asimismo fuiste llamado, habiendo hecho la buena profesión delante de muchos testigos. ¹³ Te mando delante de Dios, que da vida a todas las cosas, y de Jesucristo, que dio testimonio de la buena profesión delante de Poncio Pilato,ᵃ ¹⁴ que guardes el mandamiento sin mácula ni represión, hasta la aparición de nuestro Señor Jesucristo, ¹⁵ la cual a su tiempo mostrará el bienaventurado y solo Soberano, Rey de reyes, y Señor de señores, ¹⁶ el único que tiene inmortalidad, que habita en luz inaccesible; a quien ninguno de los hombres ha visto ni puede ver, al cual sea la honra y el imperio sempiterno. Amén.

¹⁷ A los ricos de este siglo manda que no sean altivos, ni pongan la esperanza en las riquezas, las cuales son inciertas, sino en el Dios vivo, que nos da todas las cosas en abundancia para que las disfrutemos. ¹⁸ Que hagan bien, que sean ricos en buenas obras, dadivosos, generosos; ¹⁹ atesorando para sí buen fundamento para lo por venir, que echen mano de la vida eterna.

Encargo final de Pablo a Timoteo
²⁰ Oh Timoteo, guarda lo que se te ha encomendado, evitando las profanas pláticas sobre cosas vanas, y los argumentos de la falsamente llamada ciencia, ²¹ la cual profesando algunos, se desviaron de la fe. La gracia sea contigo. Amén.

ª 6.13: Jn. 18.37.

2 Timoteo

CAPÍTULO 1

Salutación

Pablo, apóstol de Jesucristo por la voluntad de Dios, según la promesa de la vida que es en Cristo Jesús, ² a Timoteo,ᵃ amado hijo: Gracia, misericordia y paz, de Dios Padre y de Jesucristo nuestro Señor.

Testificando de Cristo

³ Doy gracias a Dios, al cual sirvo desde mis mayores con limpia conciencia, de que sin cesar me acuerdo de ti en mis oraciones noche y día; ⁴ deseando verte, al acordarme de tus lágrimas, para llenarme de gozo; ⁵ trayendo a la memoria la fe no fingida que hay en ti, la cual habitó primero en tu abuela Loida, y en tu madre ᵇ Eunice, y estoy seguro que en ti también. ⁶ Por lo cual te aconsejo que avives el fuego del don de Dios que está en ti por la imposición de mis manos. ⁷ Porque no nos ha dado Dios espíritu de cobardía, sino de poder, de amor y de dominio propio.

⁸ Por tanto, no te avergüences de dar testimonio de nuestro Señor, ni de mí, preso suyo, sino participa de las aflicciones por el evangelio según el poder de Dios, ⁹ quien nos salvó y llamó con llamamiento santo, no conforme a nuestras obras, sino según el propósito suyo y la gracia que nos fue dada en Cristo Jesús antes de los tiempos de los siglos, ¹⁰ pero que ahora ha sido manifestada por la aparición de nuestro Salvador Jesucristo, el cual quitó la muerte y sacó a luz la vida y la inmortalidad por el evangelio, ¹¹ del cual yo fui constituido predicador, apóstol y maestro de los gentiles.ᶜ ¹² Por lo cual asimismo padezco esto; pero no me avergüenzo, porque yo sé a quién he creído, y estoy seguro que es poderoso para guardar mi depósito para aquel día. ¹³ Retén la forma de las sanas palabras que de mí oíste, en la fe y amor que es en Cristo Jesús. ¹⁴ Guarda el buen depósito por el Espíritu Santo que mora en nosotros.

¹⁵ Ya sabes esto, que me abandonaron todos los que están en Asia, de los cuales son Figelo y Hermógenes. ¹⁶ Tenga el Señor misericordia de la casa de Onesíforo, porque muchas veces me confortó, y no se avergonzó de mis cadenas, ¹⁷ sino que cuando estuvo en Roma, me buscó solícitamente y me halló. ¹⁸ Concédale el Señor que halle misericordia cerca del Señor en aquel día. Y cuánto nos ayudó en Éfeso, tú lo sabes mejor.

CAPÍTULO 2

Un buen soldado de Jesucristo

Tú, pues, hijo mío, esfuérzate en la gracia que es en Cristo Jesús. ² Lo que has oído de mí ante muchos testigos, esto encarga a hombres fieles que sean idóneos para enseñar también a otros. ³ Tú, pues, sufre penalidades como buen soldado de Jesucristo. ⁴ Ninguno que milita se enreda en los negocios de la vida, a fin de agradar a aquel que lo tomó por soldado. ⁵ Y también el que lucha como atleta, no es coronado si no lucha legítimamente. ⁶ El labrador, para participar de los frutos, debe trabajar primero. ⁷ Considera lo que digo, y el Señor te dé entendimiento en todo.

⁸ Acuérdate de Jesucristo, del linaje de David, resucitado de los muertos conforme a mi evangelio, ⁹ en el cual sufro penalidades, hasta

---

ᵃ 1.2: Hch. 16.1. ᵇ 1.5: Hch. 16.1. ᶜ 1.11: 1 Ti. 2.7.

Guarda el contenido de tus pensamientos Lee 2 Timoteo 2:22

En su segunda carta a Timoteo, Pablo le da valiosos consejos sobre cómo vivir una vida pura. Este consejo incluye (1) reconocer el poder del pecado y el potencial a caer en él; (2) evitar influencias que podrían conducirte a la inmoralidad juvenil; (3) seguir la fe, el amor y la paz, y (4) pasar tiempo con otros creyentes cuyos corazones son puros.

Uno de los desafíos mayores de vivir una vida pura es guardar la pureza de los pensamientos. Como dice un refrán: «no puedes evitar que los pájaros vuelen sobre tu cabeza, pero sí puedes evitar que hagan su nido en ella». De la misma manera no podemos evitar que de vez en cuando un pensamiento impuro o maligno toque a la puerta de nuestra imaginación, pero sí podemos mantener la puerta bien cerrada. De lo contrario, si permitimos que malos pensamientos se infiltren en nuestra mente, podemos caer, permitiendo que nuestra vieja naturaleza prevalezca.

La buena noticia es que aunque todos somos susceptibles de caer, no tenemos por qué hacerlo. Si nos mantenemos cerca del Señor y seguimos el consejo de Pablo en este versículo, edificaremos una sólida fortaleza alrededor de nuestra vida y de nuestros pensamientos, de manera que será difícil que las flechas de tentación de Satanás penetren.

PIEDRAS ANGULARES

---

prisiones a modo de malhechor; mas la palabra de Dios no está presa. ¹⁰ Por tanto, todo lo soporto por amor de los escogidos, para que ellos también obtengan la salvación que es en Cristo Jesús con gloria eterna. ¹¹ Palabra fiel es esta:

Si somos muertos con él, también
    viviremos con él;
¹² Si sufrimos, también reinaremos con él;
Si le negáremos, él también nos
    negará.[a]
¹³ Si fuéremos infieles, él permanece fiel;
Él no puede negarse a sí mismo.

Un obrero aprobado

¹⁴ Recuérdales esto, exhortándoles delante del Señor a que no contiendan sobre palabras, lo cual para nada aprovecha, sino que es para perdición de los oyentes. ¹⁵ Procura con diligencia presentarte a Dios aprobado, como obrero que no tiene de qué avergonzarse, que usa bien la palabra de verdad. ¹⁶ Mas evita profanas y vanas palabrerías, porque conducirán más y más a la impiedad. ¹⁷ Y su palabra carcomerá como gangrena; de los cuales son Himeneo y Fileto, ¹⁸ que se desviaron de la verdad, diciendo que la resurrección ya se efectuó, y trastornan la fe de algunos. ¹⁹ Pero el fundamento de Dios está firme, teniendo este sello: Conoce el Señor a los que son suyos; y: Apártese de iniquidad todo aquel que invoca el nombre de Cristo.

²⁰ Pero en una casa grande, no solamente hay utensilios de oro y de plata, sino también de madera y de barro; y unos son para usos honrosos, y otros para usos viles. ²¹ Así que, si alguno se limpia de estas cosas, será instrumento para honra, santificado, útil al Señor, y dispuesto para toda buena obra. ²² Huye también de las pasiones juveniles, y sigue la justicia, la fe, el amor y la paz, con los que de corazón limpio invocan al Señor. ²³ Pero desecha las cuestiones necias e insensatas, sabiendo que engendran contiendas. ²⁴ Porque el siervo del Señor no debe ser contencioso, sino amable para con todos, apto para enseñar, sufrido; ²⁵ que con mansedumbre corrija a los que se oponen, por si quizá Dios les conceda que se arrepientan para conocer la verdad, ²⁶ y escapen del lazo del diablo, en que están cautivos a voluntad de él.

CAPÍTULO 3

Carácter de los hombres en los postreros días

También debes saber esto: que en los postreros días vendrán tiempos peligrosos. ² Porque habrá hombres amadores de sí mismos, avaros, vanagloriosos, soberbios, blasfemos, desobedientes a los padres, ingratos, impíos, ³ sin afecto natural, implacables, calumniadores, intemperantes, crueles, aborrecedores de lo bueno, ⁴ traidores, impetuosos, infatuados, amadores

---

[a] 2.12: Mt. 10.33; Lc. 12.9.

de los deleites más que de Dios, ⁵ que tendrán apariencia de piedad, pero negarán la eficacia de ella; a éstos evita. ⁶ Porque de éstos son los que se meten en las casas y llevan cautivas a las mujercillas cargadas de pecados, arrastradas por diversas concupiscencias. ⁷ Estas siempre están aprendiendo, y nunca pueden llegar al conocimiento de la verdad. ⁸ Y de la manera que Janes y Jambres resistieron a Moisés,ᵃ así también éstos resisten a la verdad; hombres corruptos de entendimiento, réprobos en cuanto a la fe. ⁹ Mas no irán más adelante; porque su insensatez será manifiesta a todos, como también lo fue la de aquéllos.

¹⁰ Pero tú has seguido mi doctrina, conducta, propósito, fe, longanimidad, amor, paciencia, ¹¹ persecuciones, padecimientos, como los que me sobrevinieron en Antioquía,ᵇ en Iconio,ᶜ en Listra;ᵈ persecuciones que he sufrido, y de todas me ha librado el Señor. ¹² Y también todos los que quieren vivir piadosamente en Cristo Jesús padecerán persecución; ¹³ mas los malos hombres y los engañadores irán de mal en peor, engañando y siendo engañados. ¹⁴ Pero persiste tú en lo que has aprendido y te persuadiste, sabiendo de quién has aprendido; ¹⁵ y que desde la niñez has sabido las Sagradas Escrituras, las cuales te pueden hacer sabio para la salvación por la fe que es en Cristo Jesús. ¹⁶ Toda la Escritura es inspirada por Dios, y útil para enseñar, para redargüir, para corregir, para instruir en justicia, ¹⁷ a fin de que el hombre de Dios sea perfecto, enteramente preparado para toda buena obra.

CAPÍTULO **4**
Predica la palabra

Te encarezco delante de Dios y del Señor Jesucristo, que juzgará a los vivos y a los muertos en su manifestación y en su reino, ² que prediques la palabra; que instes a tiempo y fuera de tiempo; redarguye, reprende, exhorta con toda paciencia y doctrina. ³ Porque vendrá tiempo cuando no sufrirán la sana doctrina, sino que teniendo comezón de oír, se amontonarán maestros conforme a sus propias concupiscencias, ⁴ y apartarán de la verdad el oído y se volverán a las fábulas. ⁵ Pero tú sé sobrio

en todo, soporta las aflicciones, haz obra de evangelista, cumple tu ministerio.

⁶ Porque yo ya estoy para ser sacrificado, y el tiempo de mi partida está cercano. ⁷ He peleado la buena batalla, he acabado la carrera, he guardado la fe. ⁸ Por lo demás, me está guardada la corona de justicia, la cual me dará el Señor, juez justo, en aquel día; y no sólo a mí, sino también a todos los que aman su venida.

Estudiar la Biblia es necesario para nuestro crecimiento espiritual
Lee 2 Timoteo 3:16-17

El principal motivo por el cual debemos estudiar la Biblia, es porque fue inspirada por el Creador del universo para guiarnos a través de esta aventura llamada vida. Este pasaje de la Escritura nos da tres razones más por las cuales debemos hacer de la Biblia parte de nuestro diario vivir:

1. La Biblia nos enseña la verdad. La Biblia es el único libro que necesitamos para descubrir las verdades fundamentales para conocer y caminar con Dios. Algunos aberrantes grupos religiosos, o sectas, dicen que necesitamos otros libros para ayudarnos a interpretar lo que la Biblia dice. Pero la Biblia no necesita una interpretación externa. Ella habla por sí misma. De hecho, el mejor comentario de la Biblia es la Biblia misma.

2. La Biblia nos muestra lo que está mal en nuestra vida. La Palabra de Dios sirve para reprobarnos y alertarnos cuando vamos caminando en una dirección equivocada.

3. La Biblia nos ayuda a hacer lo que es bueno. Si leemos y aprendemos de la Biblia, seremos moldeados en el hombre o la mujer que Dios quiere que seamos.

Cuando permitimos que la Biblia nos enseñe en estas tres áreas de nuestra vida, estaremos preparados y equipados para toda buena obra (lee 2 Timoteo 3:14-16). Nuestro fundamento debe ser sólido, nuestros motivos puros y nuestro carácter más refinado. ¡Qué buenas razones para comprometernos a estudiar concienzudamente la Biblia!

ᵃ 3.8: Ex. 7.11. ᵇ 3.11: Hch. 13.14-52. ᶜ 3.11: Hch. 14.1-7.
ᵈ 3.11: Hch. 14.8-20. ᵃ 4.10: Col. 4.14; Flm. 24.

PRIMEROS PASOS

Instrucciones personales

[9] Procura venir pronto a verme, [10] porque Demas [d] me ha desamparado, amando este mundo, y se ha ido a Tesalónica. Crescente fue a Galacia, y Tito [b] a Dalmacia. [11] Sólo Lucas [c] está conmigo. Toma a Marcos [d] y tráele contigo, porque me es útil para el ministerio. [12] A Tíquico [e] lo envié a Éfeso. [13] Trae, cuando vengas, el capote que dejé en Troas [f] en casa de Carpo, y los libros, mayormente los pergaminos. [14] Alejandro [g] el calderero me ha causado muchos males; el Señor le pague conforme a sus hechos. [15] Guárdate tú también de él, pues en gran manera se ha opuesto a nuestras palabras. [16] En mi primera defensa ninguno estuvo a mi lado, sino que todos me desampararon; no les sea tomado en cuenta. [17] Pero el Señor estuvo a mi lado, y me dio fuerzas, para que por mí fuese cumplida la predicación, y que todos los gentiles oyesen. Así fui librado de la boca del león. [18] Y el Señor me librará de toda obra mala, y me preservará para su reino celestial. A él sea gloria por los siglos de los siglos. Amén.

Saludos y bendición final

[19] Saluda a Prisca y a Aquila,[h] y a la casa de Onesíforo.[i] [20] Erasto [j] se quedó en Corinto, y a Trófimo [k] dejé en Mileto enfermo. [21] Procura venir antes del invierno. Eubulo te saluda, y Pudente, Lino, Claudia y todos los hermanos.

[22] El Señor Jesucristo esté con tu espíritu. La gracia sea con vosotros. Amén.

b 4.10: 2 Co. 8.23; Gá. 2.3; Tit. 1.4.   c 4.11: Col. 4.14; Flm. 24.   d 4.11: Hch. 12.12, 25; 13.13; 15.37-39; Col. 4.10; Flm. 24.
e 4.12: Hch. 20.4; Ef. 6.21-22; Col. 4.7-8.   f 4.13: Hch. 20.6.   g 4.14: 1 Ti. 1.20.   h 4.19: Hch. 18.2.   i 4.19: 2 Ti. 1.16-17.
j 4.20: Hch. 19.22; Ro. 16.23.   k 4.20: Hch. 20.4; 21.29.

Tito

CAPÍTULO 1

Salutación

Pablo, siervo de Dios y apóstol de Jesucristo, conforme a la fe de los escogidos de Dios y el conocimiento de la verdad que es según la piedad, ² en la esperanza de la vida eterna, la cual Dios, que no miente, prometió desde antes del principio de los siglos, ³ y a su debido tiempo manifestó su palabra por medio de la predicación que me fue encomendada por mandato de Dios nuestro Salvador, ⁴ a Tito,ᵃ verdadero hijo en la común fe: Gracia, misericordia y paz, de Dios Padre y del Señor Jesucristo nuestro Salvador.

Requisitos de ancianos y obispos

⁵ Por esta causa te dejé en Creta, para que corrigieses lo deficiente, y establecieses ancianos en cada ciudad, así como yo te mandé; ⁶ el que fuere irreprensible, marido de una sola mujer, y tenga hijos creyentes que no estén acusados de disolución ni de rebeldía. ⁷ Porque es necesario que el obispo sea irreprensible, como administrador de Dios; no soberbio, no iracundo, no dado al vino, no pendenciero, no codicioso de ganancias deshonestas, ⁸ sino hospedador, amante de lo bueno, sobrio, justo, santo, dueño de sí mismo, ⁹ retenedor de la palabra fiel tal como ha sido enseñada, para que también pueda exhortar con sana enseñanza y convencer a los que contradicen.ᵇ ¹⁰ Porque hay aún muchos contumaces, habladores de vanidades y engañadores, mayormente los de la circuncisión, ¹¹ a los cuales es preciso tapar la boca; que trastornan casas enteras, enseñando por ganancia deshonesta lo que no conviene. ¹² Uno de ellos, su propio profeta, dijo: Los cretenses, siempre mentirosos, malas bestias, glotones ociosos. ¹³ Este testimonio es verdadero; por tanto, repréndelos duramente, para que sean sanos en la fe, ¹⁴ no atendiendo a fábulas judaicas, ni a mandamientos de hombres que se apartan de la verdad. ¹⁵ Todas las cosas son puras para los puros, mas para los corrompidos e incrédulos nada les es puro; pues hasta su mente y su conciencia están corrompidas. ¹⁶ Profesan conocer a Dios, pero con los hechos lo niegan, siendo abominables y rebeldes, reprobados en cuanto a toda buena obra.

CAPÍTULO 2

Enseñanza de la sana doctrina

Pero tú habla lo que está de acuerdo con la sana doctrina. ² Que los ancianos sean sobrios, serios, prudentes, sanos en la fe, en el amor, en la paciencia. ³ Las ancianas asimismo sean reverentes en su porte; no calumniadoras, no esclavas del vino, maestras del bien; ⁴ que enseñen a las mujeres jóvenes a amar a sus maridos y a sus hijos, ⁵ a ser prudentes, castas, cuidadosas de su casa, buenas, sujetas a sus maridos, para que la palabra de Dios no sea blasfemada. ⁶ Exhorta asimismo a los jóvenes a que sean prudentes; ⁷ presentándote tú en todo como ejemplo de buenas obras; en la enseñanza mostrando integridad, seriedad, ⁸ palabra sana e irreprochable, de modo que el adversario se avergüence, y no tenga nada malo que decir de vosotros. ⁹ Exhorta a los siervos a que se sujeten a sus amos, que agraden en todo, que no sean respondones; ¹⁰ no defraudando, sino mostrándose fieles en todo, para que en todo adornen la doctrina de Dios nuestro Salvador.

ᵃ 1.4: 2 Co. 8.23; Gá. 2.3; 2 Ti. 4.10.   ᵇ 1.6-9: 1 Ti. 3.2-7.

Necesitamos ser ejemplo para otros Lee Tito 2:6-8

Este pasaje nos da algunas razones prácticas para vivir nuestra fe. Aunque estas palabras fueron escritas a Tito, un líder de la iglesia del primer siglo, se aplican a cualquier persona cuya vida ejerce influencia sobre otros. ¡O sea que el pasaje nos habla a nosotros! Toma un momento para considerar estas sencillas, pero muy útiles ideas:

¿Cómo deberíamos comportarnos?

- Necesitamos tener dominio propio y tomar en serio nuestra vida.
- Debemos con frecuencia hacer buenas obras, para ejemplo de otros.
- Debemos amar la verdad.
- Debemos buscar con ahínco la verdad.
- Debemos pensar antes de hablar, asegurándonos de que nuestra conversación sea sana y sensible

¿Por qué debemos vivir vidas limpias?

- Representamos a Dios, que es santo.
- Debemos ser ejemplo a otros, especialmente a la gente joven y los nuevos creyentes.
- Nuestra conducta silenciará a los que nos critican.

PIEDRAS ANGULARES

---

[11] Porque la gracia de Dios se ha manifestado para salvación a todos los hombres, [12] enseñándonos que, renunciando a la impiedad y a los deseos mundanos, vivamos en este siglo sobria, justa y piadosamente, [13] aguardando la esperanza bienaventurada y la manifestación gloriosa de nuestro gran Dios y Salvador Jesucristo, [14] quien se dio a sí mismo por nosotros para redimirnos de toda iniquidad [a] y purificar para sí un pueblo propio,[b] celoso de buenas obras.

[15] Esto habla, y exhorta y reprende con toda autoridad. Nadie te menosprecie.

CAPÍTULO 3
Justificados por gracia

Recuérdales que se sujeten a los gobernantes y autoridades, que obedezcan, que estén dispuestos a toda buena obra. [2] Que a nadie difamen, que no sean pendencieros, sino amables, mostrando toda mansedumbre para con todos los hombres. [3] Porque

[a] 2.14: Sal. 130.8. [b] 2.14: Ex. 19.5; Dt. 4.20; 7.6; 14.2; 26.18; 1 P. 2.9.

PARTIR Y CORRER

Crea hambre espiritual en aquellos que te rodean
Lee Tito 2:9-10

Aunque no somos esclavos, este versículo puede aplicarse fácilmente a los trabajadores y empleados de hoy o a cualquiera que se le pida que haga algo para otro. Jesús dio un ejemplo único de este principio, cuando dijo a sus discípulos: «Y cualquiera que te obligue a llevar carga por una milla, ve con él dos» (Mateo 5:41). En aquel tiempo la ley romana concedía a los soldados romanos el derecho de retener a cualquier ciudadano para llevar su carga por una milla. Pero Jesús dijo a sus discípulos que hicieran todavía más. Al hacer esto tendrían una «audiencia cautiva para presentar el evangelio».

En el día de hoy, cuando todo el mundo anda reclamando sus derechos, este versículo es una contradicción directa esta popular manera de pensar. Pero todo vuelve a nuestro marco de referencia como cristianos: nuestro blanco en la tierra no es ganar derechos propios, sino ganar almas para el Señor.

Tu trabajo puede ser difícil. Hasta puedes pensar que es mundano e insignificante. Pero no es así. Dios te ha puesto en el lugar donde trabajas por una razón: permite que tu luz brille. Tu quehacer dedicado y consagrado puede lograr que tu empleador o tu jefe sean ganados para Cristo. Así que, busca oportunidades y «camina la segunda milla».

nosotros también éramos en otro tiempo insensatos, rebeldes, extraviados, esclavos de concupiscencias y deleites diversos, viviendo en malicia y envidia, aborrecibles, y aborreciéndonos unos a otros. 4 Pero cuando se manifestó la bondad de Dios nuestro Salvador, y su amor para con los hombres, 5 nos salvó, no por obras de justicia que nosotros hubiéramos hecho, sino por su misericordia, por el lavamiento de la regeneración y por la renovación en el Espíritu Santo, 6 el cual derramó en nosotros abundantemente por Jesucristo nuestro Salvador, 7 para que justificados por su gracia, viniésemos a ser herederos conforme a la esperanza de la vida eterna.

8 Palabra fiel es esta, y en estas cosas quiero que insistas con firmeza, para que los que creen en Dios procuren ocuparse en buenas obras. Estas cosas son buenas y útiles a los hombres. 9 Pero evita las cuestiones necias, y genealogías, y contenciones, y discusiones acerca de la ley; porque son vanas y sin provecho. 10 Al hombre que cause divisiones, después de una y otra amonestación deséchalo, 11 sabiendo que el tal se ha pervertido, y peca y está condenado por su propio juicio.

Instrucciones personales

12 Cuando envíe a ti a Artemas o a Tíquico,[a] apresúrate a venir a mí en Nicópolis, porque allí he determinado pasar el invierno. 13 A Zenas intérprete de la ley, y a Apolos,[b] encamínales con solicitud, de modo que nada les falte. 14 Y aprendan también los nuestros a ocuparse en buenas obras para los casos de necesidad, para que no sean sin fruto.

Salutaciones y bendición final

15 Todos los que están conmigo te saludan. Saluda a los que nos aman en la fe.

La gracia sea con todos vosotros. Amén.

---

a 3.12: Hch. 20.4; Ef. 6.21-22; Col. 4.7-8; 2 Ti. 4.12.   b 3.13: Hch. 18.24; 1 Co. 16.12.

Filemón

Salutación

Pablo, prisionero de Jesucristo, y el hermano Timoteo, al amado Filemón, colaborador nuestro, [2] y a la amada hermana Apia, y a Arquipo [a] nuestro compañero de milicia, y a la iglesia que está en tu casa: [3] Gracia y paz a vosotros, de Dios nuestro Padre y del Señor Jesucristo.

El amor y la fe de Filemón

[4] Doy gracias a mi Dios, haciendo siempre memoria de ti en mis oraciones, [5] porque oigo del amor y de la fe que tienes hacia el Señor Jesús, y para con todos los santos; [6] para que la participación de tu fe sea eficaz en el conocimiento de todo el bien que está en vosotros por Cristo Jesús. [7] Pues tenemos gran gozo y consolación en tu amor, porque por ti, oh hermano, han sido confortados los corazones de los santos.

Pablo intercede por Onésimo

[8] Por lo cual, aunque tengo mucha libertad en Cristo para mandarte lo que conviene, [9] más bien te ruego por amor, siendo como soy, Pablo ya anciano, y ahora, además, prisionero de Jesucristo; [10] te ruego por mi hijo Onésimo, [b] a quien engendré en mis prisiones, [11] el cual en otro tiempo te fue inútil, pero ahora a ti y a mí nos es útil, [12] el cual vuelvo a enviarte; tú, pues, recíbele como a mí mismo. [13] Yo quisiera retenerle conmigo, para que en lugar tuyo me sirviese en mis prisiones por el evangelio; [14] pero nada quise hacer sin tu consentimiento, para que tu favor no fuese como de necesidad, sino voluntario.

[15] Porque quizá para esto se apartó de ti por algún tiempo, para que le recibieses para siempre; [16] no ya como esclavo, sino como más que esclavo, como hermano amado, mayormente para mí, pero cuánto más para ti, tanto en la carne como en el Señor. [17] Así que, si me tienes por compañero, recíbele como a mí mismo. [18] Y si en algo te dañó, o te debe, ponlo a mi cuenta. [19] Yo Pablo lo escribo de mi mano, yo lo pagaré; por no decirte que aun tú mismo te me debes también. [20] Sí, hermano, tenga yo algún provecho de ti en el Señor; conforta mi corazón en el Señor.

[21] Te he escrito confiando en tu obediencia, sabiendo que harás aun más de lo que te digo. [22] Prepárame también alojamiento; porque espero que por vuestras oraciones os seré concedido.

Salutaciones y bendición final

[23] Te saludan Epafras, [c] mi compañero de prisiones por Cristo Jesús, [24] Marcos, [d] Aristarco, [e] Demas [f] y Lucas, [g] mis colaboradores.

[25] La gracia de nuestro Señor Jesucristo sea con vuestro espíritu. Amén.

---

a 2: Col. 4.17. b 10: Col. 4.9. c 23: Col. 1.7; 4.12. d 24: Hch. 12.12, 25; 13.13; 15.37-39; Col. 4.10. e 24: Hch. 19.29; 27.2; Col. 4.10. f 24: Col. 4.14; 2 Ti. 4.10. g 24: Col. 4.14; 2 Ti. 4.11.

Hebreos

CAPÍTULO 1

Dios ha hablado por su Hijo

Dios, habiendo hablado muchas veces y de muchas maneras en otro tiempo a los padres por los profetas, [2] en estos postreros días nos ha hablado por el Hijo, a quien constituyó heredero de todo, y por quien asimismo hizo el universo; [3] el cual, siendo el resplandor de su gloria, y la imagen misma de su sustancia, y quien sustenta todas las cosas con la palabra de su poder, habiendo efectuado la purificación de nuestros pecados por medio de sí mismo, se sentó a la diestra de la Majestad en las alturas, [4] hecho tanto superior a los ángeles, cuanto heredó más excelente nombre que ellos.

El Hijo, superior a los ángeles

[5] Porque ¿a cuál de los ángeles dijo Dios jamás:

Mi Hijo eres tú,
Yo te he engendrado hoy,[a]

y otra vez:

Yo seré a él Padre,
Y él me será a mí hijo? [b]

[6] Y otra vez, cuando introduce al Primogénito en el mundo, dice:

Adórenle todos los ángeles de Dios.[c]

[7] Ciertamente de los ángeles dice:

El que hace a sus ángeles espíritus,
Y a sus ministros llama de fuego.[d]

[8] Mas del Hijo dice:

Tu trono, oh Dios, por el siglo del siglo;
Cetro de equidad es el cetro de tu reino.

[9] Has amado la justicia, y aborrecido la maldad,

Por lo cual te ungió Dios, el Dios tuyo,
Con óleo de alegría más que a tus compañeros.[e]

[10] Y:

Tú, oh Señor, en el principio fundaste la tierra,
Y los cielos son obra de tus manos.

[11] Ellos perecerán, mas tú permaneces;
Y todos ellos se envejecerán como una vestidura,

[12] Y como un vestido los envolverás, y serán mudados;
Pero tú eres el mismo,
Y tus años no acabarán.[f]

[13] Pues, ¿a cuál de los ángeles dijo Dios jamás:

Siéntate a mi diestra,
Hasta que ponga a tus enemigos por estrado de tus pies? [g]

[14] ¿No son todos espíritus ministradores, enviados para servicio a favor de los que serán herederos de la salvación?

CAPÍTULO 2

Una salvación tan grande

Por tanto, es necesario que con más diligencia atendamos a las cosas que hemos oído, no sea que nos deslicemos. [2] Porque si la palabra dicha por medio de los ángeles fue firme, y toda transgresión y desobediencia recibió justa retribución, [3] ¿cómo escaparemos nosotros, si descuidamos una salvación tan grande? La cual, habiendo sido anunciada primeramente por el Señor, nos fue confirmada por los que oyeron, [4] testificando Dios juntamente con ellos, con señales y prodigios y diversos

---

[a] 1.5: Sal. 2.7.   [b] 1.5: 2 S. 7.14; 1 Cr. 17.13.   [c] 1.6: Dt. 32.43 (Gr.).   [d] 1.7: Sal. 104.4.
[e] 1.8-9: Sal. 45.6-7.   [f] 1.10-12: Sal. 102.25-27.   [g] 1.13: Sal. 110.1.

¿Por qué Dios creó a los ángeles? Lee Hebreos 1:4-14

A través de las edades, la gente ha estado fascinada acerca de los ángeles. Algunos han tratado de adorarlos. Pero es importante comprender que los ángeles son muy diferentes de Jesucristo el Hijo de Dios. Un área significativa para distinguir la creación. Los ángeles son seres creados, mientras que Jesús no. Debido a que los ángeles son seres creados, es erróneo adorarlos.

Si ellos no deben ser adorados, entonces ¿para qué Dios creó a los ángeles? Dios los creó por varias razones, tres de las cuales son las siguientes:

1. Los ángeles adoran a Dios. Como afirma el verso 6, una de las razones por las cuales Dios creó a los ángeles fue para que lo adoraran. Algunas personas pueden pensar que esto es egoísmo, pero considera cuántas personas adoran a atletas profesionales y a otras celebridades. Usando esa comparación, estas personas nada han hecho para merecer ser dignos de adoración. Dios ha creado a los ángeles y a los humanos y les ha dado vida. Además, Dios es más majestuoso de lo que nuestra inteligencia entiende, por lo tanto, adorarle es simplemente la respuesta natural de estar en su presencia. Por eso es un privilegio increíble estar en la presencia de Dios. Sólo Dios es digno de adoración, y su creación, incluyendo a los ángeles, tiene que adorarle.

2. Los ángeles sirven como mensajeros de Dios. Dios usa ángeles para enviar mensajes a sus seguidores en la tierra (verso 7). La Biblia registra algunos momentos de estos. En el capítulo 1 de Lucas, Dios envió a un ángel a decirle a María que sería madre del Mesías. También un ángel fue enviado a la tumba de Jesús para decirles a sus discípulos que él había resucitado de los muertos (Mateo 28).

3. Los ángeles ministran a los seguidores de Dios. Dios también ha creado a los ángeles para que sirvan a sus seguidores (verso 14). En Hechos capítulo 12, un ángel liberó a Pedro de la prisión antes que fuera juzgado en público por ser seguidor de Jesús.

Aunque los ángeles representan un papel importante en la vida de los creyentes, debemos cuidarnos de no darles el honor y la alabanza que sólo están reservados para Jesucristo.

PIEDRAS ANGULARES

---

milagros y repartimientos del Espíritu Santo según su voluntad.

El autor de la salvación
⁵ Porque no sujetó a los ángeles el mundo venidero, acerca del cual estamos hablando; ⁶ pero alguien testificó en cierto lugar, diciendo:

¿Qué es el hombre, para que te acuerdes de él,
O el hijo del hombre, para que le visites?
⁷ Le hiciste un poco menor que los ángeles,
Le coronaste de gloria y de honra,
Y le pusiste sobre las obras de tus manos;
⁸ Todo lo sujetaste bajo sus pies.*ᵃ*

Porque en cuanto le sujetó todas las cosas, nada dejó que no sea sujeto a él; pero todavía no vemos que todas las cosas le sean sujetas. ⁹ Pero vemos a aquel que fue hecho un poco menor que los ángeles, a Jesús, coronado de gloria y de honra, a causa del padecimiento de la muerte, para que por la gracia de Dios gustase la muerte por todos.

¹⁰ Porque convenía a aquel por cuya causa son todas las cosas, y por quien todas las cosas subsisten, que habiendo de llevar muchos hijos a la gloria, perfeccionase por aflicciones al autor de la salvación de ellos. ¹¹ Porque el que santifica y los que son santificados, de uno son todos; por lo cual no se avergüenza de llamarlos hermanos, ¹² diciendo:

Anunciaré a mis hermanos tu nombre,
En medio de la congregación te alabaré.*ᵇ*
¹³ Y otra vez:
Yo confiaré en él.*ᶜ*

ᵃ 2.6-8: Sal. 8.4-6. ᵇ 2.12: Sal. 22.22. ᶜ 2.13: Is. 8.17.

¿Por qué un Dios bueno envía gente al infierno?

Lee Hebreos 2:2-3

Si Dios ama a la gente, ¿por qué no salva a todos? Quizá tú te has hecho esta pregunta o conoces a alguien que la ha hecho. Aunque la pregunta es válida, erróneamente pone la culpa de la condenación de las personas en Dios. Él no desea que alguien pase la eternidad en el infierno. Él desea que todos pasen la eternidad con él en el cielo. La Escritura dice claramente: «El Señor no retarda su promesa, según algunos la tienen por tardanza, sino que es paciente para con nosotros, no queriendo que ninguno perezca, sino que todos procedan al arrepentimiento» (2 Pedro 3:9). A través de toda la Biblia vemos el amor y la paciente invitación de Dios para que vengamos a él:

- «Venid a mí todos los que estáis trabajados y cargados, y yo os haré descansar» (Mateo 11:28).
- «Ven. Y el que oye, diga: Ven. Y el que tiene sed, venga; y el que quiera, tome del agua de la vida gratuitamente» (Apocalipsis 22:17).

La verdad es que hay algunas cosas que sólo Dios puede hacer, tal como limpiarnos de nuestro pecado, perdonarnos y justificarnos. Al mismo tiempo, hay algunas cosas que sólo nosotros podemos hacer, tales como venir a él, creer en él y arrepentirnos de nuestro pecado. Pero es indudable, Dios nos ama (Juan 3:16 y Romanos 5:8), nos ha dado a nosotros un don maravilloso pero peligroso. Este don es llamado: «libre albedrío». Es la habilidad de escoger entre lo recto y lo incorrecto, entre el bien y el mal, entre Dios y Satanás y entre el cielo y el infierno. Dios no impone su salvación y perdón sobre nuestras vidas. Es nuestra decisión decir sí o no.

Todo aquel que termina su vida en el infierno, hombre o mujer, es porque de manera voluntaria y deliberadamente rechazó la oferta del perdón de Dios. El famoso escritor inglés C. S. Lewis dijo: «Las puertas del infierno tienen cerradura por dentro».

GRANDES PREGUNTAS

Y de nuevo:

He aquí, yo y los hijos que Dios me dio.[d]

¹⁴ Así que, por cuanto los hijos participaron de carne y sangre, él también participó de lo mismo, para destruir por medio de la muerte al que tenía el imperio de la muerte, esto es, al diablo, ¹⁵ y librar a todos los que por el temor de la muerte estaban durante toda la vida sujetos a servidumbre. ¹⁶ Porque ciertamente no socorrió a los ángeles, sino que socorrió a la descendencia de Abraham. ¹⁷ Por lo cual debía ser en todo semejante a sus hermanos, para venir a ser misericordioso y fiel sumo sacerdote en lo que a Dios se refiere, para expiar los pecados del pueblo. ¹⁸ Pues en cuanto él mismo padeció siendo tentado, es poderoso para socorrer a los que son tentados.

CAPÍTULO 3

Jesús es superior a Moisés

Por tanto, hermanos santos, participantes del llamamiento celestial, considerad al apóstol y sumo sacerdote de nuestra profesión, Cristo Jesús; ² el cual es fiel al que le constituyó, como también lo fue Moisés en toda la casa de Dios.[a] ³ Porque de tanto mayor gloria que Moisés es estimado digno éste, cuanto tiene mayor honra que la casa el que la hizo. ⁴ Porque toda casa es hecha por alguno; pero el que hizo todas las cosas es Dios. ⁵ Y Moisés a la verdad fue fiel en toda la casa de Dios, como siervo, para testimonio de lo que se iba a decir; ⁶ pero Cristo como hijo sobre su casa, la cual casa somos nosotros, si retenemos firme hasta el fin la confianza y el gloriarnos en la esperanza.

El reposo del pueblo de Dios

⁷ Por lo cual, como dice el Espíritu Santo:
Si oyereis hoy su voz,
⁸ No endurezcáis vuestros corazones,
Como en la provocación, en el día de la tentación en el desierto,
⁹ Donde me tentaron vuestros padres; me probaron,

---

d 2.13: Is. 8.18.   a 3.2: Nm. 12.7.   b 3.7-11: Sal. 95.7-11.

Y vieron mis obras cuarenta años.

¹⁰ A causa de lo cual me disgusté contra esa generación,

Y dije: Siempre andan vagando en su corazón,

Y no han conocido mis caminos.

¹¹ Por tanto, juré en mi ira:

No entrarán en mi reposo.[b]

¹² Mirad, hermanos, que no haya en ninguno de vosotros corazón malo de incredulidad para apartarse del Dios vivo; ¹³ antes exhortaos los unos a los otros cada día, entre tanto que se dice: Hoy; para que ninguno de vosotros se endurezca por el engaño del pecado. ¹⁴ Porque somos hechos participantes de Cristo, con tal que retengamos firme hasta el fin nuestra confianza del principio, ¹⁵ entre tanto que se dice:

Si oyereis hoy su voz,

No endurezcáis vuestros corazones,

como en la provocación.[c]

¹⁶ ¿Quiénes fueron los que, habiendo oído, le provocaron? ¿No fueron todos los que salieron de Egipto por mano de Moisés? ¹⁷ ¿Y con quiénes estuvo él disgustado cuarenta años? ¿No fue con los que pecaron, cuyos cuerpos cayeron en el desierto? ¹⁸ ¿Y a quiénes juró que no entrarían en su reposo, sino a aquellos que desobedecieron?[d] ¹⁹ Y vemos que no pudieron entrar a causa de incredulidad.

CAPÍTULO 4

Temamos, pues, no sea que permaneciendo aún la promesa de entrar en su reposo, alguno de vosotros parezca no haberlo alcanzado. ² Porque también a nosotros se nos ha anunciado la buena nueva como a ellos; pero no les aprovechó el oír la palabra, por no ir acompañada de fe en los que la oyeron. ³ Pero los que hemos creído entramos en el reposo, de la manera que dijo:

Por tanto, juré en mi ira,

No entrarán en mi reposo;[a]

aunque las obras suyas estaban acabadas desde la fundación del mundo. ⁴ Porque en cierto lugar dijo así del séptimo día: Y reposó Dios de todas sus obras en el séptimo día.[b] ⁵ Y otra vez aquí: No entrarán en mi reposo.[c] ⁶ Por lo tanto, puesto que falta que algunos entren en él, y aquellos a quienes primero se les anunció la buena nueva no

entraron por causa de desobediencia, ⁷ otra vez determina un día: Hoy, diciendo después de tanto tiempo, por medio de David, como se dijo:

Si oyereis hoy su voz,

No endurezcáis vuestros corazones.[d]

⁸ Porque si Josué les hubiera dado el reposo,[e] no hablaría después de otro día. ⁹ Por tanto, queda un reposo para el pueblo de Dios. ¹⁰ Porque el que ha entrado en su reposo, también ha reposado de sus obras, como Dios de las suyas.[f]

¹¹ Procuremos, pues, entrar en aquel reposo, para que ninguno caiga en semejante ejemplo de desobediencia. ¹² Porque la palabra de Dios es viva y eficaz, y más cortante que toda espada de dos filos; y penetra hasta partir el alma y el espíritu, las coyunturas y los tuétanos, y discierne los pensamientos y las intenciones del corazón. ¹³ Y no hay cosa creada que no sea manifiesta en su presencia; antes bien todas las cosas están desnudas y abiertas a los ojos de aquel a quien tenemos que dar cuenta.

Jesús el gran sumo sacerdote

¹⁴ Por tanto, teniendo un gran sumo sacerdote que traspasó los cielos, Jesús el Hijo de Dios, retengamos nuestra profesión. ¹⁵ Porque no tenemos un sumo sacerdote que no pueda compadecerse de nuestras debilidades, sino uno que fue tentado en todo según nuestra semejanza, pero sin pecado. ¹⁶ Acerquémonos, pues, confiadamente al trono de la gracia, para alcanzar misericordia y hallar gracia para el oportuno socorro.

CAPÍTULO 5

Porque todo sumo sacerdote tomado de entre los hombres es constituido a favor de los hombres en lo que a Dios se refiere, para que presente ofrendas y sacrificios por los pecados; ² para que se muestre paciente con los ignorantes y extraviados, puesto que él también está rodeado de debilidad; ³ y por causa de ella debe ofrecer por los pecados, tanto por sí mismo como también por el pueblo.[a] ⁴ Y nadie toma para sí esta honra, sino el que es llamado por Dios, como lo fue Aarón.[b]

c 3.15: Sal. 95.7-8.   d 3.16-18: Nm. 14.1-35.   a 4.3: Sal. 95.11.   b 4.4: Gn. 2.2.   c 4.5: Sal. 95.11.   d 4.7: Sal. 95.7-8.
e 4.8: Dt. 31.7; Jos. 22.4.   f 4.10: Gn. 2.2.   a 5.3: Lv. 9.7.   b 5.4: Ex. 28.1.

[5] Así tampoco Cristo se glorificó a sí mismo haciéndose sumo sacerdote, sino el que le dijo:

Tú eres mi Hijo,
Yo te he engendrado hoy.[c]

[6] Como también dice en otro lugar:

Tú eres sacerdote para siempre,
Según el orden de Melquisedec.[d]

[7] Y Cristo, en los días de su carne, ofreciendo ruegos y súplicas con gran clamor y lágrimas al que le podía librar de la muerte,[e] fue oído a causa de su temor reverente. [8] Y aunque era Hijo, por lo que padeció aprendió la obediencia; [9] y habiendo sido perfeccionado, vino a ser autor de eterna salvación para todos los que le obedecen; [10] y fue declarado por Dios sumo sacerdote según el orden de Melquisedec.

Advertencia contra la apostasía

[11] Acerca de esto tenemos mucho que decir, y difícil de explicar, por cuanto os habéis hecho tardos para oír. [12] Porque debiendo ser ya maestros, después de tanto tiempo, tenéis necesidad de que se os vuelva a enseñar cuáles son los primeros rudimentos de las palabras de Dios; y habéis llegado a ser tales que tenéis necesidad de leche, y no de alimento sólido. [13] Y todo aquel que participa de la leche es inexperto en la palabra de justicia, porque es niño;[f] [14] pero el alimento sólido es para los que han alcanzado madurez, para los que por el uso tienen los sentidos ejercitados en el discernimiento del bien y del mal.

CAPÍTULO 6

Por tanto, dejando ya los rudimentos de la doctrina de Cristo, vamos adelante a la perfección; no echando otra vez el fundamento del arrepentimiento de obras muertas, crucificando de nuevo para sí mismos al Hijo de Dios y exponiéndole a vituperio. [7] Porque la tierra que bebe la lluvia que muchas veces cae sobre ella, y produce hierba provechosa a aquellos por los cuales es labrada, recibe bendición de Dios; [8] pero la que produce espinos y abrojos es reprobada, está próxima a ser maldecida,[a] y su fin es el ser quemada.

[9] Pero en cuanto a vosotros, oh amados, estamos persuadidos de cosas mejores, y que pertenecen a la salvación, aunque hablamos así. [10] Porque Dios no es injusto para olvidar vuestra obra y el trabajo de amor que habéis mostrado hacia su nombre, habiendo servido a los santos y sirviéndoles aún. [11] Pero deseamos que cada uno de vosotros muestre la misma solicitud hasta el fin, para plena certeza de la esperanza, [12] a fin de que no os hagáis perezosos, sino imitadores de aquellos que por la fe y la paciencia heredan las promesas.

[13] Porque cuando Dios hizo la promesa a Abraham, no pudiendo jurar por otro mayor, juró por sí mismo, [14] diciendo: De cierto te bendeciré con abundancia y te multiplicaré grandemente.[b] [15] Y habiendo esperado con paciencia, alcanzó la promesa. [16] Porque los hombres ciertamente juran por uno mayor que ellos, y para ellos el fin de toda controversia es el juramento para confirmación. [17] Por lo cual, queriendo Dios mostrar más abundantemente a los herederos de la promesa la inmutabilidad de su consejo, interpuso juramento; [18] para que por dos cosas inmutables, en las cuales es imposible que Dios mienta, tengamos un fortísimo consuelo los que hemos acudido para asirnos de la esperanza puesta delante de nosotros. [19] La cual tenemos como segura y firme ancla del alma, y que penetra hasta dentro del velo,[c] [20] donde Jesús entró por nosotros como precursor, hecho sumo sacerdote para siempre según el orden de Melquisedec.[d]

CAPÍTULO 7

El sacerdocio de Melquisedec

Porque este Melquisedec, rey de Salem, sacerdote del Dios Altísimo, que salió a recibir a Abraham que volvía de la derrota de los reyes, y le bendijo, [2] a quien asimismo dio Abraham los diezmos de todo;[a] cuyo nombre significa primeramente Rey de justicia, y también Rey de Salem, esto es, Rey de paz; [3] sin padre, sin madre, sin genealogía; que ni tiene principio de días, ni fin de vida, sino hecho semejante al Hijo de Dios, permanece sacerdote para siempre.

[4] Considerad, pues, cuán grande era éste, a quien aun Abraham el patriarca dio diezmos del botín. [5] Ciertamente los que de entre los hijos de Leví reciben el sacerdocio,

---

[c] 5.5: Sal. 2.7. [d] 5.6: Sal. 110.4. [e] 5.7: Mt. 26.36-46; Mr. 14.32-42; Lc. 22.39-46. [f] 5.12-13: 1 Co. 3.2. [a] 6.8: Gn. 3.17-18.
[b] 6.14: Gn. 22.16-17. [c] 6.19: Lv. 16.2. [d] 6.20: Sal. 110.4.

tienen mandamiento de tomar del pueblo los diezmos según la ley,[b] es decir, de sus hermanos, aunque éstos también hayan salido de los lomos de Abraham. [6] Pero aquel cuya genealogía no es contada de entre ellos, tomó de Abraham los diezmos, y bendijo al que tenía las promesas. [7] Y sin discusión alguna, el menor es bendecido por el mayor. [8] Y aquí ciertamente reciben los diezmos hombres mortales; pero allí, uno de quien se da testimonio de que vive. [9] Y por decirlo así, en Abraham pagó el diezmo también Leví, que recibe los diezmos; [10] porque aún estaba en los lomos de su padre cuando Melquisedec le salió al encuentro.

[11] Si, pues, la perfección fuera por el sacerdocio levítico (porque bajo él recibió el pueblo la ley), ¿qué necesidad habría aún de que se levantase otro sacerdote, según el orden de Melquisedec, y que no fuese llamado según el orden de Aarón? [12] Porque cambiado el sacerdocio, necesario es que haya también cambio de ley; [13] y aquel de quien se dice esto, es de otra tribu, de la cual nadie sirvió al altar. [14] Porque manifiesto es que nuestro Señor vino de la tribu de Judá, de la cual nada habló Moisés tocante al sacerdocio.

[15] Y esto es aun más manifiesto, si a semejanza de Melquisedec se levanta un sacerdote distinto, [16] no constituido conforme a la ley del mandamiento acerca de la descendencia, sino según el poder de una vida indestructible. [17] Pues se da testimonio de él:

Tú eres sacerdote para siempre,
Según el orden de Melquisedec.[c]

[18] Queda, pues, abrogado el mandamiento anterior a causa de su debilidad e ineficacia [19] (pues nada perfeccionó la ley), y de la introducción de una mejor esperanza, por la cual nos acercamos a Dios.

[20] Y esto no fue hecho sin juramento; [21] porque los otros ciertamente sin juramento fueron hechos sacerdotes; pero éste, con el juramento del que le dijo:

Juró el Señor, y no se arrepentirá:
Tú eres sacerdote para siempre,
Según el orden de Melquisedec.[d]

[22] Por tanto, Jesús es hecho fiador de un mejor pacto.

[23] Y los otros sacerdotes llegaron a ser muchos, debido a que por la muerte no podían continuar; [24] mas éste, por cuanto permanece para siempre, tiene un sacerdocio inmutable; [25] por lo cual puede también salvar perpetuamente a los que por él se acercan a Dios, viviendo siempre para interceder por ellos.

[26] Porque tal sumo sacerdote nos convenía: santo, inocente, sin mancha, apartado de los pecadores, y hecho más sublime que los cielos; [27] que no tiene necesidad cada día, como aquellos sumos sacerdotes, de ofrecer primero sacrificios por sus propios pecados, y luego por los del pueblo;[e] porque esto lo hizo una vez para siempre, ofreciéndose a sí mismo. [28] Porque la ley constituye sumos sacerdotes a débiles hombres; pero la palabra del juramento, posterior a la ley, al Hijo, hecho perfecto para siempre.

CAPÍTULO 8

El mediador de un nuevo pacto

Ahora bien, el punto principal de lo que venimos diciendo es que tenemos tal sumo sacerdote, el cual se sentó a la diestra del trono de la Majestad en los cielos,[a] [2] ministro del santuario, y de aquel verdadero tabernáculo que levantó el Señor, y no el hombre. [3] Porque todo sumo sacerdote está constituido para presentar ofrendas y sacrificios; por lo cual es necesario que también éste tenga algo que ofrecer. [4] Así que, si estuviese sobre la tierra, ni siquiera sería sacerdote, habiendo aún sacerdotes que presentan las ofrendas según la ley; [5] los cuales sirven a lo que es figura y sombra de las cosas celestiales, como se le advirtió a Moisés cuando iba a erigir el tabernáculo, diciéndole: Mira, haz todas las cosas conforme al modelo que se te ha mostrado en el monte.[b] [6] Pero ahora tanto mejor ministerio es el suyo, cuanto es mediador de un mejor pacto, establecido sobre mejores promesas. [7] Porque si aquel primero hubiera sido sin defecto, ciertamente no se hubiera procurado lugar para el segundo.

[8] Porque reprendiéndolos dice:
He aquí vienen días, dice el Señor,
En que estableceré con la casa de Israel
y la casa de Judá un nuevo pacto;

⁹ No como el pacto que hice con sus
  padres
  El día que los tomé de la mano para
  sacarlos de la tierra de Egipto;
  Porque ellos no permanecieron en mi
  pacto,
  Y yo me desentendí de ellos, dice el
  Señor.
¹⁰ Por lo cual, este es el pacto que haré
  con la casa de Israel
  Después de aquellos días, dice el Señor:
  Pondré mis leyes en la mente de ellos,
  Y sobre su corazón las escribiré;
  Y seré a ellos por Dios,
  Y ellos me serán a mí por pueblo;
¹¹ Y ninguno enseñará a su prójimo,
  Ni ninguno a su hermano, diciendo:
    Conoce al Señor;
  Porque todos me conocerán,
  Desde el menor hasta el mayor de ellos.
¹² Porque seré propicio a sus injusticias,
  Y nunca más me acordaré de sus
    pecados y de sus iniquidades.ᶜ
¹³ Al decir: Nuevo pacto, ha dado por viejo
al primero; y lo que se da por viejo y se en-
vejece, está próximo a desaparecer.

CAPÍTULO 9

Ahora bien, aun el primer pacto tenía ordenanzas de culto y un santuario terrenal.
² Porque el tabernáculo ᵃ estaba dispuesto
así: en la primera parte, llamada el Lugar
Santo, estaban el candelabro,ᵇ la mesa y los
panes de la proposición.ᶜ ³ Tras el segundo
velo estaba la parte del tabernáculo llamada el Lugar Santísimo,ᵈ ⁴ el cual tenía un incensario de oro ᵉ y el arca del pacto cubierta
de oro por todas partes,ᶠ en la que estaba
una urna de oro que contenía el maná,ᵍ la
vara de Aarón que reverdeció,ʰ y las tablas
del pacto;ⁱ ⁵ y sobre ella los querubines de
gloria que cubrían el propiciatorio;ʲ de las
cuales cosas no se puede ahora hablar en
detalle.

⁶ Y así dispuestas estas cosas, en la primera parte del tabernáculo entran los sacerdotes continuamente para cumplir los
oficios del culto;ᵏ ⁷ pero en la segunda parte, sólo el sumo sacerdote una vez al año,
no sin sangre, la cual ofrece por sí mismo y
por los pecados de ignorancia del pueblo;ˡ
⁸ dando el Espíritu Santo a entender con

esto que aún no se había manifestado el
camino al Lugar Santísimo, entre tanto
que la primera parte del tabernáculo estuviese en pie. ⁹ Lo cual es símbolo para el
tiempo presente, según el cual se presentan ofrendas y sacrificios que nó pueden
hacer perfecto, en cuanto a la conciencia,
al que practica ese culto, ¹⁰ ya que consiste
sólo de comidas y bebidas, de diversas
abluciones, y ordenanzas acerca de la carne, impuestas hasta el tiempo de reformar
las cosas.

¹¹ Pero estando ya presente Cristo, sumo
sacerdote de los bienes venideros, por el
más amplio y más perfecto tabernáculo, no
hecho de manos, es decir, no de esta creación, ¹² y no por sangre de machos cabríos
ni de becerros, sino por su propia sangre,
entró una vez para siempre en el Lugar Santísimo, habiendo obtenido eterna redención. ¹³ Porque si la sangre de los toros y de
los machos cabríos,ᵐ y las cenizas de la be-
cerra ⁿ rociadas a los inmundos, santifican
para la purificación de la carne, ¹⁴ ¿cuánto
más la sangre de Cristo, el cual mediante el
Espíritu eterno se ofreció a sí mismo sin
mancha a Dios, limpiará vuestras conciencias de obras muertas para que sirváis al
Dios vivo?

¹⁵ Así que, por eso es mediador de un
nuevo pacto, para que interviniendo muerte para la remisión de las transgresiones
que había bajo el primer pacto, los llamados reciban la promesa de la herencia eterna. ¹⁶ Porque donde hay testamento, es necesario que intervenga muerte del testador.
¹⁷ Porque el testamento con la muerte se
confirma; pues no es válido entre tanto que
el testador vive. ¹⁸ De donde ni aun el primer pacto fue instituido sin sangre. ¹⁹ Porque habiendo anunciado Moisés todos los
mandamientos de la ley a todo el pueblo,
tomó la sangre de los becerros y de los machos cabríos, con agua, lana escarlata e hisopo, y roció el mismo libro y también a
todo el pueblo, ²⁰ diciendo: Esta es la sangre del pacto que Dios os ha mandado.ᵒ ²¹ Y
además de esto, roció también con la sangre el tabernáculo y todos los vasos del mi-
nisterio.ᵖ ²² Y casi todo es purificado, según
la ley, con sangre; y sin derramamiento de
sangre no se hace remisión. q

ᶜ 8.8-12: Jer. 31.31-34. ᵃ 9.2: Ex. 26.1-30. ᵇ 9.2: Ex. 25.31-40. ᶜ 9.2: Ex. 25.23-30. ᵈ 9.3: Ex. 26.31-33. ᵉ 9.4: Ex. 30.1-6.
ᶠ 9.4: Ex. 25.10-16. ᵍ 9.4: Ex. 16.33. ʰ 9.4: Nm. 17.8-10. ⁱ 9.4: Ex. 25.16. ʲ 9.5: Ex. 25.18-22. ᵏ 9.6: Nm. 18.2-6.
ˡ 9.7: Lv. 16.2-34. ᵐ 9.13: Lv. 16.15-16. ⁿ 9.13: Nm. 19.9, 17-19. ᵒ 9.19-20: Ex. 24.6-8. ᵖ 9.21: Lv. 8.15. q 9.22: Lv. 17.11.

El sacrificio de Cristo quita el pecado

²³ Fue, pues, necesario que las figuras de las cosas celestiales fuesen purificadas así; pero las cosas celestiales mismas, con mejores sacrificios que estos. ²⁴ Porque no entró Cristo en el santuario hecho de mano, figura del verdadero, sino en el cielo mismo para presentarse ahora por nosotros ante Dios; ²⁵ y no para ofrecerse muchas veces, como entra el sumo sacerdote en el Lugar Santísimo cada año con sangre ajena. ²⁶ De otra manera le hubiera sido necesario padecer muchas veces desde el principio del mundo; pero ahora, en la consumación de los siglos, se presentó una vez para siempre por el sacrificio de sí mismo para quitar de en medio el pecado. ²⁷ Y de la manera que está establecido para los hombres que mueran una sola vez, y después de esto el juicio, ²⁸ así también Cristo fue ofrecido una sola vez para llevar los pecados de muchos; y aparecerá por segunda vez, sin relación con el pecado, para salvar a los que le esperan.

CAPÍTULO 10

Porque la ley, teniendo la sombra de los bienes venideros, no la imagen misma de las cosas, nunca puede, por los mismos sacrificios que se ofrecen continuamente cada año, hacer perfectos a los que se acercan. ² De otra manera cesarían de ofrecerse, pues los que tributan este culto, limpios una vez, no tendrían ya más conciencia de pecado. ³ Pero en estos sacrificios cada año se hace memoria de los pecados; ⁴ porque la sangre de los toros y de los machos cabríos no puede quitar los pecados. ⁵ Por lo cual, entrando en el mundo dice:

Sacrificio y ofrenda no quisiste;
Mas me preparaste cuerpo.
⁶ Holocaustos y expiaciones por el
pecado no te agradaron.
⁷ Entonces dije: He aquí que vengo, oh
Dios, para
hacer tu voluntad,
Como en el rollo del libro está escrito
de mí.ᵃ

⁸ Diciendo primero: Sacrificio y ofrenda y holocaustos y expiaciones por el pecado no quisiste, ni te agradaron (las cuales cosas se ofrecen según la ley), ⁹ y diciendo luego: He aquí que vengo, oh Dios, para hacer tu voluntad; quita lo primero, para establecer esto último. ¹⁰ En esa voluntad somos santificados mediante la ofrenda del cuerpo de Jesucristo hecha una vez para siempre.

¹¹ Y ciertamente todo sacerdote está día tras día ministrando y ofreciendo muchas veces los mismos sacrificios, que nunca pueden quitar los pecados;ᵇ ¹² pero Cristo, habiendo ofrecido una vez para siempre un solo sacrificio por los pecados, se ha sentado a la diestra de Dios, ¹³ de ahí en adelante esperando hasta que sus enemigos sean puestos por estrado de sus pies;ᶜ ¹⁴ porque con una sola ofrenda hizo perfectos para siempre a los santificados. ¹⁵ Y nos atestigua lo mismo el Espíritu Santo; porque después de haber dicho:

¹⁶ Este es el pacto que haré con ellos
Después de aquellos días, dice el Señor:
Pondré mis leyes en sus corazones,
Y en sus mentes las escribiré,ᵈ
¹⁷ añade:
Y nunca más me acordaré de sus
pecados y transgresiones.ᵉ

¹⁸ Pues donde hay remisión de éstos, no hay más ofrenda por el pecado.

¹⁹ Así que, hermanos, teniendo libertad para entrar en el Lugar Santísimo por la sangre de Jesucristo, ²⁰ por el camino nuevo y vivo que él nos abrió a través del velo, esto es, de su carne, ²¹ y teniendo un gran sacerdote sobre la casa de Dios, ²² acerquémonos con corazón sincero, en plena certidumbre de fe, purificados los corazones ᶠ de mala conciencia, y lavados los cuerpos con agua pura.ᵍ ²³ Mantengamos firme, sin fluctuar, la profesión de nuestra esperanza, porque fiel es el que prometió. ²⁴ Y considerémonos unos a otros para estimularnos al amor y a las buenas obras; ²⁵ no dejando de congregarnos, como algunos tienen por costumbre, sino exhortándonos; y tanto más, cuanto veis que aquel día se acerca.

Advertencia al que peca deliberadamente

²⁶ Porque si pecáremos voluntariamente después de haber recibido el conocimiento de la verdad, ya no queda más sacrificio por los pecados, ²⁷ sino una horrenda expectación de juicio, y de hervor de fuego que ha de devorar a los adversarios.ʰ ²⁸ El que viola

---

ᵃ 10.5-7: Sal. 40.6-8. ᵇ 10.11: Ex. 29.38. ᶜ 10.12-13: Sal. 110.1. ᵈ 10.16: Jer. 31.33. ᵉ 10.17: Jer. 31.34.
ᶠ 10.22: Lv. 8.30. ᵍ 10.22: Lv. 8.6. ʰ 10.27: Is. 26.11.

la ley de Moisés, por el testimonio de dos o de tres testigos muere irremisiblemente.[i] [29] ¿Cuánto mayor castigo pensáis que merecerá el que pisoteare al Hijo de Dios, y tuviere por inmunda la sangre del pacto [j] en la cual fue santificado, e hiciere afrenta al Espíritu de gracia? [30] Pues conocemos al que dijo: Mía es la venganza, yo daré el pago, dice el Señor.[k] Y otra vez: El Señor juzgará a su pueblo.[l] [31] ¡Horrenda cosa es caer en manos del Dios vivo!

[32] Pero traed a la memoria los días pasados, en los cuales, después de haber sido iluminados, sostuvisteis gran combate de padecimientos; [33] por una parte, ciertamente, con vituperios y tribulaciones fuisteis hechos espectáculo; y por otra, llegasteis a ser compañeros de los que estaban en una situación semejante. [34] Porque de los presos también os compadecisteis, y el despojo de vuestros bienes sufristeis con gozo, sabiendo que tenéis en vosotros una mejor y perdurable herencia en los cielos. [35] No perdáis, pues, vuestra confianza, que tiene grande galardón; [36] porque os es necesaria la paciencia, para que habiendo hecho la voluntad de Dios, obtengáis la promesa.
[37] Porque aún un poquito,
Y el que ha de venir vendrá, y no tardará.
[38] Mas el justo vivirá por fe;
Y si retrocediere, no agradará a mi alma.[m]
[39] Pero nosotros no somos de los que retroceden para perdición, sino de los que tienen fe para preservación del alma.

CAPÍTULO 11
La fe

Es, pues, la fe la certeza de lo que se espera, la convicción de lo que no se ve. [2] Porque por ella alcanzaron buen testimonio los antiguos. [3] Por la fe entendemos haber sido constituido el universo por la palabra de Dios,[a] de modo que lo que se ve fue hecho de lo que no se veía.

[4] Por la fe Abel ofreció a Dios más excelente sacrificio que Caín, por lo cual alcanzó testimonio de que era justo, dando Dios testimonio de sus ofrendas; y muerto, aún habla por ella.[b] [5] Por la fe Enoc fue traspuesto para no ver muerte, y no fue hallado, porque lo

Por qué necesitamos compañerismo con otros creyentes Lee Hebreos 10:25

Es necesario asistir fielmente a una iglesia local para el crecimiento espiritual de todos los cristianos, y es algo que nunca debemos dejar de hacer. Sobre todo, para el nuevo creyente, esta acción es importante por cuatro razones:

1. El compañerismo nos motiva y nos provee amor. Como cristianos necesitamos un lugar donde podamos ser animados en nuestra fe y donde se nos recuerde que somos miembros de la familia de Dios. Cuando vamos a la iglesia nos veremos rodeados de todos los que comparten el amor por Cristo. Estar en la presencia de otros creyentes nos anima a vivir por Cristo y nos da un sentido de pertenencia y aceptación que no recibimos del mundo.

2. El compañerismo nos permite aprender de cristianos espirituales y maduros. En la Biblia se nos dice que en la iglesia primitiva, dos amigos del apóstol Pablo, Priscila y Aquila, tomaron tiempo para ayudar a otros creyentes a aprender más acerca de Jesús (Hechos 18:26). De la misma manera, los cristianos jóvenes de la iglesia de hoy pueden obtener sabiduría espiritual y conocimiento de los cristianos más maduros.

3. El compañerismo nos ayuda a discernir falsas enseñanzas. La Biblia nos advierte de falsos maestros y enseñanzas distorsionadas, a los cuales el joven creyente es susceptible, debido a que le falta el conocimiento de la Biblia. Una iglesia saludable que enseña la Biblia, animará a los jóvenes cristianos en su crecimiento y los ayudará a discernir entre la verdad y el error.

4. El compañerismo nos prepara para la venida del Señor. A medida que se acerca la venida del Señor, más necesitamos ayudarnos unos a otros a través de estos tiempos difíciles y a mantener nuestros problemas en mejor perspectiva. También necesitamos animarnos unos a otros a vivir vidas santas y compartir las buenas nuevas de Dios con los demás, en el tiempo que nos queda. Dios desea que el cuerpo de Cristo se mantenga firme y sea una luz en medio de estos días que cada vez son más oscuros.

PRIMEROS PASOS

Cristo sufrió gran dolor por nosotros Lee Hebreos 12:1-3

A través del Nuevo Testamento, la vida cristiana se compara con una carrera. Con esto en mente, debemos considerar que no es una carrera corta, sino de distancia larga. A veces, mientras corremos esta carrera, habrá desánimo por las circunstancias o por lo que otros dicen de nosotros. Pero así como el buen corredor debe mantener «sus ojos en el premio» nosotros también debemos pensar que es así la carrera cristiana. Debemos mantener en mente por quién y para quién estamos corriendo: Jesucristo. En esencia, necesitamos «mantener nuestros ojos puestos en Jesús».

Corrie ten Boom, una cristiana holandesa que sobrevivió a los horrores de los campos de concentración de Hitler, durante la Segunda Guerra Mundial, decía a menudo: «Mira hacia dentro y quedarás deprimido. Mira hacia fuera y quedarás angustiado. Mira a Jesús y obtendrás el descanso».

Dios nos estará mirando, hasta el fin. Él nos da esta palabra: «Estando persuadido de esto, que el que comenzó en vosotros la buena obra, la perfeccionará hasta el día de Jesucristo» (Filipenses 1:6).

PIEDRAS ANGULARES

---

traspuso Dios; y antes que fuese traspuesto, tuvo testimonio de haber agradado a Dios.[c] 6 Pero sin fe es imposible agradar a Dios; porque es necesario que el que se acerca a Dios crea que le hay, y que es galardonador de los que le buscan. 7 Por la fe Noé, cuando fue advertido por Dios acerca de cosas que aún no se veían, con temor preparó el arca en que su casa se salvase;[d] y por esa fe condenó al mundo, y fue hecho heredero de la justicia que viene por la fe.

8 Por la fe Abraham, siendo llamado, obedeció para salir al lugar que había de recibir como herencia; y salió sin saber a dónde iba.[e] 9 Por la fe habitó como extranjero en la tierra prometida como en tierra ajena, morando en tiendas con Isaac y Jacob, coherederos de la misma promesa;[f] 10 porque esperaba la ciudad que tiene fundamentos, cuyo arquitecto y constructor es Dios. 11 Por la fe también la misma Sara, siendo estéril, recibió fuerza para concebir; y dio a luz aun fuera del tiempo de la edad,[g] porque creyó que era fiel quien lo había prometido. 12 Por lo cual también, de uno, y ése ya casi muerto, salieron como las estrellas del cielo en multitud,[h] y como la arena innumerable que está a la orilla del mar.[i]

13 Conforme a la fe murieron todos éstos sin haber recibido lo prometido, sino mirándolo de lejos, y creyéndolo, y saludándolo, y confesando que eran extranjeros y peregrinos sobre la tierra.[j] 14 Porque los que esto dicen, claramente dan a entender que buscan una patria; 15 pues si hubiesen estado pensando en aquella de donde salieron, ciertamente tenían tiempo de volver. 16 Pero anhelaban una mejor, esto es, celestial; por lo cual Dios no se avergüenza de llamarse Dios de ellos; porque les ha preparado una ciudad.

17 Por la fe Abraham, cuando fue probado, ofreció a Isaac; y el que había recibido las promesas ofrecía su unigénito,[k] 18 habiéndosele dicho: En Isaac te será llamada descendencia;[l] 19 pensando que Dios es poderoso para levantar aun de entre los muertos, de donde, en sentido figurado, también le volvió a recibir. 20 Por la fe bendijo Isaac a Jacob y a Esaú respecto a cosas venideras.[m] 21 Por la fe Jacob, al morir, bendijo a cada uno de los hijos de José, y adoró apoyado sobre el extremo de su bordón.[n] 22 Por la fe José, al morir, mencionó la salida de los hijos de Israel, y dio mandamiento acerca de sus huesos.[o]

23 Por la fe Moisés, cuando nació, fue escondido por sus padres por tres meses,[p] porque le vieron niño hermoso, y no temieron el decreto del rey.[q] 24 Por la fe Moisés,

---

c 11.5: Gn. 5.21-24. d 11.7: Gn. 6.13-22. e 11.8: Gn. 12.1-5. f 11.9: Gn. 35.27. g 11.11: Gn. 18.11-14; 21.2.
h 11.12: Gn. 15.5. i 11.12: Gn. 22.17. j 11.13: Gn. 23.4. k 11.17: Gn. 22.1-14. l 11.18: Gn. 21.12.
m 11.20: Gn. 27.27-29, 39-40. n 11.21: Gn. 47.31—48.20. o 11.22: Gn. 50.24-25; Ex. 13.19. p 11.23: Ex. 2.2. q 11.23: Ex. 1.22.

hecho ya grande, rehusó llamarse hijo de la hija de Faraón,[r] 25 escogiendo antes ser maltratado con el pueblo de Dios, que gozar de los deleites temporales del pecado, 26 teniendo por mayores riquezas el vituperio de Cristo que los tesoros de los egipcios; porque tenía puesta la mirada en el galardón. 27 Por la fe dejó a Egipto,[s] no temiendo la ira del rey; porque se sostuvo como viendo al Invisible. 28 Por la fe celebró la pascua y la aspersión de la sangre, para que el que destruía a los primogénitos no los tocase a ellos.[t]

29 Por la fe pasaron el Mar Rojo como por tierra seca; e intentando los egipcios hacer lo mismo, fueron ahogados.[u] 30 Por la fe cayeron los muros de Jericó después de rodearlos siete días.[v] 31 Por la fe Rahab la ramera no pereció juntamente con los desobedientes,[w] habiendo recibido a los espías en paz.[x]

32 ¿Y qué más digo? Porque el tiempo me faltaría contando de Gedeón,[y] de Barac,[z] de Sansón,[a] de Jefté,[b] de David,[c] así como de Samuel[d] y de los profetas; 33 que por fe conquistaron reinos, hicieron justicia, alcanzaron promesas, taparon bocas de leones,[e] 34 apagaron fuegos impetuosos,[f] evitaron filo de espada, sacaron fuerzas de debilidad, se hicieron fuertes en batallas, pusieron en fuga ejércitos extranjeros. 35 Las mujeres recibieron sus muertos mediante resurrección;[g] mas otros fueron atormentados, no aceptando el rescate, a fin de obtener mejor resurrección. 36 Otros experimentaron vituperios y azotes, y a más de esto prisiones y cárceles.[h] 37 Fueron apedreados,[i] aserrados, puestos a prueba, muertos a filo de espada; anduvieron de acá para allá cubiertos de pieles de ovejas y de cabras, pobres, angustiados, maltratados; 38 de los cuales el mundo no era digno; errando por los desiertos, por los montes, por las cuevas y por las cavernas de la tierra.

39 Y todos éstos, aunque alcanzaron buen testimonio mediante la fe, no recibieron lo prometido; 40 proveyendo Dios alguna cosa mejor para nosotros, para que no fuesen ellos perfeccionados aparte de nosotros.

CAPÍTULO 12

Puestos los ojos en Jesús

Por tanto, nosotros también, teniendo en derredor nuestro tan grande nube de testigos, despojémonos de todo peso y del pecado que nos asedia, y corramos con paciencia la carrera que tenemos por delante, 2 puestos los ojos en Jesús, el autor y consumador de la fe, el cual por el gozo puesto delante de él sufrió la cruz, menospreciando el oprobio, y se sentó a la diestra del trono de Dios.

3 Considerad a aquel que sufrió tal contradicción de pecadores contra sí mismo, para que vuestro ánimo no se canse hasta desmayar. 4 Porque aún no habéis resistido hasta la sangre, combatiendo contra el pecado; 5 y habéis ya olvidado la exhortación que como a hijos se os dirige, diciendo:

Hijo mío, no menosprecies la disciplina
  del Señor,
Ni desmayes cuando eres reprendido
  por él;
6 Porque el Señor al que ama, disciplina,
Y azota a todo el que recibe por hijo.[a]

7 Si soportáis la disciplina, Dios os trata como a hijos; porque ¿qué hijo es aquel a quien el padre no disciplina? 8 Pero si se os deja sin disciplina, de la cual todos han sido participantes, entonces sois bastardos, y no hijos. 9 Por otra parte, tuvimos a nuestros padres terrenales que nos disciplinaban, y los venerábamos. ¿Por qué no obedeceremos mucho mejor al Padre de los espíritus, y viviremos? 10 Y aquéllos, ciertamente por pocos días nos disciplinaban como a ellos les parecía, pero éste para lo que nos es provechoso, para que participemos de su santidad. 11 Es verdad que ninguna disciplina al presente parece ser causa de gozo, sino de tristeza; pero después da fruto apacible de justicia a los que en ella han sido ejercitados.

Los que rechazan la gracia de Dios

12 Por lo cual, levantad las manos caídas y las rodillas paralizadas;[b] 13 y haced sendas derechas para vuestros pies,[c] para que lo cojo no se salga del camino, sino que sea sanado. 14 Seguid la paz con todos, y la

---

[r] 11.24: Ex. 2.10-12.   [s] 11.27: Ex. 2.15.   [t] 11.28: Ex. 12.21-30.   [u] 11.29: Ex. 14.21-31.   [v] 11.30: Jos. 6.12-21.   [w] 11.31: Jos. 6.22-25.
[x] 11.31: Jos. 2.1-21.   [y] 11.32: Jue. 6.11—8.32.   [z] 11.32: Jue. 4.6—5.31.   [a] 11.32: Jue. 13.2—16.31.   [b] 11.32: Jue. 11.1—12.7.
[c] 11.32: 1 S. 16.1—1 R. 2.11.   [d] 11.32: 1 S. 1.1—25.1.   [e] 11.33: Dn. 6.1-27.   [f] 11.34: Dn. 3.1-30.   [g] 11.35: 1 R. 17.17-24.
[h] 11.36: 1 R. 22.26-27; 2 Cr. 18.25-26; Jer. 20.2; 37.15; 38.6.   [i] 11.37: 2 Cr. 24.21.   [a] 12.5-6: Job 5.17; Pr. 3.11-12.
[b] 12.12: Is. 35.3.   [c] 12.13: Pr. 4.26.

santidad, sin la cual nadie verá al Señor. [15] Mirad bien, no sea que alguno deje de alcanzar la gracia de Dios; que brotando alguna raíz de amargura,[d] os estorbe, y por ella muchos sean contaminados; [16] no sea que haya algún fornicario, o profano, como Esaú, que por una sola comida vendió su primogenitura.[e] [17] Porque ya sabéis que aun después, deseando heredar la bendición, fue desechado, y no hubo oportunidad para el arrepentimiento, aunque la procuró con lágrimas.[f]

[18] Porque no os habéis acercado al monte que se podía palpar, y que ardía en fuego, a la oscuridad, a las tinieblas y a la tempestad, [19] al sonido de la trompeta, y a la voz que hablaba, la cual los que la oyeron rogaron que no se les hablase más,[g] [20] porque no podían soportar lo que se ordenaba: Si aun una bestia tocare el monte, será apedreada, o pasada con dardo;[h] [21] y tan terrible era lo que se veía, que Moisés dijo: Estoy espantado y temblando;[i] [22] sino que os habéis acercado al monte de Sion, a la ciudad del Dios vivo, Jerusalén la celestial, a la compañía de muchos millares de ángeles, [23] a la congregación de los primogénitos que están inscritos en los cielos, a Dios el Juez de todos, a los espíritus de los justos hechos perfectos, [24] a Jesús el Mediador del nuevo pacto, y a la sangre rociada que habla mejor que la de Abel.[j]

[25] Mirad que no desechéis al que habla. Porque si no escaparon aquellos que desecharon al que los amonestaba en la tierra,[k] mucho menos nosotros, si desecháremos al que amonesta desde los cielos. [26] La voz del cual conmovió entonces la tierra, pero ahora ha prometido, diciendo: Aún una vez, y conmoveré no solamente la tierra, sino también el cielo.[l] [27] Y esta frase: Aún una vez, indica la remoción de las cosas movibles, como cosas hechas, para que queden las inconmovibles. [28] Así que, recibiendo nosotros un reino inconmovible, tengamos gratitud, y mediante ella sirvamos a Dios agradándole con temor y reverencia; [29] porque nuestro Dios es fuego consumidor.[m]

---

d 12.15: Dt. 29.18.   e 12.16: Gn. 25.29-34.   f 12.17: Gn. 27.30-40.   g 12.18-19: Ex. 19.16-22; 20.18-21; Dt. 4.11-12; 5.22-27.
h 12.20: Ex. 19.12-13.   i 12.21: Dt. 9.19.   j 12.24: Gn. 4.10.   k 12.25: Ex. 20.19.   l 12.26: Hag. 2.6.   m 12.29: Dt. 4.24.
a 13.2: Gn. 18.1-8; 19.1-3.

PARTIR Y CORRER

Mantén tu matrimonio fuerte Lee Hebreos 13:4

Trágicamente, muchas personas no toman con seriedad su matrimonio. Olvidan que hicieron sus votos delante de Dios y que incluían las palabras: «hasta que la muerte nos separe». Así que, ¿cuáles pasos podemos dar para no ser otro «matrimonio muerto»? Aquí hay cuatro principios que te ayudarán a mantener un matrimonio fuerte y floreciente:

1. Camina con Dios. Al cultivar y profundizar tu comunión con Dios, tendrás el poder, la voluntad y los recursos para estar firme cuando venga la tentación.

2. Camina con tu cónyuge. Mantén la amistad y el romance vivos en tu matrimonio. Recuerda lo que hacías cuando cortejabas a tu cónyuge. Compleméntense el uno al otro. Pasen tiempo juntos. Estén genuinamente interesados en la vida de cada uno. Hagan lo mejor para ser atractivos el uno para el otro. Trata a tu cónyuge con respeto. Da pasos prácticos para mantener ardiendo ese fuego.

3. No camines sobre hielo frágil. Es peligroso hacer amistades íntimas con aquellos que no aman a Dios. Debes evitar relaciones potencialmente peligrosas y provocativas. Encuentra amigos cristianos (del mismo sexo) que puedan ser honestos contigo cuando vean que estás entrando en territorio peligroso.

4. Considera el costo. Recuerda el alto precio que viene con el adulterio y la inmoralidad. ¿Estás listo para enfrentar la vergüenza? ¿Estás preparado para la desgracia y la falta de respeto que traerás a tu esposo o esposa e hijos así como a la causa de Jesucristo? Unos momentos de placer pueden causar una vida entera de remordimiento.

Un amor intenso a Dios y a tu cónyuge te llevará seguro, más allá de las aguas peligrosas de la tentación sexual. No seas un blanco fácil para las flechas del enemigo. Persevera caminando hacia delante en tu relación con Cristo y con tu cónyuge.

CAPÍTULO **13**

Deberes cristianos

Permanezca el amor fraternal. ² No os olvidéis de la hospitalidad, porque por ella algunos, sin saberlo, hospedaron ángeles.ª ³ Acordaos de los presos, como si estuvierais presos juntamente con ellos; y de los maltratados, como que también vosotros mismos estáis en el cuerpo. ⁴ Honroso sea en todos el matrimonio, y el lecho sin mancilla; pero a los fornicarios y a los adúlteros los juzgará Dios. ⁵ Sean vuestras costumbres sin avaricia, contentos con lo que tenéis ahora; porque él dijo: No te desampararé, ni te dejaré;ᵇ ⁶ de manera que podemos decir confiadamente:

El Señor es mi ayudador; no temeré
Lo que me pueda hacer el hombre.ᶜ

⁷ Acordaos de vuestros pastores, que os hablaron la palabra de Dios; considerad cuál haya sido el resultado de su conducta, e imitad su fe. ⁸ Jesucristo es el mismo ayer, y hoy, y por los siglos. ⁹ No os dejéis llevar de doctrinas diversas y extrañas; porque buena cosa es afirmar el corazón con la gracia, no con viandas, que nunca aprovecharon a los que se han ocupado de ellas. ¹⁰ Tenemos un altar, del cual no tienen derecho de comer los que sirven al tabernáculo. ¹¹ Porque los cuerpos de aquellos animales cuya sangre a causa del pecado es introducida en el santuario por el sumo sacerdote, son quemados fuera del campamento.ᵈ ¹² Por lo cual también Jesús, para santificar al pueblo mediante su propia sangre, padeció fuera de la puerta. ¹³ Salgamos, pues, a él, fuera del campamento, llevando su vituperio;

¹⁴ porque no tenemos aquí ciudad permanente, sino que buscamos la por venir. ¹⁵ Así que, ofrezcamos siempre a Dios, por medio de él, sacrificio de alabanza, es decir, fruto de labios que confiesan su nombre. ¹⁶ Y de hacer bien y de la ayuda mutua no os olvidéis; porque de tales sacrificios se agrada Dios. ¹⁷ Obedeced a vuestros pastores, y sujetaos a ellos; porque ellos velan por vuestras almas, como quienes han de dar cuenta; para que lo hagan con alegría, y no quejándose, porque esto no os es provechoso.

¹⁸ Orad por nosotros; pues confiamos en que tenemos buena conciencia, deseando conducirnos bien en todo. ¹⁹ Y más os ruego que lo hagáis así, para que yo os sea restituido más pronto.

Bendición y salutaciones finales

²⁰ Y el Dios de paz que resucitó de los muertos a nuestro Señor Jesucristo, el gran pastor de las ovejas, por la sangre del pacto eterno, ²¹ os haga aptos en toda obra buena para que hagáis su voluntad, haciendo él en vosotros lo que es agradable delante de él por Jesucristo; al cual sea la gloria por los siglos de los siglos. Amén.

²² Os ruego, hermanos, que soportéis la palabra de exhortación, pues os he escrito brevemente. ²³ Sabed que está en libertad nuestro hermano Timoteo, con el cual, si viniere pronto, iré a veros. ²⁴ Saludad a todos vuestros pastores, y a todos los santos. Los de Italia os saludan. ²⁵ La gracia sea con todos vosotros. Amén.

ᵇ 13.5: Dt. 31.6, 8; Jos. 1.5. ᶜ 13.6: Sal. 118.6. ᵈ 13.11: Lv. 16.27.

PARTIR Y CORRER ▰▰▰▰▰▰▰

Debemos anteponer las necesidades de otros a las nuestras
Lee Hebreos 13:11-13

Jesús nos dio el ejemplo máximo para vivir en humildad. Jesús, quien es Dios, vino a esta tierra y se humilló en una forma sobrenatural, haciéndose hombre. Es importante notar que él, en ningún momento dejó de ser Dios, pero hizo a un lado los privilegios de su deidad para experimentar la genuina condición humana, tales como aflicción, ira, tristeza y dolor (lee Filipenses 2:3-11). El acto más dramático de su humillación fue cuando subió al Calvario para ser crucificado. Nadie tomó su vida, él la dio voluntariamente. Él pudo haber llamado legiones de ángeles que lo rescataran. Pero prefirió «sufrir y morir» por nosotros.

¿Cómo debe afectar la actitud de Cristo la manera en que tratamos a otros? Debemos anteponer las necesidades de otros a las nuestras. Jesús siempre tuvo tiempo, durante su ministerio terrenal, para atender a otros. Nosotros debemos seguir su ejemplo.

Si tú pones la voluntad de Dios primero, y las necesidades de otros por encima de las tuyas, hallarás gozo y alegría.

Santiago

CAPÍTULO 1

Salutación

Santiago,[a] siervo de Dios y del Señor Jesucristo, a las doce tribus que están en la dispersión: Salud.

La sabiduría que viene de Dios
[2] Hermanos míos, tened por sumo gozo cuando os halléis en diversas pruebas, [3] sabiendo que la prueba de vuestra fe produce paciencia. [4] Mas tenga la paciencia su obra completa, para que seáis perfectos y cabales, sin que os falte cosa alguna.

[5] Y si alguno de vosotros tiene falta de sabiduría, pídala a Dios, el cual da a todos abundantemente y sin reproche, y le será dada. [6] Pero pida con fe, no dudando nada; porque el que duda es semejante a la onda del mar, que es arrastrada por el viento y echada de una parte a otra. [7] No piense, pues, quien tal haga, que recibirá cosa alguna del Señor. [8] El hombre de doble ánimo es inconstante en todos sus caminos.

[9] El hermano que es de humilde condición, gloríese en su exaltación; [10] pero el que es rico, en su humillación; porque él pasará como la flor de la hierba. [11] Porque cuando sale el sol con calor abrasador, la hierba se seca,[b] su flor se cae, y perece su hermosa apariencia; así también se marchitará el rico en todas sus empresas.

Soportando las pruebas
[12] Bienaventurado el varón que soporta la tentación; porque cuando haya resistido la prueba, recibirá la corona de vida, que Dios ha prometido a los que le aman. [13] Cuando alguno es tentado, no diga que es tentado de parte de Dios; porque Dios no puede ser tentado por el mal, ni él tienta a nadie; [14] sino que cada uno es tentado, cuando de su propia concupiscencia es atraído y seducido. [15] Entonces la concupiscencia, después que ha concebido, da a luz el pecado; y el pecado, siendo consumado, da a luz la muerte.

[16] Amados hermanos míos, no erréis. [17] Toda buena dádiva y todo don perfecto desciende de lo alto, del Padre de las luces, en el cual no hay mudanza, ni sombra de variación. [18] Él, de su voluntad, nos hizo nacer por la palabra de verdad, para que seamos primicias de sus criaturas.

Hacedores de la palabra
[19] Por esto, mis amados hermanos, todo hombre sea pronto para oír, tardo para hablar, tardo para airarse; [20] porque la ira del hombre no obra la justicia de Dios. [21] Por lo cual, desechando toda inmundicia y abundancia de malicia, recibid con mansedumbre la palabra implantada, la cual puede salvar vuestras almas.

[22] Pero sed hacedores de la palabra, y no tan solamente oidores, engañándoos a vosotros mismos. [23] Porque si alguno es oidor de la palabra pero no hacedor de ella, éste es semejante al hombre que considera en un espejo su rostro natural. [24] Porque él se considera a sí mismo, y se va, y luego olvida cómo era. [25] Mas el que mira atentamente en la perfecta ley, la de la libertad, y persevera en ella, no siendo oidor olvidadizo, sino hacedor de la obra, éste será bienaventurado en lo que hace.

[26] Si alguno se cree religioso entre vosotros, y no refrena su lengua, sino que engaña su

---

a 1.1: Mt. 13.55; Mr. 6.3; Hch. 15.13; Gá. 1.19.   b 1.10-11: Is. 40.6-7.

Las pruebas de la vida deben hacerte más fuerte Lee Santiago 1:2-4

na de las claves para crecer y ser capaz de continuar eficazmente en la vida cristiana, es seguir sin rendirse. Uno de los aspectos para poder resistir es la paciencia. La palabra griega usada en el verso 3 para «paciencia» es hupomone, que significa «soportar con paciencia».

Esa paciencia que todo lo soporta, la cual nos ayuda a continuar en nuestro camino cristiano, viene y se desarrolla, en tiempos de dificultades y pruebas. Durante estas pruebas o «tormentas de la vida», nuestras raíces espirituales se profundizan, fortaleciendo así nuestra fe. Claro que muchos de nosotros tratamos de evitar todas las pruebas que trae la vida. Pero Dios ha prometido que nunca seremos probados, más de lo que podamos soportar (lee 1 Corintios 10:13).

Estos tiempos de prueba pueden hacernos mejores o amargarnos. Todo depende de cómo vemos la situación. Si aprendemos a caminar con Dios, en una relación basada en la fe, opuesta a un mero sentimiento, iremos creciendo en fortaleza y como dice este pasaje, «ser de carácter firme y preparado para todo».

PIEDRAS ANGULARES

---

corazón, la religión del tal es vana. ²⁷ La religión pura y sin mácula delante de Dios el Padre es esta: Visitar a los huérfanos y a las viudas en sus tribulaciones, y guardarse sin mancha del mundo.

CAPÍTULO **2**

Amonestación contra la parcialidad

Hermanos míos, que vuestra fe en nuestro glorioso Señor Jesucristo sea sin acepción de personas. ² Porque si en vuestra congregación entra un hombre con anillo de oro y con ropa espléndida, y también entra un pobre con vestido andrajoso, ³ y miráis con agrado al que trae la ropa espléndida y le decís: Siéntate tú aquí en buen lugar; y decís al pobre: Estate tú allí en pie, o siéntate aquí bajo mi estrado; ⁴ ¿no hacéis distinciones entre vosotros mismos, y venís a ser jueces con malos pensamientos? ⁵ Hermanos míos amados, oíd: ¿No ha elegido Dios a los pobres de este mundo, para que sean ricos en fe y herederos del reino que ha prometido a los que le aman? ⁶ Pero vosotros habéis afrentado al pobre. ¿No os oprimen los ricos, y no son ellos los mismos que os arrastran a los tribunales? ⁷ ¿No blasfeman ellos el buen nombre que fue invocado sobre vosotros?

⁸ Si en verdad cumplís la ley real, conforme a la Escritura: Amarás a tu prójimo como a ti mismo, ᵃ bien hacéis; ⁹ pero si hacéis acepción de personas, cometéis pecado, y quedáis convictos por la ley como transgresores. ¹⁰ Porque cualquiera que guardare toda la ley, pero ofendiere en un punto, se hace culpable de todos. ¹¹ Porque el que dijo: No cometerás adulterio,ᵇ también ha dicho: No matarás.ᶜ Ahora bien, si no cometes adulterio, pero matas, ya te has hecho transgresor de la ley. ¹² Así hablad, y así haced, como los que habéis de ser juzgados por la ley de la libertad. ¹³ Porque juicio sin misericordia se hará con aquel que no hiciere misericordia; y la misericordia triunfa sobre el juicio.

La fe sin obras es muerta

¹⁴ Hermanos míos, ¿de qué aprovechará si alguno dice que tiene fe, y no tiene obras? ¿Podrá la fe salvarle? ¹⁵ Y si un hermano o una hermana están desnudos, y tienen necesidad del mantenimiento de cada día, ¹⁶ y alguno de vosotros les dice: Id en paz, calentaos y saciaos, pero no les dais las cosas que son necesarias para el cuerpo, ¿de qué aprovecha? ¹⁷ Así también la fe, si no tiene obras, es muerta en sí misma.

¹⁸ Pero alguno dirá: Tú tienes fe, y yo tengo obras. Muéstrame tu fe sin tus obras, y yo te mostraré mi fe por mis obras. ¹⁹ Tú crees que Dios es uno; bien haces. También los demonios creen, y tiemblan. ²⁰ ¿Mas quieres saber, hombre vano, que la fe sin

---

ᵃ 2.8: Lv. 19.18.   ᵇ 2.11: Ex. 20.14; Dt. 5.18.   ᶜ 2.11: Ex. 20.13; Dt. 5.17.

obras es muerta? ²¹ ¿No fue justificado por las obras Abraham nuestro padre, cuando ofreció a su hijo Isaac sobre el altar? *d* ²² ¿No ves que la fe actuó juntamente con sus obras, y que la fe se perfeccionó por las obras? ²³ Y se cumplió la Escritura que dice: Abraham creyó a Dios, y le fue contado por justicia,*e* y fue llamado amigo de Dios.*f* ²⁴ Vosotros veis, pues, que el hombre es justificado por las obras, y no solamente por la fe. ²⁵ Asimismo también Rahab la ramera, ¿no fue justificada por obras, cuando recibió a los mensajeros y los envió por otro camino? *g* ²⁶ Porque como el cuerpo sin espíritu está muerto, así también la fe sin obras está muerta.

CAPÍTULO 3

La lengua

Hermanos míos, no os hagáis maestros muchos de vosotros, sabiendo que recibiremos mayor condenación. ² Porque todos ofendemos muchas veces. Si alguno no ofende en palabra, éste es varón perfecto, capaz también de refrenar todo el cuerpo. ³ He aquí nosotros ponemos freno en la boca de los caballos para que nos obedezcan, y dirigimos así todo su cuerpo. ⁴ Mirad también las naves; aunque tan grandes, y llevadas de impetuosos vientos, son gobernadas con un muy pequeño timón por donde el que las gobierna quiere. ⁵ Así también la lengua es un miembro pequeño, pero se jacta de grandes cosas. He aquí, ¡cuán grande bosque enciende un pequeño fuego!

⁶ Y la lengua es un fuego, un mundo de maldad. La lengua está puesta entre nuestros miembros, y contamina todo el cuerpo, e inflama la rueda de la creación, y ella misma es inflamada por el infierno. ⁷ Porque toda naturaleza de bestias, y de aves, y de serpientes, y de seres del mar, se doma y ha sido domada por la naturaleza humana; ⁸ pero ningún hombre puede domar la lengua, que es un mal que no puede ser refrenado, llena de veneno mortal. ⁹ Con ella bendecimos al Dios y Padre, y con ella maldecimos a los hombres, que están hechos a la semejanza de Dios.*a* ¹⁰ De una misma boca proceden bendición y maldición. Hermanos míos, esto no debe ser así.

¹¹ ¿Acaso alguna fuente echa por una misma abertura agua dulce y amarga? ¹² Hermanos míos, ¿puede acaso la higuera producir aceitunas, o la vid higos? Así también ninguna fuente puede dar agua salada y dulce.

La sabiduría de lo alto

¹³ ¿Quién es sabio y entendido entre vosotros? Muestre por la buena conducta sus obras en sabia mansedumbre. ¹⁴ Pero si tenéis celos amargos y contención en vuestro corazón, no os jactéis, ni mintáis contra la verdad; ¹⁵ porque esta sabiduría no es la que desciende de lo alto, sino terrenal, animal, diabólica. ¹⁶ Porque donde hay celos y contención, allí hay perturbación y toda obra perversa. ¹⁷ Pero la sabiduría que es de

La oración nos permite expresar nuestras peticiones a Dios Lee Santiago 4:2-3

Puede llegar un tiempo en tu vida cuando te preguntes por qué no estoy creciendo en la fe. O quizá te preguntes por qué no tengo la oportunidad de llevar a otros a Cristo. Cuando te hagas esta clase de preguntas, podrías responderte con otra pregunta: «¿He pedido ayuda a Dios en estas cosas?»

Comprende que este pasaje no dice que tú «demandes» cosas a Dios como si él fuera «un sirviente cósmico», dispuesto a contestar cualquier cosa que pidas. Pero tampoco dice que nunca debes pedir ayuda para tus necesidades, o que te bendiga o te fortalezca espiritualmente. Dios desea bendecirte porque eres su hijo. Muchos de nosotros no tenemos más bendiciones porque no oramos.

Toma un momento para examinar tu progreso espiritual. ¿Deseas tener un mejor conocimiento de la Biblia? ¿Estás buscando amigos cristianos? ¿Deseas que el Señor te muestre cuáles son tus dones y talentos? Dios desea bendecirte y sólo está esperando tu invitación a que lo haga.

PRIMEROS PASOS

d 2.21: Gn. 22.1-14. *e* 2.23: Gn. 15.6. *f* 2.23: 2 Cr. 20.7; Is. 41.8. *g* 2.25: Jos. 2.1-21. *a* 3.9: Gn. 1.26.

Debemos vivir nuestra fe Lee Santiago 2:14-17

Tal vez tú no necesitabas cambiar tu estilo de vida antes de recibir a Cristo, pero una vez que lo has hecho, tu vida debe mostrar cambios. Si esto no ocurre se podría dudar si Cristo ha venido realmente a tu vida. El modo en que vives refleja lo que crees. Como lo dijo Juan el Bautista: «Haced, pues, frutos dignos de arrepentimiento» (Lucas 3:8).

Santiago nos da otra importante razón para respaldar nuestra fe con nuestras acciones en los versos 15 y 16: se nos hará más fácil compartir nuestra fe con otros. Cuando la gente ve que genuinamente tenemos interés en ellos como individuos, estarán mucho más dispuestos a escucharnos.

¿Puede la gente ver a Jesús en la forma que vives? Si no es así, ha llegado el tiempo de que pongas a Jesús como el piloto de tu vida.

PIEDRAS ANGULARES

lo alto es primeramente pura, después pacífica, amable, benigna, llena de misericordia y de buenos frutos, sin incertidumbre ni hipocresía. [18] Y el fruto de justicia se siembra en paz para aquellos que hacen la paz.

CAPÍTULO **4**

La amistad con el mundo

¿De dónde vienen las guerras y los pleitos entre vosotros? ¿No es de vuestras pasiones, las cuales combaten en vuestros miembros? [2] Codiciáis, y no tenéis; matáis y ardéis de envidia, y no podéis alcanzar; combatís y lucháis, pero no tenéis lo que deseáis, porque no pedís.

[3] Pedís, y no recibís, porque pedís mal, para gastar en vuestros deleites. [4] ¡Oh almas adúlteras! ¿No sabéis que la amistad del mundo es enemistad contra Dios? Cualquiera, pues, que quiera ser amigo del mundo, se constituye enemigo de Dios. [5] ¿O pensáis que la Escritura dice en vano: El Espíritu que él ha hecho morar en nosotros nos anhela celosamente? [6] Pero él da mayor gracia. Por esto dice: Dios resiste a los soberbios, y da gracia a los humildes.[a] [7] Someteos, pues, a Dios; resistid al diablo, y huirá de vosotros. [8] Acercaos a Dios, y él se acercará a vosotros. Pecadores, limpiad las manos; y vosotros los de doble ánimo, purificad vuestros corazones. [9] Afligíos, y lamentad,

[a] 4.6: Pr. 3.34.

PARTIR Y CORRER ▬▬▬▬▬

Controla tu lengua Lee Santiago 3:1-12

Dice un refrán: «Una mentira ha recorrido ya la mitad del mundo mientras la verdad acaba de ponerse los zapatos». Esto ilustra el poder que tiene el hablar con malicia. Un rumor infundado, una crítica descuidada, pueden causar gran destrucción. Cuánta razón tenía Santiago cuando escribió que «la lengua es un fuego, un mundo de maldad».

Desdichadamente, son los pecados de la lengua –una calumnia, un chisme que desgarra a otra persona– los que más a menudo pasamos por alto. Pensamos que como no hemos matado a nadie, no hemos cometido adulterio ni hemos robado nada, somos la mejor gente del mundo. Pero Santiago dice bien claro que cierta clase de conversación es mala. El contenido de la conversación de un cristiano o cristiana debería reflejar lo que está sucediendo en su corazón. Después de todo, parte del fruto, o la evidencia de la presencia del Espíritu Santo en nuestra vida es el dominio propio (lee Gálatas 5:22-23). La persona que no sabe controlar su lengua, por lo general está «fuera de control» en otras áreas de su vida. Pero la persona que ha sabido dominar su lengua y que le ha permitido al Espíritu Santo que le controle, será capaz, indudablemente, de tener control en todas las demás áreas de su vida.

y llorad. Vuestra risa se convierta en lloro, y vuestro gozo en tristeza. ¹⁰ Humillaos delante del Señor, y él os exaltará.

Juzgando al hermano

¹¹ Hermanos, no murmuréis los unos de los otros. El que murmura del hermano y juzga a su hermano, murmura de la ley y juzga a la ley; pero si tú juzgas a la ley, no eres hacedor de la ley, sino juez. ¹² Uno solo es el dador de la ley, que puede salvar y perder; pero tú, ¿quién eres para que juzgues a otro?

No os gloriéis del día de mañana

¹³ ¡Vamos ahora! los que decís: Hoy y mañana iremos a tal ciudad, y estaremos allá un año, y traficaremos, y ganaremos; ¹⁴ cuando no sabéis lo que será mañana.ᵇ Porque ¿qué es vuestra vida? Ciertamente es neblina que se aparece por un poco de tiempo, y luego se desvanece. ¹⁵ En lugar de lo cual deberíais decir: Si el Señor quiere, viviremos y haremos esto o aquello. ¹⁶ Pero ahora os jactáis en vuestras soberbias. Toda jactancia semejante es mala; ¹⁷ y al que sabe hacer lo bueno, y no lo hace, le es pecado.

CAPÍTULO 5

Contra los ricos opresores

¡Vamos ahora, ricos! Llorad y aullad por las miserias que os vendrán. ² Vuestras riquezas están podridas, y vuestras ropas están comidas de polilla. ³ Vuestro oro y plata están enmohecidos; y su moho testificará contra vosotros, y devorará del todo vuestras carnes como fuego. Habéis acumulado tesoros para los días postreros.ᵃ ⁴ He aquí, clama el jornal de los obreros que han cosechado vuestras tierras, el cual por engaño no les ha sido pagado por vosotros; y los clamores de los que habían segado han entrado en los oídos del Señor de los ejércitos.ᵇ ⁵ Habéis vivido en deleites sobre la tierra, y sido disolutos; habéis engordado vuestros corazones como en día de matanza. ⁶ Habéis condenado y dado muerte al justo, y él no os hace resistencia.

Sed pacientes y orad

⁷ Por tanto, hermanos, tened paciencia hasta la venida del Señor. Mirad cómo el labrador espera el precioso fruto de la tierra,

aguardando con paciencia hasta que reciba la lluvia temprana y la tardía. ⁸ Tened también vosotros paciencia, y afirmad vuestros corazones; porque la venida del Señor se acerca. ⁹ Hermanos, no os quejéis unos contra otros, para que no seáis condenados; he aquí, el juez está delante de la puerta. ¹⁰ Hermanos míos, tomad como ejemplo de aflicción y de paciencia a los profetas

---

Resistir al diablo
Lee Santiago 4:7-8

Satanás conoce el valor de poner un pie en el umbral de nuestros pensamientos. Sabe que el pecado no se materializa sólo en acciones, sino que es algo que se produce dentro de la mente y el corazón y que puede conducir a una acción pecaminosa. Aquí hay cuatro maneras prácticas y efectivas de «resistir» al diablo y sus tentaciones:

1. **Sométete a Dios.** Cuando te sometes a Dios, estás reconociendo su autoridad sobre tu vida. Porque Dios es santo, lo cual significa que es puro y sin pecado y, por lo tanto, te ayudará a vivir una vida que sea agradable a él. Pero para lograr esto, tienes que someterte a su autoridad.

2. **Resiste al diablo.** Resistir al diablo significa no ceder a la tentación cuando esta se presenta. Ceder a la tentación es invitar al diablo y sus demonios a continuar tentándote. Pero si resistes la tentación, el diablo terminará huyendo de ti, lo cual significa que abandonará todo intento de tentarte.

3. **Camina cerca de Dios.** Cuanto más cerca andes de Dios, más lejos andarás de Satanás, tu antiguo compañero. Y cuanto más tiempo pases con Dios, en el estudio de la Biblia y la oración, habrá menos probabilidades para que caigas. Como lo dice el Salmo 16:8: «A Jehová he puesto siempre delante de mí; porque está a mi diestra, no seré conmovido».

4. **Lava tus manos y purifica tu corazón.** Esta lista de instrucciones es un llamado al arrepentimiento para todos aquellos que albergan el pecado en su vida. Albergar el pecado en tu vida es darle al diablo una oportunidad de trabajar en ti y a través de ti. Pero si Dios es el único que trabaja en tu vida, el diablo no lo hará. Si estás albergando el pecado en un área de tu vida, deja de hacerlo, confiésalo a Dios, pídele que te perdone, y entonces él obrará a través de ti.

PRIMEROS PASOS

ᵇ 4.13-14: Pr. 27.1. ᵃ 5.2-3: Mt. 6.19. ᵇ 5.4: Dt. 24.14-15.

¿Qué creen los demonios? Lee Santiago 2:19

Aunque suene raro decirlo, en algunas maneras los demonios son ortodoxos en sus creencias. Ellos reconocen que Jesús es el Hijo de Dios. En el Evangelio de Mateo los demonios dicen a Jesús: «¿Qué tienes con nosotros, Jesús, Hijo de Dios? ¿Has venido acá para atormentarnos antes de tiempo?» Es evidente que los demonios reconocen el poder de Jesús —y tartamudean de temor de sólo pensar en él.

Es interesante que muchas personas aún no aceptan que Jesús es el Hijo de Dios. Sin embargo, aunque creas en Dios, estos versículos demuestran que no es suficiente para evitar que vayas al infierno. Creer sin obedecer no tiene valor. Aquellos que se conforman con menos que un compromiso total con Cristo, pueden encontrarse en la compañía de los demonios en el tiempo del juicio.

PIEDRAS ANGULARES

---

que hablaron en nombre del Señor. ¹¹ He aquí, tenemos por bienaventurados a los que sufren. Habéis oído de la paciencia de Job,*c* y habéis visto el fin del Señor, que el Señor es muy misericordioso y compasivo.*d*

¹² Pero sobre todo, hermanos míos, no juréis, ni por el cielo, ni por la tierra, ni por ningún otro juramento; sino que vuestro sí sea sí, y vuestro no sea no, para que no caigáis en condenación.*e*

¹³ ¿Está alguno entre vosotros afligido? Haga oración. ¿Está alguno alegre? Cante alabanzas. ¹⁴ ¿Está alguno enfermo entre vosotros? Llame a los ancianos de la iglesia, y oren por él, ungiéndole con aceite *f* en el nombre del Señor. ¹⁵ Y la oración de fe salvará al enfermo, y el Señor lo levantará; y si hubiere cometido pecados, le serán perdonados. ¹⁶ Confesaos vuestras ofensas unos a otros, y orad unos por otros, para que seáis sanados. La oración eficaz del justo puede mucho. ¹⁷ Elías era hombre sujeto a pasiones semejantes a las nuestras, y oró fervientemente para que no lloviese, y no llovió sobre la tierra por tres años y seis meses.*g* ¹⁸ Y otra vez oró, y el cielo dio lluvia, y la tierra produjo su fruto.*h*

¹⁹ Hermanos, si alguno de entre vosotros se ha extraviado de la verdad, y alguno le hace volver, ²⁰ sepa que el que haga volver al pecador del error de su camino, salvará de muerte un alma, y cubrirá multitud de pecados.*i*

c 5.11: Job 1.21-22; 2.10. *d* 5.11: Sal. 103.8. *e* 5.12: Mt. 5.34-37. *f* 5.14: Mr. 6.13. *g* 5.17: 1 R. 17.1; 18.1. *h* 5.18: 1 R. 18.42-45. *i* 5.20: Pr. 10.12.

1 Pedro

Salutación

Pedro, apóstol de Jesucristo, a los expatriados de la dispersión en el Ponto, Galacia, Capadocia, Asia y Bitinia, ² elegidos según la presciencia de Dios Padre en santificación del Espíritu, para obedecer y ser rociados con la sangre de Jesucristo: Gracia y paz os sean multiplicadas.

Una esperanza viva

³ Bendito el Dios y Padre de nuestro Señor Jesucristo, que según su grande misericordia nos hizo renacer para una esperanza viva, por la resurrección de Jesucristo de los muertos, ⁴ para una herencia incorruptible, incontaminada e inmarcesible, reservada en los cielos para vosotros, ⁵ que sois guardados por el poder de Dios mediante la fe, para alcanzar la salvación que está preparada para ser manifestada en el tiempo postrero. ⁶ En lo cual vosotros os alegráis, aunque ahora por un poco de tiempo, si es necesario, tengáis que ser afligidos en diversas pruebas, ⁷ para que sometida a prueba vuestra fe, mucho más preciosa que el oro, el cual aunque perecedero se prueba con fuego, sea hallada en alabanza, gloria y honra cuando sea manifestado Jesucristo, ⁸ a quien amáis sin haberle visto, en quien creyendo, aunque ahora no lo veáis, os alegráis con gozo inefable y glorioso; ⁹ obteniendo el fin de vuestra fe, que es la salvación de vuestras almas.

¹⁰ Los profetas que profetizaron de la gracia destinada a vosotros, inquirieron y diligentemente indagaron acerca de esta salvación, ¹¹ escudriñando qué persona y qué tiempo indicaba el Espíritu de Cristo que estaba en ellos, el cual anunciaba de antemano los sufrimientos de Cristo, y las glorias que vendrían tras ellos. ¹² A éstos se les reveló que no para sí mismos, sino para nosotros, administraban las cosas que ahora os son anunciadas por los que os han predicado el evangelio por el Espíritu Santo enviado del cielo; cosas en las cuales anhelan mirar los ángeles.

Llamamiento a una vida santa

¹³ Por tanto, ceñid los lomos de vuestro entendimiento, sed sobrios, y esperad por completo en la gracia que se os traerá cuando Jesucristo sea manifestado; ¹⁴ como hijos obedientes, no os conforméis a los deseos que antes teníais estando en vuestra ignorancia; ¹⁵ sino, como aquel que os llamó es santo, sed también vosotros santos en toda vuestra manera de vivir; ¹⁶ porque escrito está: Sed santos, porque yo soy santo.ᵃ ¹⁷ Y si invocáis por Padre a aquel que sin acepción de personas juzga según la obra de cada uno, conducíos en temor todo el tiempo de vuestra peregrinación; ¹⁸ sabiendo que fuisteis rescatados de vuestra vana manera de vivir, la cual recibisteis de vuestros padres, no con cosas corruptibles, como oro o plata, ¹⁹ sino con la sangre preciosa de Cristo, como de un cordero sin mancha y sin contaminación, ²⁰ ya destinado desde antes de la fundación del mundo, pero manifestado en los postreros tiempos por amor de vosotros, ²¹ y mediante el cual creéis en Dios, quien le resucitó de los muertos y le ha dado gloria, para que vuestra fe y esperanza sean en Dios.

ᵃ 1.16: Lev. 11.45; 19:2.

Cómo el Espíritu Santo trabaja con el Padre y con el Hijo
Lee 1 Pedro 1:2

El Espíritu Santo tiene el distinguido honor de ser uno de los tres miembros de la Trinidad, siendo los otros dos miembros, Dios el Padre y Jesucristo, el Hijo. Este versículo muestra cómo el Espíritu Santo trabaja junto con el Padre y el Hijo en la vida de un creyente:

- El Padre nos elige y nos hace sus hijos.
- Jesús nos redimió, habiendo muerto por nosotros cuando éramos pecadores.
- El Espíritu Santo nos lleva al Señor y continúa trabajando en nosotros para agradar a Dios.

Los tres miembros de la Trinidad trabajan en armonía para llevarnos a una relación con Dios. Por esta razón vemos que el Espíritu Santo es, sin duda, la parte integral de esta «Deidad».

PIEDRAS ANGULARES

²² Habiendo purificado vuestras almas por la obediencia a la verdad, mediante el Espíritu, para el amor fraternal no fingido, amaos unos a otros entrañablemente, de corazón puro; ²³ siendo renacidos, no de simiente corruptible, sino de incorruptible, por la palabra de Dios que vive y permanece para siempre. ²⁴ Porque:

Toda carne es como hierba,
Y toda la gloria del hombre como flor de la hierba.
La hierba se seca, y la flor se cae;
²⁵ Mas la palabra del Señor permanece para siempre.*b*

Y esta es la palabra que por el evangelio os ha sido anunciada.

CAPÍTULO 2

Desechando, pues, toda malicia, todo engaño, hipocresía, envidias, y todas las detracciones, ² desead, como niños recién nacidos, la leche espiritual no adulterada, para que por ella crezcáis para salvación, ³ si es que habéis gustado la benignidad del Señor.*a*

La piedra viva

⁴ Acercándoos a él, piedra viva, desechada ciertamente por los hombres, mas para Dios escogida y preciosa, ⁵ vosotros también, como piedras vivas, sed edificados como casa espiritual y sacerdocio santo, para ofrecer sacrificios espirituales aceptables a Dios por medio de Jesucristo. ⁶ Por lo cual también contiene la Escritura:

He aquí, pongo en Sion la principal piedra del ángulo, escogida, preciosa;
Y el que creyere en él, no será avergonzado.*b*

⁷ Para vosotros, pues, los que creéis, él es precioso; pero para los que no creen,

La piedra que los edificadores desecharon,
Ha venido a ser la cabeza del ángulo;*c*

⁸ y:

Piedra de tropiezo, y roca que hace caer,*d*

porque tropiezan en la palabra, siendo desobedientes; a lo cual fueron también destinados.

El pueblo de Dios

⁹ Mas vosotros sois linaje escogido, real sacerdocio, nación santa,*e* pueblo adquirido por Dios,*f* para que anunciéis las virtudes de aquel que os llamó de las tinieblas a su luz admirable; ¹⁰ vosotros que en otro tiempo no erais pueblo, pero que ahora sois pueblo de Dios; que en otro tiempo no habíais alcanzado misericordia, pero ahora habéis alcanzado misericordia.*g*

Vivid como siervos de Dios

¹¹ Amados, yo os ruego como a extranjeros y peregrinos, que os abstengáis de los deseos carnales que batallan contra el alma,

---

b 1.24-25: Is. 40.6-9.   a 2.3: Sal. 34.8.   b 2.6: Is. 28.16.   c 2.7: Sal. 118.22.   d 2.8: Is. 8.14-15.   e 2.9: Ex. 19.5-6.
f 2.9: Dt. 4.20; 7.6; 14.2; 26.18; Tit. 2.14.   g 2.10: Os. 2.23.

[12] manteniendo buena vuestra manera de vivir entre los gentiles; para que en lo que murmuran de vosotros como de malhechores, glorifiquen a Dios en el día de la visitación, al considerar vuestras buenas obras.

[13] Por causa del Señor someteos a toda institución humana, ya sea al rey, como a superior, [14] ya a los gobernadores, como por él enviados para castigo de los malhechores y alabanza de los que hacen bien. [15] Porque esta es la voluntad de Dios: que haciendo bien, hagáis callar la ignorancia de los hombres insensatos; [16] como libres, pero no como los que tienen la libertad como pretexto para hacer lo malo, sino como siervos de Dios. [17] Honrad a todos. Amad a los hermanos. Temed a Dios. Honrad al rey.

[18] Criados, estad sujetos con todo respeto a vuestros amos; no solamente a los buenos y afables, sino también a los difíciles de soportar. [19] Porque esto merece aprobación, si alguno a causa de la conciencia delante de Dios, sufre molestias padeciendo injustamente. [20] Pues ¿qué gloria es, si pecando sois abofeteados, y lo soportáis? Mas si haciendo lo bueno sufrís, y lo soportáis, esto ciertamente es aprobado delante de Dios. [21] Pues para esto fuisteis llamados; porque también Cristo padeció por nosotros, dejándonos ejemplo, para que sigáis sus pisadas; [22] el cual no hizo pecado, ni se halló engaño en su boca;[h] [23] quien cuando le maldecían, no respondía con maldición; cuando padecía, no amenazaba, sino encomendaba la causa al que juzga justamente; [24] quien llevó él mismo nuestros pecados en su cuerpo sobre el madero, para que nosotros, estando muertos a los pecados, vivamos a la justicia; y por cuya herida fuisteis sanados.[i] [25] Porque vosotros erais como ovejas descarriadas,[j] pero ahora habéis vuelto al Pastor y Obispo de vuestras almas.

CAPÍTULO 3

Deberes conyugales

Asimismo vosotras, mujeres, estad sujetas a vuestros maridos;[a] para que también los que no creen a la palabra, sean ganados sin palabra por la conducta de sus esposas, [2] considerando vuestra conducta casta y respetuosa. [3] Vuestro atavío no sea el externo de peinados ostentosos, de adornos de oro o de vestidos lujosos,[b] [4] sino el interno, el del corazón, en el incorruptible ornato de un espíritu afable y apacible, que es de grande estima delante de Dios. [5] Porque así también se ataviaban en otro tiempo aquellas santas mujeres que esperaban en Dios, estando sujetas a sus maridos; [6] como Sara obedecía a Abraham, llamándole señor;[c] de la cual vosotras habéis venido a ser hijas, si hacéis el bien, sin temer ninguna amenaza.

Las pruebas pulen nuestra fe
Lee 1 Pedro 1:3-7

Dios te ha escogido para un trabajo específico. Pero antes que él pueda usarte, tiene que madurar el grano de tu vida. Él hace esto permitiéndote pasar por dificultades, así tu fe se va purificando. Aunque este proceso puede no ser agradable, este pasaje de la Escritura nos da cuatro indicios, los cuales deberíamos recordar durante las pruebas de nuestra fe, y al final nuestra fe sea más fuerte:

1. Recuerda a quién perteneces. Tú eres hijo de Dios (verso 3).

2. Recuerda qué te ha prometido Dios. Dios te ha prometido el inapreciable don de la vida eterna (verso 4).

3. Recuerda quién te está mirando. Dios te protegerá siempre hasta que alcances «tu destino final»; el cielo (versos 5-6).

4. Recuerda por qué Dios te deja pasar por pruebas. Dios desea probar la autenticidad de tu fe, para que tu vida resulte en alabanza y gloria hasta que Jesús regrese (verso 7).

Aunque es grato pasar tiempo en alguna «cumbre espiritual», por decirlo así, no podemos estar ahí para siempre. Muchas veces, en el interior de esa montaña, yace la fría y dura realidad. Pero el fruto crece mejor en los «valles» (los tiempos difíciles de la vida), no en las cumbres (cuando todo parece ir bien). Nuestro carácter se desarrolla mejor cuando aplicamos en los valles lo que hemos aprendido en las cumbres.

PRIMEROS PASOS

---

h 2.22: Is. 53.9. i 2.24: Is. 53.5.
j 2.25: Is. 53.6. a 3.1: Ef. 5.22; Col. 3.18.
b 3.3: 1 Ti. 2.9. c 3.6: Gn. 18.12.

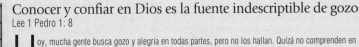

Conocer y confiar en Dios es la fuente indescriptible de gozo
Lee 1 Pedro 1: 8

Hoy, mucha gente busca gozo y alegría en todas partes, pero no los hallan. Quizá no comprenden en qué consiste verdaderamente la felicidad. Pueden disfrutar de la felicidad pasajera que se encuentra en las posesiones, los placeres o los logros que consiguen. Pero el gozo que Dios da, no es meramente un sentimiento emocional o un efecto por nuestras circunstancias. De hecho, es un inmutable y natural producto de nuestra fe en Cristo.

Mientras estés confiando en Jesús y esperando su venida, serás lleno de un «indescriptible gozo». Este gozo no será algún estado pasajero de exaltación emocional, sino una profunda y sobrenatural experiencia de contentamiento, basada en el hecho de que tu vida está bien con Dios. Y esta felicidad y alegría permanentes te sustentarán por el resto de tu vida.

PIEDRAS ANGULARES

---

[7] Vosotros, maridos, igualmente, vivid con ellas sabiamente,[d] dando honor a la mujer como a vaso más frágil, y como a coherederas de la gracia de la vida, para que vuestras oraciones no tengan estorbo.

Una buena conciencia
[8] Finalmente, sed todos de un mismo sentir, compasivos, amándoos fraternalmente, misericordiosos, amigables; [9] no devolviendo mal por mal, ni maldición por maldición, sino por el contrario, bendiciendo, sabiendo que fuisteis llamados para que heredaseis bendición. [10] Porque:

El que quiere amar la vida
Y ver días buenos,
Refrene su lengua de mal,
Y sus labios no hablen engaño;
[11] Apártese del mal, y haga el bien;
Busque la paz, y sígala.
[12] Porque los ojos del Señor están sobre los justos,
Y sus oídos atentos a sus oraciones;
Pero el rostro del Señor está contra aquellos que hacen el mal.[e]

[13] ¿Y quién es aquel que os podrá hacer daño, si vosotros seguís el bien? [14] Mas también si alguna cosa padecéis por causa de la justicia, bienaventurados sois.[f] Por tanto, no os amedrentéis por temor de ellos, ni os conturbéis, [15] sino santificad a Dios el Señor en vuestros corazones,[g] y estad siempre preparados para presentar defensa con mansedumbre y reverencia ante todo el que os demande razón de la esperanza que hay en vosotros; [16] teniendo buena conciencia, para que en lo que murmuran de vosotros como de malhechores, sean avergonzados los que calumnian vuestra buena conducta en Cristo. [17] Porque mejor es que padezcáis haciendo el bien, si la voluntad de Dios así lo quiere, que haciendo el mal. [18] Porque también Cristo padeció una sola vez por los pecados, el justo por

---

[d] 3.7: Ef. 5.25; Col. 3.19.   [e] 3.10-12: Sal. 34.12-16.   [f] 3.14: Mt. 5.10.   [g] 3.14-15: Is. 8.12-13.

PARTIR Y CORRER ▰▰▰▰▰▰

Nunca uses un lenguaje vulgar Lee 1 Pedro 3:10

Una de las cosas que seguramente debe cambiar cuando venimos a Cristo es nuestro modo de hablar. Si continuamos usando en vano el nombre de Dios o seguimos repitiendo chistes vulgares, algo no anda bien. Efesios 4:29 dice: «Ninguna palabra corrompida salga de vuestra boca». Cuando somos indiferentes a la forma en que hablamos, o al vocabulario de la gente que está a nuestro alrededor, dejamos una mala imagen respecto al Señor y permitimos que el pecado continúe su obra destructiva.

los injustos, para llevarnos a Dios, siendo a la verdad muerto en la carne, pero vivificado en espíritu; ¹⁹ en el cual también fue y predicó a los espíritus encarcelados, ²⁰ los que en otro tiempo desobedecieron, cuando una vez esperaba la paciencia de Dios en los días de Noé, mientras se preparaba el arca, en la cual pocas personas, es decir, ocho, fueron salvadas por agua.ʰ ²¹ El bautismo que corresponde a esto ahora nos salva (no quitando las inmundicias de la carne, sino como la aspiración de una buena conciencia hacia Dios) por la resurrección de Jesucristo, ²² quien habiendo subido al cielo está a la diestra de Dios; y a él están sujetos ángeles, autoridades y potestades.

CAPÍTULO **4**

Buenos administradores de la gracia de Dios

Puesto que Cristo ha padecido por nosotros en la carne, vosotros también armaos del mismo pensamiento; pues quien ha padecido en la carne, terminó con el pecado, ² para no vivir el tiempo que resta en la carne, conforme a las concupiscencias de los hombres, sino conforme a la voluntad de Dios. ³ Baste ya el tiempo pasado para haber hecho lo que agrada a los gentiles, andando en lascivias, concupiscencias, embriagueces, orgías, disipación y abominables idolatrías. ⁴ A éstos les parece cosa extraña que vosotros no corráis con ellos en el mismo desenfreno de disolución, y os ultrajan; ⁵ pero ellos darán cuenta al que está preparado para juzgar a los vivos y a los muertos. ⁶ Porque por esto también ha sido predicado el evangelio a los muertos, para que sean juzgados en carne según los hombres, pero vivan en espíritu según Dios.

⁷ Mas el fin de todas las cosas se acerca; sed, pues, sobrios, y velad en oración. ⁸ Y ante todo, tened entre vosotros ferviente amor; porque el amor cubrirá multitud de pecados.ᵃ ⁹ Hospedaos los unos a los otros sin murmuraciones. ¹⁰ Cada uno según el don que ha recibido, minístrelo a los otros, como buenos administradores de la multiforme gracia de Dios. ¹¹ Si alguno habla, hable conforme a las palabras de Dios; si alguno ministra, ministre conforme al poder que Dios da, para que en todo sea Dios glorificado por Jesucristo, a quien pertenecen la gloria y el imperio por los siglos de los siglos. Amén.

Padeciendo como cristianos

¹² Amados, no os sorprendáis del fuego de prueba que os ha sobrevenido, como si alguna cosa extraña os aconteciese, ¹³ sino gozaos por cuanto sois participantes de los padecimientos de Cristo, para que también en la revelación de su gloria os gocéis con gran alegría. ¹⁴ Si sois vituperados por el nombre de Cristo, sois bienaventurados, porque el glorioso Espíritu de Dios reposa sobre vosotros. Ciertamente, de parte de ellos, él es blasfemado, pero por vosotros es glorificado. ¹⁵ Así que, ninguno de vosotros padezca como homicida, o ladrón, o malhechor, o por entremeterse en lo ajeno; ¹⁶ pero si alguno padece como cristiano, no se avergüence, sino glorifique a Dios por ello. ¹⁷ Porque es tiempo de que el juicio comience por la casa de Dios; y si primero comienza por nosotros, ¿cuál será el fin de aquellos que no obedecen al evangelio de Dios? ¹⁸ Y:

Si el justo con dificultad se salva,
  ¿En dónde aparecerá el impío y el
    pecador? ᵇ

¹⁹ De modo que los que padecen según la voluntad de Dios, encomienden sus almas al fiel Creador, y hagan el bien.

ʰ 3.20: Gn. 6.1—7.24. ᵃ 4.8: Pr. 10.12. ᵇ 4.18: Pr. 11.31.

Nuestra conducta debe hacer que otros glorifiquen a Cristo
Lee 1 Pedro 2:9-12

Has sentido alguna vez como si tu vida careciera de importancia en el gran esquema del universo? ¿Te has preguntado si es posible hacer alguna diferencia en el mundo que te rodea? Estos versículos te mostrarán que puedes, y deberías, representar un papel significativo en este mundo.

Recuerda quién eres. Primero que todo, piensa en quién eres. Los cristianos necesitamos ser diferentes de todos aquellos que no conocen al Señor. Tu estilo de vida, tus prioridades y tu visión, te harán distinguirte de los no creyentes.

Haz una diferencia. No debemos aislarnos del mundo. Dios nos ha puesto en este mundo para que nuestras vidas hagan un impacto en las personas con quienes estamos en contacto. Nuestro carácter cristiano y nuestro modo de vivir, lograrán que aquellos que viven una vida pecaminosa lo perciban, y los confrontarán con lo que es una vida cambiada por el poder del evangelio.

El momento más santo de una reunión de la iglesia es cuando el pueblo de Dios abre las puertas del templo y entra en el mundo. Es cuando la gente del mundo pregunta, al ver tu vida transformada: «¿Qué es lo que te hace diferente?»

Algunos te criticarán, ridiculizarán o hasta sufrirás persecución por vivir una vida recta. Otros, sin embargo, pueden venir a conocer a Jesús como resultado de tu fiel obediencia a la Palabra de Dios. Si así lo hacen, glorificarán a Dios por su salvación y por tu testimonio.

PIEDRAS ANGULARES

CAPÍTULO 5
Apacentad la grey de Dios

Ruego a los ancianos que están entre vosotros, yo anciano también con ellos, y testigo de los padecimientos de Cristo, que soy también participante de la gloria que será revelada: ² Apacentad la grey de Dios ᵃ que está entre vosotros, cuidando de ella, no por fuerza, sino voluntariamente; no por ganancia deshonesta, sino con ánimo pronto; ³ no como teniendo señorío sobre los que están a vuestro cuidado, sino siendo ejemplos de la grey. ⁴ Y cuando aparezca el Príncipe de los pastores, vosotros recibiréis la corona incorruptible de gloria. ⁵ Igualmente, jóvenes, estad sujetos a los ancianos; y todos, sumisos unos a otros, revestíos de humildad; porque:

Dios resiste a los soberbios,
Y da gracia a los humildes.ᵇ

⁶ Humillaos, pues, bajo la poderosa mano de Dios, para que él os exalte cuando fuere tiempo;ᶜ ⁷ echando toda vuestra ansiedad sobre él, porque él tiene cuidado de vosotros.

⁸ Sed sobrios, y velad; porque vuestro adversario el diablo, como león rugiente, anda alrededor buscando a quien devorar; ⁹ al cual resistid firmes en la fe, sabiendo que los mismos padecimientos se van cumpliendo en vuestros hermanos en todo el mundo. ¹⁰ Mas el Dios de toda gracia, que nos llamó a su gloria eterna en Jesucristo, después que hayáis padecido un poco de tiempo, él mismo os perfeccione, afirme, fortalezca y establezca. ¹¹ A él sea la gloria y el imperio por los siglos de los siglos. Amén.

Salutaciones finales

¹² Por conducto de Silvano,ᵈ a quien tengo por hermano fiel, os he escrito brevemente, amonestándoos, y testificando que ésta es la verdadera gracia de Dios, en la cual estáis. ¹³ La iglesia que está en Babilonia, elegida juntamente con vosotros, y Marcos ᵉ mi hijo, os saludan. ¹⁴ Saludaos unos a otros con ósculo de amor. Paz sea con todos vosotros los que estáis en Jesucristo. Amén.

ᵃ 5.2: Jn. 21.15-17. ᵇ 5.5: Pr. 3.34. ᶜ 5.6: Mt. 23.12; Lc. 14.11; 18.14. ᵈ 5.12: Hch. 15.22, 40.
ᵉ 5.13: Hch. 12.12, 25; 13.13; 15.37-39; Col. 4.10; Flm. 24.

2 Pedro

Salutación

Simón Pedro, siervo y apóstol de Jesucristo, a los que habéis alcanzado, por la justicia de nuestro Dios y Salvador Jesucristo, una fe igualmente preciosa que la nuestra: 2 Gracia y paz os sean multiplicadas, en el conocimiento de Dios y de nuestro Señor Jesús.

Partícipes de la naturaleza divina

3 Como todas las cosas que pertenecen a la vida y a la piedad nos han sido dadas por su divino poder, mediante el conocimiento de aquel que nos llamó por su gloria y excelencia, 4 por medio de las cuales nos ha dado preciosas y grandísimas promesas, para que por ellas llegaseis a ser participantes de la naturaleza divina, habiendo huido de la corrupción que hay en el mundo a causa de la concupiscencia; 5 vosotros también, poniendo toda diligencia por esto mismo, añadid a vuestra fe virtud; a la virtud, conocimiento; 6 al conocimiento, dominio propio; al dominio propio, paciencia; a la paciencia, piedad; 7 a la piedad, afecto fraternal; y al afecto fraternal, amor. 8 Porque si estas cosas están en vosotros, y abundan, no os dejarán estar ociosos ni sin fruto en cuanto al conocimiento de nuestro Señor Jesucristo. 9 Pero el que no tiene estas cosas tiene la vista muy corta; es ciego, habiendo olvidado la purificación de sus antiguos pecados. 10 Por lo cual, hermanos, tanto más procurad hacer firme vuestra vocación y elección; porque haciendo estas cosas, no caeréis jamás. 11 Porque de esta manera os será otorgada amplia y generosa entrada en el reino eterno de nuestro Señor y Salvador Jesucristo.

12 Por esto, yo no dejaré de recordaros siempre estas cosas, aunque vosotros las sepáis, y estéis confirmados en la verdad presente. 13 Pues tengo por justo, en tanto que estoy en este cuerpo, el despertaros con amonestación; 14 sabiendo que en breve debo abandonar el cuerpo, como nuestro Señor Jesucristo me ha declarado. 15 También yo procuraré con diligencia que después de mi partida vosotros podáis en todo momento tener memoria de estas cosas.

Testigos presenciales de la gloria de Cristo

16 Porque no os hemos dado a conocer el poder y la venida de nuestro Señor Jesucristo siguiendo fábulas artificiosas, sino como habiendo visto con nuestros propios ojos su majestad. 17 Pues cuando él recibió de Dios Padre honra y gloria, le fue enviada desde la magnífica gloria una voz que decía: Este es mi Hijo amado, en el cual tengo complacencia. 18 Y nosotros oímos esta voz enviada del cielo, cuando estábamos con él en el monte santo.[a] 19 Tenemos también la palabra profética más segura, a la cual hacéis bien en estar atentos como a una antorcha que alumbra en lugar oscuro, hasta que el día esclarezca y el lucero de la mañana salga en vuestros corazones; 20 entendiendo primero esto, que ninguna profecía de la Escritura es de interpretación privada, 21 porque nunca la profecía fue traída por voluntad humana, sino que los santos hombres de Dios hablaron siendo inspirados por el Espíritu Santo.

---

a 1.17-18: Mt. 17.1-5; Mr. 9.2-7; Lc. 9.28-35.

Dios es amoroso y justo   Lee 2 Pedro 3:3-9

Los burladores descritos en este pasaje confundían la tardanza en el regreso de Cristo y decían que no habría juicio final. Debido a que «todas las cosas permanecen igual desde el principio de la creación», no sólo dudaban del regreso del Señor, sino que también olvidaban los juicios de Dios. Pero lo que era más grave, esta gente dejó de ver el amor y la misericordia de Dios. Es por causa de ellos que el Señor detiene su juicio, porque «él no quiere que ninguno perezca».

Este pasaje muestra dos importantes y al parecer contradictorios aspectos del carácter de Dios: el amor y la justicia. La Biblia nos dice que Dios es amor. A pesar de que está consciente de nuestra pecaminosidad y de cuán indignos somos, él ha declarado: «No te desampararé, ni te dejaré» (Hebreos 13:5). Una de las más claras muestras del amor de Dios es cuando Cristo murió en la cruz por nosotros: «Mas Dios muestra su amor para con nosotros, en que siendo aún pecadores, Cristo murió por nosotros» (Romanos 5:8).

Sin embargo, el amor de Dios a menudo se interpreta equivocadamente. Muchos piensan que como Dios es amor, nunca nos va a juzgar. Pero el amor de Dios por nosotros no niega el hecho de que también es justo. La Escritura dice claramente y varías veces que sólo los justos verán su rostro. Por lo tanto, podemos estar seguros de que el asunto de los pecados ya ha sido solucionado: Aquellos que ya han aceptado el don de Dios para salvación, es decir, la muerte de Jesús en la cruz, sus pecados ya les han sido perdonados. Así también, el juicio para todos los que no han aceptado este don.

Cada día es una oportunidad, para los no creyentes, de venir al conocimiento y la fe en Jesucristo. La creación es la evidencia del inmenso amor de Dios. Por su santidad, Dios es inalcanzable, pero por su amor, él nos alcanzó a nosotros. La próxima vez que te sientas tentado a dudar del compasivo amor de Dios por ti, mira a la cruz del Calvario y recuerda que no fueron los clavos los que mantuvieron sujeto a Jesús allí, ¡sino su amor por cada uno de nosotros!

PIEDRAS ANGULARES

CAPÍTULO 2

Falsos profetas y falsos maestros

Pero hubo también falsos profetas entre el pueblo, como habrá entre vosotros falsos maestros, que introducirán encubiertamente herejías destructoras, y aun negarán al Señor que los rescató, atrayendo sobre sí mismos destrucción repentina. ² Y muchos seguirán sus disoluciones, por causa de las cuales el camino de la verdad será blasfemado, ³ y por avaricia harán mercadería de vosotros con palabras fingidas. Sobre los tales ya de largo tiempo la condenación no se tarda, y su perdición no se duerme.

⁴ Porque si Dios no perdonó a los ángeles que pecaron, sino que arrojándolos al infierno los entregó a prisiones de oscuridad, para ser reservados al juicio; ⁵ y si no perdonó al mundo antiguo, sino que guardó a Noé, pregonero de justicia, con otras siete personas, trayendo el diluvio sobre el mundo de los impíos;[a] ⁶ y si condenó por destrucción a las ciudades de Sodoma y de Gomorra, reduciéndolas a ceniza[b] y poniéndolas de ejemplo a los que habían de vivir impíamente, ⁷ y libró al justo Lot, abrumado por la nefanda conducta de los malvados[c] ⁸ (porque este justo, que moraba entre ellos, afligía cada día su alma justa, viendo y oyendo los hechos inicuos de ellos), ⁹ sabe el Señor librar de tentación a los piadosos, y reservar a los injustos para ser castigados en el día del juicio; ¹⁰ y mayormente a aquellos que, siguiendo la carne, andan en concupiscencia e inmundicia, y desprecian el señorío.

Atrevidos y contumaces, no temen decir mal de las potestades superiores, ¹¹ mientras que los ángeles, que son mayores en fuerza y en potencia, no pronuncian juicio de maldición contra ellas delante del Señor. ¹² Pero éstos, hablando mal de cosas

---

a 2.5: Gn. 6.1—7.24.   b 2.6: Gn. 19.24.   c 2.7: Gn. 19.1-16.

que no entienden, como animales irracionales, nacidos para presa y destrucción, perecerán en su propia perdición, ¹³ recibiendo el galardón de su injusticia, ya que tienen por delicia el gozar de deleites cada día. Estos son inmundicias y manchas, quienes aun mientras comen con vosotros, se recrean en sus errores. ¹⁴ Tienen los ojos llenos de adulterio, no se sacian de pecar, seducen a las almas inconstantes, tienen el corazón habituado a la codicia, y son hijos de maldición. ¹⁵ Han dejado el camino recto, y se han extraviado siguiendo el camino de Balaam hijo de Beor, el cual amó el premio de la maldad, ¹⁶ y fue reprendido por su iniquidad; pues una muda bestia de carga, hablando con voz de hombre, refrenó la locura del profeta.ᵈ

¹⁷ Estos son fuentes sin agua, y nubes empujadas por la tormenta; para los cuales la más densa oscuridad está reservada para siempre. ¹⁸ Pues hablando palabras infladas y vanas, seducen con concupiscencias de la carne y disoluciones a los que verdaderamente habían huido de los que viven en error. ¹⁹ Les prometen libertad, y son ellos mismos esclavos de corrupción. Porque el que es vencido por alguno es hecho esclavo del que lo venció. ²⁰ Ciertamente, si habiéndose ellos escapado de las contaminaciones del mundo, por el conocimiento del Señor y Salvador Jesucristo, enredándose otra vez en ellas son vencidos, su postrer estado viene a ser peor que el primero. ²¹ Porque mejor les hubiera sido no haber conocido el camino de la justicia, que después de haberlo conocido, volverse atrás del santo mandamiento que les fue dado. ²² Pero les ha acontecido lo del verdadero proverbio: El perro vuelve a su vómito,ᵉ y la puerca lavada a revolcarse en el cieno.

CAPÍTULO 3

El día del Señor vendrá

Amados, esta es la segunda carta que os escribo, y en ambas despierto con exhortación vuestro limpio entendimiento, ² para que tengáis memoria de las palabras que antes han sido dichas por los santos profetas, y del mandamiento del Señor y Salvador dado por vuestros apóstoles; ³ sabiendo primero esto, que en los postreros días

vendrán burladores, andando según sus propias concupiscencias,ᵃ ⁴ y diciendo: ¿Dónde está la promesa de su advenimiento? Porque desde el día en que los padres durmieron, todas las cosas permanecen así como desde el principio de la creación. ⁵ Estos ignoran voluntariamente, que en el tiempo antiguo fueron hechos por la palabra de Dios los cielos, y también la tierra, que proviene del agua y por el agua subsiste,ᵇ ⁶ por lo cual el mundo de entonces pereció anegado en agua;ᶜ ⁷ pero los cielos y la tierra que existen ahora, están reservados por la misma palabra, guardados para el fuego en el día del juicio y de la perdición de los hombres impíos. ⁸ Mas, oh amados, no ignoréis esto: que para con el Señor un día es como mil años, y mil años como un día.ᵈ ⁹ El Señor no retarda su promesa, según algunos la tienen por tardanza, sino que es paciente para con nosotros, no queriendo que ninguno perezca, sino que todos procedan al arrepentimiento. ¹⁰ Pero el día del Señor vendrá como ladrón en la noche;ᵉ en el cual los cielos pasarán con grande estruendo, y los elementos ardiendo serán deshechos, y la tierra y las obras que en ella hay serán quemadas.

¹¹ Puesto que todas estas cosas han de ser deshechas, ¡cómo no debéis vosotros andar en santa y piadosa manera de vivir, ¹² esperando y apresurándoos para la venida del día de Dios, en el cual los cielos, encendiéndose, serán deshechos, y los elementos, siendo quemados, se fundirán! ¹³ Pero nosotros esperamos, según sus promesas, cielos nuevos y tierra nueva, en los cuales mora la justicia.ᶠ

¹⁴ Por lo cual, oh amados, estando en espera de estas cosas, procurad con diligencia ser hallados por él sin mancha e irreprensibles, en paz. ¹⁵ Y tened entendido que la paciencia de nuestro Señor es para salvación; como también nuestro amado hermano Pablo, según la sabiduría que le ha sido dada, os ha escrito, ¹⁶ casi en todas sus epístolas, hablando en ellas de estas cosas; entre las cuales hay algunas difíciles de entender, las cuales los indoctos e inconstantes tuercen, como también las otras Escrituras, para su propia perdición. ¹⁷ Así que vosotros, oh amados, sabiéndolo de antemano,

---

ᵈ 2.15-16: Nm. 22.4-35.   ᵉ 2.22: Pr. 26.11.   ᵃ 3.3: Jud. 18.   ᵇ 3.5: Gn. 1.6-8.
ᶜ 3.6: Gn. 7.11.   ᵈ 3.8: Sal. 90.4.   ᵉ 3.10: Mt. 24.43; Lc. 12.39; 1 Ts. 5.2; Ap. 16.15.
ᶠ 3.13: Is. 65.17; 66.22; Ap. 21.1.

Mantén una perspectiva eterna   Lee 2 Pedro 3:10-11

Si Jesús viniera hoy, ¿te avergonzarías de lo que estás haciendo? Esta es una buena pregunta que te deberías hacer cada mañana y especialmente cuando vienen a tu cabeza pensamientos inmorales. Jesús enfatiza la importancia de mantener un corazón puro cuando dice: «Bienaventurados los de limpio corazón, porque ellos verán a Dios» (Mateo 5:8).

Una definición literal de la palabra puro es «sin hipocresía» o «sencillo». En otras palabras, Jesús desea que tengamos una sencilla y singular devoción a él, para poder ver a Dios.

La Biblia nos recuerda que la esperanza de que Cristo regresará puede tener un efecto purificador en nuestras vidas: «Y todo aquel que tiene esta esperanza en él, se purifica a sí mismo, así como él es puro» (1 Juan 3:3). Cuando reconocemos la santidad de Dios y su inminente retorno, debemos orar junto con el salmista: «Enséñame, oh Jehová, tu camino; caminaré yo en tu verdad; afirma mi corazón para que tema tu nombre» (Salmo 86:11).

PIEDRAS ANGULARES

---

guardaos, no sea que arrastrados por el error de los inicuos, caigáis de vuestra firmeza. [18] Antes bien, creced en la gracia y el conocimiento de nuestro Señor y Salvador Jesucristo. A él sea gloria ahora y hasta el día de la eternidad. Amén.

1 Juan

CAPÍTULO 1

La palabra de vida

Lo que era desde el principio,[a] lo que hemos oído, lo que hemos visto con nuestros ojos, lo que hemos contemplado, y palparon nuestras manos tocante al Verbo de vida 2 (porque la vida fue manifestada, y la hemos visto,[b] y testificamos, y os anunciamos la vida eterna, la cual estaba con el Padre, y se nos manifestó); 3 lo que hemos visto y oído, eso os anunciamos, para que también vosotros tengáis comunión con nosotros; y nuestra comunión verdaderamente es con el Padre, y con su Hijo Jesucristo. 4 Estas cosas os escribimos, para que vuestro gozo sea cumplido.

Dios es luz

5 Este es el mensaje que hemos oído de él, y os anunciamos: Dios es luz, y no hay ningunas tinieblas en él. 6 Si decimos que tenemos comunión con él, y andamos en tinieblas, mentimos, y no practicamos la verdad; 7 pero si andamos en luz, como él está en luz, tenemos comunión unos con otros, y la sangre de Jesucristo su Hijo nos limpia de todo pecado. 8 Si decimos que no tenemos pecado, nos engañamos a nosotros mismos, y la verdad no está en nosotros. 9 Si confesamos nuestros pecados, él es fiel y justo para perdonar nuestros pecados, y limpiarnos de toda maldad. 10 Si decimos que no hemos pecado, le hacemos a él mentiroso, y su palabra no está en nosotros.

CAPÍTULO 2

Cristo, nuestro abogado

Hijitos míos, estas cosas os escribo para que no pequéis; y si alguno hubiere pecado, abogado tenemos para con el Padre, a Jesucristo el justo. 2 Y él es la propiciación por nuestros pecados; y no solamente por los nuestros, sino también por los de todo el mundo. 3 Y en esto sabemos que nosotros le conocemos, si guardamos sus mandamientos. 4 El que dice: Yo le conozco, y no guarda sus mandamientos, el tal es mentiroso, y la verdad no está en él; 5 pero el que guarda su palabra, en éste verdaderamente el amor de Dios se ha perfeccionado; por esto sabemos que estamos en él. 6 El que dice que permanece en él, debe andar como él anduvo.

El nuevo mandamiento

7 Hermanos, no os escribo mandamiento nuevo,[a] sino el mandamiento antiguo que habéis tenido desde el principio; este mandamiento antiguo es la palabra que habéis oído desde el principio. 8 Sin embargo, os escribo un mandamiento nuevo, que es verdadero en él y en vosotros, porque las tinieblas van pasando, y la luz verdadera ya alumbra. 9 El que dice que está en la luz, y aborrece a su hermano, está todavía en tinieblas. 10 El que ama a su hermano, permanece en la luz, y en él no hay tropiezo. 11 Pero el que aborrece a su hermano está en tinieblas, y anda en tinieblas, y no sabe a dónde va, porque las tinieblas le han cegado los ojos.

12 Os escribo a vosotros, hijitos, porque vuestros pecados os han sido perdonados por su nombre. 13 Os escribo a vosotros, padres, porque conocéis al que es desde el principio. Os escribo a vosotros, jóvenes, porque habéis vencido al maligno. Os escribo a vosotros, hijitos, porque habéis conocido al ̄Padre.

a 1.1: Jn. 1.1.   b 1.2: Jn. 1.14.   a 2.7: Jn. 13.34.

1 JUAN 2 ▶ ▶ ▶ *página 304*

Nuestro amor por otros es espejo de la condición de nuestro corazón Lee 1 Juan 2:9-11

Ser cristiano involucra algo más que sólo decir que amamos a Dios. También significa demostrar el amor de Dios a otros. Humanamente hablando, es más fácil detestar a una persona que amarla. El rencor y el resentimiento brotan con facilidad. Y la amargura hacia otros es como un veneno. No sólo afecta nuestra relación con otras personas, sino que también nos ciega espiritualmente. Pero albergar amargura contra otras personas es un pecado que puede llevarnos a otros pecados.

Si te es difícil amar a otros, entonces necesitas aprender a caminar «en la luz». ¿Cómo harás esto? El verso 6 de este capítulo dice: «El que dice que permanece en él, debe andar como él anduvo». Examina el trato que das a otras personas en tu vida, y entonces compáralo con el que Jesús le daba a la gente, en los evangelios (Mateo, Marcos, Lucas y Juan). Aquí hay ejemplos de lo que hallarás:

- Jesús alcanzó a los que nadie amaba (lee Lucas 19:1-10).
- Jesús le dio una segunda oportunidad a un amigo que lo había negado (lee Juan 18:25-27 y Juan 21:15-19).
- Jesús mostró paciencia con todos aquellos que dudaban de él (lee Juan 20:24-28).
- Jesús curó a los enfermos (lee Lucas 5:12-16).

- Jesús inició conversaciones con personas que otros habían despreciado (lee Juan 4:4-42).
- Jesús lloró con aquellos que sufrían (lee Juan 11:1-44).

Pide a Dios que te ayude a amar como Jesús lo hizo y verás cambios radicales en tu corazón y en tu vida.

PIEDRAS ANGULARES

---

¹⁴ Os he escrito a vosotros, padres, porque habéis conocido al que es desde el principio. Os he escrito a vosotros, jóvenes, porque sois fuertes, y la palabra de Dios permanece en vosotros, y habéis vencido al maligno.

¹⁵ No améis al mundo, ni las cosas que están en el mundo. Si alguno ama al mundo, el amor del Padre no está en él. ¹⁶ Porque todo lo que hay en el mundo, los deseos de la carne, los deseos de los ojos, y la vanagloria de la vida, no proviene del Padre, sino del mundo. ¹⁷ Y el mundo pasa, y sus deseos; pero el que hace la voluntad de Dios permanece para siempre.

El anticristo

¹⁸ Hijitos, ya es el último tiempo; y según vosotros oísteis que el anticristo viene, así ahora han surgido muchos anticristos; por esto conocemos que es el último tiempo. ¹⁹ Salieron de nosotros, pero no eran de nosotros; porque si hubiesen sido de nosotros, habrían permanecido con nosotros;

PARTIR Y CORRER ▰▰▰▰▰▰▰▰

Asegúrate de que tus amistades honran a Dios Lee 1 Juan 1:7

¿Cuál es la clave para tener amistades que honran a Dios? Primero, asegúrate de que estás caminando en obediencia a Dios, «viviendo en la luz de la presencia de Dios». Si no has hecho una firme decisión de obedecerlo, entonces, probablemente te harás amigo de aquellos que tampoco han hecho tal decisión. Deshonra a Dios cualquier relación que no te inspire a obedecerlo, y te inclina al pecado.

Por otro lado, si estás dedicado a obedecer a Dios, buscarás amigos que también han hecho la misma decisión. Mientras camines con amigos que comparten el mismo amor que tú tienes al Señor, te llenarás de gozo y alegría y sentirás un fuerte rechazo a no involucrarte en el pecado y honrarás a Dios con tus amistades.

pero salieron para que se manifestase que rro todos son de nosotros. [20] Pero vosotros tenéis la unción del Santo, y conocéis todas las cosas. [21] No os he escrito como si ignoraseis la verdad, sino porque la conocéis, y porque ninguna mentira procede de la verdad. [22] ¿Quién es el mentiroso, sino el que niega que Jesús es el Cristo? Este es anticristo, el que niega al Padre y al Hijo. [23] Todo aquel que niega al Hijo, tampoco tiene al Padre. El que confiesa al Hijo, tiene también al Padre. [24] Lo que habéis oído desde el principio, permanezca en vosotros. Si lo que habéis oído desde el principio permanece en vosotros, también vosotros permaneceréis en el Hijo y en el Padre. [25] Y esta es la promesa que él nos hizo, la vida eterna.

[26] Os he escrito esto sobre los que os engañan. [27] Pero la unción que vosotros recibisteis de él permanece en vosotros, y no tenéis necesidad de que nadie os enseñe; así como la unción misma os enseña todas las cosas, y es verdadera, y no es mentira, según ella os ha enseñado, permaneced en él.

[28] Y ahora, hijitos, permaneced en él, para que cuando se manifieste, tengamos confianza, para que en su venida no nos alejemos de él avergonzados. [29] Si sabéis que él es justo, sabed también que todo el que hace justicia es nacido de él.

CAPÍTULO 3
Hijos de Dios
Mirad cuál amor nos ha dado el Padre, para que seamos llamados hijos de Dios;[a] por esto el mundo no nos conoce, porque no le conoció a él. [2] Amados, ahora somos hijos de Dios, y aún no se ha manifestado lo que hemos de ser; pero sabemos que cuando él se manifieste, seremos semejantes a él, porque le veremos tal como él es. [3] Y todo aquel que tiene esta esperanza en él, se purifica a sí mismo, así como él es puro.

[4] Todo aquel que comete pecado, infringe también la ley; pues el pecado es infracción de la ley. [5] Y sabéis que él apareció para quitar nuestros pecados,[b] y no hay pecado en él. [6] Todo aquel que permanece en él, no peca; todo aquel que peca, no le ha visto, ni le ha conocido. [7] Hijitos, nadie os engañe; el que hace justicia es justo, como él es justo. [8] El que practica el pecado es del

diablo; porque el diablo peca desde el principio. Para esto apareció el Hijo de Dios, para deshacer las obras del diablo. [9] Todo aquel que es nacido de Dios, no practica el pecado, porque la simiente de Dios permanece en él; y no puede pecar, porque es nacido de Dios. [10] En esto se manifiestan los hijos de Dios, y los hijos del diablo: todo aquel que no hace justicia, y que no ama a su hermano, no es de Dios.

[11] Porque este es el mensaje que habéis oído desde el principio: Que nos amemos unos a otros.[c] [12] No como Caín, que era del maligno y mató a su hermano.[d] ¿Y por qué causa le mató? Porque sus obras eran malas, y las de su hermano justas. [13] Hermanos míos, no os extrañéis si el mundo os aborrece. [14] Nosotros sabemos que hemos pasado de muerte a vida,[e] en que amamos a los hermanos. El que no ama a su hermano,

Un discípulo camina como Jesús caminó Lee 1 Juan 2:3-6

Si te llamas un discípulo, necesitas seguir las pisadas de Jesús. Como lo dice el verso 6, tú necesitas «vivir (tu vida) como Cristo vivió». Otra traducción dice que deberías «caminar como Cristo caminó».

Caminar implica movimiento. Poner un pie frente al otro y mantenerte en movimiento. Esta es la manera en que debemos seguir a Cristo. Necesitamos ser constantes. En la práctica, ¿cómo puedes vivir como Cristo lo hizo?

- Cada día toma tiempo para Dios y su Palabra.
- A lo largo del día pasa tiempo en oración delante del Señor.
- Toma tiempo para estar en comunión con el pueblo de Dios.

Hay un enorme beneficio para el discípulo que se mantiene cerca de Cristo. Si caminamos como él caminó, la Biblia nos dice que tendremos ayuda para no pecar (lee 1 Juan 3:6). Por esta razón, una de las grandes señales que identifica al discípulo es que su caminar se asemeja al del Maestro.

PRIMEROS PASOS

[a] 3.1: Jn. 1.12. [b] 3.5: Jn. 1.29. [c] 3.11: Jn. 13.34.
[d] 3.12: Gn. 4.8. [e] 3.14: Jn. 5.24.

Comprende la diferencia entre el verdadero y el falso evangelio
Lee 1 Juan 4:1-3

Las falsas enseñanzas no son exclusivas de nuestro tiempo. También existieron en los días de los primeros cristianos. Cuando Juan escribió este pasaje, una enseñanza conocida como gnosticismo (que significa «conocer») se había hecho muy popular. Los gnósticos enseñaban que Jesús era un mero hombre, nacido por natural procreación. Enseñaban también que «el Cristo» había descendido sobre Jesús al momento de su bautismo y lo había dejado poco antes de su crucifixión. Esto por supuesto, era falso y antibíblico. Y es interesante notar que, aún hoy, algunos enseñan esta herejía. Como lo dice el texto, necesitamos «probar» estas enseñanzas para ver si realmente vienen de Dios. Ya que los falsos maestros no llevan tarjeta de identificación, aquí hay tres preguntas sencillas para identificar a cualquiera que sospeches que es un maestro falso.

1. ¿Cuál es su mayor esperanza? Algunos esperan hacer un mundo mejor. Los mormones esperan ser iguales a Dios. Ellos esperan que a cada matrimonio mormón se le dé un planeta, así ellos lo poblarán con hijos. Los Testigos de Jehová enseñan que Dios vendrá a la tierra al fin de los tiempos y establecerá aquí un paraíso. Ellos esperan vivir en ese paraíso terrenal. Pero la esperanza del cristiano es pasar la eternidad con Cristo en los cielos.

2. ¿Cuál es la base para esta esperanza? ¿Enseñan ellos que tú puedes ir al cielo con sólo vivir una vida buena? ¿Dicen ellos que tú obtienes salvación por fe en Cristo y por realizar ciertas cosas o rituales, tales como bautismo, guardar el sábado u otras obras? Debes tener cuidado de estas personas. La Biblia dice: «Porque por gracia sois salvos por medio de la fe; y esto no de vosotros, pues es don de Dios; no por obras, para que nadie se gloríe» (Efesios 2:8-9).

3. ¿Cómo ven ellos a Jesucristo? Otra señal de un falso maestro que predica un evangelio adulterado, es lo que enseña en cuanto a la persona de Jesucristo. Este es el asunto central y primario. Muchas sectas tratan de que sus enseñanzas sean más «aceptables» a los creyentes en la iglesia al incluir a Jesús en sus enseñanzas. Hasta pueden usar los términos «salvado» y «nacido de nuevo» y hablar de Jesús que murió en la cruz. Es interesante que algunas enseñanzas pueden pasar las dos primeras pruebas, pero fallan en esta última: creer que Jesús murió y resucitó de entre los muertos.

Cualquier intento de crear dudas sobre la infalibilidad de la Biblia debe ser rechazado. Toda idea liberal que admita otro camino hacia Dios que no sea a través de Jesucristo, es falsa. ¡Decir que Jesús no es el único camino al cielo es hacer a Jesús un mentiroso! Es erróneo reducir a Jesús, «el único Hijo de Dios», y llamarle «un hijo de Dios» o uno de los muchos profetas de Dios. La mejor manera de reconocer lo falso es conocer la verdad en la Biblia, la Palabra de Dios.

PIEDRAS ANGULARES

permanece en muerte. ¹⁵ Todo aquel que aborrece a su hermano es homicida; y sabéis que ningún homicida tiene vida eterna permanente en él. ¹⁶ En esto hemos conocido el amor, en que él puso su vida por nosotros; también nosotros debemos poner nuestras vidas por los hermanos. ¹⁷ Pero el que tiene bienes de este mundo y ve a su hermano tener necesidad, y cierra contra él su corazón, ¿cómo mora el amor de Dios en él? ¹⁸ Hijitos míos, no amemos de palabra ni de lengua, sino de hecho y en verdad.

¹⁹ Y en esto conocemos que somos de la verdad, y aseguraremos nuestros corazones delante de él; ²⁰ pues si nuestro corazón nos reprende, mayor que nuestro corazón es Dios, y él sabe todas las cosas. ²¹ Amados, si nuestro corazón no nos reprende, confianza tenemos en Dios; ²² y cualquiera cosa que pidiéremos la recibiremos de él, porque guardamos sus mandamientos, y hacemos las cosas que son agradables delante de él. ²³ Y este es su mandamiento: Que creamos en el nombre de su Hijo Jesucristo, y nos amemos unos a otros como

¿Cómo distinguir entre la verdadera y la falsa enseñanza acerca de Dios? Lee 1 Juan 4:1-2

La Biblia nos dice que en estos «últimos días» tenemos que ser muy cuidadosos porque el anticristo y el falso profeta harán señales y milagros y engañarán a muchos (lee 2 Tesalonicenses 2:9-10).

¿Cómo podemos distinguir el verdadero evangelio del que es falso? Aquí hay cuatro pruebas que puedes aplicar para tener la certeza de que las enseñanzas que estás recibiendo vienen realmente de Dios:

1. ¿Reconoce la enseñanza que Jesucristo es el Hijo de Dios y el único camino de salvación? Una enseñanza verdaderamente bíblica debe reconocer que Jesucristo es el Unigénito Hijo de Dios y que él «se hizo humano» (verso 2). La mayoría de los cultos y las sectas falsas niegan la deidad de Jesucristo (que Jesús es Dios), y lo reconocen sólo como un gran maestro o como dicen los Testigos de Jehová, la primera criatura creada. Así que fíjate bien en esta enseñanza.

2. ¿Esta enseñanza está de acuerdo con las Sagradas Escrituras? El apóstol Pablo elogió a los habitantes de Berea porque ellos: «recibieron la palabra con toda solicitud, escudriñando cada día las Escrituras para ver si estas cosas eran así» (Hechos 17:11). No aceptes la enseñanza de cualquier pastor, maestro o predicador, sin examinarla primero a la luz de la Palabra de Dios.

3. Si se producen milagros, ¿traen gloria a Dios o a algún otro? Recuerda, Dios no es el único que puede hacer milagros. Como se ha mencionado anteriormente, el anticristo también puede hacerlos y engañar a muchos. Satanás es un gran imitador. En los últimos días «se levantarán falsos Cristos, y falsos profetas, y harán grandes señales y prodigios, de tal manera que engañarán, si fuere posible, aun a los escogidos» (Mateo 24:24). No aceptes ningún milagro a simple vista. Asegúrate de que la persona por medio de la cual se hace el milagro tiene una fuerte relación personal con el Señor Jesús (lee Mateo 7:21-23). Y aun más importante, asegúrate de que el milagro glorifica a Jesucristo y no contradice las enseñanzas de las Escrituras.

4. ¿Es la enseñanza ampliamente aceptada por todo el mundo? Contrario a la sabiduría convencional, por más popular que una enseñanza sea, eso no la hace más verdadera. Por ejemplo el relativismo, o la idea de que cada persona puede vivir del modo que desea, mientras le parezca que es bueno, es una creencia popular. Sin embargo, sabemos que la Palabra de Dios enseña algo muy diferente. Como se muestra en este pasaje, si el mensaje es realmente de Dios, el mundo no lo escuchará (I Juan 4:6).

Cuanto más estudies «lo verdadero», es decir, la Palabra de Dios, más capacitado estarás de descubrir las falsedades. Y recuerda: «mayor es el que está en vosotros, que el que está en el mundo» (1 Juan 4:4).

GRANDES PREGUNTAS

?

---

nos lo ha mandado.*f* 24 Y el que guarda sus mandamientos, permanece en Dios, y Dios en él. Y en esto sabemos que él permanece en nosotros, por el Espíritu que nos ha dado.

CAPÍTULO 4

El Espíritu de Dios y el espíritu del anticristo
Amados, no creáis a todo espíritu, sino probad los espíritus si son de Dios; porque

muchos falsos profetas han salido por el mundo. 2 En esto conoced el Espíritu de Dios: Todo espíritu que confiesa que Jesucristo ha venido en carne, es de Dios; 3 y todo espíritu que no confiesa que Jesucristo ha venido en carne, no es de Dios; y este es el espíritu del anticristo, el cual vosotros habéis oído que viene, y que ahora ya está en el mundo. 4 Hijitos, vosotros sois de Dios, y los habéis vencido; porque mayor es

f 3.23: Jn. 13.34; 15.12, 17.

el que está en vosotros, que el que está en el mundo. [5] Ellos son del mundo; por eso hablan del mundo, y el mundo los oye. [6] Nosotros somos de Dios; el que conoce a Dios, nos oye; el que no es de Dios, no nos oye. En esto conocemos el espíritu de verdad y el espíritu de error.

Dios es amor

[7] Amados, amémonos unos a otros; porque el amor es de Dios. Todo aquel que ama, es nacido de Dios, y conoce a Dios. [8] El que no ama, no ha conocido a Dios; porque Dios es amor. [9] En esto se mostró el amor de Dios para con nosotros, en que Dios envió a su Hijo unigénito al mundo, para que vivamos por él. [10] En esto consiste el amor: no en que nosotros hayamos amado a Dios, sino en que él nos amó a nosotros, y envió a su Hijo en propiciación por nuestros pecados. [11] Amados, si Dios nos ha amado así, debemos también nosotros amarnos unos a otros. [12] Nadie ha visto jamás a Dios.[a] Si nos amamos unos a otros, Dios permanece en nosotros, y su amor se ha perfeccionado en nosotros.

[13] En esto conocemos que permanecemos en él, y él en nosotros, en que nos ha dado de su Espíritu. [14] Y nosotros hemos visto y testificamos que el Padre ha enviado al Hijo, el Salvador del mundo. [15] Todo aquel que confiese que Jesús es el Hijo de Dios, Dios permanece en él, y él en Dios. [16] Y nosotros hemos conocido y creído el amor que Dios tiene para con nosotros. Dios es amor; y el que permanece en amor, permanece en Dios, y Dios en él. [17] En esto se ha perfeccionado el amor en nosotros, para que tengamos confianza en el día del juicio; pues como él es, así somos nosotros en este mundo. [18] En el amor no hay temor, sino que el perfecto amor echa fuera el temor; porque el temor lleva en sí castigo. De donde el que teme, no ha sido perfeccionado en el amor. [19] Nosotros le amamos a él, porque él nos amó primero. [20] Si alguno dice: Yo amo a Dios, y aborrece a su hermano, es mentiroso. Pues el que no ama a su hermano a quien ha visto, ¿cómo puede amar a Dios a quien no ha visto? [21] Y nosotros tenemos este mandamiento de él: El que ama a Dios, ame también a su hermano.

CAPÍTULO 5

La fe que vence al mundo

Todo aquel que cree que Jesús es el Cristo, es nacido de Dios; y todo aquel que ama al que engendró, ama también al que ha sido engendrado por él. [2] En esto conocemos que amamos a los hijos de Dios, cuando amamos a Dios, y guardamos sus mandamientos. [3] Pues este es el amor a Dios, que guardemos sus mandamientos;[a] y sus mandamientos no son gravosos. [4] Porque todo lo que es nacido de Dios vence al mundo; y esta es la victoria que ha vencido al mundo, nuestra fe. [5] ¿Quién es el que vence al mundo, sino el que cree que Jesús es el Hijo de Dios?

El testimonio del Espíritu

[6] Este es Jesucristo, que vino mediante agua y sangre; no mediante agua solamente, sino mediante agua y sangre. Y el Espíritu es el que da testimonio; porque el Espíritu es la

---

[a] 4.12: Jn. 1.18. [a] 5.3: Jn. 14.15.

PARTIR Y CORRER ▰▰▰▰▰▰▰▰▰▰

Ora esperando tener respuesta Lee 1 Juan 5:14-15

Orar no es imponer tu voluntad o deseo en los cielos. Orar es obtener la voluntad de Dios en la tierra. Orar no es una discusión con Dios en la cual tú tratas de persuadirlo a que haga cosas en la tierra a tu manera. Orar es la práctica en la cual su Espíritu te capacita para andar a la manera de Dios. Orar no es vencer algún titubeo de Dios. Es obtener su buena voluntad.

A veces, nos gusta dar vueltas alrededor de la parte final de estos versos. Pero no olvides la primera parte. Primero tienes que «estar en Cristo» y mantener una saludable relación con él, y marchar siempre hacia adelante. Cuando esto sucede, sabrás que tu voluntad se pone en línea con la de él y tus peticiones serán el reflejo de lo que Cristo quiere hacer en tu vida y en las vidas de los que te rodean. Cuando llegues a este punto, puedes estar seguro de que Dios te está escuchando y contestará todas tus peticiones.

verdad. [7] Porque tres son los que dan testimonio en el cielo: el Padre, el Verbo y el Espíritu Santo; y estos tres son uno. [8] Y tres son los que dan testimonio en la tierra: el Espíritu, el agua y la sangre; y estos tres concuerdan. [9] Si recibimos el testimonio de los hombres, mayor es el testimonio de Dios; porque este es el testimonio con que Dios ha testificado acerca de su Hijo. [10] El que cree en el Hijo de Dios, tiene el testimonio en sí mismo; el que no cree a Dios, le ha hecho mentiroso, porque no ha creído en el testimonio que Dios ha dado acerca de su Hijo. [11] Y este es el testimonio: que Dios nos ha dado vida eterna; y esta vida está en su Hijo.[b] [12] El que tiene al Hijo, tiene la vida; el que no tiene al Hijo de Dios no tiene la vida.

El conocimiento de la vida eterna

[13] Estas cosas os he escrito a vosotros que creéis en el nombre del Hijo de Dios, para que sepáis que tenéis vida eterna, y para que creáis en el nombre del Hijo de Dios.

[14] Y esta es la confianza que tenemos en él, que si pedimos alguna cosa conforme a su voluntad, él nos oye. [15] Y si sabemos que él nos oye en cualquiera cosa que pidamos, sabemos que tenemos las peticiones que le hayamos hecho. [16] Si alguno viere a su hermano cometer pecado que no sea de muerte, pedirá, y Dios le dará vida; esto es para los que cometen pecado que no sea de muerte. Hay pecado de muerte, por el cual yo no digo que se pida. [17] Toda injusticia es pecado; pero hay pecado no de muerte.

[18] Sabemos que todo aquel que ha nacido de Dios, no practica el pecado, pues Aquel que fue engendrado por Dios le guarda, y el maligno no le toca.

[19] Sabemos que somos de Dios, y el mundo entero está bajo el maligno.

[20] Pero sabemos que el Hijo de Dios ha venido, y nos ha dado entendimiento para conocer al que es verdadero; y estamos en el verdadero, en su Hijo Jesucristo. Este es el verdadero Dios, y la vida eterna. [21] Hijitos, guardaos de los ídolos. Amén.

[b] 5.11: Jn. 3.36.

2 Juan

CAPÍTULO 1

Salutación

El anciano a la señora elegida y a sus hijos, a quienes yo amo en la verdad; y no sólo yo, sino también todos los que han conocido la verdad, [2] a causa de la verdad que permanece en nosotros, y estará para siempre con nosotros: [3] Sea con vosotros gracia, misericordia y paz, de Dios Padre y del Señor Jesucristo, Hijo del Padre, en verdad y en amor.

Permaneced en la doctrina de Cristo

[4] Mucho me regocijé porque he hallado a algunos de tus hijos andando en la verdad, conforme al mandamiento que recibimos del Padre. [5] Y ahora te ruego, señora, no como escribiéndote un nuevo mandamiento, sino el que hemos tenido desde el principio, que nos amemos unos a otros.[a] [6] Y este es el amor, que andemos según sus mandamientos. Este es el mandamiento: que andéis en amor, como vosotros habéis oído desde el principio. [7] Porque muchos engañadores han salido por el mundo, que no confiesan que Jesucristo ha venido en carne. Quien esto hace es el engañador y el anticristo. [8] Mirad por vosotros mismos, para que no perdáis el fruto de vuestro trabajo, sino que recibáis galardón completo. [9] Cualquiera que se extravía, y no persevera en la doctrina de Cristo, no tiene a Dios; el que persevera en la doctrina de Cristo, ése sí tiene al Padre y al Hijo. [10] Si alguno viene a vosotros, y no trae esta doctrina, no lo recibáis en casa, ni le digáis: ¡Bienvenido! [11] Porque el que le dice: ¡Bienvenido! participa en sus malas obras.

Espero ir a vosotros

[12] Tengo muchas cosas que escribiros, pero no he querido hacerlo por medio de papel y tinta, pues espero ir a vosotros y hablar cara a cara, para que nuestro gozo sea cumplido.

[13] Los hijos de tu hermana, la elegida, te saludan. Amén.

[a] 5: Jn. 13.34; 15.12,17.

3 Juan

Salutación

El anciano a Gayo,[a] el amado, a quien amo en la verdad. ² Amado, yo deseo que tú seas prosperado en todas las cosas, y que tengas salud, así como prospera tu alma. ³ Pues mucho me regocijé cuando vinieron los hermanos y dieron testimonio de tu verdad, de cómo andas en la verdad. ⁴ No tengo yo mayor gozo que este, el oír que mis hijos andan en la verdad.

Elogio de la hospitalidad de Gayo

⁵ Amado, fielmente te conduces cuando prestas algún servicio a los hermanos, especialmente a los desconocidos, ⁶ los cuales han dado ante la iglesia testimonio de tu amor; y harás bien en encaminarlos como es digno de su servicio a Dios, para que continúen su viaje. ⁷ Porque ellos salieron por amor del nombre de El, sin aceptar nada de los gentiles. ⁸ Nosotros, pues, debemos acoger a tales personas, para que cooperemos con la verdad.

La oposición de Diótrefes

⁹ Yo he escrito a la iglesia; pero Diótrefes, al cual le gusta tener el primer lugar entre ellos, no nos recibe. ¹⁰ Por esta causa, si yo fuere, recordaré las obras que hace parloteando con palabras malignas contra nosotros; y no contento con estas cosas, no recibe a los hermanos, y a los que quieren recibirlos se lo prohíbe, y los expulsa de la iglesia.

Buen testimonio acerca de Demetrio

¹¹ Amado, no imites lo malo, sino lo bueno. El que hace lo bueno es de Dios; pero el que hace lo malo, no ha visto a Dios. ¹² Todos dan testimonio de Demetrio, y aun la verdad misma; y también nosotros damos testimonio, y vosotros sabéis que nuestro testimonio es verdadero.

Salutaciones finales

¹³ Yo tenía muchas cosas que escribirte, pero no quiero escribírtelas con tinta y pluma, ¹⁴ porque espero verte en breve, y hablaremos cara a cara.

¹⁵ La paz sea contigo. Los amigos te saludan. Saluda tú a los amigos, a cada uno en particular.

ª 1: Hch. 19.29; Ro. 16.23; 1 Co. 1.14.

Judas

Salutación

Judas,[a] siervo de Jesucristo, y hermano de Jacobo, a los llamados, santificados en Dios Padre, y guardados en Jesucristo: 2 Misericordia y paz y amor os sean multiplicados.

Falsas doctrinas y falsos maestros

3 Amados, por la gran solicitud que tenía de escribiros acerca de nuestra común salvación, me ha sido necesario escribiros exhortándoos que contendáis ardientemente por la fe que ha sido una vez dada a los santos. 4 Porque algunos hombres han entrado encubiertamente, los que desde antes habían sido destinados para esta condenación, hombres impíos, que convierten en libertinaje la gracia de nuestro Dios, y niegan a Dios el único soberano, y a nuestro Señor Jesucristo.

5 Mas quiero recordaros, ya que una vez lo habéis sabido, que el Señor, habiendo salvado al pueblo sacándolo de Egipto,[b] después destruyó a los que no creyeron.[c] 6 Y a los ángeles que no guardaron su dignidad, sino que abandonaron su propia morada, los ha guardado bajo oscuridad, en prisiones eternas, para el juicio del gran día; 7 como Sodoma y Gomorra y las ciudades vecinas, las cuales de la misma manera que aquéllos, habiendo fornicado e ido en pos de vicios contra naturaleza, fueron puestas por ejemplo, sufriendo el castigo del fuego eterno.[d]

8 No obstante, de la misma manera también estos soñadores mancillan la carne, rechazan la autoridad y blasfeman de las potestades superiores. 9 Pero cuando el arcángel Miguel[e] contendía con el diablo, disputando con él por el cuerpo de Moisés,[f] no se atrevió a proferir juicio de maldición contra él, sino que dijo: El Señor te reprenda.[g] 10 Pero éstos blasfeman de cuantas cosas no conocen; y en las que por naturaleza conocen, se corrompen como animales irracionales. 11 ¡Ay de ellos! porque han seguido el camino de Caín,[h] y se lanzaron por lucro en el error de Balaam,[i] y perecieron en la contradicción de Coré.[j] 12 Éstos son manchas en vuestros ágapes, que comiendo impúdicamente con vosotros se apacientan a sí mismos; nubes sin agua, llevadas de acá para allá por los vientos; árboles otoñales, sin fruto, dos veces muertos y desarraigados; 13 fieras ondas del mar, que espuman su propia vergüenza; estrellas errantes, para las cuales está reservada eternamente la oscuridad de las tinieblas.

14 De éstos también profetizó Enoc,[k] séptimo desde Adán, diciendo: He aquí, vino el Señor con sus santas decenas de millares, 15 para hacer juicio contra todos, y dejar convictos a todos los impíos de todas sus obras impías que han hecho impíamente, y de todas las cosas duras que los pecadores impíos han hablado contra él. 16 Estos son murmuradores, querellosos, que andan según sus propios deseos, cuya boca habla cosas infladas, adulando a las personas para sacar provecho.

Amonestaciones y exhortaciones

17 Pero vosotros, amados, tened memoria de las palabras que antes fueron dichas por los

---

a 1: Mt. 13.55; Mr. 6.3.   b 5: Ex. 12.51.   c 5: Nm. 14.29-30.   d 7: Gn. 19.1-24.   e 9: Dn. 10.13, 21; 12.1; Ap. 12.7.
f 9: Dt. 34.6.   g 9: Zac. 3.2.   h 11: Gn. 4.3-8.   i 11: Nm. 22.1-35.   j 11: Nm. 16.1-35.   k 14: Gn. 5.21-24.

apóstoles de nuestro Señor Jesucristo; [18] los que os decían: En el postrer tiempo habrá burladores, que andarán según sus malvados deseos.[1] [19] Estos son los que causan divisiones; los sensuales, que no tienen al Espíritu. [20] Pero vosotros, amados, edificándoos sobre vuestra santísima fe, orando en el Espíritu Santo, [21] conservaos en el amor de Dios, esperando la misericordia de nuestro Señor Jesucristo para vida eterna. [22] A algunos que dudan, convencedlos. [23] A otros salvad, arrebatándolos del fuego; y de otros tened misericordia con temor, aborreciendo aun la ropa contaminada por su carne.

Doxología

[24] Y a aquel que es poderoso para guardaros sin caída, y presentaros sin mancha delante de su gloria con gran alegría, [25] al único y sabio Dios, nuestro Salvador, sea gloria y majestad, imperio y potencia, ahora y por todos los siglos. Amén.

[1] 18: 2 P. 3.3.

Apocalipsis

La revelación de Jesucristo

La revelación de Jesucristo, que Dios le dio, para manifestar a sus siervos las cosas que deben suceder pronto; y la declaró enviándola por medio de su ángel a su siervo Juan, [2] que ha dado testimonio de la palabra de Dios, y del testimonio de Jesucristo, y de todas las cosas que ha visto. [3] Bienaventurado el que lee, y los que oyen las palabras de esta profecía, y guardan las cosas en ella escritas; porque el tiempo está cerca.

Salutaciones a las siete iglesias

[4] Juan, a las siete iglesias que están en Asia: Gracia y paz a vosotros, del que es y que era y que ha de venir,[a] y de los siete espíritus que están delante de su trono;[b] [5] y de Jesucristo el testigo fiel, el primogénito de los muertos, y el soberano de los reyes de la tierra.[c] Al que nos amó, y nos lavó de nuestros pecados con su sangre,

[6] y nos hizo reyes y sacerdotes para Dios, su Padre;[d] á él sea gloria e imperio por los siglos de los siglos. Amén. [7] He aquí que viene con las nubes,[e] y todo ojo le verá, y los que le traspasaron;[f] y todos los linajes de la tierra harán lamentación por él.[g] Sí, amén.

[8] Yo soy el Alfa y la Omega,[h] principio y fin, dice el Señor, el que es y que era y que ha de venir,[i] el Todopoderoso.

Una visión del Hijo del Hombre

[9] Yo Juan, vuestro hermano, y copartícipe vuestro en la tribulación, en el reino y en la paciencia de Jesucristo, estaba en la isla llamada Patmos, por causa de la palabra de Dios y el testimonio de Jesucristo. [10] Yo estaba en el Espíritu en el día del Señor, y oí detrás de mí una gran voz como de trompeta, [11] que decía: Yo soy el Alfa y la Omega, el primero y el último. Escribe en un libro lo que ves, y envíalo a las siete iglesias que están en Asia: a Éfeso, Esmirna, Pérgamo, Tiatira, Sardis, Filadelfia y Laodicea.

[12] Y me volví para ver la voz que hablaba conmigo; y vuelto, vi siete candeleros de oro, [13] y en medio de los siete candeleros, a uno semejante al Hijo del Hombre,[j] vestido de una ropa que llegaba hasta los pies, y ceñido por el pecho con un cinto de oro.[k] [14] Su cabeza y sus cabellos eran blancos como blanca lana, como nieve;[l] sus ojos como llama de fuego; [15] y sus pies semejantes al bronce bruñido,[m] refulgente como en un horno; y su voz como estruendo de muchas aguas.[n] [16] Tenía en su diestra siete estrellas; de su boca salía una espada aguda de dos filos; y su rostro era como el sol cuando resplandece en su fuerza.

[17] Cuando le vi, caí como muerto a sus pies. Y él puso su diestra sobre mí, diciéndome: No temas; yo soy el primero y el último;[o] [18] y el que vivo, y estuve muerto; mas he aquí que vivo por los siglos de los siglos, amén. Y tengo las llaves de la muerte y del Hades. [19] Escribe las cosas que has visto, y las que son, y las que han de ser después de estas. [20] El misterio de las siete estrellas que has visto en mi diestra, y de los siete candeleros de oro: las siete estrellas son los ángeles de las siete iglesias, y los siete candeleros que has visto, son las siete iglesias.

---

a 1.4: Ex. 3.14. b 1.4: Ap. 4.5. c 1.5: Sal. 89.27. d 1.6: Ex. 19.6; Ap. 5.10. e 1.7: Dn. 7.13; Mt. 24.30; Mr. 13.26; Lc. 21.27; 1 Ts. 4.17. f 1.7: Zac. 12.10; Jn. 19.34, 37. g 1.7: Zac. 12.10-14; Mt. 24.30. h 1.8: Ap. 22.13. i 1.8: Ex. 3.14. j 1.13: Dn. 7.13. k 1.13: Dn. 10.5. l 1.14: Dn. 7.9. m 1.14-15: Dn. 10.6. n 1.15: Ez. 1.24. o 1.17: Is. 44.6; 48.12; Ap. 2.8; 22.13.

Jesús tiene dominio eterno Lee Apocalipsis 1:4-8

Este pasaje de la Escritura confirma dos importantes aspectos acerca de Jesucristo: su majestad y su dominio. Pero Jesús es totalmente diferente a cualquier rey o clase de gobierno que podamos conocer. Los siguientes seis puntos señalan esa diferencia:

1. Él es el primero en resucitar de entre los muertos. Jesús nos permite visualizar lo qué sucederá después de la muerte.

2. Él es más grande que ningún otro rey de la tierra. Él es Señor sobre toda la creación, cosa que ningún rey de la tierra puede reclamar.

3. Él nos ama y demostró ese amor muriendo por nosotros. Rara vez en la historia de la humanidad, alguien que estaba por encima de todos, muere por ellos.

4. Él nos ha librado de nuestros pecados y nos ha dado un lugar de honor en su Reino. Para todos los que hemos recibido a Jesús en nuestra vida, nos ha dado un lugar de inmerecido privilegio y acceso al trono de Dios.

5. Él volverá otra vez, y victorioso. Este Rey atraerá la atención de todo el universo cuando regrese.

6. Él es eterno. Él ha existido y existirá por siempre. Nadie, sino sólo Dios, puede hacer este reclamo.

Algunas personas tienen una visión distorsionada de Jesús. Lo ven como los artistas lo han pintado, con largo cabello, quizás con un bordón en su mano y un corderito sobre sus hombros. Pero la Biblia nunca hace una descripción física de Jesús. Si lo hubiera hecho, estaríamos adorando su imagen más que a él mismo. La descripción de Cristo que hace el Apocalipsis, aunque no nos da un retrato físico, nos permite ver al Cristo glorificado. Y este Cristo está lleno de poder y majestad.

PIEDRAS ANGULARES

CAPÍTULO **2**

Mensajes a las siete iglesias: El mensaje a Éfeso

Escribe al ángel de la iglesia en Éfeso: El que tiene las siete estrellas en su diestra, el que anda en medio de los siete candeleros de oro, dice esto:

² Yo conozco tus obras, y tu arduo trabajo y paciencia; y que no puedes soportar a los malos, y has probado a los que se dicen ser apóstoles, y no lo son, y los has hallado mentirosos; ³ y has sufrido, y has tenido paciencia, y has trabajado arduamente por amor de mi nombre, y no has desmayado. ⁴ Pero tengo contra ti, que has dejado tu primer amor. ⁵ Recuerda, por tanto, de dónde has caído, y arrepiéntete, y haz las primeras obras; pues si no, vendré pronto a ti, y quitaré tu candelero de su lugar, si no te hubieres arrepentido. ⁶ Pero tienes esto, que aborreces las obras de los nicolaítas, las cuales yo también aborrezco. ⁷ El que tiene oído, oiga lo que el Espíritu dice a las iglesias. Al que venciere, le daré a comer del árbol de la vida,ᵃ el cual está en medio del paraíso de Dios.

El mensaje a Esmirna

⁸ Y escribe al ángel de la iglesia en Esmirna: El primero y el postrero,ᵇ el que estuvo muerto y vivió, dice esto:

⁹ Yo conozco tus obras, y tu tribulación, y tu pobreza (pero tú eres rico), y la blasfemia de los que se dicen ser judíos, y no lo son, sino sinagoga de Satanás. ¹⁰ No temas en nada lo que vas a padecer. He aquí, el diablo echará a algunos de vosotros en la cárcel, para que seáis probados, y tendréis tribulación por diez días. Sé fiel hasta la muerte, y yo te daré la corona de la vida.

ᵃ 2.7: Gn. 2.9; Ap. 22.2.   ᵇ 2.8: Is. 44.6; 48.12; Ap. 1.17; 22.13.

[11] El que tiene oído, oiga lo que el Espíritu dice a las iglesias. El que venciere, no sufrirá daño de la segunda muerte.[c]

El mensaje a Pérgamo

[12] Y escribe al ángel de la iglesia en Pérgamo: El que tiene la espada aguda de dos filos dice esto:

[13] Yo conozco tus obras, y dónde moras, donde está el trono de Satanás; pero retienes mi nombre, y no has negado mi fe, ni aun en los días en que Antipas mi testigo fiel fue muerto entre vosotros, donde mora Satanás. [14] Pero tengo unas pocas cosas contra ti: que tienes ahí a los que retienen la doctrina de Balaam, que enseñaba a Balac a poner tropiezo ante los hijos de Israel, a comer de cosas sacrificadas a los ídolos, y a cometer fornicación.[d] [15] Y también tienes a los que retienen la doctrina de los nicolaítas, la que yo aborrezco. [16] Por tanto, arrepiéntete; pues si no, vendré a ti pronto, y pelearé contra ellos con la espada de mi boca. [17] El que tiene oído, oiga lo que el Espíritu dice a las iglesias. Al que venciere, daré a comer del maná escondido,[e] y le daré una piedrecita blanca, y en la piedrecita escrito un nombre nuevo, el cual ninguno conoce sino aquel que lo recibe.

El mensaje a Tiatira

[18] Y escribe al ángel de la iglesia en Tiatira: El Hijo de Dios, el que tiene ojos como llama de fuego, y pies semejantes al bronce bruñido, dice esto:

[19] Yo conozco tus obras, y amor, y fe, y servicio, y tu paciencia, y que tus obras postreras son más que las primeras. [20] Pero tengo unas pocas cosas contra ti: que toleras que esa mujer Jezabel,[f] que se dice profetisa, enseñe y seduzca a mis siervos a fornicar y a comer cosas sacrificadas a los ídolos. [21] Y le he dado tiempo para que se arrepienta, pero no quiere arrepentirse de su fornicación. [22] He aquí, yo la arrojo en cama, y en gran tribulación a los que con ella adulteran, si no se arrepienten de las obras de ella. [23] Y a sus hijos heriré de muerte, y todas las iglesias sabrán que yo soy el que escudriña la mente y el corazón;[g] y os daré a cada uno según vuestras obras.[h] [24] Pero a vosotros y a los demás que están en Tiatira, a cuantos no tienen esa doctrina, y no han conocido lo que ellos llaman las profundidades de Satanás, yo os digo: No os impondré otra carga; [25] pero lo que tenéis, retenedlo hasta que yo venga. [26] Al que venciere y guardare mis obras hasta el fin, yo le daré autoridad sobre las naciones, [27] y las regirá con vara de hierro, y serán quebradas como vaso de alfarero;[i] como yo también la he recibido de mi Padre; [28] y le daré la estrella de la mañana. [29] El que tiene oído, oiga lo que el Espíritu dice a las iglesias.

CAPÍTULO **3**

El mensaje a Sardis

Escribe al ángel de la iglesia en Sardis: El que tiene los siete espíritus de Dios, y las siete estrellas, dice esto:

Yo conozco tus obras, que tienes nombre de que vives, y estás muerto. [2] Sé vigilante, y afirma las otras cosas que están para morir; porque no he hallado tus obras perfectas delante de Dios. [3] Acuérdate, pues, de lo que has recibido y oído; y guárdalo, y arrepiéntete. Pues si no velas, vendré sobre ti como ladrón, y no sabrás a qué hora vendré sobre ti.[a] [4] Pero tienes unas pocas personas en Sardis que no han manchado sus vestiduras; y andarán conmigo en vestiduras blancas, porque son dignas. [5] El que venciere será vestido de vestiduras blancas; y no borraré su nombre del libro de la vida,[b] y confesaré su nombre delante de mi Padre, y delante de sus ángeles.[c] [6] El que tiene oído, oiga lo que el Espíritu dice a las iglesias.

El mensaje a Filadelfia

[7] Escribe al ángel de la iglesia en Filadelfia: Esto dice el Santo, el Verdadero, el que tiene la llave de David, el que abre y ninguno cierra, y cierra y ninguno abre: [d]

[8] Yo conozco tus obras; he aquí, he puesto delante de ti una puerta abierta, la cual nadie puede cerrar; porque aunque tienes poca fuerza, has guardado mi palabra, y no has negado mi nombre. [9] He aquí, yo entrego de la sinagoga de Satanás a los que se dicen ser judíos y no lo son, sino que mienten; he aquí, yo haré que vengan y se postren a tus pies,[e] y reconozcan que yo te

c 2.11: Ap. 20.14; 21.8. d 2.14: Nm. 25.1-3; 31.16. e 2.17: Ex. 16.14-15. f 2.20: 1 R. 16.31; 2 R. 9.22; 30.
g 2.23: Sal. 7.9; Jer. 17.10. h 2.23: Sal. 62.12. i 2.26-27: Sal. 2.8-9. a 3.3: Mt. 24.43-44; Lc. 12.39-40; Ap. 16.15.
b 3.5: Ex. 32.32-33; Sal. 69.28; Ap. 20.12. c 3.5: Mt. 10.32; Lc. 12.8. d 3.7: Is. 22.22. e 3.9: Is. 60.14.

he amado. ¹⁰ Por cuanto has guardado la palabra de mi paciencia, yo también te guardaré de la hora de la prueba que ha de venir sobre el mundo entero, para probar a los que moran sobre la tierra. ¹¹ He aquí, yo vengo pronto; retén lo que tienes, para que ninguno tome tu corona. ¹² Al que venciere, yo lo haré columna en el templo de mi Dios, y nunca más saldrá de allí; y escribiré sobre él el nombre de mi Dios, y el nombre de la ciudad de mi Dios, la nueva Jerusalén, la cual desciende del cielo,ᶠ de mi Dios, y mi nombre nuevo. ¹³ El que tiene oído, oiga lo que el Espíritu dice a las iglesias.

El mensaje a Laodicea

¹⁴ Y escribe al ángel de la iglesia en Laodicea: He aquí el Amén, el testigo fiel y verdadero, el principio de la creación de Dios,ᵍ dice esto:

¹⁵ Yo conozco tus obras, que ni eres frío ni caliente. ¡Ojalá fueses frío o caliente! ¹⁶ Pero por cuanto eres tibio, y no frío ni caliente, te vomitaré de mi boca. ¹⁷ Porque tú dices: Yo soy rico, y me he enriquecido, y de ninguna cosa tengo necesidad; y no sabes que tú eres un desventurado, miserable, pobre, ciego y desnudo. ¹⁸ Por tanto, yo te aconsejo que de mí compres oro refinado en fuego, para que seas rico, y vestiduras blancas para vestirte, y que no se descubra la vergüenza de tu desnudez; y unge tus ojos con colirio, para que veas. ¹⁹ Yo reprendo y castigo a todos los que amo;ʰ sé, pues, celoso, y arrepiéntete. ²⁰ He aquí, yo estoy a la puerta y llamo; si alguno oye mi voz y abre la puerta, entraré a él, y cenaré con él, y él conmigo. ²¹ Al que venciere, le daré que se siente conmigo en mi trono, así como yo he vencido, y me he sentado con mi Padre en su trono. ²² El que tiene oído, oiga lo que el Espíritu dice a las iglesias.

CAPÍTULO 4

La adoración celestial

Después de esto miré, y he aquí una puerta abierta en el cielo; y la primera voz que oí, como de trompeta, hablando conmigo, dijo: Sube acá, y yo te mostraré las cosas que sucederán después de estas. ² Y al instante yo estaba en el Espíritu; y he aquí, un trono establecido en el cielo, y en el trono, uno sentado. ³ Y el aspecto del que estaba sentado era semejante a piedra de jaspe y de cornalina; y había alrededor del trono un arco iris, semejante en aspecto a la esmeralda.ᵃ ⁴ Y alrededor del trono había veinticuatro tronos; y vi sentados en los tronos a veinticuatro ancianos, vestidos de ropas blancas, con coronas de oro en sus cabezas. ⁵ Y del trono salían relámpagos y truenos ᵇ y voces; y delante del trono ardían siete lámparas de fuego,ᶜ las cuales son los siete espíritus de Dios.ᵈ

⁶ Y delante del trono había como un mar de vidrio semejante al cristal;ᵉ y junto al trono, y alrededor del trono, cuatro seres vivientes llenos de ojos delante y detrás. ⁷ El primer ser viviente era semejante a un león; el segundo era semejante a un becerro; el tercero tenía rostro como de hombre; y el cuarto era semejante a un águila volando.ᶠ ⁸ Y los cuatro seres vivientes tenían cada uno seis alas, y alrededor y por dentro estaban llenos de ojos;ᵍ y no cesaban día y noche de decir: Santo, santo, santo es el Señor Dios Todopoderoso,ʰ el que era, el que es, y el que ha de venir. ⁹ Y siempre que aquellos seres vivientes dan gloria y honra y acción de gracias al que está sentado en el trono, al que vive por los siglos de los siglos, ¹⁰ los veinticuatro ancianos se postran delante del que está sentado en el trono, y adoran al que vive por los siglos de los siglos, y echan sus coronas delante del trono, diciendo: ¹¹ Señor, digno eres de recibir la gloria y la honra y el poder; porque tú creaste todas las cosas, y por tu voluntad existen y fueron creadas.

CAPÍTULO 5

El rollo y el Cordero

Y vi en la mano derecha del que estaba sentado en el trono un libro escrito por dentro y por fuera,ᵃ sellado con siete sellos. ² Y vi a un ángel fuerte que pregonaba a gran voz: ¿Quién es digno de abrir el libro y desatar sus sellos? ³ Y ninguno, ni en el cielo ni en la tierra ni debajo de la tierra, podía abrir el libro, ni aun mirarlo. ⁴ Y lloraba yo mucho, porque no se había hallado a ninguno digno de abrir el libro, ni de leerlo, ni de mirarlo. ⁵ Y uno de los ancianos me dijo: No llores. He aquí que el León de la tribu de

ᶠ 3.12: Ap. 21.2. ᵍ 3.14: Pr. 8.22. ʰ 3.19: Pr. 3.12. ᵃ 4.2-3: Ez. 1.26-28; 10.1. ᵇ 4.5: Ex. 19.16; Ap. 8.5; 11.19; 16.18.
ᶜ 4.5: Ez. 1.13. ᵈ 4.5: Ap. 1.4. ᵉ 4.6: Ez. 1.22. ᶠ 4.6-7: Ez. 1.5-10; 10.14. ᵍ 4.8: Ez. 1.18; 10.12. ʰ 4.8: Is. 6.2-3. ᵃ 5.1: Ez. 2.9-10.

Judá,[b] la raíz de David,[c] ha vencido para abrir el libro y desatar sus siete sellos.

6 Y miré, y vi que en medio del trono y de los cuatro seres vivientes, y en medio de los ancianos, estaba en pie un Cordero como inmolado,[d] que tenía siete cuernos, y siete ojos,[e] los cuales son los siete espíritus de Dios enviados por toda la tierra. 7 Y vino, y tomó el libro de la mano derecha del que estaba sentado en el trono. 8 Y cuando hubo tomado el libro, los cuatro seres vivientes y los veinticuatro ancianos se postraron delante del Cordero; todos tenían arpas, y copas de oro llenas de incienso, que son las oraciones de los santos;[f] 9 y cantaban un nuevo cántico, diciendo: Digno eres de tomar el libro y de abrir sus sellos; porque tú fuiste inmolado, y con tu sangre nos has redimido para Dios, de todo linaje y lengua y pueblo y nación; 10 y nos has hecho para nuestro Dios reyes y sacerdotes,[g] y reinaremos sobre la tierra. 11 Y miré, y oí la voz de muchos ángeles alrededor del trono, y de los seres vivientes, y de los ancianos; y su número era millones de millones,[h] 12 que decían a gran voz: El Cordero que fue inmolado es digno de tomar el poder, las riquezas, la sabiduría, la fortaleza, la honra, la gloria y la alabanza. 13 Y a todo lo creado que está en el cielo, y sobre la tierra, y debajo de la tierra, y en el mar, y a todas las cosas que en ellos hay, oí decir: Al que está sentado en el trono, y al Cordero, sea la alabanza, la honra, la gloria y el poder, por los siglos de los siglos. 14 Los cuatro seres vivientes decían: Amén; y los veinticuatro ancianos se postraron sobre sus rostros y adoraron al que vive por los siglos de los siglos.

CAPÍTULO 6

Los sellos

Vi cuando el Cordero abrió uno de los sellos, y oí a uno de los cuatro seres vivientes decir como con voz de trueno: Ven y mira. 2 Y miré, y he aquí un caballo blanco;[a] y el que lo montaba tenía un arco; y le fue dada una corona, y salió venciendo, y para vencer.

3 Cuando abrió el segundo sello, oí al segundo ser viviente, que decía: Ven y mira.

4 Y salió otro caballo, bermejo;[b] y al que lo montaba le fue dado poder de quitar de la tierra la paz, y que se matasen unos a otros; y se le dio una gran espada.

5 Cuando abrió el tercer sello, oí al tercer ser viviente, que decía: Ven y mira. Y miré, y he aquí un caballo negro;[c] y el que lo montaba tenía una balanza en la mano. 6 Y oí una voz de en medio de los cuatro seres vivientes, que decía: Dos libras de trigo por un denario, y seis libras de cebada por un denario; pero no dañes el aceite ni el vino.

7 Cuando abrió el cuarto sello, oí la voz del cuarto ser viviente, que decía: Ven y mira. 8 Miré, y he aquí un caballo amarillo, y el que lo montaba tenía por nombre Muerte, y el Hades le seguía; y le fue dada potestad sobre la cuarta parte de la tierra, para matar con espada, con hambre, con mortandad, y con las fieras de la tierra.[d]

9 Cuando abrió el quinto sello, vi bajo el altar las almas de los que habían sido muertos por causa de la palabra de Dios y por el testimonio que tenían. 10 Y clamaban a gran voz, diciendo: ¿Hasta cuándo, Señor, santo y verdadero, no juzgas y vengas nuestra sangre en los que moran en la tierra? 11 Y se les dieron vestiduras blancas, y se les dijo que descansasen todavía un poco de tiempo, hasta que se completara el número de sus consiervos y sus hermanos, que también habían de ser muertos como ellos.

12 Miré cuando abrió el sexto sello, y he aquí hubo un gran terremoto;[e] y el sol se puso negro como tela de cilicio, y la luna se volvió toda como sangre; 13 y las estrellas del cielo cayeron sobre la tierra,[f] como la higuera deja caer sus higos cuando es sacudida por un fuerte viento. 14 Y el cielo se desvaneció como un pergamino que se enrolla;[g] y todo monte y toda isla se removió de su lugar.[h] 15 Y los reyes de la tierra, y los grandes, los ricos, los capitanes, los poderosos, y todo siervo y todo libre, se escondieron en las cuevas y entre las peñas de los montes;[i] 16 y decían a los montes y a las peñas: Caed sobre nosotros, y escondednos[j] del rostro de aquel que está sentado sobre el trono, y de la ira del Cordero; 17 porque el gran día de su ira ha llegado; ¿y quién podrá sostenerse en pie?[k]

b 5.5: Gn. 49.9-10. c 5.5: Is. 11.1. d 5.6: Is. 53.7. e 5.6: Zac. 4.10. f 5.8: Sal. 141.2. g 5.10: Ex. 19.6; Ap. 1.6.
h 5.11: Dn. 7.10. a 6.2: Zac. 1.8; 6.3. b 6.4: Zac. 1.8; 6.2. c 6.5: Zac. 6.2, 6. d 6.8: Jer. 15.3; Ez. 5.12, 17; 14.21.
e 6.12: Ap. 11.13; 16.18. f 6.12-13: Is. 13.10; Ez. 32.7; Jl. 2.31; Mt. 24.29; Mr. 13.24-25; Lc. 21.25.
g 6.13-14: Is. 34.4. h 6.14: Ap. 16.20. i 6.15: Is. 2.10. j 6.16: Os. 10.8; Lc. 23.30. k 6.17: Jl. 2.11; Mal. 3.2.

¿Cómo será la vida en los cielos? Lee Apocalipsis 7:13-17

El apóstol Pablo disfrutó de los cielos, ya sea que haya soñado o que haya muerto. Él escribió acerca de esta experiencia en 2 Corintios 12:2-4. Al entrar en la presencia de Dios, dijo: «Fui arrebatado hasta el tercer cielo (paraíso)». La palabra paraíso significa literalmente «el jardín real de un rey, lleno de toda clase de frutas y flores». Este pasaje de la Escritura nos muestra cuatro aspectos de la vida que viviremos en ese maravilloso lugar llamado paraíso.

1. Viviremos una vida sin temor y preocupación. El cielo es un lugar de protección (verso 15). No habrá miedo. No habrá rejas en las ventanas, crimen en las calles o cualquier otro tipo de violencia. Dios será nuestro refugio.

2. Viviremos una vida sin necesidades. El cielo es un lugar de completo abastecimiento (verso 16). Hambre y sed no serán parte de nuestro vocabulario. Esto es porque el Señor nos alimentará y saciará nuestra sed.

3. Viviremos una vida sin dolor. El cielo es un lugar de bienestar y consuelo (verso 16). La Biblia dice que en el cielo «no habrá muerte, ni habrá más llanto, ni clamor, ni dolor» (Apocalipsis 21:4). Nuestros cuerpos celestiales no estarán sujetos a enfermedades, dolores o afecciones como los que tenemos aquí en la tierra.

4. Viviremos una vida sin tristezas. El cielo es un lugar de gozo (verso 17). Estar en la presencia de Dios será una experiencia maravillosa y de gozo. La tristeza no existirá en los cielos porque Dios secará todas nuestras lágrimas.

Mirando toda la gloria de los cielos, una cosa estará por encima de todas: el hecho de pasar la eternidad con Jesús. Dwight L. Moody escribió una vez: «No son las paredes de joyas ni las puertas de perla lo que hacen al cielo atractivo. Es estar con Dios». Que esta verdad te inspire mientras vives tu vida en la tierra.

PIEDRAS ANGULARES

CAPÍTULO 7
Los 144 mil sellados

Después de esto vi a cuatro ángeles en pie sobre los cuatro ángulos de la tierra, que detenían los cuatro vientos [a] de la tierra, para que no soplase viento alguno sobre la tierra, ni sobre el mar, ni sobre ningún árbol. 2 Vi también a otro ángel que subía de donde sale el sol, y tenía el sello del Dios vivo; y clamó a gran voz a los cuatro ángeles, a quienes se les había dado el poder de hacer daño a la tierra y al mar, 3 diciendo: No hagáis daño a la tierra, ni al mar, ni a los árboles, hasta que hayamos sellado en sus frentes a los siervos de nuestro Dios. [b] 4 Y oí el número de los sellados: ciento cuarenta y cuatro mil sellados de todas las tribus de los hijos de Israel. 5 De la tribu de Judá, doce mil sellados. De la tribu de Rubén, doce mil sellados. De la tribu de Gad, doce mil sellados. 6 De la tribu de Aser, doce mil sellados. De la tribu de Neftalí, doce mil sellados. De la tribu de Manasés, doce mil sellados. 7 De la tribu de Simeón, doce mil sellados. De la tribu de Leví, doce mil sellados. De la tribu de Isacar, doce mil sellados. 8 De la tribu de Zabulón, doce mil sellados. De la tribu de José, doce mil sellados. De la tribu de Benjamín, doce mil sellados.

La multitud vestida de ropas blancas
9 Después de esto miré, y he aquí una gran multitud, la cual nadie podía contar, de todas naciones y tribus y pueblos y lenguas, que estaban delante del trono y en la presencia del Cordero, vestidos de ropas blancas, y con palmas en las manos; 10 y clamaban a gran voz, diciendo: La salvación pertenece a nuestro Dios que está sentado en el trono, y al Cordero. 11 Y todos los ángeles estaban en pie alrededor del trono, y de los ancianos y de los cuatro seres vivientes; y se postraron sobre sus

[a] 7.1: Zac. 6.5.   [b] 7.3: Ez. 9.4.

rostros delante del trono, y adoraron a Dios, [12] diciendo: Amén. La bendición y la gloria y la sabiduría y la acción de gracias y la honra y el poder y la fortaleza, sean a nuestro Dios por los siglos de los siglos. Amén.

[13] Entonces uno de los ancianos habló, diciéndome: Estos que están vestidos de ropas blancas, ¿quiénes son, y de dónde han venido? [14] Yo le dije: Señor, tú lo sabes. Y él me dijo: Estos son los que han salido de la gran tribulación,[c] y han lavado sus ropas, y las han emblanquecido en la sangre del Cordero. [15] Por esto están delante del trono de Dios, y le sirven día y noche en su templo; y el que está sentado sobre el trono extenderá su tabernáculo sobre ellos. [16] Ya no tendrán hambre ni sed, y el sol no caerá más sobre ellos, ni calor alguno;[d] [17] porque el Cordero que está en medio del trono los pastoreará,[e] y los guiará a fuentes de aguas de vida;[f] y Dios enjugará toda lágrima de los ojos de ellos.[g]

CAPÍTULO 8

El séptimo sello

Cuando abrió el séptimo sello, se hizo silencio en el cielo como por media hora. [2] Y vi a los siete ángeles que estaban en pie ante Dios; y se les dieron siete trompetas. [3] Otro ángel vino entonces y se paró ante el altar,[a] con un incensario de oro; y se le dio mucho incienso para añadirlo a las oraciones de todos los santos, sobre el altar de oro que estaba delante del trono. [4] Y de la mano del ángel subió a la presencia de Dios el humo del incienso con las oraciones de los santos. [5] Y el ángel tomó el incensario, y lo llenó del fuego del altar,[b] y lo arrojó a la tierra;[c] y hubo truenos, y voces, y relámpagos, y un terremoto.[d]

Las trompetas

[6] Y los siete ángeles que tenían las siete trompetas se dispusieron a tocarlas.

[7] El primer ángel tocó la trompeta, y hubo granizo y fuego [e] mezclados con sangre, que fueron lanzados sobre la tierra; y la tercera parte de los árboles se quemó, y se quemó toda la hierba verde.

[8] El segundo ángel tocó la trompeta, y como una gran montaña ardiendo en fuego fue precipitada en el mar; y la tercera parte del mar se convirtió en sangre. [9] Y murió la tercera parte de los seres vivientes que estaban en el mar, y la tercera parte de las naves fue destruida.

[10] El tercer ángel tocó la trompeta, y cayó del cielo una gran estrella,[f] ardiendo como una antorcha, y cayó sobre la tercera parte de los ríos, y sobre las fuentes de las aguas. [11] Y el nombre de la estrella es Ajenjo. Y la tercera parte de las aguas se convirtió en ajenjo; y muchos hombres murieron a causa de esas aguas, porque se hicieron amargas.

[12] El cuarto ángel tocó la trompeta, y fue herida la tercera parte del sol, y la tercera parte de la luna, y la tercera parte de las estrellas, para que se oscureciese la tercera parte de ellos,[g] y no hubiese luz en la tercera parte del día, y asimismo de la noche.

[13] Y miré, y oí a un ángel volar por en medio del cielo, diciendo a gran voz: ¡Ay, ay, ay, de los que moran en la tierra, a causa de los otros toques de trompeta que están para sonar los tres ángeles!

CAPÍTULO 9

El quinto ángel tocó la trompeta, y vi una estrella que cayó del cielo a la tierra; y se le dio la llave del pozo del abismo. [2] Y abrió el pozo del abismo, y subió humo del pozo como humo de un gran horno; y se oscureció el sol y el aire por el humo del pozo. [3] Y del humo salieron langostas sobre la tierra;[a] y se les dio poder, como tienen poder los escorpiones de la tierra. [4] Y se les mandó que no dañasen a la hierba de la tierra, ni a cosa verde alguna, ni a ningún árbol, sino solamente a los hombres que no tuviesen el sello de Dios en sus frentes.[b] [5] Y les fue dado, no que los matasen, sino que los atormentasen cinco meses; y su tormento era como tormento de escorpión cuando hiere al hombre. [6] Y en aquellos días los hombres buscarán la muerte, pero no la hallarán; y ansiarán morir, pero la muerte huirá de ellos.[c]

[7] El aspecto de las langostas era semejante a caballos preparados para la guerra;[d] en las cabezas tenían como coronas de oro; sus caras eran como caras humanas; [8] tenían cabello como cabello de mujer; sus dientes eran como de leones;[e] [9] tenían corazas como corazas de

c 7.14: Dn. 12.1; Mt. 24.21; Mr. 13.19.   d 7.16: Is. 49.10.   e 7.17: Sal. 23.1; Ez. 34.23.   f 7.17: Sal. 23.2; Is. 49.10.   g 7.17: Is. 25.8.
a 8.3: Ex. 30.1.   b 8.5: Lv. 16.12.   c 8.5: Ez. 10.2.   d 8.5: Ap. 11.19; 16.18.   e 8.7: Ex. 9.23-25.   f 8.10: Is. 14.12.
g 8.12: Is. 13.10; Ez. 32.7; Jl. 2.10.   a 9.3: Ex. 10.12-15.   b 9.4: Ez. 9.4.   c 9.6: Job 3.21.   d 9.7: Jl. 2.4.   e 9.8: Jl. 1.6.

hierro; el ruido de sus alas era como el estruendo de muchos carros [f] de caballos corriendo a la batalla; [10] tenían colas como de escorpiones, y también aguijones; y en sus colas tenían poder para dañar a los hombres durante cinco meses. [11] Y tienen por rey sobre ellos al ángel del abismo, cuyo nombre en hebreo es Abadón, y en griego, Apolión.

[12] El primer ay pasó; he aquí, vienen aún dos ayes después de esto.

[13] El sexto ángel tocó la trompeta, y oí una voz de entre los cuatro cuernos del altar de oro [g] que estaba delante de Dios, [14] diciendo al sexto ángel que tenía la trompeta: Desata a los cuatro ángeles que están atados junto al gran río Eufrates. [15] Y fueron desatados los cuatro ángeles que estaban preparados para la hora, día, mes y año, a fin de matar a la tercera parte de los hombres. [16] Y el número de los ejércitos de los jinetes era doscientos millones. Yo oí su número. [17] Así vi en visión los caballos y a sus jinetes, los cuales tenían corazas de fuego, de zafiro y de azufre. Y las cabezas de los caballos eran como cabezas de leones; y de su boca salían fuego, humo y azufre. [18] Por estas tres plagas fue muerta la tercera parte de los hombres; por el fuego, el humo y el azufre que salían de su boca. [19] Pues el poder de los caballos estaba en su boca y en sus colas; porque sus colas, semejantes a serpientes, tenían cabezas, y con ellas dañaban.

[20] Y los otros hombres que no fueron muertos con estas plagas, ni aun así se arrepintieron de las obras de sus manos, ni dejaron de adorar a los demonios, y a las imágenes de oro, de plata, de bronce, de piedra y de madera, las cuales no pueden ver, ni oír, ni andar; [h] [21] y no se arrepintieron de sus homicidios, ni de sus hechicerías, ni de su fornicación, ni de sus hurtos.

CAPÍTULO 10
El ángel con el librito
Vi descender del cielo a otro ángel fuerte, envuelto en una nube, con el arco iris sobre su cabeza; y su rostro era como el sol, y sus pies como columnas de fuego. [2] Tenía en su mano un librito abierto; y puso su pie derecho sobre el mar, y el izquierdo sobre la tierra; [3] y clamó a gran voz, como ruge un

león; y cuando hubo clamado, siete truenos emitieron sus voces. [4] Cuando los siete truenos hubieron emitido sus voces, yo iba a escribir; pero oí una voz del cielo que me decía: Sella las cosas que los siete truenos han dicho, y no las escribas. [5] Y el ángel que vi en pie sobre el mar y sobre la tierra, levantó su mano al cielo, [6] y juró por el que vive por los siglos de los siglos, que creó el cielo y las cosas que están en él, y la tierra y las cosas que están en ella, y el mar y las cosas que están en él, que el tiempo no sería más, [7] sino que en los días de la voz del séptimo ángel, cuando él comience a tocar la trompeta, el misterio de Dios se consumará, como él lo anunció a sus siervos los profetas. [a]

[8] La voz que oí del cielo habló otra vez conmigo, y dijo: Ve y toma el librito que está abierto en la mano del ángel que está en pie sobre el mar y sobre la tierra. [9] Y fui al ángel, diciéndole que me diese el librito. Y él me dijo: Toma, y cómelo; y te amargará el vientre, pero en tu boca será dulce como la miel. [10] Entonces tomé el librito de la mano del ángel, y lo comí; y era dulce en mi boca como la miel, pero cuando lo hube comido, amargó mi vientre. [b] [11] Y él me dijo: Es necesario que profetices otra vez sobre muchos pueblos, naciones, lenguas y reyes.

CAPÍTULO 11
Los dos testigos
Entonces me fue dada una caña semejante a una vara de medir, y se me dijo: Levántate, y mide el templo de Dios, [a] y el altar, y a los que adoran en él. [2] Pero el patio que está fuera del templo déjalo aparte, y no lo midas, porque ha sido entregado a los gentiles; y ellos hollarán la ciudad santa [b] cuarenta y dos meses. [3] Y daré a mis dos testigos que profeticen por mil doscientos sesenta días, vestidos de cilicio.

[4] Estos testigos son los dos olivos, y los dos candeleros que están en pie delante del Dios de la tierra. [c] [5] Si alguno quiere dañarlos, sale fuego de la boca de ellos, y devora a sus enemigos; y si alguno quiere hacerles daño, debe morir él de la misma manera. [6] Estos tienen poder para cerrar el cielo, a fin de que no llueva en los días de

---

[f] 9.9: Jl. 2.5. [g] 9.13: Ex. 30.1-3. [h] 9.20: Sal. 115.4-7; 135.15-17; Dn. 5.4. [a] 10.5-7: Dn. 12.7. [b] 10.8-10: Ez. 2.8—3.3.
[a] 11.1: Ez. 40.3. [b] 11.2: Lc. 21.24. [c] 11.4: Zac. 4.3, 11-14.

su profecía;[d] y tienen poder sobre las aguas para convertirlas en sangre,[e] y para herir la tierra con toda plaga, cuantas veces quieran. [7] Cuando hayan acabado su testimonio, la bestia que sube del abismo[f] hará guerra contra ellos, y los vencerá[g] y los matará. [8] Y sus cadáveres estarán en la plaza de la grande ciudad que en sentido espiritual se llama Sodoma[h] y Egipto, donde también nuestro Señor fue crucificado. [9] Y los de los pueblos, tribus, lenguas y naciones verán sus cadáveres por tres días y medio, y no permitirán que sean sepultados. [10] Y los moradores de la tierra se regocijarán sobre ellos y se alegrarán, y se enviarán regalos unos a otros; porque estos dos profetas habían atormentado a los moradores de la tierra. [11] Pero después de tres días y medio entró en ellos el espíritu de vida enviado por Dios, y se levantaron sobre sus pies,[i] y cayó gran temor sobre los que los vieron. [12] Y oyeron una gran voz del cielo, que les decía: Subid acá. Y subieron al cielo en una nube;[j] y sus enemigos los vieron. [13] En aquella hora hubo un gran terremoto,[k] y la décima parte de la ciudad se derrumbó, y por el terremoto murieron en número de siete mil hombres; y los demás se aterrorizaron, y dieron gloria al Dios del cielo.

[14] El segundo ay pasó; he aquí, el tercer ay viene pronto.

La séptima trompeta

[15] El séptimo ángel tocó la trompeta, y hubo grandes voces en el cielo, que decían: Los reinos del mundo han venido a ser de nuestro Señor y de su Cristo; y él reinará por los siglos de los siglos.[l] [16] Y los veinticuatro ancianos que estaban sentados delante de Dios en sus tronos, se postraron sobre sus rostros, y adoraron a Dios, [17] diciendo: Te damos gracias, Señor Dios Todopoderoso, el que eres y que eras y que has de venir, porque has tomado tu gran poder, y has reinado. [18] Y se airaron las naciones, y tu ira ha venido, y el tiempo de juzgar a los muertos, y de dar el galardón a tus siervos los profetas, a los santos, y a los que temen tu nombre, a los pequeños y a los grandes,[m] y de destruir a los que destruyen la tierra.

[19] Y el templo de Dios fue abierto en el cielo, y el arca de su pacto se veía en el templo. Y hubo relámpagos, voces, truenos, un terremoto[n] y grande granizo.[o]

CAPÍTULO 12

La mujer y el dragón

Apareció en el cielo una gran señal: una mujer vestida del sol, con la luna debajo de sus pies, y sobre su cabeza una corona de doce estrellas.[a] [2] Y estando encinta, clamaba con dolores de parto, en la angustia del alumbramiento.[b] [3] También apareció otra señal en el cielo: he aquí un gran dragón escarlata, que tenía siete cabezas y diez cuernos,[c] y en sus cabezas siete diademas; [4] y su cola arrastraba la tercera parte de las estrellas del cielo, y las arrojó sobre la tierra.[d] Y el dragón se paró frente a la mujer que estaba para dar a luz, a fin de devorar a su hijo tan pronto como naciese. [5] Y ella dio a luz un hijo varón,[e] que regirá con vara de hierro a todas las naciones;[f] y su hijo fue arrebatado para Dios y para su trono. [6] Y la mujer huyó al desierto, donde tiene lugar preparado por Dios, para que allí la sustenten por mil doscientos sesenta días.

[7] Después hubo una gran batalla en el cielo: Miguel[g] y sus ángeles luchaban contra el dragón; y luchaban el dragón y sus ángeles; [8] pero no prevalecieron, ni se halló ya lugar para ellos en el cielo. [9] Y fue lanzado fuera el gran dragón, la serpiente antigua,[h] que se llama diablo y Satanás, el cual engaña al mundo entero; fue arrojado a la tierra,[i] y sus ángeles fueron arrojados con él. [10] Entonces oí una gran voz en el cielo, que decía: Ahora ha venido la salvación, el poder, y el reino de nuestro Dios, y la autoridad de su Cristo; porque ha sido lanzado fuera el acusador de nuestros hermanos,[j] el que los acusaba delante de nuestro Dios día y noche. [11] Y ellos le han vencido por medio de la sangre del Cordero y de la palabra del testimonio de ellos, y menospreciaron sus vidas hasta la muerte. [12] Por lo cual alegraos, cielos, y los que moráis en ellos. ¡Ay de los moradores de la tierra y del mar!

[d] 11.6: 1 R. 17.1.   [e] 11.6: Ex. 7.17-19.   [f] 11.7: Dn. 7.3; Ap. 13.5-7; 17.8.   [g] 11.7: Dn. 7.21.   [h] 11.8: Is. 1.9-10.
[i] 11.11: Ez. 37.10.   [j] 11.12: 2 R. 2.11.   [k] 11.13: Ap. 6.12; 16.18.   [l] 11.15: Dn. 7.14, 27.   [m] 11.18: Sal. 115.13.   [n] 11.19: Ap. 8.5
[o] 11.19: Ap. 16.21.   [a] 12.1: Gn. 37.9.   [b] 12.2: Mi. 4.10.   [c] 12.3: Dn. 7.7.   [d] 12.4: Dn. 8.10.   [e] 12.5: Is. 66.7.   [f] 12.5: Sal. 2.9.
[g] 12.7: Dn. 10.13, 21; 12.1; Jud. 9.   [h] 12.9: Gn. 3.1.   [i] 12.9: Lc. 10.18.   [j] 12.10: Job 1.9-11; Zac. 3.1.

¿Quién puede desbaratar los planes de Satanás?
Lee Apocalipsis 12:10-12

Dios usa a sus fieles seguidores para arruinar los planes de Satanás. Aquí hay tres significantes maneras de cómo los mártires del evangelio vencieron los ataques de Satanás:

1. Ellos lo vencieron por la sangre del Cordero. La Biblia dice: «sin derramamiento de sangre no se hace remisión» (Hebreos 9:22). Es sólo a través de lo que Jesús hizo por nosotros en la cruz que podemos llegar a Dios. Esta gente sabía que ellos nunca podrían alcanzar el cielo o vencer las acusaciones de Satanás por sus propios méritos o habilidades. Ellos sabían que no cumplían la exigencia de Dios, pero también sabían que «la sangre de Jesucristo nos limpia de todo pecado» (1 Juan 1:7).

2. Ellos lo vencieron por su testimonio. Los creyentes descritos en estos versos llegaron a comprender lo que Dios había hecho por ellos, y así lo proclamaron a otros. No sólo comprendieron que tenían incondicional acceso a Dios, sino que también sabían que «invadir el territorio enemigo» era alcanzando a otros con el mensaje del evangelio.

3. Ellos lo vencieron por su actitud hacia la vida. Estos creyentes amaron más a Cristo que a su propia vida. Soportaron la ejecución por su fe porque sabían que una vida mejor los estaba esperando con Cristo en los cielos. Como dijo el apóstol Pablo: «para mí el vivir es Cristo y el morir es ganancia» (Filipenses 1:21).

La historia relata el caso de un creyente que fue perseguido por Roma a causa de su fe. Cuando estuvo delante del emperador se le dijo: «Renuncia a tu Cristo o si no te voy a expulsar».

El cristiano respondió: «Tú no puedes expulsarme de Cristo, porque Dios dice: "Nunca te dejaré ni te desampararé"».

El emperador le dijo: «Voy a confiscar tu propiedad».

El cristiano respondió pacientemente: «Mis tesoros están en los cielos, tú no puedes tocarlos».

El emperador pegó un grito: «¡Voy a matarte!»

El cristiano respondió: «He estado muerto para el mundo por cuarenta años. Mi vida está escondida con Cristo en Dios. Tú no puedes tocarla».

El emperador se volvió a algunos miembros de su corte y dijo con rabia: «¿Qué podemos hacer con un fanático como este?»

Que el Señor le dé a la iglesia más hombres como este.

PIEDRAS ANGULARES

---

porque el diablo ha descendido a vosotros con gran ira, sabiendo que tiene poco tiempo.

¹³ Y cuando vio el dragón que había sido arrojado a la tierra, persiguió a la mujer que había dado a luz al hijo varón. ¹⁴ Y se le dieron a la mujer las dos alas de la gran águila, para que volase de delante de la serpiente al desierto, a su lugar, donde es sustentada por un tiempo, y tiempos, y la mitad de un tiempo.[k] ¹⁵ Y la serpiente arrojó de su boca, tras la mujer, agua como un río, para que fuese arrastrada por el río. ¹⁶ Pero la tierra ayudó a la mujer, pues la tierra abrió su boca y tragó el río que el dragón había echado de su boca. ¹⁷ Entonces el dragón se llenó de ira contra la mujer; y se fue a hacer guerra contra el resto de la descendencia de ella, los que guardan los mandamientos de Dios y tienen el testimonio de Jesucristo.

CAPÍTULO **13**
Las dos bestias

Me paré sobre la arena del mar, y vi subir del mar una bestia [a] que tenía siete cabezas y diez cuernos; y en sus cuernos diez diademas; y sobre sus cabezas, un nombre blasfemo.[b] ² Y la bestia que vi era semejante a un leopardo, y sus pies como de oso, y su boca como boca de león.[c] Y el dragón le dio

k 12.14: Dn. 7.25; 12.7.   a 13.1: Dn. 7.3.   b 13.1: Ap. 17.3, 7-12.   c 13.2: Dn. 7.4-6.

su poder y su trono, y grande autoridad. ³ Vi una de sus cabezas como herida de muerte, pero su herida mortal fue sanada; y se maravilló toda la tierra en pos de la bestia, ⁴ y adoraron al dragón que había dado autoridad a la bestia, y adoraron a la bestia, diciendo: ¿Quién como la bestia, y quién podrá luchar contra ella?

⁵ También se le dio boca que hablaba grandes cosas y blasfemias; y se le dio autoridad para actuar cuarenta y dos meses. ⁶ Y abrió su boca en blasfemias contra Dios,[d] para blasfemar de su nombre, de su tabernáculo, y de los que moran en el cielo. ⁷ Y se le permitió hacer guerra contra los santos, y vencerlos.[e] También se le dio autoridad sobre toda tribu, pueblo, lengua y nación. ⁸ Y la adoraron todos los moradores de la tierra cuyos nombres no estaban escritos en el libro de la vida [f] del Cordero que fue inmolado desde el principio del mundo. ⁹ Si alguno tiene oído, oiga. ¹⁰ Si alguno lleva en cautividad, va en cautividad;[g] si alguno mata a espada, a espada debe ser muerto. Aquí está la paciencia y la fe de los santos.

¹¹ Después vi otra bestia que subía de la tierra; y tenía dos cuernos semejantes a los de un cordero, pero hablaba como dragón. ¹² Y ejerce toda la autoridad de la primera bestia en presencia de ella, y hace que la tierra y los moradores de ella adoren a la primera bestia, cuya herida mortal fue sanada. ¹³ También hace grandes señales, de tal manera que aun hace descender fuego del cielo a la tierra delante de los hombres. ¹⁴ Y engaña a los moradores de la tierra con las señales que se le ha permitido hacer en presencia de la bestia, mandando a los moradores de la tierra que le hagan imagen a la bestia que tiene la herida de espada, y vivió. ¹⁵ Y se le permitió infundir aliento a la imagen de la bestia, para que la imagen hablase e hiciese matar a todo el que no la adorase. ¹⁶ Y hacía que a todos, pequeños y grandes, ricos y pobres, libres y esclavos, se les pusiese una marca en la mano derecha, o en la frente; ¹⁷ y que ninguno pudiese comprar ni vender, sino el que tuviese la marca o el nombre de la bestia, o el número de su nombre. ¹⁸ Aquí hay sabiduría. El que tiene entendimiento, cuente el número de la bestia, pues es número de hombre. Y su número es seiscientos sesenta y seis.

CAPÍTULO 14

El cántico de los 144 mil

Después miré, y he aquí el Cordero estaba en pie sobre el monte de Sion, y con él ciento cuarenta y cuatro mil, que tenían el nombre de él y el de su Padre escrito en la frente.[a] ² Y oí una voz del cielo como estruendo de muchas aguas, y como sonido de un gran trueno; y la voz que oí era como de arpistas que tocaban sus arpas. ³ Y cantaban un cántico nuevo delante del trono, y delante de los cuatro seres vivientes, y de los ancianos; y nadie podía aprender el cántico sino aquellos ciento cuarenta y cuatro mil que fueron redimidos de entre los de la tierra. ⁴ Éstos son los que no se contaminaron con mujeres, pues son vírgenes. Estos son los que siguen al Cordero por dondequiera que va. Estos fueron redimidos de entre los hombres como primicias para Dios y para el Cordero; ⁵ y en sus bocas no fue hallada mentira,[b] pues son sin mancha delante del trono de Dios.

El mensaje de los tres ángeles

⁶ Vi volar por en medio del cielo a otro ángel, que tenía el evangelio eterno para predicarlo a los moradores de la tierra, a toda nación, tribu, lengua y pueblo, ⁷ diciendo a gran voz: Temed a Dios, y dadle gloria, porque la hora de su juicio ha llegado; y adorad a aquel que hizo el cielo y la tierra, el mar y las fuentes de las aguas.

⁸ Otro ángel le siguió, diciendo: Ha caído, ha caído Babilonia,[c] la gran ciudad, porque ha hecho beber a todas las naciones del vino del furor de su fornicación.

⁹ Y el tercer ángel los siguió, diciendo a gran voz: Si alguno adora a la bestia y a su imagen, y recibe la marca en su frente o en su mano, ¹⁰ él también beberá del vino de la ira de Dios, que ha sido vaciado puro en el cáliz de su ira;[d] y será atormentado con fuego y azufre [e] delante de los santos ángeles y del Cordero; ¹¹ y el humo de su tormento sube por los siglos de los siglos.[f] Y no tienen reposo de día ni de noche los que adoran a la bestia y a su imagen, ni nadie que reciba la marca de su nombre.

---

d 13.5-6: Dn. 7.8, 25; 11.36.   e 13.7: Dn. 7.21.   f 13.8: Sal. 69.28.   g 13.10: Jer. 15.2.   a 14.1: Ez. 9.4; Ap. 7.3.   b 14.5: Sof. 3.13.
c 14.8: Is. 21.9; Ap. 18.2.   d 14.10: Is. 51.17.   e 14.10: Gn. 19.24.   f 14.11: Is. 34.10.

¿Qué función desempeñan los ángeles en el fin de los tiempos? Lee Apocalipsis 14:6-7

PIEDRAS ANGULARES

La Biblia nos dice que los últimos tiempos estarán llenos de tinieblas espirituales. Mucha gente será engañada por creer «enseñanzas que vienen de demonios» (lee 1 Timoteo 4:1), y la gente se volverá inmoral, orgullosa y desobediente (lee 2 Timoteo 3:1-5). Ya vemos que estas cosas están sucediendo. Hay una nueva demanda por síquicos, violencia en las calles y una total falta de valores en las diversiones de hoy. Este texto muestra que durante la Tribulación, que es generalmente reconocida como los últimos siete años en la tierra antes del retorno de Cristo, los demonios no serán los únicos que estén activos en la tierra. Los ángeles de Dios volarán por los cielos predicando el evangelio eterno para asegurar que cada ser humano esté advertido del inminente juicio de Dios. En esencia, será el último «¡despierten!» que se diga a la gente para que se vuelvan a Jesucristo.

---

¹² Aquí está la paciencia de los santos, los que guardan los mandamientos de Dios y la fe de Jesús.

¹³ Oí una voz que desde el cielo me decía: Escribe: Bienaventurados de aquí en adelante los muertos que mueren en el Señor. Sí, dice el Espíritu, descansarán de sus trabajos, porque sus obras con ellos siguen.

La tierra es segada

¹⁴ Miré, y he aquí una nube blanca; y sobre la nube uno sentado semejante al Hijo del Hombre,ᵍ que tenía en la cabeza una corona de oro, y en la mano una hoz aguda. ¹⁵ Y del templo salió otro ángel, clamando a gran voz al que estaba sentado sobre la nube: Mete tu hoz, y siega; porque la hora de segar ha llegado, pues la mies de la tierra está madura.ʰ ¹⁶ Y el que estaba sentado sobre la nube metió su hoz en la tierra, y la tierra fue segada.

¹⁷ Salió otro ángel del templo que está en el cielo, teniendo también una hoz aguda. ¹⁸ Y salió del altar otro ángel, que tenía poder sobre el fuego, y llamó a gran voz al que tenía la hoz aguda, diciendo: Mete tu hoz aguda, y vendimia los racimos de la tierra, porque sus uvas están maduras. ¹⁹ Y el ángel arrojó su hoz en la tierra, y vendimió la viña de la tierra, y echó las uvas en el gran lagar de la ira de Dios. ²⁰ Y fue pisado el lagar ⁱ fuera de la ciudad, y del lagar salió sangre hasta los frenos de los caballos, por mil seiscientos estadios.

CAPÍTULO 15

Los ángeles con las siete postreras plagas

Vi en el cielo otra señal, grande y admirable: siete ángeles que tenían las siete plagas postreras; porque en ellas se consumaba la ira de Dios.

² Vi también como un mar de vidrio mezclado con fuego; y a los que habían alcanzado la victoria sobre la bestia y su imagen, y su marca y el número de su nombre, en pie sobre el mar de vidrio, con las arpas de Dios. ³ Y cantan el cántico de Moisés ᵃ siervo de Dios, y el cántico del Cordero, diciendo: Grandes y maravillosas son tus obras, Señor Dios Todopoderoso; justos y verdaderos son tus caminos, Rey de los santos. ⁴ ¿Quién no te temerá, oh Señor, y glorificará tu nombre? ᵇ pues sólo tú eres santo; por lo cual todas las naciones vendrán y te adorarán,ᶜ porque tus juicios se han manifestado.

⁵ Después de estas cosas miré, y he aquí fue abierto en el cielo el templo del tabernáculo del testimonio;ᵈ ⁶ y del templo salieron los siete ángeles que tenían las siete plagas, vestidos de lino limpio y resplandeciente, y ceñidos alrededor del pecho con cintos de oro. ⁷ Y uno de los cuatro seres vivientes dio a los siete ángeles siete copas de oro, llenas de la ira de Dios, que vive por los siglos de los siglos. ⁸ Y el templo se llenó de humo ᵉ por la gloria de Dios, y por su poder; y nadie podía entrar en el templo hasta que se hubiesen cumplido las siete plagas de los siete ángeles.

ᵍ 14:14: Dn. 7.13. ʰ 14:15: Jl. 3.13. ⁱ 14:20: Is. 63.3; Ap. 19.15. ᵃ 15.3: Ex. 15.1. ᵇ 15.4: Jer. 10.7. ᶜ 15.4: Sal. 86.9.
ᵈ 15.5: Ex. 40.34. ᵉ 15.8: 1 R. 8.10-11; 2 Cr. 5.13-14; Is. 6.4.

CAPÍTULO 16

Las copas de ira

Oí una gran voz que decía desde el templo a los siete ángeles: Id y derramad sobre la tierra las siete copas de la ira de Dios.

² Fue el primero, y derramó su copa sobre la tierra, y vino una úlcera maligna y pestilente *ᵃ* sobre los hombres que tenían la marca de la bestia, y que adoraban su imagen.

³ El segundo ángel derramó su copa sobre el mar, y éste se convirtió en sangre como de muerto; y murió todo ser vivo que había en el mar.

⁴ El tercer ángel derramó su copa sobre los ríos, y sobre las fuentes de las aguas, y se convirtieron en sangre.*ᵇ* ⁵ Y oí al ángel de las aguas, que decía: Justo eres tú, oh Señor, el que eres y que eras, el Santo, porque has juzgado estas cosas. ⁶ Por cuanto derramaron la sangre de los santos y de los profetas, también tú les has dado a beber sangre; pues lo merecen. ⁷ También oí a otro, que desde el altar decía: Ciertamente, Señor Dios Todopoderoso, tus juicios son verdaderos y justos.

⁸ El cuarto ángel derramó su copa sobre el sol, al cual fue dado quemar a los hombres con fuego. ⁹ Y los hombres se quemaron con el gran calor, y blasfemaron el nombre de Dios, que tiene poder sobre estas plagas, y no se arrepintieron para darle gloria.

¹⁰ El quinto ángel derramó su copa sobre el trono de la bestia; y su reino se cubrió de tinieblas,*ᶜ* y mordían de dolor sus lenguas, ¹¹ y blasfemaron contra el Dios del cielo por sus dolores y por sus úlceras, y no se arrepintieron de sus obras.

¹² El sexto ángel derramó su copa sobre el gran río Eufrates; y el agua de éste se secó, para que estuviese preparado el camino a los reyes del oriente.*ᵈ* ¹³ Y vi salir de la boca del dragón, y de la boca de la bestia, y de la boca del falso profeta, tres espíritus inmundos a manera de ranas; ¹⁴ pues son espíritus de demonios, que hacen señales, y van a los reyes de la tierra en todo el mundo, para reunirlos a la batalla de aquel gran día del Dios Todopoderoso. ¹⁵ He aquí, yo vengo como ladrón.*ᵉ* Bienaventurado el que vela, y guarda sus ropas, para que no ande desnudo, y vean su vergüenza. ¹⁶ Y los reunió en el lugar que en hebreo se llama Armagedón.*ᶠ*

¹⁷ El séptimo ángel derramó su copa por el aire; y salió una gran voz del templo del cielo, del trono, diciendo: Hecho está. ¹⁸ Entonces hubo relámpagos y voces y truenos, y un gran temblor de tierra, un terremoto *ᵍ* tan grande, cual no lo hubo jamás desde que los hombres han estado sobre la tierra. ¹⁹ Y la gran ciudad fue dividida en tres partes, y las ciudades de las naciones cayeron; y la gran Babilonia vino en memoria delante de Dios, para darle el cáliz del vino del ardor de su ira.*ʰ* ²⁰ Y toda isla huyó, y los montes no fueron hallados.*ⁱ* ²¹ Y cayó del cielo sobre los hombres un enorme granizo *ʲ* como del peso de un talento; y los hombres blasfemaron contra Dios por la plaga del granizo; porque su plaga fue sobremanera grande.

CAPÍTULO 17

Condenación de la gran ramera

Vino entonces uno de los siete ángeles que tenían las siete copas, y habló conmigo diciéndome: Ven acá, y te mostraré la sentencia contra la gran ramera, la que está sentada sobre muchas aguas;*ᵃ* ² con la cual han fornicado los reyes de la tierra, y los moradores de la tierra se han embriagado con el vino de su fornicación.*ᵇ* ³ Y me llevó en el Espíritu al desierto; y vi a una mujer sentada sobre una bestia escarlata llena de nombres de blasfemia, que tenía siete cabezas y diez cuernos.*ᶜ* ⁴ Y la mujer estaba vestida de púrpura y escarlata, y adornada de oro, de piedras preciosas y de perlas, y tenía en la mano un cáliz de oro *ᵈ* lleno de abominaciones y de la inmundicia de su fornicación; ⁵ y en su frente un nombre escrito, un misterio: BABILONIA LA GRANDE, LA MADRE DE LAS RAMERAS Y DE LAS ABOMINACIONES DE LA TIERRA. ⁶ Vi a la mujer ebria de la sangre de los santos, y de la sangre de los mártires de Jesús; y cuando la vi, quedé asombrado con gran asombro.

⁷ Y el ángel me dijo: ¿Por qué te asombras? Yo te diré el misterio de la mujer, y de la bestia que la trae, la cual tiene las siete cabezas y los diez cuernos.*ᵉ* ⁸ La bestia que has visto, era, y no es; y está para subir del

---

ᵃ 16.2: Ex. 9.10.   *ᵇ* 16.4: Ap. 7.17-21.   *ᶜ* 16.10: Ex. 10.21.   *ᵈ* 16.12: Is. 11.15-16.   *ᵉ* 16.15: Mt. 24.43-44; Lc. 12.39-40; Ap. 3.3.
ᶠ 16.16: 2 R. 23.29; 2 Cr. 35.22.   *ᵍ* 16.18: Ap. 8.5; 11.13, 19.   *ʰ* 16.19: Is. 51.17.   *ⁱ* 16.20: Ap. 6.14.   *ʲ* 16.21: Ap. 9.23; Ap. 11.19.
ᵃ 17.1: Jer. 51.13.   *ᵇ* 17.2: Jer. 51.7.   *ᶜ* 17.3: Ap. 13.1.   *ᵈ* 17.4: Jer. 51.7.   *ᵉ* 17.8: Dn. 7.3; Ap. 11.7.   *ᶠ* 17.8: Sal. 69.28.

abismo *e* e ir a perdición; y los moradores de la tierra, aquellos cuyos nombres no están escritos desde la fundación del mundo en el libro de la vida,*f* se asombrarán viendo la bestia que era y no es, y será. *9* Esto, para la mente que tenga sabiduría: Las siete cabezas son siete montes, sobre los cuales se sienta la mujer, *10* y son siete reyes. Cinco de ellos han caído; uno es, y el otro aún no ha venido; y cuando venga, es necesario que dure breve tiempo. *11* La bestia que era, y no es, es también el octavo; y es de entre los siete, y va a la perdición. *12* Y los diez cuernos que has visto, son diez reyes,*g* que aún no han recibido reino; pero por una hora recibirán autoridad como reyes juntamente con la bestia. *13* Estos tienen un mismo propósito, y entregarán su poder y su autoridad a la bestia. *14* Pelearán contra el Cordero, y el Cordero los vencerá, porque él es Señor de señores y Rey de reyes; y los que están con él son llamados y elegidos y fieles.

15 Me dijo también: Las aguas que has visto donde la ramera se sienta, son pueblos, muchedumbres, naciones y lenguas. *16* Y los diez cuernos que viste en la bestia, éstos aborrecerán a la ramera, y la dejarán desolada y desnuda; y devorarán sus carnes, y la quemarán con fuego; *17* porque Dios ha puesto en sus corazones el ejecutar lo que él quiso: ponerse de acuerdo, y dar su reino a la bestia, hasta que se cumplan las palabras de Dios. *18* Y la mujer que has visto es la gran ciudad que reina sobre los reyes de la tierra.

CAPÍTULO **18**

La caída de Babilonia

Después de esto vi a otro ángel descender del cielo con gran poder; y la tierra fue alumbrada con su gloria. *2* Y clamó con voz potente, diciendo: Ha caído, ha caído la gran Babilonia,*a* y se ha hecho habitación de demonios y guarida de todo espíritu inmundo, y albergue de toda ave inmunda y aborrecible.*b* *3* Porque todas las naciones han bebido del vino del furor de su fornicación;*c* y los reyes de la tierra han fornicado con ella, y los mercaderes de la tierra se han enriquecido de la potencia de sus deleites. *4* Y oí otra voz del cielo, que decía: Salid de

ella, pueblo mío,*d* para que no seáis partícipes de sus pecados, ni recibáis parte de sus plagas; *5* porque sus pecados han llegado hasta el cielo,*e* y Dios se ha acordado de sus maldades. *6* Dadle a ella como ella os ha dado,*f* y pagadle doble según sus obras; en el cáliz en que ella preparó bebida, prepáradle a ella el doble. *7* Cuanto ella se ha glorificado y ha vivido en deleites, tanto dadle de tormento y llanto; porque dice en su corazón: Yo estoy sentada como reina, y no soy viuda, y no veré llanto; *8* por lo cual en un solo día vendrán sus plagas;*g* muerte, llanto y hambre, y será quemada con fuego; porque poderoso es Dios el Señor, que la juzga.

9 Y los reyes de la tierra que han fornicado con ella, y con ella han vivido en deleites, llorarán y harán lamentación sobre ella, cuando vean el humo de su incendio, *10* parándose lejos por el temor de su tormento, diciendo: ¡Ay, ay, de la gran ciudad de Babilonia, la ciudad fuerte; porque en una hora vino tu juicio! *h*

11 Y los mercaderes de la tierra lloran y hacen lamentación sobre ella, porque ninguno compra más sus mercaderías; *12* mercadería de oro, de plata, de piedras preciosas, de perlas, de lino fino, de púrpura, de seda, de escarlata, de toda madera olorosa, de todo objeto de marfil, de todo objeto de madera preciosa, de cobre, de hierro y de mármol; *13* y canela, especias aromáticas, incienso, mirra, olíbano, vino, aceite, flor de harina, trigo, bestias, ovejas, caballos y carros, y esclavos, almas de hombres. *14* Los frutos codiciados por tu alma se apartaron de ti, y todas las cosas exquisitas y espléndidas te han faltado, y nunca más las hallarás.

15 Los mercaderes de estas cosas, que se han enriquecido a costa de ella, se pararán lejos por el temor de su tormento, llorando y lamentando, *16* y diciendo: ¡Ay, ay, de la gran ciudad, que estaba vestida de lino fino, de púrpura y de escarlata, y estaba adornada de oro, de piedras preciosas y de perlas! *17* Porque en una hora han sido consumidas tantas riquezas. Y todo piloto, y todos los que viajan en naves, y marineros, y todos los que trabajan en el mar, se pararon lejos; *18* y viendo el humo de su incendio, dieron voces, diciendo: ¡Qué ciudad

---

g 17.12: Dn. 7.24.　*a* 18.2: Is. 21.9.　*b* 18.2: Is. 13.21; Jer. 50.39.　*c* 18.3: Jer. 51.7.　*d* 18.4: Is. 48.20; Jer. 50.8.　*e* 18.5: Jer. 51.9.
f 18.6: Sal. 137.8; Jer. 50.29.　*g* 18.7-8: Is. 47.8-9.　*h* 18.9-10: Ez. 26.16-18.　*i* 18.11-19: Ez. 27.25-36.

era semejante a esta gran ciudad? [19] Y echaron polvo sobre sus cabezas, y dieron voces, llorando y lamentando, diciendo: ¡Ay, ay de la gran ciudad, en la cual todos los que tenían naves en el mar se habían enriquecido de sus riquezas; pues en una hora ha sido desolada! [i] [20] Alégrate sobre ella, cielo,[j] y vosotros, santos, apóstoles y profetas; porque Dios os ha hecho justicia en ella.

[21] Y un ángel poderoso tomó una piedra, como una gran piedra de molino, y la arrojó en el mar, diciendo: Con el mismo ímpetu será derribada Babilonia,[k] la gran ciudad, y nunca más será hallada.[l] [22] Y voz de arpistas, de músicos, de flautistas y de trompeteros no se oirá más en ti;[m] y ningún artífice de oficio alguno se hallará más en ti, ni ruido de molino se oirá más en ti. [23] Luz de lámpara no alumbrará más en ti, ni voz de esposo y de esposa se oirá más en ti;[n] porque tus mercaderes eran los grandes de la tierra; pues por tus hechicerías fueron engañadas todas las naciones. [24] Y en ella se halló la sangre de los profetas y de los santos, y de todos los que han sido muertos en la tierra.[o]

CAPÍTULO 19

Alabanzas en el cielo

Después de esto oí una gran voz de gran multitud en el cielo, que decía: ¡Aleluya! Salvación y honra y gloria y poder son del Señor Dios nuestro; [2] porque sus juicios son verdaderos y justos; pues ha juzgado a la gran ramera que ha corrompido a la tierra con su fornicación, y ha vengado la sangre de sus siervos de la mano de ella.[a] [3] Otra vez dijeron: ¡Aleluya! Y el humo de ella sube por los siglos de los siglos.[b] [4] Y los veinticuatro ancianos y los cuatro seres vivientes se postraron en tierra y adoraron a Dios, que estaba sentado en el trono, y decían: ¡Amén! ¡Aleluya! [5] Y salió del trono una voz que decía: Alabad a nuestro Dios todos sus siervos, y los que le teméis, así pequeños como grandes.[c] [6] Y oí como la voz de una gran multitud, como el estruendo de muchas aguas,[d] y como la voz de grandes truenos, que decía: ¡Aleluya, porque el Señor nuestro Dios Todopoderoso reina! [7] Gocémonos y alegrémonos y démosle gloria; porque han llegado las bodas

del Cordero, y su esposa se ha preparado. [8] Y a ella se le ha concedido que se vista de lino fino, limpio y resplandeciente; porque el lino fino es las acciones justas de los santos.

La cena de las bodas del Cordero

[9] Y el ángel me dijo: Escribe: Bienaventurados los que son llamados a la cena de las bodas [e] del Cordero. Y me dijo: Estas son palabras verdaderas de Dios. [10] Yo me postré a sus pies para adorarle. Y él me dijo: Mira, no lo hagas; yo soy consiervo tuyo, y de tus hermanos que retienen el testimonio de Jesús. Adora a Dios; porque el testimonio de Jesús es el espíritu de la profecía.

El jinete del caballo blanco

[11] Entonces vi el cielo abierto;[f] y he aquí un caballo blanco, y el que lo montaba se llamaba Fiel y Verdadero, y con justicia juzga y pelea. [12] Sus ojos eran como llama de fuego,[g] y había en su cabeza muchas diademas; y tenía un nombre escrito que ninguno conocía sino él mismo. [13] Estaba vestido de una ropa teñida en sangre; y su nombre es: EL VERBO DE DIOS. [14] Y los ejércitos celestiales, vestidos de lino finísimo, blanco y limpio, le seguían en caballos blancos. [15] De su boca sale una espada aguda, para herir con ella a las naciones, y él las regirá con vara de hierro;[h] y él pisa el lagar del vino del furor y de la ira del Dios Todopoderoso.[i] [16] Y en su vestidura y en su muslo tiene escrito este nombre: REY DE REYES Y SEÑOR DE SEÑORES.

[17] Y vi a un ángel que estaba en pie en el sol, y clamó a gran voz, diciendo a todas las aves que vuelan en medio del cielo: Venid, y congregaos a la gran cena de Dios, [18] para que comáis carnes de reyes y de capitanes, y carnes de fuertes, carnes de caballos y de sus jinetes, y carnes de todos, libres y esclavos, pequeños y grandes.[j] [19] Y vi a la bestia, a los reyes de la tierra y a sus ejércitos, reunidos para guerrear contra el que montaba el caballo, y contra su ejército. [20] Y la bestia fue apresada, y con ella el falso profeta que había hecho delante de ella las señales con las cuales había engañado a los que recibieron la marca de la bestia, y habían adorado su imagen.[k] Estos dos fueron lanzados vivos

---

[i] 18.20: Jer. 51.48. [k] 18.21: Jer. 51.63-64. [l] 18.21: Ez. 26.21. [m] 18.22: Ez. 26.13. [n] 18.22-23: Jer. 25.10. [o] 18.24: Jer. 51.49.
[a] 19.2: Dt. 32.43. [b] 19.3: Is. 34.10. [c] 19.5: Sal. 115.13. [d] 19.6: Ez. 1.24. [e] 19.9: Mt. 22.2-3. [f] 19.11: Ez. 1.1.
[g] 19.12: Dn. 10.6. [h] 19.15: Sal. 2.9. [i] 19.15: Is. 63.3; Jl. 3.13; Ap. 14.20. [j] 19.17-18: Ez. 39.17-20. [k] 19.20: Ap. 13.1-18.

¿Quiénes irán al infierno? Lee Apocalipsis 20:11-15

El suceso descrito en este pasaje es el juicio final de la humanidad, también conocido como el Juicio del Gran Trono Blanco. La norma por la cual cada uno será juzgado es simple. Si tú has aceptado el maravilloso regalo de Dios de la salvación por medio de su Hijo, Jesucristo, tu nombre será hallado en el Libro de la Vida, y pasarás la eternidad en el cielo con Dios. Si has escogido rechazar a Cristo, entonces tu destino final será el lago de fuego. No hay discusión al respecto. El caso está cerrado.

Mucha gente escoge la segunda opción. Lo hacen no precisamente porque desean pasar la eternidad en agonía, sino porque desean «seguir la corriente de todos». Hacen lo mismo que todos los demás, sin pensar por sí mismos. Jesús llama a esta elección: «la manera fácil». Al describir el camino al cielo y el camino al infierno, Jesús dice: «Entrad por la puerta estrecha, porque ancha es la puerta, y espacioso el camino que lleva a la perdición, y muchos son los que entran por ella; porque estrecha es la puerta, y angosto el camino que lleva a la vida, y pocos son los que la hallan» (Mateo 7:13-14). El único modo de salir de este camino ancho y «cancelar» tu reservación al infierno, es asegurarte de que tu nombre está registrado en el libro de Dios de reservación para los cielos –el Libro de la Vida.

PIEDRAS ANGULARES

dentro de un lago de fuego que arde con azufre. ²¹ Y los demás fueron muertos con la espada que salía de la boca del que montaba el caballo, y todas las aves se saciaron de las carnes de ellos.

CAPÍTULO 20

Los mil años

Vi a un ángel que descendía del cielo, con la llave del abismo, y una gran cadena en la mano. ² Y prendió al dragón, la serpiente antigua,ᵃ que es el diablo y Satanás, y lo ató por mil años; ³ y lo arrojó al abismo, y lo encerró, y puso su sello sobre él, para que no engañase más a las naciones, hasta que fuesen cumplidos mil años; y después de esto debe ser desatado por un poco de tiempo.

⁴ Y vi tronos, y se sentaron sobre ellos los que recibieron facultad de juzgar;ᵇ y vi las almas de los decapitados por causa del testimonio de Jesús y por la palabra de Dios, los que no habían adorado a la bestia ni a su imagen, y que no recibieron la marca en sus frentes ni en sus manos; y vivieron y reinaron con Cristo mil años. ⁵ Pero los otros muertos no volvieron a vivir hasta que se cumplieron mil años. Esta es la primera resurrección. ⁶ Bienaventurado y santo el que tiene parte en la primera resurrección; la segunda muerte no tiene potestad sobre éstos,

sino que serán sacerdotes de Dios y de Cristo, y reinarán con él mil años.

⁷ Cuando los mil años se cumplan, Satanás será suelto de su prisión, ⁸ y saldrá a engañar a las naciones que están en los cuatro ángulos de la tierra, a Gog y a Magog,ᶜ a fin de reunirlos para la batalla; el número de los cuales es como la arena del mar. ⁹ Y subieron sobre la anchura de la tierra, y rodearon el campamento de los santos y la ciudad amada; y de Dios descendió fuego del cielo, y los consumió. ¹⁰ Y el diablo que los engañaba fue lanzado en el lago de fuego y azufre, donde estaban la bestia y el falso profeta; y serán atormentados día y noche por los siglos de los siglos.

El juicio ante el gran trono blanco

¹¹ Y vi un gran trono blanco y al que estaba sentado en él, de delante del cual huyeron la tierra y el cielo, y ningún lugar se encontró para ellos. ¹² Y vi a los muertos, grandes y pequeños, de pie ante Dios; y los libros fueron abiertos, y otro libro fue abierto, el cual es el libro de la vida; y fueron juzgados los muertos por las cosas que estaban escritas en los libros, según sus obras.ᵈ ¹³ Y el mar entregó los muertos que había en él; y la muerte y el Hades entregaron los muertos que había en ellos; y fueron juzgados cada uno según sus obras. ¹⁴ Y la muerte y el

ᵃ 20.2: Gn. 3.1. ᵇ 20.4: Dn. 7.9, 22. ᶜ 20.8: Ez. 38.1-16. ᵈ 20.11-12: Dn. 7.9-10.

Hades fueron lanzados al lago de fuego. Esta es la muerte segunda. [15] Y el que no se halló inscrito en el libro de la vida fue lanzado al lago de fuego.

CAPÍTULO 21

Cielo nuevo y tierra nueva

Vi un cielo nuevo y una tierra nueva;[a] porque el primer cielo y la primera tierra pasaron, y el mar ya no existía más. [2] Y yo Juan vi la santa ciudad,[b] la nueva Jerusalén, descender del cielo, de Dios,[c] dispuesta como una esposa ataviada para su marido.[d] [3] Y oí una gran voz del cielo que decía: He aquí el tabernáculo de Dios con los hombres, y él morará con ellos; y ellos serán su pueblo,[e] y Dios mismo estará con ellos como su Dios. [4] Enjugará Dios toda lágrima de los ojos de ellos; y ya no habrá muerte,[f] ni habrá más llanto, ni clamor, ni dolor;[g] porque las primeras cosas pasaron.

[5] Y el que estaba sentado en el trono dijo: He aquí, yo hago nuevas todas las cosas. Y me dijo: Escribe; porque estas palabras son fieles y verdaderas. [6] Y me dijo: Hecho está. Yo soy el Alfa y la Omega, el principio y el fin. Al que tuviere sed, yo le daré gratuitamente [h] de la fuente del agua de la vida. [7] El que venciere heredará todas las cosas, y yo seré su Dios, y él será mi hijo.[i] [8] Pero los cobardes e incrédulos, los abominables y homicidas, los fornicarios y hechiceros, los idólatras y todos los mentirosos tendrán su parte en el lago que arde con fuego y azufre, que es la muerte segunda.

La nueva Jerusalén

[9] Vino entonces a mí uno de los siete ángeles que tenían las siete copas llenas de las siete plagas postreras, y habló conmigo, diciendo: Ven acá, yo te mostraré la desposada, la esposa del Cordero. [10] Y me llevó en el Espíritu a un monte grande y alto, y me mostró la gran ciudad santa de Jerusalén,[j] que descendía del cielo, de Dios, [11] teniendo la gloria de Dios. Y su fulgor era semejante al de una piedra preciosísima, como piedra de jaspe, diáfana como el cristal. [12] Tenía un muro grande y alto con doce puertas; y en las puertas, doce ángeles, y nombres inscritos, que son los de las doce tribus de los hijos de Israel; [13] al oriente tres

puertas; al norte tres puertas; al sur tres puertas; al occidente tres puertas.[k] [14] Y el muro de la ciudad tenía doce cimientos, y sobre ellos los doce nombres de los doce apóstoles del Cordero.

[15] El que hablaba conmigo tenía una caña de medir, de oro, para medir la ciudad, sus puertas y su muro.[l] [16] La ciudad se halla establecida en cuadro, y su longitud es igual a su anchura; y él midió la ciudad con la caña, doce mil estadios; la longitud, la altura y la anchura de ella son iguales. [17] Y midió su muro, ciento cuarenta y cuatro codos, de medida de hombre, la cual es de ángel. [18] El material de su muro era de jaspe; pero la ciudad era de oro puro, semejante al vidrio limpio; [19] y los cimientos del muro de la ciudad estaban adornados con toda piedra preciosa. El primer cimiento era jaspe; el segundo, zafiro; el tercero, ágata; el cuarto, esmeralda; [20] el quinto, ónice; el sexto, cornalina; el séptimo, crisólito; el octavo, berilo; el noveno, topacio; el décimo, crisopraso; el undécimo, jacinto; el duodécimo, amatista. [21] Las doce puertas eran doce perlas;[m] cada una de las puertas era una perla. Y la calle de la ciudad era de oro puro, transparente como vidrio.

[22] Y no vi en ella templo; porque el Señor Dios Todopoderoso es el templo de ella, y el Cordero. [23] La ciudad no tiene necesidad de sol ni de luna que brillen en ella; porque la gloria de Dios la ilumina,[n] y el Cordero es su lumbrera. [24] Y las naciones que hubieren sido salvas andarán a la luz de ella; y los reyes de la tierra traerán su gloria y honor a ella. [25] Sus puertas nunca serán cerradas de día, pues allí no habrá noche. [26] Y llevarán la gloria y la honra de las naciones a ella.[o] [27] No entrará en ella ninguna cosa inmunda,[p] o que hace abominación y mentira, sino solamente los que están inscritos en el libro de la vida del Cordero.

CAPÍTULO 22

Después me mostró un río limpio de agua de vida,[a] resplandeciente como cristal, que salía del trono de Dios y del Cordero. [2] En medio de la calle de la ciudad, y a uno y otro lado del río, estaba el árbol de la vida,[b] que produce doce frutos, dando cada mes su fruto; y las hojas del árbol eran para la

a 21.1: Is. 65.17; 66.22; 2 P. 3.13.   b 21.2: Is. 52.1.   c 21.2: Ap. 3.12.   d 21.2: Is. 61.10.   e 21.3: Ez. 37.27.   f 21.4: Is. 25.8.
g 21.4: Is. 65.19.   h 21.6: Is. 55.1.   i 21.7: 2 S. 7.14.   j 21.10: Ez. 40.2.   k 21.12-13: Ez. 48.30-34.   l 21.15: Ez. 40.3.
m 21.18-21: Is. 54.11-12.   n 21.23: Is. 60.19.   o 21.25-26: Is. 60.11.   p 21.27: Is. 52.1.   a 22.1: Ez. 47.1; Zac.14.8.   b 22.2: Gn. 2.9.

sanidad de las naciones. [3] Y no habrá más maldición;[c] y el trono de Dios y del Cordero estará en ella, y sus siervos le servirán, [4] y verán su rostro, y su nombre estará en sus frentes. [5] No habrá allí más noche; y no tienen necesidad de luz de lámpara, ni de luz del sol, porque Dios el Señor los iluminará;[d] y reinarán por los siglos de los siglos.[e]

La venida de Cristo está cerca

[6] Y me dijo: Estas palabras son fieles y verdaderas. Y el Señor, el Dios de los espíritus de los profetas, ha enviado su ángel, para mostrar a sus siervos las cosas que deben suceder pronto.

[7] ¡He aquí, vengo pronto! Bienaventurado el que guarda las palabras de la profecía de este libro.

[8] Yo Juan soy el que oyó y vio estas cosas. Y después que las hube oído y visto, me postré para adorar a los pies del ángel que me mostraba estas cosas. [9] Pero él me dijo: Mira, no lo hagas; porque yo soy consiervo tuyo, de tus hermanos los profetas, y de los que guardan las palabras de este libro. Adora a Dios.

[10] Y me dijo: No selles las palabras de la profecía de este libro, porque el tiempo está cerca. [11] El que es injusto, sea injusto todavía; y el que es inmundo, sea inmundo todavía; y el que es justo, practique la justicia todavía; y el que es santo, santifíquese todavía.[f]

[12] He aquí yo vengo pronto, y mi galardón conmigo,[g] para recompensar a cada uno según sea su obra.[h] [13] Yo soy el Alfa y la Omega,[i] el principio y el fin, el primero y el último.[j]

[14] Bienaventurados los que lavan sus ropas, para tener derecho al árbol de la vida,[k] y para entrar por las puertas en la ciudad. [15] Mas los perros estarán fuera, y los hechiceros, los fornicarios, los homicidas, los idólatras, y todo aquel que ama y hace mentira.

[16] Yo Jesús he enviado mi ángel para daros testimonio de estas cosas en las iglesias. Yo soy la raíz y el linaje de David,[l] la estrella resplandeciente de la mañana.

[17] Y el Espíritu y la Esposa dicen: Ven. Y el que oye, diga: Ven. Y el que tiene sed, venga; y el que quiera, tome del agua de la vida gratuitamente.[m]

[18] Yo testifico a todo aquel que oye las palabras de la profecía de este libro: Si alguno añadiere a estas cosas, Dios traerá sobre él las plagas que están escritas en este libro. [19] Y si alguno quitare de las palabras del libro de esta profecía,[n] Dios quitará su parte del libro de la vida, y de la santa ciudad y de las cosas que están escritas en este libro.

[20] El que da testimonio de estas cosas dice: Ciertamente vengo en breve. Amén; sí, ven, Señor Jesús. [21] La gracia de nuestro Señor Jesucristo sea con todos vosotros. Amén.

---

c 22.3: Zac. 14.11.   d 22.5: Is. 60.19.   e 22.5: Dn. 7.18.   f 22.11: Dn. 12.10.   g 22.12: Is. 40.10; 62.11.   h 22.12: Sal. 28.4.   i 22.13: Ap. 1.8.   j 22.13: Is. 44.6; 48.12; Ap. 1.17; 2.8.   k 22.14: Gn. 2.9; 3.22.   l 22.16: Is. 11.1.   m 22.17: Is. 55.1.   n 22.18-19: Dt. 4.2; 12.32.

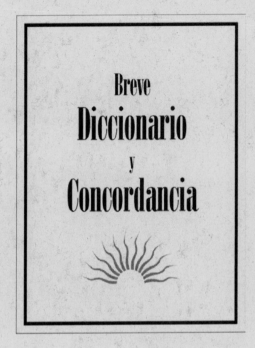

Breve
Diccionario
y
Concordancia

BREVE DICCIONARIO TEMÁTICO
Y CONCORDANCIA

ABOMINACIÓN Comportamiento moral y rituales que Dios aborrece
Gn. 46:34; Lv. 11:10-13, Dt. 25:16; Pr. 11:20; 12:22; Lc. 16:15; Ro. 2:22 Ap. 21:27

ABSTINENCIA Negación autoimpuesta en cuanto al disfrute de ciertas cosas, como el comer, el beber o el acto sexual, continencia
Éx. 19:15; Ec. 3:5; Hc. 21:25; 1 Ti. 4:3; 1 Co. 9:25; 1 P. 2:11

ABUNDANCIA En gran cantidad, afluencia, saturado, plenitud
Gn. 27:28; Dt.15:4; Sal. 5:7; 69:13; Pr. 3:10; Mt.12:34; Lc. 12:15; Jn.10:10; Fil. 4:12

ACUSAR Culpar, censurar, denunciar, condenar
Pr. 30:10; Dn. 3:8; Mt. 12:10; Lc. 11:54; Ro. 8:33; Ap. 12:10;

ADIVINACIÓN, ADIVINO Predicción, encantamiento, hechicería
Gn. 44:15; Nm. 23:23; Dt. 18:10; 2 Cr. 33:6; Zac. 10:2; Hch. 16:16;

ADOPCIÓN Acto de tomar a una persona y reconocerla como hijo, protección, acogimiento
Est. 2:7; Ro. 8:15; 8:23; Gá. 4:5; Ef. 1:5

ADORAR Acto mediante el cual se expresa reverencia, respeto, honor y obediencia a Dios
Gn. 22:5; Sal. 66:4; 86:9; 96:9; Jn 4:24; 1 Co. 14:25; Ap. 7:11; 15:4;

ADULTERIO Violación del compromiso conyugal, fraude, engaño
Éx. 20:14; Pr. 6:32; Jer. 13.27; Mt. 5:27; Mr. 7:21; Gá. 5:19; 2 P. 2:14

ADVERSARIO Rival, enemigo, oponente
Nm. 22:22; 1 S. 2:10; 1 R. 5:4; Sal. 69:19; Pr. 18:17; Mt. 5:25; 1 Ti. 5:14; Tito 2:8; 1 P. 5:8

AFLICCIÓN Sufrimiento, angustia, adversidad, dolor, tribulación
Gn. 29:32; Éx. 3:7; Job 5:7; Sal. 9:13; 119:153; Jn. 16:33; Ro. 8:18; 2 Co. 1:5; 1 Ts. 3:7; Stg. 5:10

ALABANZA Elogio, proclamar o reconocer las virtudes de Dios y sus obras; glorificar, honrar
Lv. 19:24; 2 Cr. 5:13; 20:22; Sal. 34:1; 95:2; 148:13; 150:6; Mt. 21:16; 1 Co. 11:2; Fil. 4:8; Ap. 5:13

ALMA Espíritu, vida, se le atribuyen las funciones como el pensamiento y los sentimientos, en la fe cristiana, algo inmortal
Dt. 4:29; 6:5; 2 Cr. 6:38; Sal. 16:10; 23:3; Pr. 19:16; Ts. 5:23; 1 P. 1:9; Ap. 20:4

ALTAR Lugar alto de adoración para ofrecer sacrificios, ofrenda o quemar incienso, santuario, templo
Gn. 8:20; Éx. 40:10; Lv. 9:7; Mt. 5:23-24; Hch. 17:23; Stg. 2:21; Ap. 9:13

AMOR, AMADO Inclinación y afecto entrañable hacia una persona u objeto, la más sublime expresión de la fidelidad de Dios, misericordia que se refleja en la relación entre los hermanos en Cristo, la fidelidad matrimonial y la adoración a Dios
Gn. 18:26; 1 R. 11:34; 1 Cr. 16:21; Sal. 23:3; Sal. 79:9; Pr. 10:12; Cnt. 4:10; 8:6-7; Is. 43:25; Mt. 24:12; Jn. 13:34; Ro. 5:5; 8:35; 1 Co. 13:1-4; 8;13; 1 Jn. 3:16; Ap. 2:19

ANCIANO Viejo, hombre sabio, varón con autoridad otorgada por la comunidad de creyentes debido a su carácter o experiencia
Gn. 25:8; Éx. 3:16; Lv. 19:32; Dt. 5:23; Jos. 7:6; 1 R. 8:1; Pr. 20:29; Jl. 2:28; Mt. 27:1; Hch. 4:8; 1 Ti. 5:1; Ap. 4:4

ÁNGEL Mensajero de Dios.
Gn.28:12; Éx. 33:2; Jue. 13:3; Sal. 91:11; Dn. 3:28; 6:22; Mt. 1:20; 4:11; Lc. 1:30; Jn. 20:12; 2 Co. 11:14

ANGUSTIA Profunda preocupación o sufrimiento, tribulación
Gn. 35:3; 2 S. 4:9; Neh. 9:37; Job 7:11; Sal. 4:1; 9:9; 18:6; 32:7; 37:39; Pr. 21:23; Is. 63:9; Ro. 8:35; 2 Co. 6:4

APARTAR Alejar, elegir, escoger, separar, santificar
Gn. 13:11; Éx. 33:23; Dt. 11:16; Jos. 1:8; Sal. 34:14; 37:27; Pr. 1:15; 3:3; Ez. 3:20; Mt. 7:23; Hch. 13:2; Ro. 1:1; 1 Ti. 5:15

APÓSTOL, APOSTOLADO Mensajero, uno que es enviado, en general aplícase a los doce seguidores de Cristo
Mt. 10:2; Mr. 6:30; Lc. 11:49; Hch. 5:12; Ro. 1:5; 1 Co. 9:2; 1 Co. 12:28; 1 Ti. 2:7; He. 3:1; Jud. 17

ARREPENTIMIENTO Dolor, pesar por una acción no correcta; legal, moral o espiritual, convicción de pecado ante Dios

Gn. 6:6; Éx. 32:14; Mt. 3:8; 9:13; Lc. 15:7;10; 17:3; Hch. 3:19; 2 Co. 7:9-10; 2 P. 3:9; Ap. 2:5

ATADURA Sujetar, unir, obligación o compromiso físico o moral
Jue. 15:14; Pr. 3:3; Mt. 16:19; 21:2; 23:4; Hch. 21:13; 33; Ap. 20:2

AUTORIDAD Poder, mando, potestad, crédito concedido a una persona u organización en determinada materia
Es. 1:22; Mt. 7:29; 10:1; 21:23-24; Mr. 11:29; Lc. 4:32; Ro. 13:1-3; 2 Co. 13:10; Ef. 1:21

AVERGONZAR, VERGÜENZA, Confundir, afrenta, estar turbado por una ofensa recibida o por una falta cometida, temor a la deshonra o al ridículo
2 Co. 32:21; Esd. 9:6; Job 11:3; Sal. 6:10; 22:5; 25:2-3; Pr. 29:15; Is. 41:11; Mr. 8:38; Ro. 1:16; 10:11; 1 Co. 1:27

AYUNO. Abstinencia de alimento
Jue. 20:26; 1 R. 21:27; Esd. 8:23; Neh. 1:4; Jer. 36:9; Jl. 1:14; Mt. 4:2; 6:16-18; Hch. 13:3

BÁLSAMO Sustancia aromática extraída de plantas que se usan como producto farmacéutico; figura de aquello que produce alivio al alma
Gn. 37:25; Sal. 141:5; Jer. 8:22; 51:8

BATALLA Combate de un ejército con otro. Figurativo, agitación e inquietud interior del ánimo
Dt. 20:3; Jue. 8:13; 1 S. 4:12; 2 S. 10:8; 1 R. 8:44; 2 Cr. 32:8; Sal. 18 34, 24:8, 144:1; 1 Co. 14:8; 1 Ti. 6:12; 2 Ti. 4:7

BAUTISMO, BAUTIZAR Un sacramento cristiano, lavamiento con agua para limpiar los pecados, acto público que señala arrepentimiento y admisión en la comunidad de fe; figura de una iniciación
Mt. 3:7; 3:13; 28:19; Mr. 1:4; Lc. 3:3. Hch. 1:5; 8:36; 38; 11:16; Ro. 6:4; Col. 2:12

BENDITO, BENDICIÓN Feliz, alabar, celebrar con alabanzas, un favor divino
Gn. 12:2; Dt. 11:26; 1 Cr. 4:10; Sal. 3:8; 133:3; Lc. 9:16; Ef. 1:3; Stg. 3:10; 1 P. 3:9

BENDECIR Consagrar al culto divino una cosa, celebrar con alabanzas, recibir un favor especial de parte de Dios
Gn. 12:3; Nm. 6:24; Sal. 5:12; 34:1; 96:2; Pr. 3:33; Mr. 6:41; Jn. 12:13; Gá. 3:9

BLASFEMAR Palabras o acciones que deshonran a Dios
Lv. 24:16; 25:12:14; Sal. 74:18; Pr. 30:9; Mr. 3:28-29; Ro. 2:24; Col. 3:8; 1 Ti. 6:1; Tit. 2:5; Ap. 16:11

BONDAD Calidad de bueno, compasión, misericordia
Gn. 21:23; 2 Cr. 6:41; Sal. 25:7; 27:13; Ro. 11:22; 2 Co. 6:6; Gá. 5:22; Tit. 3:4

BUENAS NUEVAS Traducido de la palabra griega que significa evangelio, buenas noticias
1 S. 31:9; 2 R. 7:9; Pr. 15:30; Is. 61:1; Mt. 28:10; Lc. 3:18; 4:18; Ef. 2:17; Ro. 10:15; He. 4:6;

BURLA Mofa, escarnio
Gn. 39:14; 2 Cr. 7:20; Job 30:9; Sal. 44:13; Pr. 13:1; Jer. 19:8; 25:18; Lm. 3:14; Lc. 14:29; Jud. 18

CAER, CAÍDA Descender, bajar, tropezar, pecado del primer hombre
Gn. 2:21; Éx. 15:16, 2 R. 20:1, Sal. 56:13; 146:8; Mi. 7:8; 1 Co. 8:13; Gá. 5:4; 2 P. 1:10

CALAMIDAD Desastre o miseria, infortunio, angustia, aflicción, sufrimiento, tribulación
Dt. 28:22; Job.7:3; Sal. 11:6; Pr. 1:26; 10:14; Abd. 13; Lc. 21:23

CARGA Levantar; figurativo de preocupación o pecado
Éx. 23:5; Nm. 11:11,17; Job 7:20; Sal. 38:4; 55:22; Is. 43:24; 46:1; 58:6, Mt. 5:41; 11:30; 2 Co. 11:9; Gá. 6:2

CARNE, CARNAL Parte que forma los músculos de un cuerpo, relativo a un mortal, aspecto pecaminoso que se opone a lo espiritual
Gn. 2:23-24; Is. 40:6; Ez. 11:19; Mt. 16:17; Jn. 1:14; Ro. 7:18; 8:13

CASTIGO Pena, corrección de una falta, tormento, padecimiento; espiritualmente, puede referirse a la condenación eterna
Pr. 3:12; Is. 13:11; Ez. 7:9; Mt. 24:51; Hch. 4:21; Ro. 13:4; Ap. 3:19

CAYADO Bastón de los pastores, báculo de los obispos; representativo de autoridad
Gn. 32:10; 1 S. 17:40; Sal. 23:4; Mi. 7:14

CELO, CELOSO Esmero puesto en el cumplimiento del deber, envidia, exigencia de Dios por la fidelidad de sus seguidores
Nm. 5:14; Dt. 32:16; Sal. 69:9; Hch. 13:45; Ro. 11:11; 1 Co. 3:3;Gá. 4: 17; Fil. 3:6

CENIZA Residuos quemados, vestigios de muerte, denota pena, arrepentimiento o humillación
Éx. 27:3; 2 S. 13:19; Est. 4:1,3; Dn. 9:3; Mt. 11:21; 2 P. 2:6

CIELO (S) Espacio indefinido, aparenta una bóveda encima de la tierra; eufemismo de Dios en su habitación majestuosa y perfecta
Gn. 1:1; Dt. 10:14; Sal. 11:4; 73:25; Mt. 16:19; 2 Co. 5:1; Fil. 3:20; He. 1:10

CODICIA Ambición, deseo insano de obtener las posesiones de otro
Éx. 20:17; Jos. 7:21; Pr. 6:25; Mi. 2:2; 1 Ti. 6:10; Stg. 4:2

COMPASIÓN, COMPASIVO Enternecimiento, conmiseración por las circunstancias adversas de otro
Dt. 13:17; Sal. 109:12; Is. 54:8; Jer. 50:42; Jon. 1:6; Mt. 9:36; Stg. 5:11; 1 P. 3:8

CONCEBIR, CONCEBIDO Quedar encinta, tener una idea, pensar
Gn. 21:2; Pr. 13:10; Is. 59:4; Ez. 38:10; Mt. 1:23; Stg. 1:15

CONCIENCIA Sensibilidad moral o escrúpulos
Sal. 16:7; Jn. 8:9; Hch. 23:1; 24:16; Ro. 9:1; 1 Co. 4:4; 8:7; 1 Ti. 1:19; 1 P. 3:16,

CONDENAR, CONDENACIÓN Declarar culpable, convicción de culpa, censurar
Dt. 25:1; Sal. 34:22; Pr. 12:2; Is. 54:17; Mt. 23:14, 33; Jn. 3:19; Ro. 5:18; 8:1; Jud. 4

CONFESAR Admitir o reconocer (aplicado a pecado o fe), declaración de creencia
Lv. 5:5; 1 R. 8:33, 35; 2 Cr. 6:24, 26; Neh. 9:2; Sal. 38:18; Pr. 28:13; Dn. 9:4; Mt. 3:6; 10:32; Ro. 10:9; Stg. 5:16

CONFIANZA Esperanza, fe, seguridad, tranquilidad
2 Cr. 32:8; Job 11:18; Sal. 40:4; 78:7; Pr. 3:26; 14:26; 2 Co. 3:4; Fil. 3:3, He. 10:35

CONFORTAR Animar, consolar, ver con satisfacción algo
Jue. 19:8; Sal. 23:3; Pr. 15:30; Ro. 1:12; 1 Co. 16:18; 2 Ts. 2:17; Flm. 20

CONOCIMIENTO Sabiduría, aprendizaje, noción, idea, información, saber
Pr. 9:10; Is. 11:9; Dn. 1:17; Lc. 1:77; Ro. 3:20; 2 Co. 10:5; Ef. 1:17; 3:19; Fil. 3:8; Col. 1:9; 1 Ti. 2:4

CONSAGRAR, CONSAGRADO Santo, dedicar algo a Dios, devoto de Dios
Éx. 13:2; 16:23; Lv. 27:28; 1 Cr. 22:19; 2 Cr. 2:4; 31:18; Ez. 43:26

CONSEJO Opinión, recomendación, guía, consulta
Nm. 31:16; Jue. 19:30; 1R. 12:6, 1 Cr. 13:1; Sal. 1:1, 33:11; Sal. 64:2, 107:11; Pr. 1:5; 3:21; 12:15; Mt. 26:4; 28:12; Hch. 9:23

CONTAMINAR Entrar la inmundicia a un cuerpo, manchar, corromper, viciar, pervertir
Lv. 11:43; Sal. 106:38; Ez. 36:17-18; Dn. 1:8; Mt. 15:11;18,20; 1 Co. 8:7; Stg. 3:6

CONTENCIÓN Contienda, pleito
Sal. 31:20; Fil. 1:16; Tit. 3:9; Stg. 3:14,16

CONTENTAMIENTO Satisfacción, alegría, placer, complacencia
Neh. 12:43; Sal. 149:4; Pr. 12:22; 15:15; Ec. 12:1; Is. 42:1; 1 Ti. 6:6,8; He. 13:5

CONTRISTAR, CONTRITO Triste, compungido, arrepentido de haber cometido una falta
Sal. 34:18; 51:17; Lm. 3:51; Ro. 14:15; 2 Co. 2:2, 4, 4, 7:8-9,11; Ef. 4:30

CONVERTIR, CONVERSO Cambiar, transformar, se refiere al que ha entregado su vida a Cristo
Dt. 30:2; 1 R. 8:47; Jer. 15:19; Ez. 14:6; Mt. 4:3; 13:15; Jn. 4:46; Hch. 2:20; 11:21; Stg. 4:9

CORAZÓN Denota el asiento de las emociones, pensamientos e intenciones, algunas veces comprende la mente y el alma; la parte medular y vital de algo
Gn. 6:5; Éx. 7:13,22; Dt. 8:2; Jos. 5:1; 1 R. 3:9; Sal. 7-9; 9:1, 24:4; Pr. 2:2, 3:5; Mt. 5:8, Mr. 7:21; Jn. 14:1; Ro. 10:10; Fil. 1:7; He. 4:12; Stg. 4:8; 1 Jn. 3:20; Ap. 2:23

CORONA, CORONADO Objeto colocado en la cabeza que indica realeza o victoria, emblema de magnificencia o premio
2 S. 12:30; Est. 2:17; Pr. 4:9; 14:24, 16:31; Mt. 27:29; 1 Co. 9:25; Fil. 4:1; 2 Ti. 4:8; Stg. 1:12

CREACIÓN Algo que ha sido hecho, el universo, el acto de traer al mundo a la existencia
Gn. 2:3; Ez. 28:13; Mr. 10:6; Ro. 1:20, 8:19-22; Col. 1:15

CREER, CREYENTE Confiar en; mantenerse firme en su convicción
Gn. 15:6; Sal. 27:13; Mt. 8:13, 21:22; Mr. 9:23; Jn. 20:27; 1 Co. 1:21; 1 Ti. 4:12

CRISTIANO, CRISTIANDAD Uno que pertenece o sigue a Cristo, grupo de creyentes
Hch. 11:26, 26:28; 1 P. 4:16

CRISTO Hijo de Dios, Mesías, el Ungido
Mt. 1:16, Mr. 8:29, Lc. 24:46, Jn. 1:41, Hch. 2:36; Ro. 3:24, 1 Co. 11:3, Col. 3:1

CRUCIFICAR, CRUCIFIXIÓN Ejecutar o clavar en una cruz, muerte de Cristo para expiación del pecado del hombre
Mt. 27:26, 28:5, Jn. 19:10, 19:18, Hch. 2:23, Ro. 6:6, 1 Co. 1:23; Gá. 5:24

CUERPO Toda sustancia material, parte material de un ser animado, grupo de personas
Éx. 22:27; Nm. 2:4, 1 S. 17:46, Mt. 6:22, 10:28, 1 Co. 6:19, 12:18; Ef. 4:12

CULPA Falta cometida, ansiedad que resulta del sentimiento de haberse alejado de las normas divinas
Lv. 5:15; Nm. 18:9; Dt. 21:9; Pr. 28:20; Is. 6:7; Nah. 1:3; Mt. 12:5

DAR Donar, otorgar, entregar, compartir
Gn. 1:12, 21:19; Éx. 16:8, Nm. 13:26, Dt. 5:11, 1 R. 3:25; Sal. 1:3, 20:4, 37:21, 85:12; Pr. 2:6; Mt. 6:11; Mr. 6:7; Jn. 4:14; 1 Co. 12:24; Gá. 1:4; Ef. 3:16; 1 Ts. 4:8; 2 P. 1:4

DELEITE Fuente de gran placer, regocijo, disfrute
Gn. 18:12; Sal. 141:4; Pr. 3:17, 19:10, 21:17; Mi. 7:18; Ro. 7:22

DEMONIO (S) Agente del diablo, un espíritu malo, ver DIABLO
Lv. 17:7; Dt. 32:17; Sal. 106:37; Mt. 7:22, 8:31, 9:33; Mr. 3:15, 16:9; Lc. 9:42; 1 Co. 10:20; 1 Ti. 4:1, Stg. 2:19, Ap. 16:14

DESHONRA, DESHONOR Afrenta, vergüenza, indigno de su calidad y estado
2 S. 13:13; Job 10:15; Pr. 11:2, Is. 47:3; Hab. 2:16; Ro. 9:21; 2 Co. 6:8

DESOLADO Lugar despoblado, desierto, persona sin gozo, solo
Sal. 9:6; Is. 62:4; Lm. 1:13; Gá 4:27
Éx. 12:36; Jue. 2:14; Sal. 76:5; Pr. 22:23; Lc. 10:30; Ef. 4:22; Fil. 2:7; Col. 2:15; He. 12:1

DESPRECIO Falta de estimación, desdén, menosprecio
Gn. 16:4; Nm. 14:31; Neh. 2:19; Sal. 10:5; 22:6, 51:17; Pr. 1:7,8; Is. 53:3; 1 Co. 4:10; 2 P. 2:10

DEUDA Lo que no se ha pagado, sentido de obligación
Pr. 22:26; Mt. 6:12, 18:25, 32; Ro. 4:4

DIABLO Satanás, enemigo de Dios y de todo lo bueno, destructor, tentador, adversario
Mt. 4:1; Lc. 8:12; Jn. 6:70, 13:2, Hch. 10:38, 13:10; Ef. 4:27, 6:11, 2 Ti. 2:26; Ap. 12:9

DIÁCONO Siervo, oficial de la iglesia
Fil. 1:1, 1 Ti. 3:8, 10,12,13

DIEZMO La décima parte de las entradas o ganancias, dedicada a Dios para fines religiosos
Gn. 28:22; Lv. 27:30; Dt. 14:22; Neh. 10:37; Mal. 3:8,10; Mt. 23:23, Lc. 18:12

DIGNO Distinguido, honorable, merecedor, se aplica a Dios
Dt. 21:22, 2 S. 22:4, Sal. 18:3, 96:4, Jer. 51:18, Mt. 3:8, 3:11; Lc. 7:6, 10:7, Hch. 5:41; Ef. 4:1, Fil. 1:27

DIOS Ser Supremo, eterno e infinito, Creador, Señor soberano
Gn. 1:1; Dt. 5:9; Neh. 1:5; Sal. 3:7, 7:9, 49:15, 54:4; Is. 45:5; Jn. 1:1, 2; Ro. 1:21; 1 Jn. 1:5; Ap. 19:1, 4, 6

DIOSES Deidad pagana e imponente, imagen de una deidad pagana (hecha de madera, metal o piedra)
Éx. 20:3, 23; Dt. 8:19; Jue. 5:8; 1 Cr. 16:26, Hch. 7:4; 14:11; 19:26

DISCÍPULO Estudiante o seguidor de alguna doctrina o maestro
1 Cr. 25:8; Mt. 5:1, 10:1; Mr. 4:34; Jn. 13:35, 19:38; Hch. 11:26

DIVINO, DIVINIDAD Santo, eterno, místico, relativo a Dios
Hch. 17:29; Ro. 11:4; 2 P. 1:3-4

DIVORCIO Disolución matrimonial, dar fin a una relación
Dt. 24:1, 3; Mt. 5:31, 19:7; Mr. 10:4

DOCTRINA Conjunto de ideas, enseñar, dar instrucción, confesiones de fe históricas o declaraciones extraídas de las Sagradas Escrituras que acepta y vive la cristiandad
Job 11:4; Pr. 1:2, Is. 29:24; Mt. 7:28; Jn. 7:16,17; Hch. 2:42; Ro. 16:17; Ef. 4:14; 1 Ti. 4:16; Tit. 2:1; 2 Jn.9

DON Regalo, lo otorgado gratuitamente, la salvación, se aplica a las capacidades dadas a los creyentes por el Espíritu Santo
Nm. 18:7; Jos. 15:19; Sal. 68:18, 141:2, Pr. 6:35, Jn. 4:10, Ro. 5:17; 1 Co. 7:7, 12:4; 2 Co. 9:15; Ef. 2:8; 1 Ti. 4:14

DUDA Pérdida de confianza, incertidumbre
1 S. 14:44; Dn. 5:12; Hab. 2:3, Mt. 14:31; Mr. 11:23; Ro. 4:20; Stg. 1:6; Jud. 22

DUELO Luto, sentimiento por la muerte de una persona, combate entre dos
Gn. 23:2; 50:10; Lv. 10:6; 2 S. 11:26; 2 Cr. 35:24; Neh. 1:4; Is. 19:8; Am. 6:7

ELECCIÓN, ELEGIDO, ELEGIR
Escogido o seleccionado por Dios para un propósito redentor

Sal. 78:70; Jn. 15, 16, 19, Hch. 6:5, Ro. 9:11; 11:28, 1 Ts. 1:4, Stg. 2:5, 1 P. 5:13; 2 P. 1:10

ENDURECER Poner dura una cosa, resistencia, se aplica al carácter rebelde ante Dios
Éx. 7:13,22; Neh. 9:16; Sal. 95:8; Pr. 21:29; Is. 63:17; Mr. 6:52; Hch. 19:9

ENGAÑO, ENGAÑADOR Mentir, defraudar, aplicable al diablo
Gn. 27:35; Sal. 7:14, 52:2; Pr. 12:5,17; Mt. 13:22; Ro. 1:29; 1 Ti. 4:1; 2 Jn. 7

ENSANCHAR Ampliar, alargar, extender
Éx. 34:24; Sal. 18:36; Mt. 23:5; 2 Co. 6:11,13

ENVIDIA, ENVIDIOSO Celos, descontento o resentimiento por causa del éxito, ventajas o superioridad de otro
Gn. 37:11; Job 5:2; Sal. 37:1; Pr. 14:30, 24:1, Ec. 4:4; 1 Co. 13:4; Gá. 5:26

ESCRITURA Caracteres con que se escribe; la ley o palabra de Dios, el conjunto de los libros sagrados: la Biblia
Dn. 5:25; Mt. 22:29; Lc. 24:45, Jn. 2:22; Hch. 17:11; Ro. 15:4; 2 Ti. 3:16

ESCUDO Objeto para protegerse de un ataque
Gn. 15:1; Sal. 18:30, 91:4; Pr. 2:7, 30:5

ESPERANZA Confianza y expectación del cumplimiento de lo que se espera
2 R. 18:5; Sal. 14:6, 91:2, Pr. 10:28; Hch. 2:26, 24:15; Ro. 4:18, 2 Co. 1:8; Col. 1:5

ESPINA Astilla pequeña, púa que tienen algunas plantas
Nm. 33:55; Pr. 26:9; Lc. 6:44; Jn. 19:2

ESPIRITUAL Relacionado con el espíritu, creyente en plenitud de la fe.
Ro. 1:11; 1 Co. 2:13, 2:15, 3:1, 12:1, 14:37; Gá. 6:1, 1 P. 2:5

ESPÍRITU Soplo, aliento, alma, ser inmaterial; aplícase también a un ser del mal
1S. 16:15, 2 R. 2:9, Ez. 37:10, Mt. 10:1, Hch. 2:17, 1 Co. 2:10, Ef. 2:2; He. 1:14; Stg. 2:26

ESPÍRITU SANTO Tercera persona de la Trinidad
Mt. 1:18; Jn. 14:26; Hch. 2:4, 10:38, Ro. 5:5; 1 Co. 6:19, 12:3, Ef. 1:13, 2 P. 1:21, 1 Jn. 57

ESPOSO, ESPOSA Un desposado, la figura esposo-esposa para aludir la íntima relación que Dios tiene con su pueblo
Lv. 21:13; Sal. 19:15; Pr. 18:22; Is. 54:6; 62:5; Jer. 3:14; Mt. 9:15; Mr.2:20; Ap. 19:7; 21:9; 22:17

ESTATUTOS Leyes o decretos
Éx. 15:25; 1 R. 6:12; Sal. 81:4, 119:16; Ez. 20:11, 36:27

ESTIMADO De valor o apreciado
Est. 10:3, Sal. 116:15; Is. 49:5; Ro. 16:7; Fil. 2:3

ETERNO, ETERNAL Perdurable, relativo al habitar perpetuo en la compañía de Dios
Gn. 21:33; Dt. 33:15, Sal. 45:6; 119:142; Mt. 18:8; Jn. 3:16; Hch. 13:46; Ro. 6:22; He. 5:9; 1 P.5:10

EVANGELIO Palabra que tiene su origen en el NT, significa buenas noticias
Mt. 4:33; 9:35; 24:14; Mr. 1:14; 8:35; 13:10; Lc. 4:43; 9:6; Hch. 8:4; 10:36; 13:32; 17:18; Ro. 1:15,16; 1 Co. 1:17; Ef. 1:13; 6:19

EVANGELISTA Predicador del evangelio
Hch. 21:8; Ef. 4:11; 2 Ti. 4:5

EXALTAR, EXALTADO Elevar, glorificar, elevar a un rango de poder
Dt. 28:1, Sal. 34:3, Pr. 29:25; Is. 25:1; Lc. 1:52; Fil. 2:9; Stg. 4:10

EXHORTAR, EXHORTACIÓN Argumentar con firmeza, urgir a buenas obras, predicar
Lc. 3:18, Hch. 2:40, 14:22; Ro. 12:8; Col. 3:16; 1 Ti. 2:1, 5:1, 6:2, Tit. 1:9; He. 10:25

EXTRANJERO Forastero, que no tiene su domicilio en la localidad donde se encuentra
Gn.4: 14; Éx. 12:49; Nm. 11:4; Rt. 2:10; 2 Cr 6:32; Hch. 10:28, 17:21, Ef. 2:19, 1 P. 2:11

FALSO Engañoso, fingido, simulado, desleal
Éx. 20:16; Dt. 19:18; Sal. 27:12; Pr. 6:19, 11:1, 19:5,9; Mt. 15:19, 1 Co. 15:15, 1 Co. 15:15; 2 Co. 11:13; Ap. 20:10

FAVOR, FAVORECIDO Bondad, aprobado, distinción proveniente de un superior, objeto de bendición espiritual o gracia especial
1 S. 13:12; Job 11:19; Sal. 30:5, 45:12; Pr. 11:27, 19:6; Hch. 2:47; Gá. 1:10

FE Creencia, actitud de confianza y entrega a Dios o a una enseñanza
Nm. 35:30; Hab. 2:4; Mt. 9:22; Mr. 11:22; Ro. 1:8, 5:1; 1 Co. 2:5; Gá. 2:16; Ef. 2:8, 4, 5; Stg. 2:18

FIEL, FIDELIDAD Firme, leal, verdadero, aquellos que practican una fe
1 S. 3:20; 22:14; Neh. 9:8; Sal. 19:7, 31:23; Pr. 11:13; Dn. 2:45; Mt. 24:45, 25:21,23; Hch. 11:23; 1 Co. 4:2, 7:25; Fil. 4:3; Ap. 2:10

FORTALEZA Construcción firme, lugar de protección, seguro, refugio
Éx. 15:2; Sal. 18:2, 27:1, 46:1, Pr. 10:29; Is. 32:14; Ez. 19:7; Hab. 3:19; Hch. 21:37, 23:10

FRUCTÍFERO Que produce fruto, abundante, que tiene muchos hijos
Gn. 1:28, 28:3, Sal. 107:34; Is. 29:17; Hch. 14:17

GENEROSO Abundante, liberalidad, dadivoso
2 Cr. 29:31; Pr. 11:25; Is. 32:5; 1 Ti. 6:18; 2 P. 1:11

GLORIA Honor, esplendor o magnificencia, distinción o reconocimiento, naturaleza y actos de Dios en manifestación de sí mismo
Éx. 16:7; Nm. 14:21; 2 Cr. 1:12; Job 19:9; Sal. 19:1, 72:19, 104:1, 148:13; Mr. 8:38; Jn. 17:5; Ap. 4:11

GOZO, REGOCIJO Emoción evocada por un deleite, éxito, disfrute profundo y pleno
Neh. 8:10; Pr. 15:8; Is. 51:3; Mt. 25:21; Lc. 10:17; Jn. 16:20; Hch. 13:52; Ro. 15:13; Gá. 5:22; 1 P. 1:8; 3 Jn. 4

GRACIA Amor, bondad, compasión, libre e inmerecido favor de Dios hacia la humanidad pecadora
Gn. 39:21; Rt. 2:10; Pr. 3:4; Dn. 1:9; Hch. 7:46, 15:11; Ro. 3:24, 5:20, Ef. 2:7; Fil. 1:7; He. 12:15

HAMBRE, HAMBRIENTO Escasez de alimentos o su ausencia total
Gn. 12:10; 2 R. 6:25; Pr. 6:30, 10:3; Is. 49:10; Mt. 24:7; Mr. 13:8; Lc. 6:21; Jn. 6:35; Ro. 12:20; AP. 6:8

HERENCIA, HEREDAD Recibir un legado o promesa, tomar posesión legal de una tierra
Sal. 2:8, 16:5, 127:3; Pr. 19:14; Is. 54:17; Lc. 12:13; Ef. 1:18; Col. 1:12; He. 9:15; 1 P. 1:4

HERIDA Lastimadura en el cuerpo; figurativo de daño profundo en el alma
2 Cr. 18:33, Job 24:12, Sal. 102:4, Hch. 19:16, Ap. 13:3

HERMANO (S) Varones nacidos de los mismos padres, colaboradores en el ministerio, seguidores de un mismo credo, amigos en Cristo
Gn. 4:9; 2 S. 19:12; Sal. 22:22, 122:8, Pr. 17:17; Lc. 8:20; Hch. 11:29; Ro. 14:21; Ef. 6:23; 1 P. 2:17

HIJO Descendencia, familia, título mesiánico más importante que Jesús usaba en la revelación de sí mismo: Hijo de Dios
Gn. 18:10; Dt. 4:9, Sal. 127:3; Pr. 13:1; Mt. 16:16; Jn. 1:12, 3:16, 8:36; Ro. 5:10, 8:32; Ef. 1:5; He. 1:2

HONOR, HONORABLE Relativo a Dios: reverenciar su majestad y grandeza; al hombre: respeto, estima, de renombre o reputación social
1 S. 2:8, Pr. 5:9, 31:25; Dn. 11:39, 1 Co. 12:24, 1 Ts. 1:17, 5:17, 1 P. 3:7, Ap. 21:24

HOSPITALIDAD Recibir en casa al extranjero o viajero, proveyéndole de sustento y alojamiento
Gn. 18:1-8; 19:2; 1 R. 17:20; 2 R. 4:8-11; Job 31:32; Hch. 28:7; Ro. 12:13; 1 Ti. 5:10; He. 13:2; 1 P. 4:9

HUMILDAD, HUMILDE Mansedumbre, sumisión, rendimiento, puede implicar nivel social o económico bajo
Sal. 138:6; Pr. 15:33; Hch. 20:19; Ef. 4:2; Fil. 2:3; Col. 2:18, 3:12, Stg. 4:6; 1 P. 5:5;

IDÓLATRA, IDOLATRÍA Adoración a ídolos; figurativo, amor excesivo y vehemente a una persona o cosa
Ez. 11:18; Hch. 17:16; 1 Co. 10:14; Gá. 5:20; 1 P. 4:3

IGLESIA Asamblea, reunión, el cuerpo de creyentes que se reúnen para adorar a Jesucristo
Mt. 16:18; Hch. 2:47, 11:22, 12:5, 1 Co. 10:32, 12:28; Gá. 1:13; Ef. 1:22; Col. 1:18; 3 Jn. 10

ILUMINAR, ILUMINADO Lleno de luz
Job 33:30; Ec. 8:1; He. 6:4; Ap. 22:5

IMAGEN Reproducción de una figura u objeto, apariencia; figura del hombre que es hecho a la imagen de Dios
Gn. 1:26; Éx. 20:4, Jue. 3:7; 1 R. 14:9; Sal. 106:19; Ro. 1:23; 1 Co. 11:7; He. 1:3

INCIENSO Resina o líquido gomoso que al ser quemado expele un aroma muy apreciado, símbolo de la oración
Éx. 25:6; 30:7; Lv. 2:15; Nm. 4:16; 1 S. 2:28; Neh. 13:9; Sal. 141:2; Is. 60:6; Mt. 2:11; Ap. 8:4

INCRÉDULO, INCREDULIDAD Escéptico, que no cree, aplícase a uno que no admite las verdades religiosas
Mt. 13:58; Jn. 20:27; Ro. 3:3, 4:20; 1 Co. 7:14; 1 Co. 14:22; 2 Co. 4:4, 6:14; 1 Ti. 5:8; He. 3:19; Ap. 21:8

INFIEL, INFIDELIDAD Desleal, aquellos que abandonan la fe o violan un pacto; ver FE
Nm. 5:29; Jer. 3:20; Lc. 12:46; 2 Ti. 2:13

INFIERNO Lugar de castigo, morada de la muerte, personificación del mal
Mt. 5:22, 29, 30; 23:33; Mr. 9:43; Lc. 12:5; Stg. 3:6; 2 P. 2:4

INIQUIDAD Pecado, maldad, transgresión, injusticia
Éx. 34:7; Nm. 14:18; Esd. 9:13; Neh. 9:2; Sal. 32:5; 59:2; Pr. 4:24; Ec. 3:16; Jer. 14:7; Mt. 13:41; Hch. 1:18; Ro. 4:7, 6:19; 2 Ts. 2:7,10;

INMORTALIDAD Imperecedero, exento de muerte

Ro. 2:7; 1 Co. 15:53, 54; 1 Ti. 6:16; 2 Ti. 1:10

INOCENCIA, INOCENTE Considerado recto, sin culpa o censura, reputación limpia, sin castigo, ingenuo, se aplica a un niño

Éx. 20:7, Dt. 19:10; Sal. 15:5; Pr. 1:11; Jer. 2:35; Dn. 6:22; Mi. 6:11; Nah. 1:3; Mt. 12:7; 27:24; He. 7:26

INTEGRIDAD Cualidad de una persona íntegra, recta, honesta

Jos. 24:14; Job 31:6; Sal. 15:2; 25:21; 84:11; Pr. 10:9; 11:3; 20:7; 28:18; Tit. 2:7

IRA Cólera, enojo, deseo de venganza, furia

Hch. 5:31; Gá. 6:16; Ef. 2:12; Fil. 3:5; He. 8:8

ISRAEL, ISRAELITAS La nación hebrea, nombre dado a los hijos de Isaac y Jacob y a sus descendientes

Gn. 32:28; 37:13; Éx. 1:1; Nm. 1:2; Jos. 4:8; Sal. 115:12; Pr. 1:1; Is. 41:14; Hch. 2:36; 5:31; Gá. 6:16; Ef. 2:12; Fil. 3:5; He. 8:8

JESÚS Nombre dado al Mesías o Salvador, significa Jehová Salva

Mt. 1:16,21; Jn. 8:12; 11:41; 14:6; Hch. 2:32; 36; 3:13; 5:30; 13:23; 15:11; Ro. 3:24; 6:23; 10:9; 1 Co. 1:2; Gá. 3:26; 2 Ti. 2:10; 1 Jn. 4:15; 5:1,5

JUEZ (S) Magistrado, con autoridad para aplicar castigo; generalmente en la Biblia se da por sentado que el juez es Dios

Éx. 22:9; Dt. 16:18; Jos. 24:1; Jue. 2:18; Rt. 1:1; 1 S. 24:15; Sal. 7:11; Sal. 50:6; Mt. 5:25; Lc. 18:2; Hch. 10:42; He.12:23

JURAR, JURAMENTO Afirmar o negar categóricamente, usar un nombre de persona, reliquia o Dios; como testigo

Gn. 26:3; Lv. 19:12; Dt. 6:13; Neh. 10:29; Sal. 110:4; Ez. 17:18; 132:2; Mt. 5:33; Mr. 6:23; Hch. 2:30; Stg. 5:12; Ap. 10:6

JUSTICIA La administración de la ley que determina lo que es recto, basado en principios de equidad

Gn. 18:19; Dt. 6:25; Sal. 9:4,8; 15:2; 45:7; 103:6; Pr. 11:4, 18; 14:34; 21:21; Mt. 6:1; 6:33; Hch. 10:35; Ro. 1:17; 6:19; Fil. 3:9; He. 1:9; 1 Jn. 2:29; Ap. 19:11

JUSTO Honesto, conforme a la justicia y equidad, fiel al diseño original

Gn. 6:9; 2 S. 23:3; Sal. 1:6; 11:5; 145:17; Pr. 3:33; 10:16; 20:7; Mt. 13:49; Jn. 5:30; Ro. 3:26; 5:19; 1 Ti. 1:9; Stg. 5:16; 1 Jn. 1:9; Ap. 22:11

LAMENTO (S) Fuerte pesar, duelo en voz alta

2 S. 13:36; 2 Cr. 35:25; Sal. 30:11; Lm. 2:5; Jl. 2:12; Mi. 1:8; Mr. 5:38; Jn. 16:20; Stg. 4:9

LEALTAD Fiel, espiritualmente: estable en la fe

1 S. 26:23; Jer. 42:5

LEY (ES) Conjunto de decretos, principio universal, mandamientos, régimen de autoridad, regulaciones

Éx. 13:9; Dt. 27:3; Jos. 1:8; Est. 1:19; Sal. 19:7; Pr. 13:14; 28:7; Dn. 3:10; Mt. 7:12; Jn. 7:51; Ro. 3:20; Gá. 3:13; 1 Jn. 3:4

LIBRE, LIBERTAD Salvo, sin restricción o inhibición

Éx. 21:2, Dt. 24:5; Is. 58:6; 61:1; Lc. 4:18; Jn. 8:32; 36; Hch. 26:32; Ro. 8:21; Gá. 5:1; 1 P. 2:16

LIMPIAR Lavar, purificar, santo

2 Cr. 29:15; 34:3; Job 9:30; Sal. 51:2; 119:9; Pr. 20:9; 30:12; Is. 1:16; Mt. 23:25; Jn. 15:2; 2 Co. 7:1; He. 9:14; Stg. 4:8

LUJURIA Vicio de los placeres de la carne, concupiscencia, sensualidad

Jer. 2:24; Ez. 16:58; 23:20; 23:27; 24:13; Ro. 13:13

LUZ Ausencia de oscuridad, iluminación, conciencia espiritual, expuesto a la verdad y la justicia

Gn. 1:3-5; Jue. 16:2; Sal. 27:1; 36:9; 38:10; 112:4; Pr. 6:23; 13:9; Is. 13:10; 30:26; Mt. 5:14-16; Jn. 3:21; 8:12; Hch. 9:3; 2 Co. 6:14; Ef. 5:13; 1 P. 2:9

LLAMADO, LLAMAR Hacer un requerimiento o demanda una acción, designar o nombrar, una ocupación divina o vocación

Gn. 1:5; Éx. 1:18; Lv. 1:1; Jue. 1:26; Sal. 86:7; Pr. 1:28; 7:4; 16:21; 31:28

LLENURA, LLENO Saturación, plenitud del Espíritu Santo en el creyente

Gn. 6:11; Neh. 9:25; Sal. 10:7; 71:8; 72:19; Is. 2:8; Mt. 23:28; Lc. 1:15; Hch. 2:4; 4:31; Ro. 15:14; 2 Co. 7:4; Ef. 3:19; 5:18; Fil. 1:11

MAESTRO Uno en autoridad o liderazgo, que enseña, señor que ejercita autoridad

Cnt. 7:1; Is. 30:20; 40:20; 55:4; Mt. 8:19; 9:11; 10:24-25; Lc. 6:40; Jn. 3:2; Hch. 13:1; Ro. 2:20; Ef. 4:11; 1 Ti. 2:7; 2 P. 2:1

MAGNIFICENCIA Gloria, honra, de gran esplendor, prodigioso

1 Cr. 16:27; 29:11; Est. 1:4; Sal. 68:34; 93:1; 96:6; 104:1; 145:12; 150:1; Zac. 11:3

MALDICIÓN Declarar anatema, desear el mal

Gn. 27:12; Dt. 11:26; Jos. 8:34; Sal. 10:7;
Pr. 3:33; Hch. 23:12, 14; Ro. 3:14; Gá. 3:10;
1 P. 3:9

MANCHA Marca dejada en una cosa por un
cuerpo sucio; figurativo del pecado
Lv. 13:2; Dt. 32:5; Job 11:15; Cnt. 4:7;
Jer. 2:22; Ef. 1:4; 5:27; Col. 1:22; 1 P. 1:19;
3:14; Ap. 14:5

MANDAMIENTOS Preceptos, leyes dadas
por Dios
Gn. 26:5, Éx. 24:12; Dt. 4:13; Jos. 22:5;
Sal. 78:7; 119:69; Pr. 2:1; 6:20; Mr. 12:29-30;
Ef. 2:15; 2 Jn. 4

MATRIMONIO Unión legal de una pareja;
figurativo de relación estrecha (aplicable a
Dios y el ser humano)
Jos. 23:12; 1 Co. 7:10; He. 13:4

MIEDO Sentimiento de gran inquietud susci-
tado por un peligro real o imaginario
Gn. 3:10; Éx. 3:6; Dt. 31:6; 1 S. 17:11;
2 R. 6:16; Neh. 6:14; Mt. 14:26; 25:25;
Jn. 9:22; Hch. 9:26; 16:38

MISERICORDIA Virtud que nos inclina a
ser compasivos, otorgar perdón, amor ilimi-
tado de Dios
Gn. 24:12; Nm. 6:25; 2 S 2:5; 2 Cr. 1:8;
Esd. 7:8; Neh. 9:31; Sal. 31:9; 85:7; 103:4;
Pr. 14:21; 21:21; Is. 54:7; Mt. 5:7; Mr. 1:41;
Lc. 10:33; Ro. 9:16; Fil. 2:1; Tit. 3:5; Jud. 23

MISTERIO, MISTERIOSO Secreto, algo
inaccesible a la razón, milagroso
Dn. 2:28-30; Lc. 8:10; Ro. 11:25; 16:25;
1 Co. 4:1; 13:2; 15:51; Ef. 1:9; 3:3, 9; 6:19;
Col. 1:26; 2 Ts 2:7

MUERTE, MORIR Cesación (física o espiritual) de la vida, personificación y consecuencia del mal
Gn. 24:67; Dt. 21:22; 30:15; Rt. 2:11;
Sal. 7:13; 18:5; 68:20; 116:3; Pr. 5:5; 11:19;
14:12; Mr. 14:64; Lc. 24:20; Jn. 11:4;
Hch. 8:32; Ro. 1:32; 5:17; 6:16; 1 Co. 15:26;
2 Co. 7:10; Fil. 2:8; Stg. 1:15; 1 Jn. 3:14;
Ap. 1:18

NACIDO DE NUEVO Regenerado por el
Espíritu Santo, experiencia de iniciar una
nueva vida con Cristo como Señor y
Salvador
Jn. 3:3-8; 1 Jn. 2:29; 3:9; 4:7; 5:1, 4, 18

NATURALEZA Esencia y propiedad de cada
ser, el mundo físico, orden y disposición de
todos los elementos del universo
Gn. 1:12; Ro. 1:26; 2:14; 11:24; 1 Co. 11:14;
Gá. 4:8; Ef. 2:3; Stg. 3:7; 2 P. 1:4; Jud. 7; 10

OBEDIENCIA, OBEDIENTE Sujeto a autoridad, que cumple órdenes, responsable
2 Cr. 24:17; Zac. 6:15; Ro. 1:5; 5:19; 6:16;
16:19; 2 Co. 2:9; 7:15; 10:5; Fil. 2:8; He. 5:8;
1 P. 1:14; 1:22;

OBRAS Acción moral, labor, trabajo
Dt. 11:7; 2 Cr. 34:12; Esd. 9:13; Neh. 4:19; Sal.
62:12; 105:1; 145:10; Pr. 10:16; Is. 66:18; Hab.
1:5; Mt. 5:16; Jn. 3:19; 9:3; 14:12;
Hch. 9:36; Ro. 2:6; 1 Co. 3:13; Ef. 2:9;
Fil. 1:6; Ap. 2:2, 9

ODIO, ODIAR Antipatía, aversión profun-
da, aborrecer
Nm. 35:20; 2 S. 13:15; Sal. 25:19; 109:3,5;
Pr. 10:12; 18; 26:26; Ec. 9:6

OFENDER, OFENSA Falta, causar un
agravio, insulto
Lv. 6:4; Dt. 19:15; 1 S. 25:28; Pr. 18:19;
19:11; Ec. 10:4; Mt. 6:14; Hch. 24:16;
Ro. 14:21; Stg. 2:10; 3:2; 5:16

OFRENDA Acto por el cual se presenta algo
como expresión de adoración
Gn. 4:4; Éx. 30:15; Lv. 6:14; Nm. 31:50;
1 Cr. 16:29; Mt. 5:23; Lc. 21:1; Jn. 21:26;
Hch. 21:26; 24:17; 1 Co. 16:1; Ef. 5:2;
He. 5:1; 10:10, 18

OPRESIÓN, OPRIMIDO Abuso en el ejer-
cicio de la autoridad, aflicción, persecución
Éx. 3:9; Dt. 26:7; Sal. 12:5; 44:24; Ec. 5:8;
Is. 58:6; Jer. 22:17; Ez. 22:29; Os. 12:7;
Am. 3:9

ORACIÓN Conversación o comunión con
Dios: alabanza, acción de gracias, petición,
intercesión
1 R. 8:28; 2 Cr. 6:19; Neh. 1:6,11; Sal. 86:6;
88:13; 141:2; Pr. 15:8; Mt. 21:22; Hch. 1:14;
12:5; Ef. 1:16; Fil. 1:9; Col. 4:2; 1 Ti. 2:1;
Stg. 5:13; 1 P. 4:7

ORDENAR, ORDENANZA Acomodar,
establecer algo, autorizar a alguien para el
ministerio
Éx. 18:16; Lv. 18:4; 2 R. 20:1; Sal. 37:23; 81:4;
119:133; Pr. 20:18; Ez. 11:20; Mt. 28:16; Hch.
10:41; 1 Co. 9:14; 12:24

ORGULLO Desmedido amor propio,
desdén, objeto de jactancia
Lv. 26:19; Job. 38:11; Pr. 21:4; Is. 25: 5;
Dn. 5:20

OSCURO, OSCURIDAD Ausencia de luz,
ennegrecido; en términos espirituales: secreto, cerrado, ciego o malo, lugar de castigo
(infierno)

Gn. 15:12; 30:35; Dt. 4:11; 2 S. 22:12;
Sal. 91:6; Lm. 4:8; Mr. 1:35; Jn. 20:1;
Hch. 13:11; 2 P. 1:19; 2 P. 2:4, 17

OVEJA Animal doméstico de corral; figurativo de los seguidores de Cristo
Éx. 3:1; Nm. 27:17; 1 S. 15:14; Sal. 100:3;
Is. 53:6; Mt. 10:16; Jn. 5:2; 10:26;
Hch. 8:32; He. 13:20; 1 P. 2:25

PACIENCIA, PACIENTE Capacidad para esperar con tranquilidad las cosas, sufrido, un enfermo
Mt. 18:26; Hch. 26:3; Ro. 5:3-4; 8:25;
2 Co. 6:4; Ef. 4:2; Col. 3:12; 2 Ts. 1:4;
2 Ti. 4:2; He. 6:12; Stg. 1:3; 5:8; Ap.2:3

PACTO (S) Acuerdo mutuo o contrato (entre personas, naciones, o entre Dios y la humanidad), con condiciones y consecuencias declaradas
Gn. 6:18; Éx. 24:8; Lv. 26:9; Sal. 105:8;
Pr. 2:17; Is. 61:8; Mr. 14:24; Hch. 3:25;
Ro. 9:4; 1 Co. 11:25; 2 Co. 3:6; He. 7:22;
10:16; Ap. 11:19

PADRE Progenitor masculino, cabeza de una descendencia, familia o pueblo, característica de un mentor o proveedor, nombre y función para Dios en relación con sus hijos, creador o hacedor
Gn. 17:4; Éx. 2:16; 3:13; Dt. 5:16; 1 S. 20:32; Sal.
103:13; Pr. 1:8; 6:20; 23:22; Mt. 5:16; 6:4;
Mr. 8:38; Lc. 12:30; Jn. 14:13; 20:17;
Ro. 4:17; 2 Co. 6:18; Ef. 4:6; 1 P. 1:17; Ap. 3:5

PALABRA Conjunto de sonidos que designan una idea, aplicado a la revelación de Dios, la Sagrada Escritura
Éx. 4:10; Dt. 18:18; Sal. 105:42; 119:160;
Pr. 10:19; 30:5; Mt. 24:35; Mr. 16:20; Lc. 4:4;
Jn. 5:24; Fil. 2:16; 1 Ts. 1:5, 8; 2 Ts. 3:1;
2 Ti. 2:15; Tit. 2:8; 1 P. 1:25; 2 P. 1:19;
1 Jn. 2:5; Ap. 3:8; 22:19

PARÁBOLA Historia breve, con analogías para ilustrar una verdad espiritual
Ez. 24:3; Os. 12:10; Mt. 13:3, 13, 35;
Mr. 4:11,13,34; Lc. 21:29

PASCUA La celebración más solemne de los hebreos para conmemorar su salida de Egipto; prototipo del A.T. al que Cristo le daría cumplimiento en el N.T.
Éx. 12:11, 43; Nm. 9:5; Dt. 16:1; Mt. 26:19;
Mr. 14:14; Lc. 2:41; 1 Co. 5:7; He. 11:28

PASTOR Los que cuidan las ovejas, ministro de culto evangélico
Gn. 4:2; 29:9; 1 S. 17:34; Sal. 23:1; Mt. 26:31; Jn.
10:11; 14; Ef. 4:11; He. 13:7, 17, 24

PAZ Calma, reposo, libre de sosiego, tranquilidad, armonía en las relaciones personales

Nm. 6:26; 1 Cr. 22:9; Sal. 4:8; 29:11; 122:6;
Pr. 3:2; Is. 9:6; 26:3; Mr. 9:50; Lc. 1:79; 2:14;
Jn. 14:27; 16:33; Hch. 10:36; Ro. 5:1; 8:6;
14:19; 1 Co. 7:15; 2 Co. 13:11; Ef. 2:14; Fil. 4:7

PECADO, PECAMINOSO Moralmente malo, transgresión contra la ley divina, perversión del corazón
Nm. 5:6; Dt. 9:27; Neh. 9:2; Sal. 25:7;
Pr. 14:34; 24:9; Is. 1:18; 6:7; Mr. 4:12;
Lc. 11:4; Jn. 1:29; 8:34; 16:8; Hch. 3:19;
22:16; Ro. 5:12

PERDIDO Que no tiene o no lleva destino determinado; destruido emocional, física o moralmente, sin seguridad de su salvación eterna
Éx. 22:9; Nm. 17:12; Sal. 107:4, 40; Ez. 34:16; Mt.
10:6; 15:24; Hch. 27:10

PEREGRINO, PEREGRINAJE Que viaja por tierras extrañas, persona que por devoción visita lugares santos; figurativo de la jornada por la vida
Gn. 47:9; Is. 49:21; Ez. 20:38; 2 Co. 8:19; He.
11:13; 1 P. 1:17; 2:11

PERFECTO, PERFECCIÓN Excelente, grado máximo de cualidades requeridas, espiritualmente: proceso de desarrollo y maduración a los que aspira el creyente
Dt. 18:13; 1 R. 8:61; Job 1:1,8; Sal. 18:30;
19:7; 101:2; Pr. 10:29; 11:5; Mt. 5:48;
Jn. 17:23; Ro. 12:2; 2 Co. 13:9,10; Ef. 4:13;
Fil 3:12; Col. 1:28; 3:14; 4:12

PERMANECER Continuar, mantenerse, estable, que no cambia
Nm. 9:22; Sal. 9:7; 119:89; Pr. 2:21; 12:7;
21:28; Is. 51:8; Jer. 2:22; Mt. 2:13; 12:25;
Mr. 3:25; Jn. 15:4-5, 7; 1 Co. 3:14; Gá. 2:5;
1 P. 1:25; 1 Jn. 2:10

PERSECUCIÓN, PERSEGUIDO Acosar, hostigar a aquellos que difieren en razón de su origen, religión o perspectiva social
Gn. 31:36; Mt. 5:10; 13:21; Mr. 4:17;
Hch. 8:1; 11:19; Ro. 8:35; 1 Co. 4:12,
2 Co. 12:10; Gá. 6:12; 2 Ti. 3:11; 12

PERSISTENTE Continuar enfrentando los obstáculos
2 Cr. 21:15; 26:5; Hch. 6:4; 1 Ti. 4:16;
2 Ti. 3:14

PERVERSO, PERVERSIÓN Corrompido, abandonar lo correcto, acto inmoral
Lv. 18:23; Dt. 15:9; Sal. 71:4; 101:4; Pr. 3:32;
8:13; 11:20; 16:28; Dn. 2:9; Mt. 17:17;
Hch. 2:40; 1 Co. 5:13; Fil. 2:15; Stg. 3:16

PIEDAD Lástima, compasión, devoción
Sal. 25:6; 51:1; Is. 63:7; Jer. 13:14; Jon. 4:11;

Hch. 3:12; 1 Ti. 2:2; 2:10; 3:16; 4:7; 8; 6:3; 2 Ti. 3:5; 2 P. 1:3,6,7

PIEDRA Pedazo de una roca, símbolo de Cristo, de dureza
Gn. 28:11,18,22; Éx. 24:12; 31:18; Dt. 27:2; 27:5; Jos. 4:7; Jue. 20:16; 1 S. 17:40; 17:50; Neh. 4:3; Sal. 91:12; 118:22; Pr. 3:15; 31:10; Ec. 3:5; Mt. 4:3; 7:9; 27:66; Lc. 20:17; Hch. 4:11; Ro. 9:33; Ef. 2:20; 1 P. 2:4-8

PLATA Metal precioso de color brillante y sonoro, muy maleable. La sabiduría, la inteligencia, el consejo, la buena fama son comparados con ella
Gn. 13:12; 24:53; Éx. 12:11; 26:19; Dt. 7:25; Jos. 6:19,24; Sal. 12:6; 66:10; 115:4; 119:72; Pro. 2:4; 3:14; 8:10; 10:20; 16:16; 22:1; Hag. 2:8; Mt. 26:15; 1 Co. 3:12; 2 Ti. 2:20; 1 P. 1:18

POBRE Carente de bienes materiales, necesitado. En sentido figurado, humilde, infeliz, desdichado; equivalente a justo o temeroso de Dios
Éx. 23:11; Lv. 14:21; 19:10; 23:22; Dt. 15:11; 24:14; Jue. 6:15; 1 S. 2:8; 2 S. 12:4; Sal. 9:9,18; 10:2, 12; 34:6; 41:1; 107:41; Pr. 13:7,8; 14:20, 31; 19:1,17; 28:6,27; Mt. 5:3; 11:5; 19:21; Lc.4:18; 6:20; 2 Co. 6:10; 8:9; Stg. 2:5; Ap. 13:16

PORCIÓN Cantidad separada de otra mayor, reparto, parte con la que se contribuye, herencia
Gn. 43:34; Éx. 16:4; Lv. 7:35; Jos. 18:10; Neh. 8:10; Sal. 16:5; 105:11; Ez. 45:1; Dn. 1:8; Mi. 2:4; Hab. 1:16

PREDICAR Proclamar, anunciar, declarar, dar a conocer
Is. 61:1; Mt. 3:1; 4:17; 10:7; 24:14; Mr. 1:7; 3:14; 6:12; 13:10; 16:15; Hch. 5:42; 9:20; Ro. 10:8; 10:14;1 Co. 1:23; 1 Ts. 2:9; 2 Ti. 4:2

PRESENCIA Apariencia. Que está presente, simbólico de Dios con nosotros
Gn. 3:8; Éx. 5:1; Lv. 10:3; 2 R. 3:14; Est. 6:1; Sal. 16:11; 23:5; 114:7; Pr. 17:18; Dn. 2:36; Lc. 2:31; Jn. 20:30; Hch. 2:28; 5:41; 1 Co. 1:29; He. 4:13; Ap. 7:9; 8:4

PRÉSTAMO, PRESTAR Entregar algo a uno con obligación de restituirlo, que debe devolverse, ayudar, asistir o contribuir al logro de algo
Gn. 34:17; Dt. 15:6; 1 S. 15:22; 2 R. 4:3; Neh. 3:5; 5:2, 4; Sal. 37:21; Pr. 17:18; 19:17; Jer. 15:10; Mi 6:9; Mt. 5:42; Lc. 6:34; 11:5,3; 3 Jn 5

PRIMOGÉNITO El mayor de los hijos
Gn. 27:32; Éx. 11:5; Mt. 1:25; Ro. 8:29; Col. 1:15; 18; He. 1:6; Ap. 1:5

PROFANAR, PROFANADO No respetar lo sagrado, deshonrado
Éx. 31:14; Lv. 19:8; 21,12; Sal. 74:7; 89:31; Is. 47:6; Am. 2:7; Mt. 12:5; Hch. 21:28; 24:6

PROFECÍA Predicción de un acontecimiento por inspiración divina, la Palabra de Dios hablada o escrita
2 Cr. 32:32; Pr. 29:18; 31:1; Is. 13:1; Dn. 9:24; Mal. 1:1; Mt. 13:14; Ro. 12:6; 1 Co. 12:10; 1 Co. 14:22; 1 Ts. 5:20; 1 Ti. 1:18; 2 P. 1:20; 21; Ap. 22:7; 10

PRÓJIMO Cualquier persona respecto de otra
Éx. 20:16; Lv. 19:13; Sal. 15:3; 28:3; Pr. 3:28, 29; 11:9; 12:26; 24:28; Mt. 5:43; Lc. 10:29; Ro. 13:8, 10; 15:2; Ef. 4:25; He. 8:11

PROMESA, PROMETIDO Pacto, dar seguridad, confianza de lo ofrecido, ofrecimiento piadoso
Jos. 21:45; 1 R. 8:56; Neh. 9:38; Lc. 24:49; Hch. 1:4; 2:39; 13:23; 2 Co. 1:20

PROSPERIDAD, PROSPERADO Mejorar el bienestar material, triunfante, floreciente
Dt. 10:13; Sal. 30:6; Pr. 1:32; 17:8; Jer. 22:21; 1 Co. 16:2; 3 Jn. 2

PRUDENCIA, PRUDENTE Obrar con moderación y sensatez
Gn. 41:33; 1 R. 4:29; 2 Cr. 2:12; Pr. 1:2,3; 10:19; 14:33; 24:3; Mt. 7:24; 10:16; Tit. 2:2

PRUEBA Examen, razón o argumento con que se demuestra una cosa
Job 10:17; Sal. 17:3; Is. 41:21; Dn. 1:12; Lc. 8:13; Hch. 1:3; 2 Co. 2:9; Gá. 6:4

PURIFICAR, PURIFICADO Quitar las impurezas, hacer puro, ser ritualmente limpio
Éx. 29:36; Nm. 8:7; Neh. 12:30; Sal. 12:6; 51:7; Pr. 20:30; Dn. 12:10; Hch. 15:9; Ef. 5:26; He. 10:22

QUEMAR Abrasar o consumir con fuego, incendiar, destruir algo con sustancia corrosiva
Gn. 38:24; Éx. 3:3; Lv. 2:3, 10; Dt. 7:5; Jos. 7:15; 2 Cr. 2:4; Neh. 1:3; Dn. 3:27; 1 Co. 13:3

RAMA (S) Cada una de las partes nacidas del tronco principal de la planta
Neh. 8:15; Sal. 104:12; Pr. 11:28; Mt. 13:32; 21:8; Ro. 11:16-19

REBELDE, REBELIÓN Oponerse a la autoridad, desobedecer, tomar las armas
Éx. 23:21; Nm. 14:9; 1 S. 15:23; Sal. 19:13; 25:7; Pr. 17:11; Is. 43:25; 44:22; Hch. 26:19; Ro. 10:21; 15:31; Tit. 3:3

RECIBIR Admitir, aceptar, tomar posesión, creer o aceptar como verdadero
Nm. 3:50; 23:20; Jos. 16:4; Sal. 6:9; 24:5; Pr. 1:3; 8:10; 13:1; Mt. 1:20; 5:4; Mr. 9:37; Jn. 1:11; 16:24; Ro. 14:1; 1 Co. 14:5; Fil. 2:29; Col. 3:24; 1 Ts. 2:13

RECONCILIACIÓN Restaurar la armonía entre dos; espiritualmente: restablecer la comunión con Dios
Lv. 8:15; 9:7; Nm. 15:28; 2 Cr. 29:24; Mt. 5:24; Ro. 5:10; 2 Co. 5:18-20; Ef. 2:16; Col. 1:20-21

RECTO, RECTITUD Derecho, justo, íntegro, honradez;
Éx. 15:26; Dt. 6:18; Jos. 9:25; 2 S. 22:24; Job 1:1, 8; Sal. 7:10; 11:7; 19:8; Pr. 2:7; 4:25; 11:11; Hab. 2:4; 2 P. 2:15

REDIMIR, REDENCIÓN Rescatar o sacar de esclavitud, librar de una obligación; espiritualmente: la obra realizada por Cristo para salvar al hombre
Éx. 6:6; Dt. 21:8; 2 S. 4:9; Neh. 1:10; Sal. 34:22; 49:8; 78:42; Is. 35:10; 43:1; Lc. 1:68; Ro. 3:24; Gá. 3:13; Col. 4:5; Tit. 2:14; Ap. 5:9

REFUGIO Lugar seguro o de resguardo
Nm. 35:11; Dt. 33:27; Jos. 20:2; 2 S. 22:3; Sal. 9:9; 32:7; 61:3; Jer. 16:19, Nah. 3:11

REGOCIJO, REGOCIJAR Entusiasmo, alegría plena
Lv. 23:40; 1 S. 2:1; 2 Cr. 30:26; Esd. 6:22; Sal. 5:11; 63:7; 97:1; Pr. 13:19; Is. 12:6; Sof. 3:17; Lc. 10:20; Jn. 20:20; Hch. 7:41; 16:34; Fil. 4:4

REMANENTE Resto, parte de una comunidad que sobrevive a una destrucción
2 R. 19:4; Esd. 9:15; Neh. 1:3; Is. 10:21; 37:32; Jl. 2:32; Abd. 17; Ro. 9:27; 11:5

RESTAURAR, RESTAURACIÓN Restablecer, renovar, poner nuevamente en su aspecto primitivo; figura de la obra de Cristo en el creyente
Rt. 4:5; 2 R. 5:10; 2 Cr. 24:4; Job 33:26; Sal. 80:3; Ec. 3:15; Is. 61:4; Jer. 15:19; Hch. 1:6, Gá. 6:1

RESURRECCIÓN Hecho durante el cual Jesús, luego de haber sido crucificado y sepultado, se levantó corporalmente. Levantar de los muertos.
Mt. 27:53; Lc. 20:35; 36; Jn. 5:29; 11:24; 25; Hch. 1:22; 2:31; 17:18; Ro. 1:4; 1 Co. 15:13; Fil. 3:10; 1 P. 1:3; 3:21; Ap. 20:6

REVELAR, REVELACIÓN Sacar a la luz, darse a conocer una verdad divina
Dt. 29:29; 1 S. 9:15; Dn. 2:19; 2:22; Mt. 11:25, 27; 16:17; Lc. 2:35; Ro. 1:17; 1 Co. 2:10; 3:13; Gá. 1:16; Fil. 3:15; 1 P. 5:1

ROCA Piedra, masa mineral que forma parte de la corteza terrestre; figurativo de Cristo
Dt. 8:15; 32:4; 1 S. 13:6; 2 S. 22:2; Sal. 18:2; 19:14; 28:1; 89:26; Mt. 7:24; 16:18; 1 Co. 10:4; 1 P. 2:8

SABIDURÍA, SABIO Habilidad de discernir entre lo correcto e incorrecto, que actúa con prudencia
Dt. 4:6; 1 R. 4:29; Job 12:13; Sal. 51:6; 90:12; Pr. 2:6; 4:5; 5:1; 8:12; 18:15; Is. 11:2; Lc. 2:40; 21:15; Hch. 6:10; Ro. 12:16; 16:19; 1 Co. 1:17, 24, 25, 30; 2 Co. 1:12; Ef. 1:8; Col. 3:16; Stg. 1:5

SACERDOTE, SACERDOCIO Ministro de un culto religioso, descendientes de Aarón, a cuyo cargo estuvo el sistema de sacrificio judío; espiritualmente: todo creyente en Cristo; Jesucristo, sumo sacerdote
Éx. 19:6; Nm. 18:7; 25:13; Sal. 132:9,16; Is. 61:6; Lc. 1:8; 5:14; He. 7:11, 24; 10:21; 1 P. 2:9; Ap. 1:6

SACRIFICAR, SACRIFICIO Ofrecer, presentar, expiación, propiciación, reconciliación
Gn. 46:1; Éx. 3:18; Sal. 40:6; 51:16; 119:108; Pr. 15:8; Os. 6:6; Ro. 12:1; 1 Co. 5:7; 8:4; Fil. 2:17; He. 9:26; 10:12; 1 P. 2:5

SALVADOR Cristo, Jesús, libertador, Redentor, Señor
Sal. 140:7; Is. 19:20; 43:3; 49:26; Zac. 9:9; Lc. 1:47; 2:11; Jn. 4:42; Hch. 5:31; 13:23; Ef. 5:23; Fil. 3:20; 2 Ti. 1:10; Jud. 25

SALVO, SALVACIÓN Librar de un peligro, espiritualmente: beneficio supremo que es otorgado a la humanidad a través de la vida y muerte de Jesucristo, uno que ha pasado de muerte a vida
Dt. 20:4; 2 S. 22:28; Sal. 7:10; 34:18; 98:1; Jer. 30:10; 33:16; Mr. 13:13; 16:16; Lc. 2:30; Jn. 3:17; Hch. 4:12; Ro. 1:16; Ef. 2:8; 1 P. 4:18; Ap. 7:10

SANGRE Líquido rojo que corre por las venas y arterias de los vertebrados, linaje, parentesco; de Cristo, efectiva para el perdón de pecados
Gn. 4:10; 9:4; Éx. 30:10; Is. 59:3; Zac. 9:11; Mt. 16:17; Mr. 14:24; Jn. 1:13; Hch. 17:26; 20:28; Ro. 5:9; Ef. 1:7; 2:13; 6:12; He. 9:22; Ap. 5:9

SANO, SANIDAD Libre de enfermedad, estado de bienestar aplicable al cuerpo, el alma y el espíritu; restauración espiritual, palabras sanas
Lv. 14:3; Sal. 38:3; Pr. 2:7; Jer. 17:14; 30:17; 33:6; Mt. 9:12; Mr. 3:5; Jn. 5:4; Hch. 3:16; 1 Ti. 1:10; 2 Ti. 1:13; Tit. 1:9, 13; 2:8;

SANTIDAD La consagración total de la vida como ofrenda a Dios, estado de pureza y rectitud de Dios
Éx. 15:11; 1 Cr. 16:29; Sal. 29:2; Is. 57:15; Lc. 1:75; Ro. 1:4; 2 Co. 7:1; Ef. 4:24; 1 Ts. 3:13; 4:4; He. 12:14

SANTIFICACIÓN Limpiar o apartar para uso sagrado, declarado o hecho santo
Is. 5:16; Ez. 20:12; Jl. 2:16; Ro. 6:19; 1 Co. 1:30; 1 Ts. 4:3, 7; 2 Ts. 2:13; 1 P. 1:2; Mt. 6:9

SANTUARIO Casa, iglesia, tabernáculo, templo
Éx. 25:8, Lv. 26:2; Sal. 46:4; 102:19;134:2; Lc. 1:9; He. 8:2; 9:24; 13:11

SAQUEAR, SAQUEO Apoderarse de lo que se encuentra en un país enemigo, llevarse todo lo que hay en un sitio
Gn. 34:27; 1 R. 14:26; Is. 10:13; Jer. 50:37; Ez. 19:7; Os. 13:15; Sof. 1:13; Mt. 12:29; Mr. 3:27

SATANÁS Adversario de Dios, personificación del mal; ver DIABLO
1 Cr. 21:1; Job 1:6; Sal. 109:6; Zac. 3:1; Mt. 4:10; 16:23; Mr. 4:15; Lc. 10:18; 13:16; 22:31; Hch. 5:3; Ro. 16:20; 2 Co. 2:11; 11:14; 12:7; Ap. 12:9: 20:2

SEGURIDAD Certeza, confianza, convicción absoluta
Lv. 25:19; 2 R. 20:19; Sal. 71:5; 78:53; Pr. 11:14; Ef. 3:12; 1 Ts. 5:3

SEMBRAR Echar las semillas en la tierra para que germinen; figurativo, extender la semilla del Evangelio, dar motivo, causa o principio a una cosa
Gn. 26:12; Lv. 11:37; Dt. 22:9; Sal. 126:5; Pr. 6:14; 11:18; Ec. 11:6; Mt. 13:3; Jn. 4:37; 1 Co. 9:11; 2 Co. 9:6; Gá. 6:7-8; Stg. 3:18

SEMILLA Grano, cuerpo que forma parte del fruto que da origen a una nueva planta, principio de algo
Gn. 1:11; Éx. 16:31; Sal. 126:6; Is. 5:10; 55:10; Mt. 13:4; 13:32;Lc. 8:11

SEÑOR Varón honorable o un superior, maestro, rey o gobernante, que ejerce autoridad, designación de Dios; ver MAESTRO
Gn. 18:12; 42:6; Sal. 8:1; 136:3;Pr. 30:10; Is. 6:1; Dn. 2:47; Mi. 5:2; Mt. 4:10; Mr. 13:35; Lc. 6:46; Jn. 13:16; 20:20, 28 ; Hch. 2:36; 17:24; Ro. 10:9; 1 Ti. 6:15

SEOL Palabra hebrea que designa el lugar para los muertos, el abismo
Nm. 16:33; Job 17:13; Sal. 9:17; 16:10; 49:15; Pr. 5:5; 15:11; 27:20; Is. 57:9; Jon. 2:2

SEPARAR, SEPARACIÓN Consagrar, santificar, poner a una persona o cosa fuera del contacto con otra, desunir, apartado para un propósito especial
Gn. 1:4; Éx. 9:4; 26:33; Mt. 19:6; Lc. 24:51; Hch. 15:39; Ro. 8:35; 39; 1 Ts. 2:17

SERVIR, SERVICIO Cumplir deberes para con una persona o colectividad, hacer un favor, atender, ministrar
Gn. 29:18; Éx. 1:13; Lv. 25:39; Dt. 6:13; 10:12; Jos. 24:15; Jue. 10:13; 1 Cr. 28:9; Sal. 100:2; 101:6; Dn. 3:17; Mt. 4:11;Lc. 16:13; Hch. 20:19; Ro. 6:6; Gá. 5:13; Ef. 6:7

SIEGA, SEGAR Cosechar lo sembrado, cortar la hierba con la hoz
Éx. 23:16; Rt. 1:22; 1 S. 12:17; Pr. 10:5; Jer. 8:20; Mt. 13:30; Mr. 4:29; Jn. 4:35

SIRVIENTE Uno que ejecuta tareas bajo la dirección de otro
2 R. 4:43; 1 Cr. 9:2; Esd. 2:43; 8:20; Neh. 7:60,73; 11:3; Ez. 44:11; Jn. 2:9

SOLDADO Persona militarmente activa
Mt. 27:27; Lc. 3:14; 7:8; Hch. 10:7; 12:6; 27:31; 1 Co. 9:7; 2 Ti. 2:3

SOMETER Reducir a la obediencia, sujetar
Éx. 18:19; Lv. 26:43; Jos. 18:1; 1 S. 7:13; 2 S 22:45; Sal. 47:3; 66:3; Ro. 13:1; Gá. 2:5; 6:4; Ef. 1:22; 5:21; 1 Ti. 3:10; Stg. 4:7

SUEÑOS Éxtasis, soñar, visión, en la Biblia no se emplean para manifestar verdades de la fe o teológicas fundamentales; sino para advertir o anunciar algo
Gn. 2:21; 15:12; Gn. 40:5; Nm. 12:6; Jue. 4:21; 16:20; 1 R. 3:5; Sal. 132:4; Pr. 3:24; 23:21; Dn. 1:17; Jl. 2:28; Mt. 1:20; 24; Ro. 13:11

SUERTE (S) Fortuna, sortear; figurativo, sucederle algo por designio providencial
Lv. 16:8; Nm. 26:55; 56; Jos. 15:1; 1 S. 14:42; Est. 3:7; Sal. 16:5; 144:13; Pr. 1:14; Jon. 1:7; Mt. 27:35; Hch. 1:26

SUFRIR, SUFRIMIENTO Padecer, sentir, recibir con resignación un daño, tolerar
Lv. 24:17; Neh. 9:32; Job 9:23; Sal. 6:7; 69:7; Is. 53:4; Jer. 10:19; 15:15; Dn. 3:25; Zac. 10:2; Mt. 11:12; Mr. 5:26; 1 Co. 13:7; 2 Co. 1:6; 2 Ts. 1:9; 2 Ti. 2:3; He. 12:2

TABERNÁCULO Tienda donde se colocaba el arca del pacto, símbolo de la presencia de Dios
Éx. 26:30; 29:44; Nm. 9:15; Dt. 31:15; Sal. 15:1; 27:5; Hch. 7:46; 2 Co. 5:1; He. 8:2; 9:11; 21; Ap. 21:3

TABLAS Superficie plana de piedra, metal o madera donde se escribía

Éx. 24:12; 26:15; Nm. 4:31; Dt. 4:13; 5:22;
9:9; 1 R. 6:15; Pr. 3:3; Is. 8:1; 30:8; 2 Co. 3:3; He.
9:4

TEMOR, TEMEROSO Pavor, amedrentar,
respetar, actitud reverencial hacia Dios
Gn. 9:2; Lv. 19:32; Nm. 12:8; Dt. 5:5; Jos. 10:8; Jue.
8:20; Sal. 2:11; 19:9; 34:4; 36:1; 64:1; 111:10;
112:7; Pr. 1:33; 2:5; 3:24; Jer. 32:40, Mt. 2:22;
Hch. 2:43; 5:5; 11; 9:31; Ro. 3:18; 8:15; 2 Co.
5:11; 7:1; Ef. 5:21; Fil. 1:14

TEMPLO Edificio público destinado a un
culto, durante el reinado de Salomón se edificó el primer templo, el cual fue destruido y
vuelto a construir durante el reinado de Herodes, en la Biblia, aplícase al cuerpo del creyente como habitación del Espíritu Santo
Esd. 4:1; Sal. 5:7; 11:4; 65:4; 138:2; Mt. 4:5;
12:6; Lc. 2:46; Jn. 7:14; Hch. 2:46; 17:24;
1 Co. 3:16; 6:19; Ef. 2:21; Ap. 15:8

TESORO Colección de objetos valiosos; figurativo, persona o cosa, de mucho precio o
muy digna de estimación
Éx. 19:5; Dt. 28:12; 33:19; 2 R. 24:13;
Pr. 2:4; 21:20; Is. 33:6; Mt. 6:19; 12:35;
2 Co. 4:7; Col. 2:3

TESTIGO Persona que da testimonio o que
presencia o adquiere verdadero conocimiento
de una cosa
Gn. 31:48; 31:50; Lv. 5:1; Dt. 17:6; 31:26;
Jos. 24:22; 27; Jue. 11:10; Rt. 4:10; Sal. 27:12;
35:11; 89:37; Pr. 6:19; 12:17; 14:5; 24:28;
Is. 8:2; 43:10, Mt. 18:16; Lc. 11:48; Hch. 1:8; 22;
3:15; 10:39; Ro. 1:9; 2 Co. 13:1; Fil. 1:8

TORMENTO Dolor físico muy intenso, tortura, pena ligada en ocasiones con el
juicio divino
Job 6:2; 6:21; Pr. 13:12; Mt. 4:24; Lc. 16:23; 28;
Hch. 22:29; Ap. 9:5; 14:11; 18:7; 10:15

TRANSFORMAR Cambio de apariencia, al-
terar, modificar, se aplica a la obra de Cristo
en la vida del creyente
Job 36:27; Is. 51:10; Ro. 12:2; 1 Co. 15:51; 52;
2 Co. 3;18; Fil. 3:21

TRIBULACIÓN Adversidad, pena;
aflicción
2 Cr. 15:4; 20:9; Neh. 9:27; Sal. 10:1, 46:1;
78:33; Pr. 1:27; 11:8; 12:13; Is. 5:30; 8:22;
26:16; 33:2; Mt. 24:9, 21; Hch. 7:10, 11;
14:22; 20:23; Ro. 2:9; 8:35; 12:12; 2 Co. 1:4;
4:17; 2 Ts. 1.4; Ap. 2:9

TRONO Silla de un rey o una deidad que indica su poder y autoridad
Gn. 41:40; 2 Cr. 7:18; Sal. 11:4; 45:6; 47:8;
122:5; Pr. 16:12; 25:5; Is. 6:1; Mt. 25:31;

Lc. 1:32; He. 4:16; 8:1; Ap. 2:13; 3:21; 7:9,
17; 20:11

TROPEZAR, TROPIEZO Caer a causa de
un objeto, resbalar, cometer un error
Dt. 12:30; Pr. 3:23; Is. 59:14; Jer. 6:21; 18:23;
Mal. 2:8; Mt. 4:6; 16:23; 18:7; Lc. 17:2; Jn. 11:9;
16:1; Ro. 9:33; 14:13; 1 Co. 10:32; 2 Co. 6:3;
11:29; Gá. 5:11; 1 Jn. 2:10; Ap. 2:14

UNGIR, UNGIDO Aplicar aceite o sustancia aromática para sanar o consagrar, nombre
dado al Mesías, el Cristo
Éx. 30:26; Lv. 8:12; 1 S. 2:10; 9:16; 16:13;
2 S. 2:4; 12:7; Sal. 23:5; 45:7; Is. 61:1; Mt. 6:17;
Mr. 6:13; Lc. 2:26; Hch. 4:27; He. 1:9; Stg. 5:14

UNIR, UNIDOS Asociar, enlazar, permanecer juntos
Gn. 2:24; Mt. 19:5; Mr. 10:7; 1 Co. 1:10;
6:16; 17; Ef. 4:16; 5:31; Col. 2:2; 2:19

VARA palo largo y delgado, bastón de mando; figurativo de autoridad
Gn. 30:37; Éx. 4:2; 20; 1 S. 14:27;
Job 9:34; Sal. 23:4; Pr. 10:13; 22:15; 26:3;
29:15; 1 Co. 4:21; 2 Co. 11:25; Ap. 12:5

VENGANZA Satisfacción que se toma del
agravio o daño recibidos
Nm. 31:2; Dt. 32:35; 41; Jue. 16:28;
Sal. 58:10; 79:10; 149:7; Pr. 6:34;
Jer. 51:36; Ro. 12:19; He. 10:30

VERDAD, VERDADERO Real, exacto
y certero; espiritualmente, la revelación
confiable de Dios
Éx 18:21; Dt. 32:4; 1 R. 17:24; 2 Cr. 9:5;
15:3; Sal. 25:5; 40:11; 43:3; 51:6; 91:4;
Pr. 12:17; 14:5; 22:21; Is. 25:1; Jer. 10:10;
Dn. 4:37; Mt. 22:16; Lc. 1:4; Jn. 3:21; 4:23;
8:32; Jn. 17:3; Hch. 26:25; Ro. 1:25;
2 Co. 13:8; Gá. 2:5; Ef. 4:15; 25; Fil. 4:8;
1 Ti. 2:4; 3:15; Stg. 5:19; Ap. 3:7; 22:6

VIDA Animación, sustancia o vitalidad de
un ser, período del nacimiento a la muerte, lo
contrario de muerte;
figura de lo espiritual, salvación
Gn. 2:7; 9; Lv. 17:11; Jos. 2:13; 1 S. 2:6; Job 2:4;
Sal. 16:11; 63:3; 103:4; Pr. 3:22; 4:22; 12:28;
18:21; Jer. 21:8; Mt. 6:25; 7:14; Mr. 8:35;
10:45; Lc. 12:15; Jn. 5:24; 6:35; Hch. 11:18;
Ro. 6:4; 8:6; Ef. 2:5; Col. 2:13; 1 Jn. 3:16

VINO Jugo de uva fermentado, ligado
positivamente con bendición divina y
negativamente con alcoholismo
Gn. 9:21; Lv. 10:9; Dt. 11:14; 14:26; Jos. 9:4;
Neh. 2:1; Sal. 75:8; 104:15; Pr. 9:5; 20:1;
21:17; 23:31; Ec. 9:7; Cnt. 1:2; Is. 25:6;
Dn. 1:8; Jl. 2:24; Hab. 2:5; Mt. 9:17; Jn. 2:9;
Ro. 14:21; Ef. 5:18; 1 Ti. 3:8

VIRTUD Conjunto de cualidades intrínsecas tales como moralidad, bondad, valor, y que son dignas de reconocimiento

Éx. 18:21; 25; Fil. 4:8; Col. 2:19,1 P. 2:9; 2 P. 1:5

VOLUNTAD Facultad o potencia que mueve a hacer o no una cosa; poder de elegir, decreto, determinación o disposición de Dios, libre albedrío

Gn. 4:1; Neh. 9:37; Sal. 40:8; 69:13; 119:35; 143:10; Pr. 14:9; Mt. 6:10; 7:21; Lc. 2:14; 12:47; 1 Co. 7:37; 9:2; Gá. 1:4; Fil. 2:13; Col. 1:9; He. 2:4;1 Jn. 2:17; 5:14; Ap. 4:11

VOLVER Convertir, devolver, acción de regresar; espiritualmente, uno que retrocede de la fe

Gn. 3:19; 8:19; Éx. 14:5; Lv. 26:9; Nm. 35:32; Dt. 1:45; 30:5; Jue. 4:1; 1 S. 7:3; 2 S. 19:2; 1 R. 2:19; 2 R. 17:13; 1 Cr. 14:14; Sal. 14:7; 51:12; 53:6; 66:6; 78:17; Pr. 3:28; Ec. 12:7; Is. 1:4; 44:22; 51:11; Lm. 3:40; Dn. 9:3;

Zac. 1:3; Mt. 18:3; Lc. 1:17; Hch. 15:36; Gá. 4:19; Stg. 5:20

VOTO Prometer a Dios la realización de una o varias acciones, juramento, pacto, promesa

Gn. 28:20; 31:13; Lv. 22:21; 23:38; 27:2; Nm. 6:2; 21:2; 30:2; Dt. 23:21; Jue. 11:30; 1 S. 1:11; Job 22;27; Sal. 22:25; 50:14; 61:8; 116:18; Hch. 18:18; 21:23

YUGO Sirve para unir dos cosas, se emplea en sentido figurado como sometimiento a la autoridad, cualquier carga pesada, prisión o atadura

Gn. 27:40; Lv. 26:13; Is. 9:4; Lm. 1:14; 3:27; Nah. 1:3; Mt. 11:30; Hch. 15:10; 2 Co. 6:14; Gá. 5:1; 1 Ti. 6:1

ZARZA Arbusto muy común en el Oriente Medio

Gn. 22:13; Éx. 3:2-4; Dt. 33:16; Jue. 9:14,15; Is. 55:13; Ez. 2:6; Mr. 12:26; Lc. 6:44; Hch. 7:30,35